Béatrice Bowald

Prostitution

Studien der Moraltheologie

herausgegeben von

Prof. DDr. Antonio Autiero (Münster)

und

Prof. Dr. Josef Römelt (Erfurt)

Band 42

LIT

Béatrice Bowald

PROSTITUTION

Überlegungen aus ethischer Perspektive
zu Praxis, Wertung und Politik

LIT

Gedruckt auf alterungsbeständigem Werkdruckpapier entsprechend
ANSI Z3948 DIN ISO 9706

Bibliografische Information der Deutschen Nationalbibliothek
Die Deutsche Nationalbibliothek verzeichnet diese Publikation in der Deutschen Nationalbibliografie; detaillierte bibliografische Daten sind im Internet über http://dnb.d-nb.de abrufbar.

ISBN 978-3-643-80055-8
Zugl.: Luzern, Univ., Diss., 2009/10

Klosbachstr. 107
CH-8032 Zürich
Tel. +41 (0) 44-251 75 05
Fax +41 (0) 44-251 75 06
e-Mail: zuerich@lit-verlag.ch
http://www.lit-verlag.ch

LIT VERLAG Dr. W. Hopf
Berlin 2010
Verlagskontakt:
Fresnostr. 2
D-48159 Münster
Tel. +49 (0) 2 51-620 320
Fax +49 (0) 2 51-922 60 99
e-Mail: lit@lit-verlag.de
http://www.lit-verlag.de

Auslieferung:
Deutschland: LIT Verlag Fresnostr. 2, D-48159 Münster
Tel. +49 (0) 2 51-620 32 22, Fax +49 (0) 2 51-922 60 99, e-Mail: vertrieb@lit-verlag.de
Österreich: Medienlogistik Pichler-ÖBZ, e-Mail: mlo@medien-logistik.at
Schweiz: B + M Buch- und Medienvertrieb, e-Mail: order@buch-medien.ch

INHALTSVERZEICHNIS

ZWEITER TEIL
PROSTITUTION: KONTROVERS DISKUTIERT UND BEURTEILT

DRITTER TEIL

LEITLINIEN FÜR EINE (SOZIAL-)ETHISCH VERANTWORTETE PROSTITUTIONSPOLITIK

VORWORT

Prostitution ist ein umstrittenes Thema. Dies zeigte sich immer wieder in den verschiedenen Gesprächen und Diskussionen, die ich mit verschiedenen Menschen in unterschiedlichen Kontexten über all die Jahre hatte, in denen ich mich mit diesem Thema beschäftigt habe. Sie haben mich in einem positiven Sinn herausgefordert, genau hinzuschauen und meine Überlegungen zum Thema zu präzisieren. Dafür bin ich ihnen allen dankbar.
Besonderen Dank gebührt Prof. em. Hans Halter, der meine Dissertation geduldig begleitet hat. Die konstruktive Kritik, die Prof. em. Hans Halter und Dr. Markus Zimmermann-Acklin geübt haben, ihre Offenheit und Bereitschaft zur Diskussion schätze ich sehr. Danken möchte ich auch dem Forschungskolloquium für die offene und kreative Gesprächsatmosphäre. Dies ist gerade bei einem Thema, das irgendwie alle angeht, weil es grundlegende Fragen der Lebenshaltung und -gestaltung berührt und die Geschlechtszugehörigkeit besonders spürbar werden lässt, nicht selbstverständlich.
Zu meinem Projekt beigetragen hat ebenfalls der Schweizerische Nationalfonds mit seiner Projektfinanzierung. Auch dafür danke ich vielmals. Valeria hat mir ihr Studio in Bramois zur Verfügung gestellt und mir so ermöglicht, mich zurückziehen und auf diese Arbeit konzentrieren zu können. Wesentliche Teile sind denn auch dort entstanden. Dafür bin ich ihr sehr dankbar. Dank gebührt weiter Wolfgang für die gemeinsamen Diss-Retraiten in Locarno und Simone fürs Korrekturlesen eines Teils meiner Arbeit.
Die vorliegende Arbeit wurde im Januar 2010 von der Theologischen Fakultät der Universität Luzern als Dissertation angenommen. Die Gutachten dazu haben Prof. em. Hans Halter (Erstgutachten) und Prof. Alberto Bondolfi (Zweitgutachten) erstellt. Für diese Arbeit danke ich ihnen. Die Dissertation wurde für den Druck leicht überarbeitet.
Dank gebührt auch den Professoren Antonio Autiero und Josef Römelt, die diese Arbeit in die Reihe „Studien der Moraltheologie" aufgenommen haben. Isabel Opatz hat die Arbeit von Seiten des LIT-Verlages betreut und Vanessa Görtz die formattechnische Bearbeitung übernommen. Auch ihnen vielen Dank!
Besonders danke ich meiner Familie für die Unterstützung und Ermutigung, allen voran meinem Ehepartner Eric. Meine Kinder Noemi und Philipp sind neben dieser Arbeit gross geworden und haben auf ihre Art mein Projekt mitgetragen.

Kriens, im Frühjahr 2010 — Béatrice Bowald

Abkürzungsverzeichnis

1. Allgemeine Abkürzungen

CATW	Coalition Against Trafficking in Women International
e. V.	eingetragener Verein
FIZ	Fraueninformationszentrum für Frauen aus Afrika, Asien, Lateinamerika und Osteuropa, neu: Fachstelle Frauenhandel und Frauenmigration (Zürich)
HWG	Huren wehren sich gemeinsam (Prostituiertenprojekt in Frankfurt)
HWWA	Hamburgisches Welt-Wirtschafts-Archiv
ILO	International Labour Office (Internationale Arbeitsorganisation)
IOM	International Organization for Migration (Internationale Organisation für Migration)
NFP	Nationales Forschungsprogramm (des Schweiz. Nationalfonds zur Förderung der wissenschaftl. Forschung [SNF])
NGO	Non-governmental Organization (Nichtregierungsorganisation)
ProstG	Prostitutionsgesetz (in Deutschland)
SFM	Schweizerisches Forum für Migrations- und Bevölkerungsstudien
SOLWODI	Solidarity with women in distress (Solidarität mit Frauen in Not)
TAMPEP	Transnational AIDS/STD prevention amongst Migrant Prostitutes in Europe Project
UNDP	United Nations Development Programme (Entwicklungsprogramm der Vereinten Nationen)
ver.di	Vereinte Dienstleistungsgewerkschaft

2. Zeitschriften, Quellen, Werke

Annu. Rev. Sociol.	Annual Review of Sociology
AT	Altes Testament
APuZ	Aus Politik und Zeitgeschichte
BZAW	Beihefte zur Zeitschrift für die alttestamentliche Wissenschaft
BBl	Bundesblatt
BGE	Bundesgerichtsentscheid
Berl. J. Soziol.	Berliner Journal für Soziologie
BThZ	Berliner theologische Zeitschrift
DZPhil	Deutsche Zeitschrift für Philosophie
EKK	Evangelisch-katholischer Kommentar zum Neuen Testament
EK	Evangelische Kommentare
EWNT	Exegetisches Wörterbuch zum Neuen Testament
F.A.Z.	Frankfurter Allgemeine Zeitung
fiph	Forschungs-Institut für Philosophie Hannover

FZPhTh	Freiburger Zeitschrift für Philosophie und Theologie
GS	Gaudium et spes
Int J Soc Welfare	International Journal of Social Welfare
JbAC	Jahrbuch für Antike und Christentum
JCSW	Jahrbuch für christliche Sozialwissenschaften
JFSR	Journal of feminist studies in religion
KZfSS	Kölner Zeitschrift für Soziologie und Sozialpsychologie
LThK	Lexikon für Theologie und Kirche
NTS	New Testament Studies
NZZ	Neue Zürcher Zeitung
ÖTBK	Ökumenischer Taschenbuchkommentar zum Neuen Testament
RGG	Religion in Geschichte und Gegenwart. Handwörterbuch für Theologie und Religionswissenschaft
SaThZ	Salzburger Theologische Zeitschrift
StdZ	Stimmen der Zeit
StGB	Strafgesetzbuch
ThG	Theologie der Gegenwart
ThHK	Theologischer Handkommentar zum Neuen Testament
ThPQ	Theologisch-praktische Quartalschrift
TRE	Theologische Realenzyklopädie
ZEE	Zeitschrift für evangelische Ethik
ZHF	Zeitschrift für historische Forschung
ZPhF	Zeitschrift für philosophische Forschung

Hinweis: Wo nichts anderes vermerkt ist, stammen die zitierten Bibelstellen aus der Einheitsübersetzung.

EINLEITUNG

> „Man gibt seinen Körper für Geld. Man schliesst einen Dienstleistungsvertrag. Aber in Wirklichkeit gibt man viel mehr. Dazu kommen lange Gespräche und die Tatsache, dass man viel mehr von dem Gast weiss, als für diesen Vertrag nötig wäre."[1]

In den letzten Jahren war Prostitution vermehrt ein Thema – in der Öffentlichkeit, der Politik und in wissenschaftlichen Kontexten. Selbst wenn in verschiedenen europäischen Staaten neue Regelungen in Kraft getreten sind, ist die Frage, was von der Prostitution zu halten ist, keineswegs verstummt. Die zitierte Aussage von Lisa Moos lässt die Spannung sichtbar werden. Ist das Anbieten und Erwerben von sexuellen Dienstleistungen als blosse geschäftliche Vereinbarung zu betrachten und demensprechend zu behandeln? Oder ist damit nicht mehr verbunden, als vielleicht viele wahrhaben wollen? Welche Konsequenzen wären in diesem Fall daraus zu ziehen?

Prostitution ist eine komplexe Thematik, für die es folglich keine einfachen Antworten und schon gar nicht eine Ideallösung gibt. Eine beliebte Argumentationsfigur besteht darin, mit möglichst hohen Zahlen betreffend Prostituierte und/oder deren Kunden[2] aufzuzeigen, wie verbreitet die Praxis der Prostitution ist. Dabei geht es oft nicht nur darum, deswegen entsprechenden Handlungsbedarf auszumachen, sondern diese verbreitete Praxis zugleich als Normalität in moralischem Sinn zu behaupten. Das ist aus ethischer Sicht ein Kurzschluss. Denn aus ethischer – zumindest theologisch-ethischer – Sicht ist Handeln dann angezeigt, wenn Menschen in ihrer Würde und ihren Rechten verletzt werden, dies unabhängig davon, wie viele davon betroffen sind. Mit der Verbreitung eines Verhaltens oder einer Gewohnheit lässt sich zudem weder deren Moralität noch Unmoralität belegen. Sie sagt nämlich weder etwas darüber aus, ob etwas sein soll oder nicht, noch, wie eine bestimmte Praxis zu werten ist.

Die wenigen Andeutungen zeigen die Perspektive der vorliegenden Arbeit an. Theologisch-ethisches Nachdenken verstehe ich als Prozess, bei dem ein Phänomen gedeutet und daraufhin reflektiert wird, ob es der Entfaltung der Menschen dient. Dies bezieht sich nicht nur auf die einzelnen Menschen, sondern ebenso auf deren Zusammenleben. Solches Nachdenken geschieht immer auf dem Hintergrund eines bestimmten Menschen- und Weltbilds. Dieses wie die daraus erfolgende Argumentation sind aber dennoch der Vernunft zugänglich, was eine Verständigung darüber möglich macht. Theologisch-ethisches Nachdenken verbinde ich mit dem Anliegen, Orientierung in einer bestimmten Frage bieten zu können. Was damit gemeint ist, kommt dem Anspruch nahe, den der Philosoph Jean Greisch in Bezug auf seinen Fachbereich formuliert. Für ihn besteht das „Ideal der philosophischen Weisheit" darin, dass diese „als Gesetzgeberin jene Gesetze formuliert, derer wir bedürfen, um uns im grossen Spiel des Lebens zurecht

[1] Lisa Moos, Das erste Mal und immer wieder. Autobiografische Schilderung einer Prostituierten, 127.

[2] Vgl. die Schätzungen in Bezug auf die Prostituierten bei: Beate Leopold/Elfriede Steffan/Nikola Paul, Dokumentation zur rechtlichen und sozialen Situation von Prostituierten in der Bundesrepublik Deutschland, 7-12, und in Bezug auf deren Kunden in Kap. 5.2.1.1.

zu finden."[3] Dazu bedarf es nach meinem Verständnis sowohl einer Reflexion der Grundsätze als auch der Realisierung derselben in ganz konkreten Bereichen. Diese zeichnen sich dadurch aus, dass sie nie ideal sind, was nicht zuletzt mit der Begrenztheit von uns Menschen zu tun hat.

Was heisst dies für das vorliegende Thema? Zunächst greife ich (in Teil I) die Forderung nach Anerkennung der Prostitutionstätigkeit als Beruf auf. Ein nach systematischen Gesichtspunkten erfolgender Rückblick auf den Hintergrund dieser Forderung (Kap. 1), eine Klärung des Verständnisses von Prostitution (Kap. 2) sowie die Frage danach, wie sich gesellschaftliche Anerkennung ganz grundsätzlich aus philosophischer Perspektive (Kap. 3) und in Bezug auf die Thematik der Prostitution (Kap. 4) begreifen lässt, sind die Basis, von der aus ich einerseits grundsätzlich über die Wertung dieses Phänomens (in Teil II) und andererseits über den Umgang damit (in Teil III) nachdenke. Die grundsätzlichen Überlegungen greifen dabei philosophisch-ethische (Kap. 5) und theologisch-ethische (Kap. 7) Reflexionen zu wichtigen Dimensionen menschlichen Lebens auf, die hier im Spiel sind. Daneben kommen wichtige Aspekte der mit der Prostitution verbundenen Realität in den Blick (Kap. 6). Auf diesem Hintergrund stellt sich die Frage, in welche Richtung eine Prostitutionspolitik zu gestalten ist, die auch ethischen Kriterien genügt. Dazu bedarf es zunächst der Klärung des Verhältnisses von Recht und Moral (Kap. 8). Bevor Leitlinien formuliert werden können (Kap. 10), die nicht als konkrete Regeln, sondern im Sinn eines Wegweisers zu verstehen sind, ist danach zu fragen, welche Erfahrungen mit unterschiedlichen Prostitutionspolitiken bislang gemacht wurden (Kap. 9).

Zur Erleichterung des Textverständnisses gebe ich vorab ein paar Hinweise. Die Begriffe Moral und Ethik verwende ich im ersten Fall im Sinn einer wertenden Überzeugung, die von der jeweiligen Weltanschauung geprägt ist. Ethik verstehe ich als wissenschaftliche Reflexion der Moral bzw. genauer von Moralen. Die dazu gehörenden Adjektiva sind grundsätzlich analog zu begreifen. Das lässt sich allerdings nicht strikt durchhalten. So kann sich die Bezeichnung „moralisch" im einen Fall auf eine einer bestimmten Moral entspringenden Wertung beziehen, im anderen Fall das Resultat einer ethisch begründeten Reflexion anzeigen. In Bezug auf den Menschen gehe ich davon aus, dass wir als Frauen oder Männer existieren. Um dieses Faktum der Zweigeschlechtlichkeit nicht in einer einebnenden Sprache, die einfach bzw. unpräzis ‚vom Menschen' spricht, untergehen zu lassen, brauche ich bei Mensch oder „jemand" bewusst beide Personalpronomen, auch wenn dies für manche ungewohnt und gewöhnungsbedürftig ist. Für mich verbindet sich damit eine Sorgfalt menschlichem Leben gegenüber, die auch sprachlich zum Ausdruck kommen soll. Dasselbe gilt für mich in Bezug auf Gott, von dem/der wir uns bekanntlich kein Bild machen sollen.

Fremdsprachige Zitate im Text gebe ich in den Fussnoten in einer möglichst am Ursprungstext angelehnten Übersetzung wieder. Fremdsprachige Zitate in den Fussnoten selbst werden nicht übersetzt.

[3] Jean Greisch, Der Mensch: ein „Mitspieler im grossen Spiel des Lebens", 5.

ERSTER TEIL

ZUR FORDERUNG NACH ANERKENNUNG DER PROSTITUTIONSTÄTIGKEIT ALS ‚BERUF'

1. Von einem gesellschaftlich missbilligten, abgelehnten Verhalten zu einem ‚Job wie jeder andere': Prostituierte fordern Anerkennung ihrer Tätigkeit

Die Geschichte der Prostitution ist geprägt von wiederkehrender obrigkeitlicher – darunter auch staatlicher – Kontrolle der Prostituierten, die abhängig von Zeitgeist und weiteren Einflüssen in unterschiedlichem Ausmass erfolgte. Widerstand dagegen blieb nicht aus, sei es, dass die Betroffenen Bestimmungen einfallsreich unterlaufen haben, ausgewichen sind oder bei Bedarf sich offen zur Wehr gesetzt haben. Das geht aus historischen Untersuchungen hervor, die die Geschichte der Prostitution im Überblick oder auf ein bestimmtes Gebiet bezogen nachzeichnen,[1] wird aber im Rahmen dieser Arbeit nicht weiter ausgefaltet. Wichtig scheint mir hingegen festzuhalten, dass die erfahrene Massregelung und Verachtung bei den Prostituierten ihre Spuren hinterlassen haben. Oft dienten jene dazu, die Frauen generell in Schranken zu weisen. Das Bewusstsein um die lang anhaltende gesellschaftliche Ächtung ihrer Tätigkeit und damit verbunden ein latentes Gefühl der ungerechten Behandlung sowie Benachteiligung wird immer wieder spürbar – bei gegebenem Anlass oder beispielsweise in Diskussionsrunden, in denen Prostitution thematisiert wird. Es bildet den Hintergrund für die Forderung nach Anerkennung ihrer Tätigkeit, zumal es diese ohne entsprechende Nachfrage nicht gäbe.

In einem ersten Schritt wird an ausgewählten Beispielen gezeigt, was in neuerer Zeit von Prostituierten und sie unterstützenden Personen und Institutionen als Unrecht und Ungerechtigkeit empfunden und entsprechend angeprangert wurde.

Auf der Ebene der Deutung der Wirklichkeit setzen Prostituierte der allgemein negativen Wertung ihrer Tätigkeit eine eigene Deutung entgegen: Einerseits nehmen sie für sich das allen zustehende Recht in Anspruch, frei über sich selbst zu verfügen und dabei auch selbst zu bestimmen, auf welche Weise frau ihren Lebensunterhalt bestreiten will. Andererseits weisen sie gängige Vorstellungen über Art und Auswirkungen der Tätigkeit zurück, wie etwa jene, die Frauen würden sich selbst „verkaufen", seien ihren Kunden ausgeliefert und würden entwürdigt. Das wird in einem zweiten Schritt dargelegt.

Aus der eigenen Deutung der Prostitutionstätigkeit werden entsprechende Konsequenzen gezogen: Je nach Kontext mündet das in die Forderung nach Entkriminalisierung der Prostitutionstätigkeit oder nach deren Anerkennung als Beruf bzw. als Dienstleistungstätigkeit „wie jede andere". Verschiedenenorts wurden hierfür Vereinigungen gegründet und auf unterschiedlichen Ebenen Aktivitäten entwickelt, um auf das Anliegen aufmerksam zu machen und diesem zum Durchbruch zu verhelfen. Darauf gehe ich in einem dritten Schritt ein.

1 Als ein Beispiel sei genannt: Franz Irsigler/Arnold Lassotta, Bettler und Gaukler, Dirnen und Henker. Aussenseiter in einer mittelalterlichen Stadt. Köln 1300-1600 (Kap. IX. Dirnen, 179-227).

1.1 Erfahrung von Unrecht und Ungerechtigkeit

Die staatliche Kontrolle des Prostitutionsgewerbes, die zwar unterschiedlich weit ging bzw. heute noch geht und beispielsweise in Deutschland bis ins Jahr 2000 hinein staatlich verordnete Gesundheitskontrollen beinhaltete,[2] erweckt bei den Prostituierten den Eindruck, dass kaum eine andere Tätigkeit in gleichem Mass überwacht wird wie ihre und nur sie in der Ausübung ihrer Erwerbstätigkeit behindert würden.[3] Verstärkt wird dieser Eindruck, wenn Sperrgebietsordnungen existieren, diese wie anfangs der 1980er Jahre in Frankfurt a.M. verschärft[4] oder zu einem bestimmten Zeitpunkt rigoroser angewendet werden. Als anstössig empfinden sie hierbei nicht nur die ungleiche Behandlung im Vergleich zu anderen Erwerbstätigkeiten, sondern auch die erlebte Gängelung durch die Behörden. Dem zu entrinnen, erwies sich als sehr schwierig, wenn eine Frau behördlich als Prostituierte erfasst worden war. Denn dies hatte zur Folge, dass die betreffende Frau dadurch erst recht in die Prostitution gedrängt wurde, was die Hürden (praktischer und mentaler Art) für den Ausstieg entsprechend erhöhte.[5]

Die genannte staatliche Ordnungspolitik erscheint deshalb nicht nur ihnen als Ausdruck dessen, dass das Prostitutionsgewerbe im Allgemeinen als gesellschaftlich unerwünscht betrachtet wird. Andererseits verbinden sich mit ihr immer auch städtebauliche wie finanzpolitische Interessen. Die Durchsetzung der jeweils aktuellen staatlichen Ordnungspolitik erfolgt(e) aber meist auf dem Buckel der Prostituierten, dem schwächsten Glied im gesamten Gefüge. Anschauliches und dokumentiertes Beispiel dafür ist die Stadt Frankfurt, wie die Behörden im Zug der Änderung der Sperrgebietsverordnung mit Besitzern von Bordellen und den dort tätigen Prostituierten verfahren sind. Dass Ersteres später als Skandal betrachtet wurde, ändert nichts am Umgang mit den Prostituierten, der ohne Rücksprache mit ihnen erfolgte und als Vertreibungspolitik empfunden wurde.[6] Die gesellschaftliche Ächtung des Gewerbes trifft demnach die daran Beteiligten in unterschiedlichem Mass. Vom Vorgehen her ist das zwar mit einem in der Wirtschaft/dem Arbeitsmarkt gängigen Muster vergleichbar, wo die Verhandlungen mit der Unternehmensleitung und nicht mit der Belegschaft geführt werden. Von allfälligen fragwürdigen Absprachen sowie dem Umstand abgesehen, dass die Prostituierten juristisch gesehen gar keine Angestellten, sondern selbst ‚Kleinunternehmerinnen' waren, blieb im Fall von Frankfurt a.M. auch deswegen ein Gefühl der Benachteiligung gegenüber den Zuhältern und Besitzern von Etablissements zurück, weil diese trotz anders lautender Gesetzgebung kaum belangt wurden. Dies ist nicht nur strukturellen Gründen geschuldet, z. B.

[2] Das Infektionsschutzgesetz hat 2001 das Bundesseuchengesetz abgelöst. Es basiert nicht mehr auf der Idee einer Zwangskontrolle von Risikogruppen, sondern stellt allgemein Prävention und Beratung sowie Unterstützung ins Zentrum. (Vgl. Margrit Brückner/Christa Oppenheimer, Lebenssituation Prostitution, 15.) Zur vorher praktizierten Gesundheitspolitik vgl. Alfons Heinz-Trossen, Prostitution und Gesundheitspolitik.

[3] Dies gilt erst recht dort, wo Prostitution verboten ist.

[4] Vgl. zur Geschichte der Sperrgebietsverordnung in Frankfurt a.M. und zur Problematik der damit verbundenen staatlichen Ordnungspolitik insgesamt: Cora Molloy, Hurenalltag.

[5] Vgl. Lilian Mathieu, Mobilisations de prostituées, 101; Dominique Puenzieux/Brigitte Ruckstuhl, Medizin, Moral und Sexualität, 38; Alfons Heinz-Trossen, Prostitution und Gesundheitspolitik, 187.

[6] Vgl. ausführlich dazu Cora Molloy, Hurenalltag.

der notwendigen Anzeigebereitschaft von Seiten betroffener Prostituierter. So hat sich bei ihnen der Eindruck verstärkt, Gesetze würden im Grunde genommen nur zu ihren Ungunsten ausgelegt, sei es, dass, wo es notwendig gewesen wäre, nicht oder nur halbherzig gegen Zuhälter vorgegangen wurde, sei es, dass gerade gegenteilig verfahren wurde und jene der Förderung der Prostitution bezichtigt wurden, die für angenehme Arbeitsbedingungen gesorgt hatten.[7] In einem solchen Kontext erscheinen die Behörden als feindliches Gegenüber, dem eine Prostituierte ziemlich machtlos gegenübersteht und ausgeliefert ist, dies erst recht, wenn Gesetze verschärft oder deren Anwendung strenger gehandhabt werden, was zudem als willkürlich und diskriminierend erlebt wird.

Das latente Bewusstsein um Willkür und ungerechte Behandlung kommt bei gegebenem Anlass an die Oberfläche. Sei dies, wenn für Prostituierte die Schmerzgrenze erreicht ist wie 1975 in Lyon, sei dies in Gesprächsrunden oder anderen Kontexten, wo über den Umgang mit der Prostitution, dabei insbesondere mit Prostituierten reflektiert wird.

Der Aufstand der Prostituierten in Lyon markiert die Anfänge der Prostituiertenbewegung in Europa. Die Erfahrung von Schutzlosigkeit auf der einen Seite, weil Mordfälle an Prostituierten nicht aufgeklärt wurden, sowie von schikanöser Behandlung durch die Polizei auf der anderen Seite brachten das Fass zum Überlaufen, als eine Verschärfung des Bussensystems bevorstand, das Prostituierten höhere Geldstrafen bis hin zu Gefängnis brachte.[8]

Der Eindruck der Benachteiligung bezieht sich nicht nur auf die Behandlung durch die Behörden, sondern auch auf die allgemeine Wahrnehmung der Prostitution, bei der fast ausschliesslich die Prostituierten im Zentrum der Aufmerksamkeit stehen. Da deren Kunden in der Regel nicht für ihren Anteil belangt werden, ja im Gegenteil auf ein gewisses Verständnis stossen (insbesondere aufgrund einer bestimmten Vorstellung von männlicher Sexualität), fühlen sich Prostituierte immer wieder ungerecht behandelt. Während ihr Part in der Prostitution missbilligt und stigmatisiert, dabei oft einem amoralischen Verhalten und weniger sozialen Verhältnissen zugeschrieben wird, gilt die Nachfrage nach sexuellen Dienstleistungen als mehr oder weniger selbstverständlich und wird demzufolge kaum hinterfragt. Diese Ungleichbehandlung der Geschlechter wird als ungerecht empfunden. Stellvertretend dafür stehen folgende Aussagen: „Immer sind es die Frauen, die diskriminiert werden, und nicht die Männer, die zu ihnen gehen."[9] „Auch bei den GRÜNEN war es schwer, das Bewusstsein zu schärfen, dass Prostitution ein Ausdruck männlicher Bedürfnisse und nicht ein Fehlverhalten von Frauen ist."[10]

Diese ungleiche und als ungerecht empfundene Bewertung führt bei ihnen und sie unterstützenden Organisationen nicht zur Infragestellung der Bedürfnisse von Männern,

7 Vgl. Silke Ruth Laskowski, Die Ausübung der Prostitution, 290-297.

8 Vgl. zur Prostituiertenbewegung in Lyon und anderswo: Lilian Mathieu, Mobilisations de prostituées. Einen plastischen Eindruck von der Situation in Lyon, insbesondere der Behandlung durch die Polizei, und dem Aufstand der Prostituierten vermittelt der Lebensbericht von Barbara, die eine der Anführerinnen/Sprecherinnen dieser Frauen war. (Vgl. Barbara/Christine de Coninck, Die geteilte Frau, insb. 27-31, 77-145.)

9 Irene Hübner/Maggie Roper, Protest im Spitzenhöschen, 15. Maggie Roper meint mit ihrer Aussage die Prostituierten, die wie alle Frauen diskriminiert würden, dies jedoch in viel stärkerem Ausmass.

10 Marie-Luise Schmidt, Einführung, in: Beruf: Hure, 8.

– was als Konsequenz ebenfalls denkbar wäre, – sondern zu einer entsprechenden ‚Entlastung' der beteiligten Frauen, deren berufliches Selbstbild von ebendiesen Bedürfnissen beeinflusst ist, selbst wenn sie als ambivalent erscheinen.[11]

Neben der stärkeren staatlichen Kontrolle und der erlebten Ausgrenzung trägt die fehlende soziale Absicherung zur Wahrnehmung bei, zu einer Gruppe Menschen zu gehören, die in der Gesellschaft (massiv) benachteiligt wird. So galt in Deutschland vor Inkrafttreten des Prostitutionsgesetzes 2002 die Prostitutionstätigkeit als „sozial- und sittenwidrige Tätigkeit"[12], was zur Folge hatte, dass eine Prostituierte aus rechtlicher Sicht weder als Arbeitnehmerin noch als selbständig Erwerbstätige angesehen wurde und deswegen von der Sozialversicherungspflicht ausgenommen war. Sowohl der Zugang zur gesetzlichen sozialen Sicherung (im Fall von Erwerbslosigkeit und im Alter) als auch zur gesetzlichen Krankenversicherung war ihr verwehrt. Ersteres resultierte aus der Sittenwidrigkeit der Tätigkeit, was in der Rechtslehre aber nicht unwidersprochen blieb. Letzteres teilte sie mit anderen, weil im Zug der Reform des Gesundheitsgesetzes „der Personenkreis der Gewerbetreibenden von der Möglichkeit der freiwilligen Versicherung in der gesetzlichen Krankenkasse ausgeschlossen [wurde]"[13].

1.2 Eine andere Sicht der Prostitutionstätigkeit

Ein verändertes Bild der Prostitutiontätigkeit ergibt sich nicht bereits aus dem Aufweis von Unrecht und ungerechter Behandlung. Daher besteht ein wesentlicher Teil im Kampf um Anerkennung darin, einerseits falsche Vorstellungen von der Prostitutionstätigkeit zu korrigieren und andererseits Selbstbestimmung in Bezug auf die eigene (berufliche) Tätigkeit für sich zu reklamieren. Beides wird im Folgenden dargelegt.

1.2.1 ‚Frauenlos' hinsichtlich Sexualität

Sexualität spielt eine zentrale Rolle in der Prostitution, steht hier doch das sexuelle Erlebnis des Kunden im Vordergrund. Gerade in den Anfängen der Prostituiertenbewegung waren die Protagonistinnen bestrebt, die in der Prostitution zum Zug kommende Sexualität als typisch männliche und die Frauen entfremdende darzustellen. Als typisch männlich gilt dabei, dass es den Männern nur um Sex und Erregung gehe und Gefühle wie Zärtlichkeit aussen vor blieben. „Für Männer ist Sex Ware, egal ob im Ehebett oder bei Prostituierten. Der Ehefrau müssen sie Zärtlichkeit vorgaukeln, bei Huren brauchen sie das nicht."[14]

11 Zum Selbstbild vgl. die Studie von Joanna Phoenix, Making Sense of Prostitution.

12 Beate Leopold/Elfriede Steffan/Nikola Paul, Dokumentation zur rechtlichen und sozialen Situation von Prostituierten in der Bundesrepublik Deutschland, 32. In der Schweiz gilt das Verdikt der Sittenwidrigkeit im Grunde genommen bis heute. Vgl. hierzu aus rechtlicher Sicht: Brigitte Hürlimann, Prostitution – ihre Regelung im schweizerischen Recht und die Frage der Sittenwidrigkeit.

13 Beate Leopold/Elfriede Steffan/Nikola Paul, Dokumentation zur rechtlichen und sozialen Situation von Prostituierten in der Bundesrepublik Deutschland, 35.

14 Irene Hübner/Maggie Roper, Protest im Spitzenhöschen, 13.

Unter der genannten Voraussetzung kämen die Frauen ohnehin nicht auf ihre Rechnung, weder als Ehefrau noch als Prostituierte. Daher bestehe kein derart grosser Unterschied zwischen ihnen, wie üblicherweise suggeriert wird. Für beide sei es mit Anstrengung verbunden, wobei Letztere unabhängiger bleibe, weil sie nicht an einen einzigen Mann gebunden sei.

> „Die Existenz von Prostituierten ist der augenfällige Beweis dessen, was Ehefrauen schon lange wissen und wogegen sie sich schon lange wehren: Diese Sexualität ist Arbeit. Der relativ hohe Lohn, den wir dafür bekommen können, belegt, *wie* bedeutsam diese Arbeit ist."[15]

> „Für Frauen ist ‚Sexualität' wie ‚Liebe' zum allergrössten Teil eine Arbeit, die wir für andere leisten müssen und die uns selber nichts einbringt. Sexualität – das heisst: wir sind Energiequellen, wir werden verkonsumiert wie Batterien (und oft genug auch ebenso nach Verbrauch weggeworfen), wir sind dienstbar für die Spannkraft anderer."[16]

In einem solcherart begriffenen Setting haben sexuelle Handlungen von Frauen, ob von Ehefrauen oder Prostituierten, lediglich eine Dienstleistungsfunktion zu erfüllen. Lust und Erfüllung auch für die Frauen ist kein Thema, weshalb es nicht weiter erstaunt, dass weder die eine noch die andere den sexuellen Verkehr mit ihrem/einem Mann schätzt. „Da ist eine zu Hause, die mit ihnen nichts machen will, die es nicht für das Tollste auf der Welt hält, mit ihnen ins Bett zu gehen, und dann kommen sie zu uns und finden dasselbe in Grün. Wir sind ja auch wirklich eine wie die andere!"[17]

Die zum Ausdruck kommende Sichtweise passt zur Phase/Strömung in der Frauenbewegung, in der die Vorstellung dominierte, dass der heterosexuelle Geschlechtsverkehr den Frauen nicht entspreche/gerecht werde und ihnen erst recht keine Quelle von lustvollem Erleben sein könne. Diese Vorstellung ist mittlerweile überholt. Auch die Auffassung, Prostituierte würden/dürften keine Lust während ihrer Tätigkeit empfinden, wird nicht mehr einhellig vertreten. So gibt es in jüngster Zeit Stimmen, die hervorheben, Prostituierte, die ihre Tätigkeit frei ausüben, würden das Angenehme (d. h. sexuelle Lust, Erfullung) mit dem Nützlichen (d. h. gutem Verdienst) verbinden.[18] In diesem Fall stimmt die Dienstleistung mit dem eigenen Vergnügen überein. Ob sich dabei eher das Empfinden der Frauen geändert hat oder lediglich der Zeitpunkt gekommen ist, dass dies offen zugegeben werden kann, oder ob die Praxis nun auch den Frauen entgegenkommt, weil die Kunden sich darum bemühen, dass die Prostituierte ebenfalls Lust verspürt (was aus Aussagen von Prostituierten wie von Kunden hervorgeht), kann hier nicht entschieden werden.[19] In der Realität dürfte das ohnehin nicht die Regel sein. Vielmehr ist nüchtern von einer Dienstleistung auszugehen, deren Erfüllung Frauen nicht einfach leicht fällt, insbesondere, wenn es sich um Wünsche handelt, die die Frauen selbst als ‚unnatürlich' und unangenehm empfinden. Solches kommt immer wieder zum Ausdruck.[20] Dass

15 Pieke Biermann, „Wir sind Frauen wie andere auch!", 21 (Hervorh. im Orig.).

16 Ebd., 36.

17 Ebd., 183.

18 Als Beispiel, wo dies explizit vertreten wird, sei Tamara Domentat, Lass dich verwöhnen, erwähnt.

19 Eine weitere Deutungsmöglichkeit bestünde darin, dies als Ausdruck der Entwicklung hin zu einer Personen naheren Dienstleistung und in diesem Sinn eher als Werbung dafür zu verstehen.

20 Vgl. beispielsweise Juliana Balmer/Rita Dolder, Susanne D. Ein Leben als Prostituierte.

das, was sich zwischen einer Prostituierten und ihrem Kunden abspielt, den Grundcharakter einer Dienstleistung trägt, zeigt sich in der verbreiteten Selbstverständlichkeit, mit der die Kunden diese in Anspruch nehmen.[21]

1.2.2 ‚Frauenlos' in Bezug auf Verdienstmöglichkeiten

„Bei persönlichen Befragungen nannten Frauen im Sexgewerbe häufig wirtschaftliche Gründe als Hauptmotiv, gekoppelt mit dem Widerstand gegen ihre begrenzten und wenig aussichtsreichen Berufschancen."[22]

Der materielle Aspekt zieht sich wie ein roter Faden durch die Geschichte. Sei es, dass die Frauen damit überhaupt ihre Existenz sichern müssen (ob als Zuverdienst wie bei etlichen Frauenberufen, z. B. in der Zeit der Industrialisierung, oder als Hauptverdienst), sei es, dass sie sich dadurch materiell besser stellen wollen, dazu aber keine andere Möglichkeit haben (was gegenwärtig auch auf einen Teil der Migrantinnenprostitution zutrifft).

> „Anziehungskraft übt Prostitution für viele Frauen insofern aus, als sie Einkünfte verspricht, die sich selbst in hochqualifizierten Berufen kaum erzielen lassen. Von daher ist sie – gewinnt der Wunsch nach einem hohen Lebensstandard erst einmal handlungsleitende Bedeutung – nahezu alternativlos und keineswegs nur für Frauen mit relativ niedrigem Bildungsstatus und ungewissen beruflichen Aussichten attraktiv."[23]

Generell gelten die Möglichkeiten, die der Arbeitsmarkt für Frauen bereithält, die Unterschiede im Lohnniveau von Mann und Frau oder die Verdienstmöglichkeiten, die sich Frauen jeweils bieten, als wichtige Gründe für die Aufnahme der Prostitutionstätigkeit. Dies braucht – wie schon die zitierte Aussage des Soziologen Friedrich W. Stallberg deutlich macht – nicht einmal einer schlechteren Bildung der Frauen geschuldet zu sein.[24] Häufig ist dies mit einer (für Frauen) schlechten Arbeitsmarktlage verbunden, was für etliche Migrantinnen aus postsowjetischen Staaten zutrifft, die nach der Wende ihre Arbeit verloren haben und sich deswegen im Westen prostituieren, oder Frauen in der gegenwärtigen Wirtschafts- und Finanzkrise nach einem Job im Sexgewerbe umsehen lässt. Oft steht hinter dem Entscheid, in die Prostitution einzusteigen, ein persönlicher finanzieller Engpass, bei dem die betroffenen Frauen keine andere Möglichkeit sehen, ihn überhaupt oder in kurzer Zeit bewältigen zu können.[25]

21 Vgl. hierzu ausführlicher Kap. 5.2.

22 Frédérique Delacoste/Priscilla Alexander, SexArbeit, 158. Vgl. auch Priscilla Alexander, Warum dieses Buch?, 21. Auch die Prostituierte Barbara nennt finanzielle Schwierigkeiten – sie muss noch für den Unterhalt ihrer Kinder aufkommen – als Grund für den Einstieg in die Prostitution. (Vgl. Barbara/Christine de Coninck, Die geteilte Frau, 19, 305-306.)

23 Friedrich W. Stallberg, Prostituierte in der Gesellschaft, 43.

24 Nach Lilian Mathieu, Mobilisations de prostituées, 100-101, hingegen war in Frankreich in den 1970er Jahren der Bildungsstand einer der Faktoren für den Einstieg in die Prostitution.

25 Vgl. z. B. Anette, Brunovskis/Guri Tyldum, Crossing Borders, die diese Gründe bei Migrantinnen, die in Norwegen der Prostitution nachgehen, untersucht haben. Dieselben Gründe lassen sich aber auch in anderen Studien sowie in Lebensberichten von Prostituierten finden.

Dass auch das Sexgewerbe kein sicheres Einkommen zu bieten vermag, wird immer wieder deutlich. Klagen über zunehmende Konkurrenz, die zu einem Druck auf die Preise der verschiedenen Dienstleistungen führt, belegen das. Die gegenwärtige Finanz- und Wirtschaftskrise scheint das Sexgewerbe ebenfalls in Mitleidenschaft zu ziehen, weil der Konsum in diesem Bereich zurückzugehen scheint.

Bereits in den 1980er Jahren konstatiert Irene Hübner einen Einbruch des Einkommens von Prostituierten.[26] Sie interpretiert daher den „Kampf der Huren um gesellschaftliche und rechtliche Anerkennung wesentlich [als, B.B.] ein[en] Kampf um Besitzstandswahrung."[27] Das zwinge die Frauen dazu, entsprechend auf sich aufmerksam zu machen:

> „Sie verkaufen werbewirksam den männerstimulierenden Slogan von der Hurenlust am käuflichen Sex, zeichnen das Bild vom postmodernen Bodygirl, das analog zur klassischen, griechischen Hetäre Spass hat am bezahlten Sex, Angenehmes mit Nützlichem verbindet."[28]

Doch auch im Bereich des Sexgewerbes entgehen die Frauen den die Gesellschaft strukturierenden Mustern nicht. Denn „[s]ie leben [wesentlich, B.B.] von patriarchalischen Männerphantasien. [...] Um ihre Jobs zu erhalten, müssen sie zur Stabilisierung überholter patriarchalischer Gesellschaftsstrukturen beitragen."[29]

Aufs gesamte gesellschaftliche Gefüge bezogen tragen die Prostituierten demnach kaum zur Veränderung der Geschlechterverhältnisse[30] und damit zu einer grundlegenden Verbesserung von Verdienstmöglichkeiten für Frauen bei. Innerhalb des gegebenen Rahmens lässt sich die Prostitutionstätigkeit aber durchaus als Form von Widerständigkeit begreifen, die einzelnen Frauen eine Erweiterung der eigenen Handlungsmöglichkeiten bietet und in diesem Sinn mit einem emanzipatorischen Effekt verbunden sein kann.[31]

1.2.3 Sich zu prostituieren: ein Recht

Die 1970er Jahre sind geprägt von der zweiten Frauenbewegung und weiteren Bewegungen wie z. B. die Umwelt- oder Homosexuellenbewegung, die entsprechende Rechte

[26] Vgl. Irene Hübner, Von der klassischen Hetäre zum postmodernen Bodygirl, 161.

[27] Ebd., 164.

[28] Ebd.

[29] Ebd. Laurie Shrage sieht das ähnlich. Ihrer Meinung nach reproduziert die Prostitution in den USA und vergleichbaren Industriestaaten die gesellschaftliche Unterordnung der Frauen. (Vgl. dies., Art. Prostitution, 2115.)

[30] Dass die Prostitution am Geschlechterverhältnis nichts ändert, wird auch von Feministinnen so eingeschätzt, die sich für eine Verbesserung der Situation der Prostituierten einsetzen. Diese Feministinnen verwahren sich aber dagegen, dass die Prostituierten dafür belangt werden. Statt dessen müsste die Sache an der Wurzel angepackt werden, nämlich bei der Nachfrage. (Vgl. Christiane Tillner, Gesellschaftliche und rechtliche Diskriminierung von Prostituierten und die Notwendigkeit rechtspolitischer Konsequenzen – aus feministischer Sicht, 28.)

[31] Vgl. Sabine Kienitz, Sexualität, Macht und Moral, 313-320, die dies anhand eines historischen Beispiels zeigt. Die These, dass die Prostitutionstätigkeit mit Widerständigkeit und sich zunutze Machen von bestehenden Mechanismen, einengenden Regulierungen etc. verbunden ist, lässt sich aber auch auf heutige Verhältnisse übertragen.

eingefordert haben.[32] In Bezug auf die Frauen war die Selbstbestimmung über den eigenen Körper und die eigene Sexualität ein zentrales Anliegen. Dazu gehörte ebenfalls der Kampf für die Abschaffung der Strafbarkeit des Schwangerschaftsabbruchs.

Das Jahr 1975 wurde zum Internationalen Jahr der Frau erklärt und markiert den Beginn der von der UNO proklamierten Frauendekade. Im selben Jahr besetzten die Prostituierten in Lyon eine Kirche und traten so aus Protest gegen die diskriminierende Behandlung durch den Staat in den Streik. Wichtig in Bezug auf die Anerkennung und Durchsetzung der Frauenrechte ist das von der UNO-Generalversammlung 1979 verabschiedete Übereinkommen zur Beseitigung jeder Form von Diskriminierung der Frau (die so genannte UNO-Frauenrechtskonvention).[33]

In einem Kontext, wo Frauen vermehrt Rechte für sich einfordern, insbesondere im sexuellen Bereich und zum Schutz gegen Gewalt, fordern auch Prostituierte für sich das Recht ein, über ihren Körper frei verfügen zu können, d. h. selbst darüber zu befinden, ob sie ihn zum Zweck der Erbringung sexueller Dienstleistungen einsetzen wollen. „Was immer man persönlich von der Prostitution halten mag, Frauen haben das Recht, für sich selbst zu entscheiden, ob sie als Prostituierte arbeiten wollen oder nicht, und unter welchen Bedingungen."[34]

> „Wir lassen uns unsere Zeit bezahlen, wir verkaufen nicht unsere Seelen oder unsere Körper, sondern unsere Zeit. Weil wir ökonomisch und durch unsichtbare Hausarbeit von Männern ausgebeutet werden, handeln wir mit der einzigen Sache, die wir haben, mit unserem Körper. Es ist unsere Zeit und und unser eigener Entschluss, deshalb muss man uns das Recht geben, das zu tun."[35]

Die sexuelle Revolution der 1960er und 1970er Jahre habe den Stellenwert der Sexualität enorm erhöht und zugleich deren „Vermarktung Tür und Tor geöffnet"[36]. Ersteres geht mit einer gewissen Liberalisierung in sexuellen Belangen einher. Was die Kommerzialisierung der Sexualität anbelangt, zeigt sich dies beispielsweise darin, dass in Frankreich Mitte der 1970er Jahre die Kommerzialisierung der Pornographie gesetzlich zugelassen wurde, wenn auch nur in eingeschränkter Weise, was aber trotzdem zu deren Verbreitung führte.[37] Angesichts der skizzierten Entwicklungen empfinden Prostituierte ihre Stigmatisierung und Diskriminierung umso stärker, erst recht, wenn von staatlicher Seite weitere Einschränkungen der Prostitutionsausübung vorgesehen sind.[38] Der Umgang mit der Prostitution erscheint so dem sonst tolerierten allgemeinen Trend diametral entge-

32 Vgl. Lilian Mathieu, Mobilisations de prostituées, 107. Zur Verortung der Prostituiertenbewegung in den USA, insbesondere der Vereinigung COYOTE: Valerie Jenness, Making it Work. The Prostitutes' Rights Movement in Perspective.

33 Vgl. zu den Frauenrechten und der Frauenrechtskonvention: Christina Hausammann, Der steinige Weg zur Integration der Geschlechterfrage in die Menschenrechte.

34 Frédérique Delacoste/Priscilla Alexander, SexArbeit, 180.

35 Pieke Biermann, „Wir sind Frauen wie andere auch!", 181 (zit. Margo St. James, die die Prostituiertenorganisation COYOTE in den USA gegründet hat).

36 Dominique Puenzieux/Brigitte Ruckstuhl, Medizin, Moral und Sexualität, 257.

37 Vgl. Lilian Mathieu, Mobilisations de prostituées, 111-112.

38 So interpretiert Lilian Mathieu die Entwicklung der Prostituiertenbewegung in Frankreich. Dasselbe zeigt sich aber auch in Deutschland.

gengesetzt. Unter diesen Umständen wird nicht nur das Recht, sich prostituieren zu können, eingefordert, sondern darüber hinaus das Recht, deswegen nicht diskriminiert zu werden.

1.3 Kampf um Anerkennung

1.3.1 Was will der Kampf um Anerkennung erreichen?

> „Pour elles [die Prostituiertenbewegungen, B.B.], la prostitution constitue un travail légitime et n'est pas plus associé à la contrainte, à l'esclavage que n'importe quel autre métier ouvert aux femmes dans nos sociétés patriarcales. [...] Elles réclament la décriminalisation de toutes les activités de prostitution et la reconnaissance de tous leurs droits civiques comme des travailleuses et citoyennes à part entière."[39]

Die Erfahrung von Unrecht und ungerechter Behandlung sowie ein verändertes Verständnis der Prostitutionstätigkeit sind Anstoss zur Forderung nach Anerkennung. Diese hat zum einen die „rechtliche und soziale Gleichstellung von Prostituierten"[40] zum Ziel und zum anderen die Respektierung dieser Frauen als Person. Wenn auch in den Anfängen der Prostituiertenbewegung[41] eine Denkströmung verbreitet war, die Prostituierte als die eigentlichen Feministinnen betrachtete, – „The movement not only seeks to legitimate prostitution, but to celebrate it as well."[42] – ist dies vergleichbar mit einer Phase in der feministischen Debatte, als sich lesbische Feministinnen wegen ihrer sexuellen Orientierung als die ‚wahren' Feministinnen sahen. Selbst wenn solches als Übertreibung gewertet werden mag, lässt sich meiner Meinung nach daraus kein Urteil über die Berechtigung der Forderung nach Anerkennung ableiten.

Wie die rechtliche und soziale Besserstellung zu erreichen ist, ist abhängig von der gesetzlichen und sozialen Lage im jeweiligen Staat und auch unter Prostituierten selbst nicht unumstritten.[43] In Deutschland sollte dies vor allem mittels Anerkennung der Pros-

[39] Übersetzt: „Für sie [die Prostituiertenbewegungen, B.B.] stellt die Prostitution eine legitime Arbeit dar und ist nicht stärker mit Zwang, Sklarverei verbunden als jeder andere Beruf, der Frauen in unseren patriarchalen Gesellschaften offen steht. [...] Sie fordern die Entkriminalisierung aller mit der Prostitution verbundenen Aktivitäten und die Anerkennung all ihrer bürgerlichen Rechte als Erwerbstätige und Bürgerinnen mit all ihren Rechten und Pflichten." (Colette Parent, Les identités sexuelles et les travailleuses de l'industrie du sexe à l'aube du nouveau millénaire, 169.)

[40] Beate Leopold/Elfriede Steffan/Nikola Paul, Dokumentation zur rechtlichen und sozialen Situation von Prostituierten in der Bundesrepublik Deutschland, 305.

[41] In verschiedenen Ländern wurden in den 1970er und 1980er Jahren Vereinigungen gegründet, um die Interessen der Prostituierten praktisch und politisch besser voranbringen zu können. Diese Vereinigungen sind durch ein europäisches und internationales Netzwerk miteinander verbunden. Vgl. zur Entwicklung in Deutschland aus einer Innenperspektive der Prostituiertenbewegung: Cora Molloy, Die Deutsche Hurenbewegung.

[42] Übersetzung: „Die Bewegung strebt nicht nur danach, Prostitution zu legitimieren, sondern sie auch zu zelebrieren." (Valerie Jenness, Making it Work, 4.)

[43] Vgl. hierzu z. B. die aufgezeichnete Diskussion in: Women at work, 46-74. Die ehemalige Prostituierte Barbara ist ein Beispiel jener (Ex-)Prostituierten, die die Legalisierung der Prostitution ablehnen. Sie begründet das wie folgt: „Die Legalisierung der Prostitution wäre für mich der Triumph der Männer über die Frauen. Der Sieg der

titutionstätigkeit *als Beruf* erreicht werden. Dabei ist keine Aufwertung im Sinn eines Ausbildungsberufs intendiert, sondern die Ermöglichung von Arbeitsverhältnissen „im Sinne einer abhängigen Beschäftigung oder selbständigen Tätigkeit"[44]. Damit würde rechtlich (zivil-, arbeits- und strafrechtlich) und im Hinblick auf die soziale Sicherung die Tatsache berücksichtigt, dass die Tätigkeit ohnehin als Erwerbstätigkeit ausgeübt wird, jedoch aufgrund des Verdikts der Sittenwidrigkeit – das in Deutschland inzwischen aufgehoben ist[45] – keinen Rechtsschutz geniesst und von der sozialen Sicherung ausgeschlossen ist.[46] Zugleich müsste sich die staatliche Regulierung und Kontrolle auf ein Mass beschränken, wie dies für Arbeitsmarkt und Gewerbe üblich ist. Auf diese Weise würde die rechtliche Diskriminierung der Prostituierten beseitigt.

Ein beträchtlicher Teil der Prostitutionstätigkeit wird von Migrantinnen geleistet, die oft nicht über eine Aufenthalts- und/oder Arbeitsbewilligung verfügen. Sie rechtlich und sozial besser zu stellen hiesse, ihnen einen besseren Zugang zu legaler Erwerbsarbeit zu verschaffen.[47] Ohne hier auf Details einzugehen, betrifft dies im Hinblick auf die Möglichkeit der Zuwanderung zum Zweck der Prostitution all jene Frauen, die nicht dem freien Personenverkehr unterstehen.

Der gesellschaftliche Umgang mit der Prostitution berührt verschiedene Gesichtspunkte und Dimensionen. Ist das Phänomen als solches im Blick, bedeutet die Forderung nach Anerkennung die *Akzeptanz einer gesellschaftlichen Realität*, die nun einmal besteht und nicht abgeschafft werden kann, auch nicht mit Verboten.[48]

Die Forderung nach Anerkennung *als Person* resultiert aus dem Problem, dem Prostituierte verbreitet ausgesetzt sind, nämlich als Person abgewertet und verurteilt zu werden und deswegen gesellschaftlich isoliert zu sein.[49] Das auf einer zwischenmenschlichen Ebene liegende Problem umfasst die gesamte Bandbreite von Situationen, wo Menschen einander begegnen. Angesprochen sind demnach Familie, Freundeskreis bis hin zu staatlichen Behörden (Polizei, Sozialamt etc.), Personen aus dem Gesundheitsbereich oder Personen im übrigen Arbeitsbereich, ob das nun Vorgesetzte sind, die über eine Anstellung befinden, oder Arbeitskolleginnen und -kollegen. In diesem zwischenmenschlichen Umgang zeigt sich, ob Frauen, die der Prostitution nachgehen, respektiert oder wegen

öffentlichen Meinung: ‚Prostitution ist ein notwendiges Übel.' Für dieses notwendige Übel zahlen die Frauen den Preis ihrer Entwürdigung." (Barbara/Christine de Coninck, Die geteilte Frau, 203.)

44 Beate Leopold/Elfriede Steffan/Nikola Paul, Dokumentation zur rechtlichen und sozialen Situation von Prostituierten in der Bundesrepublik Deutschland, 305. Vgl. auch Cora Molloy, Einleitungsvortrag: Modell „Beruf: Hure" in der BRD, insb. 45. Die Möglichkeit von Anstellungsverhältnissen wird ebenfalls in der Schweiz gefordert. Vgl. Susanne Bertschi, Sexarbeit tabuisiert – zum Nachteil der Frauen; Brigitte Hürlimann, Prostitution – ihre Regelung im schweizerischen Recht und die Frage der Sittenwidrigkeit.

45 Vgl. zum Prostitutionsgesetz in Deutschland und den damit gemachten Erfahrungen in Kap. 9.2.2.

46 Vgl. u. a. Friedrich W. Stallberg, Prostitution als soziales Problem, 13-14, 70; Christiane Tillner, Gesellschaftliche und rechtliche Diskriminierung von Prostituierten und die Notwendigkeit rechtspolitischer Konsequenzen – aus feministischer Sicht, 28.

47 Das wird beispielsweise vom FIZ (Fachstelle Frauenhandel und Frauenmigration, vormals unter der Bezeichnung „Fraueninformationszentrum für Frauen aus Afrika, Asien, Lateinamerika und Osteuropa") in Zürich vertreten.

48 Darauf besteht beispielsweise PROCORE (Prostitution Kollektiv Reflektion), das schweizerische Netzwerk zur Verteidigung der Rechte von Personen, die in Berufen des Sexgewerbes arbeiten.

49 Vgl. dazu auch Kap. 6.3.

ihrer Tätigkeit als Person abgelehnt werden. Um solchem zuvorzukommen, entscheiden sich viele Prostituierte für ein Doppelleben, was mit einem hohen Preis verbunden ist. Denn das Doppelleben aufrechtzuerhalten, verlangt nach besonderen Anstrengungen, gibt aber keine Sicherheit, nicht doch noch entdeckt zu werden. Dies trägt zur Isolierung bei und lässt die betroffenen Frauen mit den Schwierigkeiten allein, denen sie bei ihrer Tätigkeit begegnen – sie haben ja niemanden, bei dem oder der sie sich aussprechen könnten. Je nach Kontext fördert dies die Milieubildung und/oder so genannte Zuhälterbeziehungen. In jedem Fall ist das, was auf der zwischenmenschlichen Ebene geschieht, von grosser Bedeutung, dies insbesondere deswegen, weil es mit der eigenen Identität und Lebensgestaltung zusammenhängt.

> „Diese informellen Sanktionen können lebensgeschichtlich betrachtet durchaus die bedeutsamsten sein, indem sie nämlich auch nach Aufgabe der Prostitution fortbestehen, engste Beziehungen unwiderruflich zerstören und tiefsitzende Gefühle von eigener Schuld und Wertlosigkeit entstehen lassen.“[50]

Die Forderung nach Anerkennung beinhaltet nicht nur die Beendigung der gesellschaftlichen Stigmatisierung, sondern auch die Anerkennung ihrer Tätigkeit *als Arbeit*. Nach Auskunft von Jacqueline Suter, Mitarbeiterin von Xenia in Bern,[51] würden sich wegen der entsprechenden fehlenden Anerkennung viele Prostituierte nicht als kompetent erleben und das Gefühl haben, sie seien zu nichts fähig. – Ein ähnliches Selbstbild liess sich zumindest eine Zeit lang bei so genannten Nur-Hausfrauen beobachten. Während aber deren Tätigkeit aufgrund von fehlendem Einkommen nicht als Arbeit galt (jedoch im Gegensatz zur Prostitutionstätigkeit nicht als moralisch anstössig betrachtet wurde), bereitet hier die Qualifizierung von sexueller Betätigung als Arbeit Schwierigkeiten. Gründe dafür sind hauptsächlich die Ablehnung einer Kommerzialisierung der Sexualität (Sexualität soll demnach keine „Handelsware“ sein) sowie die gängige Einschätzung, dass es hierfür keiner spezifischen Kompetenzen bedarf. – Gesellschaftliche Anerkennung als Arbeit würde auf die Prostitution bezogen bedeuten, dass die Prostitutionstätigkeit im Lebenslauf aufgeführt werden könnte, ohne dass dies nachteilige Konsequenzen hätte.

Die Tätigkeit der Prostituierten anzuerkennen, kann den Boden dafür bereiten, dass sie auch als Person respektiert werden. Behördenmitglieder lassen sich zu einem entsprechenden Umgang mit diesen Frauen anhalten. Im übrigen zwischenmenschlichen Bereich muss sich das aber als Haltung durchsetzen.

Eine Forderung nach Anerkennung, die über die genannten hinausgeht, ist jene nach einer *moralischen* Anerkennung der Prostitution als einer legitimen Variante sexueller Betä-

[50] Friedrich W. Stallberg, Prostitution als soziales Problem, 15. Die ehemalige Lyoner Prostituierte Barbara sagt im Rückblick, dass sie in der Zeit, als sie der Prostitution nachging, das Gefühl hatte, dass man sie spüren liess, dass sie eine Prostituierte ist. Umso mehr schätzt(e) sie die von Unvoreingenommenheit geprägte Beziehung zu Leuten der Organisation „Le Nid“. (Vgl. Barbara/Christine de Coninck, Die geteilte Frau, 26, 157, 170.)

[51] Xenia ist ein Verein in Bern, der eine Beratungsstelle für Prostituierte führt, die massgeblich von der Stadt Bern im Rahmen einer Leistungsvereinbarung unterstützt wird. Das Gespräch zwischen Jacqueline Suter und mir fand am 6. Juni 2003 in Bern statt.

tigung.[52] Denn eine solche würde den Diskriminierungen, denen sich Prostituierte ausgesetzt sehen, gleich von Grund auf den Boden entziehen.

1.3.2 Vorläufige, kurze Bilanz des Kampfes um Anerkennung

Die Bilanz des Kampfes um Anerkennung fällt ambivalent aus.[53] In gewissen Staaten wurde eine rechtliche Besserstellung erreicht, jedoch nur für einen Teil der Prostituierten.[54] Solchen Verbesserungen zum Trotz hapert es bei der Umsetzung, was ebenfalls mit dem Bild der Prostituierten zu tun hat, das von aussen an sie herangetragen wird und/oder als Selbstbild existiert. Die Vorbehalte der Person der Prostituierten und ihrer Tätigkeit gegenüber erweisen sich demnach als resistent. Dies zeigt sich nicht nur anhand des Verlaufs der Prostituiertenbewegung, sondern auch in der feministischen Debatte um Prostitution.

> „As long as a majority of prostitutes themselves remain unconvinced that prostitution is real work, equal in legitimacy and respectability with other professions, social movements fighting for its recognition or decriminalization will face strong difficulties to mobilise them, and will remain marginal."[55]

Dass letztlich keine breitere Bewegung entstanden ist, braucht nicht nur mit der Selbstwahrnehmung zusammenzuhängen, sondern kann auch befürchteten negativen Konsequenzen geschuldet sein. Wo die Prostitution verboten ist, riskieren Prostituierte, für ihre Tätigkeit belangt zu werden, wenn sie sich outen. Nachteile haben sie ebenfalls bei sozialer Stigmatisierung zu gewärtigen, z. B. in Form des Verlusts der Wohnung oder des Sorgerechts für die Kinder.[56]

Gleichwohl ist es der Prostituiertenbewegung gelungen, der Auffassung der Tätigkeit als Sünde oder gar Verbrechen die Sicht dieser Tätigkeit als Arbeit und Wahl entgegenzu-

[52] Dafür macht sich insbesondere Tamara Domentat in ihrem Buch „Lass dich verwöhnen. Prostitution in Deutschland" stark.

[53] Vgl. hierzu Colette Parent, Les identités sexuelles et les travailleuses de l'industrie du sexe à l'aube du nouveau millénaire.

[54] Vgl. ausführlicher dazu in Kap. 9.

[55] Übersetzung: „Solange eine Mehrheit der Prostituierten selbst nicht davon überzeugt ist, dass Prostitution eine echte Arbeit ist und anderen Berufen hinsichtlich Legitimität und Ansehen gleichgestellt, werden soziale Bewegungen, die für deren Anerkennung oder Entkriminalisierung kämpfen, es schwer haben, diese [die Prostituierten, B.B.] zu mobilisieren, und [demzufolge, B.B.] eine Randerscheinung bleiben." (Lilian Mathieu, The emergence and failure of prostiututes' social movements, 20.) Daraus wird ebenfalls ersichtlich, dass die Prostituiertenbewegung weniger eine Basisbewegung denn eine Bewegung von Professionellen war/ist, die im Namen der Prostituierten auftritt, ohne dass der grosse Teil der im Sexgewerbe tätigen Frauen direkt beteiligt ist. Die Feststellung dessen, wer das Anliegen vertritt, sagt jedoch noch nichts über die Berechtigung des Anliegens selbst aus. Beides ist auseinanderzuhalten.

[56] Vgl. Colette Parent, Les identités sexuelles et les travailleuses de l'industrie du sexe à l'aube du nouveau millénaire, 172. Bonnie Bullough und Vern L. Bullough weisen auf einen dritten Hinderungsgrund für eine erfolgreiche Mobilisierung hin, nämlich auf die grosse Diversifizierung des Prostitutionsbereichs, was eine Verständigung unter Prostituierten und gegen aussen erschwere. (Vgl. dies., Introduction, 40.)

stellen.[57] Der Disput unter Feministinnen bewegt sich im Rahmen dieser neuen Sicht. Strittig ist, wie weit von (Wahl-)Freiheit gesprochen werden kann und wie die Tätigkeit innerhalb des gegebenen Geschlechterverhältnisses zu werten ist. Eine kritische Haltung gegenüber der Institution Prostitution und damit auch gegenüber der Prostitutionstätigkeit bleibt nicht unangefochten, wird ihr doch vorgeworfen, sie würde zwar die Prostituierten schützen und unterstützen wollen, würde aber mit ihrer ablehnenden Haltung gegenüber der Prostitution die Prostituiertenbewegung schwächen.[58]

Aus ethischer Sicht ist Letzterem entgegenzuhalten, dass sich eine Aufwertung/moralische Anerkennung der Prostitution(stätigkeit) nicht mit dem Argument rechtfertigen lässt, andernfalls würde der Kampf um politische/rechtliche Anerkennung dieser Tätigkeit und der sie ausübenden Frauen erschwert.[59] Dies wäre mit anderen Argumenten aufzuweisen und ist Gegenstand der Überlegungen in Teil II dieser Arbeit. Damit zusammenhängend, aber nicht unmittelbar davon abhängig ist eine Antwort erforderlich auf den Vorwurf, Prostituierten würden Schutz und Rechte vorenthalten und sie würden darüber hinaus diskriminiert. Beides sei mit einem modernen Demokratieverständnis, das von der Unteilbarkeit der Rechte ausgeht, nicht zu vereinbaren.[60] Die Herausforderung, die sich damit auf institutioneller Ebene stellt, wird in Teil III dargelegt.

57 Vgl. Colette Parent, Les identités sexuelles et les travailleuses de l'industrie du sexe à l'aube du nouveau millénaire, 169.

58 Vgl. ausführlicher zur Kritik am Feminismus, der eine kritische Haltung gegenüber der Prostitution einnimmt: ebd., 171-172.

59 Dies ist beispielsweise vergleichbar mit der Frage der Abtreibung oder der sexuellen Ausrichtung.

60 Vgl. Christiane Tillner, Prostitution und Feminismus, 103.

2. Was soll anerkannt werden? Zu Begriff und Verständnis von Prostitution und Prostitutionstätigkeit

2.1 Zum Begriff

Umgangssprachlich scheint jeweils klar zu sein, was mit dem Begriff Prostitution gemeint ist. Doch bereits ein Blick in die Geschichte zeigt, dass darüber keine einheitliche Meinung bestand. Mit Vera Jost lässt sich deshalb festhalten, dass „Prostitution bei genauem Hinsehen ein flüchtiges, schwer greifbares Phänomen [ist], denn seine Definition ist von den historischen und kulturellen Kriterien für akzeptiertes weibliches Verhalten abhängig"[1]. Verschiedenes klingt an. Welche (sexuellen) Verhaltensweisen als Prostitution begriffen werden, hängt vom jeweiligen kulturellen Verständnis ab. Dieses ist immer auch normativ geprägt und zudem nicht geschlechtsneutral. Für Frauen verbindet sich damit bis heute eine zumindest moralische Kontrolle ihres (sexuellen) Verhaltens. Abgrenzungsschwierigkeiten ergeben sich aber nicht nur in Bezug auf einzelne Verhaltensweisen, sondern ebenfalls im Hinblick auf das Mass. Ab wann trifft die Bezeichnung Prostituierte zu, erst nach mehrmaligem oder bereits beim erstmaligen Erbringen einer sexuellen Dienstleistung gegen Bezahlung, braucht es eine regelmässige oder reicht eine gelegentliche Tätigkeit?[2]

Während Claus Bolender und Stephan Feldhaus in ihrem Artikel im Lexikon für Bioethik und der Schweizer Bundesrat in seiner Botschaft über die Änderung des Schweizerischen Strafgesetzbuches vom 26. Juni 1985 sowohl gelegentliches als auch gewerbsmässiges Vornehmen sexueller Handlungen bzw. Erbringen sexueller Dienstleistungen als Prostitution qualifizieren, sprechen andere nur von der gewerbsmässigen[3] Ausübung. Zudem wird die Bezeichnung „gelegentlich" als zu unpräzis kritisiert; dennoch stützt das Bundesgericht das vom Bundesrat breit verstandene Verständnis von Prostitution.[4]

> „Unter Prostitution [...] versteht man das gelegentliche oder gewerbsmässige Angebot und die Ausführung sexueller Dienstleistungen durch weibliche [...] oder männliche [...] Prostituierte gegen Entgelt. [...] Die Qualität der Beziehung zwischen Prostituierten und ihren Kunden ist in der Regel unverbindlich und ohne emotionale Bindung."[5]

> „Prostitution kann sowohl hetero- wie homosexuelle Prostitution sein. Sie besteht im gelegentlichen oder gewerbsmässigen Anbieten und Preisgeben des eigenen Körpers an beliebige Perso-

[1] Vera Jost, Fliegen oder Fallen, 61. (V. Jost beruft sich hierbei auf Gail Pheterson, The Prostitution Prism, 8.) Vgl. auch Edith Heinser-Ueckert/Uta Holter/Jacqueline Knörr, Definitionen und Erklärungsansätze von Prostitution, 9-10.

[2] Vgl. Bonnie Bollough/Vern L. Bullough, Introduction, 24-25; Edith Heinser-Ueckert/Uta Holter/Jacqueline Knörr, Definitionen und Erklärungsansätze von Prostitution, 12.

[3] Vgl. Renate Kirchhoff, Art. Prostitution und Art. Prostitution II.; Waldemar Molinski spricht in „Art. Prostitution II. Ethisch" und in seinem Artikel „Problemfall Prostitution" gleich von gewerblicher Prostitution; Günther Kaiser nennt in „Art. Prostitution" die Regelmässigkeit als einen Bestandteil der Prostitution.

[4] Vgl. Brigitte Hürlimann, Prostitution, 11-12.

[5] Claus Bolender/Stephan Feldhaus, Art. Prostitution, 1. Zum Problemstand, 68.

nen zu deren sexueller Befriedigung gegen Entlöhnung in Geld oder anderen materiellen Werten. Die sexuelle Handlung braucht nicht in der Vornahme des Beischlafs zu bestehen."[6]

Die Prostitutionstätigkeit kann von Frauen oder Männern ausgeübt werden sowie in einer hetero- oder homosexuellen Konstellation stattfinden. In der Realität überwiegt bei weitem die Prostitutionsform, bei der Frauen die sexuelle Dienstleistung erbringen, die Männer nachfragen.[7] Überhaupt richtet sich die ganze Palette an sexuellen Dienstleistungsangeboten, die homosexuelle Prostitution eingerechnet, vorwiegend an eine männliche Kundschaft.[8] Im Mittelpunkt der Diskussionen steht die verbreitete heterosexuelle Prostitution. Darauf konzentriert sich denn auch die vorliegende Arbeit.

Weder in der Botschaft des Schweizer Bundesrates zum neuen Sexualstrafrecht noch im Prostitutionsgesetz in Deutschland (ProstG) von 2001[9] ist eine inhaltliche Bestimmung von Prostitution oder sexueller Handlung zu finden. Doch ist nach Auffassung der Rechtsanwältin Margarete von Galen, die als Expertin in diesem Bereich gilt, davon auszugehen, dass das bundesdeutsche Prostitutionsgesetz unter Prostitution die „Vornahme oder Verabredung sexueller Handlungen zu Erwerbszwecken"[10] versteht, wobei diese im herkömmlichen Sinn die „Vornahme sexualbezogener Handlungen an, mit oder vor einem Kunden in direktem Kontakt mit dem Kunden"[11] bezeichnen. Demnach fallen beispielsweise die Tätigkeit in einer Peep-Show oder als Cabaret-Tänzerin nicht darunter, was für die Schweiz – zumindest aus rechtlicher Sicht – ebenfalls zutrifft.[12] Hier hat das Bundesgericht in einem Entscheid festgehalten, dass die so genannte erotische Feinmassage auch zur Prostitution zu rechnen ist.[13] Prostitution ist ein Phänomen mit verschiedensten Ausprägungen und fliessenden Übergängen.[14] Als solches ist sie eine Form von Sexarbeit bzw. ein Teil des Sexgewerbes, das noch verschiedene andere Arten sexueller

6 Botschaft des Bundesrates über die Änderung des Schweizerischen Strafgesetzbuches vom 26. Juni 1985, BBl 85 II, 1082-1083.

7 Vgl. die Anteile, die die Zeitschrift Cash 1995 (7. Jg. Nr. 41, 13.10.1995, S. 32-33) für die Schweiz ermittelt hat: Bei der Prostitution geht man aus von einem Totalumsatz von 2,7 Mrd. Fr., bei Nachtlokalen (mit Männerkundschaft) von einem solchen von 820 Mio. Fr. und beim bezahlten Sex in der Schwulenszene von einem Totalumsatz von 200 Mio. Fr.; vgl. auch Renate Kirchhoff, Art. Prostitution, 466; Irene Derwein-Sponsel, Art. Prostitution, 335; Günther Kaiser, Art. Prostitution, 598; Joyce Outshoorn, Introduction, 3. Friedrich W. Stallberg schätzt den Anteil auf neun Zehntel. (Vgl. ders., Prostitution, 598.)

8 Vgl. Renate Kirchhoff, Art. Prostitution, II., 1724. Ähnlich Maggie O'Neill: „Prostitution is a market for men; women are paid for the sexual services they perform on (with/for) men." (Dies., Prostitute women now, 7.)

9 Auch nicht in der Begründung des Gesetzes, vgl. Margarete Gräfin von Galen, Rechtsfragen der Prostitution, 14.

10 Ebd., 14.

11 Ebd., 15.

12 Vgl. Brigitte Hürlimann, Prostitution, 13. Auch das britische Home Office geht von einem solchen Verständnis aus, wenn es festhält: „Prostitution is most commonly defined as the exchange of sexual services for some form of payment – usually money or drugs. [...] the definition excludes activities where no physical or intimate contact takes place, such as telephone sex." (Home Office, Paying the Price, 14.) Anders hingegen Katharina Baumberger, die Telefonsex und Peep-Show als Prostitutionsform aufführt. (Vgl. dies., Ausstieg aus der Prostitution, 27.) Da in der Realität die Tätigkeit der Cabaret-Tänzerinnen sehr wohl mit der Prostitution verbunden ist, was zwar gegen das geltende Recht verstösst, scheint es mir angemessener, sie ebenfalls zur Prostitution zu rechnen, wie dies auch Milena Chimienti tut. Vgl. dazu in Kap. 6.3.2.1.

13 Vgl. BGE 121 IV 86 ff; Brigitte Hürlimann, Prostitution, 12.

14 Vgl. Monika Pankoke-Schenk, Art. Prostitution, 911.

Dienstleistung beinhaltet wie die bereits erwähnten, den Telefonsex, die Pornoindustrie und weitere. Um der begrifflichen Klarheit willen scheint es mir angebracht, im Folgenden die Begriffe „Prostitution“, „-stätigkeit“ und „Prostituierte“ zu verwenden und davon abzusehen, den noch heterogeneren Begriff der Sexarbeit zu brauchen, sofern dieser nicht einfach referiert wird. Da der Begriff des Freiers von seinem Ursprung her ein persönliches Verhältnis oder ein „privates Anliegen“[15] bezeichnet und demnach dem privaten Bereich zuzuordnen ist, passt er nicht zum real bestehenden Verhältnis, das korrekt als Dienstleistungsverhältnis zu begreifen ist. Denn die Prostitutionstätigkeit stellt eine Dienstleistung dar, die zu Erwerbszwecken ausgeübt wird. In diesem Kontext ist der Begriff des (Prostitutions-)Kunden angemessen.

In Bezug darauf, wie sich das „Geschäft“ vollzieht, bestehen unterschiedliche Ansichten. Die zitierte Definition von Bolender und Feldhaus spricht vom Ausführen einer sexuellen Dienstleistung, die Botschaft des Bundesrates hingegen vom „Preisgeben des eigenen Körpers“. Der Bundesrat verwendet damit eine Umschreibung, die in dieser oder ähnlicher Form üblich war,[16] in jüngerer Zeit aber von der erstgenannten abgelöst wurde. Während die ältere Formulierung suggeriert, die Prostituierten seien passiv oder hätten die Situation nicht im Griff, sondern seien den Kunden letztlich ausgeliefert, was mit der Kennzeichnung der beliebigen Anzahl noch unterstrichen wird, impliziert die neue Umschreibung eine aktive Rolle der Prostituierten. Das entspricht dem Verständnis der Prostitutionstätigkeit als einer Dienstleistung, die Frauen „aufgrund eigener Entscheidung“[17] und/oder mit eigener „Handlungsmächtigkeit“ erbringen. Wie frei auch immer sich die Frauen für diese Erwerbstätigkeit entscheiden, sofern sie sich nicht in einer von Zwang bestimmten Situation befinden (was nicht nur auf allfällige Dritte zu beziehen ist, sondern auch vorhandenem finanziellem Druck geschuldet sein kann[18]), bestimmen faktisch sie, welche Dienstleistung sie wem gegenüber erbringen.

Wie bei der häufig gebrauchten Kurzdefinition „Sex gegen Entgelt“ bzw. „Sex gegen Geld“ liegt der Fokus bei den beiden zitierten sowie bei anderen Definitionen auf der Angebotsseite. Nimmt man aber die Einsicht ernst, dass es sich bei der Prostitution um eine gesellschaftliche Einrichtung handelt,[19] stellen die erwähnten Definitionen genau genommen eine Umschreibung der Prostitutionstätigkeit und nicht der Prostitution dar. Prostitution ist demgegenüber in Anlehnung an Jean-Guy Nadeau als „Geschäft“ mit

15 Margarete Gräfin von Galen, Rechtsfragen der Prostitution, 1 (Anm. 1).

16 Vgl. Günther Kaiser, der in „Art. Prostitution“ vom sich Hingeben spricht oder Irene Derwein-Sponsel, die in „Art. Prostitution“ den Vorgang als „Überlassung des eigenen Körpers“ bezeichnet.

17 Renate Kirchhoff, Art. Prostitution, II., 1724.

18 Vgl. Gail Pheterson, The Prostitution Prism, 38-39. Vgl. hierzu auch in Kap. 6.

19 Die Auffassung entspringt einer soziologischen Perspektive, die bereits von Wilhelm Bernsdorf vertreten wurde. Er definierte Prostitution folgendermassen: „Die Prostitution ist eine geregelte und sozial gebilligte oder geduldete Einrichtung in herrschaftlich organisierten Gesellschaften (Stände- und Klassengesellschaften), die dem Manne und der Frau ausserhalb monogamer oder polygamer Eheformen in historisch wechselnder Gestalt neben- oder ausserehelichen Geschlechtsverkehr ermöglicht, wobei der eine Partner seinen Körper gewerbsmässig oder gelegentlich preisgibt, wenn ihm materielle Vorteile dafür gewährt werden.“ (Ders., Soziologie der Prostitution, 243; vgl. ders., Art. Prostitution II. Gewerbsmässige Prostitution, 643.) Der Soziologe Siegfried Lamnek stellt in seinem Beitrag „Sex and Crime“ fest, dass diese Definition noch heute rezipiert wird; vgl. auch Günther Kaiser, Art. Prostitution, III. Soziologisch, 646.

bezahlten sexuellen Dienstleistungen zu verstehen, das in einer „direkten (sexuellen) Begegnung" abgewickelt wird und sowohl den Verkauf als auch den Erwerb von sexuellen Dienstleistungen beinhaltet und von sozioökonomischen, rechtlichen und kulturellen Faktoren beeinflusst wird.[20] Damit sind nicht nur die Anbieterinnen, sondern ebenfalls die übrigen Akteure im Blick.

2.2 Zum Verständnis von Prostitution

2.2.1 In historischer Perspektive: „Das älteste Gewerbe der Welt"?

Prostitution im Sinn einer gewerbsmässigen Tätigkeit ist „keine allgemein menschliche Erscheinung, wie man vielfach angenommen hat, sondern an ganz bestimmte soziale Voraussetzungen gebunden"[21]. Sie ist ein Phänomen von „komplexeren Gesellschaften"[22] bzw. von geschichteten Gesellschaften, die Geldverkehr kennen.[23] Innerhalb dieser Gesellschaften kommt sie vor allem in städtischen Gebieten vor. Gehäuft tritt Prostitution auf, wo es eine Ansammlung von Männern gibt, beispielsweise in der Nähe von (stationierten) Truppen oder im Umfeld von Messen.

Eine funktionalistische Sichtweise der Prostitution ging davon aus, dass das Phänomen bei gelockerten sexualmoralischen Vorstellungen abnehmen werde,[24] was sich aber nicht bewahrheitet hat. Der Soziologe Wilhelm Bernsdorf meint sogar, die Emanzipationsbestrebungen von Frauen und die zunehmende Individualisierung hätten die Ausbreitung der Prostitution begünstigt.[25]

Die hinter der Redewendung vom „ältesten Gewerbe der Welt" stehende Auffassung, Prostitution gehöre seit je her und unverrückbar zur Menschheit, ist demnach zu revidieren. Auch die Prostitution ist ein geschichtliches Phänomen. Allerdings ist sie wie dargelegt mit Konstellationen verknüpft, die mittlerweile weltweit verbreitet sind und sie deshalb zu einem globalen Phänomen machen, das bis auf weiteres Bestand haben wird.

> „Solange es ein Wohlstandsgefälle auf dieser Welt gibt – und es spricht wenig dafür, dass es jemals verschwinden wird –, so lange werden Menschen aus ärmeren Ländern in reichere Länder kommen, um dort Geld zu verdienen. Dass sich Prostitution dafür ganz besonders anbietet, liegt schlichtweg daran, dass für sexuelle Dienstleistungen kaum besondere Kenntnisse vonnöten sind."[26]

[20] Vgl. Jean-Guy Nadeau, La prostitution, une affaire de sens, 14. Thanh-Dam Truong versteht die Prostitution ebenfalls als ein Set sozialer Beziehungen, die sich jeweils in der Art unterscheiden, wie die Regulierung und Kontrolle des Tauschs sexueller Dienstleistungen, die Verteilung der materiellen Gewinne und die Stellung der Prostituierten sozial organisiert sind. (Vgl. dies., Sex, Money and Morality, 15.)

[21] W[ilhelm] Bernsdorf, Soziologie der Prostitution, 212; vgl. auch ebd., 216, 218. Vgl. auch mit einem kurzen, aber informativen Überblick über die Geschichte: Romina Schmitter, Prostitution – das älteste Gewerbe der Welt?.

[22] Edith Heinser-Ueckert/Uta Holter/Jacqueline Knörr, Definitionen und Erklärungsansätze von Prostitution, 9.

[23] Vgl. W[ilhelm] Bernsdorf, Art. Prostitution, II. Gewerbsmässige Prostitution, 644.

[24] Vgl. ebd., 645.

[25] Vgl. W[ilhelm] Bernsdorf, Soziologie der Prostitution, 230.

[26] Joachim Riecker, Ware Lust, 180.

Aus den Erläuterungen geht hervor, dass Verbreitung und Beharrungsvermögen der Prostitution nicht auf eine etwaige „Naturgemässheit" zurückzuführen sind, sondern sozial bedingt sind, weswegen die Vision einer Prostitutions-freien Gesellschaft ihre Berechtigung behält.

2.2.2 *Aus der Sicht von Prostituierten*

Die Prostituierten sind keine homogene Gruppe. Dementsprechend vertreten diese auch keine einheitliche Sicht in Bezug auf ihre Tätigkeit. Das Spektrum reicht von jenen Frauen, die sich mit ihrem Job identifizieren, über jene, die sich damit weder identifizieren noch diesen ablehnen, sondern ein pragmatisches Verhältnis dazu haben, bis hin zu jenen, die eine negative Sicht/Haltung ihrer Tätigkeit gegenüber einnehmen und diese deshalb als konfliktiv erleben. Im einen wie im anderen Fall verbindet sich dies mit unterschiedlichen Motiven, verschiedenen Lebenserfahrungen und deren je eigenen Deutung sowie mit unterschiedlichen Lebenssituationen, in denen die Frauen stehen. So findet sich eine identifikatorische Haltung insbesondere bei politisch engagierten Prostituierten, die ihre Tätigkeit als Job wie jeden anderen betrachten und dabei die Vorteile herausstreichen, die sich ihnen bieten. Andere haben ein positives Verhältnis zu ihrer Tätigkeit, weil sie in ihren Augen eine therapeutische und/oder gesellschaftlich nützliche Funktion erfüllt, eine religiöse Dimension beinhaltet (z. B. Heide-Marie Emmermann) oder schlicht deswegen, weil die Kontakte zu den Männern ihnen Befriedigung, Erfüllung verschaffen (z. B. die in der Schweiz bekannte Grisélidis Réal, die in Genf tätig war und für die Anliegen der Prostituierten öffentlich eingetreten ist).

Ein pragmatisches oder funktionales Verhältnis zur Prostitutionstätigkeit findet sich häufig bei Migrantinnen. Diese Frauen identifizieren sich nicht mit ihrer Tätigkeit, verstehen sich demnach nicht als Prostituierte, sondern vielmehr als Migrantinnen, für die diese Art von Tätigkeit die beste Option für den Gelderwerb darstellt. Dies gilt selbst dann, wenn sie die Tätigkeit nicht mögen.[27] Da diese Frauen (und auch Männer in Destinationen von weiblichem Sextourismus) keine valablen Alternativen haben und sich deshalb dafür entscheiden, ein Risiko einzugehen und sich hierfür Fertigkeiten aneignen, wird deren Prostitutionstätigkeit auch als Unternehmertum (entrepreneurship) begriffen. Sind sie wirtschaftlich erfolgreich, gewinnen sie in ihrer Gesellschaft an sozialer und ökonomischer Unabhängigkeit; als Beispiel dafür werden die Frauen in den Bars in Bangkok oder die Beach Boys in Barbados genannt.[28]

Eine der eigenen Prostitutionstätigkeit gegenüber ablehnende Haltung kann bei Eintritt in die Prostitution vorhanden sein, sich aber nach einer Phase der Eingewöhnung

[27] Vgl. Laura María Agustín, Challenging Place: Leaving home for sex, 113; dies., Migrants in the Mistress's House, 111. Vgl. auch das bei Laura Oso, Colombian women, sex work and health in Galicia, Spain, 11, genannte Beispiel.

[28] Vgl. Joan L. Phillips, The Beach Boys of Barbados.

legen. Sie kann sodann von Zeit zu Zeit auftreten und je nach Situation auch Grund für den Wunsch auszusteigen sein.[29]

2.2.3 Aus ökonomischer Perspektive

Gegenwärtig ist die gesamte Sexindustrie[30] weltweit verbreitet und gilt als äusserst einträgliches Geschäft, das zudem im Wachstum begriffen ist. Von der Grösse her ist sie nach Meinung der Ökonomieprofessorin Diane Coyle mit der Elektrotechnik vergleichbar.[31] Was den Umsatz mit der Prostitution anbelangt, nennt die Sozialwissenschaftlerin Emilija Mitrović für Deutschland die geschätzte Zahl von jährlich 14,5 Mrd. Euro, was nahe an den Umsatz der Karstadt Quelle AG (15,2 Mrd. Euro) oder der MAN AG (15,0 Mrd. Euro) heranreiche.[32] Für die Schweiz rechnete Cash[33] 1995 mit einem Umsatz von 2,7 Mrd. Franken, was die von der Schweizer Regierung geplanten Rüstungsausgaben (2,6 Mrd. Franken) noch übertraf und 60 Prozent des gesamten Umsatzes in der Sexindustrie (4,241 Mrd. Franken) ausmachte.[34] Bereits 1995 sprach Cash von einem Boom in dieser Branche und steigender Wachstumstendenz. Interessanterweise liegen die 2005 präsentierten Zahlen ein wenig unter den für 1995 präsentierten, geschätzten Zahlen.[35] Der Fokus des Berichts von 2005 liegt auf den als unanständig bezeichneten Gewinnen, da Renditen von über 30 Prozent möglich seien. Am einträglichsten scheint dabei das Geschäft in den „Grossbordellen"[36] zu sein. Wie weit das dem angenommenen Wachstum der Branche zugeschrieben werden könnte, scheint mir unklar zu sein. Denn gleichzeitig wird berichtet, wie beispielsweise Cabarets oder kleinere Etablissements wegen schwindender Einnahmen mit Schwierigkeiten zu kämpfen haben,[37] was eher auf eine Verlagerung innerhalb der Sexindustrie bzw. auf die von Andreas Heller bereits 1999 prognostizierte Konsolidierung hindeuten würde.[38] Als Beleg dafür wäre der 1995 und 2005 geschätzte Umsatz der Sexbranche in der Schweiz zu sehen. Ob von einer Stagnation auf hohem Niveau oder von einer Zunahme auszugehen ist (das Projekt Don Juan der Aids-Hilfe Schweiz beziffert den jährlichen Gesamtumsatz der Prostitution in der

[29] Dies zeigt sich auch in Lebensberichten von Prostituierten (vgl. z. B. Barbara/Christine de Coninck, Die geteilte Frau, 157) und ist gerade angesichts der psychischen und physischen Anforderungen der Tätigkeit nachvollziehbar.

[30] Dazu gehört alles, was mit Käuflichkeit im Zusammenhang mit Sexualität zu tun hat, also auch die gesamte Pornoindustrie oder Erotikmärkte.

[31] Vgl. Diane Coyle, Sex, Drugs & Economics, 21.

[32] Vgl. Emilija Mitrović, Arbeitsplatz Prostitution, 2. Günther Kaiser nennt 1988 die Zahl von etwa 6-10 Mrd. DM, die jährlich in der Prostitution umgesetzt würden (vgl. ders., Art. Prostitution, 599), Joachim Riecker 1995 die Zahl von knapp 11 Mrd. DM (vgl. ders., Ware Lust, 18).

[33] Mit vollständigem Namen: „Cash. Die Wirtschaftszeitung der Schweiz".

[34] Vgl. Cash 7 (1995) Nr. 41, 1, 32.

[35] Der gesamte Umsatz wird mit 3,4 Mrd. Franken, derjenige in der Prostitution mit 2,4 Mrd. Franken beziffert. (Vgl. Roman Seiler, Bordelle, Bars, Pornos, 1.)

[36] Roman Seiler, Bordelle, Bars, Pornos, 1. Bei den als Grossbordelle bezeichneten Etablissements handelt es sich um Saunaclubs und nicht um Grossbordelle, wie sie für Deutschland beschrieben werden.

[37] Vgl. Roman Seiler, Die heissen Businesspläne der Rotlicht-Barone, 6-7.

[38] Vgl. Andreas Heller, Das Geschäft mit der Lust, 10. Allerdings ist bei den auf Deutschland bezogenen Schätzungen ein Anstieg zu vermerken.

Schweiz mit 3,5 Mrd. Franken[39]), sind solche Summen auch für den Staat interessant, führt das doch zu beträchtlichen Steuereinnahmen,[40] selbst wenn nicht alles deklariert wird.

Die Zahlen zeigen, dass sich das Geschäft zumindest für jene auszahlt, die ein Etablissement besitzen und/oder führen. Daher fragt sich, was finanziell für jene herausschaut, die die eigentliche Arbeit machen, d. h. die sexuelle Dienstleistung erbringen. Landläufig gilt diese Tätigkeit als gut bezahlt.[41] Daher lautet aus ökonomischer Perspektive die Frage, weshalb angesichts eines höheren Stundenlohns und flexiblerer Arbeitszeiten nicht mehr Frauen im Sexgewerbe tätig sind.[42] Andererseits sind in den letzten Jahren zumindest in der Schweiz immer wieder Klagen über eine Zunahme der Konkurrenz und einen dadurch bedingten Preisdruck zu vernehmen. Konkret genannte Zahlen widerspiegeln den widersprüchlichen Befund. Der Bericht in der Wirtschaftszeitung Cash rechnet damit, dass eine Prostituierte jährlich im Durchschnitt 180'000 Franken einnimmt, davon aber Unkosten in der Höhe von zwei Dritteln und mehr zu begleichen hat, weshalb ihr letztlich „höchstens ein Drittel“[43] verbleibe. Wenn diese – leider nicht näher ausgewiesene – Zahl stimmt, entspricht das einem Verdienst, der über demjenigen liegt, der von Frauen üblicherweise im Verkauf, im Gastgewerbe oder in einfacheren kaufmännischen Berufen erzielt wird. Dass der Verdienst durchaus erheblich sein kann, belegen auch Schätzungen über Einkünfte von Migrantinnen. So errechnete Juanita Henning in ihrer Studie über kolumbianische Prostituierte in Frankfurt einen monatlichen Netto-Verdienst von 7'300 DM bis 12'700 DM.[44] Das ist vergleichbar mit der neueren Angabe bei Laura Oso. Ihr gemäss verdienen kolumbianische Prostituierte in der Club- oder Wohnungsprostitution in Spanien bis zu 6'000 Euro monatlich, was in beiden Fällen auf lange Arbeitszeiten zurückzuführen ist.[45] Der Preis, den die Frauen für ihr Einkommen

39 Die Angabe ist der Website von Don Juan unter der Rubrik Facts and figures entnommen (Internet: http://www.don-juan.ch/d/facts/index.php; Stand: 16.06.2009). Don Juan ist ein Informations- und Beratungsangebot der Aids Hilfe Schweiz für Prostitutionskunden.

40 Ein weiteres Beispiel für den Profit, den ein Staat aus dem Sexgeschäft zieht, stellt Thailand dar. Denn die Einnahmen, die dort dem Staat aus dem Tourismus zufliessen, würden sich zu einem beträchtlichen Teil dem Sextourismus verdanken. (Vgl. Ryan Bishop/Lillian S. Robinson, Travellers' Tails, 14.)

41 Vgl. Lena Edlund/Evelyn Korn, A Theory of Prostitution, 181, die die gute Bezahlung als eine Kompensation verminderter Chancen auf dem Heiratsmarkt deuten, was aber m. E. nicht nur zu einseitig ist, sondern angesichts verschiedener Einflüsse wie Veränderung von Angebot und Nachfrage, Lebenssituation der Frauen als alleinerziehende Mütter, gesetzliche Regelungen, Migration etc. zu kurz greift.

42 Vgl. Diane Coyle, Sex, Drugs & Economics, 21-22. Die Ökonomin führt das relativ hohe Einkommen in der Sexindustrie auf die Unelastizität des Arbeitsmarkts in diesem Bereich zurück. Zudem sei die Tätigkeit mit anderen wie dem Sport vergleichbar, die nur für eine kurze Zeitspanne im Leben ausgeübt werden können, was sich in der Entgeltung entsprechend niederschlägt. (Vgl. ebd., 23.)

43 Roman Seiler, Bordelle, Bars, Pornos, 1. Brigitte Obrist gab im Interview Cash gegenüber 1995 an, der höchste in einem Monat erreichte Umsatz hätte 25'000 Franken betragen. An Unkosten für Werbung und Wohnung seien jeweils 6'000 bis 7'000 Franken angefallen. Es hätte immer wieder Monate gegeben, in denen diese höher waren als der erzielte Umsatz. Durchschnittlich verblieben etwa 30 Prozent des Umsatzes als eigentliches Einkommen. (Vgl. Brigit Weibel/Birgit Voigt, „Wenn's unten steif ist, wird's im Kopf oben weich“, 43.)

44 Vgl. Juanita Henning, Kolumbianische Prostituierte in Frankfurt, 108. Die für die Studie notwendigen Befragungen fanden zwischen 1993 und 1995 statt. (Vgl. ebd., 11.)

45 Vgl. Laura Oso, Colombian women, sex work and health in Galicia, Spain, 12; bezügl. Arbeitszeit vgl. auch Juanita Henning, Kolumbianische Prostituierte in Frankfurt, 108. Bezüglich der in Dänemark in Massagesalons

entrichten, besteht möglicherweise nicht nur in längeren Arbeitszeiten, die sie dafür erbringen müssen, sondern auch in einer Intensivierung ihrer Tätigkeit, indem sie für die gleiche Summe oder – im Fall einer grösseren Konkurrenz – für weniger Geld mehr oder umfangreichere Dienstleistungen bieten müssen.[46]

Das von Mitrović genannte monatliche Durchschnittseinkommen von „in der Regel unter 1500 Euro"[47] steht in einem krassen Gegensatz dazu. Zwar begründet sie das nicht weiter, aber ihre Angaben passen zu dem im EVA-Projekt[48] ermittelten „Nettomonatseinkommen von gut 2'000 DM"[49], wobei sich dieser Durchschnittswert aus dem erfragten Einkommen von ausstiegswilligen sowie bereits ausgestiegenen Prostituierten und demjenigen nicht ausstiegswilliger zusammensetzt. Unter den Letztgenannten gibt es welche, die mehr als 3'000 DM monatlich verdienen. Für viele Frauen erfüllt sich somit auch die Erwartung nicht, nur für eine begrenzte Zeit in der Prostitution tätig zu sein und dabei eine ansehnliche Summe auf die Seite legen zu können.[50] Im Gegenteil sammeln sich bei einigen Frauen Schulden in unterschiedlichem Umfang an, wie eine Studie unter ausstiegswilligen Prostituierten in Nordrhein-Westfalen zeigte.[51] Selbst wenn dies nicht der Fall ist, haben ausstiegswillige Prostituierte oft keine oder nur geringe Ersparnisse, weshalb ihnen, da sie oft keine anderen beruflichen Möglichkeiten haben, lediglich zwei Wege verbleiben, nämlich entweder zu heiraten[52] oder sich von der Sozialhilfe unterstützen zu lassen.

Welcher Schluss ist aus diesen höchst unterschiedlichen Angaben zu ziehen? Wie sieht die tatsächliche finanzielle Situation der Prostituierten aus? Wie aus der Studie von Milena Chimienti hervorgeht, die die Prostitution in Massagesalons, Cabarets und Kontaktbars in den Kantonen Genf und Neuenburg untersucht hat, ist diesbezüglich mit einem breiten Spektrum zu rechnen, das von Wenig- über Gut- bis zu (wohl wenigen)

tätigen Thailänderinnen gibt Anders Lisborg an, dass ihr Einkommen über jenem in ihren Herkunftsländern und über dem Minimaleinkommen im Zielland liege. (Vgl. ders., Bodies Across Borders: Prostitution-related Migration from Thailand to Denmark, 105.)

46 Roman Seiler spricht in „Die heissen Businesspläne der Rotlicht-Barone, 7" davon, dass Frauen in „Grosspuffs" im Vergleich zur Salon-Prostitution „mehr Sex für weniger Geld" bieten, weswegen er sie als die „Verliererinnen" im grossen Geschäft der Prostitution betrachtet. Es scheint mir plausibel anzunehmen, dass sich der Druck, bei grösserer Konkurrenz mehr zu bieten, auch auf die Wohnungsprostitution niederschlägt.

47 Emilija Mitrović, Arbeitsplatz Prostitution, 2. In einer 2003 in Deutschland durchgeführten Studie nannten 55 Prozent der befragten Prostituierten ein Nettoeinkommen von unter 1'200 Euro. Im Vergleich zu den übrigen in Deutschland lebenden Frauen ergibt sich aber bei ihnen gleichwohl ein „deutlich höher[es]" Durchschnittseinkommen. Zudem ist bei ihnen der Anteil jener ohne eigenes Einkommen „deutlich niedriger". (Lebenssituation, Sicherheit und Gesundheit von Frauen in Deutschland. II. Teilpopulationen-Erhebung bei Prostituierten, 24.)

48 Die Abkürzung EVA steht für „Evaluierung unterstützender Massnahmen beim Ausstieg aus der Prostitution", die Ergebnisse dieser Studie wurden 1997 publiziert.

49 Beate Leopold/Elfriede Steffan, EVA-Projekt, 6 (im Orig. mit Hervorh.).

50 Vgl. Joachim Riecker, Ware Lust, 184; Beate Leopold/Elfriede Steffan, EVA-Projekt, 6.

51 Vgl. Schritt für Schritt – Wege aus der Prostitution, 58.

52 Nach Auskunft von Jacqueline Suter von der Beratungsstelle Xenia in Bern (im Gespräch am 6. Juni 2003 in Bern) gebe es immer wieder Prostituierte, die auf eine Heirat hoffen, weil sie damit die Möglichkeit auszusteigen verbinden.

Spitzenverdienenden[53] reicht. Bei den Cabaret-Tänzerinnen ermittelte sie ein monatliches Nettoeinkommen zwischen 3'850 und 7'700 Franken, wobei hier die Einkünfte aus der Beteiligung am Getränkeumsatz und aus der Prostitutionstätigkeit eingerechnet sind (der offizielle, rechtlich vorgegebene monatliche Nettolohn einer Tänzerin bewegt sich zwischen 1'450 und 2'200 Franken). Die in den Kontaktbars arbeitenden Frauen erreichen ein Einkommen zwischen 3'000 und 7'000 Franken. Höher ist es bei den in einem Massagesalon tätigen Frauen; dabei zeigt sich bei den von ihr interviewten Frauen eine Bandbreite von 2'000 Franken monatlich (bei einer Frau, die zwei Tage pro Woche arbeitet) und 15'000 Franken (bei einer Frau, die sechs Tage pro Woche arbeitet).[54]

Da die genannten Studien eine Momentaufnahme darstellen, bleibt offen, wie sich der Verlauf des Verdienstes über eine längere Zeit hinweg bewegt. Erst eine Langzeitstudie würde dies – ‚in der Natur der Sache liegend' bei jenen Frauen, die über einige Jahre hinweg in der Prostitution tätig sind – nachzeichnen und die dafür verantwortlichen Gründe ermitteln können.

Aus ökonomischer Perspektive sind nebst Umsätzen und Verdiensten noch weitere Aspekte bemerkenswert. So handelt es sich bei der Sexindustrie um einen Markt, bei dem die Kundschaft vor allem aus Männern besteht. Nach Coyle stellt sie zudem einen auch für andere Freizeitaktivitäten typischen Markt dar. Dieser ist dadurch gekennzeichnet, dass „die Nachfrage bei wachsendem Wohlstand stärker ansteigt als die Einkommen"[55].

2.2.4 Aus moralischer und ethischer Perspektive

Auch in den westlichen Gesellschaften bestehen nach wie vor moralische Vorbehalte gegenüber der Prostitution. Dies gilt ebenfalls für Deutschland, selbst wenn dort die Prostitution nicht mehr im rechtlichen Sinn als sittenwidrig gilt.[56] Obwohl legal und neu mit der Möglichkeit eines sozialversicherungsrechtlich abgesicherten Angestelltenverhältnisses, gilt die Prostitutionstätigkeit gleichwohl nicht als Dienstleistung wie jede andere und wird daher auch nicht von Arbeitsämtern vermittelt.[57] Dass sich nach der Gesetzesänderung nicht mehr Prostituierte „geoutet" haben, liegt nicht nur an den allfällig rückwirkend zu zahlenden Steuern. Bei einem Teil der von Mitrović befragten Prostitu-

[53] Als Beispiel dafür kann Tina Morand gelten, die als Domina arbeitet(e?) und in Zürich ein Luxusetablissement führt. Zusammen mit ihrem ersten Ehemann betrieb sie einen Saunaclub. Sie habe mittlerweile ein Vermögen von mehreren Millionen Franken. (Vgl. Barbara Lukesch, Olivier und Tina Morand, Saunaclubbetreiber, 24-25.)

[54] Vgl. Milena Chimienti, Prostitution et migration, 142, 195, 243.

[55] Diane Coyle, Sex, Drugs & Economics, 26. Sie verweist dabei auf einen gesamtwirtschaftlichen Zusammenhang und hat deshalb die allgemeine Wohlstands- und Einkommensentwicklung im Blick. Zum Zusammenhang von Prostitution und Unterhaltungsgewerbe vgl. Vera Jost, Fliegen oder Fallen, 12.

[56] Das Urteil des Verwaltungsgerichts in Berlin vom 1. Dezember 2000 in Sachen Gaststättenerlaubnis für das Berliner „Café Pssst" begründet seine Verneinung der Sittenwidrigkeit gemäss Ordnungsrecht mit weithin geteilten *sozialethischen* Wertvorstellungen, die unabhängig von der *moralischen* Beurteilung der Prostitution bestehen. (Vgl. VG Berlin 35 A 570.99 [Internet: http://www.jurawelt.de/gerichtsurteile/oerecht/verwg/6222; Stand: 16.06.2009] sowie Maren Bedau, Ein Ende der Rechtlosigkeit?, 166.) Vgl. zur Prostitutionspolitik in Deutschland in Kap. 9.2.2.

[57] Vgl. Emilija Mitrović, Arbeitsplatz Prostitution, 3, 6; vgl. auch Maren Bedau, Ein Ende der Rechtlosigkeit?, 165,168.

ierten ist das darauf zurückzuführen, dass sie selbst das negative Bild dieser Tätigkeit teilen oder davon ausgehen, in der Gesellschaft würden die Vorurteile Prostituierten gegenüber nicht verschwinden.[58] Ein weiteres Indiz für die moralisch ablehnende Haltung bietet die Tatsache, dass Prostitution immer wieder als Störfaktor empfunden wird, der nicht allein auf allfällige Immissionen betreffend Lärm oder Verunreinigung zurückzuführen ist. Hinsichtlich der öffentlichen Meinung stellt Chitraporn Vanaspong zudem fest, dass zwischen Prostitution und Prostituierten nicht unterschieden wird und daher beide in gleicher Weise als gesellschaftliches Übel gelten, letztlich aber nur die Prostituierten mit einem negativen Bild behaftet sind. Die Medien würden diese undifferenzierte Betrachtungsweise noch befördern.[59]

Im Hinblick auf ausgearbeitete ethische Beiträge sind hier sowohl ablehnende als auch befürwortende Positionen zu finden, wobei Letztere aus dem philosophisch-ethischen Bereich stammen und den Schwerpunkt ihrer Reflexion auf die Wertung der Prostitutionstätigkeit legen.[60] Ausgehend von einem ganzheitlichen Menschenbild, das in der Beziehung zu Gott gründet und den Aspekt der Geschlechtlichkeit selbstverständlich mitumfasst, wertet die theologische Ethik sozusagen unisono die Prostitution als Verletzung der Würde der Person. An dieser Stelle sei als einem Beispiel für die genannte Position auf den Katechismus der Katholischen Kirche verwiesen.[61] Demgemäss wird in der Prostitution einerseits die Würde der sich prostituierenden Person verletzt, weil diese „sich zum blossen Lustobjekt anderer herabwürdigt"[62], andererseits aber auch jene der sie beanspruchenden Person, weil diese gegen die mit der Taufe gegebene Verpflichtung zur Keuschheit verstösst,[63] d. h. die Geschlechtlichkeit abspaltet und dadurch die leiblich-geistige Einheit des Menschen zerstört, zu der er bzw. sie berufen ist. Aus theologischer Perspektive gehört der Aspekt der Beziehung wesentlich zur menschlichen Geschlechtlichkeit. Daher lehnen selbst liberale(re) theologisch-ethische Ansätze die Prostitution ab, sofern sie überhaupt noch eigens thematisiert wird. Deren Ablehnung erfolgt nicht nur aus den erwähnten individual-ethischen Gründen, sondern auch aus sozialethischen, da sie als soziales Problem[64] wahrgenommen wird. Dabei bezieht sich die kritische, in der theologischen Ethik vertretene Sicht dezidiert auf die Institution der Prostitution, nicht auf die daran beteiligten Prostituierten. Ihnen gegenüber zeigt sich eine Haltung der Toleranz und das Bestreben nach deren Unterstützung. Insofern lässt

[58] Vgl. Emilija Mitrović, Arbeitsplatz Prostitution, 10.

[59] „It is too complicated for the media to bother educating the public to appreciate the difference between condemning prostitutes and condemning prostitution." (Chitraporn Vanaspong, A Portrait of the Lady: the Portrayal of Thailand and Its Prostitutes in the International Media, 142.)

[60] Die verschiedenen Positionen werden im zweiten Teil der Arbeit ausführlich behandelt und entsprechend ausgewiesen.

[61] In Kap. 7, teilweise auch in Kap. 5 wird die theologisch-ethische Perspektive dargelegt. Der Katechismus gehört zwar nicht zur Kategorie ethischer Beiträge in einem wissenschaftlichen Sinn, aber die Grundsätze, die er lehrt, sind auch Bestandteil theologisch-ethischer Reflexion, weshalb sie an dieser Stelle genannt werden.

[62] Katechismus 2355.

[63] Vgl. ebd.

[64] Auch wenn der Katechismus nicht als liberal gelten kann und auch kein wissenschaftliches Werk ist, sei er hier erwähnt, weil er dem monierten Sachverhalt besonders drastisch Ausdruck verleiht, indem er die Prostitution als eine „Geissel der Gesellschaft" bezeichnet. (Katechismus 2355.)

sich aus der ethischen Ablehnung der Prostitution nicht bereits eine bestimmte rechtliche Position ableiten.

In der philosophischen Ethik gibt es Positionen, die im Grundsatz keinen Einwand gegenüber der Prostitution sehen. Denn wenn die Autonomie gewahrt ist, d. h. die Prostitutionstätigkeit frei gewählt ist und ohne Zwang ausgeübt werden kann, liegt nach dieser Überzeugung keine Verletzung der Menschenwürde vor. Erst recht nicht, wenn das Setting von gegenseitigem Respekt geprägt ist. In diesem Kontext ist auch die Ökonomisierung der Sexualität kein Problem, weil sie der autonomen Gestaltung unterliegt.

2.2.5 *Kontroverse Einschätzung und Bewertung der Prostitution*

In Bezug darauf, wie die Prostitution eingeschätzt und damit zusammenhängend auch bewertet wird, lassen sich zwei Hauptströmungen unterscheiden, die erbittert um die Definitionsmacht kämpfen. Auf der einen wie auf der anderen Seite finden sich Frauen, die sich als Feministinnen und ihr Engagement zum Wohl der Frauen verstehen. Die fundamentale Differenz zwischen beiden Positionen zeigt sich gegenwärtig in der Frage des Frauenhandels. Zwar sind sich beide darin einig, dass diese Art von Ausbeutung der Frauen zu bekämpfen sei. Völlig uneins sind sie sich jedoch in der Beurteilung der Prostitution bzw. der Prostitutionspolitik und damit verbunden hinsichtlich der Vorgehensweise, wie der Frauenhandel, der in westlichen Staaten grösstenteils in die oder in der Prostitution stattfindet, wirksam zu bekämpfen ist. Während die (neo-)abolitionistische Position Prostitution grundsätzlich ablehnt und als Ursache des Frauenhandels betrachtet,[65] unterscheidet die liberale Position zwischen freiwilliger und erzwungender Prostitution – eine Unterscheidung, die die abolitionistische Seite vehement ablehnt.[66]

Die liberale Position zeichnet sich dadurch aus, dass sie insbesondere zum Schutz der Prostituierten für deren Besserstellung eintritt. Sie wird nicht nur von der so genannten „ProProstitutionsbewegung"[67] vertreten, die die Prostitutionstätigkeit als berufliche Tätigkeit wie jede andere auffasst, sondern auch von Frauen und Männern, die zwar der Prostitution ablehnend gegenüberstehen, sich aber für die Prostitutierten einsetzen, weil sie deren Diskriminierung und gesellschaftliche Benachteiligung als unwürdig und ungerecht betrachten.

Die hauptsächlichen Differenzen zwischen den beiden Positionen beziehen sich auf die Umstände der Aufnahme und Ausübung der Prostitutionstätigkeit, deren (weltweite)

65 Richard Poulin sagt es kurz und bündig so: „Il est impossible de combattre la traite sans combattre la cause: la prostitution." (Ders., La mondialisation des industries du sexe, 293.)

66 Eine Darstellung der unterschiedlichen Positionen findet sich in verschiedenen Werken (Studien zu Einzelfragen, Berichten etc.) in unterschiedlicher Form (insbesondere als Darlegung der feministischen Debatte oder der rechtlichen Regelungen). Als Beispiel seien hier die Studie des Conseil du statut de la femme, La prostitution: Profession ou exploitation?, insbesondere 33-41, 85-91, 93-110, und Sabine Grenz, (Un)heimliche Lust, 11-17, genannt. Eine Auseinandersetzung mit den beiden Hauptströmungen aus einer explizit abolitionistischen Sicht bieten Yolande Geadah, La prostitution: un métier comme un autre?, und Richard Poulin, La mondialisation des industries du sexe. Beide stammen aus dem frankophonen (in diesem Fall aus dem frankophonen kanadischen) Raum, in dem es eine starke abolitionistische Bewegung gibt. Kritisch beiden Positionen gegenüber äussert sich knapp und prägnant Julia O'Connell Davidson in ihrem Artikel „Männer, Mittler, Migranten", 10-11.

67 Ulrike Mentz, Frauenhandel als migrationsrechtliches Problem, S. 40.

Organisation, die Wertung der Rolle der Beteiligten sowie die Deutung des gesellschaftlichen Kontextes. Sie lassen sich in Kurzform folgendermassen charakterisieren:

Liberale Auffassung		**Abolitionistische Auffassung**
Frei gewählte Tätigkeit.	vs.	Aus verschiedenen Gründen (u. a. soziale und psychologische Bedingungen, wirtschaftliche Not etc.) nicht frei gewählt, sondern deswegen Aufnahme der Prostitutionstätigkeit bzw. ‚Empfänglichkeit' für Manipulation durch Zuhälter.
Selbstbestimmte Ausübung der Prostitutionstätigkeit.	vs.	Ausübung unter dem Druck und/oder der Kontrolle eines Zuhälters, Richard Poulin spricht deswegen von „personne prostituée“[68].
Es handelt sich um ein ‚freies Unternehmertum' bei den Prostituierten wie bei jenen, die ein Etablissement führen.	vs.	Angesichts der weltweiten Verbreitung und des Einflusses der Sexindustrie stellt dies ein weltweites System dar, das zu einem grossen Teil von der organisierten Kriminalität gelenkt wird.
Die Rolle von Zuhälterinnen und Zuhältern (Letztere gelten in der Regel als Partner und im schlechten Fall als Zuhälter im herkömmlichen Sinn) und Prostitutionskunden wird nur problematisiert, wenn sie gewalttätig sind, also die Integrität und Freiheit der Prostituierten verletzen.	vs.	Die Profiteure – dies sind allein die Zuhälter und die Kunden und nicht die Prostituierten – sind zur Verantwortung zu ziehen, insbesondere ist dabei in Betracht zu ziehen, dass es ohne Kunden keine Prostitution gäbe.
Auffassung, dass die Prostitutionstätigkeit wie die Sexindustrie überhaupt dem ökonomischen Gesetz von Angebot und Nachfrage gehorcht.	vs.	Auffassung, dass die liberale ökonomische Betrachtung zu kurz greift, denn sie verharmlost und blendet den gesamten Kontext aus, nämlich dass es sich um ein patriarchales Herrschaftsverhältnis handelt, das die Frauen unterdrückt und sich

68 Aus der Sicht der Abolitionistinnen und Abolitionisten gibt allein die Passivform im Gegensatz zur Aktivform („la prostituée“) den Sachverhalt bzw. die Realität adäquat wieder, da ihrer Meinung nach der weitaus überwiegende Teil der Prostituierten von Zuhältern kontrolliert werde. Vgl. als Beispiel Richard Poulin, La mondialisation des industries du sexe, 50-51, der einen weiteren Vorteil des genannten Begriffs darin sieht, dass er auch Kinder beiderlei Geschlechts, Transsexuelle und Männer umfasst, die „prostituiert werden“ (ein Begriff, den es im Deutschen – im Gegensatz zum Französischen – so nicht gibt).

		ihrer auch im Fall der Prostitution bedient, diese also verdinglicht (zur Ware macht).
Respektierung der frei gewählten und ohne Zwang ausgeübten Prostitutionstätigkeit durch den Staat (wobei dies in unterschiedlicher Form geschehen kann, von einer blossen Entkriminalisierung bis hin zur Legalisierung).	vs.	Gegen eine Legitimierung der Prostitution durch den Staat, weil diese sonst banalisiert würde und eine Zunahme derselben sowie des damit verbundenen Menschenhandels und der Minderjährigenprostitution zur Folge hätte.
Ein diskriminierender und benachteiligender sozialer und rechtlicher Kontext stellt eine Verletzung der Würde der Prostituierten dar.	vs.	Die Prostitution als solche stellt eine Verletzung der Würde und Menschenrechte der Frauen (und minderjährigen Prostituierten) dar.
‚Recht auf Autonomie', einschliesslich des Rechts, sich zu prostituieren.	vs.	Gegen eine Verabsolutierung der Autonomie, diese findet dort ihre Grenze, wo es um selbstschädigendes Verhalten geht, deshalb auch kein Recht auf Prostitution(stätigkeit). Statt auf das Recht auf Autonomie (in Bezug auf den Gebrauch des eigenen Körpers zum Zweck der Prostitutionstätigkeit) zu pochen, müsste der Zugang zu den Rechten (z. B. bei wirtschaftlicher Bedürftigkeit) im Blick sein.

Mit den einander völlig widersprechenden Einschätzungen und Wertungen setze ich mich im Hinblick auf deren sachliche und normative Grundlage im zweiten Teil dieser Arbeit auseinander. Bevor dies geschieht, bleibt als Nächstes noch zu klären, was mit Anerkennung genau gemeint ist, da dies eine zentrale Forderung der so genannt liberalen Position darstellt.

3. Was bedeutet gesellschaftliche Anerkennung?

Anerkennungsforderungen wurden und werden in Gesellschaften immer wieder laut. Sie zeigen an, wo und in welcher Hinsicht sich Gruppen gegenüber der Allgemeinheit benachteiligt sehen. Der Sozialphilosoph Axel Honneth betrachtet den Kampf um Anerkennung als wichtigen Motor in der Menschheitsgeschichte und stellt diesen deswegen ins Zentrum seiner gesellschaftstheoretischen Überlegungen.[1] Sein Verständnis von Anerkennung wird im Folgenden soweit dargelegt, als sich daraus ein differenzierteres Verständnis der Forderung nach Anerkennung der Prostitutionstätigkeit gewinnen lässt. Diese und die damit verbundene Herausforderung für die Ethik werden anschliessend in Kapitel 4 dargelegt.

3.1 Anerkennung als Zeichen der Integration

Die Forderung nach Anerkennung lässt sich im Sinn von Honneths „Kampf um Anerkennung" als Auseinandersetzung um soziale und gesellschaftliche Integration interpretieren,[2] die immer auch Ausdruck des vorherrschenden, intersubjektiv geteilten Werthorizontes ist und um den immer wieder gerungen wird. Ausgangspunkt bzw. Motivation zur Auseinandersetzung bilden Unrechtserfahrungen, die als Erfahrungen vorenthaltener

1 Axel Bohmeyer findet die anerkennungstheoretischen Überlegungen von Axel Honneth überzeugender als die diskursethischen von Jürgen Habermas, dies nicht zuletzt deswegen, weil sie das Gute und Gerechte im Gegensatz zur Diskursethik wieder zusammenbringen. Deshalb entwickelt er gestützt auf diese Grundlage eine neue theoretische Konzeption der Christlichen Sozialethik. (Vgl. ders., Jenseits der Diskursethik.)

2 Vgl. Axel Honneth, Kampf um Anerkennung; ders., Gerechtigkeit und kommunikative Freiheit, 223; vgl. auch Hermann Kocyba, Anerkennung, 16. Der Begriff der Anerkennung hat bei Honneth eine „moralphilosophische Bedeutung" sowie eine „gesellschaftstheoretische Funktion". In Bezug auf Letztere erhellt er, „dass sich der Prozess der gesellschaftlichen Integration im Normalfall in Form einer sozialen Inklusion der Mitglieder durch institutionalisierte Weisen der wechselseitigen Anerkennung vollzieht". (Axel Honneth, Antworten auf die Beiträge der Kolloquiumsteilnehmer, 104, vgl. auch ders., Grounding Recognition, 501, 511.) Selbst wenn Kritik an der Gesellschaftstheorie von Honneth berechtigt ist, scheint mir diese dennoch für ein vertiefteres Verständnis der Forderung nach Anerkennung im Zusammenhang mit der Prostitution geeignet zu sein, denn sie verfährt normativ, was auch der Art entspricht, wie die Forderung geäussert wird. Honneth greift dabei auf Einsichten des jungen Hegel zurück. Zur Kritik an Honneth vgl. Alexander Heck, Auf der Suche nach Anerkennung, insb. 148, 182; Micha Brumlik, Kontexte der Anerkennung – Kommentar zu Axel Honneths Moral jenseits von Aristoteles und Kant; Detlef Horster, Soziale und individuelle Moral – Eine Kritik an Axel Honneth; zur Kritik an Honneths Personbegriff vgl. Jean-Pierre Wils, Autonomie und Anerkennung, 46-47. Nancy Fraser vertritt zwar ebenfalls ein Konzept der Anerkennung, jedoch in Absetzung von Honneth kein identitätstheoretisches. Während sie Honneths Konzept im Bereich des Guten verortet sieht und damit als nicht weiterführend betrachtet, weil aufgrund des vorherrschenden Wertpluralismus keine Einigung zu erzielen sei, fasst sie ihr Konzept der Anerkennung als Teil des Gerechten. (Vgl. dies., Recognition without Ethics?) – Dagegen lässt sich m. E. einwenden, dass sich das nicht derart strikt durchhalten lässt. Zudem lässt sich mit Frasers Konzept keine plausible Erklärung für ein „beschädigtes" Selbstbild bei fehlender rechtlicher Benachteiligung geben, was Honneth aber leistet. – Zur Kritik an der verkürzten Perspektive von Anerkennungstheorien allgemein, siehe Alexander Heck, Auf der Suche nach Anerkennung, 404-405. Er sucht nach einer umfassenden Theorie sozialer Integration, die sich seines Erachtens nicht in einer anerkennungstheoretischen Perspektive erschöpft, sondern beispielsweise auch die Integration durch die Ökonomie einbezieht.

oder verweigerter Anerkennung bzw. als moralische Verletzung zu verstehen sind.[3] Sie beeinträchtigen das praktische Selbstverhältnis des Menschen und damit die individuelle Handlungsfähigkeit, weshalb sie einen „Akt der persönlichen Beschädigung"[4] darstellen. Das Selbstverhältnis oder die Selbstbeziehung des Menschen lokalisiert Honneth auf drei Ebenen, die wesentlich sind für den Entwicklungsprozess von Individuen.[5] Das Selbstverhältnis konstituiert sich dabei in wechselseitigen Anerkennungsbeziehungen.[6] Auf einer ersten Ebene geht es um die Anerkennung als Individuum, was in Primärbeziehungen und in der Form von Liebe, Fürsorge geschieht. Die zweite Ebene betrifft das Rechtsverhältnis, in dem jeder Mensch als „Person anerkannt [wird], der dieselbe moralische Zurechnungsfähigkeit wie allen anderen Menschen zukommt"[7], was sich in der Form des moralischen Respekts ausdrückt. Während sich das Rechtsverhältnis am Prinzip der Gleichheit orientiert, kommt auf der dritten Ebene, der Ebene der sozialen Wertschätzung, die Besonderheit eines Menschen zum Zug. Hier geht es um die Anerkennung als Person, „deren Fähigkeiten von konstitutivem Wert für eine konkrete Gemeinschaft sind"[8]. Anerkannt werden die „individuellen Leistungen, deren Wert sich an dem Grad bemisst, in dem sie von einer Gesellschaft als bedeutungsvoll erfahren werden"[9].

[3] Vgl. Axel Honneth, Zwischen Aristoteles und Kant, 63-64; vgl. auch ders., Die soziale Dynamik von Missachtung; ders., Kampf um Anerkennung, 212-225, 256-273. Aus solchen Erfahrungen erwächst der Sinn für Ungerechtigkeit. Vgl. dazu ders., Gerechtigkeit und kommunikative Freiheit, 220; vgl. auch ders., Grounding Recognition, 503.

[4] Axel Honneth, Zwischen Aristoteles und Kant, 65.

[5] Axel Honneth hält in der Auseinandersetzung mit Nancy Fraser explizit an der Dreistufigkeit der Anerkennung fest. Er wehrt sich damit gegen eine in seinen Augen verkürzte Sicht, die Anerkennung nur auf die gesellschaftliche Seite bezieht, was in Diskussionen um Multikulturalität geschieht. (Vgl. ders., Recognition or Redistribution?.)

[6] Für Axel Honneth stellt die „Verschränkung von Selbstverwirklichung und sozialer Anerkennung ein unhintergehbares Faktum menschlicher Vergesellschaftung" dar, wobei sie ihre konkrete Gestalt jeweils aus den „normativen Basisstrukturen" einer bestimmten Gesellschaft gewinnt. (Ders., Antworten auf die Beiträge der Kolloquiumsteilnehmer, 114; vgl. auch ders., Grounding Recognition, 501, 515; Umverteilung als Anerkennung, 164-169.)

[7] Axel Honneth, Anerkennung und moralische Verpflichtung, 37. Mit dem Aufkommen der Moderne musste das Recht neu begründet und daher neu als „Ausdruck der verallgemeinerbaren Interessen aller Gesellschaftsmitglieder verstanden werden". Das führte zu einem neuen reziproken Anerkennungsverhältnis: „die Rechtssubjekte erkennen sich dadurch, dass sie dem gleichen Gesetz gehorchen, wechselseitig als Personen an, die in individueller Autonomie über moralische Normen vernünftig zu entscheiden vermögen". (Ders., Kampf um Anerkennung, 177.) Vgl. zum Recht als Anerkennungsverhältnis auch Ludwig Siep, Recht und Anerkennung.

[8] Axel Honneth, Anerkennung und moralische Verpflichtung, 37. Zur Interpretation dieser dritten Ebene vgl. auch Annette Barkhaus, Differenz und Anerkennung.

[9] Axel Honnneth, Kampf um Anerkennung, 181. Honneth unterscheidet nicht klar zwischen Gemeinschaft und Gesellschaft, was darauf zurückzuführen sein dürfte, dass Gesellschaft in seiner anerkennungstheoretischen Konzeption nicht funktionalistisch, sondern letztlich von einem Werthorizont geleitet begriffen wird. Das trifft aber in den Augen von Jürgen Habermas auf moderne Gesellschaften nicht mehr zu. Er spricht zwar im Kontext einer von ihren Staatsbürgerinnen und Staatsbürgern geteilten politischen Kultur von einem „gemeinsamen Interpretationshorizont", in dessen Licht diese um ihr Selbstverständnis und die Auslegung der grundlegenden Rechte ringen. (Ders., Kampf um Anerkennung im demokratischen Rechtsstaat, 263, im Orig. mit Hervorh.) Diese bzw. daraus abgeleitet ein allfälliger Rechtsanspruch und nicht irgendwelche Wertschätzung machen nach Habermas den Bezugspunkt für eine allfällige Anerkennung von unterschiedlichen Lebensformen oder Kulturen aus. (Vgl. ebd.) Übertragen auf die Forderung nach Anerkennung, die von Seiten von Prostituierten geäussert

Auf dieser Ebene gibt es im Gegensatz zum Rechtsverhältnis eine abgestufte Wertzumessung. ‚Funktionieren' auf den drei genannten Ebenen die Anerkennungsbeziehungen, vermag ein Mensch Selbstvertrauen (entsteht in Primärbeziehungen), Selbstachtung bzw. Selbstrespekt (im Rechtsverhältnis) und Selbstwertgefühl bzw. Selbstschätzung (aufgrund von sozialer Wertschätzung) auszubilden.[10] Wo dies nicht der Fall ist, werden auf der Ebene des Rechtsverhältnisses einzelnen Personen oder Gruppen Rechte vorenthalten, was einerseits sozialem Ausschluss gleichkommt und andererseits das Gefühl vermittelt, „nicht den Status eines vollwertigen, moralisch gleichberechtigten Interaktionspartners zu besitzen"[11]. Auf der Ebene der sozialen Wertschätzung erzeugt es die Erfahrung, für die Gemeinschaft/Gesellschaft nicht von „sozialer Bedeutung"[12] zu sein. Konkret manifestiert sich das in Formen mangelnder Wertschätzung bis hin zum „massiven Fall der Stigmatisierung"[13]. Eine verminderte oder gar fehlende soziale Wertschätzung ist darauf zurückzuführen, dass innerhalb des gesellschaftlich vorherrschenden Werthorizontes „einzelne Lebensformen und Überzeugungsweisen als minderwertig oder mangelhaft herabgestuft" werden, wodurch die davon betroffenen Personen ihren damit verbundenen Fähigkeiten keinen „sozialen Wert"[14] beimessen können. Dasselbe trifft für Fall einer mangelnden oder fehlenden Wertschätzung der „gesellschaftlich typisierten Rolle" einer Person zu. Denn hier geschieht nicht, dass eine Person „in der gesellschaftlich typisierten Rolle [Honneth nennt als Beispiel den Freund, die Putzfrau und die Mitreisenden im Zug, B.B.] sozial gutgeheissen wird oder Geltung besitzt"[15]. Das eine wie das andere schlägt sich entsprechend negativ auf das Selbstbild nieder. Sighard Neckel hat dafür den Begriff der sozialen Scham geprägt,[16] die den „Achtungsverlust"[17] widerspiegelt, den eine Person erleidet, wenn ihr ein minderwertiger sozialer Status zugeordnet wird oder sie sich nicht der gesellschaftlichen Wertordnung gemäss verhält. Auf den sozialen Status bezogene Schamgefühle sind demzufolge Ausdruck der Übernahme der Fremdbewertung[18] sowie einer internalisierten sozialen Kontrolle.[19] Die Angst vor einem möglichen Achtungsverlust zwingt zur Anpassung, will eine Person den damit verbundenen Ausschliessungsprozessen entgehen.

wird, lässt sich das m. E. nur hinsichtlich der Forderung nach rechtlicher Besserstellung bejahen. Die gesellschaftliche oder moralische Anerkennungsforderung hingegen geht über den Rechtsanspruch hinaus.

10 Vgl. Axel Honneth, Kampf um Anerkennung, 148-211; ders., Zwischen Aristoteles und Kant, 66-67. Michael Walzer spricht ebenfalls von Selbstachtung und Selbstschätzung, die er als reflexive Formen der Anerkennung begreift. Bei ihm bezieht sich die Selbstachtung sowohl auf die Würde der Person als auch auf die Würde der Position. Sie erwächst nicht wie die Selbstschätzung aus einem Vergleich unter Personen, sondern aus der Orientierung an einer bestimmten Norm. So erwächst z. B. in Bezug auf eine Lehrperson die Würde der Position nicht aus dem Ansehen des Lehrberufs, sondern bemisst sich daran, wie weit eine Lehrperson das Ethos dieses Berufs lebt, erfüllt. (Vgl. ders., Sphären der Gerechtigkeit, 388-398, insb. 390.)

11 Axel Honneth, Kampf um Anerkennung, 216.

12 Axel Honneth, Anerkennung und moralische Verpflichtung, 34.

13 Ebd.

14 Axel Honneth, Kampf um Anerkennung, 217.

15 Axel Honneth, Unsichtbarkeit, 19.

16 Vgl. Sighard Neckel, Status und Scham.

17 Sighard Neckel, Achtungsverlust und Scham, 244, 252.

18 Vgl. ebd., 251.

19 Vgl. Sighard Neckel, Status und Scham, 199-201.

Anerkennungsverhältnisse bewirken demnach auf der einen Seite Integration und auf der anderen Ausschluss.[20] Sie offenbaren darin die Ambivalenz, die ihnen eigen ist: in Bezug auf die Entfaltungsmöglichkeit der einzelnen Individuen ihre „Ermöglichungs- und [...] Verhinderungsseite"[21]. Die einzelnen Individuen sind dem aber nicht einfach hilflos ausgeliefert, denn die Pluralität von „soziale[n] Anerkennungsforen"[22] lässt eine Auswahl und Gewichtung zu. Somit vermögen Anerkennungsverhältnisse erst dann Orientierung zu geben, wenn ihnen „in dem je eigensinnig zusammengestellten Anerkennungsportfolio"[23] eine entsprechende Bedeutung zukommt. Konkret äussert sich das darin, dass sich beispielsweise eine Person in ihrer Identität nicht oder kaum in Frage gestellt fühlt, wenn sie im Erwerbsarbeitsbereich wenig Anerkennung erhält, weil sie dies in einem anderen Bereich kompensieren kann, der ihr viel wichtiger ist. Denkbar ist ebenfalls, dass sie ihre Tätigkeit in einer bestimmten, für sie sinnstiftenden Art deutet und daraus Anerkennung bezieht, was zum Beispiel Prostituierte tun, wenn sie sich als Therapeutinnen verstehen.

3.2 Soziale Wertschätzung durch Anerkennung der Arbeit

In so genannten Arbeitsgesellschaften geschieht die soziale Wertschätzung wesentlich über die Anerkennung der (Erwerbs-)Arbeit. Die Menschen „gelangen [...] durch die Anerkennung ihres Arbeitsbeitrags zu einem Gefühl sozialer Zugehörigkeit und Wertschätzung"[24]. Das bedeutet, dass „sich die soziale Wertschätzung einer Person weitgehend daran bemisst, welchen Beitrag sie in Form einer formal organisierten Arbeit für die Gesellschaft erbringt"[25]. Dabei sieht Honneth einen engen Zusammenhang zwischen der gesellschaftlichen Organisation der Arbeit und den Normen, die die soziale Wertschätzung jeweils bestimmen.[26] Sie beeinflussen die gesellschaftliche Verteilung der Arbeit und

[20] Aus diesem Grund lehnt Katrin Meyer das Honnethsche Konzept der sozialen Wertschätzung ab und plädiert stattdessen in Anlehnung an Judith Butler für jenes der Partizipation, die in Absehung von jeglicher möglicher Wertschätzung zu gewähren ist und das Problem des Ausschlusses bereits im Konzept selbst vermeidet bzw. von Grund auf beheben will sowie eine Erzeugung und Festlegung von Identität umgeht, was bei einer Anerkennung(spolitik) unweigerlich geschieht. (Vgl. Katrin Meyer, Was bedeutet Anerkennung der Differenz?.) Der Einwand scheint mir berechtigt zu sein. Gleichwohl bin ich skeptisch, ob das Konzept der Partizipation als *die* Lösung taugt, fusst es doch auf der Ablehnung des Identitätsbegriffs und einer Wertediskussion. Zudem ist für mich die Annahme ebenso fraglich, dass jene Menschen und Bewegungen, die für sich Anerkennung fordern, damit ‚lediglich' Partizipation fordern und nicht damit verbunden auch soziale Wertschätzung.

[21] Gabriele Wagner, Berufsbiographische Aktualisierung von Anerkennungsverhältnissen, 155.

[22] Ebd., 144.

[23] Ebd., 154.

[24] Axel Honneth, Gerechtigkeit und kommunikative Freiheit, 224. Auch Stephan Voswinkel hält Arbeit in unserer Arbeitsgesellschaft für eine „wesentliche Referenz sozialer Anerkennung". (Ders., Die Anerkennung der Arbeit im Wandel, 40.)

[25] Axel Honneth, Die soziale Dynamik von Missachtung, 104. Die Philosophin Angelika Krebs geht ebenfalls von einer anerkennungstheoretischen Begründung von Arbeit, näherhin eines Rechts auf Arbeit, aus. (Vgl. dies., Arbeit und Liebe, 195-208.)

[26] Vgl. Axel Honneth, Die soziale Dynamik von Missachtung, 106. Er führt dies am Beispiel der unbezahlten Hausarbeit aus, wo auch deutlich wird, dass die soziale Wertschätzung über die Frage des Lohns hinausreicht. Eine damit kompatible Position vertritt Friedrich Kambartel, der eine gesellschaftliche, soziale oder moralische

die Möglichkeiten und Grenzen, über eine bestimmte Arbeit zu sozialer Wertschätzung zu gelangen. Unter Berücksichtigung der ökonomischen Dimension, die hier nicht zu vernachlässigen ist und die die materiellen Interessen betrifft, lässt sich zugleich sagen, dass die gesellschaftliche Verteilung der Arbeit auch über ökonomischen und sozialen Ausschluss befindet.[27]

Die Anerkennung über Arbeit spielt sich nach Stephan Voswinkel in einem Spannungsfeld ab. Sie lässt sich nicht einfach über Arbeit an sich erwerben, sondern über „*Erfolg* im Beruf, [...] aus Arbeit entstandene[m] *Reichtum*, die *Position* auf dem Markt oder in der Organisation"[28]. Erfolg, Reichtum und soziale Position stellen sich aber nicht über jedwelche Arbeit ein, denn gesellschaftliche Konventionen, die deswegen immer wieder neu ausgehandelt werden müssen, legen fest, welcher Art von Arbeit oder Leistung welches Mass an Anerkennung zukommt.[29] Daher kann die Prostitutionstätigkeit, so sie erfolgreich ausgeübt wird, zwar ökonomische Anerkennung vermitteln, nicht aber soziale, während dies bei der Hausarbeit oder Freiwilligenarbeit gerade umgekehrt ist.[30] Zudem verkennt die blosse Erklärung, Prostitution sei eine Arbeit „wie andere Arbeiten auch"[31], die Tatsache einer abgestuften Wertbemessung, die das Resultat einer auch normativ geführten Ausmarchung ist.

In Bezug auf den Modus der Anerkennung einer Arbeitsleistung stellt Voswinkel eine Verschiebung fest. Während Anerkennung bislang vornehmlich über „Würdigung" zu Stande kam und Zugehörigkeit markierte, was häufig auch rechtlich abgesichert wurde, gewinnt im Zug der Subjektivierung der Arbeit der Modus der „Bewunderung" an Einfluss. Nicht mehr der Beitrag oder allenfalls das für eine Gemeinschaft erbrachte Opfer zählen, sondern der Erfolg, die herausragende Leistung.[32] Letzteres bleibt Personen verwehrt, die Tätigkeiten mit wenig Ansehen oder Einfluss ausüben. Sie sind auf die Würdigung ihrer Tätigkeit angewiesen, die ihnen wenigstens ein „alternatives Prestige"[33] vermittelt, denn möglicherweise stellt sie sogar die einzige Form von Anerkennung dar, die sie dafür erhalten können. Die Forderung nach Anerkennung der Prostitutionstätigkeit als Arbeit lässt sich auf diesem Hintergrund in beide Richtungen interpretieren. Wo es

sowie eine symbolische Anerkennung gesellschaftlicher Arbeit (sein Arbeitsbegriff wäre eigens darzulegen, was aber zu weit führen würde) unterscheidet. Er schreibt, dass gesellschaftliche Arbeit dann „soziale (moralische) Anerkennung" erhält, „wenn sie sich einer angemessenen Wertschätzung innerhalb der Gesellschaft erfreut, z. B. nicht als niedrige oder unerhebliche Tätigkeit bewertet wird". (Ders., Arbeit und Praxis, 132, im Orig. mit Hervorh.)

27 Vgl. Sönke Abeldt, Ökonomische und sozialpolitische Kontexte der Anerkennung, 253.

28 Stephan Voswinkel, Bewunderung ohne Würdigung?, 66 (Hervorh. im Orig.). Eine ähnliche Sichtweise, allerdings allgemein und nicht allein auf Arbeit bezogen, vertritt Michael Walzer, der das Mass an zugeteilter Anerkennung in Abhängigkeit vom Status der jeweiligen Person sieht. (Vgl. ders., Sphären der Gerechtigkeit, 367.)

29 Vgl. Stephan, Voswinkel, Bewunderung ohne Würdigung?, 66; vgl. auch ders., Die Anerkennung der Arbeit im Wandel, 40.

30 Vgl. Angelika Krebs, Arbeit und Liebe, 72.

31 Xenia, Verein und Beratungsstelle, Jahresbericht 2001, 9. Das Beispiel von Xenia steht stellvertretend für viele andere. Im genannten Zusammenhang wird die Aussage mit dem Anliegen guter Arbeitsbedingungen für die Prostituierten verbunden.

32 Vgl. Stephan Voswinkel, Bewunderung ohne Würdigung?, 69-71; vgl. auch ders., Die Anerkennung der Arbeit im Wandel, 40-44.

33 Stephan Voswinkel, Bewunderung ohne Würdigung?, 70.

darum geht, diese Tätigkeit, die de facto eine Erwerbsarbeit darstellt,[34] auch als solche anzuerkennen und entsprechend (sozialversicherungs-)rechtlich abzusichern, steht m. E. das Moment der Würdigung im Vordergrund. Hinsichtlich der Dimensionen, die Petra Frerichs in Anerkennungsverhältnissen unterscheidet,[35] hiesse das, dass die Prostituierten auf der Ebene der „horizontale[n] Konkurrenzverhältnisse"[36] einen Zugewinn verbuchen konnten. Hingegen lässt sich das in neuerer Zeit beobachtbare Auftreten von Prostituierten, die sich als selbstbewusste Unternehmerinnen darstellen, bereits auf der Ebene „vertikale[r] Distinktionskämpfe"[37] deuten. In Anlehnung an Voswinkel interpretiert machen sie sich die Tendenz zur Subjektivierung der Arbeit zu eigen und verlangen nach Anerkennung aufgrund ihrer Geschäftstüchtigkeit und ihres finanziellen Erfolgs. Die Sichtweise, die sich durchsetzen wird, wird entsprechende Konsequenzen für das Geschlechterverhältnis haben bzw. mit Frerichs gesprochen die „segmentäre[n] vergeschlechtlichte[n] Anerkennungsforen"[38] entsprechend verändern.

[34] Dabei spielt es keine Rolle, ob sie als vollzeitliche oder teilzeitliche Erwerbsarbeit ausgeübt wird.

[35] Sie unterscheidet drei Dimensionen: „vertikale Distinktionskämpfe, horizontale Konkurrenzverhältnisse und segmentäre vergeschlechtlichte Anerkennungsforen". (Petra Frerichs, Die Arbeit der Anerkennung, 274.)

[36] Ebd.

[37] Ebd.

[38] Ebd.

4. Anerkennung der Prostitutionstätigkeit in welcher Hinsicht? – Eine Zwischenbilanz

Wie andere Anerkennungsforderungen lässt sich die Forderung nach Anerkennung der Prostitutionstätigkeit den von Axel Honneth identifizierten „drei moralisch relevanten Anerkennungserwartungen“[1] zuordnen. Als Person geachtet und respektiert zu werden, bezieht sich auf die zwischenmenschliche, die rechtliche und die gesellschaftliche Ebene.

Im ersten Fall bedeutet dies, von nahe stehenden Mitmenschen als unverwechselbares Individuum geschätzt und evtl. auch geliebt zu werden. Die Mitmenschen würden dabei von der praktizierten Erwerbstätigkeit absehen, zumindest die Prostituierte nicht darauf reduzieren. Die geäusserten Bedenken wegen Sanktionen oder die Furcht davor belegen aber, dass eine Anerkennung als Mensch/Person, der bzw. die verschiedene Fähigkeiten, viele Facetten besitzt, nicht selbstverständlich zu sein scheint.

Die rechtliche Anerkennung impliziert den Einbezug in die Rechtsgemeinschaft und damit die Anerkennung als Rechtsperson, was nichts anderes heisst, als dass die Betroffenen teilhaben an den Rechten, die für alle gelten. Hinzuzufügen wäre noch, dass dies auch die Teilhabe an den für alle geltenden Pflichten einschliesst.[2]

Anerkennung in den „Sozialbeziehungen“[3] meint die Anerkennung der eigenen Leistung, des eigenen Beitrags „zur Reproduktion der Gesellschaft“[4]. Der Bereich der sozialen Wertschätzung funktioniert aber nicht ausschliesslich nach dem Prinzip der ‚wertgeschätzten Leistung‘, denn

> „die Herausbildung sozialstaatlicher Massnahmen lässt sich so verstehen, dass ein Minimum an sozialem Status und damit ökonomischen Ressourcen dem einzelnen Gesellschaftsmitglied auch unabhängig vom meritokratischen Anerkennungsprinzip zugesichert werden soll, indem die entsprechenden Ansprüche hier in soziale Rechte transformiert werden.“[5]

Wo soziale Rechte an die Erwerbstätigkeit, insbesondere an die in einem Anstellungsverhältnis erbrachte, gebunden sind, führt das zum Ausschluss der Prostituierten von diesen Rechten, wenn die Prostitutionstätigkeit nicht in der Form eines (solchen) Erwerbsarbeitsverhältnisses anerkannt ist.

Die genannten „drei moralisch relevanten Anerkennungserwartungen“ verdeutlichen, auf welchen Ebenen Anerkennungsforderungen liegen können, sie beinhalten aber noch keine Rechtfertigung dessen, was jeweils konkret anerkannt werden soll. Der Anerkennungsbeziehung entsprechend, an die sich eine konkrete Anerkennungsforderung richtet, ist zu prüfen, ob eine vorgebrachte Anerkennungsforderung moralisch gut oder schlecht bzw. richtig oder falsch ist.[6] Die Forderung nach Anerkennung drückt einen bestimmten

1 Axel Honneth, Anerkennungsbeziehungen und Moral, 109. Damit sind die drei grundlegenden Ebenen von Anerkennungsbeziehungen gemeint.

2 Dies entspricht auch der Sichtweise von Axel Honneth. (Vgl. ders., Umverteilung als Anerkennung, 168.)

3 Ebd.

4 Ebd., u. a. 153.

5 Ebd., 173. Vgl. auch ebd., 176.

6 Vgl. Axel Honneth, Anerkennungsbeziehungen und Moral, 109-110.

Geltungsanspruch aus, der als solcher der Rechtfertigung bedarf.[7] Über Anerkennungsforderungen auf der Ebene der sozialen Wertschätzung kann laut Nancy Fraser keine Einigung erzielt werden, weil das Fragen des guten Lebens betrifft, über das verschiedene, einander konkurrierende Wertvorstellungen existieren. In Frasers Konzept erweist sich der Anspruch auf Anerkennung dann als berechtigt, wenn jene, die ihn geltend machen, erstens nachweisen können, dass sie nicht als Gleichberechtigte am sozialen Leben teilnehmen können, weil dies durch kulturelle Vorstellungen, die gesellschaftliche Institutionen entsprechend prägen, verunmöglicht wird. Zweitens müssen sie darlegen, dass die intendierten Massnahmen zur anvisierten Anerkennung führen, dies ohne andere bestehende Ungleichheiten wesentlich zu verschlechtern.[8]

Fraser will demnach Anerkennungsprobleme über das Prinzip der Gerechtigkeit lösen. Dieses kommt insbesondere im Bereich des Rechts zum Tragen. Rechtsverhältnisse sind gemäss den Ausführungen von Honneth nach dem Prinzip der Gleichbehandlung zu regeln. In Bezug auf Prostitution ist daher zu fragen, ob das Prinzip gewahrt ist bzw. inwiefern die von Prostituierten verlangte rechtliche Besserstellung als gerechtfertigt zu betrachten ist. Konkret sind die vorhandenen Rechtsordnungen und deren Umsetzung daraufhin zu beurteilen.

Bei den Ausführungen zur sozialen Wertschätzung wurde deutlich, dass sich diese nach dem Wert eines bestimmten Beitrags für die Gesellschaft richtet und deshalb in Abstufungen erfolgen kann. Damit stellt sich die Gretchenfrage, welchen Wert eine Gesellschaft der Prostitutionstätigkeit beimessen will. Konsequenterweise und als notwendiges Gegenstück dazu ist zugleich zu fragen, welchen Wert eine Gesellschaft der Nachfrage nach sexuellen Dienstleistungen beimessen will. Die Frage nach der sozialen Wertschätzung der Prostitution ist dabei in zwei Hinsichten zu bedenken. Einerseits spricht sie die normative Beurteilung der Prostitution an und andererseits die Art und Weise, wie eine Gesellschaft angesichts des bestehenden Phänomens verfahren soll. Konkret steht zur Debatte, ob der Ausschluss der als Erwerbsarbeit ausgeübten Prostitutionstätigkeit aus der allgemein mit der Erwerbsarbeit verbundenen sozialversicherungsrechtlichen Absicherung oder der erschwerte Zugang dazu gerechtfertigt sind.

Wer nun mit dem Argument, nur so lasse sich die gesellschaftliche Diskriminierung der Prostituierten von Grund auf vermeiden, für eine moralische Anerkennung bzw. nach Honnethschem Konzept der Anerkennung für eine vollumfängliche soziale Wertschätzung der Prostitution eintritt, verneint erstens die Möglichkeit der Unterscheidung der beiden genannten Perspektiven und lässt zweitens darüber hinaus nur *eine* normative Position als einzig angemessene und richtige gelten. Ob Letztere tatsächlich gerechtfertigt ist, wäre nicht mit dem Argument der Vermeidung von Diskriminierung aufzuweisen, sondern mit einsichtigen Argumenten, die das ‚Gute' oder die Richtigkeit dieser Tätigkeit darlegen. Diesbezüglich ist bereits eine erste Skepsis angebracht. Denn wenn die Nachfrage nach Prostitution in den Blick rückt, – was durchaus dem Anspruch von Prostituiertenorganisationen an sich selbst entspricht, „vermehrt die Nachfrageseite ins Zentrum

7 Vgl. Alexander Heck, Auf der Suche nach Anerkennung, 212.

8 Vgl. Nancy Fraser, Recognition without Ethics?, 32-33.

der Aufmerksamkeit [zu] rücken“[9], – werden die Kunden doch häufig (wenn auch oft unterschwellig) als Ursache des Problems betrachtet. Als problematisch erscheint die Nachfrage, die ein bestimmtes Angebot erzeugt, was je nach Situation für die anbietenden Frauen mehr oder weniger Nachteile bringt.

Eine zweite Skepsis ergibt sich angesichts des (zumindest in heutigen westlichen Gesellschaften) bestehenden Pluralismus an moralischen Wertvorstellungen. Gerade deswegen lässt sich endlos streiten, weichen doch Ansichten über Fragen des guten Lebens oft völlig von einander ab. In Bezug auf Prostitution kann aber keine moralische Position „legitimerweise beanspruchen, dass ihre Auffassung zur Grundlage allgemein verbindlicher, zwangsbewehrter Normen wird“[10]. Um dennoch zu einer für alle akzeptablen Lösung zu kommen, bietet sich das Konzept der Toleranz an. Gefragt wäre demnach nicht Anerkennung, sondern Toleranz.[11]

Toleranz zeichnet sich gemäss Rainer Forst dadurch aus, dass man auf der einen Seite am Wahrheits- oder Richtigkeitsanspruch der eigenen Überzeugung festhält und auf der anderen Seite, wenn gute bzw. gerechtfertigte Gründe[12] vorliegen, davon abweichende Überzeugungen und Praxen toleriert. Das enspricht auch vernünftiger Überlegung und Handlungsweise, weil die „Vernunft [...] um die Unumgänglichkeit rein vernünftigerweise nicht auflösbarer religiöser oder ethischer Streitfragen [weiss]“[13]. Angewendet auf die Prostitution ist folglich denkbar, dass das Erbringen von oder Nachfragen nach sexuellen Dienstleistungen aus moralischen Gründen abgelehnt bzw. als ohne oder nur von geringem sozialen Wert betrachtet wird, dass aber diese Tätigkeit dennoch toleriert wird. Die Tätigkeit stünde zwar im Widerspruch zur (aktuellen) Wertordnung der oder eines Teils der Gesellschaft, doch aus gerechtfertigten Gründen würde ihre Ausübung nicht verbo-

9 Marianne Schertenleib, Verbot oder Legalisierung der Prostitution, 11. An dieser Stelle ist an die Problematisierung der Nachfrage gedacht, nicht an das Bestreben, die Kunden als „Herr Jedermann“ auszuweisen und dadurch die Prostitution zu rechtfertigen, wie dies in der Freierstudie der Berliner Prostituiertenorganisation Hydra geschieht. (Vgl. Hydra [Hrsg.], Freier. Das heimliche Treiben der Männer.) Dass Marianne Schertenleib im genannten Sinn kritisch fragt, hängt wohl damit zusammen, dass sie keine Prostituiertenorganisation vertritt, sondern eine Fachstelle, die Migrantinnen berät, darunter Opfer von Frauenhandel in der Prostitution.

10 Rainer Forst, Toleranz im Konflikt, 613.

11 Werner Becker tritt vehement für eine Unterscheidung zwischen Anerkennung und Toleranz ein. Anerkennung bezieht sich seiner Meinung nach auf die Rechtsverhältnisse und „impliziert die Gleichheit von Rechtssubjekten“, während Toleranz den Umgang mit Konflikten aufgrund weltanschaulicher Differenzen bezeichnet. (Ders., Anerkennung und Toleranz, 15.) Honneth braucht den Begriff der Toleranz nicht. Ich meine aber, dass sich die Idee der Toleranz, so wie sie Becker versteht, gut mit dem anerkennungstheoretischen Modell verbinden lässt, auch wenn Becker dieses Modell ablehnt. Zur Unterscheidung von Anerkennung und Toleranz vgl. auch Hans Halter, Toleranz; Karin Priester, Zulassen können.

12 Nach Rainer Forst sind das „reziprok-allgemeine Gründe“ (ders., Toleranz im Konflikt, u. a. 741) bzw. Gründe, die „nicht zurückgewiesen werden können, ohne den Respekt für andere als Wesen mit eigenen Perspektiven, Bedürfnissen und Interessen zu verletzen“ (ders., Das grundlegende Recht auf Rechtfertigung, 76). Ausführlicher zu den Kriterien der Reziprozität (Forst unterscheidet zwischen einer Reziprozität der Inhalte und einer der Gründe) und Allgemeinheit vgl. ders., Toleranz im Konflikt, 594-595 sowie ders., Das grundlegende Recht auf Rechtfertigung, 82. Forst unterscheidet vier Konzeptionen von Toleranz, vgl. dazu ders., Toleranz im Konflikt, 42-48.

13 Rainer Forst, Toleranz im Konflikt, 632. Vgl. auch ders., Toleranz, Gerechtigkeit und Vernunft, 140. Forst verwendet die Begriffe Ethik und ethisch in der gleichen Weise wie Habermas; nach meiner Diktion entspricht das den Begriffen Moral bzw. moralisch.

ten oder unverhältnismässig behindert. Mit dieser Position vereinbar wären darüber hinaus rechtliche Bestimmungen zur Regelung der Prostitutionstätigkeit. Nach Honnethschem anerkennungstheoretischem Modell würde sie zwar rechtlich anerkannt, aber einer sozialen Wertschätzung entbehren.

Ob Prostitution nun soziale Wertschätzung verdient und welcher Art diese sein sollte oder ob allenfalls eher Toleranz angezeigt ist, wird im zweiten Teil der Arbeit diskutiert.

Zweiter Teil

Prostitution: kontrovers diskutiert und beurteilt

5. Zur Auseinandersetzung um Sexualität und Körperlichkeit

5.1 Sexualität im Widerstreit moralischer Überzeugungen und Positionen

Was ehemals fraglos zusammengehörte – wenigstens der Norm nach – hat sich in der Praxis verselbständigt und beansprucht nun eigenen Sinn: Im Zug der gesellschaftlichen Entwicklungen löste sich die Sexualität von ihrer Einbindung in die Ehe bzw. in vorgegebene Ordnungen.[1] Gleiches gilt dank der Entwicklung und Verbreitung der Pille für ihre Verbindung mit der Reproduktion. Diese Prozesse liessen ein Verständnis von Sexualität entstehen, das diese als eigenen und wesentlichen Aspekt des menschlichen Lebens begreift, der zudem nicht zwangsläufig mit Liebe verbunden sein muss.[2]

Sexualität stellt nunmehr in den westlichen Industriestaaten einen eigenen Erfahrungsbereich dar. Hier ist auch eine zunehmende Pluralisierung sexueller Verhaltensweisen zu beobachten, was nicht zuletzt vermittels medialer Aufmerksamkeit ins öffentliche Bewusstsein dringt. Die damit verbundene Diskursivierung hat den Effekt einer Normalisierung, selbst wenn dies dem Anschein nach nicht mit einer zahlenmässigen Verschiebung der Verhältnisse einhergeht. Denn gemäss Gunter Schmidt ist Heterosexualität zwar zu einem Lebensstil unter anderen geworden, aber trotzdem noch am verbreitetsten.[3] Gleichwohl werden ehemals gültige sexualmoralische Normen zunehmend fragwürdig. So verlieren sexuelle Praktiken, die lange als Perversionen betrachtet wurden, ihr negatives und häufig stigmatisierendes Etikett und erscheinen als eine mögliche ‚Spielart' von Sexualität, was den Sexualwissenschaftler Volkmar Sigusch dazu bringt, von Neosexualitäten zu sprechen.[4]

Sexualität ist, wie der Soziologe Anthony Giddens es ausdrückt, zu einer „modellierbaren Sexualität" geworden.[5] In einem solchen Kontext ist es nur folgerichtig, wenn gleicherweise sexuelle Tauschgeschäfte nicht nur als eine mögliche, sondern auch als eine legitime ‚Spielart' von Sexualität reklamiert werden. Die Schriftstellerin und Journalistin Tamara Domentat bringt das in ihrem Plädoyer für die Prostitution – wobei sie diesbezüglich klar die von Frauen frei gewählte und autonom ausgeübte Prostitutionstätigkeit im Blick hat – so auf den Punkt:

> „Eine Gesellschaft, die die ‚Unmoral' abschaffen will, läuft Gefahr, inhuman zu werden. Anstatt Sexarbeiterinnen und ihre Kunden sexuell zu disziplinieren, bräuchten wir ein gesellschaftliches Klima, das sexuelle Tauschgeschäfte nicht nur juristisch und versicherungstechnisch gleichstellt,

1 Vgl. Gunter Schmidt, Sexualität und Kultur, 12-13. Gunter Schmidt und Volkmar Sigusch gelten als Pioniere der Sexualwissenschaft im deutschsprachigen Raum.

2 Vgl. zu Letzterem Astrid Riehl-Emde, Liebe – Partnerschaft – Sexualität, 116; Wolfgang Lenzen, Liebe, Leben, Tod, 87, 101.

3 Vgl. Gunter Schmidt, Sexualität und Kultur, 17. Dieser Befund würde auch dem entsprechen, was der Soziologe Karl Lenz „Persistenz kultureller Formen" nennt. (Ders., Im ehernen Gehäuse der Kultur, 183 sowie ders., Zur Geschlechtstypik persönlicher Beziehungen, 30.)

4 Vgl. Volkmar Sigusch, Neosexualitäten.

5 Anthony Giddens, Wandel der Intimität.

sondern auch als *sexualisierten Lebensentwurf*. Ebenso wie Schwule und Lesben und zunehmend auch Transsexuelle gesellschaftlich akzeptiert werden, sollte auch eine Sexarbeit, die zwischen Erwachsenen in gegenseitigem Einverständnis stattfindet, als eine von vielen vertretbaren Sexualitäten im Rahmen der Zivilgesellschaft anerkannt werden – nicht nur als verbale Toleranzbekundung, sondern als Teil gesellschaftlichen Lernens, im sozialen Nahbereich, jenseits von voyeuristischer Lust. Eine humanistische Gesinnung respektiert das Selbstbestimmungsrecht aller an sexuellen Tauschgeschäften Interessierten. [...] In einer komplexen, individualisierten und pluralistischen Gesellschaft verliert eine essentialistische Sexualmoral, die an den jeweiligen Kontexten vorbeiargumentiert, ihre Gültigkeit und ihren Sinn."[6]

Wie aus Domentats vehementem Eintreten für die Prostitution deutlich wird, genügt ihr die rechtliche Gleichstellung der Prostitutionstätigkeit mit anderen beruflichen Tätigkeiten nicht, weil es immer noch möglich bleibt, sexuelle Praktiken allein aus moralischen Gründen zu unterbinden oder einzuschränken. Um allfällige gesellschaftliche Restriktionen grundlegend zu verhindern, fordert sie die vollumfängliche Anerkennung der Prostitution als legitime Form gelebter Sexualität. Sie begründet das mit dem Respekt vor dem sexuellen Selbstbestimmungsrecht. Allerdings lässt sich dieser sogar mit gewissen gesellschaftlichen Einschränkungen vereinbaren. Denn der Respekt vor dem sexuellen Selbstbestimmungsrecht ist nicht mit der Anerkennung allfällig damit einhergehender sexueller Lebensstile gleichzusetzen. Das Selbstbestimmungsrecht reicht insofern weniger weit als die (moralische) Anerkennung. Sowohl die Berufung auf das sexuelle Selbstbestimmungsrecht als auch die Forderung nach Anerkennung bedürfen der Begründung. Was das Selbstbestimmungsrecht anbelangt, gilt es in liberalen Gesellschaften im *Grundsatz* in Bezug auf eine breite Palette sexueller Praktiken, die Prostitution eingeschlossen. Allfälliger Dissens entzündet sich an der Reichweite dieses Rechts, so etwa in Bezug auf den Staat, wie weit und in welchem Sinn dieser in der Pflicht steht. Beispiel dafür sind die Debatten um die staatliche Anerkennung der Prostitutionstätigkeit oder von Lebensgemeinschaften homosexueller Menschen.

Ist das Selbstbestimmungsrecht hinsichtlich einer bestimmten sexuellen Praxis unbestritten, bezieht sich das auf die (menschen-)rechtliche Ebene. Das von Domentat aufgeworfene Anliegen der Anerkennung liegt hingegen im Bereich der Moral und Ethik und ist folglich gesondert zu erörtern. Diesbezüglich führt der Verweis auf eine allfällig vorhandene gesellschaftliche Akzeptanz nicht weiter, weil damit noch wenig über die Moralität einer bestimmten Verhaltensweise ausgesagt ist. Diese muss erst begründet werden. Im Übrigen unterliegt die Berufung auf eine bestimmte Praxis, die möglicherweise als ‚normal' betrachtet wird, dem naturalistischen Fehlschluss, weil direkt vom Sein auf das Sollen geschlossen wird.

6 Tamara Domentat, Lass dich verwöhnen, 306 (Hervorh. durch B.B.). Domentats Buch ist zwar keine wissenschaftliche Abhandlung, stellt aber dennoch eine auf wissenschaftliche Studien und Interviews gestützte Erarbeitung einer Position dar, welche die Prostitution aus moralischen Gründen befürwortet und in mancher Hinsicht von denen geteilt wird, welche die Prostitution für moralisch legitim halten, dies immer unter der Voraussetzung, dass die Prostitutionstätigkeit frei gewählt und autonom ausgeübt wird. Mit der genannten Position setze ich mich unter verschiedenen Gesichtspunkten in diesem Kapitel auseinander. In Kap. 5.3.3.1 gehe ich ausführlicher auf Domentats Anspruch ein, Prostitution solle nicht nur (sozialversicherungs-)rechtlich, sondern auch als „sexualisierter Lebensentwurf" anerkannt werden.

In der Konsequenz stellt sich die Frage, wie die verschiedenen sexuellen Verhaltensweisen aus ethischer Sicht zu beurteilen sind. Die vorliegende Arbeit zielt jedoch nicht darauf ab, eine Grundlegung der Sexualethik zu verfassen. Deshalb kann es im Folgenden nur darum gehen, Diskussionsstränge und Argumente im Hinblick auf eine ethische Beurteilung der Prostitution aufzunehmen und zu diskutieren.

So werden in einem ersten Schritt (in Kap. 5.1) philosophische und philosophisch-ethische Ansätze, die sich mit der Käuflichkeit von Sexualität befassen, vorgestellt und diskutiert.

Da die Ansätze, die sich lediglich auf eine ‚Minimalmoral' stützen, die Frage nach den mit Sexualität verbundenen Bedeutungen nicht stellen bzw. diese als kontingent ausklammern und damit auch die Geschlechterverhältnisse ausblenden, soll als Zweites (in Kap. 5.2) der Frage nachgegangen werden, mit welchen Bedeutungen der Kauf (und als Gegenpart der Verkauf) sexueller Dienstleistungen ‚aufgeladen' ist.

Jene, die Prostitution aus einer moralischen Perspektive befürworten, tun dies oft auf dem Hintergrund einer als überholt verstandenen „bürgerlichen" Sexualmoral, weshalb drittens (in Kap. 5.3) zu fragen ist, ob und inwiefern das Leitbild ‚Sexualität in Beziehung' heutzutage in normativer Hinsicht noch etwas hergibt bzw. herzugeben vermag. Ich setze mich dabei einerseits mit der genannten Vorstellung auseinander (in Kap. 5.3.1 und 5.3.2) und andererseits mit der als Alternative befürworteten Ökonomisierung der Sexualität (in Kap. 5.3.3).

Schliesslich gilt es in einem vierten Schritt (in Kap. 5.4), das Argument der Verfügungsmacht über den eigenen Körper aufzugreifen, das oft zur Verteidigung der Prostitutionstätigkeit dient.

5.1.1 Sexualität und gekaufter Sex in der philosophisch-ethischen Diskussion

Ob Prostitution als moralisch oder unmoralisch zu qualifizieren sei, wird in der philosophisch-ethischen Diskussion anhand der Frage debattiert, wie die Kommerzialisierung der Sexualität zu werten sei. Diesbezüglich kommen als Erstes (in Kap. 5.1.1.1) Ansätze zur Sprache, die dafür plädieren, Sexualität als einen dem Markt entzogenen Bereich zu betrachten/behandeln. Die darin zum Ausdruck kommende Grundannahme, nur eine Form von Sexualität als moralisch legitim gelten zu lassen, stösst auf entschiedene Kritik. Die Argumente, die hierfür vorgebracht werden und Prostitution als moralisch akzeptabel ausweisen wollen, lege ich als Zweites (in Kap. 5.1.1.2) dar.

5.1.1.1 Sexualität als ein dem Markt entzogener Bereich?

Viele Menschen, Frauen und Männer, lehnen Prostitution nach wie vor ab. Dagegen wehrt sich ja beispielsweise Domentat, wie obiges Zitat zum Ausdruck bringt. Die ablehnende Haltung der Prostitution gegenüber dürfte zu einem grossen Teil von einer intuitiven moralischen Überzeugung getragen sein, der gemäss der Bereich der Sexualität dem Markt entzogen bleiben soll. Während Michael Walzer in seiner Theorie der Gerechtigkeit schlicht davon ausgeht, dass diese Überzeugung gegenwärtig weithin geteilt wird,[7] beruft sich Elizabeth Anderson, die wie Walzer zu politischer Philosophie forscht, in ihrer Güter- oder Wertetheorie nicht auf die geteilten Überzeugungen, sondern versucht zu begründen, weshalb Sexualität keine Marktförmigkeit annehmen soll.[8] Jedoch stimmen beide darin überein, dass sie die Gesellschaft als in verschiedene Sphären unterteilt begreifen und Sexualität in einer Sphäre ausserhalb des Marktes verorten. Nach Margaret Jane Radin, einer Rechtsphilosophin, lässt sich eine solche Gesellschaftskonzeption in der Theorie nicht schlüssig begründen. Daher setzt sie auf eine Argumentation, die sich gegen die eindimensionale marktwirtschaftliche Sichtweise wendet, die allein den Tauschwert eines Guts im Blick hat und dabei die übrigen damit verbundenen Aspekte oder Werte aus dem Blick verliert. Sollen sich Menschen effektiv entfalten, ihre Persönlichkeit entwickeln können, was einem umfassenderen Freiheitsbegriff als dem der negativen Freiheit entspricht, der im marktwirtschaftlichen Denken und liberalen Positionen vorherrschend ist, braucht es eine Vielfalt von Werten und Sinndeutungen. Diese lassen sich nach Radin aber nicht in einer nach Sphären unterteilten Gesellschaft sichern, deren Grenzen in ihren Augen ohnehin nicht eindeutig zu bestimmen sind, sondern in der marktwirtschaftlich organisierten Gesellschaft selbst, indem dem Verständnis, alles sei marktvermittelt, der Boden entzogen wird.[9] Einen Anknüpfungspunkt bietet dabei der Dissens darüber, ob Sexualität legitimerweise als käufliche Ware oder Dienstleistung behandelt werden kann.[10] Der Dissens zeigt nach Meinung von Radin an, dass es sich folglich bei der Sexualität um einen Fall von „unvollständiger Vermarktung" („incomplete commodification") handelt und, damit verbunden, Aspekte, Werte eine Rolle spielen, die ausserhalb des Marktes angesiedelt und auch nicht marktvermittelt sind. Auf diesem Hintergrund kann Prostitution nie bloss ein Geschäft bar jeglicher anderer Bedeutung sein.

Die Ansätze von Walzer und Anderson haben ebenfalls aufgrund gerechtigkeitstheoretischer Überlegungen Kritik hervorgerufen, weil sie insbesondere in der Familie erbrachte Leistungen egalitär verstandenen Gerechtigkeitsforderungen entziehen. Dagegen wehrt sich die Philosophin Angelika Krebs, deren Anliegen es ist, Familienarbeit als mit der Gerechtigkeitsforderung kompatibel aufzuweisen. Die Diskussion um den Wert der Liebe und das Gut der Sexualität, die von Anderson im Sinn eines Geschenkeaustauschs

7 Vgl. Michael Walzer, Sphären der Gerechtigkeit, 35, 54, 160. Nach Walzer handelt es sich dabei um „blockierte Tauschgeschäfte", was ebenfalls für den Fall flüchtiger Liebesverhältnisse gilt. (Vgl. ebd., 341.)

8 Vgl. Elizabeth Anderson, Value in Ethics and Economics.

9 Vgl. Margaret Jane Radin, Contested Commodities. Ihr Ansatz blieb ebenfalls nicht unwidersprochen. So kritisiert Debra Satz sowohl den Ansatz von Radin als auch jenen von Anderson, weil letztlich nicht schlüssig begründet wird, weshalb der Sexualität eine derart herausragende Stellung in Bezug auf die Person zukommt bzw. zukommen soll. (Vgl. dies., Markets in Women's Sexual Labor, 72-74.) Nach Rahel Jaeggi greifen die beiden Ansätze ein Unbehagen auf, das sich im Zug einer immer weiter um sich greifenden Vermarktung von Gütern breit macht, die bislang nicht als Waren betrachtet wurden. Sie sind Teil der in der Philosophie neu entflammten so genannten Verdinglichungs-Debatte. Wohlwollend kritisch zeichnet Jaeggi die Argumentation der beiden als Gesellschaftskritik zu begreifenden Ansätze nach und zeigt dabei deren Prämissen sowie deren Schwächen auf. (Vgl. dies., Der Markt und sein Preis.)

10 Sexualität stellt folglich ein „contested concept" dar. (Margaret Jane Radin, Contested Commodities, u. a. 103.)

begriffen werden, erfolgt daher im genannten Kontext, dies in direkter Auseinandersetzung mit der Argumentation von Anderson.

Nach Anderson sind Liebe und Sexualität, wie erwähnt, adäquat nur im Rahmen eines Geschenkeaustauschs („gift exchange") zu verstehen und nicht im Rahmen eines ökonomischen Gütertauschs, der nach anderen Gesetzmässigkeiten und Normen funktioniert. Ihr zufolge ist diesbezüglich streng zu trennen. Konkret bedeutet das, dass dieselbe ‚Sache' nicht in beiderlei Hinsicht (d. h. als Geschenk und als marktvermitteltes Gut) ‚vergeben' werden kann, weil die Normen des ökonomischen Gütertauschs die Bedeutung des Geschenkeaustauschs unterlaufen und damit auch wichtige persönliche und zwischenmenschliche Aspekte.[11]

Zwei wesentliche Kritikpunkte bringt Krebs gegen Andersons Ansatz vor. Als Erstes kritisiert sie, dass Anderson „alles, was Liebende mit- und füreinander (und dabei gegebenenfalls auch noch für die Allgemeinheit) tun, den altruistischen Normen des Geschenkeaustausches unterstellt"[12] und in diesem Bereich keine anderen Umgangsformen gelten lässt. Der zweite Kritikpunkt zielt auf „Andersons Geschenkeaustausch-Konzeption von Liebe", die Krebs für „zu altruistisch-monologisch verfasst" hält. Demgegenüber gilt nach ihrer Auffassung: „Konstitutiv für Liebe ist nicht das monologische Schenken, sondern das dialogische Teilen, nicht Geschenkeaustausch, sondern geteilte Praxis."[13] Geteilte Praxis stellt bei Krebs *einen* Aspekt von Liebesbeziehung dar, die beiden weiteren von ihr herausgearbeiteten Aspekte[14] sind die nicht-altruistische sowie die altruistische Fürsorge. Geteilte Praxis zeichnet sich aus durch die „Produktion geteilter Güter in Tätigkeiten mit dem anderen", weshalb für Krebs die Kategorie des Austauschs hier fehl am Platz ist. In Bezug auf Sexualität, die geteilt wird, begründet sie es damit, dass „nicht jeder für sich etwas [tut und fühlt] und das dann mit dem anderen aus[tauscht]"[15]. Das trifft m. E. das Verständnis von Sexualität gar nicht, das Anderson vertritt. Vielmehr stehen bei ihr das geteilte Gut, das in concreto der Auffassung von Krebs betreffend geteilter Praxis entsprechen würde, und der Geschenkeaustausch in einem inneren Zusammenhang.[16] Die Differenz beider Positionen ist ebenfalls in Bezug auf das ‚personale Engagement' ersichtlich. So ist Krebs im Gegensatz zu Anderson nicht der Meinung, dass das Selbst involviert zu sein braucht. Vielmehr werde „lediglich etwas Bestimmtes zusammen getan und gefühlt"[17]. Der Vorwurf der Einseitigkeit lässt sich aber genauso an Krebs' Verständnis von geteilter Praxis richten, die nur das Moment des *gemeinsamen Handelns*, allenfalls noch jenes der Konstituierung einer Beziehung beinhaltet, nicht aber jenes des ‚Handlungsanteils' und damit verbunden der Motivation

[11] Vgl. Elizabeth Anderson, Value in Ethics and Economics, 150-158, insb. 152, 154.

[12] Angelika Krebs, Arbeit und Liebe, 255.

[13] Ebd.

[14] Sie nennt es „Momente von Liebesbeziehungen". (Ebd., 278.)

[15] Ebd., 275.

[16] So sagt sie in Bezug auf Sexualität: „The specifically human good of sexual acts exchanged as gifts is founded upon a mutual recognition of the partners as sexually attracted to each other and as affirming an intimate relationship in their mutual offering of themselves to each other. This is a shared good." (Elizabeth Anderson, Value in Ethics and Economics, 154.)

[17] Angelika Krebs, Arbeit und Liebe, 275.

der beteiligten Personen.[18] Gerade Letzteres liesse sich sinnvollerweise als „Gabentausch“[19] begreifen (Anderson spricht diesbezüglich von „Geschenkeaustausch“). Bei geteilter Sexualität beinhaltet dies, dass die beiden Beteiligten sich selbst ‚einbringen', womöglich sich selbst ‚hingeben', was in der lehramtlichen katholischen Sexualmoral als „personale (Ganz-)Hingabe“[20] gedeutet wird.

Das Anliegen von Krebs, der Gerechtigkeit auch in Liebesbeziehungen einen legitimen Anspruch zu verleihen und zu diesem Zweck die Tätigkeiten in Liebesbeziehungen differenziert zu betrachten, verdient Zustimmung. Solche Tätigkeiten zu diesem Zweck zu analysieren und darauf aufbauend zu kategorisieren ist folgerichtig. Doch ist dabei nicht aus dem Auge zu verlieren, dass es Mischformen gibt (also Gerechtigkeits- und ‚Geschenkeaustausch'-Aspekte beinhaltend), insbesondere wenn die persönliche Sinngebung mit einbezogen wird.[21] Wird Letztere hingegen ausgeblendet, unterschlägt dies nicht nur eine wesentliche Komponente der jeweiligen Tätigkeit, sondern verschleiert gleichzeitig den damit verbundenen Teil der Identität(-sbildung).

Mit ihrer Dekonstruktion des Ansatzes von Anderson, der nur eine nichtmarktvermittelte Sexualität als legitim gelten lässt und dabei wie selbstverständlich eine Paarbeziehung vor Augen hat, trifft Krebs zwar einen schwachen Punkt in der Argumentation, geht aber nicht auf das grundsätzliche Anliegen ein, das Anderson wie auch Radin anhand der Frage der Sexualität bearbeiten. Ersteres betrifft die Stringenz oder Unanfechtbarkeit einer Theorie angesichts komplexer Verhältnisse, insbesondere wenn Fragen des guten Lebens zur Diskussion stehen. Daher nimmt Radin ihren Anspruch insofern zurück, als sie auf dem Hintergrund „nicht-idealer“ Bedingungen in Gesellschaft und Wirtschaft eine „nicht-ideale Theorie“ („nonideal theory“[22]) vertritt, was aber in ihren Augen unabdingbar ist, weil sie dem Kontext gerecht werden will. Bei ihr wie bei Anderson steht die Überlegung im Mittelpunkt, wie die sozialen Bedingungen gestaltet sein müssen, damit Menschen sich entfalten können (Radin spricht von „human flourishing“), Freiheit und Autonomie in umfassenderem Sinn (als bloss negative Freiheit, die in der Praxis oft als reine Wahlfreiheit ausgelegt wird) sowie Wohlergehen möglich sind. Grundlage dafür ist ein Umfeld, das Werten und Aspekten, die wesentlich zur Person gehören, den nötigen Raum gibt, sich zu entwickeln und zu entfalten. Eine Ökonomisie-

[18] Das trifft auch für Krebs' Verständnis von Liebe zu, sei doch für diese „persönlich-geteiltes Tun und Empfinden [konstitutiv]“. Denn „Liebenden geht es wesentlich darum, mit diesem besonderen Anderen Dinge gemeinsam zu tun und zu empfinden“. (Ebd., 279, im Orig. mit Hervorh.)

[19] Cornelia Koppetsch unterscheidet bei einer Liebesbeziehung zwischen dem Moment der Liebe und jenem der Partnerschaft. Die Interaktion lässt sich bei Ersterem als Gabentausch charakterisieren, während partnerschaftliches Geben und Nehmen durch den Austausch äquivalenter Leistungen gekennzeichnet ist. Vgl. ausführlicher dazu dies., Liebe und Partnerschaft. Sie gebraucht den Begriff umfassender als wie von mir an dieser Stelle verwendet.

[20] Vgl. beispielsweise GS, Nr. 48; *Apostolisches Schreiben Familiaris consortio*, Nr. 11, 13, 32; Katechismus der Katholischen Kirche, Ausführungen zum sechsten Gebot, insb. Nr. 2337, 2364.

[21] Das zeigt sich beispielsweise auch bei den Tätigkeiten des Kochens und Einkaufens, die Krebs als Produktion nicht-geteilter Gebrauchsgüter begreift, was sie durchaus sein können, aber je nach Konstellation eben nicht nur, was die Interaktion in Paarbeziehungen oder familiären Beziehungen entsprechend komplizierter macht. Vgl. zu Ersterem: Angelika Krebs, Arbeit und Liebe, 269-270, zur ‚Mischung der Komponenten': Cornelia Koppetsch, Liebe und Partnerschaft.

[22] Margaret Jane Radin, Contested Commodities, 63.

rung solcher wesentlich zur Person gehörenden Werte oder Aspekte würde deren Charakter, deren Spezifisches unterminieren und verdrängen. Anderson spricht in diesem Zusammenhang von „domino effect“[23], Radin von „domino theory“[24]. Damit ginge aber zugleich ein Potential zur Entfaltung eines Menschen verloren, was auch die menschliche Freiheit beschneidet.

> „To treat deep parts of our identity as alienable commodities is to do violence to the conception of the self that we actually have and to the texture of the world of human practice and interaction revealed through this conception.“[25]

Aus diesem Grund wehren sich beide gegen eine Vermarktung der Sexualität, die ihrer Auffassung nach wesentlicher Teil der Person und deren körperlicher Integrität ist sowie in den Bereich persönlicher Beziehungen gehört, deren Kennzeichen insbesondere Intimität und Bindung („commitment“) sind. Daher gilt es, die Marktvermittlung von Sexualität zu unterbinden, was ebenfalls einen Akt der Freiheit darstellt, wenn der Entscheid dafür in einer Gesellschaft demokratisch gefällt wird.

> „The realization of some forms of freedom, autonomy, and welfare demands that certain goods be produced, exchanged, and enjoyed outside of market relations or in accordance with non-market norms.“[26]

Die „Domino-Theorie“ geht davon aus, dass die nicht-kommerzialisierte Form, hier von Sexualität, nicht neben der kommerzialisierten Form bestehen bleiben kann, weil man nicht gleichzeitig darum wissen könne, dass ein ‚Ding‘ seinen Preis hat und zugleich keinen Preis hat.[27] Von der Logik her trifft das allerdings nur zu, wenn Sexualität kontext-unabhängig ein- und dieselbe ist, d. h. essentialistisch begriffen wird und folglich nicht unterschiedliche Bedeutungen annehmen kann, was nachzuweisen wäre. Die Domino-Theorie basiert sodann auf der Annahme einer „Slippery Slope“, d. h. eines Ausweitungseffekts. Angewendet auf die Sexualität besagt dies: wenn deren kommerzialisierte Form erst einmal toleriert ist, würde diese überhand nehmen und die nicht-kommerzialisierte Form zurück- oder gar ganz verdrängen.[28]

Fazit: Wie die bisherige Diskussion zeigt, erweist es sich als unmöglich, theoretisch stringent und somit (weitgehend) unanfechtbar eine Unterteilung der Gesellschaft zu postulieren, die mit einer Zuweisung bestimmter Lebensbereiche jeweils zu einer gesell-

23 Elizabeth Anderson, Value in Ethics and Economics, 133.

24 Margaret Jane Radin, Contested Commodities, u. a. 96.

25 Übersetzung: „Wesentliche Teile unserer Identität wie verkäufliche Waren zu behandeln, tut der Konzeption des Selbst, das wir aktuell haben, und der Struktur menschlicher Praxis und Interaktion auf dieser Welt, die sich durch diese Konzeption des Selbst zeigt, Gewalt an.“ (Margaret Jane Radin, Contested Commodities, 75, zit. Martha Nussbaum, Human Functioning and Social Justice: In Defense of Aristotelian Essentialism, in: Political Theory 20 [1992], 202-246, hier 231.)

26 Übersetzung: „Die Verwirklichung gewisser Formen von Freiheit, Autonomie und Wohlergehen erfordert, dass gewisse Güter ausserhalb von Marktbeziehungen oder entsprechend nicht-marktorientierter Normen produziert, ausgetauscht und genossen werden.“ (Elizabeth Anderson, Value in Ethics and Economics, 166.)

27 Vgl. Margaret Jane Radin, Contested Commodities, 101.

28 Ausführlicher betreffend Slippery Slope vgl. ebd., 99-100. Vgl. zu verschiedenen Formen von Slippery Slope-Argumenten am Beispiel der Euthanasie: Markus Zimmermann-Acklin, Euthanasie, 346-414.

schaftlichen, klar umgrenzten „Sphäre" (Walzer) einhergeht. Damit ist aber die Überzeugung, die dahinter steht, nicht auch schon ad acta gelegt. Diese hält nur *eine* Form von Sexualität für moralisch gut und richtig, nämlich jene, die in einer verbindlichen Beziehung gelebt wird. Diese Auffassung hat auf philosophischer Seite ebenfalls Widerspruch hervorgerufen, was im folgenden Abschnitt ausführlicher dargelegt wird.

5.1.1.2 Einspruch von philosophischer Seite gegen die Auffassung, es gebe nur eine *legitime Form von Sexualität*

Krebs weist einerseits, wie eben erläutert, Andersons Konzeption von Sexualität als eines Geschenkeaustauschs zurück, andererseits auch deren Werturteil, das nur geteilte, persönliche Sexualität als moralisch gut gelten lässt, ungeteilte, unpersönliche Sexualität aber als „minderwertig" und „degradiert" qualifiziert.[29] Letzteres gehe zudem „[b]ei käuflicher Sexualität" nicht nur mit einer „Degradierung der Sexualität" einher, sondern auch mit einer „Degradierung der Person, die eine persönliche Dienstleistung gegen unpersönliches Geld verkaufe"[30], was in den Augen Andersons eine Verletzung der Autonomie darstelle. Andersons Ansicht, es gebe nur „eine richtige Weise, Sexualität zu praktizieren, und zwar als nicht-käufliches, geteiltes, persönliches Gut"[31], kritisiert Krebs als essentialistisch.[32] Andere mögliche und längst auch praktizierte Sexualitätsformen, die sich in Kombination von bezahlt/nicht-bezahlt, geteilt/nicht-geteilt sowie persönlich/nicht-persönlich ergeben,[33] würden so, zudem ohne weitere Begründung, als „degradierte Form von Sexualität" mit einem „negative[n] Urteil"[34] belegt.

Krebs geht es in ihrer Argumentation um etwas Grundlegendes, nämlich aufzuzeigen, dass nicht nur *eine* Form von Sexualität als moralisch legitim behauptet werden kann, sondern dass auch andere Formen von Sexualität zu Recht moralisch akzeptabel seien. Dasselbe Anliegen, lediglich die Frage der moralischen Legitimität einer Handlung zu klären und sich damit auf die Frage zu beschränken, ob etwas aus ethischer Sicht als erlaubt bzw. unerlaubt zu gelten hat, verfolgen bei unterschiedlicher Fragestellung auch die Philosophen Norbert Campagna[35] und Wolfgang Lenzen[36].

29 Nach Meinung von Anderson würden damit minderwertige Güter angestrebt und Sexualität bekäme nicht die ihr gebührende Wertschätzung. Vgl. zur Begrifflichkeit: Angelika Krebs, Arbeit und Liebe, 261.

30 Ebd. Vgl. Elizabeth Anderson, Value in Ethics and Economics, 154.

31 Angelika Krebs, Arbeit und Liebe, 262.

32 Krebs wendet weiter ein, die Position von Anderson sei auch inhaltlich nicht attraktiv; zudem lasse sich Liebe nicht verordnen. (Vgl. dies., Arbeit und Liebe, 273-274.) Damit befasse ich mich nicht weiter, da es mir im Folgenden um die grundlegende Linie der Argumentation geht.

33 Angelika Krebs listet diese Formen mit den dazu gehörenden Beispielen auf. (Vgl. ebd., 262-263.) Darunter figurieren u. a. die „unbezahlte, unpersönliche, ungeteilte Sexualität", wo „[b]eide Partner den austauschbaren anderen nur zu ihrem eigenen Lustgewinn [nutzen]", dies möglicherweise nach dem Prinzip der Tauschgerechtigkeit, sodass sie „auch für den Lustgewinn des anderen [sorgen]", was bei „manche[m] One-Night-Stand" vorkomme. In dieser Kategorisierung stellt Prostitution die Form bezahlter, unpersönlicher und ungeteilter Sexualität dar. Als weiteres Beispiel sei die Form „bezahlte[r], persönliche[r], ungeteilte[r] Sexualität" genannt, worunter Krebs „[v]iele Fälle des ‚Haltens' von Mätressen oder einer ökonomisch abhängigen Ehefrau" subsumiert. (Ebd., im Orig. mit Hervorh.)

34 Ebd., 263.

35 Vgl. Norbert Campagna, Prostitution.

Campagna zufolge ist nicht einsichtig, „[w]arum sexuelle Güter nur im Rahmen persönlicher Beziehungen geschenkt und nicht auch im Rahmen unpersönlicher Beziehungen getauscht werden [sollten]"[37]. Denn eine unpersönliche Beziehung brauche nicht zwingend unmenschlich zu sein, d. h. mit einer Negation der Menschlichkeit des Gegenübers einherzugehen, nur weil deren oder dessen Einzigartigkeit in der konkreten Situation nicht von Interesse sei.[38] Was den Vorwurf der Entmenschlichung anbelangt, d. h. den Vorwurf, ein Mensch würde wie ein Gegenstand behandelt, verweist Campagna darauf, dass eine vollständige Entmenschlichung moralisch illegitim wäre, weil ein Mensch nur noch als Mittel behandelt würde. Dies könnte aber nicht widerspruchsfrei als Maxime gelten. Wenn eine Person nur nach ihrer Funktion behandelt wird, entspricht das einer partiellen Entmenschlichung, was aber noch lange nicht heisst, dass diese Person auch unmenschlich behandelt würde.

Campagna findet es weiter nicht einsichtig, dass eine strikte Trennung zwischen Gütern vorgenommen wird, die dem Tauschbereich zugehören und solchen, die dem explizit entzogen bleiben, wie wenn ein bestimmtes Gut nicht beides sein könnte und sogar als Tauschgut noch einen intrinsischen Wert haben könnte. Ebenso lässt er den Vorwurf nicht gelten, Sexualität würde durch die Prostitution zum blossen Konsumgut. Denn diese Transformierung der Sexualität stelle eine Entwicklung dar, die sich nicht nur in der Prostitution abspiele. Zudem gebe es Konsumgüter, die nicht bloss Konsumgut seien, sondern durchaus bereichern könnten, etwas, das ebenfalls auf „gekaufte sexuelle Beziehungen" zutreffen könne.[39]

Wenn die Instrumentalisierung der Sexualität darauf zurückzuführen ist, dass mit einer sexuellen Handlung ein nichtsexueller Zweck verfolgt wird, stellt sich die Frage, ob das generell gilt oder nur in Bezug auf bestimmte Zwecke. Den Entscheid, für welche Zwecke Sexualität gebraucht werden kann, will Campagna dem Individuum überlassen, sofern drei wichtige Bedingungen erfüllt sind, nämlich dass dadurch keine andere Person zu Schaden kommt, die „Bedingungen der Möglichkeit der sozialen Kohäsion" nicht unterlaufen werden und es „nicht dazu führt, dass der Handelnde die Bedingungen der Möglichkeit seines freien Handelns in Frage stellt oder untergräbt"[40].

Hinsichtlich der Organisation der Prostitution gesteht Campagna allerdings zu, dass diese zu einem grossen Geschäft geworden ist und dadurch in gewissen Bereichen auch die Gefahr der Ausbeutung gestiegen ist. Das ist aber seiner Meinung nach dem System und nicht der Tätigkeit selbst anzulasten.

Aufgrund seiner Überlegungen zum Tausch eines sexuellen Gutes, zur Instrumentalisierung des Körpers in der Prostitution sowie zur Frage der Freiwilligkeit in der Prostitu-

36 Vgl. Wolfgang Lenzen, Liebe, Leben, Tod, 41-120.

37 Norbert Campagna, Prostitution, 135. Campagna definiert die sexuelle Erregung und die sexuelle Befriedigung als die beiden primären sexuellen Güter. Er unterscheidet noch weitere sexuelle Güter. Da diese zur Erzeugung von sexueller Erregung oder sexueller Befriedigung dienen, sind sie als sekundäre sexuelle Güter zu betrachten. Insofern gehört auch der Körper einer sich prostituierenden Person zur Kategorie der sekundären sexuellen Güter.

38 Vgl. ebd., 136.

39 Vgl. ebd., 148-149.

40 Ebd., 154.

tion kommt Campagna zum Schluss, dass Prostitution nicht per se (d. h. in sich selbst) moralisch anstössig ist, sondern nur unter bestimmten Bedingungen und Umständen. Zudem scheint es ihm illegitim, anderen eine bestimmte Sicht von Sexualität aufzwingen zu wollen.

Lenzen nimmt in Bezug auf die Moralität der Prostitution eine ähnliche Position wie Campagna ein. Sich zu prostituieren, hält er nicht grundsätzlich für unmoralisch, angesichts der Umstände (u. a. kaum freie Wahl der Prostitutionskunden oder erniedrigende Praktiken ausüben zu müssen) jedoch für dumm, weil dadurch das „wahre, längerfristige Interesse" der Prostituierten tangiert werde. Gegen deren „wahres Interesse" verstossen aber auch die Prostitutionskunden, wodurch sie „bereits in dieser Hinsicht moralisch bedenklich handel[n]"[41]. „Den moralisch schlimmsten Part"[42] siedelt Lenzen beim Zuhälter an, der die Prostituierte u. a. finanziell ausbeute.

Während sich Krebs aufgrund ihrer Fragestellung nicht noch mit Kriterien befasst, ohne die eine (sexuelle) Handlung nicht mehr als moralisch legitim gelten kann, sind sie Bestandteil in den Überlegungen bei Campagna und Lenzen.

Campagna behandelt die aufgeworfenen Fragen auf dem Hintergrund eines kantischen Ethikansatzes. Er vertritt eine „Ethik des Respekts"[43]. Eine Handlung oder Praxis ist demnach aus ethischer Sicht nicht zu beanstanden, wenn Folgendes erfüllt ist:

> „Solange Teilnehmer an einer Praxis sich gegenseitig respektieren – aber auch: solange jeder sich selbst respektiert –, das heisst, solange sie sich immer *auch* als Zwecke an sich betrachten, als Wesen, die auch noch ausserhalb der betreffenden Praxis das Recht und die Möglichkeit haben sollen, ihre selbstgesetzten Zwecke zu verfolgen, kann die Praxis aus moralischer Sicht nicht verurteilt werden."[44]

Nach Auffassung von Campagna ist dies ebenfalls in Bezug auf die Prostitution eingelöst, da „die Prostitution an sich noch keine Verletzung der Menschenwürde darstellt"[45]. Eine menschenunwürdige Behandlung in der Prostitution sei nicht mit deren menschenunwürdigem Charakter gleichzusetzen. So liegt für Campagna die Herabwürdigung nicht in der „prostitutionelle[n] Handlung als solche[r]"[46], sondern in einer entsprechenden Absicht. Erst diese qualifiziere eine prostitutionelle Handlung als herabwürdigend. Diese Einschätzung beruht auf dem Grundsatz, dass kontingente Bedingungen nicht mit konstitutiven zu verwechseln oder in eins zu setzen sind.

Lenzen geht demgegenüber vom Nicht-Schadensprinzip aus, das er mit utilitaristischen Überlegungen kombiniert, wenn Handlungsalternativen einen Verstoss gegen Interessen anderer nicht vermeiden können. Darin manifestiert sich eine „möglichst

41 Wolfgang Lenzen, Liebe, Leben, Tod, 114. Moralisch bedenklich handeln nach Lenzen zudem verheiratete Prostitutionskunden, weil sie Ehebruch begehen, was auch die beteiligte Prostituierte kompromittiert. (Vgl. ebd., 114-115.) Dieses Argument ist wohl analog auf Prostitutionskunden anwendbar, die in einer festen Beziehung leben.

42 Ebd., 115.

43 Norbert Campagna, Prostitution, 12.

44 Ebd. (Hervorh. im Orig.).

45 Ebd., 15.

46 Ebd., 15.

unkontroverse ‚Minimalethik'"[47], was seine erklärte Absicht ist. Angewendet auf sexuelle Handlungen führt das zum Prinzip, dass „[j]ede Form von Sex moralisch unbedenklich [ist], solange sie als adäquater Ausdruck gegenseitiger Liebe gelten kann"[48] und auch nicht gegen (legitime) Interessen Dritter[49] verstösst. Diese Bestimmung der Moralität einer sexuellen Handlung oder Beziehung sei als eine hinreichende und nicht als eine notwendige zu verstehen, weil Liebe in Bezug auf die Moralität von Sex nicht zwingend erforderlich sei. Eine notwendige Bedingung für die Moralität einer sexuellen Handlung ergibt sich auf der Basis des Nicht-Schadensprinzips. Nach Lenzen konkretisiert sich das im Prinzip, dass praktizierter Sex nicht gegen die Interessen der Beteiligten verstossen dürfe. Dabei betrachtet er dies bereits dann als gewährleistet, „wenn die beteiligten Personen *freiwillig* (und in Kenntnis dessen, was sie erwartet) *zustimmen*"[50].

Die gegebenen Bedingungen führen nach Lenzen, wie dargelegt, bei Prostituierten zu einem Verstoss gegen deren längerfristige Interessen. Einen solchen Verstoss stellt auch der Sex mit Minderjährigen dar. Unmoralisch handelt jeweils die Person, die den längerfristigen Interessen der *anderen* Person schadet (das sind z. B. im Fall von Sex mit Minderjährigen die Erwachsenen). Wer mehr oder weniger freiwillig seinen *eigenen* längerfristigen Interessen schadet, handelt nach Lenzen nicht unmoralisch, sondern lediglich dumm. Sein Ansatz kennt keine Art von „Pflichten gegen sich selbst"; die Zuwiderhandlung gegen eigene Interessen wird bei ihm erst dann unmoralisch, wenn legitime Interessen Dritter verletzt werden.

5.1.2 Beobachtungen zur philosophisch-ethischen Diskussion um Sexualität und gekauften Sex

Im Hinblick darauf, Orientierung in Bezug auf Wertung der und Umgang mit der Prostitution zu gewinnen, werden im Folgenden die Ansätze von Krebs, Campagna und Lenzen auf ihr Menschen- und Weltbild hin befragt. Denn eine Problemstellung, die aus einem bestimmten Kontext erwächst, nur auf ganz grundsätzliche Weise anzugehen, wie es die genannten drei Ansätze tun, ohne beispielsweise die Entstehungsbedingungen oder mögliche Implikationen auf das Menschenbild und die Vorstellung von Gesellschaft in Betracht zu ziehen, stellt in meinen Augen – das sei hier gleich vorweggenommen – eine der Schwächen einer solchen Herangehensweise dar.

Die genannten Ansätze fügen sich bestens in den gegenwärtigen, oft als postmodern bezeichneten Kontext ein, ohne dass sie ihn eigens reflektieren. In einem ersten Schritt (in Kap. 5.1.2.1) wird dieser Kontext in Bezug auf die Vorstellung von Sexualität skizziert. In einem zweiten Schritt (in Kap. 5.1.2.2) geht es allgemein um das damit verbundene Menschenbild und die sich daraus ergebenden Konsequenzen für das Zusammenleben von Menschen. Beides wird nicht im Sinn einer umfassenden Darstellung, sondern nur im Hinblick auf die hier interessierende Thematik der Prostitution ausgeführt.

47 Wolfgang Lenzen, Liebe, Leben, Tod, 38; zur Herleitung einer solchen Minimalethik vgl. seine Ausführungen ebd., 13-38.

48 Ebd., 44.

49 Das sind nach Lenzen beispielsweise Kinder, die von familiären Problemen betroffen sind, wenn es bei ihren Eltern Probleme wegen ausserehelichen Beziehungen gibt.

50 Ebd., 66 (Hervorh. im Orig.).

Schliesslich greife ich drittens (in Kap. 5.1.2.3) Konsequenzen auf, die sich direkt aus den Ansätzen von Krebs, Campagna und Lenzen ergeben und die insbesondere auf eine mögliche Verortung im konkreten gesellschaftlichen Zusammenleben hin Probleme aufwerfen.

5.1.2.1 ‚Postmoderne Sexualität'

Nach Zygmunt Bauman ist die „Emanzipation der Erotik von sexueller Reproduktion und Liebe"[51] ein Kennzeichen für unsere postmoderne Zeit. Er konstatiert diesbezüglich, dass „die Unabhängigkeit der Erotik", die er als „Freiheit" begreift, „das sexuelle Vergnügen um seiner selbst willen zu suchen, den Status einer kulturellen Norm erreicht [hat]"[52]. Als Voraussetzung für den Durchbruch dieser Norm benennt Bauman die Flexibilität, die auf verschiedenen Ebenen Einzug gehalten hat,[53] die Lockerung von Bindungen[54] sowie die Konzentration des Zeiterlebens auf die Gegenwart unter Ausblendung von Vergangenheit und Zukunft.[55] Ein solches Umfeld schafft ideale Bedingungen, denn es „eröffnet der erotischen Phantasie und Praxis [...] eine nie zuvor genossene Freiheit zum Experimentieren"[56]. Den Möglichkeiten und Kombinationen sind keine Grenzen gesetzt. Allerdings bleibt die „ultimative sexuelle Erfahrung"[57] unerreichbar und dennoch ein Zielpunkt, dem die als „Erregungssucher[] und -sammler[]"[58] bezeichneten postmodernen Menschen dauernd nachjagen. Lebenselixier und zugleich Los scheint demnach zu sein, immer nach neuem Aufregendem, nach neuen ‚Kicks' zu streben. Den derart Getriebenen – so muten jedenfalls die von Bauman charakterisierten postmodernen Frauen und Männer an – bleibt keine andere Wahl, weil Befriedigung oder Genuss Stillstand bedeuten würden in einer Welt, in der alles frei flottiert und sich verändert.

Ob der von Bauman vorgenommenen Charakterisierung unserer postmodernen Welt stellt sich die Frage, ob sie tatsächlich zutrifft oder doch eher überzeichnet ist. Sigusch wirft den Theoretikern (namentlich François Lyotard) der Postmoderne vor, sie proklamierten zwar das Ende der „grossen Erzählungen", verkündeten aber selbst unentwegt eine neue „grosse Erzählung", nämlich jene des Wandels. Zudem würden sie die Differenz, denen sie eine bedeutende Rolle zuschreiben, nicht ernst genug nehmen, weil sie der Differenz zwischen Theorie und Praxis keine, jedenfalls keine hinreichende Beachtung schenkten, konkret in diesem Fall der „Differenz zwischen der *diskursivierten Sexualität* einerseits und der *leibhaft erlebten Sexualität* andererseits"[59], die nach seiner Einschätzung nicht in dem Mass in Veränderung begriffen ist, wie suggeriert wird. Diese Position liesse sich theoretisch mit Karl Lenz untermauern, der den „Gestaltbarkeits-Opti-

[51] Zygmunt Bauman, Über den postmodernen Gebrauch der Sexualität, 5.
[52] Ebd., 4.
[53] Vgl. ebd., 10-11.
[54] Vgl. ebd., 15.
[55] Vgl. ebd., 9.
[56] Ebd., 9.
[57] Ebd., 8.
[58] Ebd., 6.
[59] Volkmar Sigusch, Die neosexuelle Revolution, 1228 (Hervorh. im Orig.).

mismus“[60] von Konstruktivistinnen kritisiert und demgegenüber davor warnt, die „Persistenz kultureller Formen“[61] zu unterschätzen. Er scheint damit Recht zu behalten, da Liebe und Treue als Leitwerte wieder an Bedeutung gewonnen haben.[62] Untersuchungen von Schmidt zufolge würden die Zeitgenossen in den westlichen Industriestaaten ein eher karges und in konventionellem Rahmen sich bewegendes Sexualleben führen.[63] Ob unter dieser Perspektive die Vorstellungen von Bauman eher als Zukunftsmusik im Hinblick auf grössere Lusterfüllung zu deuten sind oder gleichwohl bereits reale Verhältnisse darstellen und im Gegenzug Schmidts Einschätzung als unzutreffend zu kritisieren ist, braucht hier nicht entschieden zu werden.[64] Wie es mit dem Gelingen von Sexualität in Paarbeziehungen steht und was vom nach wie vor bestehenden Ideal einer gelungenen Balance von Lust/Sexualität und Liebe/Bindung zu halten ist, wird später[65] eigens thematisiert. An dieser Stelle ist jedoch das Menschen- und Gesellschaftsbild aufzugreifen, auf das sich Bauman stützt, das sich aber auch in Theorien wie beispielsweise jener von Judith Butler[66] wiederfindet und zu dem ebenfalls die Überlegungen von Krebs, Campagna und Lenzen führen, wenn sie konsequent zu Ende gedacht werden.

5.1.2.2 Postmodernes Porträt von Mensch und Gesellschaft

Bauman zeichnet das Bild von Frauen und Männern, die sich als „Erregungssucher und -sammler“ durch die Welt bewegen und sich als solche denn auch begegnen. Da der Wandel keinen Stillstand duldet und das Zeiterleben sich auf die jeweilige Gegenwart konzentriert, berühren Erregendes und Lust nur für den Moment (wenn überhaupt), verflüchtigen sich aber sogleich wieder und perlen damit im Grunde genommen an den einzelnen Menschen ab. Unter diesen Bedingungen kann einem oder einer nichts wirklich anhaben, alles scheint kontrollierbar. Die gleiche Auffassung von ‚nicht wirklich berührt Werden‘ findet sich bei jenen, die Prostitution befürworten und meinen, die Prostitutionstätigkeit habe keine weiteren Auswirkungen auf die Frauen, sofern sie diese frei ausüben können. Bei deren Kunden scheint das bereits als selbstverständlich angenommen zu werden, was daraus zu schliessen ist, dass es in Bezug auf diese gar nicht thematisiert wird. Steht, wenn sie in einer Partnerschaft leben, zur Debatte, ob es sich in

60 Karl Lenz, Zur Geschlechtstypik persönlicher Beziehungen, 30.

61 Ebd., sowie ders., Im ehernen Gehäuse der Kultur, 183.

62 Vgl. dazu in Kp. 5.3.1.

63 Vgl. Gunter Schmidt, Das Verschwinden der Sexualmoral, 17-18. Schmidts Einschätzung bezieht sich sowohl auf die Häufigkeit als auch auf den Variantenreichtum gelebter Sexualität.

64 Eine Auseinandersetzung mit der ‚Faktenlage‘ hätte zunächst zu beachten, dass Schmidt empirisch argumentiert, während Bauman darauf gar nicht eingeht, sondern sich sozusagen hermeneutisch mit dem von ihm identifizierten ‚Nerv‘ der Zeit beschäftigt. Ob es sich dabei um den ‚Nerv‘ der Zeit oder jenen einer Minderheit handelt, z. B. einer bestimmten Single-Kultur, die aber medial Aufmerksamkeit erregt (hat), wäre weiter zu klären. (Vgl. betreffend Medialisierung von immer spezielleren sexuellen ‚Vorlieben‘: Volkmar Sigusch, Die neosexuelle Revolution, 1215.) Was die mittels Untersuchungen zu Tage geförderten Erkenntnisse anbelangt, ist Vorsicht am Platz, da es zunächst zu beachten gilt, was womit gemessen wird. So wirft Schmidt selbst seiner Zunft vor, sie sei zu sehr auf die Koitushäufigkeit zur Feststellung eines lebendigen Sexuallebens fixiert. (Vgl. Gunter Schmidt, Die Last der sexuellen Langeweile.)

65 In Kap. 5.3.3 sowie in Kap. 7.2.

66 Vgl. hierzu Anm. 72.

diesem Fall um einen Treuebruch handelt, wird das oft verneint. Allfällige Verletzungen oder Schmerz – solches wird (entlarvenderweise?) gar nicht in Betracht gezogen – scheinen für die „Erregungssucher und -sammler" ein Fremdwort zu sein, dürften aber kein weiteres Problem bieten, weil sie ja per definitionem ebenfalls vergänglich sind und sich somit ohnehin verlieren. Die Unnahbarkeit, Undurchdringlichkeit und Unberührbarkeit, die sich in dieser flüchtigen Welt offenbaren und trotz (Körper-)Kontakt durchschimmern, haben noch eine andere Kehrseite. Sie schliesst nämlich so etwas wie Erfüllung oder Glück aus, selbst wenn diese nicht als etwas Dauerhaftes begriffen werden, aber doch als Teile der Biographie, die auch zu späteren Zeitpunkten eine Rolle spielen. Ebenso wenig scheint die „Erregungssucher und -sammler" eine mögliche Reizüberflutung zu plagen, die zu einer Minderung des Lusterlebens bis hin zu einem Gefühl von Langeweile führen kann. Letztere hat in einem vom Wandel geprägten System ohnehin keine Zeit aufzukommen.

Unter ethischen Gesichtspunkten besonders problematisch scheint mir, dass in einem solchen Kontext Verantwortung verunmöglicht wird bzw. sich lediglich auf ‚Spielregeln', wie einander zu begegnen ist, beschränkt. Während Campagna und Lenzen die Einhaltung von ‚Spielregeln' (bei Ersterem ist dies wie oben ausgeführt der gegenseitige Respekt, bei Letzterem das Nicht-Schadensprinzip) als unproblematisch, ja geboten empfinden, ortet Bauman hier einen Widerspruch, der Probleme aufwerfe. Der Widerspruch besteht in seinen Augen darin, dass die „Erregungssucher und -sammler" ermuntert werden, sich sexuell voll zu entfalten, dabei aber andererseits dazu angehalten sind, einen anderen „Erregungssucher und -sammler", gleich welchen Geschlechts, nicht als Objekt zu behandeln. Bauman belässt es dabei, diese widersprüchlichen kulturellen Signale zu konstatieren. Eine Lösung kann oder will er nicht bieten. Insofern überlässt er die „Erregungssucher und -sammler" ihrem Schicksal und den Neurosen, die daraus entstehen können.[67]

Eine solche Konzeption des postmodernen Menschen ist noch aus einem anderen Grund zu kritisieren. Sie wird nämlich den Menschen nicht gerecht, die selbst als ‚fragmentiertes Ich' und unter den Bedingungen einer „Bastelbiographie"[68] auf tragende Beziehungen angewiesen sind, denn diese sind Voraussetzung dafür, dass ein Selbst in einer sich ändernden Welt überhaupt zu bestehen vermag und ein ‚vernünftiges' Zusammenleben in einer Gesellschaft möglich ist.

5.1.2.3 Konsequenzen aus der ‚Grundsatzdebatte' um die Legitimität sexueller Formen

Nach dem Durchgang durch die drei philosophisch-ethischen Ansätze von Krebs, Campagna und Lenzen, die prägnant und im Fall von Campagna und Lenzen eigens ausgearbeitet die Moralität sexueller Handlungen in grundsätzlicher Hinsicht behandeln, stellt sich die Frage, worin der Gewinn einer solchen grundsätzlichen Fragestellung besteht und ob sie zu überzeugen vermag. Campagna und Lenzen argumentieren auf der Basis

[67] Vgl. Zygmunt Bauman, Über den postmodernen Gebrauch der Sexualität, 15-16.

[68] Ulrich Beck, Was meint „eigenes Leben"?, 12. Ulrich Beck braucht den Begriff in Anlehnung an Ronald Hitzler, der von Bastelexistenz spricht. (Vgl. Ronald Hitzler/Anne Honer, Bastelexistenz.)

einer ‚Minimalmoral' und bestimmen von da aus die Moralität bzw. Unmoralität verschiedener sexueller Handlungen oder Beziehungen. Krebs macht das sozusagen via negationis, indem sie den mit einer bestimmten Form von Sexualität verbundenen Anspruch zurückweist, sie allein könne als moralisch gelten. Damit hat Krebs aber die Moralität der anderen möglichen Formen, die sie auflistet, nicht im eigentlichen Sinn begründet. Von einem kleinsten gemeinsamen Nenner auszugehen, hat zur Folge, dass sexuelle Handlungen oder Beziehungen erst aufgrund gravierender Mängel oder Verletzungen ihre Rechtfertigung einbüssen. Dafür besteht der positive Aspekt darin, dass vieles/eine Vielfalt als moralisch gilt und folglich eine sexuelle Handlung oder Beziehung nicht vorschnell als unmoralisch abqualifiziert werden kann, wie das in der Geschichte immer wieder passierte und sich auch heute immer wieder ereignet. Auf tugendethischer Ebene lässt sich das als Motivation zur Einübung in eine vorurteilsfreie Herangehensweise begreifen.

Allfällige rechtliche Einschränkungen bedürfen aus der Perspektive der genannten Ansätze einer starken Rechtfertigung, um als ethisch zulässig gelten zu können. Ein solcher Argumentationsweg scheint mir aber nicht zwingend zu sein, da bereits die Unterscheidung von Recht und Moral zu einer liberaleren Haltung auf rechtlicher Ebene führen kann.[69]

Der grosse Nachteil der genannten Ansätze besteht darin, dass sie die sexuellen Handlungen/Beziehungen ‚an sich', d. h. sozusagen ‚in klinisch gereinigtem Zustand' betrachten und die mit ihnen verbundenen Bedeutungen, die geschichtlich geprägt sind und oft einen Unterschied hinsichtlich der Geschlechter beinhalten, als kontingent ausscheiden. Dass die damit verbundenen Bedeutungen tatsächlich kontingent sind, trifft zu, führt aber nicht dazu, dass sie deswegen weniger Wirkungskraft entfalten würden. Im Hinblick auf die Frage nach dem guten Leben – für ein Individuum wie für eine (bestimmte) Gesellschaft –, die mit der Sinnfrage verknüpft ist, genügt es nicht, lediglich ein Sinnangebot zur Verfügung zu stellen, das nach dem Ausscheidungsprinzip von moralisch/unmoralisch verfährt. Zwar wird auf diese Weise alles über einen Kamm geschoren, womit sogar eine Form von Gerechtigkeit erfüllt ist, aber was als moralisch bzw. unmoralisch ausgewiesen ist, wird nicht weiter unterschieden. Das führt beispielsweise dazu, dass die bei Krebs aufgeführten Formen von Sexualität ohne jegliches weiteres Werturteil nebeneinander stehen bleiben, was eine Gleichwertigkeit suggeriert. Abgesehen davon, dass eine solche erst zu begründen wäre, wird im Hinblick auf die Sinnfrage – nicht nur auf Seiten eines Individuums, sondern auch auf Seiten einer Gesellschaft – deutlich, dass es einer Unterscheidung bezüglich des ‚Grades an Moralität' bedarf. Mit Hilfe einer Beurteilung, die nach der ‚Gradualität von Moralität' differenziert, lassen sich die verschiedenen Formen von Sexualität auf einer Wertskala einordnen, auf der gemäss gängiger und m. E. berechtigter Einschätzung[70] bezahlte, ungeteilte und unpersönliche Sexualität (d. h. Prostitution) ans untere Ende des Kontinuums zu stehen kommt, hinge-

[69] Nach Volkmar Sigusch führt das allerdings zu „faulen Kompromisse[n]". (Ders., Die neosexuelle Revolution, 1220.) Meines Erachtens gibt es aber zur Unterscheidung von Recht und Moral keine Alternative; vielmehr gilt es, die Spannung, die in dieser Differenzierung liegt, aufrechtzuerhalten und darauf auch immer wieder hinzuweisen. Vgl. ausführlicher dazu in Kap. 8.

[70] Darauf gehe ich in Kap. 5.3.1 und Kap. 7 näher ein.

gen Sexualität in einer auf Dauer angelegten Liebesbeziehung ans obere Ende. Für ein solches Vorgehen spricht, dass es mittels verfeinerten Werturteilen Orientierung zu geben und in gewissem Sinn wohl auch als wertvoll befundene Güter zu schützen[71] vermag. Dass Werturteile unweigerlich Widerspruch hervorrufen, gehört sozusagen zur ,Natur' der Sache.

Worin bestünde aber die Alternative? In einem gleichberechtigten Nebeneinander verschiedener Spielformen von Sexualität? Ist das widerspruchsfrei und im Hinblick auf gesellschaftliches Zusammenleben zugleich als sinnvoll denkbar? Das scheint mir nicht zuletzt deswegen ein Ding der Unmöglichkeit, weil mit einer Praxis verbundene Bedeutungen nicht einfach als gleichwertig gelten, sondern mehr oder weniger dominant auftreten und zudem nach einer abwägenden Stellungnahme verlangen.

Dass die Vorstellung eines gleichberechtigten Nebeneinanders verschiedener Spielformen von Sexualität zwar ihren Reiz hat, sei unbestritten. Hierbei ist insbesondere an die positive und produktive Resonanz zu denken, die Butlers Theorie in gewissen wissenschaftlichen Kreisen ausgelöst hat. Ihre These, sexuelle Identität sei nicht einfach ,von Natur aus' gegeben, sondern werde im Diskurs bzw. der diskursiven Praxis sowie mittels Performanz (handelnde Wiederholung dessen, was in der diskursiven Praxis bezeichnet wird, bzw. von Normen) permanent hergestellt, könne aber mittels Parodie unterlaufen werden, hat insofern zu einer befreienden Sicht geführt, als sie zu einem spielerischen Umgang mit sexuellen Identitäten anleitet, der jegliche Festlegungen zu vermeiden sucht.[72] Das ,Spiel mit Andersheit' ist auf theoretischer Ebene zumindest in gewisser Hinsicht einsichtig, wirft aber praktische Fragen auf, da es viel stärker zu einem situativen Aushandeln zwingt und nicht von vorneherein auszuschliessen ist, dass sexuellen Identitäten eigene Räume zugewiesen werden, es also nicht zu einem ,fluktuierenden' Ineinander, sondern zu einem segregierten Nebeneinander kommt. Das erklärt auch, weshalb viele Prostitution nur in einem von der übrigen Gesellschaft abgegrenzten Bereich dulden wollen. Eine andere Art der Abgrenzung besteht darin, die Frauen danach zu unterscheiden, wer käufliche sexuelle Dienstleistungen anbietet und wer nicht.[73] Dass die entsprechende Unterscheidung bei den Männern unterbleibt, widerspiegelt die nach wie

[71] Darin besteht ja das Anliegen von Anderson und Radin.

[72] Mit ihrem Buch „Das Unbehagen der Geschlechter" hat Judith Butler die Debatte angestossen. In „Körper von Gewicht" reagiert sie auf erste Kritiken. Zu Butler vgl. u. a. Regina Becker-Schmidt/Gudrun-Axeli Knapp, Feministische Theorien zur Einführung, 81-93; Hannelore Bublitz, Judith Butler zur Einführung; Paula-Irene Villa, Judith Butler; im Zusammenhang mit Geschlechtertheorien: Andrea Maihofer, Geschlecht als Existenzweise, 40-53. Eine Auseinandersetzung mit Butler fokussiert auf den Kontext der Bildung von (Geschlechts-)Identität bietet auch Sandra Büchel-Thalmaier, Dekonstruktive und Rekonstruktive Perspektiven auf Identität und Geschlecht, 287-308.

[73] Aus diesem Grund scheint es für Prostituierte schwierig zu sein, eine private Partnerbeziehung mit einem Mann leben zu können, weil dieser oft die parallel bestehenden beiden Rollen der Frau nicht zu akzeptieren vermag. (Vgl. hierzu auch in Kap. 5.2 und 6.3.) Ein weiteres Beispiel belegt, dass der Wechsel von einem Kontext in den anderen nicht ohne weiteres machbar ist bzw. sogar äusserst verletzend sein kann. Diese Erfahrung hat Jeannette Angell gemacht, als ein guter Freund von ihr, mit dem sie bis anhin über alles sprechen konnte, sie, nachdem er um ihre Tätigkeit als Callgirl wusste, für eine sexuelle Dienstleistung engagieren wollte. (Vgl. dies., Callgirl, 122-125.)

vor bestehende Geschlechterungleichheit und damit verbundene Ungerechtigkeit in unserer Gesellschaft und geht mit einer entsprechenden Deutung der Sexualität[74] einher.

Schliesslich sei noch auf eine Konsequenz hingewiesen, wenn Sexualität als menschliches Grundbedürfnis und losgelöst von Liebe begriffen wird. Erst eine solche Konzeption lässt die Frage nach der (sexuellen) Gerechtigkeit entstehen, dies im Sinn einer gerechten Verteilung. Denn die Zuteilung von Liebe und mit ihr verbundener Sexualität erfolgt per definitionem nicht nach Gerechtigkeitsprinzipien.[75] Unter der Prämisse, dass Sexualität aber nach wie vor in Verbindung zu Liebe gesucht wird, führt das in gerechtigkeitstheoretischer Hinsicht zu unlösbaren Schwierigkeiten, wie der Philosoph Elmar Waibl in seinem Artikel zu sexueller Gerechtigkeit darlegt.[76] Interessanterweise scheint für ihn dieser Konnex letztlich doch gegeben zu sein, ansonsten wäre es naheliegend gewesen, bei den Überlegungen zu einer gesellschaftlichen Ordnung als Sexualgemeinschaft auch die Möglichkeit einer vom Staat organisierten ‚ausgleichenden' Gerechtigkeit oder zumindest einer staatlichen Gewährung elementarer – hier sexueller – Bedürfnisse (analog dem Sozialhilfeprinzip) in Betracht zu ziehen, was bei Waibl unterbleibt. Genau in diese Richtung zielen aber die Überlegungen, die Menschen mit einer Behinderung mit staatlicher Unterstützung die Dienste so genannter Berührerinnen oder Berührer zugänglich machen wollen.[77]

5.2 Zur Bedeutung des Kaufs sexueller Dienstleistungen

Die Nachfrage nach sexuellen Dienstleistungen stellt keine abstrakte Handlung bar jeglicher Bedeutung dar, sondern spielt sich in einem gesellschaftlichen Kontext ab, der nach Geschlecht und allgemein sozialer Ungleichheit strukturiert ist. Um sich eine Vorstellung darüber machen zu können, welche Bedeutung mit der Inanspruchnahme der Prostitutionstätigkeit von Frauen verbunden ist, ist zunächst zu fragen, wer sich als Prostitutionskunde betätigt (in Kap. 5.2.1), und daran anschliessend (in Kap. 5.2.2), aus welchen Motiven dies geschieht. In einem weiteren Schritt (in Kap. 5.2.3) wird dies allgemein und zuletzt (in Kap. 5.2.4) in Bezug auf die Sexualität gedeutet.

5.2.1 Wer betätigt sich als Prostitutionskunde?

5.2.1.1 Wie viele Männer gehen zu Prostituierten?

Prostitutionskunden sind das notwendige Pendant zu den Prostituierten, bleiben aber im Gegensatz zu diesen anonym(er), was Spekulationen erst recht Auftrieb gibt. Daher ist es Aktivistinnen der Prostituiertenbewegung ein grosses Anliegen, die Tabuisierung des

[74] Das wird in Kap. 5.2 erläutert.

[75] Vgl. dazu ausführlicher Michael Walzer, Sphären der Gerechtigkeit.

[76] Vgl. Elmar Waibl, Sexuelle Gerechtigkeit?.

[77] Vgl. dazu Kap. 8.2.2.

Kaufs sexueller Dienstleistungen und falsche Vorstellungen über solche Kunden[78] aufzubrechen. So betonen sie stark die ‚Normalität', die sowohl in Bezug auf die Charakteristik der Männer als auch in Bezug auf deren Anzahl zu verstehen ist. Anschauliches Beispiel dafür ist die immer wieder vorgebrachte These, dass „jeder Mann [...] ein potentieller Freier"[79] sei, oder die Behauptung, es sei „zwar bekannt, dass die Mehrzahl der Männer mindestens einmal im Leben die Dienste einer Prostituierten in Anspruch nehmen"[80], nur würde kaum darüber gesprochen, geschweige denn darüber geforscht. Um das nicht nur aufgrund der mannigfachen Erfahrungen von Prostituierten behaupten zu müssen, hat das Prostituiertenprojekt Hydra in Berlin gleich zu Beginn der 1990er Jahre eine Studie dazu durchgeführt. Hier wie in anderen Studien bestätigt sich die Tatsache, dass Prostitutionskunden aus allen Bildungsschichten stammen, die verschiedensten Berufe ausüben, teils in festen Beziehungen, teils als Single leben und sich in all dem und weiteren Aspekten nicht von der übrigen Population der Männer unterscheiden. Dies hat das Schlagwort von „Otto Normalverbraucher"[81] geprägt. Dabei geht nicht nur „Herr Jedermann" zu Prostituierten,[82] sondern die grosse Mehrheit der Männer würde mindestens einmal im Leben eine sexuelle Dienstleistung nachfragen. Aus dieser (sich auf die Quantität abstützende) Sicht erscheint die Prostitution mit ihren Hauptprotagonisten, den Prostitutionskunden und den Prostituierten, als völlig ‚normal' im Sinn von alltäglich und einen Grossteil der Bevölkerung betreffend. – Doch stimmt das Bild?

Zustimmung und zugleich Widerspruch äussern Dieter Kleiber und Doris Velten in ihrer drei Jahre nach der Studie von Hydra publizierten Untersuchung über Prostitutionskunden. Sie kommen zu folgendem Schluss:

> „Insgesamt ist festzuhalten, dass die ‚Jedermann-Hypothese', was die Spannbreite der sozialen Prostitutionsmerkmale betrifft, durchaus Gültigkeit beanspruchen kann. Was allerdings die *Verteilungsmuster* sozialer Merkmale anbelangt, sind Freier im Durchschnitt jedoch eine spezifisch beschreibbare Teilgruppe der männlichen Bevölkerung."[83]

Kleiber und Velten gehen also einerseits von einem abgegrenzten und andererseits von einem charakterisierbaren Anteil aus. Wie gross ist dieser tatsächlich? In Anbetracht der wenigen Zahlen, die zudem stark voneinander abweichen, – so haben in Frankreich in einer landesweiten Befragung 3,3 Prozent der Männer berichtet, sie hätten in den letzten

78 Meist stellen diese Vorstellungen auf das vermeintliche Aussehen des Kunden ab, der deswegen keine Chance auf eine Beziehung zu einer Frau habe und mit den Prostituierten vorlieb nehmen müsse bzw. ohne sie emotional und sexuell verkümmern müsste.

79 Hydra (Hrsg.), Freier, 15; vgl. auch ebd., 247.

80 Christiane Howe, Zwielichtiges, 32. Da die Soziologin Christiane Howe ihre Aussage nicht belegt, obwohl sie hier die Resultate ihrer Studie über Prostitutionskunden präsentiert, stellt das eine Behauptung dar. Zudem wäre eine statistische Angabe auf ihre Aussagekraft hin zu reflektieren. Denn wenn sie einen Durchschnittswert wiedergibt, was zu vermuten ist, kann dieser Resultat verschiedener Kombinationen sein, die auf einer völlig unterschiedlichen Verteilung basieren. Und genau hier liegt der springende Punkt!

81 Hydra (Hrsg.), Freier, 18.

82 Vgl. hierzu die Schilderung bei Stephanie Klee, Prostitutionskunden, 46-47.

83 Dieter Kleiber/Doris Velten, Prostitutionskunden, 55 (Hervorh. im Orig.). Das bestätigt sich in der Studie von Doris Velten: vgl. dies., Aspekte der sexuellen Sozialisation, 96.

fünf Jahren Prostitutionskontakte gehabt,[84] während die Schätzung von Hydra einen „Anteil von 75% aller Männer im geschlechtsaktiven Alter"[85] für die damalige Bundesrepublik Deutschland ergibt, – zeigt sich nach Meinung von Kleiber und Velten, wie schwierig eine solche Schätzung ist. Die Abweichungen sind darauf zurückzuführen, dass unterschiedliche Annahmen betreffend Anzahl von Prostituierten und Kontakthäufigkeit getroffen werden, verschieden grosse Zeiträume abgefragt werden und von einer unterschiedlichen Altersspanne bei den möglichen Prostitutionskunden ausgegangen wird.[86] Sie selbst stützen sich auf die Studie von Stefanie Markert,[87] die 1991 „[a]ufgrund der empirisch gestützten Schätzung der Anzahl weiblicher Prostituierter, der ermittelten Kontakthäufigkeit und dem Stammfreieranteil [...] einen Freieranteil von 18 Prozent der sexuell aktiven männlichen Bevölkerung"[88] ermittelt, was bedeutet, dass nach ihrer Berechnung 18 Prozent der 20 bis 60jährigen Männer der alten BRD mindestens einmal in ihrem Leben eine Prostituierte aufgesucht haben,[89] was dennoch eine stattliche Anzahl von etwas mehr als 4,5 Mio Männern ergibt. In einem ähnlichen Rahmen bewegen sich die Schätzungen für die Schweiz und die USA.[90] So rechnete man 1988 in der Schweiz mit einem Anteil von 10 bis 15 Prozent der männlichen Bevölkerung im Alter von 20 bis 65 Jahren, was einer Anzahl von 200'000 bis 280'000 Prostitutionskunden entspricht. Oder anders ausgedrückt: Etwa jeder siebte bis zehnte Mann im fraglichen Alter fragt sexuelle Dienstleistungen nach.[91] Diese Grössenordnung scheint in etwa gleich geblieben zu sein, hat doch die Soziologin Rahel Zschokke aufgrund der von ihr im Jahr 2000

84 Vgl. Nathalie Bajos et al., Sexualité vénale et gestion du risque de transmission sexuelle du sida, 42. Die Befragung wurde 1991/1992 durchgeführt.

85 Dieter Kleiber/Doris Velten, Prostitutionskunden, 19. Kleiber und Velten haben aus der von Hydra präsentierten Zahl von 12 Mio. Männern, die „mindestens einmal Kontakt zu einer Prostituierten hatten" (ebd.) den Anteil von Prostitutionskunden an der männlichen Bevölkerung im geschlechtsaktiven Alter errechnet. Vgl. zu der von Hydra errechneten Zahl: Hydra (Hrsg.), Freier, 20. Kleiber und Velten weisen darauf hin, dass die Zahl auch deswegen so hoch ausfällt, weil Hydra von einer kleineren Gesamtzahl von Männern im geschlechtsaktiven Alter ausgeht.

86 Vgl. ausführlicher und verschiedene auf Deutschland bezogene Studien im Überblick präsentierend und diskutierend: Dieter Kleiber/Doris Velten, Prostitutionskunden, 16-19.

87 Vgl. Stefanie Markert, Studie zum Risikoverhalten von Freiern („Freier-Studie").

88 Dieter Kleiber/Doris Velten, Prostitutionskunden, 19. Friedrich W. Stallberg verweist noch auf weitere, auf sexualwissenschaftlichen Repräsentativbefragungen basierende Studien, die einen Anteil von mindestens einem Zehntel bis höchstens einem Drittel aller Männer in einer Gesellschaft ermittelten, die eine Erfahrung als Prostitutionskunden aufweisen. (Vgl. ders., Prostitution, 601.)

89 Wenn auch Dieter Kleiber und Doris Velten in ihrer gemeinsamen Studie von den genannten 18 Prozent ausgehen (vgl. dies., Prostitutionskunden, 19), so ist doch immer mitzubedenken, dass die Zahl nicht präzis bestimmbar ist. Deshalb nennt Doris Velten in ihrer Dissertation die Bandbreite von 18-26 Prozent. (Vgl. dies., Aspekte der sexuellen Sozialisation, 19 [Anm. 9].)

90 In den USA fördert 1992 eine nationale Studie zu Tage, dass 16 Prozent der Männer irgendwann im Leben eine Prostituierte aufgesucht haben und dass 0,6 Prozent der Männer dies jährlich tun. (Vgl. Martin Monto, Why men seek out prostitutes, 68.) In einer im Jahr 1996 ähnlich angelegten Studie in Schweden traf dies auf 13 Prozent der Männer über 18 Jahre zu. (Vgl. Sven-Axel Månsson, Men's Practices in Prostitution, 136.) Sven-Axel Månsson nennt in seinem Artikel noch die Zahlen weiterer europäischer Staaten. Hier tanzt nur Spanien vollends aus der Reihe mit einem Anteil an Prostitutionskunden von knapp 39 Prozent, was aber möglicherweise mit dem im Vergleich sehr kleinen Sample zu tun hat (vgl. ebd., 137) und zudem ein Hinweis darauf ist, dass Statistiken immer mit einer gewissen Vorsicht zu interpretieren sind.

91 Vgl. Bundesamt für Gesundheitswesen, Übersicht über die Prostitution in der Schweiz.

durchgeführten Befragung von Prostitutionskunden errechnet, dass deren Anteil bei „12% der männlichen, volljährigen Schweizer Bevölkerung"[92] liegt. Sie bezeichnet das als konservative Schätzung, weil hier das übliche Konsumverhalten zum Ausdruck komme, ohne dass aussergewöhnliche Ereignisse wie z. B. Messen oder Ferien im Ausland einbezogen wären. – Demnach ist die Vorstellung, sozusagen jeder Mann suche sicher einmal im Leben eine Prostituierte auf, massiv nach unten zu korrigieren. Prostitution ist folglich ein Dienstleistungssektor, von dem nur ein kleinerer Teil der sexuell aktiven Männer Gebrauch macht,[93] und dies vielfach für eine Dienstleistung von einer halben bis eine Stunde Dauer,[94] wobei hier auf Seiten der Männer die mentale Auseinandersetzung und Vorbereitung im Vorfeld noch hinzuzurechnen wäre. Gleichwohl entspricht das nominal einer beträchtlichen Anzahl Männer, die mit ihrer teils mehr oder weniger häufig wiederholten Nachfrage[95] nach sexuellen Dienstleistungen Frauen eine Verdienstmöglichkeit

[92] Rahel Zschokke, Frauenhandel in der Schweiz, 230.

[93] Diese Position vertritt auch Sabine Grenz in: (Un)heimliche Lust, 9, 19. Vgl. dazu ebenfalls das Urteil von Sven-Axel Månsson, der meint, es gäbe Männer, die sich nie sexuelle Dienstleistungen erwerben würden, andere, die das nur einige wenige Male tun würden, sowie weitere, die das regelmässig praktizierten. (Vgl. ders., L'homme dans le commerce du sexe, 331.) Vom Anteil her rechnen die meisten der genannten Schätzungen mit einem Anteil, der unter einem Fünftel der männlichen Bevölkerung im sexuell aktiven Alter liegt, wobei ein Anteil von einem Viertel (vgl. Doris Velten, Aspekte der sexuellen Sozialisation, 19 [Anm. 9]) oder gar einem Drittel (vgl. Sabine Grenz, [Un]heimliche Lust, 19, welche die im Playboy 2001 veröffentlichte Emnid-Studie erwähnt) nicht ausgeschlossen werden.

[94] In der Studie von Kleiber und Velten wurden die Kunden nach der Dauer des letzten Prostitutionsbesuchs befragt. Bei gut 36 Prozent war es etwa eine halbe Stunde und bei gut 33 Prozent eine Stunde. Auch wenn diese Grössenordnung noch viel schwieriger zu ermitteln ist und je nach Setting (insbesondere Strassenstrich) eine grössere Menge die ganze Angelegenheit in einer halben Stunde oder sogar weniger erledigt haben dürfte, vermittelt es doch einen Eindruck davon, wie kurz die ganze Sache meist dauert. Ein vergleichbares Bild ergibt sich bei Rahel Zschokke, wo sich bei zwei Dritteln der befragten Kunden die Dauer des letzten Prostituiertenkontakts zwischen 15 Minuten und einer Stunde bewegte. (Vgl. dies., Frauenhandel in der Schweiz, 225.)

[95] Nach der Anzahl Prostitutionsbesuche während des Jahres vor der Untersuchung befragt, geben in der Studie von Kleiber und Velten etwa 26 Prozent der Kunden an, sie hätten in dieser Zeit eine bis fünf Prostituierte aufgesucht. Am anderen Ende der Skala gibt es einen Anteil von etwa zwei Prozent, die über 60 Prostitutionsbesuche zu verzeichnen haben. Insgesamt ergab sich ein Durchschnitt von etwa 15 Prostitutionsbesuchen pro Kunde, was in einer bildlich gefassten Vorstellung einen Prostitutionsbesuch pro Monat plus je einen Extra-Prostitutionsbesuch zu Weihnachten, Ostern und am Geburtstag ausmacht. (Vgl. hinsichtlich der Anzahl Prostitutionsbesuche: Dieter Kleiber/Doris Velten, Prostitutionskunden, 126.) Antje Langer stellte bei ihren Beobachtungen auf dem Drogenstrich in Frankfurt a.M. fest, dass es Prostitutionskunden gibt, die gelegentlich, und solche, die regelmässig kommen. Bei Letzteren benutze ein Teil verschiedene Autos, um nicht aufzufallen. (Vgl. dies., Klandestine Welten, 69-70, 73.) In der Studie von Rahel Zschokke sind Prostitutionskunden vertreten, die „[m]ehrheitlich [...] seit über 10 Jahren zu Prostituierten [gehen]" und sich als regelmässige Kunden betätigen. (Dies., Frauenhandel in der Schweiz, 237.) Dabei ist die Kontakthäufigkeit höchst bemerkenswert, geben doch allein 21 von den 39 befragten Männern an, ein- bis zweimal im Monat sexuelle Dienstleistungen in Anspruch zu nehmen, während 11 von ihnen das noch häufiger tun. Angesichts dieser Zahlen ist die gute bzw. überdurchschnittliche Einkommenslage des Samples völlig einsichtig. (Vgl. ebd., 229, 225.) Auf der anderen Seite ist es ebenso einleuchtend, wenn Prostitutionskunden hauptsächlich finanzielle Gründe geltend machen, wenn sie trotz Wunsch auf die Inanspruchnahme einer sexuellen Dienstleistung verzichten. (Vgl. ebd., 235.) Vgl. bezügl. Einkommenslage und Schicht auch Doris Velten, Aspekte der sexuellen Sozialisation, 95.

bieten. „D'une façon un peu plus précise l'on pourrait donc dire que ce sont surtout les acheteurs habituels qui assurent une occupation aux prostitutées."[96]

5.2.1.2 Charakteristika von Prostitutionskunden

Es gehen also längst nicht alle Männer zu Prostituierten. Lassen sich nun diejenigen, die sich als Prostitutionskunden betätigen, näher charakterisieren? Wohl nicht sonderlich überraschend, weil mit der angenommenen sexuellen Aktivität übereinstimmend, ist bei den 20 bis 40jährigen Männern der Anteil an Prostitutionskunden am grössten.[97] Der bei Kleiber und Velten ermittelte höhere Anteil an guten bis höheren Bildungsabschlüssen mag der Anlage der Studie geschuldet sein, erscheint aber als durchaus plausibel sowohl in Bezug auf das ohnehin höhere Bildungsniveau der Hauptaltersgruppe als auch in Bezug auf die Annahme, besser Gebildete würden mehr im Leben ausprobieren wollen und hätten zudem die dafür notwendigen finanziellen Mittel.[98] Interessanter und bedeutender ist die Verteilung hinsichtlich des Zivilstands. Unter den Prostitutionskunden gibt es in der Studie von Kleiber und Velten „überproportional viele ledige [...] und geschiedene Männer [...] und einen entsprechend geringeren Anteil verheirateter Freier"[99]. Das Bild bestätigt sich ebenfalls, wenn nicht auf den Zivilstand abgestellt, sondern die Partnersituation betrachtet wird, denn diesbezüglich lebte zum Zeitpunkt der Befragung „fast die Hälfte der Männer [...] ohne feste Partnerin"[100]. Deswegen vermuten Kleiber und Velten, „dass dem Prostitutionssektor eine Surrogatfunktion für ganz ‚normale' Beziehungen zukommt"[101]. Die Beobachtung hinsichtlich Partnersituation ist in Bezug auf das Verständnis der Prostitution ernst zu nehmen, denn andere Studien weisen ähnliche Ergebnisse auf. Das scheint mir auch deshalb wichtig, weil unter denjenigen, die Prostitution befürworten, meist auf die verheirateten Kunden verwiesen wird, im Kontext des Strassenstrichs oft mit dem Hinweis auf den Kindersitz im Auto. So schätzt beispielsweise

96 Übersetzung: „Ein bisschen präziser ausgedrückt könnte man folglich sagen, dass es vor allem die regelmässigen Kunden sind, die den Prostituierten eine Beschäftigung garantieren." (Sven-Axel Månsson, L'homme dans le commerce du sexe, 342.)

97 Dieter Kleiber und Doris Velten sprechen von Überrepräsentation im Vergleich zu ihrem altersmässigen Anteil an der gesamten männlichen Bevölkerung. (Vgl. dies., Prostitutionskunden, 53.) Vgl. in Bezug auf eine US-amerikanische Studie: Martin Monto, Why men seek out prostitutes, 73 und zur französischen Studie: Nathalie Bajos et al., Sexualité vénale et gestion du risque de transmission sexuelle du sida, 41-44. In der Studie von Sabine Grenz ergab sich eine „Häufung in der Altersgruppe 30-40 Jahre". (Dies., [Un]heimliche Lust, 40.) Ob das repräsentativ ist, lässt sie offen, weil dies in Bezug auf die Prostitutionskunden nicht nachprüfbar ist. (Vgl. ebd., 41.)

98 Vgl. Dieter Kleiber/Doris Velten, Prostitutionskunden, 54-55, XVII. Ein ähnliches Bild ergibt sich bei Rahel Zschokke, Frauenhandel in der Schweiz, 224-225, und Sabine Grenz, (Un)heimliche Lust, 40, sowie Doris Velten, Aspekte sexueller Sozialisation, 92.

99 Dieter Kleiber/Doris Velten, Prostitutionskunden, 53. Ein vergleichbarer Befund ergab sich in einer von Dieter Kleiber u. a. in Thailand durchgeführten Studie über deutsche Sextouristen. (Vgl. ebd., 36.)

100 Dieter Kleiber/Doris Velten, Prostitutionskunden, 54. Im Sample von Sabine Grenz lebten zum Zeitpunkt der Befragung gar 12 der 19 befragten Männer als Single. (Vgl. dies., [Un]heimliche Lust, 41.) In der Studie von Doris Velten betraf dies 51 Prozent der befragten Männer, die nicht in einer festen Partnerschaft waren. (Vgl. dies., Aspekte der sexuellen Sozialisation, 92.)

101 Dieter Kleiber/Doris Velten, Prostitutionskunden, 53. Das sieht Doris Velten in ihrer eigenen Studie bestätigt. (Vgl. dies., Aspekte der sexuellen Sozialisation, 94.)

Rita Dolder, die zumindest bis 1999 einen Salon in der Schweiz betrieb, dass 90 Prozent ihrer Kunden verheiratet seien.[102] Dass ein höherer Anteil verheirateter Kunden ihren Salon aufsucht, mag durchaus zutreffen und möglicherweise deren Bevorzugung dieser Art von Etablissement widerspiegeln. Doch generell vermute ich dahinter eher das Anliegen, die Prostituierten gegenüber vorgeworfener Unmoral zu rehabilitieren, indem gemäss Massstäben der Gesellschaft die ‚Unmoral' der Kunden hervorgehoben wird, die im Fall verheirateter Männer undiskutabel ist bzw. zu sein scheint, erst recht, wenn sie noch Väter sind und Familienpflichten haben. Das geschieht natürlich nicht mit dem Ziel, dass nun beide Seiten moralisch verurteilt werden, sondern dass die ganze Angelegenheit als ‚normal' begriffen und darum nicht mehr beanstandet wird.[103]

Was die Partnersituation anbelangt, lebt selbst im Sample der Untersuchung von Hydra (38 Männer) nur die Hälfte in einer festen Beziehung (wovon 11 verheiratet sind), während die andere Hälfte 13 Männer umfasst, die ledig sind, dazu 3, die in Trennung leben, sowie 3, die geschieden sind. Hinsichtlich Verteilung von Prostitutionskunden mit und ohne feste Beziehung präsentiert sich die Lage andernorts in vergleichbarer Weise.[104] Allerdings gelangt Zschokke in ihrer Untersuchung von 2000 zu einem anderen Befund, denn bei ihr sind 27 der 37 befragten Prostitutionskunden verheiratet oder leben in einer festen Beziehung, während nur 10 Männer Singles sind, was aber nach ihrer Einschätzung im Hinblick auf den Zivilstand der männlichen Wohnbevölkerung in der Schweiz entspricht.[105] Daher ist für sie der Prostitutionsbesuch dieser Männer „hauptsächlich als Zusatz oder Ergänzung zu ihrer regulären Beziehung" zu verstehen, „also mehrheitlich nicht einem Beziehungsmangel entspringen[d]"[106].

Hinsichtlich Partnersituation sei noch auf einen anderen Aspekt verwiesen. In der schwedischen Studie von 1996 zeigte sich, dass Prostitutionskunden mehr Scheidungen und im Fall von Konkubinat mehr Trennungen aufweisen als Männer, die keine Prostituierten aufsuchen, was der Soziologe Sven-Axel Månsson dahingehend interpretiert, dass Prostitutionskunden grössere Beziehungsschwierigkeiten zu haben scheinen.[107]

5.2.2 Motive für den Kauf sexueller Dienstleistungen

Ob nun mehr oder weniger Männer im sexuell aktiven Alter Prostituierte aufsuchen, ob sie im Vergleich zur männlichen Bevölkerung im gleichen Altersspektrum weniger häufig

[102] Vgl. Rita Dolder/Claudia Weiss Gerber, Verkaufte Illusionen, 24.

[103] Vgl. dazu auch Béatrice Bowald, Gekaufte Nähe, 185.

[104] Vgl. diesbezüglich die schwedische Studie über die Strassenprostitution in Stockholm und Malmö anfangs der 1980er Jahre, wo 47 Prozent der Kunden eine feste Beziehung zu einer Frau hatten. (Vgl. Sven-Axel Månsson, L'homme dans le commerce de sexe, 336.) Ein ähnliches Bild ergibt sich in der nationalen Studie in den USA anfangs der 1990er Jahre. (Vgl. Martin Monto, Why men seek out prostitutes, 71.) Demgegenüber scheint der Anteil alleinstehender Männer im Prostitutionstourismus bedeutend höher zu sein. So lebte in der unter deutschsprachigen Prostitutionstouristen in Thailand (Sample von 24 Männern) in der ersten Hälfte der 1990er Jahre durchgeführten Untersuchung von Andrea Rothe nur gerade ein Drittel zu Hause in einer festen Partnerschaft. (Vgl. dies., Männer – Prostitution – Tourismus, 72-73.)

[105] Vgl. Rahel Zschokke, Frauenhandel in der Schweiz, 225.

[106] Ebd.

[107] Vgl. Sven-Axel Månsson, Men's Practices in Prostitution, 138.

in einer festen Beziehung leben, ist in jedem Fall danach zu fragen, weshalb denn Männer überhaupt zu Prostituierten gehen. Wonach suchen die Prostitutionskunden, wenn sie die Dienstleistung einer Prostituierten in Anspruch nehmen? Was wollen oder erhoffen sie sich damit zu erwerben?

In ihrer Studie unterscheiden Kleiber und Velten zwischen sexuellen und sozialen Motiven.[108] Aus den Antworten der Prostitutionskunden geht hervor, dass die sexuellen Motive eindeutig überwiegen, was den beiden Forschenden bestätigt, „wie bedeutsam der Zusammenhang zwischen einer sexuell als unbefriedigend erlebten oder einer fehlenden Partnerschaft und dem Besuch weiblicher Prostituierter ist“[109]. Hinsichtlich der Lebenseinstellung zeigte sich, dass die Hälfte der befragten Prostitutionskunden sich eine von sexueller Treue geprägte, feste Beziehung wünschte; ein weiterer bedeutender Teil wünschte sich zwar ebenfalls eine möglichst lange dauernde feste Beziehung, jedoch ohne sexuelle Ausschliesslichkeit.[110] Was das sexuelle Erleben anbelangt, meinte ein wenig mehr als ein Viertel von ihnen, sie könnten Sexualität befriedigend nur mit einer Partnerin in einer Liebesbeziehung erleben. Demgegenüber scheint dies etwa zwei Dritteln auch ohne Liebesbeziehung möglich. Treue hat ihren Wert nicht verloren, wird aber bedeutend mehr in Bezug auf das Verhalten von Frauen für wichtig erachtet,[111] was zudem ein Beleg für die nach wie vor vorhandene und zu Recht kritisierte Doppelmoral ist.

Wenn bei Prostitutionskunden sexuelle Motive den Ausschlag geben, eine entsprechende Dienstleistung nachzufragen, beinhaltet das eine ganze Palette von Motiven. So suchen die einen mehr nach sexueller Abwechslung oder bestimmten sexuellen Praktiken, weil sie beispielsweise Letztere mit ihren Partnerinnen zusammen nicht ausleben können oder wollen. Diesbezüglich wird oft der aktivere Part der Prostituierten beim Sex genannt, insbesondere „Französisch“ (hierbei wird der Mann oral befriedigt), das von den Befragten bedeutend mehr mit Prostituierten als mit der eigenen Partnerin praktiziert wird.[112] Andere Kunden schätzen den Sex mit einer Prostituierten, weil sich diese auf die sexuellen Vorlieben ihrer Kunden einlässt.[113]

108 Der Erklärungswert beträgt gemäss den beiden Forschenden 33,3 Prozent der Gesamtvarianz. (Vgl. Dieter Kleiber/Doris Velten, Prostitutionskunden, 65.)

109 Dieter Kleiber/Doris Velten, Prostitutionskunden, 68. Auch in der Studie von Hydra zeigt sich, dass die sexuellen Motive vorherrschend sind. (Vgl. Hydra [Hrsg.], Freier, 102.) Hinsichtlich der Begründungsmotive zeigt sich ebenfalls in der Studie von Doris Velten, dass der wiederholte Prostitutionsbesuch bei fast drei Viertel der befragten Männer eine vor allem in sexueller Hinsicht kompensatorische Funktion hat, einerseits in Verbindung mit sexueller Unzufriedenheit in der Partnerschaft, andererseits wegen fehlender Partnerschaft. (Vgl. dies., Aspekte der sexuellen Sozialisation, 121.)

110 Ein ähnliches Ergebnis zeitigt die Studie von Doris Velten: vgl. dies., Aspekte der sexuellen Sozialisation, 153.

111 Vgl. Dieter Kleiber/Doris Velten, Prostitutionskunden, 62-64, und ähnlich bei Doris Velten, Aspekte der sexuellen Sozialisation, 154-155. Bemerkenswert ist hier, dass sich ein Teil der Prostitutionskunden widersprüchlich verhält, weil er auch von Männern Treue in einer Beziehung verlangt, dies aber in der eigenen Partnerschaft wegen der Kontakte zu Prostituierten nicht erfüllt.

112 Vgl. Dieter Kleiber/Doris Velten, Prostitutionskunden, 86-87; Hydra, Freier, 95; Sven-Axel Månsson, Men's Practices in Prostitution, 141; Christiane Howe, Zwielichtiges, 38-41.

113 Vgl. ausführlicher dazu Béatrice Bowald, Gekaufte Nähe, 186-188, mit entsprechenden Literaturverweisen sowie Dieter Kleiber/Doris Velten, Prostitutionskunden 66-67; Sven-Axel Månsson, L'homme dans le commerce du sexe, 343-356; Maria Jacobson, Why do men buy sex?, 24; Christiane Howe, Zwielichtiges, 37-38; Rahel Zschokke, Frauenhandel, 233.

Dabei scheint es nach Erkenntnissen von Kleiber und Velten keineswegs so zu sein, dass die Prostitutionskunden zugleich nach einem ganz anderen Frauentyp suchen. Vielmehr zeigte sich, dass die Beschreibung der Prostituierten, mit der sie zuletzt (vor der Befragung) Kontakt hatten, mehrheitlich der Beschreibung der realen oder ideal vorgestellten Partnerin nahekommt.[114] Aufgrund dieses Befunds werfen die beiden Forschenden die Frage auf, „ob das Klischee von der klassischen männlichen Zweiteilung der Frau in Heilige und Hure heute nicht überholt ist“[115].

Sex bei und mit einer Prostituierten auszuleben, stellt für einen Teil der Prostitutionskunden die einzige Möglichkeit dar, Sex mit einer Frau zusammen zu (er)leben, weil sie Schwierigkeiten haben, mit Frauen in entsprechenden Kontakt zu kommen. Wieder andere wollen sich die Mühe und den ungewissen Ausgang, die im Knüpfen von Beziehungen liegen, bewusst ersparen, aber gleichwohl nicht auf Sex mit einer Frau verzichten.

Hydra betont, dass Prostitutionskunden nicht nur Sex wünschen, denn in ihrer Studie liessen viele ein auffallend „starke[s] Bedürfnis [...] nach Zärtlichkeit, Nähe, Streicheln/Kuscheln, Unterhaltung und viel Zeit“[116] erkennen. Der Soziologe Roland Girtler weist in seiner Untersuchung ebenfalls darauf hin, dass die Kunden oft nach Zuspruch verlangen.[117]

Zuspruch kann dabei ganz schlicht darin bestehen, dass sich die Kunden aussprechen, ihre Sorgen abladen können. Ein solches Setting braucht nicht noch von sexuellen Handlungen begleitet zu sein. Es ist aber dadurch gekennzeichnet, dass die Frauen, die fürs Zuhören bezahlt werden, auch die Möglichkeit einer sexuellen Dienstleistung bieten. Selbst wenn sich nun aufgrund solcher Situationen die eine oder andere Prostituierte als Therapeutin versteht, ist deren Selbstbild nicht mit dem Setting einer Therapie im herkömmlichen professionellen Sinn zu verwechseln. So sehen sich beispielsweise die Kunden selbst keineswegs als ‚Patienten’, die eine professionelle therapeutische Beratung aufsuchen,[118] die zudem die entsprechenden professionellen Standards erfüllen müsste und einer Aufsicht durch übergeordnete Instanzen unterstehen würde.

Prostitutionskunden scheinen offensichtlich nicht einfach den ‚schnellen Sex’ zu suchen (auch wenn letztlich das Zusammensein mit einer Prostituierten oft recht kurz ist), denn diesen könnten sie sich schneller, leichter und billiger mittels Masturbation verschaffen. Vielmehr wird deutlich, welch wichtige Rolle die mit dem Prostitutionsbesuch verbundenen Phantasien spielen. Ein Mann muss nämlich erst einmal auf die Idee kommen, sich eine sexuelle Dienstleistung zu erwerben bzw. diese erneut nachzufragen.

114 Vgl. Dieter Kleiber/Doris Velten, Prostitutionskunden, 94.

115 Ebd., 168. Nach Christiane Howe gehen beide Geschlechter davon aus, „dass sich eine Frau“ nur dann „annehmend und lustvoll mit einem Mann, seinem Körper und seinen Vorlieben beschäftigt, wenn sie dafür bezahlt wird“. (Dies., Zwielichtiges, 39.) Würde diese Behauptung zutreffen, erforderte sie gerade die Unterscheidung bei den Frauen, die Kleiber und Velten für überwunden halten. Auch wenn Howe an anderer Stelle auf die Kommunikationsschwierigkeiten beider Geschlechter im sexuellen Bereich verweist, bleibt die generalisierende Aussage problematisch, insbesondere, da dies in ihren Augen ein durchgängiges ‚Muster’ zu sein scheint, das erklärt, weshalb gemäss ihrer Aussage die Mehrheit der Männer mindestens einmal im Leben eine sexuelle Dienstleistung beansprucht.

116 Hydra (Hrsg.), Freier, 74.

117 Vgl. Roland Girtler, Der Strich, 183-187; ders., Die Prostituierte und ihre Kunden, 323-326.

118 Vgl. ausführlicher zum Selbstbild der Prostitutionskunden unter Kap. 5.2.3 und 5.2.4.

Sodann gilt es zu überlegen, in welchem Rahmen er eine Prostituierte aufsuchen will, ob beispielsweise in einem Appartement (dazu sind erst die einschlägigen Anzeigen zu konsultieren, wenn das Appartement nicht bereits bekannt oder sozusagen ‚Stammlokal' ist), in einem Wellness-/Saunaclub oder auf dem Strassenstrich oder ob er sich doch eher eine Frau via Escortservice vermitteln lassen will. Vielleicht reizt ihn mehr der Gedanke, in einem Laufhaus oder Bordell eine Auswahl treffen zu können. Die Beispiele liessen sich fortsetzen.[119] Wichtig ist hierbei, dass sich der Prostitutionskunde die Situation im Vorfeld ausmalt, sich z. T. längere Zeit mit dem Gedanken herumträgt, evtl. verschiedene Anläufe nimmt,[120] bis er das Vorhaben in die Tat umsetzt. Bestandteil der mentalen Beschäftigung im Vorfeld ist die Erwartung, sich gehen lassen zu können und mit seinen sexuellen und emotionalen Wünschen auf Verständnis zu stossen und angenommen zu werden. Der in diesem Sinn erwartete Zuspruch beinhaltet im Wesentlichen eine Bestätigung in der eigenen Männlichkeit.[121] Was auf die Prostituierte und in die Begegnung projiziert wird, führt in der konkreten Situation oft dazu, dass der Geschäftscharakter ausgeblendet wird. Das hängt nicht nur von der Fähigkeit der Prostituierten ab, ihrem Kunden diese Illusion zu bieten, sondern ebenso sehr von seinen eigenen Projektionen.[122]

> „Freier imaginieren offensichtlich wesentlich häufiger eine über den Vertragskontakt hinausgehende private oder gar romantische Beziehung zu Prostituierten als sie eine solche Beziehung realisieren konnten oder auch tatsächlich wollten."[123]

> „Wenn sie [die Prostituierte, B.B.] es [...] schafft, den Mann davon zu überzeugen, dass sie tatsächlich auf ihn abfährt, dass sie nicht nur ihren Job macht, sondern dass sie auch privat mit ihm ins Bett gehen würde, dann wird sie auch gut verdienen."[124]

Die evozierten Beziehungsphantasien und die damit verbundenen Vorstellungen von Weiblichkeit und Männlichkeit stehen in einem engen Zusammenhang mit dem in einer Gesellschaft herrschenden Geschlechterverhältnis, das in allen Bereichen, insbesondere

[119] Zur Charakterisierung der Prostitutionsorte vgl. z. B. Beate Leopold et al., Dokumentation zur rechtlichen und sozialen Situation von Prostituierten in der Bundesrepublik Deutschland, 18-19; Heinrich W. Ahlemeyer, Prostitutive Intimkommunikation, 54-79; auf die Schweiz bezogen unter Berücksichtigung der Bundesgerichtsrechtsprechung: Brigitte Hürlimann, Prostitution – ihre Regelung im schweizerischen Recht und die Frage der Sittenwidrigkeit, 17-23.

[120] Vgl. betreffend Strassenstrich, wo etliche Männer schlicht nur herumstreifen, ihnen das genügt, um sich aufzugeilen, und bei anderen noch längst nicht jede Kontaktanbahnung zu einem Vertragsabschluss führt: Antje Langer, Klandestine Welten, 51, 72-76, 81-93, 113-119; vgl. bezügl. Appartement: Stephanie Klee, Prostitutionskunden, 47-48.

[121] Vgl. Sven-Axel Månssons Urteil: „Elle [die Prostituierte, B.B.] joue pour maintenir l'image qu'il a de lui-même en tant qu'homme et amant." (Ders., L'homme dans le commerce du sexe, 329; vgl. auch 357.)

[122] Vgl. Christiane Howe, Zwielichtiges, 38. Als privat empfundene prostitutive Settings haben auch eine Kehrseite, denn wie die Studien von Kleiber und Velten sowie von Heinrich W. Ahlemeyer nachweisen, ist die Kondombenutzungsrate in solchen Settings tiefer. (Vgl. Dieter Kleiber/Doris Velten, Prostitutionskunden, 113-114; Heinrich W. Ahlemeyer, Prostitutive Intimkommunikation, 214, 233-240.)

[123] Dieter Kleiber/Doris Velten, Prostitutionskunden, 91.

[124] So die bei Tamara Domentat, Lass dich verwöhnen, 229, zitierte Erfahrung des ehemaligen Bordellbetreibers Philipp.

auch in jenem der Sexualität zum Tragen kommt. Diese Interpretation scheint in verschiedenen Arbeiten auf.[125] Die Bedeutung des Kaufs sexueller Dienstleistungen erschliesst sich daher nicht einfach über die Motive der Prostitutionskunden, die ermittelt werden, sondern von Grund auf betrachtet erst im Licht der Vorstellungen der Geschlechter und ihres Verhältnisses.

5.2.3 Prostitution als Ort der Reproduktion männlicher Heterosexualität

In ihrer kulturgeschichtlich angelegten empirischen Studie geht Sabine Grenz daher einen Schritt weiter, indem sie nach der Deutung der genannten Motive fragt.[126] Zu diesem Zweck interpretiert sie die Äusserungen der von ihr befragten Prostitutionskunden im Licht der Geschichte der Sexualität, des Geldes und des Konsums, weil aus der Konsumforschung bekannt ist, dass Konsum nie bloss Konsum ist, sondern in einem Bezug zum jeweiligen sozialen Status steht.[127] Dabei kommt sie zum Schluss, dass Männer über den Konsum sexueller Dienstleistungen bei einer Prostituierten nicht nur ihre eigenen sexuellen Bedürfnisse befriedigen, sondern zugleich „‚normale' Heterosexualität rekonstruier[en]"[128] – ein Befund, den Joanna Brewis und Stephen Linstead teilen[129] und der sich genau genommen auf ein bestimmtes Verständnis von männlicher Heterosexualität bezieht, nämlich auf dasjenige, das von einer hierarchischen Geschlechterrelation ausgeht und die kulturellen Vorstellungen dominiert.[130] Nach Meinung von Paola Tabet, einer Ethnologin, ist unter Geschlechterverhältnissen, die von Ungleichheit geprägt sind, ohnehin kein reziproker Austausch in der Sexualität möglich, was dazu führt, dass die Sexualität in allen Formen der Geschlechterbeziehung von einem ‚wirtschaftlichen' Austauschverhältnis geprägt ist (Tabet nennt es „échange économico-sexuel").[131] Gemäss dieser Logik gibt es keinen fundamentalen Unterschied zwischen Ehe und Prostitution, sondern nur einen graduellen. Diese Sichtweise passt zum Befund von Grenz, wenn er konsequent zu Ende gedacht wird, sowie zur Einschätzung von Anderson und Radin, (heterosexuelle) Sexualität sei, ob vermarktet oder nicht, ‚männerzentriert',[132] was sich

[125] Vgl. Sven-Axel Månsson, L'homme dans le commerce du sexe; Sven-Axel Månsson, Men's Practices in Prostitution, 145-147; Christiane Howe, Zwielichtiges, 41-42; Rahel Zschokke, Frauenhandel, 13-30 (theoret. Überlegungen), 238-239 (Interpretation der Ergebnisse aus ihrer Freierbefragung); Lilian Mathieu, Le fantasme de la prostituée dans le désir masculin, 78-79.

[126] Basis dafür sind Interviews mit 19 Prostitutionskunden aus West- und Ostdeutschland. Da in diesem Bereich keine Kenntnis über Umfang und Zusammensetzung der Kundschaft besteht, lässt sich auch die Frage der Repräsentativität nicht abschliessend beantworten. Die Befunde von Sabine Grenz weisen aber Parallelen zu anderen Studien auf und dürfen daher als plausibel gelten. Zur Frage der Repräsentativität vgl. dies., (Un)heimliche Lust, 41-42.

[127] Vgl. ebd., 182.

[128] Ebd., 33.

[129] Vgl. Joanna Brewis und Stephen Linstead, Time After Time, 239.

[130] Eine egalitär verstandene Geschlechterrelation müsste demnach ein neues Verständnis von männlicher Heterosexualität wie von Männlichkeit überhaupt nach sich ziehen.

[131] Vgl. Paola Tabet, Les dents de la prostituée, 228, und dies., Du don au tarif, 28-29.

[132] Vgl. Margaret Jane Radin, Contested Commodities, 129.

z. B. darin zeige, dass die weibliche Sexualität von Männern in beiden Bereichen ähnlich taxiert werde.[133]

Grenz stellt in ihrer Untersuchung fest, „dass in der Prostitution nach recht romantisch konnotierten Konsum-Erlebnissen gesucht wird, die der Reproduktion heterosexueller männlicher Identität dienen“[134]. Wodurch zeichnet sich diese aus?

Am auffälligsten sind das Bestreben, ja nicht als homosexuell zu erscheinen,[135] sowie die Annahme, Frauen hätten generell ein geringeres sexuelles Verlangen. Aus den Aussagen der befragten Prostitutionskunden geht hervor, dass sie im Allgemeinen gar nicht mit einem Begehren von Seiten der Frauen rechnen.[136] Diese müssen zwar, um in den Augen der Männer als attraktiv und begehrenswert zu gelten, als ‚sexy' erscheinen. Ein Massstab, der auch bei der Auswahl der Prostituierten angelegt wird und mit romantischen Beziehungsvorstellungen konnotiert ist.[137] Sofern keine speziellen Dienstleistungen wie jene von Dominas gefragt sind, sondern ‚normaler' Geschlechtsverkehr oder Unterhaltung mit einer Frau, haben junge, schlanke, gängigen medial vermittelten Schönheitsvorstellungen entsprechende Frauen die besten Chancen bzw. stellen sie das beste Kapital für Unternehmer in der Sexbranche dar.[138] – Das ist im Sinn eines angezeigten Trends zu verstehen. Daneben gibt es genügend Kunden, die beispielsweise mehr auf mollige oder ältere, Erfahrung oder Mütterlichkeit verkörpernde Frauen stehen, sodass aufs Gesamte gesehen jeder Typ Frau auf dem Prostitutionsmarkt eine Chance hat.[139] – Gefragt ist also eine ‚sexy' Erscheinung, aber kein eigenes sexuelles Begehren bzw. nur eines, das auf den

133 Vgl. Elizabeth Anderson, Value in Ethics and Economics, 155.

134 Sabine Grenz, (Un)heimliche Lust, 35.

135 Homosexualität ist nach dieser Auffassung mit Männlichkeit nicht zu vereinbaren, sondern wird vielmehr als ‚Verweiblichung' gewertet. (Vgl. Sabine Grenz, [Un]heimliche Lust, 88.) Genau aus diesem Grund werden homosexuelle Akte schon im Ersten Testament (zu dieser Zeit gab es noch kein Verständnis von Homosexualität als sexueller Identität) unter Strafandrohung abgelehnt. (Vgl. Irmtraud Fischer, Über „die Liebe“ in hierarchischen Gesellschaftsformen, 71-77.) Der Theologe James B. Nelson sieht die unter Männern verbreitete Homophobie in einem Zusammenhang mit sozialisationsbedingter Selbstbezogenheit von Männern, die mit der Vorstellung einhergeht, alles unter Kontrolle halten zu müssen. (Vgl. Béatrice Bowald, Gekaufte Nähe, 176-177, und James B. Nelson, On Doing Body Theology.)

136 Dass diese Vorstellung, zu der auch die Annahme eines ‚natürlichen männlichen (Sexual-)Triebes' gehört, im Grunde genommen erst jüngeren Datums ist, konkret mit der Entstehung des Bürgertums in der Neuzeit zusammenhängt, geht dabei völlig vergessen. Zu den damit zusammenhängenden Geschlechterbildern vgl. Karin Hausen, Die Polarisierung der „Geschlechtscharaktere“ – eine Spiegelung der Dissoziation von Erwerbs- und Familienleben; Claudia Honegger, Die Ordnung der Geschlechter; vgl. auch Sabine Grenz, (Un)heimliche Lust, 106-109.

137 Vgl. Sabine Grenz, (Un)heimliche Lust, 214-217. Auch in der Studie von Elizabeth Bernstein verbinden die Prostitutionskunden ihr Zusammensein mit einer Prostituierten mit romantischen Beziehungsphantasien. (Vgl. dies., The meaning of the purchase, 401-402.)

138 Das hat unlängst ein Bericht über einen exklusiven Begleitservice in Zürich bestätigt: Franziska K. Müller, Fachliche Begleitung, 44. Gutes bzw. den Schönheitsvorstellungen entsprechendes Aussehen ist auch Voraussetzung für ein Engagement im Etablissement von Tina von S.: dies., Ich bin eine Hure, 36. Der genannte Befund lässt sich auch anhand des Internet-Auftritts von (Sauna-)Clubs oder Etablissements bestätigen, wo die bei ihnen tätigen Frauen mit Bild präsentiert werden.

139 Vgl. hierzu u. a. die Beispiele bei Tamara Domentat, Lass dich verwöhnen, oder das Filmporträt über „Frau Mercedes“, die noch im Pensionsalter stehend auf dem Berner Autostrich tätig ist.

‚auserwählten' Mann ausgerichtet ist.[140] Wenn Frauen „als Objekte sexuell reizvoll, als Subjekte aber völlig asexuell"[141] begriffen werden, brauchen sich die Männer nicht auf etwaige Wünsche ihres Gegenübers einzulassen, können ihre eigene Sexualität ausleben und behalten so die Kontrolle über die Situation. Am besten weil unkompliziertesten lässt sich das in der Prostitution verwirklichen, weil sich die Männer nicht davor fürchten müssen, generell oder mit bestimmten Wünschen, Vorlieben abgelehnt zu werden. Zugespitzt zeigt sich das in den Prostitutionsformen, wo die Männer zwar das professionelle Angebot in Anspruch nehmen, aber ein nicht professionell wirkendes Auftreten der Frauen wünschen.

> „Ich beschäftige ausschliesslich Novizinnen. Also Mädchen, die sich zum ersten Mal prostituieren und noch keine professionellen Attitüden an den Tag legen. Etwas anderes will die gehobene Klientel nicht. Natürliche Schönheit und Unschuld – junge Kindfrauen – sind sehr gefragt."

> „Das ist der Kick: Die begehrtesten Rennpferde im Stall sehen so unschuldig aus wie Mona Lisa und sind im Bett versierte und willige Gespielinnen."[142]

Im Zentrum steht wie selbstverständlich das eigene sexuelle Begehren dieser Männer, das nicht etwa autoerotisch befriedigt wird, sondern mit einer Frau zusammen.[143]

> „Männer wollen das Gefühl haben, begehrt zu sein."[144]

> „Letzten Endes wollen die Männer zwar ‚nur' Sex, aber sie möchten dazu verführt werden."[145]

> Dabei geht es „seltener um eine banale Triebabfuhr als um gelungenen, erfüllten, ‚guten' Sex"[146].

[140] Vgl. Sabine Grenz, [Un]heimliche Lust, 80, 129, 133. Gemäss einer von ihr aufgegriffenen Studie gilt eine „aktive Frau" bei den befragten Männern als „unkontrollierbar und [...] deswegen unattraktiv". (Ebd., 129.) Als negativ scheint Aktivität nur in Bezug auf den Bereich des Sexuellen gewertet zu werden, da sich Prostitutionskunden in der Studie von Grenz wie jener von Velten mehrheitlich am „Bild ihrer Idealpartnerin" zu orientieren scheinen, das diese als beziehungsorientiert und emanzipiert beschreibt. (Sabine Grenz, [Un]heimliche Lust, 123; vgl. auch Doris Velten, Aspekte der sexuellen Sozialisation, 76.)

[141] Sabine Grenz, (Un)heimliche Lust, 122.

[142] Das erste Zitat ist eine Aussage des Betreibers einer exklusiven Escort-Agentur in Zürich im Bericht von Franziska K. Müller, Fachliche Begleitung, 44. Das zweite Zitat stellt eine Äusserung eines Callgirls der erwähnten Agentur dar. (Ebd., 46.)

[143] Für die Prostitutionskunden im Sample von Grenz stellt Masturbation von einer Ausnahme abgesehen und im Gegensatz zu den Forschungsergebnissen von Gunter Schmidt et al. keine eigenständige (und positiv bewertete) Sexualform dar. (Vgl. Sabine Grenz, [Un]heimliche Lust, 137; Gunter Schmidt et al., Spätmoderne Beziehungswelten, 115-120.) Was auf den ersten Blick wie ein Widerspruch aussieht ist vielleicht dem Umstand geschuldet, dass eben doch nur ein Teil der Männer zu Prostituierten geht (gemäss Schätzungen 10-15 Prozent; selbst die eine von Grenz erwähnte Studie mit gut 30 Prozent betrifft nur eine Minderheit: vgl. dies., [Un]heimliche Lust, 19, 9) und dass dies möglicherweise mit einer besonderen Ausprägung des Frauen- und männlichen Selbstbildes einhergeht, wie es sich bei Grenz herauskristallisiert.

[144] So die Einschätzung der Bordellbetreiberin Evelin in: Tamara Domentat, Lass dich verwöhnen, 102.

[145] Ebenfalls die Meinung von Evelin wiedergebend: ebd., 228-229.

[146] Ebd., 229.

Zeichen von Männlichkeit ist es sodann, letztlich zu einem Orgasmus, konkret zu einer Ejakulation zu kommen. Doch nicht nur die eigene Befriedigung wird gesucht, denn ein weiteres Kennzeichen von Männlichkeit und Bestätigung ihrer Potenz ist es, die Lust der beteiligten Frau zu wecken und sie zum so genannten Höhepunkt zu bringen – etwas, worauf Prostitutionskunden mit Stolz verweisen, wenn es ihnen in der Begegnung mit Prostituierten (vermeintlich?) gelungen ist, selbst wenn sie nie ganz sicher sein können, ob es nicht doch nur vorgespielt war.[147] Wenn Männlichkeit dadurch zu bestätigen ist, dass Männer sexuell allzeit bereit sind und dabei noch ihre Partnerin befriedigen (dies jedoch nach eigener Vorstellung, ohne dass darüber kommuniziert worden wäre), setzt das Männer unter enormen Leistungsdruck[148] – ich vermute, nicht zuletzt deswegen, weil Versagen als unmännlich gilt und daher schambesetzt ist. Gleichwohl spielt der Körper nicht immer mit, zum Teil auch nicht im Moment, wo die Dienstleistung einer Prostituierten beansprucht wird.[149]

Männliche Heterosexualität wird aber nicht nur wie eben dargelegt als ein mit Aktivität und Stärke oder Potenz verbundener Habitus reproduziert. Denn Passivität auf Seiten des Mannes hat in der Prostitution genauso ihre Berechtigung. Während sie sonst eher als Schwäche und damit als Minderung der eigenen Männlichkeit gewertet würde, dient die Gegenwart einer Frau im prostitutiven Setting auch in diesem Fall der Aufrechterhaltung und Reproduktion männlicher Heterosexualität.[150]

Ob Prostitutionskunden nun mehr der Vorstellung entsprechen, sexuell allzeit bereit zu sein, oder eher die Bedürftigkeit im Vordergrund steht, baut beides auf der stillschweigenden Voraussetzung auf, dass Frauen verfügbar sind.[151] Ein solches Geschlechterarrangement ist asymmetrisch und hält die Frauen auf der Position derjenigen, die Männern ‚zu Diensten' ist.[152]

5.2.4 Männlicher Anspruch auf den Konsum von Sexualität

Sowohl in der Studie von Grenz als auch jener von Elizabeth Bernstein[153] fällt auf, dass den Prostitutionskunden der Konsum von sexuellen Dienstleistungen als selbstverständlich erscheint. Selbst wenn der eine oder andere dabei ein Gefühl von Ambivalenz verspüren mag, so würden sie doch nicht auf das „Versprechen des perfekten sexuellen

147 Vgl. Sabine Grenz, (Un)heimliche Lust, 133, 142, 180.

148 Vgl. ebd., 115.

149 Vgl. ebd., 116.

150 Vgl. ebd., 142.

151 Vgl. ebd., 189.

152 Für Debra Satz stellt das einen entscheidenden Grund für ihre Ablehnung der Prostitution dar. (Vgl. dies., Markets in Women's Sexual Labor.) Ähnlich argumentiert Laurie Shrage, wobei sie sich auf den US-amerikanischen Kontext bezieht. Zudem weist sie mit Nachdruck darauf hin, dass nicht nur verfestigte Vorstellungen über die Geschlechter eine Rolle spielen, sondern ebenso solche, die sich auf die Rasse/Ethnie beziehen. (Vgl. dies., Moral dilemmas of feminism, Kap. 6: Exotic Erotica and Erotic Exotica: Sex Commerce in Some Contemporary Urban Centers, 120-161.)

153 Die Ergebnisse der Studie der Soziologin Elizabeth Bernstein sind in ihrem Artikel „The meaning of purchase" festgehalten.

Erlebnisses, das von der Sexindustrie insgesamt gemacht wird"[154], verzichten wollen, sondern betrachten solchen Konsum vielmehr als ihr Recht.[155] Möglicherweise schlägt da bereits ein gewisser Effekt der Normalisierung des Geschäftes mit dem Sex durch. Die von Bernstein befragten Prostitutionskunden finden ihr Verhalten jedenfalls ‚normal', weil es ja alle Männer tun würden.[156] Sie deutet das als Prozess der Demokratisierung, der unter Männern im Hinblick auf den Zugang zu Frauen stattgefunden hat.[157] Zugleich stellt es ein Feld dar, wo die Männer in Konkurrenz um eine Frau zu einander stehen und sich ihre Männlichkeit noch auf diese Art beweisen müssen.[158]

Dass den Frauen nicht dieselben oder jedenfalls keine gleichwertigen Konsummöglichkeiten zur Verfügung stehen, scheint die Prostitutionskunden kaum zu kümmern.[159] Es entspricht zwar der Logik der vorherrschenden Geschlechterbilder, offenbart aber zugleich, dass das ungleiche Geschlechterverhältnis kaum reflektiert wird, denn das würde ja die eigene Praxis in Frage stellen. Das versuchen die Prostitutionskunden auch dadurch zu vermeiden, indem sie die Vorstellung aufrecht halten, die Frauen würden die sexuelle Dienstleistung freiwillig und sogar gern erbringen.[160]

Bernstein führt die Selbstverständlichkeit, mit der Prostitutionskunden sexuelle Dienstleistungen in Anspruch nehmen, auf ein anderes Verständnis von Sexualität zurück. Sexualität würde nicht mehr im Rahmen einer Beziehung begriffen, sondern als Freizeitvergnügen.[161] Dabei ändert der Bedeutungsgehalt von Sexualität nur wenig, vor allem eine damit verbundene Verpflichtung für die Beziehung wird verneint. Die Prostitutionskunden hegen die Phantasie einer romantischen, gegenseitig gewollten erotischen Begegnung, dies aber innerhalb eines klar abgesteckten Rahmens.[162] Das tut der ‚Echtheit' der Gefühle keinen Abbruch, empfinden sie (im Idealfall) die Prostituierten doch als authentisch im Sinn einer auf den Moment konzentrierten Authentizität, die in Annon-

154 Sabine Grenz, (Un)heimliche Lust, 154.

155 Vgl. ebd., 181; Joanna Brewis und Stephen Linstead, Time After Time, 239; Elizabeth Bernstein, The meaning of purchase, 401. Das bestätigt eine neue Studie in den Niederlanden: vgl. Damián Zaitch/Richard Staring, The Flesh is Weak, the Spirit Even Weaker. Clients and Trafficked Women in the Netherlands.

156 Vgl. Elizabeth Bernstein, The meaning of the purchase, 405. Die Antworten stammen von Prostitutionskunden, die sie im Rahmen einer „John School" befragt hat. Es handelt sich dabei um Männer, die von der Polizei überwiegend auf dem Strassenstrich erwischt wurden. Prostitution ist in den USA verboten. Statt eine Geldstrafe zu zahlen, ziehen es diese Männer vor, eine Art Erziehungskurs besuchen, der sie von der Unrechtmässigkeit ihres Handelns überzeugen und sie von weiteren Prostitutionsbesuchen abhalten will.

157 Vgl. ebd., 401.

158 Vgl. Sabine Grenz, (Un)heimliche Lust, u. a. 155 (Anm. 114), 131.

159 Vgl. ebd., 131-132.

160 Vgl. ebd., 193-194.

161 Elizabeth Bernstein spricht in diesem Zusammenhang von einer Verschiebung von einem „relational to a *recreational* model of sexual behavior". (Dies., The meaning of the purchase, 397, Hervorh. im Orig.; vgl. ausführlicher dazu: dies., Temporarily yours.) Eine ähnliche Verschiebung im Verständnis von Sexualität stellt Sven-Axel Månsson bei jüngeren Prostitutionskunden fest. (Vgl. ders., Men's Practices in Prostitution, 144.) Nach Stephanie Klee entspricht es dem Selbstverständnis des Typs von Prostitutionskunden, die sie als „die selbstbewussten Neuen" bezeichnet und die ihr ganzes Leben, inklusive Sexualität „nach dem Motto: LifeBalance" ausrichten. (Dies., Prostitutionskunden, 48.) Die Einschätzung von Klee, die selbst als Prostituierte arbeitet, entspricht auch dem Befund bei Rahel Zschokke, die drei „Freier-Figuren" ausmacht. Bei ihr ist es der „selbstbewusste Konsument", der „Sexualität als Konsumgut" betrachtet. (Dies., Frauenhandel, 236.)

162 Das entspricht auch dem Befund bei Grenz.

cen von Prostituierten denn auch entsprechend angepriesen wird.[163] Insofern liesse sich sagen, dass es sich um eine auf den Marktplatz transferierte ‚Sexualität nach dem Beziehungsmodell' handelt, wodurch sie zu einer Art ‚Instant-Sexualität' wird. Sie greift dabei stillschweigend auf eine unentbehrliche Ressource zurück, nämlich auf die Vorstellung geglückter sexueller Beziehungen,[164] und zehrt damit von einem ‚Versprechen', das sie selbst gar nicht einzulösen gewillt ist. Aus den genannten Gründen legt sich daher aus ethischer Perspektive nahe, die prostitutionelle Beziehung sicher als minderwertig (d. h. von geringerem Wert) zu qualifizieren.

Sowohl das Selbstverständnis der Prostitutionskunden als auch die Phantasien, die sie mit dem prostitutionellen Setting verbinden, weisen nach Grenz und Bernstein darauf hin, dass damit ‚normale' Heterosexualität reproduziert wird. Das ist insofern einleuchtend, als die Annahme zweier Bereiche, die von völlig unterschiedlichen Geschlechterverhältnissen geprägt sind, als eher unwahrscheinlich und unplausibel erscheint. Belässt man es bei diesem Befund, suggeriert das eine gleichförmige Vorstellung von Heterosexualität. Das entspricht aber nicht dem modernen Beziehungsideal, das von einem egalitären Geschlechterverständnis auch im sexuellen Bereich ausgeht.[165] Daher scheint es mir adäquater, die Vorstellungen betreffend Heterosexualität als ein Kontinuum zu begreifen, die auf der einen Seite die Vorstellung von einer Ungleichheit der Geschlechter beinhalten, auf der anderen jene einer Gleichheit der Geschlechter. Prostitutionskunden sind demnach auf der Seite der Ungleichheit der Geschlechter zu verorten, während beispielsweise Männer, die sich um Gleichberechtigung und Wechselseitigkeit in der Partnerschaft (Sexualität eingeschlossen) bemühen, an das entgegengesetzte Ende der Skala zu stehen kommen. Für eine solche Annahme spricht ebenfalls die Tatsache, dass längst nicht alle Männer jemals in ihrem Leben von käuflichem Sex Gebrauch machen.

5.3 Leitbild ‚Sexualität in Beziehung' überholt?

Die bisherige Diskussion von Sexualität und gekauftem Sex führte über zwei Etappen. Als Erstes wurden unterschiedliche philosophisch-ethische Positionen dargelegt und kritisiert. Das Spektrum reicht da von Positionen, die der Sexualität einen eigenen gesellschaftlichen, dem Markt entzogenen Ort zuweisen (Anderson, Walzer und in gewisser Hinsicht Radin) bis zu jenen, die mit dem Nicht-Schadensprinzip (Lenzen) oder auf der Basis einer „Ethik des Respekts" (Campagna) argumentieren. Während Erstgenannte, darunter insbesondere Anderson, zwar einen wichtigen Gedanken aufnehmen, nämlich die Idee, dass Sexualität in Beziehung ihren eigenen, ausserhalb der Marktvermittlung liegenden Wert hat, der auch gesellschaftlich entsprechend zu schützen und zu pflegen ist, lässt sich deren theoretische Konzeption nicht halten, wie die Kritik daran gezeigt hat. Die von Campagna oder Lenzen vertretene Minimalmoral vermag aber ebenfalls nicht zu überzeugen, weil sie die Bedeutungen, die mit Sexualität verbunden sind, ausser

[163] Elizabeth Bernstein nennt das „bounded authenticity". (Dies., The meaning of the purchase, u. a. 402.) In der Regel entspricht das aber nicht dem tatsächlichen Empfinden und Erleben auf Seiten der Prostitutierten.

[164] Vgl. ausführlich dazu Kap. 5.3 und Kap. 7.

[165] Das wird im nächsten Kapitel ausgeführt.

Acht lässt und keine weitergehende Beurteilung verschiedener sexueller Verhaltensweisen vornimmt. Das suggeriert eine Gleichwertigkeit, die erstens nicht vorhanden ist und zweitens aus ethischer Sicht abzulehnen wäre. Mit den Bedeutungen der Sexualität, insbesondere was den Kauf sexueller Dienstleistungen anbelangt, habe ich mich in einem zweiten Schritt auseinandergesetzt. Hier wurde deutlich, dass gekaufter Sex mit Vorstellungen von ‚Sexualität in Beziehung' konnotiert ist. Insofern liesse sich Prostitution als verkürzte oder minderwertige Form (im Sinn von: nicht die ‚Vollform' verkörpernd) von ‚Sexualität in Beziehung' begreifen, aus normativer Sicht müsste sie als defizitär qualifiziert werden. Die Begründung, weshalb dem so ist und weshalb Prostitution folglich berechtigterweise an das untere (d. h. eine geringere Wertigkeit verkörpernde) Ende der Skala sexueller Verhaltensweisen zu verorten ist, soll nun in einem nächsten Schritt entwickelt werden.

Konkret geht es darum, das Leitbild ‚Sexualität in Beziehung' zu plausibilisieren. Ein Leitbild stellt eine Leitvorstellung dar, die einerseits Orientierung im Hinblick auf ein (aus ethischer Sicht) gelingendes/glückendes Leben gibt und andererseits als Massstab im Sinn einer Standortbestimmung dient. Dabei ist keineswegs an ein völlig lebensfremdes Ideal zu denken. Dies würde auch dem Anspruch der Ethik, menschengerecht zu sein, widersprechen.

Dem Anspruch, das genannte Leitbild zu plausibilisieren, komme ich in drei Überlegungsschritten nach. Als Erstes (in Kap. 5.3.1) zeige ich basierend auf empirischen Erkenntnissen, dass dieses Leitbild nach wie vor eine Orientierungsfunktion hat, und daran anschliessend, weshalb es aus ethischer Sicht zu Recht eine solche beanspruchen kann. Da gerade in Bezug auf dieses Leitbild immer wieder umstritten ist, ob es überhaupt lebbar ist, und wenn dem so ist, ob Sexualität dann noch als befriedigend erlebt werden kann, lege ich in einem zweiten Schritt (in Kap. 5.3.2) dar, dass diese Zielvorstellung keineswegs Unmögliches und damit Unmenschliches verlangt, sondern durchaus den Anspruch einzulösen vermag, Orientierung hin zu einem glückenden Leben zu geben. Als Drittes (in Kap. 5.3.3) prüfe ich, ob sich das Leitbild ‚Sexualität in Beziehung' in Auseinandersetzung mit dem ‚Gegen- oder Alternativmodell' (der Ökonomisierung der Sexualität als legitimem Lebensentwurf) bewährt.

5.3.1 Sexualität in einer festen Beziehung zu verorten, ist nicht ‚passé'

5.3.1.1 Zur Realität gelebter Sexualität

Die Darstellung der Sexualität ist in den Medien allgegenwärtig. Die enorme Medialisierung und Kommerzialisierung erweckt den Eindruck, der Sexualität käme eine zentrale Stellung im menschlichen Leben und in der Gesellschaft zu und sie würde dauernd und in möglichst wechselnden Variationen praktiziert.[166] Die verschiedenen Praktiken werden sodann medial wirksam in Szene gesetzt. Prostitution wäre demnach, wie bereits früher

[166] Zur Medialisierung des Intimen vgl. Georg Schürgers, Intimität und Kommunikation, 174-175. Christoph Wulf, der u. a. die Historische Anthropologie als Forschungsschwerpunkt hat, meint, das Sexuelle sei durch die Medialisierung „obszön" geworden. (Ders., Die Transformation des Sexuellen, 36.)

dargelegt, lediglich eine der verschiedenen Spielarten von Sexualität und folglich auch in normativer Hinsicht nicht zu beanstanden. Dabei vermitteln die Medien ein Bild von Sexualität, die als *das* Mittel verstanden wird, mit dem sich dauernd aufs Neue ein ‚Kick' erzeugen und erfahren lässt. Solcherart liesse sie sich als Bungee Jumping oder Extremklettern für die breiten Massen oder als Dauerparty begreifen, die nicht nur der so genannten High Society offen steht. In dieser Perspektive erscheint Sexualität als Feld des unverbindlichen Vergnügens, als Betätigung, die losgelöst von jedweder Bindung ist und sich lediglich an eine Minimalmoral hält, die auf freier Zustimmung beruht, Gewalt ablehnt und das Nicht-Schadensprinzip anerkennt. Da eine solche Vorstellung von allgemein praktizierter Sexualität ein medial vermitteltes Bild darstellt, bleibt kritisch zu fragen, ob das tatsächlich die Realität widerspiegelt.

Ein medial vermitteltes Bild, das sich vorwiegend der Kommerzialisierung einer Sache und der Aufmerksamkeit erheischenden Berichterstattung über einzelne Praktiken verdankt, für den Nennwert der Realität zu nehmen, stellt allein schon einen Kategorienfehler dar. Denn Medien gehorchen einer eigenen Logik. Um rentabel zu sein, sind sie darauf angewiesen, Auflage oder Zuschauerzahlen zu steigern, wozu vermehrt auf die Mittel der Skandalisierung und Personalisierung zurückgegriffen wird. Ein derart medial vermitteltes Bild ist folglich nicht mit den Tatsachen zu verwechseln, die auf wissenschaftliche Weise zu ermitteln und erhärten sind. Das gilt ebenfalls in Bezug auf die gelebte Sexualität. Hier zeigt sich, dass wir, wenn wir die mediale Vermittlung von Sexualität zum Nennwert nehmen, einer Täuschung aufsitzen. Denn die Realität präsentiert sich gemäss sexualwissenschaftlichen Studien viel unspektakulärer. So bilanzieren der Sexualwissenschaftler Sigusch und die Psychologin, Paar- und Familientherapeutin Rosmarie Welter-Enderlin:

> „Wir vermuten also allgemein promiske Verhältnisse, die es aber bei den so genannten Normalen nachweislich nur im Einzelfall gibt."[167]

> „Sexuelle Lust und emotionale Intimität sind offensichtlich nicht dasselbe wie das fleissige Reden darüber."[168]

Dass Singles keineswegs, wie suggeriert wird, ein „ungestüme[s], bunte[s], intensive[s] und abenteuerliche[s]"[169] Sexualleben führen und die festen Partnerschaften unterstellte sexuelle Langeweile auch nicht zu ‚massenhaften' sexuellen Aussenbeziehungen (egal von welcher Dauer) verleitet,[170] ist nach Ansicht von Sigusch der Sexualisierung unserer Gesellschaft geschuldet, die gerade den gegenteiligen Effekt zu haben scheint, also nicht als sexuelles Stimulans wirkt, sondern eher als ‚Lusttöter'.

167 Volkmar Sigusch, Neosexualitäten, 170.

168 Rosmarie Welter-Enderlin, Deine Liebe ist nicht meine Liebe, 157.

169 Gunter Schmidt et al., Spätmoderne Beziehungswelten, 74.

170 Vgl. zu beiden Aspekten ebd., 74, 114-115, 133-135. Derselbe Sachverhalt zeigt sich in der Studie, welche die Entwicklung der Sexualität von Studentinnen und Studenten über 30 Jahre hinweg beobachtet, vgl. hierzu Gunter Schmidt (Hrsg.), Kinder der Sexuellen Revolution. Auf den gleichen Sachverhalt hat Schmidt bereits 1996 mit Verweis auf andere Studien hingewiesen. (Vgl. ders., Das Verschwinden der Sexualmoral, 17-18.)

> „Gegenwärtig ist unser Alltag von sexuellen Reizen ebenso gesättigt wie entleert. Das ist eine der zentralen Paradoxien der so genannten sexuellen Revolutionen der letzten fünfzig Jahre. Offenbar wird sexuelle Lust durch deren übertriebene kulturelle Inszenierung, durch deren beinahe lückenlose Kommerzialisierung und elektronische Zerstreuung wirksamer ausgetrieben, als es die alte Unterdrückung durch Verbote vermocht hat."[171]

Was Sigusch, wie es scheint, mit Bedauern konstatiert und unserer sexualisierten Kultur zuschreibt, dürfte aber noch einen praktischen und möglicherweise auch ideellen Grund haben. Ein reges Sexualleben zu führen, erfordert nämlich die entsprechenden Gelegenheiten dazu, ein wohl nicht unwesentliches zeitliches Engagement und je nach Umständen eventuell den Einsatz finanzieller Mittel. Zudem setzte es eine entsprechende persönliche Disposition voraus, die darin bestünde, dass sich jemand als unabhängig von personalen Bindungen versteht oder diese gegebenenfalls nicht zu missachten scheut. Bereits die genannten praktischen Grenzen schränken die Möglichkeiten zu einem derart abwechslungsreichen Sexualleben ein, wie es in den Medien präsentiert wird. Daneben ist noch zu vermuten, dass Sexualität gar nicht den überragenden Stellenwert hat, der ihr allenthalben zugeschrieben wird, jedenfalls nicht, wenn sie lediglich quantifiziert und nach Variantenreichtum bemessen wird.[172] So besehen scheint die Annahme naheliegend, dass sich die Menschen, was befriedigende Sexualität anbelangt, im allgemeinen von anderen Leitvorstellungen leiten lassen.

5.3.1.2 Verortung der Sexualität in einer Liebesbeziehung als anerkannte Leitvorstellung

Verschiedene neuere Studien belegen eine ungebrochene oder sogar zunehmende „Beziehungsneigung oder Beziehungsbereitschaft"[173]. Liebesbeziehungen[174] stehen trotz mannigfachem Scheitern weiterhin hoch im Kurs. Das erklärt sich daraus, dass im Fall eines Scheiterns nicht das Ideal bzw. der Anspruch an eine Beziehung als gescheitert

171 Volkmar Sigusch, Neosexualitäten, 170-171. Die Diagnose bestätigend vgl. Thomas Fuchs, Sexualität im Zeitalter ihrer technischen Reproduzierbarkeit, 72. Die Paar- und Sexualtherapeutin Ursel Bucher ortet demgegenüber den Grund für eine lustlose Sexualität in einem lust- und freudlosen Alltag sowie in zu hohen (und damit falschen) Erwartungen an die Sexualität, die permanent wie Weihnachten sein sollte, das aber bekanntlich auch nur einmal im Jahr stattfindet. (Vgl. dies., Der Traum vom grossen Glück, 94.)

172 Studien bestätigen die Vermutung. Sie zeigen, dass Sexualität generell einen anderen Stellenwert bekommen hat, nämlich als eine Erlebnismöglichkeit unter anderen. (Vgl. Arne Dekker/Silja Matthiesen, Bedeutungen der Sexualität, 99-101; Franz X. Eder, Kultur der Begierde, 224.)

173 Gunter Schmidt et al., Spätmoderne Beziehungswelten, 31 (im Orig. mit Hervorh.). Vgl. ebd. auch das zahlenmässige Ergebnis der Untersuchung sowie Astrid Riehl-Emde, Liebe im Fokus der Paartherapie, 30, die sich auf eine andere Studie stützt. Riehl-Emde ist Klinische Psychologin, Paar- und Familientherapeutin.

174 Ich übernehme die von Jürg Willi favorisierte Bezeichnung für eine Partnerbeziehung/feste Beziehung. Damit soll angezeigt werden, dass es im Kontext der gegenwärtig dominierenden Leitvorstellung von Paarbeziehung die Liebe ist, die eine Paarbeziehung erst begründet und aufrecht erhält/zusammenhält, sich aber häufig auflösen lässt, wenn sie einmal erloschen ist. Das bestätigt sich in der Studie von Astrid Riehl-Emde, in der im Jahr 1995 Paare im Kanton Zürich nach dem Grund ihres Zusammenbleibens befragt wurden. Als Hauptgrund wurde die Liebe genannt, als Zweites der Alltag mit Kindern. (Vgl. dies., Liebe – Partnerschaft – Sexualität, 129-130; zur Funktion der Liebe vgl. auch Jürg Willi, Psychologie der Liebe, 9; Günter Burkart, Arbeit und Liebe, 173, 178; Cornelia Koppetsch, Liebe und Partnerschaft, 114, 120.) Im Folgenden werde ich die Begriffe Liebesbeziehung, Partner- oder Paarbeziehung bzw. feste Beziehung synonym verwenden.

empfunden werden, sondern dass die konkrete Beziehung dem nicht mehr zu entsprechen vermochte.[175] Ob die hohen Ansprüche an eine Beziehung, die sowohl gesteigert romantische als auch entromantisierte Vorstellungen beinhalten,[176] nicht illusorisch im Sinn von unlebbar und damit unmenschlich sind, ist später zu diskutieren.

Sexualität gehört sozusagen selbstverständlich zur Liebes-/Paarbeziehung. Margrit Brückner zufolge, die auf Jugendliche und junge Erwachsene Bezug nimmt, „[verbinden] beide Geschlechter [...] Sexualität mit dem Vorhandensein von Emotionen und wünschen sich feste Beziehungen“[177]. Jürg Willi bestätigt das und stützt sich dabei auf eine Studie, die zum Schluss kommt, „dass Jugendliche ihre Sexualität wieder vermehrt in festen Beziehungen leben, auf dem Hintergrund von Intimität, Zärtlichkeit, Halt und Konstanz“[178]. Treue hat dabei wieder an Wert und Verbindlichkeit gewonnen.[179] Wie die Generationen übergreifende Studie von Schmidt et al. zeigt, ist diese Leitvorstellung betreffend Sexualität und Liebesbeziehung in allen Generationen dominant. Das entspricht der aktuellen kulturellen Codierung von Liebe, in der sexuelle Leidenschaft und affektive Zuneigung eine Einheit bilden.[180] Der erhöhte Stellenwert, der der Sexualität in einer Beziehung zukommt, stellt nach Lenz eine Steigerung der romantischen Form der Liebe dar und ist sowohl auf eine veränderte Einstellung der Sexualität gegenüber als auch auf die fortschreitende Individualisierung zurückzuführen, die den Frauen gleichermassen zugestanden wird.[181] Astrid Riehl-Emde schätzt das ähnlich ein, führt sie doch die Bedeutungssteigerung, die Liebe und Sexualität erfahren haben, auf die damit verbundene „Glückserwartung“ und „Sinnstiftung“[182] zurück.

175 Vgl. u. a. Gunter Schmidt et al., Spätmoderne Beziehungswelten.

176 Vgl. Karl Lenz, Romantische Liebe – Ende eines Beziehungsideals?, 75-81; ausführlicher dazu ders., Soziologie der Zweierbeziehung, 271-281.

177 Margrit Brückner, Geschlechterverhältnisse im Spannungsfeld von Liebe, Fürsorge und Gewalt, 142. (Brückner ist Professorin im Fachbereich Sozialarbeit.) Dasselbe Ergebnis zeitigte die Vergleichsstudie zur Sexualität von Studierenden: vgl. Arne Dekker/Silja Matthiesen, Bedeutungen der Sexualität, insb. 104-105. Vgl. auch Franz X. Eder, Kultur der Begierde, 224.

178 Jürg Willi, Psychologie der Liebe, 54. Willi ist einer der renommiertesten Paartherapeuten im deutschsprachigen Raum. Er war Direktor der Psychiatrischen Poliklinik des Universitätsspitals Zürich und Professor für Psychotherapie und Psychosomatik. Die oben aufgeführte Entwicklung generell bestätigend: Cas Wouters, Wandlungen der Lustbalance, 293. Damit stünde die „Lustbalance“ zwischen der „Sehnsucht nach Sex“ und der „Sehnsucht nach Liebe“ in einem Gleichgewicht. (Ebd., 274.) Vgl. zur Entwicklung auch Anthony Giddens, Wandel der Intimität.

179 Nach Gunter Schmidts Interpretation sind dafür aber weniger normative als pragmatische Gründe wie z. B. die zu erwartende Belastung für die Beziehung verantwortlich. Vgl. ders., Das Hamburger Projekt zum sozialen Wandel studentischer Sexualität, 32-33; vgl. auch ders./Silja Matthiesen/Arne Dekker, Beziehungen, 78; Gunter Schmidt/Arne Dekker, Seriell monogam, seriell allein, 125. Diese Interpretation, die nicht weiter ausgeführt wird, scheint aber auf einem engen Verständnis von Moralität zu beruhen, denn den Partner oder die Partnerin nicht verletzen oder die Beziehung nicht unnötig belasten zu wollen, stellen konkrete Gründe für eine begründete Treueforderung an sich selbst dar, können in diesem Sinn also durchaus normativ verstanden werden.

180 Vgl. Karl Lenz, Im ehernen Gehäuse der Kultur, 200-201. Zur historischen Entwicklung vgl. auch Johannes F.K. Schmidt, Die Differenzierung persönlicher Beziehungen. Franz X. Eder deutet es als Gegenbewegung zum „konsumorientierten Sexgebot“. (Ders., Kultur der Begierde, 225.)

181 Vgl. Karl Lenz, Romantische Liebe – Ende eines Beziehungsideals?, 79; ders., Soziologie der Zweierbeziehung, 279-280.

182 Astrid Riehl-Emde, Liebe – Partnerschaft – Sexualität, 138.

Zwei Bedeutungen sind mit Sexualität eng verknüpft. Einerseits ist sie Ausdruck von Intimität und zugleich Mittel, um Intimität entstehen zu lassen. Wie aus der Untersuchung von Schmidt et al. hervorgeht, wird mit ihr „Nähe, Geborgenheit, Zuneigung und Vertrauen *ausgedrückt* oder *hergestellt*“[183]; sie ist dadurch „Produkt und Produzent erlebter Intimität“[184]. Nach dem Verständnis von Willi entspricht das, wie er es nennt, der „Sexualität der Zugehörigkeit“[185]. Sexuelle Intimität ist *das* Kennzeichen für Liebesbeziehungen, macht das aus, was sie von anderen Beziehungen wie z. B. einer Freundschaft unterscheidet.[186] Daher gelte im allgemeinen, dass es „ohne Sexualität keine Liebesbeziehungen [gibt] und ohne Liebesbeziehung keine dauerhaften Sexualbeziehungen“[187]. (Sexuelle) Intimität trägt folglich wesentlich zum Zusammenhalt der Liebesbeziehung bei.[188] Auf der anderen Seite verbindet sich Sexualität mit Lust, die immer etwas Unbändiges und Ungebundenes an sich hat.[189] Das ist mit ein Grund, weshalb Riehl-Emde davon spricht, „dass Liebe und Sexualität nicht zwangsläufig miteinander verbunden sind“[190]. Nach Willi zeichnet sich die „Sexualität der Lust“[191] durch „Spannung, [...] Aufregung und Überraschung“[192] aus. Sie sei von sich aus weder an die Personalität des Sexualpartners oder der Sexualpartnerin gebunden noch an eine Beziehung[193] und ziele zum Einen darauf, „die sexuelle Lust [zu] steigern“, zum Anderen „die persönliche Wirksamkeit in der sexuellen Interaktion [zu] erhöhen“[194]. Beides lässt sich für manche Menschen mittels Sex mit einer ihnen fremden Person erreichen. Unter dieser Perspektive ist der Soziologin Kornelia Sammet zuzustimmen, dass sexuelle Intimität nicht in jedem Fall als Beziehungszeichen zu deuten ist und dass die Beteiligten, wenn sie nicht bereits durch eine feste Liebesbeziehung miteinander verbunden sind, jeweils auszuhandeln hätten, welche Bedeutung sie der sexuellen Interaktion beimessen, auf die sie sich einlassen.[195]

Auf dem Hintergrund der vorgestellten Charakterisierung von Sexualität, die entweder mehr mit dem Aspekt der Intimität/Verbundenheit oder mehr mit jenem der Lust verknüpft ist, lassen sich allgemein betrachtet die oben diskutierten medial erzeugten Vorstellungen von Sexualität der „Sexualität der Lust“ zuordnen. Dieselbe Zuordnung legt sich auch in Bezug auf die Prostitution nahe. Vielfach überwiegen hier zumindest auf

183 Gunter Schmidt et al., Spätmoderne Beziehungswelten, 89 (Hervorh. im Orig.).

184 Ebd., 90.

185 Jürg Willi, Psychologie der Liebe, 87-88.

186 Vgl. Günter Burkart, Arbeit und Liebe, 175; Gunter Schmidt et al., Spätmoderne Beziehungswelten, 125.

187 Jürg Willi, Psychologie der Liebe, 82.

188 Das entspricht auch Andersons Verständnis von Sexualität als Geschenk. Vgl. meine Ausführungen dazu in Kap. 5.1.1.1.

189 Vgl. ausführlicher dazu Jürg Willi, Psychologie der Liebe, 84-86.

190 Astrid Riehl-Emde, Liebe im Fokus der Paartherapie, 192.

191 Jürg Willi, Psychologie der Liebe, 84-87. Er unterscheidet zwei ‚Arten' von Sexualität: die Sexualität der Lust und die Sexualität der Zugehörigkeit, die zwei eigenständige Formen der Sexualität darstellen und deshalb eine Ambivalenz erzeugen. (Vgl. ders., Psychologie der Liebe, 88.)

192 Jürg Willi, Psychologie der Liebe, 87.

193 Vgl. ebd., 86, 84.

194 Ebd., 84.

195 Vgl. Kornelia Sammet, Sexualität im Beziehungsaufbau, 99, 112. Sie untersucht die Bedeutungen, die der sexuellen Interaktion gegeben werden, anhand der Analyse von Spielfilmen, die in verschiedenen Jahrzehnten der zweiten Hälfte des 20. Jahrhunderts gedreht wurden.

Seiten der Kunden der Aspekt der Luststeigerung und der Erhöhung der eigenen sexuellen Wirksamkeit (das entspricht nach Willi den Kennzeichen der „Sexualität der Lust"). Fragt sich nun, wie der Umstand zu deuten ist, dass dabei, wie Grenz und Bernstein festgestellt haben, die Vorstellung von einer Liebesbeziehung evoziert wird, also „Sexualität der Zugehörigkeit" gespielt, imitiert wird.[196] Genau das wird wohl in den meisten Fällen der „Sexualität der Lust" zu dienen haben. Bei Kunden, die in der Prostitution nach einer Beziehung zu einer Frau suchen, und zumindest bei einem Teil der Stammfreier ist aus der Perspektive des Kunden in gewissem Grad Beziehung mit im Spiel, weshalb der Intention nach auch „Sexualität der Zugehörigkeit" gesucht werden dürfte. Objektiv gesehen sitzen sie aber, bildlich gesprochen, im falschen Film, weil Zugehörigkeit und Verbundenheit die entsprechende Intention von beiden Seiten sowie das Bestreben nach Dauer voraussetzen, was bei einer erkauften Dienstleistung nicht der Fall ist.

Unter der Voraussetzung, dass meine Interpretation zutrifft, und in Anbetracht des Ergebnisses etlicher Studien, dass Sexualität als in Beziehung gelebte gewünscht und gesucht wird, lässt sich festhalten, dass „Sexualität der Lust" im Sinn von beziehungslosem Sex in der Realität nicht oder jedenfalls kaum als Leitbild dient. Hingegen scheint sich ein Grossteil der Menschen am Leitbild ‚Sexualität in Beziehung' zu orientieren, das stark von Vorstellungen einer „Sexualität der Zugehörigkeit" geprägt ist, aber auch den Aspekt der Lust integriert.[197]

Weshalb es aus ethischer Sicht durchaus Sinn macht, nach wie vor das Leitbild ‚Sexualität in Beziehung' vorzuziehen, wird als nächstes diskutiert. Daran anschliessend soll der Problematik nachgegangen werden, die sich aus der Spannung ergibt, in einer Beziehung „Sexualität der Zugehörigkeit" und „Sexualität der Lust" zu verbinden.

5.3.1.3 Warum das Leitbild ‚Sexualität in Beziehung' sinnvoll ist

Soll menschliches Leben glücken – ein Anliegen, das allgemein geteilt wird und beispielsweise auch den Menschenrechten zugrunde liegt –, setzt das voraus, dass er oder sie die eigene Identität entwickeln und die individuelle Persönlichkeit entfalten kann. Ein Prozess, der insbesondere in den Jahren der Kindheit und des erwachsen Werdens prägend ist, aber nie abgeschlossen ist. Diese Einsicht führt zur alles entscheidenden Frage, unter welchen Bedingungen sich ein Selbst am besten entwickeln und entfalten kann. Willi kommt auf der Grundlage philosophischer Theorien, die den Wert und die Bedeutung von Beziehungen reflektieren, zur Überzeugung,

196 Vgl. zur gespielten Intimität Wolfgang Hantel-Quitmann, Die Globalisierung der Intimität, 26.

197 Vgl. Jürg Willi, Psychologie der Liebe, 93; Gunter Schmidt et al., Spätmoderne Beziehungswelten. Um allfällige Missverständnisse zu vermeiden, sei hier betont, dass es bei der vorliegenden Diskussion um Leitbilder geht, die gelebte Sexualität integrieren. Wer hinsichtlich Sexualität „unmusikalisch" ist (vgl. hierzu die Ausführungen bei Astrid Riehl-Emde, Liebe im Fokus der Paartherapie, 193) oder sich bewusst für ein Leben ohne sexuelle Intimität entscheidet, der oder die hat selbstverständlich andere Möglichkeiten, sein oder ihr Leben sinnvoll auszurichten.

„dass der Mensch sein Selbst nicht im Rückzug und in der Abschottung gegen andere findet, sondern im Gegenteil, dass Beziehungen das Medium sind, in welchem der Mensch sich in seiner Verschiedenheit von anderen wahrnimmt, festigt und verwirklicht."[198]

Das hier vertretene Menschenbild entspricht nicht nur philosophischer und entwicklungspsychologischer Erkenntnis, sondern auch dem christlichen/biblischen Menschenbild, das den Menschen als Individuum und zugleich als „soziales Wesen" begreift.[199]

Im Erwachsenenalter lassen sich Beziehungen auf verschiedene Arten leben. Sie alle erfüllen wichtige Funktionen im Hinblick darauf, dass sich Menschen in ihrer Persönlichkeit entfalten können. Dabei kommt nach Willi der Liebesbeziehung eine besondere und herausragende Bedeutung zu, denn

„Liebesbeziehungen [sind] das Medium für die Entfaltung, Entwicklung und Verwirklichung des intimsten persönlichen Bereiches [...]. In einer Liebesbeziehung begegnen sich zwei suchende, unfertige und ungesättigte Menschen, die hoffen, in und durch die Beziehung ihr persönliches Potential verwirklichen zu können und zu neuen Entwicklungen aufzubrechen. Selbstverwirklichung erhält durch das Beantwortetwerden durch den Partner eine andere Qualität von Wirklichkeit. Doch die Partner müssen damit leben, dass sie vom anderen immer nur im Bereich seiner Ansprechbarkeit beantwortet werden, und diese ist – wie auch die eigene – begrenzt. Partner ringen miteinander um die Erweiterung der wechselseitigen Ansprechbarkeit. Da, wo eine Korrespondenz von Entwicklungsbereitschaften zwischen beiden vorliegt, stimulieren sie sich in der Verwirklichung ihres Potentials in hohem Masse."[200]

Liebesbeziehungen vermögen demnach, entscheidende Entwicklungsschritte zu befördern. Es soll hier aber nicht naiv das ‚Hohelied der Liebesbeziehung' gesungen werden. Dass die Kehrseite nicht aus dem Blick geraten darf, wird bereits anhand des obigen Zitats deutlich. Liebesbeziehungen haben ihre Grenzen und können sich, wenn sie nicht konstruktiv gelebt werden (können), (zuweilen massiv!) ins Destruktive verkehren.

„Persönliche Reifung und Entwicklung wird im Erwachsenenleben durch keine andere Beziehung so herausgefordert wie durch eine Liebesbeziehung. Es gibt aber auch keine Beziehung, die das persönliche Wohlbefinden und die psychische und körperliche Gesundheit so gefährdet [und die „persönliche Entwicklung" so „einschränk[t] und verunsicher[t]"[201], B.B.] wie eine destruktiv gewordene Liebesbeziehung."[202]

Die Liebesbeziehung stellt also eine besondere Möglichkeit der persönlichen Entwicklung dar, bleibt jedoch ein Wagnis. Dass sie gleichwohl erstrebenswert ist, gegenwärtig vielleicht mehr denn je, liegt an ihrem Potenzial und zeigen ebenfalls die Menschen, für

198 Jürg Willi, Psychologie der Liebe, 8.

199 Vgl. u. a. Arno Anzenbacher, Christliche Sozialethik, insb. 20, 178-196; Reinhard Marx/Helge Wulsdorf, Christliche Sozialethik, insb. 56-145, 154-165; Christa Schnabl, Solidarität; Karl Gabriel, Die ‚katholischen' Grundlagen des Sozialstaats – und ihre Relevanz für die aktuelle Diskussion um sein Profil und Programm, insb. 15.

200 Jürg Willi, Psychologie der Liebe, 24; vgl. auch ebd. 127, 71, und Karl Lenz, Soziologie der Zweierbeziehung, 282, der diese Sicht dem „Gegenseitigkeits-Entwurf" von Zweierbeziehung zuordnet. Daneben gibt es nach seiner Auffassung noch den „Unabhängigkeits-Entwurf", der dem Individuum oberste Priorität einräumt und beim Erlöschen der Liebe schneller zum Zerbrechen einer Zweierbeziehung führt.

201 Jürg Willi, Psychologie der Liebe, 127 (im Orig. mit Hervorh.).

202 Ebd., 9; vgl. auch ebd., 251-252.

die sie grossmehrheitlich ein Lebensziel darstellt. Hinter diesem Lebensziel liegt wohl in den wenigsten Fällen primär ein hehrer oder gar ehrgeiziger Plan zur Selbstentwicklung und -verwirklichung, sondern dürfte vornehmlich mit einem ‚urmenschlichen' Bedürfnis, aber auch mit der Ausdifferenzierung und Anonymisierung unserer Gesellschaft zu tun haben. So meint Welter-Enderlin:

> „[...] verbindlich in einer Paarbeziehung zusammenzuleben bedeutet für viele Menschen eine Möglichkeit, in der Welt zu Hause zu sein, wie es andere Möglichkeiten kaum gibt. Paar- und Familienbeziehungen werden in einer sich rasch wandelnden und zunehmend undurchschaubaren Gesellschaft häufig als *der* Mikrokosmos erlebt, welcher Orientierungshilfen für den einzelnen bietet und eine gemeinsame Definition der Welt erlaubt."[203]

Eine Liebesbeziehung bietet nicht nur den Ort, von dem aus man sich in einer immer komplexer und unüberschaubarer werdenden Welt zurechtzufinden vermag und wo zugleich Geborgenheit erlebt werden kann, sondern stellt auch eine der wenigen oder doch speziellen Möglichkeiten dar, sich als einzigartig und unersetzbar erfahren zu können.[204] Die eben angesprochene funktionale Seite stellt zwar eine Antwort auf gesellschaftliche Entwicklungen dar, sollte aber nicht, wie das hin und wieder geschieht, negativ (erinnert sei da insbesondere an den abwertenden Gebrauch der Bezeichnung „bürgerlich") und folglich als überholt gewertet werden. Denn mit der beanstandeten Entwicklung einher ging ein vertieftes Bewusstsein um die Einzigartigkeit der menschlichen Person, wie sie in der Entwicklung der Menschenrechte zum Ausdruck kommt (und als positiv empfunden wird!), aber ebenfalls im Potenzial, das auszuschöpfen angestrebt wird – insbesondere in einer Liebesbeziehung.

Die bisherigen Überlegungen gehen erst auf einen Teil des Leitbilds ‚Sexualität in Beziehung' ein, nämlich auf die Bedeutung einer Liebes- oder ‚festen' Beziehung, bleibt also noch darzulegen, weshalb Sexualität gerade da den ihr angemessenen Ort haben soll.

Sexualität gilt (zu Recht) als besonders sensibler Bereich des menschlichen Individuums. Das hat damit zu tun, dass hier Körper und Identität in spezieller Weise involviert sind. Verstehbar ist das auf dem Hintergrund einer gewachsenen Sensibilität für die Integrität der menschlichen Person, wozu insbesondere die körperliche Integrität gehört. Diese setzt die Respektierung der Körper-Grenzen voraus. Wohl in keinem anderen Bereich wie dem der sexuellen Interaktion wird in einem solchen Mass Nähe zugelassen, dass Körper-Grenzen aufgehoben werden. Auch wenn dies unter Wahrung des Respekts und damit mit freier Zustimmung geschieht (alles andere stellte einen Übergriff dar, der zu Recht moralisch verurteilt und rechtlich geahndet würde[205]), machen sich die Beteiligten

[203] Rosmarie Welter-Enderlin, Deine Liebe ist nicht meine Liebe, 175 (Hervorh. im Orig.). Vgl. auch dies., Paare – Leidenschaft und lange Weile, 23, 33, 47, und Axel Honneth, Liebe und Moral, 223, der diesbezüglich die amerikanische Philosophin Amelie O. Rorty zustimmend referiert.

[204] Vgl. Karl Lenz, Soziologie der Zweierbeziehung, 39, der die personelle Unersetzbarkeit für ein Kennzeichen persönlicher Beziehungen hält.

[205] Dass auch dafür das entsprechende Bewusstsein erst wachsen musste, wie es die Behandlung von Vergewaltigung in der Ehe oder bei Prostituierten zeigt, sei unbestritten. Die damit verbundene Entwicklung wird deshalb zu Recht als Fortschritt gewertet.

verletzlich.[206] Dies im doppelten Sinn: einerseits körperlich, andererseits hinsichtlich der eigenen Identität. Was die Öffnung der Körper-Grenzen bedeutet, kommt in folgender Beschreibung aus soziologischer Perspektive anschaulich zum Ausdruck:

> „In sexuellen Interaktionen machen sich die Beteiligten ihre Körper zugänglich, d. h. sie gestehen einander ein Eindringen in ihre persönlichen Körperterritorien zu [...]. Gesellschaftliche Gebote verlangen, Territorien anderer zu respektieren; eine Übertretung hat normalerweise soziale Ächtung zur Folge. Bei sexuellen Interaktionen wird dieses kulturell geformte Verbot ausser Kraft gesetzt. Da die Aufgabe von territorialer Exklusivität, die einem anderen den Zugang zum eigenen Körper ermöglicht (vom Fall einer gewaltsamen Verletzung sehe ich hier ab), mit Unsicherheiten verbunden ist, z. B. durch die grössere Verletzlichkeit, aber auch durch die Möglichkeit einer Übertragung von Geschlechtskrankheiten, spielt bei der Aufnahme sexueller Beziehungen Vertrauen eine wichtige Rolle.“[207]

Das Vertrauen, dessen eine sexuelle Interaktion bedarf, lässt sich selbst bei flüchtigen sexuellen Kontakten in unterschiedlichen Settings anhand verschiedener Zeichen oder Merkmale gewinnen. So stellt z. B. die Prostitution einen Rahmen dar, der die Erwartungen beider Seiten strukturiert. Die Kunden können in der Regel davon ausgehen, dass sie nicht abgewiesen werden und zudem als ‚Sexpartner' Anerkennung finden. Die Prostituierten sorgen dafür, dass ihre Integrität gewahrt bleibt, indem sie entsprechende Vorkehrungen treffen und beispielsweise ihre potentiellen Kunden zuerst abchecken, ob sie einen gewalttätigen Eindruck machen oder alkoholisiert sind, denn Letzteres lässt Schwierigkeiten bis hin zu Gefahr erwarten.

Da – und darin stimme ich Sammet zu – „Sexualität ein Feld ist, in dem es um die Anerkennung als besondere Person, aber auch als Verkörperung von Geschlecht geht“[208], liegt von der ‚Spielanlage' her in der Prostitution wie in anderen Kontexten, wo – anonym oder nicht – nach der „Sexualität der Lust“ gestrebt wird, das Gewicht einseitig auf der „Verkörperung von Geschlecht“. Hier erfährt sich eine Person, wenn es zu einer lustvollen Begegnung kommt, als sexuell attraktiv. In der Prostitution gehört es nach Aussagen von Prostituierten zu einem guten Kundenservice, dieses Gefühl zu vermitteln, um das Selbstwertgefühl des Kunden aufzubauen. Es entspricht auch einem Wunsch oder sogar Anspruch der Kunden, Zuspruch zu erfahren.[209] Die Anerkennung in einem Setting, wo allein „Sexualität der Lust“ gesucht und ausgelebt wird, gilt aber genau genommen allein der Art, wie Geschlecht verkörpert wird, also der erotischen Ausstrahlung und dem sexuellen ‚Vermögen' bzw. der ‚Potenz' als Sexpartner, als Sexpartnerin, was mit entsprechenden Vorstellungen von Männlichkeit und Weiblichkeit einhergeht. Was dabei völlig fehlt, nicht intendiert ist und vom Kontext her gar nicht intendiert sein kann, ist die Anerkennung der gesamten Person als individuelle und unverwechselbare Person.[210] Wo Menschen bloss als ‚Geschlechtsperson', d. h. bloss als Sexpartner oder Sexpartnerin gefragt sind, sind sie letztlich austauschbar.

[206] Dies kommt gegebenenfalls auch in der Reaktion der Scham zum Ausdruck.

[207] Kornelia Sammet, Sexualität im Beziehungsaufbau, 99.

[208] Ebd., 114.

[209] Zu den Erwartungen der Kunden siehe unter 5.2.2.

[210] Wer derart verstandene Nähe nicht zulassen und sich in diesem Sinn mit seinem Selbst nicht aussetzen kann oder will, mag Sex mit einer ihm oder ihr fremden Person vorziehen, weil er oder sie sich im Rahmen eines Set-

Wie oben dargelegt kommt der Entwicklung von Identität und Individualität in unserer Gesellschaft, zu Recht, ein grosser Stellenwert zu. Sexualität als Teil der Person ist folglich Teil der Identität und Individualität.[211] Das bedeutet, dass sexuelle Erfahrungen in die Konstituierung von Identität einfliessen und den Aufbau von Individualität prägen. Wie einflussreich das sein kann, zeigt sich gerade dort, wo negative mit Sexualität verbundene Erfahrungen in die eigene Persönlichkeit integriert werden müssen. Ebenso sehr ist das an den Anpassungsleistungen von Prostituierten ersichtlich, die mittels verschiedener Techniken ihr Selbstbild als individuelle Frau sorgsam schützen müssen, um dadurch ihre Integrität bewahren zu können.[212] Nicht als Person gemeint zu sein und genau das Gegenteil in einer sexuell lustvollen Inszenierung zu verkörpern, verlangt Einiges ab. Prostitutionskunden befinden sich diesbezüglich in einer für sie vorteilhafteren Situation, da der Prostitutionsbesuch bei ihnen allein schon vom zeitlichen Engagement her einen anderen Stellenwert hat. Dass unter diesen Umständen, insbesondere um die Prostituierten zu entlasten, die Idee entsteht, Sexualität neu oder umzudefinieren, ist einleuchtend, führt aber nicht weiter. Denn es gleicht der Situation, in der ein Kind, das hingefallen ist und sich verletzt hat, einfach damit ‚getröstet' wird, indem gesagt wird, es sei ja ‚gar nicht so schlimm'.[213] Schwierigkeiten oder Schmerz/Leiden/Verletzungen wegzudefinieren, bringt sie noch nicht zum Verschwinden, lässt aber in der Konsequenz die betroffenen Menschen (erst recht) damit allein.

Um eine Identität bilden zu können, die Sexualität vollumfänglich und in einer nicht abgespaltenen Weise integriert, sind Mann und Frau darauf angewiesen, als unverwechselbare und nicht austauschbare Person auch sexuell Anerkennung zu erfahren.[214] Das bedeutet zugleich, sich ebenfalls in dieser Hinsicht als nicht ersetzbar erfahren zu können. Dass sich dabei der Aspekt der „Verkörperung von Geschlecht" davon nicht trennen lässt, das auch nicht zu tun braucht, dürfte einleuchten, denn die eigene, Sexualität integrierende Identität ist immer von den existierenden Männlichkeits- und Weiblichkeitsbildern mitbeeinflusst.

tings, in der die Personen einander fremd sind, aufgehobener fühlt. Auf die Beispiele der Telephonseelsorge und der Prostitution bezogen meint der Soziologe Alois Hahn, dass „Vertraulichkeit [...] auch hier durch Fremde besser gewahrt [erscheint] als durch Vertraute". (Ders., Konstruktionen des Selbst, der Welt und der Geschichte, 50.) Einen möglichen Grund, Sexualität nur in der Unverbindlichkeit als lustvoll zu erleben, sieht Ursel Bucher in der Angst vor erneuter Enttäuschung oder möglicher Zurückweisung durch die gewünschte Partnerin, den gewünschten Partner. (Vgl. dies., Der Traum vom grossen Glück, 91.) Auch wenn m. E. solchen Menschen Verständnis gebührt, begründet das noch kein Leitbild und erst recht kein tragfähiges im Hinblick auf eine sinnvoll gelebte Sexualität.

211 Der Philosoph Anton Leist, der im Rahmen seiner Reflexion über Drogen für die Verhältnisbestimmung von Glück und Lust das Beispiel Sex heranzieht, hält Sexualität für eine „unbestritten personal wichtige Eigenschaft und Erfahrung". (Ders., Was könnte gut an Drogen sein?, 274.)

212 Vgl. dazu u. a. Heinrich W. Ahlemeyer, Prostitutive Intimkommunikation, 135: „Ganz offensichtlich ist die Gewährung von sexuellen Dienstleistungen gegen Geld mit psychischen ‚Kosten' verbunden, die nur dadurch in Grenzen zu halten sind, dass Grenzen gezogen werden."

213 Es versteht sich von selbst, dass ich dabei Situationen vor Augen habe, wo ich das als unangemessen empfinde, weil es vorschnell beschwichtigt. Dass in solchen Fällen die Ablenkung, die oft damit intendiert ist, ebenfalls ihre Berechtigung hat, sei nicht bestritten.

214 Ich meine, dass dies ebenfalls für so genannte platonische Liebesbeziehungen oder tiefe Freundschaften seine Gültigkeit hat, dass also das ‚Ausleben' von Sexualität im Sinn sexueller Interaktion nicht zwingend ist.

> „Geschlechtsidentität bezieht sich also einerseits auf individuelle Einzigartigkeit und biographische Einmaligkeit, aber auch auf Zugehörigkeit und notwendige Zuordnung in einer sozialen Geschlechtergruppierung.“[215]

Als ebenfalls in sexueller Hinsicht unverwechselbare und unersetzbare Person anerkannt zu werden, ist letztlich bzw. im tiefsten personalen Sinn nur in einer Liebesbeziehung möglich, die gemäss dem, was sie eben als eine solche Beziehung auszeichnet, auf Vertrauen und Intimität beruht. Dadurch ist sie zudem der Ort, der in besonderer Weise persönliche Entwicklung ermöglicht, was ebenso für den Bereich der Sexualität gilt. Dass das nicht immer gelingt, sei unbestritten, stellt aber an sich noch kein Argument gegen die Überzeugung dar, dass Sexualität am sinnvollsten, d. h. die eigene Persönlichkeit förderndsten im Rahmen einer Liebesbeziehung gelebt wird, weshalb einer so gelebten Sexualität der Vorzug zu geben ist.[216]

Auf diesem Hintergrund dürfte auch einsichtig sein, weshalb das personale Verständnis einer Liebesbeziehung nach Ausschliesslichkeit verlangt, denn „[d]ie personale Begegnung stellt den Anspruch auf Exklusivität der körperlichen Intimität sowie den Anspruch auf Gleichheit der Privilegien und Rechte von Mann und Frau.“[217] Zugleich erfordert, wie Willi feststellt, eine personal verstandene Liebesbeziehung ein egalitäres Geschlechterverhältnis, denn nur so können sich Mann und Frau auf Augenhöhe begegnen, sich als Personen im wahrsten Sinn wirklich ernst- und annehmen. Damit eine solche Liebesbeziehung überhaupt zustande kommen kann, d. h. Menschen eine solche eingehen, braucht es die Überzeugung, dass die aktuelle Liebe von Dauer ist, weil erst daraus „die Motivation [erwächst], sich voll und ganz aufeinander einzulassen, sich zu öffnen und ein schier grenzenloses Interesse an der anderen Person auszubilden“[218].

[215] Marlene Stein-Hilbers et al., Einleitung, 14.

[216] Auch nach Anton Leist bedarf Sexualität der Gestaltung, will sie personal bedeutsam sein. Der Ort für deren sinnvolle Gestaltung ist die persönliche Beziehung. Denn „[o]hne den Hintergrund der persönlichen Beziehungen blieben die sexuellen Lustempfindungen ein zwar lustvolles, aber sinnloses Geschehen, dem wir ausgeliefert sind.“ (Ders., Was könnte gut an Drogen sein?, 275.)

[217] Jürg Willi, Psychologie der Liebe, 93.

[218] Karl Lenz, Romantische Liebe – Ende eines Beziehungsideals?, 81. Vgl. auch ders., Im ehernen Gehäuse der Kultur, 201. Das „Versprechen auf Dauerhaftigkeit“ einer Beziehung und der grosse Stellenwert der Individualität, beides Komponenten, die im romantischen Liebesideal angelegt sind, erzeugen eine Spannung, die im Fall grosser Konflikte oder unüberbrückbarer Differenzen zu Gunsten der Individualität aufgelöst wird und die Beziehung zum Scheitern bringt. D. h. Treue zu sich selbst kann, wenn es erforderlich erscheint, die Preisgabe der Beziehung bedeuten. In dieser Perspektive macht ein Festhalten an der Beziehung rein um der Beziehung willen, die im Grunde genommen innerlich bereits aufgekündigt wurde, keinen Sinn bzw. wäre nicht mehr ehrlich sich selbst gegenüber. Vgl. zur Liebe als Stifterin und Erhalterin von Beziehung: Cornelia Koppetsch, Liebe und Partnerschaft, 117, 120.

5.3.2 Sexualität in einer festen Beziehung

5.3.2.1 Stellenwert und Zufriedenheit mit der Sexualität in einer festen Beziehung

Angesichts der Tatsache, dass die „Reduktion von leidenschaftlicher Liebe und Sexualität in langfristigen Beziehungen“[219] ein verbreitetes Phänomen ist, und, damit nicht genug, dass Paare in länger dauernden Beziehungen auch weniger ‚miteinander schlafen', stellt sich wohl manch eine oder einer die Frage, ob das Leitbild ‚Sexualität in Beziehung' nicht vielmehr einer Mogelpackung gleichkommt.

Studien belegen, dass die sexuelle Aktivität in der Phase der Paarbildung „besonders hoch“ ist, dann jedoch rapide abflacht und auf „deutlich niedriger[em], aber konstant[em]“[220] Niveau verbleibt, dies weitgehend unabhängig vom Alter der Paare. Ist demnach für die Langlebigkeit einer Beziehung, die ja angestrebt und als positiv beurteilt wird, ein Preis zu entrichten, nämlich der Verlust einer lebendigen und zuweilen prickelnden Sexualität? Dies zu bejahen, setzte voraus, dass die verminderte sexuelle Aktivität tatsächlich als Verlust erlebt wird. Doch wie schätzen das die ‚Betroffenen' selbst ein?

Fragt man Frauen und Männer, die in einer Liebesbeziehung leben, danach, was ihre Beziehung zusammenhält, stehen Intimität, Liebe, und bei lange zusammen lebenden Paaren Werte, die auf die gemeinsame Geschichte verweisen, an erster Stelle.[221] Sexualität, Zärtlichkeit und Erotik kommt diesbezüglich hingegen ein weit geringerer Stellenwert zu,[222] als viele vermuten, auch wenn allgemein die Liebe und gleich nach ihr die Lust als die primären Sinnstifter im Leben gelten.[223] Fragt man hingegen nach der Zufriedenheit mit der Beziehung und im Speziellen der Sexualität, verändert sich das Bild. So sind in der Studie von Riehl-Emde 30 Prozent der Befragten unzufriedener mit der Liebe. Weitaus mehr äussern allerdings Unzufriedenheit in Bezug auf Zärtlichkeit, nämlich 50 Prozent, im Hinblick auf Erotik sind es 41 Prozent und die gemeinsame Sexualität betref-

[219] Astrid Riehl-Emde, Liebe im Fokus der Paartherapie, 194; vgl. auch dies., Liebe – Partnerschaft – Sexualität, 130; Gunter Schmidt et al., Spätmoderne Beziehungswelten, 121-123; Dietrich Klusmann, Sexuelle Wünsche und die Dauer der Beziehung, 139-140.

[220] Gunter Schmidt et al., Spätmoderne Beziehungswelten, 123. Die Autoren stützen sich dabei nicht nur auf eigene Untersuchungen. Vgl. auch Jürg Willi, Psychologie der Liebe, 88, der sich auf eine frühere Untersuchung von Schmidt beruft.

[221] Vgl. Gunter Schmidt et al., Spätmoderne Beziehungswelten, 86. Dasselbe Resultat ergab sich in der Vergleichsstudie zur Sexualität von Studierenden, vgl. ders./Arne Dekker, Seriell monogam, seriell allein, 120-121. In der Studie von Astrid Riehl-Emde von 1998 (die Befragung wurde 1995 durchgeführt) wurde diesbezüglich an erster Stelle ebenfalls die Liebe genannt, an zweiter Stelle aber der Alltag mit Kindern. (Vgl. dies., Liebe im Fokus der Paartherapie, 30; dies., Liebe – Partnerschaft – Sexualität, 137.) Aufgrund der vorliegenden Angaben ist nicht ersichtlich, ob das einer unterschiedlichen Zusammensetzung der Samples geschuldet ist. Bei Schmidt et al. sind die Angaben diesbezüglich zu wenig aussagekräftig, während bei Riehl-Emde bekannt ist, dass ihr Sample zu drei Viertel aus Paaren besteht, die mit Kindern zusammenleben. Sie berücksichtigte in ihrer Untersuchung nur Paare, die zusammenleben, während bei Schmidt et al. auch so genannte „living apart“-Paare einbezogen waren. Bezüglich Zufriedenheit mit der Beziehung steht nach Erfahrung von Rosmarie Welter-Enderlin eine befriedigende Kommunikation unter den Partnern an oberster Stelle. (Vgl. dies., Paare – Leidenschaft und lange Weile, 269.)

[222] Vgl. Jürg Willi, Psychologie der Liebe, 90, der sich dabei auf die Studie von Riehl-Emde von 1998 beruft.

[223] Vgl. Astrid Riehl-Emde, Liebe – Partnerschaft – Sexualität, 137-138.

fend gar 52 Prozent. Riehl-Emde stellte dabei keine wesentlichen Abweichungen hinsichtlich Dauer der Partnerschaft und Geschlecht fest.[224] Betreffend Zufriedenheit ergibt sich aber kein einheitliches, negatives Bild wie bei Riehl-Emde, denn die Studie von Schmidt et al. kommt zu einem anderen Schluss. Hier scheint in den Augen der Befragten die Qualität der gemeinsamen Sexualität nicht im gleichen Mass abzunehmen wie die sexuelle Aktivität.[225] Sie stellen fest, dass zwar das Kribbelnde, Überraschende der Sexualität verloren, dafür Liebe, Vertrauen, kurz eine Geborgenheit und Sicherheit vermittelnde Beziehung/Bindung gewonnen wurde. Letzteres gibt der Sexualität eine andere ‚Färbung', die aber in den vorgestellten Beispielen durchaus als positiv erfahren wird.[226] Das trifft sich mit der Einsicht von Willi, dass „Sexualität [...] im ehelichen Alltag [wohl auch im Alltag einer festen Beziehung, B.B.] in der Regel zwar nicht überraschend [ist]", dass „sie [...] deswegen jedoch nicht öde und langweilig zu sein [braucht]"[227].

Schliesslich sei noch darauf hingewiesen, dass wiederkehrende Abläufe nicht einfach per se negativ zu werten sind, sondern gemäss soziologischer Erkenntnis als Routinisierungsprozesse gedeutet werden können, die der Entlastung dienen, nicht dauernd alles neu erfinden oder aushandeln zu müssen.[228] In der Sexualität eines Paares lässt sich nicht nur eine gewisse Routine beobachten, sondern auch eine Ritualisierung. Denn „[d]ie ehelichen Sexualbeziehungen [...] sind nach wie vor für die meisten Paare ein Intimitätssymbol, das mit niemand anderem geteilt werden soll. Sie geben den Partnern den Eindruck, in diesem Bereich für den anderen das ganz Besondere zu sein."[229]

Während sich in der Studie von Riehl-Emde der Verlust der „Sexualität der Lust" bemerkbar machen dürfte, scheint in der Studie von Schmidt et al. demgegenüber das Gewicht auf dem Gewinn der „Sexualität der Zugehörigkeit" zu liegen. Letzteres verweist zugleich noch auf den Stellenwert, welcher der Sexualität in einer Liebesbeziehung beigemessen wird. Ein Aspekt, der allein mit der Frage nach der Zufriedenheit nicht zu erfassen ist. Was den Stellenwert der Sexualität in einer Beziehung anbelangt, dominiert in der Studie von Schmidt et al. die Auffassung, dass Sex zwar wichtig sei, aber dennoch nicht das Wichtigste.[230] Das entspricht auch der Erfahrung von Willi:

> „Eine nicht zufriedenstellende Sexualität in der Ehe [wohl ebenfalls in einer festen Beziehung, B.B.] wird meist erstaunlich gelassen hingenommen, Beunruhigung tritt jedoch in dem Moment

[224] Vgl. ebd., 130. Befragt wurden 204 Paare. Die Prozentangaben beziehen sich auf die einzelnen Personen, nicht auf die Paare. Demgegenüber sehen Gunter Schmidt et al. „Hinweise für eine grössere Unzufriedenheit von Frauen mit der Paarsexualität in heterosexuellen Beziehungen", die sie in Zusammenhang mit „immer noch geltende[n] Normalitätsvorstellungen" betreffend Geschlechtsverkehr und der „Retraditionalisierung der geschlechtsrollenspezifischen Arbeitsteilung im Verlauf von Beziehungen mit Kindern" sehen. (Dies., Spätmoderne Beziehungswelten, 145.)

[225] Vgl. ebd., 126.

[226] Vgl. die Beispiele bei ebd., 124-125.

[227] Jürg Willi, Was hält Paare zusammen?, 103-104.

[228] Vgl. Karl Lenz, Soziologie, 286.

[229] Jürg Willi, Was hält Paare zusammen?, 104.

[230] Vgl. Gunter Schmidt et al., Spätmoderne Beziehungswelten, 88-89. Es gibt unterschiedliche Erklärungen zur Abnahme der sexuellen Aktivität in einer Beziehung wie auch zu deren Stellenwert. Vgl. dazu ebd., 125; Astrid Riehl-Emde, Liebe im Fokus der Paartherapie, 194-198; Rüdiger Lautmann, Soziologie der Sexualität, 347; Jürg Willi, Was hält Paare zusammen?, 103-104.

auf, wo sexuelle Beziehungen ausbleiben oder ausserhalb der Ehe gelebt werden. [...] Sexualität in der Ehe ist wichtig, um der innersten Zusammengehörigkeit körperlichen Ausdruck zu verleihen und sich ihrer zu versichern."[231]

Das eigene Glück nicht allein von einer befriedigenden Sexualität abhängig zu machen, ist zudem mit einer Lebenshaltung kompatibel, die das Glück im Sinn von „eudaimonia" versteht – in der antiken Philosophie bedeutet es das „Glück der Fülle" – und daher das gesamte Spektrum menschlichen Lebens einbezieht, inklusive der Schwierigkeiten und negativen Seiten, die ebenfalls zum Leben und damit zur menschlichen Erfahrung gehören.[232] Auch das christliche Menschenbild ist auf eine gesamtheitliche Entwicklung bedacht und lehnt folglich Einseitigkeiten ab, insbesondere wenn sie mit einer Verabsolutierung eines bestimmten Aspekts, eines bestimmten Bereichs wie zum Beispiel jenem der Sexualität einhergehen.

Wie die verschiedenen Gesichtspunkte zeigen, hängt das Glück einer Beziehung nicht allein von einer als befriedigend empfundenen Sexualität ab. Dennoch ist sie ein Bereich, der eine mögliche Quelle für Schwierigkeiten und je nach Ausgang auch Unglück ist. Eine Herausforderung stellen da geschlechtsspezifische Erwartungshaltungen, als übermässig empfundene Unzufriedenheit mit der erfahrenen Sexualität sowie mögliche und reale sexuelle Untreue dar.

Im Verlauf einer Beziehung kristallisieren sich geschlechtsspezifische Erwartungshaltungen im Bereich der Sexualität und Erotik heraus. Während zu Beginn einer Paarbeziehung Frauen und Männer etwa im gleichen Mass nach Sex und Zärtlichkeit begehren, erscheint in einer gefestigten Beziehung das Verlangen nach Sex stärker beim Mann und jenes nach Zärtlichkeit stärker bei der Frau.[233] Für dieses vielfach beobachtbare ‚Gendering' (d. h. geschlechtsspezifische Ausprägung) gibt es verschiedene Erklärungsansätze,[234] die aber keine umfassende Antwort zu geben vermögen und deren Diskussion hier zu weit führen würde. Wichtig in diesem Zusammenhang scheint mir, zur Kenntnis zu nehmen, dass Liebesbeziehungen ein besonderes Feld des ‚Doing gender'[235] (d. h. der

231 Jürg Willi, Psychologie der Liebe, 91. Vgl. auch ders., Was hält Paare zusammen?, 103-104; Astrid Riehl-Emde, Liebe im Fokus der Paartherapie, 196.

232 Vgl. Astrid Riehl-Emde, Liebe im Fokus der Paartherapie, 230.

233 Vgl. Gunter Schmidt et al., Spätmoderne Beziehungswelten, 126-127; Arne Dekker/Silja Matthiesen, Bedeutungen der Sexualität, 108-109; Dietrich Klusmann, Sexuelle Wünsche und die Dauer der Beziehung, 140-143; Rosmarie Welter-Enderlin, Paare – Leidenschaft und lange Weile, 257-259; dies., Deine Liebe ist nicht meine Liebe, 115-118; Karl Lenz, Im ehernen Gehäuse der Kultur, 187; Lynn Jamieson, Intimität im Wandel?, 284-286; Rüdiger Lautmann, Soziologie der Sexualität, 347.

234 Vgl. Gunter Schmidt et al., Spätmoderne Beziehungswelten, 126-127; Rosmarie Welter-Enderlin, Paare – Leidenschaft und lange Weile, 256-278; dies., Deine Liebe ist nicht meine Liebe, 113-118; Karl Lenz, Im ehernen Gehäuse der Kultur, insb. 183; Kornelia Sammet, Sexualität im Beziehungsaufbau, 100; Holger Herma, Geschlechteridentität in Zweierbeziehungen, 143; Hilde Weiss, Liebesauffassungen der Geschlechter.

235 Vgl. Karl Lenz, Im ehernen Gehäuse der Kultur, 187, 200. Er hält aus verschiedenen Gründen eine Veränderung der Geschlechterordnung im privaten Bereich für schwieriger als im öffentlichen. (Vgl. ebd., 204.) Bezüglich unterschiedlicher Erwartungshaltungen und darauf basierender Zufriedenheit mit der Beziehung vgl. Cornelia Koppetsch, Liebe und Partnerschaft, 117. Rosmarie Welter-Enderlin bestätigt aufgrund von vorliegenden Studien und eigener therapeutischer Erfahrung den Befund, dass Männer eine grössere Zufriedenheit mit ihrer Partnerschaft aufweisen als deren Frauen. Die vielfältigen Belastungen und Anforderungen scheinen denn auch ein Grund für die Stresssymptome bei Frauen zu sein, insbesondere wenn sie in traditionellen Familienformen

'Vergeschlechtlichung') darstellen und dass sich daraus in Bezug auf das Intimleben eines Paares entsprechende Schwierigkeiten einstellen können.

Insbesondere Sex und Gefühlsbindung gehören zu den „intrinsischen Gratifikationen", die „immer massgeblicher für das Aufrechterhalten einer Beziehung [werden]"[236]. Bedeutet das nun, dass die Beziehung aufgekündigt wird, wenn die partnerschaftliche Sexualität zu unbefriedigend ist? Das kann in zwei Richtungen geschehen: Entweder wird die Sexualität nach aussen verlagert oder die Beziehung wird gleich ganz beendet.

In der paartherapeutischen Literatur gelten sexuelle Aussenbeziehungen als Indikator für Veränderungen, die in einer Beziehung anstehen und dort bearbeitet werden müssten. Insofern käme solchen Aussenbeziehungen, wozu Welter-Enderlin auch das Aufsuchen einer Prostituierten zählt, eine funktionale Bedeutung zu.[237] Würde der Bereich der Sexualität aber nach aussen verlegt, bestünde die Gefahr, dass eine Beziehung „entleert"[238] würde, weil ein zentraler Bereich ausgeklammert würde. Dann drohte auf der personalen Ebene auch die Abspaltung der Sexualität.[239]

Sexualität kann daher ein ernsthafter Konfliktpunkt sein, sei dies wegen sexueller Unzufriedenheit, einer sexuellen Aussenbeziehung oder Eifersucht, und damit auch An-

leben. (Vgl. dies., Paare – Leidenschaft und lange Weile, 39-40.) Vgl. ebenfalls die Ergebnisse einer österreichischen Studie, die die geschlechtsspezifischen Unterschiede betreffend Auffassung von Liebe bestätigt. (Christoph Reinprecht/Hilde Weiss, Liebe und Treue, 90.) Dieselbe Studie zeigt aber zugleich auf, dass sich die Unterschiede nicht allein entlang der Geschlechtergrenze festmachen lassen, sondern auch mit dem Alter sowie mit unterschiedlichen Werthaltungen und favorisierten Beziehungsmustern zu tun haben.

236 Christoph Reinprecht/Hilde Weiss, Liebe und Treue, 91. Vgl. auch Karl Lenz, Romantische Liebe – Ende eines Beziehungsideals?, 79.

237 Vgl. Rosmarie Welter-Enderlin, Paare – Leidenschaft und lange Weile, 304. Wenn eine Aussenbeziehung eine funktionale Bedeutung hat, wird konkret das Aufsuchen einer Prostituierten zwar einsichtig, kann aber keine Gleichwertigkeit mit gelebter Sexualität in einer Liebesbeziehung beanspruchen. – In der Studie von Gunter Schmidt et al. wurde neben anderem nach der letzten „Affäre" gefragt. Als hauptsächliches Motiv kristallisierte sich bei beiden Geschlechtern die „erotische und emotionale Attraktion durch einen anderen Mann oder eine andere Frau" heraus, während „sexuelle oder emotionale Frustration in der festen Beziehung" hingegen „weitaus seltener" waren. Dabei kam dies grossmehrheitlich „bei Befragten vor, die sich in ihrer Beziehung recht wohl und zufrieden fühlen und gleichwohl einen anderen oder eine andere begehren". (Dies., Spätmoderne Beziehungswelten, 135.) Passend zum hauptsächlichen Motiv wird die Aussenbeziehung denn auch als in vielfältiger Hinsicht positiv erlebt, was die Autoren danach fragen lässt, „warum Aussenbeziehungen so selten sind". (Ebd., 136.) Auf den ersten Blick scheint das der Interpretation von Welter-Enderlin zu widersprechen, Aussenbeziehungen eine funktionale Bedeutung beizumessen. Doch die bei Schmidt et al. abgedruckten Beispiele lassen m. E. diesen Schluss nicht zu. Die angesprochenen Zusammenhänge bedürften aber einer vertiefteren Analyse, was hier nicht möglich ist.

238 Jürg Willi, Psychologie der Liebe, 151. Vgl. auch Hans Jellouschek, „Warum hast Du mir das angetan?", 130-131. Das stellt sozusagen die logische Konsequenz der Auffassung dar, „Sexualität in der Ehe" bzw. in einer festen Beziehung sei „wichtig, um der innersten Zusammengehörigkeit körperlichen Ausdruck zu verleihen und sich ihrer zu versichern". (Jürg Willi, Psychologie der Liebe, 91.) Es versteht sich von selbst, dass Sexualität *einen* und nicht *den* zentralen Bereich darstellt, dass also dasselbe Problem entsteht, wenn andere zentrale Bereiche ausgelagert würden.

239 Vgl. Hans Jellouschek, „Warum hast Du mir das angetan?", 131.

lass für eine Beziehungskrise.[240] Wenn eine Beziehung letztlich scheitert, liegt das aber in der Regel nicht allein am Bereich der Sexualität.[241]

Krisen, egal ob mit dem Bereich der Sexualität verknüpft oder nicht, zeigen Übergänge im Leben und damit verbunden anstehende Entwicklungsschritte an. Wo diese Herausforderung angepackt[242] und zudem ein Neuanfang, auch in sexueller Hinsicht, möglich wird,[243] führt das zu zentralen Erfahrungen. Meist gehört in solchen Situationen die Erfahrung von Versagen und Schuld dazu,[244] die der Vergebung und in gewissem Sinn auch Wiedergutmachung bedürfen.[245] Wenn ein solcher Verarbeitungsprozess gelingt – denn Vergebung lässt sich weder auf der einen noch auf der anderen Seite erzwingen –, gibt das der Beziehung zusätzlichen Tiefgang und macht dadurch die gemeinsame Geschichte reicher.[246] Zugleich ist es im Hinblick auf die Partner eine wichtige Erfahrung, die die Entwicklung der eigenen Persönlichkeit befördert und die Möglichkeit beinhaltet, sich sexuell wiederzufinden. Aus theologischer Sicht sind das, selbst wenn die Beteiligten es nicht so deuten, Erfahrungen, die zentrale Aspekte der christlichen Botschaft berühren und insofern sogar zu Glaubenserfahrungen werden können.

5.3.2.2 Wie lassen sich eine Beziehung und die Sexualität in ihr lebendig erhalten?

Eine Beziehung, die lebendig und für den Partner, die Partnerin förderlich ist, lässt sich auf Dauer nur erhalten, wenn eine Balance zwischen „Bindung und Freiheit"[247] bzw. zwischen der „Sehnsucht nach Beständigkeit" und der „Notwendigkeit von Entwicklung"[248] oder poetisch ausgedrückt zwischen „wurzeln" und „fliegen"[249] gefunden

240 Vgl. Gunter Schmidt et al., Spätmoderne Beziehungswelten, 101, 104.

241 Vgl. ebd., 107-109. Zur Sprengkraft von sexuellen Aussenbeziehungen vgl. Astrid Riehl-Emde, Liebe im Fokus der Paartherapie, 168.

242 Das setzt natürlich voraus, dass Liebe noch vorhanden ist, ebenfalls der Wille, sich mit der Partnerschaft auseinanderzusetzen. Nach Einschätzung von Ursel Bucher würden „viele zu schnell an das Ende der Beziehung denken" statt sich mit ihr auseinander zu setzen. (Dies., Der Traum vom grossen Glück, 55.)

243 Ich befasse mich hier mit dem Neuanfang in der bestehenden Beziehung, schliesse damit aber nicht aus, dass es nicht auch einen gelungenen Neuanfang geben kann, der die Auflösung der bestehenden Beziehung beinhaltet. Das hingegen steht im Rahmen dieser Arbeit nicht zur Debatte und bedürfte einer eigenen Erörterung.

244 Das braucht nicht einseitig zu sein. Denn wenn z. B. sexuelle Untreue als Treue zu sich selbst interpretiert werden kann (vgl. Hans Jellouschek, „Warum hast Du mir das angetan?", 164, und die Beispiele bei Rosmarie Welter-Enderlin, Paare – Leidenschaft und lange Weile, 304-311, die Aussenbeziehungen als Reaktion auf etwas erscheinen lassen, das beim oder bei der einen in der Beziehung viel zu kurz kommt [was aber keineswegs mit einem Freipass gleichzusetzen ist!]), bedeutet das, dass auf beiden Seiten ein ‚Versagen' stattgefunden hat und dass es darum geht, dies zu erkennen und daraus einen Ausweg zu finden. Dabei kann Vergebung aber nicht im Sinn einer moralischen Pflicht gefordert werden, dass sie bei Reue auch zu gewähren sei. Vergebung kann nur erhofft und erbeten werden. Voraussetzung für ihre Gewährung ist, dass eine Person in der Lage ist, das aus freien Stücken zu tun.

245 Ausführlicher bezüglich Verzeihen und Versöhnung: Astrid Riehl-Emde, Liebe im Fokus der Paartherapie, 210-216. Vgl. zu Versöhnung und Wiedergutmachung auch Hans Jellouschek, „Warum hast Du mir das angetan?", 167. Zur religiösen Deutung der Erfahrung der Vergebung vgl. Hans Rotter, Sexualität und christliche Moral, 14.

246 Astrid Riehl-Emde spricht davon, dass dadurch „eine grössere Ernsthaftigkeit, Tiefe und Gelassenheit in die Beziehung kommen [können]". (Dies., Liebe im Fokus der Paarbeziehung, 216.)

247 Jürg Willi, Psychologie der Liebe, 48.

248 Rosmarie Welter-Enderlin, Deine Liebe ist nicht meine Liebe, 171.

249 Ein Bild, das Rosmarie Welter-Enderlin in „Paare – Leidenschaft und lange Weile" verschiedentlich verwendet.

wird.[250] Das setzt voraus, dass sich die Partner eine Offenheit gegenüber Neuem und Unerwartetem und eine gewisse Neugierde aufeinander bewahren[251] und dass sie sich der Auseinandersetzung in der Beziehung stellen. Denn ohne eine solche verkümmert diese.[252] Zugleich braucht es einen angemessenen Umgang mit der eigenen Unzulänglichkeit und Begrenztheit wie auch jener des Partners, der Partnerin, was auf einer entsprechenden Lebenshaltung beruht, für die nicht das blosse sich wohl Fühlen im Vordergrund steht, sondern die Sinnfrage und damit Zielsetzungen in und mit der Beziehung.[253]

Hinsichtlich einer gelungenen und zugleich lebendigen Sexualität gilt es, eine Balance zu finden zwischen der „Sehnsucht nach Sex" und der „Sehnsucht nach Liebe"[254] bzw. zwischen der „Sexualität der Zugehörigkeit" und der „Sexualität der Lust"[255] oder mit anderen Worten, (im Hinblick auf die sich häufig einschleichenden geschlechtstypischen Verhaltensweisen) sich ein „reziproke[s] Verlangen[]"[256] zu bewahren.[257] Strukturell würde das bereits gefördert, wenn immer wieder bewusst eine „den Alltag aufbrechende[] Umgebung"[258] geschaffen würde. Wie allgemein in der Beziehung sind auch im Bereich der Sexualität Offenheit und Neugierde aufeinander notwendig. Denn den anderen, die andere durch und durch kennen zu meinen, lässt keine Lebendigkeit mehr zu. Demgegenüber ist gerade das „Sich-Fremdbleiben im Sich-Begegnen [...] eine wichtige Voraussetzung und Dynamik"[259] für die Liebe und die Sexualität. Weiter ist ebenfalls im Bereich der Sexualität ein förderlicher Umgang mit Unvermögen nötig, was beispielsweise bedeuten könnte, zuweilen Verzicht zu üben.[260]

Dass das alles keineswegs leicht zu leben und überdies höchst voraussetzungsreich ist, dürfte anhand der Ausführungen bereits mehr als deutlich geworden sein. Um Beziehung und Sexualität lebendig zu erhalten, braucht es einerseits eine gewisse persönliche Reife und andererseits die Fähigkeit, wohl auch etwas Glück, sich immer wieder Lebensbedingungen schaffen und erhalten zu können, welche dem eigenen Selbst die innere Sicherheit geben, die es erlaubt, sich auf den Partner, die Partnerin einlassen zu können.

250 Vgl. auch Astrid Riehl-Emde, Liebe im Fokus der Paartherapie, 227.

251 Vgl. Astrid Riehl-Emde, Liebe – Partnerschaft – Sexualität, 136. Zur Belebung der Leidenschaft vgl. Hans Jellouschek, „Warum hast du mir das angetan?", 177-183.

252 Vgl. Jürg Willi, Psychologie der Liebe, 148.

253 Vgl. Astrid Riehl-Emde, Liebe – Partnerschaft – Sexualität, 138. Wenn man eine Beziehung dauerhaft erhalten will, ist nach Riehl-Emde nicht auf das Wohl abzustellen, das sie mit einem Zustand des Fühlens verbindet und in dem Leid oder Leiden keinen Platz hat, sondern auf das Heil, das auf die Sinnfrage abzielt. Aus theologischer Sicht beruht das auf einer Haltung des Glaubens, die genährt wird durch die Heilsgeschichte Gottes mit uns Menschen, welche die Erfahrung von Heil und zugleich die Verheissung des (endgültigen) Heils beinhaltet.

254 Cas Wouters, Wandlungen der Lustbalance, 274.

255 Jürg Willi, Psychologie der Liebe, u. a. 84, 87.

256 Gunter Schmidt et al., Spätmoderne Beziehungswelten, 129.

257 Vgl. auch Volkmar Sigusch, Neosexualitäten, 112, 80.

258 Jürg Willi, Psychologie der Liebe, 94. Vgl. auch ders., Was hält Paare zusammen?, 104-105.

259 Jürg Willi, Psychologie der Liebe, 96.

260 Allgemein bezüglich der Notwendigkeit, zu Gunsten des Erhalts einer Beziehung bei Bedarf auch Verzicht zu üben, vgl. Alexander Korritko, Intimität und Flexibilität, 148.

„Wir gehen davon aus, dass nur Menschen, die gute eigene Wurzeln haben, welche durch ihre Lebensbedingungen genährt werden, sich lustvoll und angstfrei in die regressive Verschmelzung mit einem Partner oder einer Partnerin einlassen können.“[261]

„Je differenzierter das jeweilige Selbst ist, je sicherer jedes der beiden seine Autonomie beansprucht, desto leidenschaftlicher ihr Zupacken- und Loslassen-Können, desto lebendiger ihre Sexualität. Die Herausforderung für Paare besteht also darin, dass sie ihre Freundschaft und Leidenschaft nicht in der Familie [und im Hinblick auf Paare, die ohne Kinder zusammenleben, wäre wohl zu ergänzen: im ‚Beziehungsalltag', B.B.] verschwimmen lassen [...].“[262]

Zugleich bedarf es der Kreativität, die ein Paar immer wieder Räume finden lässt, die eine von Kindern oder Alltagsgeschäften ungestörte Begegnung ermöglicht.[263] Ein Unterfangen, das anspruchsvoll ist und aufgrund der menschlichen Unvollkommenheit leicht an Grenzen stossen und sogar scheitern kann. So ist nebst der Verheissung einer ‚einzigartigen Entwicklungsmöglichkeit' durchaus auch nüchterner Realitätssinn am Platz,[264] was ebenfalls in der Erfahrung der Paartherapeutin Welter-Enderlin zum Ausdruck kommt. „Aus der eigenen Erfahrung weiss ich, dass es kein ideales Programm für die Vereinbarung von romantischer Lust und egalitärer Partnerschaft gibt.“[265] Nüchterner Realitätssinn und dem entsprechende Gelassenheit legen sich nicht zuletzt aus theologischer Perspektive nahe, die (als Folge des so genannten Sündenfalls[266]) von der Gebrochenheit und Erlösungsbedürftigkeit[267] unserer Welt ausgeht. Deshalb ist ein Paradies auf Erden auch nicht in einer Liebesbeziehung zu haben. Das schliesst natürlich keineswegs aus, dass es nicht Momente oder Zeiten glückender Beziehung und dabei insbesondere glückender Sexualität geben kann. Wo dies gelingt und damit eine tiefe, die eigene Persönlichkeit wie die Beziehung bereichernde Erfahrung ermöglicht, lässt sich theologisch von Gnade sprechen.

5.3.3 Ökonomisierung der Sexualität in der Prostitution als moralisch legitimer Lebensentwurf?

Die Überlegungen führten von der philosophisch-ethischen Diskussion zu Sexualität und gekauftem Sex über die Evaluation der Bedeutung des Kaufs sexueller Dienstleistungen bis hin zur Frage nach dem Stellenwert des Leitbilds, das sinnvoll gelebte Sexualität in einer verbindlichen Beziehung verortet. Dabei wurde deutlich, dass das Leitbild ‚Sexualität in Beziehung' von der Idee her wie im praktischen Leben einen hohen Stellenwert geniesst, dies ungeachtet oder trotz der Schwierigkeiten, die sich in länger dauernden Beziehungen im Bereich der Sexualität einstellen können. Eine Beziehung und die Sexualität in ihr lebendig zu erhalten, bedeutet eine grosse Herausforderung, die zwar Einiges abverlangt, aber deswegen nicht von vornherein zum Scheitern verurteilt ist, sondern

261 Rosmarie Welter-Enderlin, Deine Liebe ist nicht meine Liebe, 158.

262 Ebd., 168.

263 Vgl. dazu Jürg Willi, Was hält Paare zusammen?, 104-105.

264 Das müsste in einer Ehetheologie und -pastoral entsprechend zum Tragen kommen.

265 Rosmarie Welter-Enderlin, Deine Liebe ist nicht meine Liebe, 168-169.

266 Vgl. Gen 3.

267 Dass die Welt auch nach dem Anbrechen des Heils mit Jesus Christus dennoch der Erlösung bedarf, erklärt sich dadurch, dass die Vollendung des Heils noch aussteht.

durchaus gelingen kann. Dass dies vielen Paaren nicht vergönnt ist und dann häufig zur Auflösung der Beziehung führt, sei unbestritten. Das tut dem Ideal jedoch keinen Abbruch, wie die Entwicklung hin zu serieller Monogamie zeigt.

Würde Prostitution lediglich an diesem Leitbild gemessen und aufgrund dessen beurteilt, würde man sich einerseits die Sache zu einfach machen und andererseits diejenigen nicht ernst nehmen, die die Prostitution für moralisch legitim erachten. Denn die Protagonistinnen der Prostituiertenbewegung und die eingangs erwähnten Philosophen, die sich zur Moralität von gekauftem Sex geäussert haben,[268] machen die moralische Legitimität (auch) dieser Form von Sexualität geltend. Während Domentat soweit geht, die Richtigkeit „sexuelle[r] Tauschgeschäfte" als „sexualisierten Lebensentwurf"[269] zu postulieren, beschränken sich die genannten Philosophen darauf, die Moralität der Handlung, hier also des Anbietens und Nachfragens sexueller Dienstleistungen, aufzuweisen.[270] Im Folgenden geht es darum, die mit dieser (die Prostitution befürwortenden) Position verbundenen Grundannahmen aufzugreifen und zu diskutieren sowie in Auseinandersetzung mit den Grundannahmen des Leitbilds ‚Sexualität in Beziehung' herauszuarbeiten, welchen der Vorzug gebührt.

5.3.3.1 Akzeptabler „sexualisierter Lebensentwurf" (Domentat) für wen?

Wenn es nach Domentat geht, sollen sowohl die Prostituierten als auch ihre Kunden für ihr Tun in Anspruch nehmen können, es stelle einen moralisch legitimen „sexualisierten Lebensentwurf"[271] dar. Für diese Forderung liefert sie keine Begründung im strikten Sinn. Verstreut finden sich zwar hin und wieder Argumente, die auf unterschiedlichen Ebenen liegen, jedoch nicht systematisiert reflektiert werden. Domentat scheint die Forderung, die Prostitution „als sexualisierten Lebensstil anzuerkennen", aus dem „Recht des einzelnen auf Freiheit und Selbstverwirklichung"[272] abzuleiten. Mit diesem Recht eine „Neubewertung der Prostitution"[273] begründen zu wollen, ist letztlich nicht stichhaltig. Denn ein Recht, das den negativen Freiheitsrechten zuzuordnen ist, bezeichnet einen (vom Staat) zu schützenden Bereich, garantiert damit aber nicht gleich noch die moralische Anerkennung einzelner Verhaltensweisen, die unter diesen Schutzbereich fallen.[274]

[268] Vgl. Kap. 5.1.

[269] Tamara Domentat, Lass dich verwöhnen, 306.

[270] Allerdings äussert sich Lenzen bezüglich derjenigen, die sexuelle Dienstleistungen nachfragen, kritisch. Vgl. dazu Kp. 5.1.1.2.

[271] Tamara Domentat, Lass dich verwöhnen, 306. Damit widerspricht Domentat auch der Soziologin Kornelia Hahn, welche die „aktuelle Diskussion um die Anerkennung von Prostitution als Beruf mit den entsprechenden Rechten einer Profession" dahingehend interpretiert, „dass Prostitution nicht mehr als Lebensstil oder Lebensmodell aufgefasst, sondern die Trennung und Trennbarkeit von Berufs- und Privatsphäre selbstverständlich unterstellt wird". (Dies., Liebe: Ein Testfall für die fragilen Grenzkonstruktionen zwischen Intimität und Öffentlichkeit, 272-273.) Letztere scheint die Frage der Moralität zu unterschätzen, die sich im Übrigen nicht nur hinsichtlich der Prostitution zu Wort meldet, sondern auch im Kontext der Debatte um die Anerkennung homosexueller Partnerschaften, die nicht bloss auf rechtlicher Ebene anerkannt sein wollen.

[272] Tamara Domentat, Lass dich verwöhnen, 11.

[273] Ebd.

[274] Vgl. zur Unterscheidung von Recht und Moral in Kap. 8.

Weiter verweist Domentat beispielsweise auf die Verbreitung von Sex ohne Liebe oder auf eine zunehmende Konsumorientierung, die sich ebenfalls in den Bereich der Sexualität erstreckt, sowie auf eine Ökonomisierung der Lebensbereiche. Was sie hier anführt, kann als Rekurs auf die normative Kraft des Faktischen interpretiert werden. Auch hier wäre zu beachten, dass sich aus einer Praxis, und sei sie noch so verbreitet, nicht zugleich deren Moralität ableiten lässt. Fragt sich, ob die Anerkennung als „sexualisierter Lebensentwurf" generell gelten soll oder eher auf eine bestimmte Personengruppe bezogen, was das Verständnis von Lebensentwurf bereits einschränken würde. Letzteres trifft auf „ungebundene Prostitutionskunden" zu, die den Erwerb sexueller Dienstleistungen bewusst als Alternative zu einer Beziehung wählen, was Domentat als „valide[n] Lebensstil jenseits verklärter Liebesideale und bürgerlicher family values"[275] wertet. Für Männer, die in einer festen Beziehung leben, stellt die Prostitution „eine Arena lustvoller Rebellion nicht nur gegen starre Rollen, sondern auch gegen moralische Konditionierungen"[276] dar. Zudem attestiert ihr Domentat mit Berufung auf andere eine die Beziehung stabilisierende Funktion.[277] Was wäre in diesem Kontext unter „sexualisierte[m] Lebensentwurf" zu verstehen? Da Domentat dies nicht ausfaltet, lässt sich nur darüber spekulieren. Insgesamt bleibt also unklar, was sie genau mit „sexualisierte[m] Lebensentwurf" meint. Das wiegt umso schwerer, als sie doch einen enormen Anspruch damit verbindet.

Die Bezeichnung Lebensentwurf besagt, dass die Ausrichtung des eigenen Lebens unter einen bestimmten Sinnhorizont gestellt wird. Domentat scheint aber weniger den Sinnhorizont bezogen auf alle Lebensbereiche im Blick zu haben, sondern vielmehr die Sinnbestimmung der Sexualität. Im konkreten Fall wird daher behauptet, die Ökonomisierung der Sexualität in der Prostitution, also das Erbringen und Erwerben bezahlter sexueller Dienstleistungen, stelle eine legitime Sinnbestimmung der Sexualität dar. Doch auf wen bezieht sich das? Wenn der Begriff ‚Lebensentwurf' in der Bedeutung von Sinnbestimmung ernst genommen wird, können nur Prostituierte und deren Kunden gemeint sein, die ihre Sexualität ausschliesslich in der Prostitution leben. Würden sie ihre Sexualität auch in einem anderen Kontext ausleben, würden sie entweder ihrem ‚Lebensentwurf' untreu, denn zwei oder mehrere nebeneinander stehende ‚Lebensentwürfe' zu haben, ist nicht widerspruchsfrei denkbar, oder die in anderen Kontexten gelebte Sexualität müsste als minderwertig gelten, da ja nur jene im Rahmen der Prostitution als unter dem Sinnhorizont stehend begriffen wird. Das dürfte aber auf Seiten der Prostituierten nur auf einen (ganz) kleinen Teil zutreffen, nämlich jene, die sich so verstehen, dass sie zugleich eine sexuelle Dienstleistung erbringen und allein hier erfüllende Sexualität erleben. Zu den Kunden, für welche die Inanspruchnahme sexueller Dienstleistungen einen ‚Lebensentwurf' darstellt, zählen genau genommen nur jene, welche ihre Sexualität einzig in der Prostitution ausleben. Das müssten von der Logik her alleinstehende Männer sein.[278] Unter dieser Perspektive würde eine Minderheit (die Mehrzahl der Frauen und Männer lebt in einer Beziehung und noch lange nicht alle alleinstehenden Männer leben ihre

[275] Tamara Domentat, Lass dich verwöhnen, 174.

[276] Ebd.

[277] Vgl. ebd., 175.

[278] Eher unwahrscheinlich, aber denkbar, wären auch Männer, die in einer Beziehung leben, ihren Sex jedoch in die Prostitution verlagert haben.

Sexualität in der Prostitution aus oder sehen dies gar für sich als sinnvollen ‚Lebensentwurf' an) sozusagen Gleichberechtigung für ihren selbst gewählten und als sinnvoll befundenen ‚Lebensentwurf' einfordern.[279] Das wirft bezüglich widerspruchsfrei denkbarer gleichwertiger Koexistenz dieselben Probleme auf, wie ich sie in Bezug auf die von der Philosophin Krebs aufgeführten verschiedenen Möglichkeiten gelebter Sexualität bereits diskutiert habe.[280] Daher beschränke ich mich hier auf die inhaltliche Auseinandersetzung.

5.3.3.2 Andere Varianten einer Sinnbestimmung der Sexualität als ‚ungebundene'

Sexuelle Tauschgeschäfte als „sexualisierten Lebensentwurf" zu betrachten, impliziert für beide Beteiligten, einzig oder jedenfalls hauptsächlich die Lust für die Sinnbestimmung der Sexualität zu halten. Damit würde die „Sexualität der Lust" (Jürg Willi) den Sinnhorizont der Sexualität ausmachen. Doch nicht nur das, denn im Fall der sexuellen Tauschgeschäfte geht es nicht nur um die „Sexualität der Lust", sondern um die durch den Rahmen der ökonomischen Transaktion *kontrollierte* „Sexualität der Lust", was von der ‚Spielanlage' her den ‚personalen Einsatz' im Gegensatz zu sonstigen promisken Verhältnissen nochmals reduziert.[281] Diese kontrollierte „Sexualität der Lust" ist, jedenfalls auf Seiten (eines Teils?) der Prostitutionskunden, mit der Vorstellung einer heterosexuellen Paarbeziehung verbunden, wobei diese in einer ‚Super light-Version' zum Zug kommt, weil die Beziehung der Beteiligten lediglich eine ökonomisch vermittelte ist und sich auf den Moment der Transaktion beschränkt.[282] Sie klammert dadurch wesentliche Aspekte von Beziehung aus, weshalb im Grunde genommen nicht mehr im personalen Sinn von Beziehung gesprochen werden kann.

Eine *kontrollierte* „Sexualität der Lust" als Sinnbestimmung von Sexualität anzunehmen, dürfte wohl zu eng gefasst sein. Denn viele (wie mir scheint, dürfte es dabei die Mehrheit sein), die Prostitution bzw. das Ausleben der Sexualität im Rahmen eines sexuellen Tauschgeschäfts für moralisch legitim halten, würden dafür nicht dieselbe Sinnbestimmung von Sexualität in Anspruch nehmen wie Domentat. In der Diskussion lassen sich noch zwei weitere Sinnbestimmungen herausdestillieren. Die eine hält allgemein die „Sexualität der Lust" für den Sinnhorizont der Sexualität, d. h. beschränkt diesen nicht auf den Bereich der sexuellen Tauschgeschäfte. So ist ein Nebeneinander von Sex in einer festen Beziehung und in flüchtigen oder festen Aussenbeziehungen denkbar, dabei mit oder ohne Prostituierte ausgelebt, dies aber immer im Hinblick auf die Zielbestimmung „Sexualität der Lust". Mann oder Frau geht in dieser Perspektive idealiter allein

[279] Domentat stellt jene, die am sexuellen Tauschgeschäft partizipieren und für ihre Lebensform Legitimität beanspruchen, in eine Reihe mit Schwulen, Lesben und Transsexuellen, was ich für einen Kategorienfehler halte, aber hier nicht weiter zu diskutieren brauche.

[280] Siehe dazu Kap. 5.1.2.3.

[281] Meine These deckt sich mit der Einschätzung der Prostituierten Amber, die meint, Freier wie Prostituierte würden nach kontrollierter Nähe streben. (Vgl. Amber, Ich verkaufe Sex pur, 148.)

[282] Bereits ausführlicher dargelegt in Kap. 5.2.3 und 5.2.4. Bei Stammkunden, die ihre Sexualität einzig, jedenfalls hauptsächlich bei und mit einer bestimmten Prostituierten leben, gehört das Moment der Dauer und Treue hinzu, was aber eine einseitige Angelegenheit ist, weil das auf Seiten der Prostituierten nicht zutrifft. Gleichwohl bleibt es eine ökonomisch vermittelte Beziehung, die deswegen den ‚personalen Einsatz' entscheidend limitiert.

ihretwegen sexuelle Beziehungen ein. Die zweite Sinnbestimmung zeichnet sich nicht durch einen bestimmten Inhalt aus, wie dies bei den genannten Möglichkeiten der Fall ist, sondern verortet die Sinnbestimmung der Sexualität im jeweiligen Kontext. Konsequent zu Ende gedacht, müsste Sexualität sozusagen eine Leerformel darstellen, was sich, wie sich gezeigt hat, so nicht durchhalten lässt.

Die nachfolgende inhaltliche Auseinandersetzung bezieht sich auf die genannten drei Möglichkeiten einer Sinnbestimmung der Sexualität (‚kontrollierte „Sexualität der Lust"', „Sexualität der Lust", vom jeweiligen Kontext abhängig), weil sich alle drei zur Begründung der moralischen Legitimität von sexuellen Tauschgeschäften heranziehen lassen.

5.3.3.3 Diagnose: Streit der Menschenbilder

Hinter der Annahme, Sexualität sei mit einer bestimmten Bedeutung versehen (dies ist der Fall bei folgenden Varianten: ‚kontrollierte „Sexualität der Lust"', „Sexualität der Lust" generell sowie ‚Sexualität in Beziehung') bzw. sei für sich gesehen belanglos und erhalte ihre Bedeutung in Abhängigkeit vom Kontext, steht jeweils ein bestimmtes Menschenbild. Die anthropologische Grundannahme, wie Menschsein begriffen wird, wird anders als in der theologischen Ethik oft nicht offen deklariert, ist aber vorentscheidend und darin einer Klaviatur vergleichbar, auf der gespielt wird. Denn sie gibt gleich einer Tonart letztlich die Wertung von Lebenshaltungen, Verhaltensweisen und Sachverhalten vor. Der Theologe und Ethiker Hans Halter spricht in diesem Zusammenhang „im neutralen Sinn des Wortes" von „de facto immer wertenden Vor-Urteilen"[283], die daher nicht als „Vor-Verurteilung" misszuverstehen sind. Die Grundannahme bzw. Weltanschauung betrifft in diesem Zusammenhang das Verhältnis des Menschen zu sich selbst, zu seinen Mitmenschen wie zu Gesellschaft und Umwelt und beinhaltet ebenfalls Vorstellungen davon, wie Körperlichkeit und Sexualität gesehen und bewertet werden. Eine solche Weltanschauung lässt sich nicht im strengen Sinn begründen, aber plausibilisieren. Als Massstab dient die Frage, welches Menschenbild kohärenter erscheint und die besseren Voraussetzungen für die Entfaltung des Menschen, ob Mann oder Frau, bietet. Letzteres bemisst sich insbesondere an den Auswirkungen, welche die Menschenbilder kurz oder langfristig auf das Wohl und Wehe der direkt oder indirekt beteiligten oder betroffenen Menschen hat. Im Hinblick auf mögliche Folgen sind daher die gemachten Erfahrungen ernst zu nehmen.

Mit Blick auf Kohärenz und Menschenfreundlichkeit der Menschenbilder werden im Folgenden einige wesentliche Aspekte beleuchtet.

5.3.3.4 Wider ein eindimensionales und fragmentiertes Menschenbild

In der Lust die einzige oder hauptsächliche Sinnbestimmung von Sexualität zu sehen, ist mit verschiedenen Prämissen verbunden. Entweder hat sich jemand ganz von der Vorstellung verabschiedet, gelungenes Menschsein beinhalte auch die personale Verbunden-

[283] Hans Halter, Der tierethische Speziesismus-Vorwurf und die christliche Ethik, 237. Zum gesamten Zusammenhang, den Halter als „fundamentale[n] Überzeugungskonflikt" (ebd. 236) versteht, vgl. ebd. 236-238.

heit mit anderen, einem/einer nahe stehenden Menschen, oder er bzw. sie schliesst den Aspekt der Verbundenheit und Bindung aus der Sexualität aus und erklärt diese zu einem ‚Sinnbezirk', der losgelöst von den übrigen Bereichen des menschlichen Lebens eigenen ‚Regeln' gehorcht. Ersteres stellt ein Menschenbild dar, das sehr verkürzt ist, weil es die soziale Seite ausklammert, die aber in Wirklichkeit mit der Geburtlichkeit des Menschen,[284] der Sozialisation und dem gesellschaftlichen Eingebundensein immer schon gegeben ist. Ein solches Menschenbild erinnert an die Vorstellung eines so genannt autonomen Subjekts, das als völlig beziehungs- und bindungslos begriffen wird, in diesem Sinn als autark bezeichnet werden müsste und insbesondere von feministischer Seite zu Recht kritisiert wurde, weil es verkürzt ist und deswegen zu Einseitigkeiten z. B. in ökonomischen Theorien oder rationalistischen Vernunft-Konzepten führt. Auch aus theologischer Sicht ist ein solches Menschenbild als defizitär abzulehnen. Denn die Schöpfungs- und Heilswirklichkeit, in die der Mensch hineingenommen ist, beinhaltet wesentlich den Aspekt der Beziehung und der Gemeinschaft. Freiheit und Gemeinschaft/Bezogenheit sind zwei Pole, die wesentlich zum Menschsein gehören und daher nicht voneinander zu trennen sind.

Bei der zweiten Variante wird der Aspekt der Verbundenheit bzw. der Gemeinschaft oder Bezogenheit nicht grundsätzlich negiert, sondern explizit aus dem Bereich der Sexualität ausklammert. Kann ein in Bereiche ‚fragmentiertes Menschsein', auf die die beiden Pole Freiheit und Bezogenheit aufgeteilt werden, als sinnvolle Zielbestimmung menschlichen Lebens gelten? Auch wenn sich Ganzheitlichkeit im menschlichen Leben realiter nicht voll verwirklichen lässt, macht es doch einen Unterschied, ob man sie von vornherein ausschliesst und auf ein Konglomerat oder bestenfalls Zusammenspiel von einseitig gepolten Bereichen setzt. Zudem wäre noch zu begründen, weshalb gerade die Sexualität in ihrer Grundausrichtung von der Bezogenheit ausgenommen werden soll. Der Sexualität im Rahmen eines (gemeint ist immer: monetären) Tauschgeschäfts fehlt der Aspekt der Bezogenheit gänzlich, weil diese personal zu verstehen ist, was in einem solchen Tauschverhältnis per definitionem wegfällt. Es scheint aber plausibler, anzunehmen, dass die Grundbedingung menschlichen Seins, d. h. die beiden Pole Freiheit und Bezogenheit, jeden Bereich menschlichen Lebens durchzieht, weshalb nur ein Lebensentwurf, der dieser Grundbedingung Rechnung trägt, als angemessen erscheint. Während ‚ökonomisierte „Sexualität der Lust"' also bewusst auf Einseitigkeit setzt, indem sie den Aspekt der personalen Bezogenheit ausschliesst, geht die Leitvorstellung ‚Sexualität in Beziehung'

[284] Vgl. diesbezüglich auch Ulrich H.J. Körtner, Geburtlichkeit; ders., Evangelische Sozialethik, 238. Ein wesentliches Verdienst kommt der feministischen Theologie (und Philosophie) zu, die den Zusammenhang von Geburtlichkeit und ‚verwoben Sein in Beziehungen' aufgegriffen hat und positiv würdigt. Zwei wichtige Vertreterinnen im deutschsprachigen Bereich sind Andrea Günter und Ina Praetorius. Bei ihren in verschiedenste Bereiche ausgezogenen Überlegungen zu Geburtlichkeit und Bezogenheit liess sich Günter insbesondere von Überlegungen der Philosophin Hannah Arendt sowie der italienischen Philosophinnengruppe DIOTIMA inspirieren, dabei wesentlich von Luisa Muraros Werk „Die symbolische Ordnung der Mutter". (Vgl. u. a. Andrea Günter, Weltliebe; dies., Die Welt zur Welt bringen; Ina Praetorius, Handeln aus der Fülle, 160-166; dies., Freiheit in Bezogenheit: ein anderer Blick auf „solidarisches Handeln", insb. 168-173; beide Autorinnen mit weiteren Literaturhinweisen.)

von einem ganzheitlichen oder integrierenden Menschenbild aus, weil für sie Beziehung/Bezogenheit und Lust zusammengehören.

5.3.3.5 Dimensionen der Sexualität: auf das Individuum bezogen, relational und sozial

Nach Meinung der Theologin und Ethikerin Lisa Sowle Cahill handelt es sich bei der Sexualität nicht um einen Aspekt im menschlichen Leben, der einfach höchst privat ist, sondern um ein Phänomen, das zwar eine von der eigenen Individualität geprägte und auf sich selbst bezogene, aber zugleich und ebenso sehr eine relationale und eine soziale Dimension hat. So ist beispielsweise sexuelles Begehren keine solipsistische Angelegenheit, sondern auf einen anderen Menschen gerichtet und damit relational zu begreifen.[285] Sexualität nur in die eine Richtung hin verstehen zu wollen, käme einer verkürzten Sicht von Sexualität gleich, wobei sich Cahill bewusst ist, dass eine umfassende Sicht der Sexualität nicht selbstverständlich ist.

Sexualität als relational zu verstehen, beinhaltet ebenfalls den Aspekt der gegenseitigen Lusterfüllung und darüber hinausgehend insgesamt die gegenseitige Annahme als Person, was untrennbar mit Verantwortung füreinander verbunden ist. Diese Verantwortung schliesst nicht zuletzt die Sorge um die eigene Gesundheit und jene der Partnerin, des Partners ein sowie um die Geburtenkontrolle. Wenn Prostitutionskunden sexuelle Dienstleistungen ohne Kondom verlangen, scheinen sie diesen Aspekt der Sexualität völlig auszublenden. Dabei handelt es sich nicht nur um Männer, die eine Situation ausnutzen, in der die ihre Dienstleistungen anbietenden Frauen unter Druck sind (z. B. im Bereich der Beschaffungsprostitution),[286] sondern auch um Stammfreier, die mit einer gewissen Vertrautheit, die entstanden ist, den Wunsch oder Anspruch auf persönlicheren Sex verknüpfen.[287] Sollte eine solche Haltung auf eine bestimmte Vorstellung von Männlichkeit zurückzuführen sein, wäre hier ein Defizit anzumahnen, weil ein wichtiger Aspekt von Sexualität ausgeklammert bliebe. So oder so kann sich aus ethischer Sicht ein Mann, der sich auf ein sexuelles Tauschgeschäft einlässt, damit nicht gleich von der Verpflichtung freikaufen, welche die Vorsorge hinsichtlich Gesundheit und Reproduktion betrifft. Andernfalls würde das Nicht-Schadensprinzip verletzt.

Die soziale Dimension berührt verschiedene Aspekte. Darunter fällt die gesellschaftliche Ordnung, in deren Rahmen gelebte Sexualität als legitim, jedenfalls als legal gilt. Sie ist jedoch nicht unabhängig von Auswirkungen zu verstehen, die gewisse sexuelle Praxen nach sich ziehen. Schliesslich gehören zur sozialen Dimension die Bedeutungen, mit denen eine Gesellschaft Sexualität verbindet. Die Sinngebung ist dabei eng mit bestimmten Frauen- und Männerbildern verknüpft und konstitutiv in Bezug auf gelebte Sexualität und das Geschlechterverhältnis, wobei auch hier eine wechselseitige Beeinflussung besteht. Diesbezüglich weist Cahill darauf hin, dass festgelegte Geschlechterrollen für beide

[285] Vgl. Lisa Sowle Cahill, Sex, gender, and Christian ethics, 60.

[286] Vgl. hierzu Heinrich W. Ahlemeyer, Prostitutive Intimkommunikation, 240-246.

[287] Vgl. Dieter Kleiber/Doris Velten, Prostitutionskunden, 113-114; Heinrich W. Ahlemeyer, Prostitutive Intimkommunikation, 233-240.

Geschlechter nachteilig sind, weil sie ihnen je verschiedene Bereiche menschlicher Erfahrung und Entfaltung vorenthalten.[288]

Eine Perspektive, die möglichst alle Dimensionen der Sexualität berücksichtigt, vermag daher ebenfalls die soziale Dimension der Prostitution zu erkennen und angemessen zu würdigen. Konkret rückt damit ins Blickfeld, dass die Nachfrage von Männern nach sexuellen Dienstleistungen von Frauen entsprechende Folgen zeitigt, nämlich dass darauf mit einem entsprechenden Angebot reagiert wird. Problematisch ist dabei der Umstand, dass das Geschäft zu einem grossen Teil vom sozialen Gefälle lebt. Frauen prostituieren sich weniger aus Freude am Job, wie ihre Kunden gerne glauben wollen, sondern primär wegen den Verdienstmöglichkeiten.[289] Die Benachteiligung auf dem Arbeitsmarkt zeigt sich auch darin, dass es in den westlichen Industriestaaten mehrheitlich Migrantinnen sind, welche diese Dienstleistungen erbringen.[290] Da sich in diesem Bereich gut verdienen lässt, sind viele Prostituierte verschiedensten Arten von Druckversuchen bis hin zu gewalttätigen Übergriffen ausgesetzt.[291] Männer, die nach sexuellen Dienstleistungen verlangen, nehmen in Kauf, dass ein Teil der Frauen diese unter Bedingungen erbringen müssen, die als menschenunwürdig zu bezeichnen sind. Weiter nehmen sie die gesundheitlichen und psychischen Auswirkungen in Kauf, die die Prostitutionstätigkeit für viele Frauen hat.[292] Generell reproduzieren und zementieren diese Männer zugleich ein Frauenbild, das Frauen als zuständig für die ‚Reproduktionsarbeit'[293] begreift, was zur Aufrechterhaltung des ungleichen Geschlechterverhältnisses beiträgt.

5.3.3.6 Wider eine eindimensionale Sinnbestimmung der Sexualität

Wer einzig die Lust für die Sinnbestimmung der Sexualität hält, stellt diese unter einen eindimensionalen Sinnhorizont, der im Übrigen erst noch zu begründen, zumindest plausibel zu machen wäre.[294] Auf das Setting des sexuellen Tauschgeschäftes bezogen, geht es ohnehin primär auf Seiten der Prostitutionskunden um Lusterfüllung, während bei den Prostituierten der Gelderwerb im Vordergrund steht.[295] Hier bekommt die eindimensio-

[288] Vgl. Lisa Sowle Cahill, Sex, gender, and Christian ethics, 120.

[289] Vgl. Kap. 6.1.

[290] Vgl. hierzu die bei Emilija Mitrović aufgeführten Zahlen in: Arbeitsplatz Prostitution, 30, und Kap. 6.4.

[291] Vgl. Kap. 6.2.

[292] Vgl. Kap. 6.3.

[293] Reproduktionsarbeit wird hier im weiten, von feministischen Denkerinnen geprägten Sinn verwendet, der ursprünglich die Arbeit zur Regeneration der Arbeitskraft des Mannes sichtbar machen wollte und nun generell die Aufwendungen zur Regeneration eines Menschen beinhaltet, auf den Mann bezogen kann das den Bereich der Sexualität einschliessen. Dass die damit verbundene geschlechtsspezifische Zuständigkeit höchst kritisch bewertet wird, versteht sich von selbst. Vgl. auch die Ausführungen zur Bedeutung des Kaufs sexueller Dienstleistungen in Kap. 5.2.

[294] Vgl. meine Kritik in Kap. 5.3.3.4.

[295] Wenn Gelderwerb eingeschränkt auf ‚Geld verdienen Müssen' verstanden wird, bestreitet das Don Rolando, der selbst als Zuhälter und Inhaber verschiedener Etablissements tätig war, in seinem Lebensbericht. Seiner Meinung nach ist bei Frauen, die sich prostituieren, eine Mischung aus Faulheit, Geldgier und Nymphomanie anzutreffen. (Vgl. Don Rolando, Jetzt mal Klartext über Huren, 151-154.) Gelderwerb ist gemäss Untersuchungen dennoch als Hauptmotiv zu betrachten (vgl. Kap. 6.1), egal, in welchem Mass ein allfälliger finanzieller Druck

nale Sinnbestimmung von Sexualität noch eine mit dem Geschlecht verbundene Schlagseite, die zudem den Aspekt der Macht einschliesst. So hält es Brigitte Obrist, die früher selbst als Prostituierte gearbeitet hat, durchaus für möglich, dass Männer glauben, mittels gekauftem Sex Macht ausüben zu können. Nach ihrer Einschätzung befriedigt das letztlich nicht. „Mit Glück, Zufriedenheit und echter sexueller Befriedigung hat dies jedoch nichts zu tun.“[296] Das erklärt auch, weshalb sie den Kauf von sexuellen Dienstleistungen als Ausdruck eines Suchtverhaltens versteht.[297]

Lust braucht nicht generell als Sinnbestimmung der Sexualität zu gelten, sondern wird zum Teil nur für bestimmte Situationen beansprucht. Dahinter steht die Überzeugung, Sexualität habe eine je nach Kontext spezifische Bedeutung. Wer dies vertritt, splittet die möglichen Sinnbestimmungen auf, was zur Folge hat, dass Sexualität im jeweiligen Kontext nur als verkürzte begriffen wird. Die beiden skizzierten Haltungen entsprechen dem, was der Theologe und Ethiker Eberhard Schockenhoff „Tendenz zur lustbetonten Privatisierung der Sexualität, die häufig von einer Dissoziierung ihrer einzelnen Sinngehalte und von einer vorrangigen Konzentration auf ihre psychische Erlebnisqualität begleitet ist“[298], nennt.

Demgegenüber hat das Verständnis von Sexualität als personal-kommunikativem Vollzug den Vorteil, Sexualität als eine Dimension des Person-Seins (statt eines spezifischen, abgegrenzten Bereichs) zu begreifen, die dadurch in den Sinnhorizont eingebettet ist, in dem Menschsein insgesamt gesehen wird. Als personal-kommunikativer Vollzug[299] begriffen eröffnet sich die Sensibilität dafür, als Mensch und ‚Geschlechtswesen' aufeinander verwiesen zu sein.[300] Wenn sich Menschen nun in diesem Rahmen ‚unverstellt' begegnen, sind sie wahrhaftig, denn was ihre Körpersprache ausdrückt, gründet in einer dem entsprechenden Haltung.[301] Sie erweisen sich so als vertrauenswürdig und fordern sich zur gegenseitigen bedingungslosen Annahme heraus, was nicht nur Sache eines Moments ist, sondern Vergangenheit und Zukunft miteinschliesst.[302] Eine solche Haltung eröffnet zudem die Möglichkeit der Erfahrung der Transzendenz. Regina Ammicht

den Ausschlag dazu gibt und wofür die Einnahmen letztlich gebraucht werden. In Bezug auf Don Rolando ist demgegenüber eher in Betracht zu ziehen, dass er seine eigene Tätigkeit so in ein besseres Licht rücken will.

296 Brigit Weibel/Birgit Voigt, „Wenn's unten steif ist, wird's im Kopf oben weich“, 43 (Interview mit Brigitte Obrist).

297 Vgl. ebd.; Amber, Ich verkaufe Sex pur, 148, 150; Doris Störi, Sucht, Aids, Prostitution und die Freier, 76-77. Ein Teil der Prostitutionskunden betrachtet sich selbst als (sex-)süchtig oder ist sich der Gefahr eines Suchtverhaltens bewusst, vgl. hierzu Udo Gerheim, Freier. Ein sich windender Forschungsgegenstand.

298 Eberhard Schockenhoff, Art. Sexualität, IV. Theologisch-ethisch, 519 (Wiedergabe des Zitats erfolgt ohne Abkürzungen).

299 In diesem Sinn interpretiert die Neutestamentlerin Marlis Gielen das Leib- und Sexualitätsverständnis bei Paulus. (Vgl. dies., „Der Leib aber ist nicht für die Unzucht ...“ [1Kor 6,13], insb. 226-229.)

300 Vgl. Dietmar Mieth, Ehe als Entwurf, 89.

301 Zur geforderten Wahrhaftigkeit im Zusammenhang von Sex und Körpersprache vgl. Hans Halter, Beziehung und Sexualität christlich gestalten in heutiger Zeit, 7; ders., Bibel und Sexualität, 22; Hans Rotter, Art. Sexualität, 683-684. Bernhard Fraling benennt verschiedene Stufen sexueller Kommunikation. (Vgl. ders., Geschlechterverhältnis und Sexualität in katholisch-theologischer Sicht, 53-54.)

302 Vgl. Hans Rotter, Art. Sexualität, 687; ders., Sexualität und christliche Moral, 16.

Quinn spricht in diesem Zusammenhang vom Mysterium der Sexualität, das es wiederzugewinnen gilt.[303]

5.3.3.7 Körperbild: ‚Reizapparat' oder Leib?[304]

Die Einstellung, die Sinnbestimmung der Sexualität liege generell oder situativ in der Lust, setzt ein bestimmtes Körperbild voraus, das eher einem ‚Reizapparat' gleichkommt denn einem leiblich verfassten Menschsein. Bekannt ist diese Vorstellung einerseits in einer biologistischen Ausprägung als eine Art Trieb- oder Bedürfnismodell. So führt der Philosoph Lars O. Ericsson die Nachfrage nach Prostitution auf den Sexualtrieb zurück.[305] Er hält Sex für ein fundamentales menschliches Bedürfnis, das sich genauso melde wie der Appetit und nach Stillung verlangt, was wie bei diesem je nach Situation ebenfalls nur gegen Bezahlung erfolgen kann.[306] Dass eine solche Sichtweise nicht unwidersprochen blieb, liegt nahe.[307] Das biologistische Modell ist andererseits in jüngster Zeit mehr einer instrumentellen Sicht des Körpers gewichen. Diese manifestiert sich besonders im Interesse an den Techniken und Praktiken, die einen Lustgewinn versprechen.

[303] Vgl. Regina Ammicht Quinn, Körper – Religion – Sexualität, 349.

[304] Während in verschiedenen Theorieansätzen Körperbild beispielsweise in Abgrenzung zu Körperschema die Aussenperspektive auf den Körper bezeichnet (vgl. Thomas Fuchs, Leib, Raum, Person, 41), verstehe ich den Begriff weiter im Sinn eines bestimmten Aspekts des Menschenbildes, nämlich im Hinblick auf die körperlich-leibliche Verfasstheit. Mein Verständnis von Körperbild rückt damit in die Nähe dessen, was Robert Gugutzer mit Körpermetapher bezeichnet, während Körperbild bei ihm die subjektive Sicht auf den eigenen Körper meint. (Vgl. ders., Leib, Körper und Identität, 197.)

[305] Vgl. Lars O. Ericsson, Charges against Prostitution, 96.

[306] Vgl. ebd., 91, 101.

[307] So weist Rosemarie Tong, eine Ethikerin mit Schwerpunkt Health Care, mit Hinweis auf feministische Theorien die Vorstellung eines natürlichen Sexualtriebes zurück. Die Nachfrage nach käuflichem Sex entstehe nicht auf dieser Basis, sondern sei als gesellschaftlich geformte zu verstehen. Solange die patriarchale Ideologie vorherrsche, Frauen seien Männern zu Diensten, würden Männer sexuelle Dienstleistungen beanspruchen und Frauen dieser Nachfrage nachkommen. (Vgl. dies., Prostitution, 116-117.) In ähnlichem Sinn kritisiert ihn auch die Philosophin Sibyl Schwarzenbach, die ansonsten seine damit verbundene politische Stossrichtung, nämlich Entkriminalisierung der Prostitution (v. a. auf die USA bezogen), ausdrücklich teilt. (Vgl. dies., Contractarians and Feminists Debate Prostitution, 119.) Nach Sandra Marshall, einer Philosophin, ist einerseits zwischen (Grund-) Bedürfnis und Begehren zu unterscheiden und andererseits zwischen diesen und der ethischen Bewertung der Art, wie diesen entsprochen werde. (Vgl. dies., Bodyshopping, 142-144, 149 [Anm. 16].) Carole Pateman, Philosophin mit Schwerpunkt politische Philosophie, kritisiert die Parallelisierung mit anderen menschlichen Bedürfnissen wie Essen und Trinken. Nur bei Letztgenannten könne ein Mangel lebensbedrohlich werden. Zudem sei es jeder Person möglich, sich selber sexuell zu befriedigen, während Situationen denkbar sind, in denen man trotz aller Anstrengung nichts zum Essen oder Trinken findet. (Vgl. dies., Defending Prostitution, 204.) Bei Patemans Argumentation fallen Menschen mit einer Behinderung aus dem Blickfeld, die sich derentwegen nicht selber befriedigen können. Doch werden diese bei Ericsson auch nicht als Kunden bedacht. Da dieses Problem aber marginal ist und demzufolge keine Ursache für die grosse Nachfrage nach Prostitution darstellt, braucht es hier nicht weiter diskutiert zu werden.

„Die Propagierung aller möglichen Sex-Techniken und -Praktiken erzeugt [...] den Schein, als wäre der eigene Körper oder der des Anderen ein Apparat von Reizpunkten, Tastknöpfen, Erregungskurven, der nach Gebrauchsanweisung zu bedienen sei."[308]

Dabei mögen „die sexuellen Lustempfindungen ein zwar lustvolles" Erlebnis sein, sie bleiben aber ein „sinnloses Geschehen, dem wir ausgeliefert sind"[309], weil sie nicht bloss nicht im Rahmen persönlicher Beziehungen gelebt werden, sondern lediglich einen körperlichen Vollzug darstellen, also mitnichten leiblich verankert sind.

Dass sich eine solche, auf die Lust fixierte Sichtweise unter der Hand in einen Leistungsdruck verwandelt, der als Gegenstück Versagensängste produziert, wird häufig nicht gesehen oder ausgeblendet.[310] Die Selbstvermarktung des Körpers, die den Körper zum blossen Kapital degradiert, ob mehr in ideeller Hinsicht oder ‚gegen Cash' wie in der Prostitution, vertreibt nach Meinung des Philosophen und Psychiaters Thomas Fuchs zudem die Erotik.[311]

Das Menschenbild, in dem Sexualität mehr als ein körperlicher Vollzug denn als leibliches Geschehen begriffen wird, ist nicht nur aufgrund der angedeuteten und möglicher weiterer Konsequenzen problematisch, sondern in grundlegender Weise, weil es letztlich von einer fundamentalen Trennung zwischen Körper und Selbst ausgeht. Eine solche Vorstellung vom Menschen ist dualistisch und unterwirft nach Meinung der Philosophin Maria Michela Marzano Parisoli den Körper der Kontrolle des Willens.[312] Diese Sichtweise begünstige nicht nur jegliche Zurichtung des Körpers, für welchen Zweck auch immer,[313] sondern sei zudem nicht einsichtig. Der Körper hätte sonst denselben Objektstatus wie jegliche andere Gegenstände. Demgegenüber zeichnet sich das Verhältnis von Mensch und Körper dadurch aus, dass er oder sie einen *Körper hat* und zugleich *Leib ist.* Der Körper ist nicht blosses ‚Objekt', sondern gleichzeitig Verkörperung der Person. Auch wenn wir uns zu unserem Körper verhalten können, so zeichnet ihn aus, dass wir als Menschen unseren je eigenen Körper und eben keinen anderen ‚haben' und ihn, pointiert ausgedrückt, auch nicht gegen einen anderen eintauschen können.[314] Nach Beate

308 Thomas Fuchs, Sexualität im Zeitalter ihrer technischen Reproduzierbarkeit, 63.

309 Anton Leist, Was könnte gut an Drogen sein?, 275.

310 Das nimmt nicht nur unterschiedliche, sondern auch geschlechtsspezifische Formen an. So ist bekannt, dass es Männer gibt, die hier einen Leistungsdruck verspüren, vor allem wenn sie sich für das Lusterleben ihrer Partnerin verantwortlich fühlen. Prostituierte bestätigen das und rechtfertigen ihre Tätigkeit damit, dass diese Männer bei ihnen passiv sein können. Hierzu wäre kritisch zu fragen, ob mit der Auslagerung eines Aspekts sexueller Intimität aus einer Beziehung dieser nicht ein Entwicklungspotential vorenthalten wird. Vgl. dazu auch Kap. 5.2.3.

311 Vgl. Thomas Fuchs, Sexualität im Zeitalter ihrer technischen Reproduzierbarkeit. Fuchs ist ein von der Phänomenologie beeinflusster Philosoph und Psychiater.

312 Vgl. Maria Michela Marzano Parisoli, Penser le corps, 29, 31.

313 Maria Michela Marzano Parisoli nennt diesbezüglich das Schönheitsideal, das für Männer und Frauen Unterschiedliches bedeutet. (Vgl. ebd., 23-29.) Sich dem zu unterwerfen, beeinflusse nicht nur die Wahlmöglichkeiten, sondern wirke sich direkt auf das Leben der Menschen aus, bis hin zu pathologischen Erscheinungsformen wie der Anorexie oder Bulimie. (Vgl. ebd., 37.)

314 Maria Michela Marzano Parisoli nennt dieses spezifische Verhältnis der Person zu ihrem Körper „possession ontologique". (Vgl. ebd., 4, 138.) Beate Herrmann verwendet diesbezüglich den Begriff „metaphysical ownership". Sie übernimmt dabei den Begriff von Rom Harré, einem Philosophen, der sich aus psychologischer und phänomenologischer Sicht mit dem Körper befasst hat. (Vgl. dies., Sind wir Eigentümer unserer Körper?, 270, 272-273.) Dass wir auf die genannte Weise an unseren eigenen Körper ‚gebunden' sind, behält m. E. seine Rich-

Herrmann, einer Philosophin, die sich in der medizinisch-ethischen Debatte zur Transplantationsmedizin mit der Frage der Verfügungsrechte über den eigenen Körper befasst, ist die „Identität und Individualität der Person untrennbar mit ihrem je eigenen Körper verbunden“[315]. Das hängt mit der Innenperspektive zusammen, mit der wir unseren Körper/Leib noch vor jeglicher Reflexion wahrnehmen.[316] Einerseits haben wir damit einen spezifischen Zugang zu unserem eigenen Körper, der sich anderen immer nur aus der Aussenperspektive erschliesst. Andererseits ist auch für uns selbst der Zugang zu anderen Körpern und Gegenständen nur aus der Aussenperspektive möglich.[317] Während Herrmann nur Innen- und Aussenperspektive trennt und insofern die Zugänglichkeit zu anderen Körpern und Gegenständen als gleich behandelt, wäre aus phänomenologischer Sicht noch beizufügen, dass die Begegnung zweier (oder mehrerer) Menschen in ihrer Leiblichkeit einen spezifischen Raum konstituiert,[318] der mit einer weiteren Dimension von Wahrnehmungsmöglichkeit[319] verbunden ist. Zum spezifischen Verhältnis eines Menschen zu seinem Körper gehört zudem, dass er oder sie sich mit dem je eigenen Körper als identisch wahrnimmt, andernfalls läge eine, z. B. durch eine Hirnverletzung bedingte, Wahrnehmungsstörung vor.[320]

Menschsein ist also als leiblich verfasstes, aus theologischer Sicht als eine Einheit von Körper/Leib, Seele und Geist zu begreifen.[321] Dass diese Einsicht im Verlauf der Theo-

tigkeit trotz medizinischer Fortschritte, insbesondere im Bereich der Transplantationsmedizin. Unser Körper bleibt unser Körper, auch wenn er verändert wird. Der Veränderungsprozess ist ihm eh schon eigen, wenn man den Alterungsprozess mitbedenkt. Ob aufgrund ‚künstlicher' oder ‚natürlicher' Einflüsse kann uns der eigene Körper fremd erscheinen, was uns dazu herausfordert, uns mit und in ihm zurechtzufinden.

315 Beate Herrmann, Sind wir Eigentümer unserer Körper?, 272.

316 Vgl. ebd., 273; dies., Self-Ownership?, 287; Andreas Brenner, Des Menschen Leib und Würde, 241-242. Charakteristisch betreffend Leiblichkeit ist gemäss dem Philosophen Gernot Böhme die „Erfahrung[] der Selbstgegebenheit“ bzw. was „einem widerfährt“, „wenn man sich [darauf, B.B.] einlässt“. (Ders., Der Begriff des Leibes, 12.) Er spricht auch von der Vorgegebenheit des Leibes und sieht darin den Umstand begründet, dass uns der Leib immer ein Stück weit fremd bleibt. (Vgl. ebd., 17-19.) Daraus ergibt sich eine Spannung zwischen der Vorgegebenheit des Leibes und dem Selbstsein, weshalb Leibsein immer auch eine Aufgabe ist. (Vgl. ebd., 22.) Letzteres faltet er in seinem Buch „Leibsein als Aufgabe“ aus.

317 Vgl. Beate Herrmann, Sind wir Eigentümer unserer Körper?, 272-274; dies., Self-Ownership?, 287.

318 Begrifflich wird das im Anschluss an Maurice Merleau-Ponty als „Zwischenleiblichkeit“ bezeichnet. Vgl. hierzu und zur „Interkorporalität“ als Bedingungen sozialen Handelns: Robert Gugutzer, Der *body turn* in der Soziologie, 31-32. Vgl. auch Bernhard Waldenfels, Das leibliche Selbst, 240, 284-304.

319 Dafür steht der Begriff der „Einleibung“. Vgl. dazu das Verständnis von Hermann Schmitz, Der Leib, der Raum und die Gefühle, 33, 39-40. Das ist keineswegs zu verwechseln mit „Einverleibung“ oder „Verkörperung“, die im Sinn einer Innen- bzw. Aussenperspektive auf das „Verhältnis von sozialem Akteur und sozialen Strukturen“ Bezug nehmen. (Robert Gugutzer, Der *body turn* in der Soziologie, 32.) Einen Eindruck davon, was mit „Einleibung“ gemeint ist, vermittelt u. a. der Philosoph Andreas Brenner in: ders., Leib statt Körper, 49-51. Die Einsicht in diese Zusammenhänge schlägt sich auch in einer bestimmten Therapieform, der Basalen Stimulation, bei Wachkoma-Patienten nieder. (Vgl. ders., Des Menschen Leib und Würde, 235.)

320 Vgl. Beate Herrmann, Sind wir Eigentümer unserer Körper?, 273; dies., Self-Ownership?, 287; Birgit Schaufler, „Schöne Frauen – Starke Männer“, 77.

321 Hans Halter bezeichnet das als menschliche Ganzheit. (Vgl. ders., Beziehung und Sexualität christlich gestalten in heutiger Zeit, 7.) Diese Sicht steht hinter der auf katholischer wie protestantischer Seite vertretenen Überzeugung, dass auch die Sexualität ganzheitlich zu verstehen und ins Gesamt der Person zu integrieren ist. (Vgl. u. a. Eberhard Schockenhoff, Art. Sexualität, 519; Johannes Gründel, Plädoyer für eine menschenfreundliche christli-

logiegeschichte immer wiederzugewinnen und in Erinnerung zu rufen war, schmälert sie in keiner Weise. Mittlerweile teilen auch zeitgenössische philosophische[322] und soziologische[323] Theorien (insbesondere im Anschluss an Maurice Merleau-Ponty, Edmund Husserl, Hermann Schmitz und Helmuth Plessner) – in unterschiedlicher Ausprägung, von verschiedenen theoretischen Standpunkten aus und mit entsprechend unterschiedlichem Erklärungsanspruch – die Einsicht in diese Zusammenhänge.

In der Leiblichkeit des Menschen manifestiert sich nicht nur das ‚Selbstsein', sondern zugleich das ‚Mitsein' bzw. die soziale Seite des Menschseins. Denn der Leib ist das Medium, mittels dessen wir anderen Menschen zu begegnen, mit ihnen in Kontakt zu treten vermögen und zugleich von ihnen als Person identifiziert werden.[324] Die Neutestamentlerin Marlies Gielen spricht in diesem Zusammenhang von der kommunikativen Dimension des Leibes und gibt damit die paulinische Sichtweise wieder,[325] die sich aus heutiger Sicht als geradezu modern erweist.

In einem solch umfassenden Verständnis von leiblich verfasstem Menschsein ist sexuelles Begehren nicht einzig auf Lusterfüllung ausgerichtet. Vielmehr ist nach Marzano Parisoli sexuelles Begehren wie anderes Begehren intentional. Das bedeutet, dass sexuelles Begehren sich weniger auf eine Handlung als auf eine bestimmte Person richtet.[326] Es ist dabei offen gegenüber der oder dem anderen in seiner/ihrer Körperlichkeit und zugleich ihr oder ihm gegenüber als Person. So verstanden und gelebt ist es kein instrumentalisierendes Begehren, sondern eines, das die Person einschliesslich ihrer Leiblichkeit ernst nimmt und im gegenseitigen Austausch Person werden lässt.[327] Die Wechselseitigkeit in der ‚körperlichen Liebe' zielt darauf ab, Bindung zu schaffen, während diese wiederum das sexuelle Begehren nährt.[328] Die Grenze des moralisch Zulässigen

che Sexualmoral 111, 120-121 und als protestantische Vertreter Martin Honecker, Grundriss der Sozialethik, 214; Ulrich H.J. Körtner, Evangelische Sozialethik, 238.)

322 Vgl. Bernhard Waldenfels, Das leibliche Selbst, und mit Bezug auf ihn und andere (die Theologin und Ethikerin) Hille Haker, Krise der Identiät?, 325-327; vgl. auch Gernot Böhme, Leibsein als Aufgabe; Lisa Schmuckli, Hautnah: Körperbilder – Körpergeschichten.

323 Einen Überblick über die verschiedenen theoretischen Ansätze zu Körper in der Soziologie gibt Robert Gugutzer in: ders., Soziologie des Körpers, und ders., Der *body turn* in der Soziologie. Vgl. auch die Besprechung einiger jüngerer Arbeiten in der Soziologie, die sich ausgehend von verschiedenen soziologischen Theorieansätzen und mit unterschiedlicher Methodik mit dem Körper befassen: Ellen Kuhlmann, Die Entdeckung der Körper – eine Herausforderung für die Soziologie. Vgl. mit Bezug auf die Identitätsbildung: Robert Gugutzer, Leib, Körper und Identität, und mit dem Anspruch, ‚den Körper' auch theoretisch in den Sozialwissenschaften adäquat zu erfassen: Ulle Jäger, Der Körper, der Leib und die Soziologie.

324 Vgl. Maria Michela Marzano Parisoli, Penser le corps, 5, 11, 17, 138; Beate Herrmann, Sind wir Eigentümer unserer Körper?, 272; vgl. auch Bernhard Waldenfels, der in „Das leibliche Selbst" den Selbst- und den Fremdbezug als miteinander verschränkt versteht.

325 Vgl. Marlis Gielen, „Der Leib aber ist nicht für die Unzucht ..." (1Kor 6,13), 226.

326 Vgl. Maria Michela Marzano Parisoli, Penser le corps, 86-88. Lisa Sowle Cahill sieht das ähnlich: „Sex or ‚sexuality' is not only a matter of individual sex-drive or sex-desire; indeed, desire itself is a drive toward another." (Dies., Sex, gender, and Christian ethics, 60.)

327 Vgl. Maria Michela Marzano Parisoli, Penser le corps, 11, 86-96. Zur Unterscheidung der beiden Arten von Begehren braucht sie die Begriffe „désir-instrumentalisant" und „désir-subjectivant".

328 Eine freie Übersetzung meinerseits der Schlussfolgerung von Maria Michela Marzano Parisoli, nachdem sie in guter philosophischer Manier darüber nachgedacht hat, was es bedeutet, wenn Begehren auf ein Objekt gerichtet

verläuft bei Marzano Parisoli demnach nicht zwischen Liebe und Begehren, sondern zwischen einem instrumentalisierenden Begehren (désir-instrumentalisant), das die begehrte Person zum reinen Objekt degradiert („qui réduit la personne à un objet-instrument"), und dem Begehren (in diesem Fall désir-subjectivant), das sie als verkörperte Person begehrt („un désir qui la reconnaît en tant que personne de chair, corps-personne"[329]). Ihr Verständnis von Liebe, die verschiedene Formen annehmen kann, und dem sexuellem Begehren, das sie als Movens für die körperliche Begegnung zweier Menschen und als „désir-subjectivant" durchaus mit Liebe verbunden sieht,[330] braucht hier nicht weiter ausgefaltet zu werden. Wichtig ist in diesem Zusammenhang, dass zwar eine Grundausrichtung dargelegt wird, dass sich aber betreffend konkreter Gestaltung ein Spielraum eröffnet. In Bezug auf den Umgang mit dem Körper formuliert das Herrmann so: „Der Körper kann in bestimmter Hinsicht ‚gebraucht' und damit als Sache behandelt werden, ohne dass wir uns hiervon in unserer Personeneigenschaft beeinträchtigt sehen."[331]

Die Grenze, nämlich wo die Personeneigenschaft bzw. Intention der Grundausrichtung verletzt würde, ist nicht immer klar gegeben. In Bezug auf die Prostitution scheint für viele Menschen diese Grenze überschritten zu sein.[332] Dennoch gibt es hierzu von Seiten anderer Einspruch im Namen der Verfügungsgewalt über den eigenen Körper. Das ist ernst zu nehmen. Nur auf einer grundlegenden Ebene und bei einem Idealmodell zu verbleiben, käme einem Gesprächsabbruch gleich und stellte eine Verweigerung gegenüber der Realität dar. Darum ist auf die Prostitution bezogen die Argumentation über die Verfügungsmacht über den eigenen Körper gesondert zu führen.[333]

5.3.3.8 Sexualität – ein Bereich lediglich minimaler Normierung?

Jenen, welche die Lust für die Sinnbestimmung der Sexualität halten, kann nun aber nicht einfach unterstellt werden, sie würden lediglich dem ‚Lustprinzip' frönen. Denn es lässt sich durchaus eine Minimalmoral im Sinn eines freien Einverständnisses erkennen – ein Anliegen, das in der Regel auch die Prostitutionskunden teilen. Der Philosoph Igor Primoratz vertritt dezidiert die Meinung, eine informierte und aus freien Stücken gegebene Zustimmung sei ein hinreichendes Kriterium, um Sex als moralisch erlaubt auszuweisen.[334] In ähnlicher Richtung argumentieren bereits früher[335] dargelegte philosophisch-ethische Positionen. Begründet wird das damit, dass eine Person dennoch als Person behandelt wird, auch wenn sie nicht als Person in ihrer Einzigartigkeit und Unersetzbarkeit behandelt wird.

ist und dieses sozusagen in Besitz genommen wird. Sie schreibt: [L]a possession réciproque vise en effet à créer une relation, et la relation, à son tour, alimente le désir." (Dies., Penser le corps, 96.)

329 Ebd., 101.

330 Vgl. ebd., 100.

331 Beate Herrmann, Der menschliche Körper: Sache oder Person?, 70. Sie nennt diesbezüglich die Entnahme von Blut und den in gewissen Ländern möglichen Verkauf der eigenen Eizellen.

332 Zu überlegen wäre, ob es im Fall von Stammkunden noch einer Differenzierung bedürfte.

333 Das geschieht in Kap. 5.4.

334 Vgl. Igor Primoratz, Sexual morality: is consent enough?.

335 Vgl. Kap. 5.1.

> „As long as one does so with the other's informed and freely given consent, one is relating to the other as *a* person, and thus complying with the principle of respect for persons, although one is not engaging the other as *the* total, unique person he or she is. And although it is usually more attractive and fulfilling to be related to in the latter way, [...] one's valid consent to be engaged by another in the former way, lacking such intentionality, removes the moral bite from the charge of degradation or depersonalization."[336]

Das umfasst noch weniger als das, was Halter als „säkulare Mindestmoral"[337] beschreibt, die heute allgemein in Bezug auf verantwortbar gelebte Sexualität geteilt wird. So ist es durchaus denkbar, dass, wenn allein das Kriterium der Zustimmung gilt, das Nicht-Schadensprinzip ausser Kraft gesetzt werden kann. Weiter braucht sexuelles Handeln nicht wohltuend zu sein, ob für beide Beteiligten oder nur für jemanden von ihnen nicht. Schliesslich ist auch nicht ausgemacht, ob und in welcher Hinsicht eine Verantwortung betreffend einer möglichen ungewollten Schwangerschaft besteht. Während sich Prostitution mit einer Minimalmoral à la Primoratz rechtfertigen lässt, genügt sie in der Regel bereits nicht mehr dem, was allgemein als „säkulare Mindestmoral" anerkannt ist.

Cahill kritisiert den liberalen Individualismus, der Positionen wie jener von Primoratz zugrunde liegt, weil er zu einem ethischen Relativismus geführt habe und die soziale Seite des Menschseins ausblende. Ihre Kritik ist berechtigt, denn es wird weder nach möglichen Folgen gefragt noch nach dem, was die Norm bestimmt. Was das Argument der Folgen anbelangt, habe ich das anhand der Problematik der Nachfrage nach sexuellen Dienstleistungen dargelegt.[338] Im Hinblick auf Praxen und Konstellationen, die gesellschaftlich normsetzend würden, bleibt die beschriebene Minimalmoral blind. Was beispielsweise früher bei der Prostitution als Doppelmoral verurteilt wurde, erhält nun ein ‚moralisches Gütesiegel', womit in der Konsequenz eine von Männern ausgeübte Praxis als legitim und damit eben auch als gesellschaftliche Norm(alität) anerkannt würde. „Der Umgang mit Sexualität ist immer Ausdruck einer Lebenskultur."[339] Zugleich würde sich damit ein bestimmtes Verständnis von Männlichkeit als Massstab für gesellschaftliche Regelungen durchsetzen, weil sich aus moralischer Sicht nichts mehr dagegen einwenden liesse. Das ginge nicht nur (einmal mehr) auf Kosten der Frauen, sondern auch eines gedeihlichen Zusammenlebens. In anderen Bereichen, wie zum Beispiel der Kindererziehung, würden wir uns nicht mit einer Minimalmoral begnügen, sähen diese vielmehr als ungenügend an, weil sie in diesem Fall den anvertrauten Kindern nicht gerecht würde. Während Liebe hier wie in anderen zwischenmenschlichen Belangen als leitendes Prinzip unbestritten ist, ist nicht einzusehen, weshalb die Sexualität davon ausgenommen sein

336 Übersetzung: „Solange man dies so macht, mit der informierten und freien Zustimmung des anderen, bezieht man sich auf den anderen als Person, und so erfüllt man das Prinzip des Respekts der Person, obwohl man den anderen nicht als ganze, einzigartige Person behandelt, die er oder sie ist. Und obwohl es üblicherweise attraktiver und erfüllender ist, in der letztgenannten Weise zu jemandem in Beziehung zu treten, [...] die gültige Zustimmung dazu, auf die erstgenannte Weise behandelt zu werden, ohne eine solche Intentionalität, nimmt dem Vorwurf der Degradierung oder Entpersonalisierung die moralische Schärfe." (Igor Primoratz, Sexual morality: is consent enough?, 208 [Hervorh. im Orig.].)

337 Hans Halter, Christliche Sexualethik – was könnte das heute noch sein?, 163.

338 In Kap. 5.3.3.5.

339 Honecker, Martin, Grundriss der Sozialethik, 202.

soll. „Auch die Sexualität soll von der *Liebe* bestimmt gelebt werden, die schlechthin alles Handeln umfassen soll [...].“[340]

Wer wie dargelegt die Position einer Minimalmoral vertritt, räumt der Autonomie absolute Priorität ein, was kompatibel ist mit einer Grundhaltung, die davon ausgeht, dass jeder seines Glückes Schmied ist. Kehrseite davon ist, dass bei einem solchen individualistischen Ansatz jede und jeder völlig auf sich selbst gestellt ist und mit seinen Begrenzungen allein bleibt. Demgegenüber gehört es zur Liebe als Prinzip und Haltung, dass sie sowohl Freiheit zu gewähren vermag als auch, wo nötig, Hilfe und Schutz zukommen lässt sowie generell Anerkennung und Annahme der Person schenkt. Dabei ist Liebe zwischen mündigen Erwachsenen keine Einbahnstrasse und damit keineswegs eine typisch weibliche Angelegenheit, wie traditionellerweise angenommen wurde (und fatalerweise in gewissen Kreisen immer noch wird), sondern beruht auf Wechselseitigkeit. Darauf ist später[341] aus theologischer Sicht zurückzukommen.

5.3.3.9 Fazit: Zum Sinn der Sexualität[342]

Aus den dargelegten Gründen eines menschenfreundlichen und fürs Zusammenleben gedeihlichen Menschen- und Weltbildes sowie der Kohärenz der Überlegungen in Bezug auf die Gestaltung des Lebens im zwischenmenschlichen und gesellschaftlichen Bereich bleibt es sinnvoll, am Leitbild bzw. an der leitenden Vorstellung einer ‚Sexualität in Beziehung' festzuhalten. Die hier oft noch fehlende Geschlechtergerechtigkeit ist, wie aus den Ausführungen ersichtlich ist, nicht dem Leitbild selbst, sondern einer mangelnden, jedenfalls noch nicht erreichten vollen Umsetzung anzulasten. Demgegenüber bietet das Leitbild einer „Sexualität der Lust“, ob als allgemeines Leitbild oder situativ in Anspruch genommenes, keine Gewähr für Geschlechtergerechtigkeit, erst recht nicht, wo Sexualität als ökonomisierte im Spiel ist. Sie bietet auch keinen Rahmen, der für eine Entfaltung der eigenen Person wie des Umfeldes förderlich ist.

Das bedeutet, dass Prostitution aus ethischer Sicht nach wie vor zu Recht als etwas ‚ausserhalb der Norm[343] Stehendes' bewertet wird. Diese Sicht bestätigt zwar die allgemein geteilte Einschätzung, die Prostitution als ausserhalb der moralisch legitimen Grenzen sich bewegend empfindet, geht aber deswegen nicht per se mit Ausgrenzung einher. Das sei hier, gerade wegen einer diesbezüglich belasteten und immer noch belastenden Tradition, eigens betont.

340 Hans Halter, Christliche Sexualethik – was könnte das heute noch sein?, 166 (Hervorh. im Orig.).

341 Vgl. dazu Kap. 7.

342 Im Kontext der Prostitution – und um den geht es ja hier – sehe ich vom ansonsten ebenfalls gegebenen, fundamentalen sozialen Sinn von Sexualität ab, der den Leben spendenden Aspekt (bzw., wie es üblicherweise genannt wird, die Ermöglichung von Fortpflanzung) beinhaltet. Denn dies wird hier von der Intention her gerade ausgeschlossen. Prostitution aber deswegen verurteilen zu wollen, entspräche einer verkürzten Sicht, wird doch die Möglichkeit einer Schwangerschaft auch in anderen Lebenskontexten ausgeschlossen, selbst wenn dies mit den vom römisch-katholischen Lehramt zugelassenen Methoden geschieht.

343 Das ist einerseits darauf zurückzuführen, dass die Prostitution dem dargelegten Leitbild widerspricht, das zwar keine Verbindlichkeit wie eine Gerechtigkeitsforderung beanspruchen kann, aber gleichwohl nicht unverbindlich oder beliebig ist. Andererseits gilt das auch im Hinblick auf die Folgen, die bislang eher am Rande angesprochen, jedoch in Kap. 6 ausführlicher behandelt werden.

5.4 Zur Verfügungsmacht über den eigenen Körper

Die moralische Akzeptanz der Prostitution, genauer der Prostitutionstätigkeit, wird u. a. mit der Autonomie der Frauen gerechtfertigt, die das Recht, über den eigenen Körper zu verfügen, beinhalte. Lange genug sei den Frauen die sexuelle Selbstbestimmung vorenthalten worden. Diese müsste nun auch in Bezug auf den freien Entscheid, in der Prostitution tätig zu sein, anerkannt werden. Wie ein Blick in die Traditionsgeschichte zeigt, stellen Körper und Sexualität für Frauen besonders sensible Bereiche dar. Denn darüber waren sie (und sind es zum Teil heute noch) viel stärker mit Normvorstellungen konfrontiert, auf deren Einhaltung Gesellschaft und Kirche mittels Kontrolle und Sanktionen pochten. Die Behandlung von Frauen mit einem unehelichen Kind, zum Beispiel, oder von Frauen mit einem (angeblich) „unsittlichen" Lebenswandel zeugen davon, dass ihnen als abweichend und unbotmässig empfundenes sexuelles Verhalten vorgehalten wurde, während das in Bezug auf die beteiligten Männer kaum der Fall war. Insofern stellen Körper und Sexualität Bereiche dar, die bei Frauen stärker mit Fremdbestimmung konnotiert sind. Daraus resultiert die Forderung nach einem Selbstbestimmungsrecht von Frauen in sexuellen Belangen, das ebenfalls in Bezug auf die Freiheit, sich zu prostituieren, geltend gemacht wird. Dieses Selbstbestimmungsrecht soll im Folgenden keineswegs infrage gestellt werden, sondern ist im *Grundsatz* vollumfänglich anzuerkennen. Dennoch ist es wichtig, darüber nachzudenken, in welchem Sinn, zu welchem Zweck, in welchem Kontext ein bestimmtes Grundrecht in Anspruch genommen wird und wie das in dieser Form aus ethischer Sicht zu werten ist. Konkret bedeutet das auf die Prostitutionstätigkeit bezogen, dass diese durchaus gegenüber staatlicher Verfolgung mit Rekurs auf die sexuelle Selbstbestimmung in Schutz zu nehmen ist. Hingegen muss sie sich kritische Anfragen gefallen lassen, wo sie mit Rekurs auf die sexuelle Selbstbestimmung gar mit emanzipatorischem Anspruch verfochten wird. So müsste bereits zu denken geben, dass in der Regel in der wissenschaftlichen und politischen Debatte zur Prostitution das sexuelle Selbstbestimmungsrecht im Hinblick auf die Prostitutions*tätigkeit* geltend gemacht wird, aber in Bezug auf die Prostitutions*kunden* merkwürdigerweise – bzw. wohl eher bezeichnenderweise – kaum thematisiert wird.[344]

[344] Eine ähnliche Beobachtung hat Hille Haker im Kontext der Debatte um das Prostitutionsgesetz in Deutschland gemacht, wo die ‚männliche Sexualität' bzw. der damit verbundene Anspruch der Männer kaum zum Thema gemacht wurden. (Vgl. dies., Selbstkonzepte aus feministisch-ethischer Sicht, 128). Zwar lässt sich (wie sich auch bei der Erörterung der Bedeutung des Kaufs sexueller Dienstleistungen herausgestellt hat, vgl. Kap. 5.2) bei Prostitutionskunden implizit oder explizit die Meinung ausmachen, dass sie es als ihr gutes Recht betrachten, Sexualität so zu leben. In den Niederlanden wird das von Kunden offen vertreten, die sich zusammengeschlossen haben, wobei dies noch keine nennenswerte Bewegung zu sein scheint bzw. diese möglicherweise bereits wieder an ihr Ende gekommen ist. Denn in einem Tagungsbeitrag bedauert Gerrit Bloemen das Ende der Freiervereinigung M.V.P., das er insbesondere auf sabotierende Machenschaften anderer „Pro-Prostitutionsorganisationen" zurückführt. (Ders., Erfahrungen mit Prostituierten aus Sicht der Freier, 55.) Der zum Teil rege gepflegte Austausch der Prostitutionskunden im Internet belegt ebenfalls das beschriebene Selbstverständnis dieser Männer. (Vgl. die entsprechenden Erkenntnisse bei: Damián Zaitch/Richard Staring, The Flesh is Weak, the Spirit Even Weaker. Clients and Trafficked Women in the Netherlands.) Eher als Ausnahmeerscheinung ist die explizite Thematisierung und Rechtfertigung des Erwerbs sexueller Dienstleistungen bei Tamara Domentat, Lass dich verwöhnen, zu betrachten.

Im Folgenden (in Kap. 5.4.1) wird die Reichweite von Vorstellungen ausgelotet, die sich auf die autonome Selbstverfügung im Hinblick auf die Prostitutionstätigkeit beziehen. Dazu gehört ebenfalls deren Konfrontation mit der realen Struktur der Tätigkeit selbst. Wer in diesem Kontext autonome Selbstbestimmung geltend macht, unterstellt dabei die Fähigkeit, unverletzlich bleiben oder sich sozusagen unverletzlich machen zu können (vgl. dazu Kap. 5.4.2). Diese Annahme gilt es kritisch zu hinterfragen, auch wenn nicht die These vertreten wird, dass die Prostitutionstätigkeit per se (selbst-)zerstörerisch ist. Schliesslich muss noch die ‚Gretchenfrage' gestellt werden (in Kap. 5.4.3), wem denn die postulierte, aus freien Stücken ausgeübte Prostitutionstätigkeit am meisten dient.

5.4.1 *Zur Reichweite der autonomen Selbstverfügung*

5.4.1.1 *Bezug zum Körper im Sinn eines Eigentumsverhältnisses*

Da unser Körper weder eine Sache wie jede andere noch „schlicht unabänderlicher Teil unseres Selbst"[345] ist, wird auch in Bezug auf die Prostitution ein Selbstverfügungsrecht über den eigenen Körper geltend gemacht, wobei sich dies in der Regel auf die Frauen bezieht, welche die sexuellen Dienstleistungen anbieten, und die Männer als Kunden weitgehend ausser Acht lässt. Ericssons Rekurs auf die Biologie, sprich den Sexualtrieb,[346] kann dabei nicht im eigentlichen Sinn als Argument für das Selbstverfügungsrecht gewertet werden.[347] Seiner Meinung nach sollte dieser frei ausgelebt werden können, was er auch Frauen zugesteht. So rechnet er damit, dass mit zunehmender Gleichberechtigung deren Nachfrage nach sexuellen Dienstleistungen steigt. Er sieht keinen stichhaltigen Grund für eine Ablehnung der Ausübung der Prostitutionstätigkeit. Schlechte Arbeitsbedingungen wären, wie das in anderen Bereichen bereits selbstverständlich ist, zu verbessern.[348] Auf die Prostitutionstätigkeit bezogen heisst das zunächst, dass diese zu entkriminalisieren ist.[349]

Wenn Ericsson die Prostitutionstätigkeit auf derselben Ebene wie andere Erwerbstätigkeiten sieht, lässt sich dahinter eine Auffassung vermuten, die von einem Selbstverfügungsrecht über den eigenen Körper ausgeht, das in anderen Bereichen anerkanntermassen für den Verkauf der eigenen Arbeitskraft in Anspruch genommen wird. Wo dieses Selbstverfügungsrecht mit Vehemenz eingefordert wird, ist das meist mit einem Verhältnis zum eigenen Körper im Sinn eines Privateigentums-Verhältnisses verbunden. Feministische Theoretikerinnen wie beispielsweise Carole Pateman oder Anderson lehnen jedoch eine solche Sichtweise ab, weil sie die Prostitutionstätigkeit als Verkauf des Kör-

345 Beate Herrmann, Sind wir Eigentümer unserer Körper?, 274; dies., Self-Ownership?, 287.

346 Vgl. Lars O. Ericsson, Charges against Prostitution, 91-92, 96, 101. Vgl. auch meine knappen Ausführungen hierzu in Kap. 5.3.3.7.

347 Er geht nämlich selbstverständlich davon aus, dass die als natürlich betrachteten Bedürfnisse befriedigt sein wollen, und denkt gar nicht daran, sich mit diesen selbst auseinanderzusetzen.

348 Vgl. Lars O. Ericsson, Charges against Prostitution, 93, 100.

349 Vgl. ebd., 103. Ericsson hat dabei vor allem die US-amerikanische Gesetzgebung vor Augen. Vgl. dazu Kap. 8.3.2.4 und 9.3.

pers[350] bzw. der Sexualität[351] auffassen. Die Philosophin Sibyl Schwarzenbach teilt demgegenüber weder die eine noch die andere Auffassung. Letztere ist für Schwarzenbach nicht akzeptabel, weil die Sichtweise, die Prostitutionstätigkeit stelle einen Verkauf der Sexualität dar, eine „einfache[] Identitätsbeziehung"[352] zwischen Körper und Selbst nahelegt. Zudem vermöchte sie nicht plausibel für eine Entkriminalisierung der Prostitution einzutreten, wenn durch diese tatsächlich der Körper oder das Selbst der betroffenen Frau veräussert würde.[353] Schwarzenbach spricht sich aber ebenfalls gegen die Vorstellung eines Eigentumsverhältnisses in Bezug auf den eigenen Körper aus, die diesen als Privateigentum begreift, was eine dem entsprechende Behandlung ermöglichen würde.[354] Denn sie geht davon aus, „dass unser Körper und unsere Persönlichkeit ihrem Wesen nach unveräusserlich sind"[355]. Zudem wäre bei der Position, die von einem Privateigentums-Verhältnis ausgeht, ein Begründungsnotstand zu vermuten, wenn sie die „eigentumsrechtliche Verwertung" – hier nicht von Körpersubstanzen, sondern – des Körpers zulässt, aber auf der „Unverfügbarkeit des eigenen Körpers gegen Zugriffsmöglichkeiten Dritter"[356] besteht. Letzteres ist im Prostitutionsgesetz in Deutschland wie auch im Schweizerischen Sexualstrafrecht – zu Recht – ausdrücklich gewährleistet.

Schwarzenbach macht in Bezug auf den Körper eine andere Form von Eigentum geltend, nämlich die Form von Eigentum, das qua Geschenk gegeben ist.[357] Ein solches Eigentum zu besitzen, verlangt nach einem Umgang damit im Sinn von „Bewahren" oder „Treuhänderschaft", wobei sich dieser nach den „Absichten des Gebenden"[358] zu richten hat. Sie meint, dass wir uns im Verlauf des Lebens im sorgenden Umgang mit dem Körper diesen ein Stück weit aneignen, wodurch es zu einer gewissen Verwischung der Grenzen der beiden Formen von Eigentum kommt. „Nichtsdestoweniger bleiben unser Körper und unser Leben eine Gabe, und wir würden es kaum zulassen, dass sie

350 Da die Prostitutionstätigkeit nach Auffassung von Carole Pateman stärker bzw. in intimerer Weise mit dem Körper verbunden ist als bei anderen Tätigkeiten, kommt sie zum Schluss: „The prostitute cannot sell sexual services alone; what she sells is her body." (Dies., Defending Prostitution, 203.) Vgl. dies., The Sexual Contract, Kp. 7: What's Wrong with Prostitution?, insb. 203-208.

351 Elizabeth Anderson, Value in Ethics and Economics, 154: „The prostitute sells her own sexuality, which is necessarily embodied in her person." Da sich der Kunde deren Sexualität für seine eigenen Zwecke aneigne, entwerte das die betroffene Frau. Vgl. die Aussage der Ex-Prostituierten J bei Kate Millett: „Das Schlimmste an der Prostitution ist, dass man nicht nur Sex verkauft, sondern auch seine Menschlichkeit. Ja, das ist das Ärgste: man verkauft seine Menschenwürde. Nicht so sehr im Bett, als dadurch, dass man den Handel abschliesst – dass man sich kaufen lässt." (Kate Millett, Das verkaufte Geschlecht, 75.) Millett teilt diese Einschätzung. (Vgl. ebd., 105, 107.) Allerdings beruht das auf einer für den Feminismus in den 1970er Jahren typischen Sicht der Frau, die generell als unterdrückt und auch als Geschlechtswesen herabgewertet beschrieben wird. In der Prostituierten verdichtet sich dies sozusagen in einmaliger Weise.

352 Sibyl Schwarzenbach, Prostitution und der Besitz des eigenen Körpers, 154.

353 Vgl. ebd., 147.

354 Wenn etwas als Privateigentum gilt, ist damit das Recht verbunden, dieses zu veräussern oder zu zerstören, sofern dadurch andere nicht zu Schaden kommen. Vgl. ausführlicher zu dieser Auffassung von Eigentum: ebd., 148-149; dies., Contractarians and Feminists Debate Prostitution, 109-110.

355 Sibyl Schwarzenbach, Prostitution und der Besitz des eigenen Körpers, 150.

356 Beate Herrmann, Sind wir Eigentümer unserer Körper?, 267.

357 Vgl. dazu und zur nachfolgenden Entfaltung der Thematik, bei der ich die deutsche Übersetzung zuziehe: Sibyl Schwarzenbach, Contractarians and Feminists Debate Prostitution, 110-112.

358 Sibyl Schwarzenbach, Prostitution und der Besitz des eigenen Körpers, 150.

einfach wie Privateigentum behandelt werden [...].“[359] Ausgehend von diesen Überlegungen beschäftigt sich Schwarzenbach mit dem Verkauf der Arbeitskraft, den sie in Anlehnung an G. W. F. Hegel im Zusammenhang mit der menschlichen „Fähigkeit zur ‚Entäusserung’“[360] deutet, wobei diese ihre Grenze dort findet, wo die Persönlichkeit tangiert würde. Das trifft beispielsweise zu, wenn „eine zu grosse Anzahl der eigenen Fähigkeiten veräussert wird“ oder der zeitliche Einsatz zu hoch ist[361] (was folglich nach entsprechenden Schutzbestimmungen für die und vertraglichen Abmachungen mit den Arbeitnehmenden verlangt). Sie führt das in einem weiteren Schritt am Beispiel einer Tänzerin aus,[362] deren Körper nicht vom dargebotenen Tanz ablösbar ist, die aber deswegen bei fairen Arbeitsbedingungen weder in ihrer Persönlichkeit verletzt noch in ihrer Autonomie eingeschränkt ist, auch wenn die Zuschauerinnen und Zuschauer „aus den Bewegungen [ihres, B.B.] Körpers einen [...] visuellen Nutzen ziehen“[363]. Wenn sich eine erwachsene und zurechnungsfähige Frau frei für die Prostitutionstätigkeit entscheiden und diese sicher hinsichtlich des Gefahrenpotentials und der eigenen Gesundheit sowie frei in Bezug auf die auszuführenden Handlungen ausüben kann, sieht Schwarzenbach „kein[en] relevante[n] moralische[n] oder rechtliche[n] Unterschied“[364] zum Fall der Tänzerin. Denn die betreffende „Frau hat die Treuhänderschaft über ihren Körper und ihr Selbst in keiner Weise aufgegeben, sondern vielmehr nur festumrissene ‚Entäusserungen’ ihres Selbst wie veräusserliches Eigentum behandelt. Sie hat nicht einmal zeitweise ‚ihren Körper’ (Pateman) oder ‚ihre Sexualität’ (Anderson) im Sinne eines Privateigentums verkauft; sie hat nur deren begrenzte Nutzung gestattet.“[365] – Auf das Verständnis der Prostitutionstätigkeit bei Schwarzenbach ist noch zurückzukommen. An dieser Stelle lässt sich im Hinblick auf die Frage der autonomen Selbstverfügung festhalten, dass diese nach Schwarzenbach im Rahmen einer treuhänderischen Verfügung über den eigenen Körper und der menschlichen Fähigkeit der „Entäusserung“ darin besteht, frei über die eigene Arbeitskraft verfügen zu können, einschliesslich der Betätigung im Bereich sexueller Dienstleistungen. Wie in anderen Bereichen gilt auch hier die Bedingung, dass faire und sichere Arbeitsverhältnisse gewährleistet sind.

5.4.1.2 Vergleich mit anderen Tätigkeiten

Autonome Selbstverfügung, die ebenfalls auf die Prostitutionstätigkeit bezogen als Vermögen und Recht verstanden wird, über die eigene Arbeitskraft zu verfügen, stellt eine mehr formale Bestimmung dar. Diese stützt sich zwar auch auf die Vergleichbarkeit mit anderen von Frauen ausgeübten Tätigkeiten ab, die den Einsatz des Körpers erfordern

359 Ebd., 153.

360 Ebd.

361 Vgl. ebd.; dies., Contractarians and Feminists Debate Prostitution, 114.

362 Sibyl Schwarzenbach hat hier offensichtlich den Kontext des ‚klassischen’ Tanzes vor Augen und keineswegs den Fall einer Tänzerin im Sexgewerbe.

363 Sibyl Schwarzenbach, Prostitution und der Besitz des eigenen Körpers, 153.

364 Ebd., 154.

365 Ebd., 155. Schwarzenbach bezieht sich da auf Carole Pateman und Elizabeth Anderson, die beide dezidierte Kritikerinnen der Prostitution sind.

und für die sie bezahlt werden, aber der Vergleich verbleibt bei den von Schwarzenbach und Martha Nussbaum dargelegten Beispielen auf der Ebene charakteristischer Grundzüge.[366] Dadurch kommt das, was die Prostitutionstätigkeit in der Realität konkret beinhaltet, zu wenig zum Vorschein. Auf diesem Hintergrund ist die beim einen oder anderen Beispiel behauptete Ähnlichkeit in Frage zu stellen. So hat die in den Beispielen von Nussbaum aufgeführte Nachtclubsängerin ebenfalls auf Kundenwünsche einzugehen und deren Vergnügen zu dienen, ist aber in anderer Weise körperlich-leiblich involviert. Der Körperkontakt ist da, wie auch Nussbaum feststellt, bei einer Masseurin wesentlich enger. Die Intimität in diesem Setting ist klar als therapeutisch definiert, was geradezu Voraussetzung ist, eine grössere Nähe als üblich zulassen zu können. Das gilt m. E. selbst da, wo der Wellness-Aspekt im Vordergrund steht. Wenn es in einem solchen Setting darum geht, beispielsweise Verspannungen zu erspüren, ist das vom Antrieb des Heilens motiviert, hat also körperlich-leibliches Wohlbefinden als einen Aspekt von Gesundheit zum Ziel, das eine Person bei ihrem Klienten oder ihrer Klientin mittels medizinisch-therapeutischer Kunstfertigkeit herbeizuführen sucht. Zudem sind die Rollen in einem solchen Setting klarer geteilt als im prostitutiven. Wohl gibt es unbestreitbar gewisse Ähnlichkeiten, aber die Unterschiede sind ebenso wenig von der Hand zu weisen und wiegen letztlich schwerer. Worin bestehen diese? Sie sind bereits grundlegend in der Definition der Situation vorhanden, die in aller Regel weder vom Prostitutionskunden noch von der Prostituierten selbst als eine Therapie begriffen wird. So melden sich, um die Ausgangssituation ein wenig pointiert zu kennzeichnen, die Kunden weder für eine Therapie an, sehen sich also keineswegs als therapiebedürftig an, noch besteht auf Seiten der Prostituierten ein Therapieplan mit dem Ziel, die Kunden gesund und keiner Behandlung mehr bedürftig zu entlassen (ob bereits nach einer oder erst nach mehreren Sitzungen, spielt hier keine Rolle, weil das klassische therapeutische Behandlungsziel ohnehin fehlt).[367] Das prostitutive Setting gleicht von der Intention her eher einem Lustspiel, das als gemeinsames Stück inszeniert wird und bei dem die Prostituierte den gewünschten Part übernimmt. Diese ‚Spielanlage' erklärt denn auch, weshalb in der Art der Rollenverteilung ein qualitativer Unterschied zu sehen ist.

Weiter vermag der von Nussbaum entfaltete Vergleich mit der Philosophieprofessorin ebenso wenig zu überzeugen. Ihre These, dass „[b]eide [...] körperliche Dienstleistungen auf Gebieten [erbringen], die im allgemeinen als besonders intim und entscheidend für das Selbstsein gelten“[368], stellt eine allgemeine Aussage dar, die sich in dieser Form durchaus bejahen lässt, aber noch der Präzisierung bedarf. Die von Nussbaum angeführ-

[366] Schwarzenbach zieht nur das Beispiel der Tänzerin zum Vergleich heran, während Nussbaum die Tätigkeit einer Prostituierten mit jener einer Arbeiterin in einer Hühnerverarbeitungs-Fabrik in den USA, einer Hausangestellten in einem Mittelklassehaushalt in den USA, einer Nachtclubsängerin, einer Philosophieprofessorin, einer Masseurin (in ihrem Artikel nicht korrekt als Masseuse übersetzt, die aber nach gängigem Sprachgebrauch Sexarbeit verrichtet, bei Nussbaum hingegen geht es explizit um den Vergleich mit der medizinisch-therapeutischen Profession) sowie der fiktiven Tätigkeit einer Koloskopie-Künstlerin (in diesem Fall eine Frau, die sich für Darmspiegelungen zur Verfügung stellt) vergleicht. (Vgl. Martha C. Nussbaum, „Mit Gründen oder aus Vorurteil“, 944-950.)

[367] Was den Vergleich mit einer Therapie anbelangt, verweise ich auch auf meine Ausführungen in Kap. 5.2.2.

[368] Martha C. Nussbaum, „Mit Gründen oder aus Vorurteil“, 947.

ten, konkretisierten Gemeinsamkeiten verfehlen hingegen das, was beide Tätigkeiten charakterisiert. Das zeigt sich insbesondere bei der Vorstellung von Nussbaum, die ein „unvorhergesehene[s] Argument" als „[Eindringen] in [den] Geist" sowie als „intimes und körperliches Geschehen"[369] deutet. Dieser Vergleich verbleibt insofern an der Oberfläche, als er den entscheidenden Unterschied beider Situationen völlig ausblendet. Denn von der Intention her ist ein „Eindringen" nur Bestandteil des Sex (sofern es sich um penetrativen Sex handelt, was zu Recht in der Regel unterstellt wird, weil es in der Prostitution den ‚Normalfall' betrifft), während ein Argument, gerade in philosophischem Kontext, die Ermittlung von Wahrheit, Erkenntnis bezweckt und Überzeugungen, Einsichten plausibel machen will. Wenn eine Philosophin das als „Eindringen" empfindet, womöglich noch dadurch verschärft, dass es nicht auf einem entsprechenden Einverständnis beruht, stellt das eine persönliche Befindlichkeit dar, die genauso gut anders ausfallen könnte, aber im Grunde genommen nichts zur Sache tut, weil sie nicht genuiner Bestandteil eines philosophischen Diskurses oder Disputs ist. Was den Aspekt des „Eindringens" anbelangt, fragt sich abschliessend, was diesbezüglich vom Vergleich mit dem „hypothetischen Beruf" einer „Koloskopie-Künstlerin"[370] zu halten ist, das Nussbaum als weiteres Beispiel nennt und von Campagna zustimmend aufgeführt wird. In der Vorstellung von Nussbaum handelt es sich um eine fiktive Person, „die ihren Lebensunterhalt dadurch verdient, dass sie es den Ärzten oder den Medizinstudenten erlaubt, mit medizinischen Instrumenten ihre Eingeweide zu untersuchen – etwa damit die Studenten die Technik der Koloskopie erlernen können"[371]. Doch ist anale Penetration gleich anale Penetration, wenn man einmal davon absieht, dass in der Regel im einen Fall dazu ein Gegenstand, im anderen ein Körperteil verwendet wird? Solches lässt sich nur behaupten, wenn von der Zielsetzung der jeweiligen Handlung und der Intention der Beteiligten abstrahiert wird, was aber der jeweiligen Situation überhaupt nicht gerecht würde. Stellt eine Frau gemäss diesem fiktiven Beispiel ihren Körper in der genannten Weise zur Verfügung, damit eine bestimmte medizinische Untersuchungsmethode geübt werden kann, steht das im Dienst der ärztlichen Heilpraxis, die auch gelernt werden will. Der Umgang mit einer solchen Probandin müsste zum Schutz von deren Integrität den üblichen Standards gehorchen. Sollten sich daher bei den übenden Männern (im Vergleich zur Prostitution sind diese hier von Interesse) etwaige Lustgefühle einstellen, würde das nicht nur klar als unprofessionell gelten und müsste entsprechend bearbeitet werden, sondern rückte in den Bereich dessen, was als Übergriff empfunden wird. Würde sich umgekehrt eine Probandin deswegen zur Verfügung stellen, weil ihr das Lustbefriedigung verschafft, würde das schlicht als krankhaft betrachtet. Ein grundlegender Unterschied liegt auch in der Art vor, wie die Beteiligten handeln. So stellt die Probandin im medizinischen Lernfeld ihren Körper zur Verfügung, nimmt also eine passive Rolle ein, während das im prostitutiven Setting mit Analverkehr nicht per se notwendig ist und die Prostituierte nur eine passive Rolle einnimmt, wenn sie eine solche spielen soll.

369 Ebd., 948.

370 Vgl. ebd., 949.

371 Norbert Campagna, Prostitution, 163.

5.4.1.3 Worauf sich die Selbstverfügung bezieht – was die Prostitutionstätigkeit beinhaltet

Nachdem der Fokus auf dem lag, was die Prostitutionstätigkeit von anderen unterscheidet, ist auf die Frage zurückzukommen, was denn die autonome Selbstverfügung über die Arbeitskraft bei der Prostitutionstätigkeit konkret beinhaltet.

Nach Schwarzenbach besteht sie darin, dass eine Prostituierte – hier wie im Folgenden unter der Voraussetzung, dass sie wie beschrieben die Tätigkeit frei ausüben kann – die „begrenzte Nutzung [ihres Körpers, B.B.] gestattet“[372], dies im Hinblick auf die Art der Handlung wie die zeitliche Dauer. Die Autonomie besteht nach dieser Auffassung darin, dass eine Prostituierte ihren Körper in einer zuvor klar definierten und ausgehandelten Weise dem Kunden zur Verfügung stellt.[373] Das bedeutet zugleich, dass er in diesem Rahmen davon Gebrauch machen kann. Eine solche Sichtweise vermittelt eher das Bild einer während der prostitutionellen Begegnung passiven Frau und wird dadurch nicht einmal dem Selbstverständnis von Prostituierten gerecht, die immer wieder deutlich machen, dass sie es sind, die das Heft in der Hand halten, und zwar von Beginn bis zur Beendigung der prostitutionellen Begegnung. Nussbaum hingegen hebt deren „Leistung“ hervor, „die Fertigkeiten und Reaktionsvermögen in neuen Situationen verlangt“[374]. Damit wären zwei Aspekte der autonomen Selbstverfügung bei der Prostitutionstätigkeit benannt: die ‚Entscheidungsmächtigkeit‘ über den eigenen Körper dergestalt, dass der Zutritt nur unter bestimmten Bedingungen gewährt wird, sowie die Handlungsfähigkeit, die über die Aneignung entsprechender, meist aus der Erfahrung gewonnener Fertigkeiten erworben wird, ein gewisses Mass an Reaktionsfähigkeit verlangt und die Souveränität während der gesamten ‚Transaktion‘ sicherstellt. Aus dem Kontext bei Nussbaum geht hervor, dass sie diese Situation vor Augen hat. Die bislang benannte autonome Selbstverfügung bezieht sich demnach auf den Moment, in dem eine Prostituierte entscheidet, ob eine prostitutionelle Begegnung überhaupt zustande kommt, sowie auf deren Verlauf selbst. Was es überhaupt dazu braucht, bis es zu einer prostitutionellen Begegnung kommt, ist aber ebenfalls einzubeziehen.

In diesem Sinn weiter gedacht besteht die autonome Selbstverfügung zu einem beträchtlichen Teil darin, die eigene Haut buchstäblich zu Markte zu tragen.[375] Wie das genau aussieht, hängt vom Prostitutionsort ab, den die einzelne Frau als den für sich passenden ausgesucht hat. Generell läuft viel über das äussere ‚Erscheinungsbild‘, das direkt präsentiert wird, was in einem Appartement, in dem mehrere Frauen zur Verfügung stehen, in einem Club, in einer Kontaktbar, in einem Bordell, bei der Fensterprostitution oder auf dem Strassenstrich der Fall ist. Das bedingt, dass sich die Frauen entsprechend herrichten (mittels Schminken und Kleiden). Das ‚Erscheinungsbild‘ wird in ande-

[372] Sibyl Schwarzenbach, Prostitution und der Besitz des eigenen Körpers, 155.

[373] Dass Sibyl Schwarzenbach tatsächlich diese Auffassung vertritt und kein Missverständnis aufgrund der Übersetzung vorliegt, wird anhand ihrer Aussage im englischen Text deutlich: „[...] the prostitute merely grants the customer merely circumscribed ‚use‘ of her body for a very limited period of time.“ (Dies., Contractarians and Feminists Debate Prostitution, 112.)

[374] Martha C. Nussbaum, „Mit Gründen oder aus Vorurteil“, 945.

[375] Die Vermarktung des eigenen Körpers geschieht nicht nur in der Prostitution, wird aber auch andernorts (z. B. bei der Werbebranche) als ambivalent wahrgenommen. Was die Vermarktung des eigenen Körpers in der Prostitution anstössig macht, ist letztlich der Zweck, der damit erreicht werden will.

ren Kontexten vermittelt präsentiert, so in Anzeigen, wo Frauen ihre körperlichen Besonderheiten wie z. B. Haar- oder Haut-Farbe, Grösse der Brüste oder Transsexualität hervorheben. Dasselbe geschieht durch einen Escort-Service bei der Vermittlung von Callgirls.[376] In Anzeigen werben die Frauen nicht nur über das ‚Erscheinungsbild' für sich, sondern ebenfalls mit der Angabe ihrer Dienstleistungen (z. B. Französisch, Anal) oder der Art, wie sie diese zu erbringen bereit sind (z. B. zärtlich zu sein oder ‚à la Hausfrau'). Die Möglichkeit der Auswahl stellt sich also auf beiden Seiten. Soll mit der Prostitutionstätigkeit der eigene Lebensunterhalt oder ein Zubrot verdient werden, sind die Frauen darauf angewiesen, tatsächlich für einen Dienstleistungsauftrag ausgewählt zu werden. Schilderungen entsprechend ist es beileibe nicht immer so, dass das Geschäft gut läuft und die Kunden sozusagen die Tür einrennen. In einer solchen Situation wird das Angewiesensein auf Kundschaft prekär und kann die Handlungsfähigkeit schmälern, weil aufgrund des finanziellen Drucks (z. B. allein schon wegen den Fixkosten in einem Appartement oder Bordell) Konzessionen einzugehen sind. Bis die notwendige Summe erwirtschaftet ist, gilt es oft, ‚Leerzeiten' auszusitzen oder durchzustehen, dabei in der aufrecht erhaltenen Bereitschaft, jederzeit auf einen Kunden zu- und eingehen zu können.[377] Gleichzeitig sind immer wieder Männer zu erdulden, die sich kostenlos aufgeilen (wollen). Die Männer, die so ihre Runden auf dem Strassenstrich drehen und dadurch häufig für Ärger mit der Nachbarschaft sorgen, sind wohl nur schwer davon abzuhalten. Demgegenüber lässt sich ein solches Verhalten am Telephon besser unterbinden.

Wenn das Geschäft floriert, ist ‚Fliessbandarbeit' angesagt. Eine entsprechende Schilderung liefert Griselidis Réal in ihrem Lebensbericht. Sie beschreibt dort die Situation in einem deutschen Bordell gleich nach dem Zweiten Weltkrieg, wo sich die amerikanischen Soldaten am Zahltag buchstäblich die Klinke in die Hand gedrückt hätten.[378]

> „Manchmal ging es auf der Allmend zu und her wie am Fliessband, vor allem an den Wochenenden. Da kam es vor, dass die Freier vor dem Auto Schlange standen. Kaum stieg der eine aus und knöpfte sich noch die Hose zu, stieg bereits der nächste ein."[379]

[376] Vgl. die Beschreibung im Bericht von Jeannette Angell über ihre Tätigkeit als Callgirl, wo deutlich wird, wie wichtig der Aspekt Jugendlichkeit ist. Das äussert sich bei der Vermittlungsagentur darin, dass sie jeweils die Altersangabe der Callgirls den vermuteten Kundenwünschen anpassen. (Vgl. dies., Callgirl, 22, 35-36.) Bei Tamara Domentat, Lass dich verwöhnen, 44-45, findet sich eine kurze Schilderung einer telefonischen Kontaktanbahnung, in der die kontaktierte Prostituierte ein paar äussere Merkmale wie Grösse, Teint, Haarfarbe und -schnitt sowie Oberweite mitteilt, bevor das Geschäftliche zur Sprache kommt. Hinsichtlich der Präsentation des eigenen Körpers in verschiedenen Kontexten der Prostitution vgl. auch die Beschreibung bei Martina de Ridder, Der Körper als Ware. Ich stimme de Ridder, die einige Jahre an einer Beratungsstelle für Prostituierte tätig war, zu, dass das Herrichten des weiblichen Körpers in einem Kontinuum zu sehen ist und die „[g]ewerbsmässige weibliche Prostitution [...] nur die radikalste Form weiblicher Normerfüllung in einem patriarchalisch strukturierten System" darstellt. (Dies., Der Körper als Ware, 313.)

[377] Vgl. die Schilderungen bei Joanna Brewis und Stephen Linstead, Time After Time, 233-234. Vgl. zur damit verbundenen Belastung für die Prostituierte: Alfons Heinz-Trossen, Prostitution und Gesundheitspolitik, 223, 237-238.

[378] Vgl. Griselidis Réal, Le noir est une couleur, 170.

[379] Juliana Balmer/Rita Dolder, Susanne B., 121.

In den genannten Kontexten erinnert das Ganze dann doch eher an einen mechanischen Ablauf. – Schilderungen über ‚Stosszeiten' gibt es ebenfalls in Bezug auf andere Prostitutionsorte, beispielsweise zu Appartements/Salons, wo die Kunden aneinander vorbeigeschleust werden müssen, damit sich diese aus Gründen der Diskretion nicht begegnen.[380] Da wird ein wartender Kunde auch mal zwischenzeitlich in der Küche untergebracht, bis ein Zimmer oder die gewünschte Frau frei ist.

Unter den Bedingungen der ‚Hochkonjunktur' braucht es auf Seiten der arbeitenden Frauen erst recht Reaktionsvermögen und Fertigkeit, da sie sich innert Kürze auf einen neuen Kunden einzustellen haben. Wenn solches aber als spassig und lustvoll dargestellt wird im Stil von ‚it's party time', ist dies im Hinblick auf die erzielten Einkünfte und im Sinn von Zerstreuung sowie Unterbrechung des Alltagsgeschäfts einsichtig, würde aber als generelle, die Sexualität betreffende Aussage das Bild der in diesen Belangen unersättlichen Frau revitalisieren. – Das ist genauso wenig wünschenswert wie jenes der ‚sittsamen' (Ehe-)Frau, für die Sex, erst recht lustvoller Sex im Grunde genommen kein Thema ist. – Im Bereich der Prostitution wird allerdings die Vorstellung der sexuell unersättlichen Frau zum Teil bewusst gepflegt.[381] Ob das lediglich zur Erzeugung einer solchen Illusion bei den Kunden dient oder zum Selbstbild gehört oder beides umfasst, sei dahingestellt. Jedenfalls kommt das entsprechenden Kundenwünschen entgegen – mit der Konsequenz, dass das prostitutive Verhältnis naturalisiert wird, was die Kunden ihrer Verantwortung enthebt.

Das Bild der Prostitutionstätigkeit, das diese als etwas Lustvolles und Unbeschwertes erscheinen lässt, hat seine Kehrseite, die sich ebenfalls aus Schilderungen erschliesst. Darin kommt zum Vorschein, dass die Prostitutionstätigkeit mitunter ganz schön anstrengend ist, was sich manchmal mit Schmerzen im Unterleib und im ganzen Körper bemerkbar macht[382] oder insgesamt zu Ermüdungserscheinungen, psychischer Erschöpfung führt.

> „Ich tat vieles um des lieben Geldes willen, aber mit den Jahren wurden die üblichen Wünsche der Freier öde, ermüdend, langweilig und monoton. Ich fühlte mich nicht mehr wohl und begann das Gewohnte und damit mehr und mehr den Geschlechtsakt zu hassen."[383]

Insgesamt hinterlassen die geschilderten Arbeitsverhältnisse einen ambivalenten, zuweilen geradezu prekären Eindruck. Das scheint weniger einer etwaigen Stigmatisierung der Prostituierten oder diskriminierenden (gesetzlichen) Regelungen geschuldet zu sein, sondern mit der Art der Tätigkeit selbst zu tun haben. In einem anderen Sinn weist Nuss-

[380] Davon ausgenommen sind natürlich speziell veranstaltete Partys, wo Begegnung geradezu erwünscht ist. Diese findet in der ‚Spielanlage' von (Sauna-)Clubs notgedrungen statt. Die Diskretion ist in diesen Kontexten deswegen nicht aufgehoben, wird aber anders gehandhabt, nämlich durch Verschweigen zumindest gegenüber Dritten.

[381] Vgl. z. B. die entsprechende Werbung für Clubs/Etablissements, die Darstellung bei Tamara Domentat, Lass dich verwöhnen, die Prostituierten würden das Nützliche (Gelderwerb) mit dem Angenehmen (Lust) verbinden, oder Don Rolando, der Frauen, die sich prostituieren, u. a. eine nymphomanische Neigung unterstellt. (Vgl. ders., Jetzt mal Klartext über Huren, 42, 152.)

[382] Vgl. die Schilderung bei Lisa Moos, Das erste Mal und immer wieder, 155, oder bei Juliana Balmer/Rita Dolder, Susanne D., 121.

[383] Juliana Balmer/Rita Dolder, Susanne D., 123-124.

baum auf die Prekarität der Prostitutionstätigkeit hin, nämlich als eine der misslichen Arbeitsmöglichkeiten, die armen Frauen zur Verfügung stehen, sodass eine freie Wahl kaum möglich ist.

> „Hier scheint mir der eigentlich wichtige Punkt bei der Prostitution zu liegen. Sie ist so wenig wie die Arbeit in der Hühnerfabrik ein[e] Option, die viele Frauen gern für sich wählen, wenn sie noch andere Möglichkeiten haben."[384]

> „Das sollte uns m. E. nicht gleichgültig lassen, während die Tatsache, dass eine Frau mit vielen offenen Möglichkeiten Prostituierte wird, uns nicht weiter zu kümmern braucht, solange sie ausreichend gegen Missbrauch und Krankheit geschützt ist, ein Schutz, den die Legalisierung der Prostitution ermöglichen würde."[385]

Daher ist Nussbaum nur beizupflichten, dass jegliche Anstrengungen unternommen werden, welche die Optionen von Frauen betreffend Arbeitsmöglichkeiten substantiell verbessern.[386] Ebenso verdient die Verbesserung der Arbeitsbedingungen in der Prostitution Zustimmung. Hingegen kann die Aussage, dass es uns nicht zu kümmern braucht, wenn eine Frau aus vielen ihr offen stehenden Optionen die Prostitutionstätigkeit wählt, aus verschiedenen Gründen nicht unwidersprochen bleiben. Ohne das an dieser Stelle weiter auszuführen, sei lediglich darauf verwiesen, dass die Massangabe unpräzise ist und die Wahl der Prostitutionstätigkeit selbst unter Bedingungen besserer Wahlmöglichkeiten für Frauen mit der nach Geschlecht unterschiedlichen, sozialen Ungleichheit zu tun hat.

Ausgangspunkt der Überlegungen bildete die Frage nach der Reichweite der autonomen Selbstverfügung in der Prostitutionstätigkeit. Dass sich in mancherlei Hinsicht Parallelen zu anderen beruflichen Tätigkeiten ziehen lassen, steht ausser Frage. Nebst Ähnlichkeiten lassen sich aber, wie eben ausgeführt, auch Unterschiede ausmachen, die zudem viel stärker ins Gewicht fallen, als es bei den von Nussbaum erörterten Vergleichen den Anschein macht. Sie rühren daher, dass sie genauer nach der ‚Beschaffenheit' der Autonomie im konkreten Kontext der Prostitutionstätigkeit fragen. Wenn darüber nachgedacht wird, ist ein weiterer Aspekt einzubeziehen: Sexuelle Lustbefriedigung verlangt nicht zwangsläufig nach einer Partnerin, sondern liesse sich ebenfalls und wohl einfacher mittels Masturbation erreichen.[387] Dass Frauen in der Phantasie oder bildlichen Erzeugnissen[388] als Projektionsfläche herhalten müssen, sei unbestritten. Entscheiden sich Frauen nun für die Prostitutionstätigkeit, lassen sie sich darauf ein, die auf sie projizierten Bilder in einem imaginierten und real inszenierten ‚Liebesspiel' zu verkörpern.[389] Wenn

384 Martha C. Nussbaum, „Mit Gründen oder aus Vorurteil", 964.

385 Ebd., 940.

386 Vgl. ihr Beispiel aus dem Kontext in Indien: ebd., 964-965.

387 Nach Auffassung des römisch-katholischen Lehramtes ist jeglicher Sex ausserhalb einer ehelichen Beziehung zu verurteilen. Selbst unter dieser Prämisse wäre doch zu konzedieren, dass Masturbation das kleinere Übel als die Nachfrage nach sexuellen Dienstleistungen darstellt.

388 Darunter finden sich pornographische Erzeugnisse, was ein ganzes Problemfeld eröffnet, das aber im Rahmen dieser Arbeit nicht diskutiert werden kann.

389 Die Inszenierung einer bestimmten Vorstellung spielt im Bereich der Domina-Prostitution eine wesentliche Rolle. Darauf kann ich aber im Rahmen dieser Arbeit nicht näher eingehen. Da es weiter um die ‚Mainstream'-Prostitution geht, befasse ich mich hier generell nicht eigens mit diesem Zweig der Prostitution.

das kritisch betrachtet wird, hat das nicht in erster Linie mit der Bewertung des sexuellen Verhaltens dieser Frauen zu tun, wie dies Nussbaum und Schwarzenbach unterstellen, sondern mit der Frage, wozu das gut sein soll. Die Sinnfrage ist dabei in zweierlei Hinsicht zu stellen, einerseits in Bezug auf die sexuelle Interaktion, die sich einseitig nach den Kundenwünschen richtet, und andererseits in Bezug auf die damit verbundene, (hauptsächlich) auf Männer ausgerichtete Dienstleistungsbranche.[390]

5.4.2 Selbstbestimmung als Vermögen zur ‚Selbstimmunisierung'?

5.4.2.1 Leibvermittelte Erfahrung

Der Rekurs auf die selbstbestimmte Prostitutionstätigkeit, bei der autonom über den eigenen Körper verfügt wird, ist meist verknüpft mit dem Anspruch auf Professionalität. Professionell die Prostitutionstätigkeit auszuüben bedeutet, Strategien zu entwickeln, um die physische und psychische Verletzbarkeit möglichst gering zu halten bzw. nach Möglichkeit auszuschalten. Das erfordert Techniken der Distanzierung vom eigenen Körper. Die diesbezüglich geführte Diskussion erweckt oft den Anschein, als sei das gut bewältigbar und die Tätigkeit könne den Frauen kaum etwas anhaben. Im Umkehrschluss hiesse das, dass eine unprofessionelle oder zu geringe professionelle Einstellung dafür verantwortlich zu machen wäre, wenn dies nicht gelingt. Das hingegen wäre eine zynische Konsequenz der Anpassungsleistung an die sexuellen Bedürfnisse von Männern, die in einer boomenden Industrie befriedigt werden. Zudem hätte es zur Folge, dass die Männer sozusagen ‚fein raus' und jeglicher Verantwortung für diese gesellschaftliche Veranstaltung enthoben sind.

Soll die erforderliche Distanzierung vom eigenen Körper vollends gelingen, müsste es eine vollständige Trennung von Körper und Leib geben. Dann verbliebe das, was in der Prostitution körperlich vollzogen wird, auf der Ebene des Körpers, sozusagen an der Oberfläche, ohne den Leib tangieren zu können. Ein solch dichotomisches Körperbild wäre aber, wie früher dargelegt,[391] wenig plausibel. Vielmehr ist davon auszugehen, dass Erfahrungen immer auch leibvermittelt sind,[392] eine Einsicht, die der Soziologe Robert Gugutzer in seiner Studie bestätigt.[393] Er hat das Verhältnis zwischen Körper- und Selbstbild und deren Verknüpfung mit der personalen Identität empirisch bei Ordensangehörigen sowie Ballett-Tänzerinnen und -Tänzern untersucht. Dabei stützt er sich auf philosophisch-phänomenologische Theorien wie jene von Maurice Merleau-Ponty, Hermann Schmitz und Helmuth Plessner sowie auf das Konzept des Habitus des Soziologen Pierre Bourdieu und kommt aufgrund seiner Erkenntnisse zum Schluss, dass „reflexive Leiblichkeit"[394] das adäquate Modell sei, um Identität in der Spätmoderne zu begreifen. Eine ähnliche Untersuchung steht bei Prostituierten und deren Kunden noch aus. Die

390 Darauf komme ich in Kap. 5.4.3 ausführlicher zu sprechen.
391 Vgl. dazu in Kap. 5.3.3.7.
392 Vgl. Robert Gugutzer, Leib, Körper und Identität, 60, 282.
393 Vgl. ebd.
394 Ebd., 296.

möglichen Bezugspunkte, die ich im Hinblick auf die Prostitutionstätigkeit sehe, bedürfen daher noch einer empirischen Überprüfung und Vertiefung.

Werden Prostituierte auf ihre Tätigkeit, insbesondere das erforderliche Know-how, angesprochen, thematisieren sie, wie es im Umgang mit Kunden gilt, eine Situation innert Kürze zu erfassen, konkret einerseits deren Gefahrenpotential einzuschätzen sowie andererseits deren Wünsche auszumachen und den Kontakt so herzustellen, dass die Wunscherfüllung möglich wird. Erfahrene Frauen haben hierfür ein Gespür entwickelt und sind stolz auf ihre Fertigkeit, die ihnen einen ‚reibungsloseren' – und aus ökonomischer Perspektive wohl auch effizienteren – Umgang mit den Kunden ermöglicht. Diese Kompetenz verdient ohne Zweifel Anerkennung. Springender Punkt dabei ist, in welchem Ausmass die eigene Persönlichkeit involviert ist. Denn gerade das Gespür und die Routine sind Hinweis auf Vorgänge, die sich im Bereich des Leiblichen abspielen und nicht bloss auf der Körperoberfläche. So lassen sich die häufig nonverbale Kommunikation mit dem Kunden, durch die eine Frau zu erfassen versucht, was er wünscht und braucht, als leiblicher Perspektivenwechsel[395] deuten und der damit zusammenhängende Spürsinn sowie die diesbezüglich angeeignete Fertigkeit und Routine als aus dem Leibgedächtnis[396] erwachsend.

Vor diesem Hintergrund erscheint es durchaus plausibel anzunehmen, dass die Erfahrungen mit den Prostitutionskunden, die Zumutungen, die von ihrer Seite den Prostituierten entgegentreten, ihre Spuren in der Körperbiographie hinterlassen. Das ist – um möglichen Vorurteilen zuvorzukommen – keinesfalls per se mit einem beschädigten Selbstbild gleichzusetzen, sondern als Hinweis darauf zu verstehen, dass solche Erfahrungen in die Selbstbiographie zu integrieren sind.[397] Ansonsten droht die Gefahr einer Spaltung der Persönlichkeit. Die Körperbiographie mit der Selbstbiographie in einen Einklang zu bringen, ist keine Aufgabe, die sich allein Prostituierten stellt, sondern ein allgemein menschliches Erfordernis, das insbesondere für Frauen eine Herausforderung darstellt. Denn:

> „Frauen müssen sich mit ihrem Körper auseinandersetzen, weil dieser eine Ikone darstellt, die *verehrt* wird, oder ein Objekt der Begierde ist, das *beherrscht* wird, weil der Frauenkörper, in einer männlich geprägten Gesellschaft viel stärker als der Männerkörper ein Medium der Phantasie ist, in den eingeschrieben wird, was Frauen und Männer von ihm wünschen."[398]

Prostituierte sind in besonderem Mass – quantitativ (sie sind dem von der Dauer her viel länger ausgesetzt) wie qualitativ (sie sind unterschiedlichsten Vorstellungen ausgesetzt, welchen Typ Frau sie verkörpern sollen, und müssen sich auf Intimität mit einer beträchtlichen Anzahl verschiedener, ihnen meist fremder Männer einlassen) – mit Wünschen, Phantasien, Projektionen konfrontiert, die auf eine Frau bezogen sind und auf intime Art und Weise befriedigt werden wollen. Verstärkt wird das, wenn die Vorstellungen, die ihnen entgegentreten, negativ konnotiert sind. Sei dies, dass die Frauen den

395 Vgl. ebd., 132, 285.
396 Vgl. ebd., 118, 265, 276-277.
397 Vgl. zum Zusammenhang von Körper- und Selbstbiographie: Robert Gugutzer, Leib, Körper und Identität.
398 Hille Haker, Selbstkonzepte aus feministisch-ethischer Sicht, 129 (Hervorh. im Orig.).

Wünschen, Phantasien ablehnend gegenüberstehen, weil sie diese für krankhaft halten, – was nicht von vornherein heisst, dass sie diese nicht erfüllen würden[399] – sei es, dass sie es mit einer sie als „Hure“ abstempelnden und folglich abwertenden Haltung zu tun haben.[400] Mit all dem gilt es fertig zu werden, was entsprechend hohe Anforderungen stellt, um die Balance im eigenen Selbstverständnis halten zu können.[401] Dass dies für die Prostituierten im Grunde genommen eine Zumutung besonderen Ausmasses darstellt, erschliesst sich aus der Erkenntnis, dass sich Identität nicht autonom, von den anderen völlig losgelöst bildet, sondern intersubjektiv konstituiert wird.[402]

5.4.2.2 Einfluss auf die Selbstwahrnehmung

Wie die Soziologin Joanna Phoenix in ihrer Studie unter Prostituierten, die aus prekären, meist mit Gewalt verbundenen Verhältnissen stammen, feststellt, sind es hauptsächlich zwei Strategien, die den Frauen den Verbleib in der Prostitutionstätigkeit ermöglichen, nämlich eine entsprechende Deutung ihrer Situation und die Herausbildung einer „Prostituierten-Identität“[403]. Einerseits deuten sie ihre Situation, die Möglichkeiten, die sich ihnen auf dem Arbeitsmarkt bieten so, dass die Prostitutionstätigkeit für sie eine einzigartige Gelegenheit darstellt, den Lebensunterhalt selbständig bestreiten zu können. Zugleich sehen sie sich aber als Opfer derselben gesellschaftlichen Verhältnisse. Was die Herausbildung einer „Prostituierten-Identität“ anbelangt, zeichnet sich diese durch ein Konglomerat von verschiedenen Facetten aus, die unterschiedliche Ausprägungen annehmen. Generell verstehen sich die befragten Frauen als Arbeitstätige[404], die lediglich ihren Job machen. In Bezug auf ihre Kunden und allfällige Zuhälter sehen sie sich als „zur Ware gemachten Körper“[405], wobei hier zwei Kategorien zu unterscheiden sind, die

[399] Als Beispiel dafür sei Rita Dolder alias Susanne D. genannt. Sie sagt von ihren Kunden: „Männer, die Einfluss, Macht und hohes Ansehen geniessen, besitzen meist eine kranke Einstellung zur Sexualität. Ich machte Bekanntschaft mit hohen Tieren, die ausschliesslich auf bizarre und perverse Sexspiele bis hin zu unnatürlichen und grotesken sexuellen Ausschweifungen standen.“ (Juliana Balmer/Rita Dolder, Susanne D., 149.) Das ist keine Frage des Status, sondern des Geldes. Weniger gut Gestellte könnten sich „solche abartigen Wünsche“ nicht leisten. (Ebd.) Wie hält diese Frau die Spannung aus, die sich aus der Konfrontation mit derartigen Wünschen/Vorlieben ergibt? Sie meint diesbezüglich: „Über solche Vorlieben durfte ich nicht zuviel nachdenken, sonst hätte ich angefangen zu spinnen. Meistens grenzte ich mich stark ab [...].“ (Ebd., 157.)

[400] Im prostitutiven Setting sind das beispielsweise Kunden, für die es zur Inszenierung gehört, die beteiligte Prostituierte als „Nutte“ zu beschimpfen, und die sich im Grunde genommen an der Vorstellung aufgeilen, „schmutzigen Sex“ zu praktizieren, was bei ihnen nur mit einer minderwertigeren ‚Figur‘ zusammen möglich zu sein scheint. Andere lassen eine die Verachtung bei zufälligen Begegnungen ausserhalb des Rahmens der Prostitution spüren. (Vgl. hierzu Juliana Balmer/Rita Dolder, Susanne D., 180.)

[401] Jeannette Angell beschreibt den Punkt, wo sie dies nicht mehr mit sich vereinbaren konnte. „Er sah selbstgefällig aus, und plötzlich hatte ich genug. Genug von der Selbstgefälligkeit auf Männergesichtern, genug davon, ihre sexuellen Fantasien zu erfüllen, genug davon, mir ihre Lustbefriedigung zur Aufgabe zu machen. [...] Ich hatte es absolut satt. Ich hatte es satt, mich mit schlechten Manieren abzufinden und sie durch meine Teilnahme stillschweigend zu billigen.“ (Dies., Callgirl, 358.)

[402] Vgl. ausführlicher Hille Haker, Selbstkonzepte aus feministisch-ethischer Sicht; vgl. in Bezug auf die Vorstellung vom eigenen Körper: Bernhard Waldenfels, Das leibliche Selbst, 121-122.

[403] Joanna Phoenix nennt das „prostitute-identity“. (Dies., Prostitute Identities.)

[404] Joanna Phoenix bezeichnet sie als „prostitute-as-worker“. (Ebd., 231.)

[405] Joanna Phoenix spricht von „prostitute-as-commodified-body“. (Ebd., 232.)

grob mit souverän und fremdbestimmt charakterisiert werden können. Den einen dient die Distanzierung vom eigenen Körper dazu, diesen den Prostitutionskunden gewinnbringend zur Verfügung zu stellen. Demgegenüber sehen sich die anderen auf ihren Körper, insbesondere ihre Vagina reduziert und fühlen sich als Objekt ihrer Kunden (z. T. auch ihrer Zuhälter), was in ihnen Selbsthass auslöst.[406] Bei allen verbindet sich das mit einer generalisierenden Sicht des Mannes, der ‚von Natur aus' einen stärkeren Sexualtrieb habe, der mehr auf ‚Entladung' denn auf einen Ausdruck von Gefühl, Wertschätzung etc. fokussiert sei, weshalb sie den Austausch von Sex gegen Geld als gewöhnliche ökonomische Transaktion mit ganz ‚normalen' Männern betrachten (können), aber auch jeden Mann als potentiellen Kunden bzw. potentielle Einnahmequelle ansehen.[407]

Ähnliches lässt sich auch aus autobiographischen Aufzeichnungen und Schilderungen durch Dritte entnehmen. Was die Herausbildung einer Prostituierten-Identität anbelangt, scheint mir ein weiterer Aspekt bemerkenswert, nämlich der Umstand, dass bei einem Teil der Prostituierten der Aufbau einer entsprechenden Identität bereits vor Aufnahme der eigentlichen Prostitutionstätigkeit zu beobachten ist. Darunter finden sich Frauen, die von anderen als „Hure" etikettiert und abgestempelt wurden,[408] oder Frauen, die sich vom Milieu angezogen fühlen und mit dem Gedanken spielen, sich darauf einzulassen bis hin zur festen Absicht, „eine von denen" zu werden, wie dies Tina von S. von sich selbst sagt.[409]

Aufgrund der Erkenntnisse von Gugutzer vermag dieser Befund nicht zu überraschen, stellt er doch (in Bezug auf Tänzerinnen und Tänzer sowie Ordensangehörige) fest, dass das jeweilige sozio-kulturelle Umfeld Körperbild und Selbstwahrnehmung prägt.[410] Dabei braucht der Einfluss nicht ausschliesslich dem spezifischen Milieu geschuldet zu sein, sondern kann zum Teil auch auf eine Disposition treffen, die dies begünstigt. In Bezug auf die Prostituierten ist diesbezüglich an jene Frauen zu denken, die vor Aufnahme der Prostitutionstätigkeit Erfahrungen von entsprechendem Kategorisiert-Werden oder von Gewalt und Missbrauch machen mussten.[411]

5.4.2.3 Selbstbestimmung als Vermögen zur ‚Selbstimmunisierung'? – Ein Fazit

Die skizzierten Erkenntnisse und Überlegungen belegen zunächst die – z. T. erstaunliche – Anpassungsfähigkeit des Menschen an seine/ihre Umgebung, die, wie die erwähnte Studie von Phoenix zeigt, aus einer Mischung von Selbst- und Fremdbestimmung resultiert. Je nach Anteil widerspiegelt es einen mehr oder weniger souveränen Umgang mit

406 Vgl. ausführlicher ebd., 231-233.

407 Vgl. ebd., 233-234.

408 Vgl. Amber, Ich verkaufe Sex pur, 141.

409 Tina von S., Ich bin eine Hure, 35, 232.

410 Vgl. Robert Gugutzer, Leib, Körper und Identität, 192-193.

411 Selbst Schwarzenbach, für die es aus philosophischer Sicht keine stichhaltigen Gründe gegen eine frei ausgeübte Prostitutionstätigkeit gibt, nennt in zustimmender Weise Studien, die bei Prostituierten eine höhere Rate von Missbrauchserfahrungen in der Kindheit und Jugend belegen. Sie geht aber nicht weiter darauf ein. (Vgl. dies., Contractarians and Feminists Debate Prostitution, 115 [Anm. 73]) Sexuelle Gewalterfahrungen bilden auch bei Lisa Moos den Hintergrund ihrer Prostituiertenkarriere. (Vgl. dies., Das erste Mal und immer wieder.) Vgl. ausführlicher zum genannten Zusammenhang Kap. 6.2.3.

den Gegebenheiten. Überwiegt die Fremdbestimmung wie bei denjenigen Prostituierten, die sich als Objekt ihrer Kunden und/oder Zuhälter empfinden, schränkt das die eigenen Handlungsmöglichkeiten ein und wirkt sich dementsprechend auf das Selbstbild aus.

Professionalität im Sinn eines ‚souveränen' Umgangs ist also möglich, darf aber nicht dahingehend missverstanden werden, als wären das eigene Ich, die Lebenslage sowie die jeweilige konkrete Situation einfach beherrschbar. Das Beispiel derjenigen Frauen, die der Prostitutionstätigkeit bewusst nur mit Unterbrüchen nachgehen, – was bei einem Teil der Migrantinnen, die sich prostituieren, oder jenen Frauen, die sich eine Auszeit gönnen und es sich dabei bewusst gut gehen lassen, der Fall ist – lässt sich denn auch in beider Hinsicht deuten. Auf der einen Seite zeugt die zeitliche Begrenzung der Tätigkeit von einer realistischen Einschätzung dessen, was verkraftbar erscheint, und erhöht dadurch die Möglichkeit der Selbstbestimmung. Auf der anderen Seite zeigt die Notwendigkeit einer zeitlichen Begrenzung dieser Tätigkeit an, dass die Aufrechterhaltung eines inneren Gleichgewichts ein fragiles Unterfangen ist, was Beleg dafür ist, dass frau ihr Leben nicht einfach ‚in der Hand hat', und mit der Widerständigkeit des Leibes zu tun hat. Ersichtlich wird das in der Untersuchung von Gugutzer am Beispiel der Tänzerinnen und Tänzer, die auf der Bühne sozusagen über sich selbst hinauswachsen und dabei ihre körperlichen Grenzen überschreiten. Wenn sie in diesen Momenten keine Schmerzen mehr empfinden, holen diese sie später wieder ein, was Gugutzer dahingehend deutet, dass das Verhältnis von Körperhaben und Leibsein wieder ins Gleichgewicht kommt.

> „Unsere Psyche ist mit unserem Leib verschränkt, aber doch keinesfalls so, als ob dieser einfach nur ein Instrument unseres Ichs wäre. Der Leib ist uns stets nur in Grenzen dienstbar, in gewisser Hinsicht sogar auf unaufhellbare Weise unverfügbar, wenn auch in historisch und individuell verschiedenem Ausmass, insofern der Leib durch individuelle und kollektive Prozeduren zähmbar, überformbar, kontrollierbar, steuerbar und deutbar wird."[412]

Zeigen sich bei Prostituierten somatische und psychische Beschwerden, ist das nicht nur den Umständen, insbesondere etwaiger Stigmatisierung anzulasten, sondern hat letztlich seinen Grund in der Widerständigkeit des Leibes. Als sensibler Seismograph zeigt er an, was für eine Person auf dem Spiel steht, nämlich Selbstachtung und Würde.

5.4.3 Selbstbestimmung als Akt der Emanzipation – in wessen Interesse?

> „Ce qui nous intéresse, ici, est une réflexion morale sur les rapports que chacun construit et entretient avec son corps afin de réaliser ses rêves. Le jugement éthique ne s'applique donc pas au désir d'être aimé, mais plutôt aux moyens utilisés et aux résultats que, *de facto*, l'on obtient en acceptant les règles et les normes éthico-sociales qui légitiment ces pratiques et normalisent les comportements des individus."[413]

[412] Alois Hahn, Konstruktionen des Selbst, der Welt und der Geschichte, 388.

[413] Übersetzung: „Was uns hier interessiert, ist eine moralische Reflexion der Beziehungen, die jeder zu seinem Körper aufbaut und unterhält, um seine Träume zu realisieren. Das ethische Urteil gilt demnach nicht dem Verlangen, geliebt zu werden, sondern eher den dazu verwendeten Mitteln und den Ergebnissen, die man, de facto, erreicht, wenn man die Regeln und sozialethischen Normen akzeptiert, die diese Praktiken legitimieren und das

Wenn Selbstbestimmung, womöglich noch mit emanzipatorischem Impetus, geltend gemacht wird, ist zu klären, wer das in welchem Sinn und zu welchem Zweck in Anspruch nimmt. Dient es dazu, staatliche Einschränkungen der Prostitutionstätigkeit (die je nach Kontext unterschiedlich ausfallen, von zeitlichen, örtlichen oder anderen Restriktionen bis hin zu einem generellen Verbot) als die persönliche Freiheit tangierend und deswegen als unangemessen zurückzuweisen? Soll damit die Prostitutionstätigkeit als ‚Job wie jeder andere' legitimiert werden? Letzteres verbindet sich mit entsprechenden Erwartungen gegenüber dem Staat, die darin bestehen, dass dieser die Prostitutionstätigkeit wie eine andere Erwerbsarbeit behandelt und dabei dem Sicherheitsbedürfnis der Prostituierten Rechnung trägt, was sowohl den Schutz bei der Ausübung der Tätigkeit als auch die soziale Sicherung beinhaltet. Solche Ansprüche bedürfen der Rechtfertigung. Dazu dient, die Prostitutionstätigkeit als eine Tätigkeit auszuweisen, die gesellschaftlich von Nutzen und/oder sogar als emanzipatorisch zu verstehen ist. Ob eine solche Rechtfertigung der Gesellschaft wie sich selbst gegenüber bereits einem Prozess der Normalisierung geschuldet ist und insofern nur noch einen kleineren Kreis überzeugen müsste oder im engeren Sinn zu verstehen ist und insofern noch grundlegende Überzeugungsarbeit zu leisten hätte, lässt sich wohl nicht mit Bestimmtheit entscheiden. Ersteres scheint mir aus Voten von Prostituierten sowie sie unterstützenden Personen oder Institutionen hervorzugehen. Insgesamt bin ich eher skeptisch, was die Art der Akzeptanz betrifft. Diese scheint mir eher bei einem unumgänglichen Modus vivendi zu liegen denn bei einer weitergehenden moralischen Akzeptanz.[414]

Was die geltend gemachte Selbstbestimmung – ob nun mit mehr oder weniger emanzipatorischem Anspruch – anbelangt, sind die verschiedenen Ebenen, die individuelle und soziale, gesellschaftliche, sowie die damit verbundenen Intentionen zu unterscheiden. Der Verweis auf den Nutzen und/oder den emanzipatorischen Aspekt macht eine entsprechende Sinnhaftigkeit der Prostitutionstätigkeit geltend. Doch worin besteht der behauptete Nutzen für die Gesellschaft genau? Bislang liess sich nicht belegen, dass die Prostitution zu einem Rückgang sexueller Übergriffe auf Frauen geführt hätte, wie das oft unterstellt wird.[415] Liegt der Nutzen folglich darin, dass Männern eine Infrastruktur für ihre sexuellen, z. T. auch persönlichen (z. B. sich aussprechen zu können), Bedürfnisse geboten wird? Dies ist ein Argument, das von Prostituierten immer wieder vorgebracht wird. So heisst es etwa, für die Gesellschaft sei es nur von Vorteil, wenn Männer einen Ort hätten, wo sie sich regenerieren könnten.[416] Bereits in herausfordernderem Ton kommt es daher, wenn Prostituierte finden, die Ehefrauen sollten ihnen dankbar sein, wenn der Partner zufrieden und entspannt nach Hause zurückkehrt. Im Grunde genommen müssten die Ehefrauen sie ebenfalls bezahlen, und zwar dafür, dass dieser

Verhalten der Individuen normalisieren." (Maria Michela Marzano Parisoli, Penser le corps, 32 [Hervorh. im Orig.].)

414 Das erklärt auch, weshalb Tamara Domentat nebst der rechtlichen die moralische Anerkennung der Prostitutionstätigkeit fordert.

415 Vgl. Friedrich W. Stallberg, Prostituierte in der Gesellschaft, 41.

416 Vgl. Tamara Domentat, Lass dich verwöhnen, 172, 177.

erst bei ihnen abladen konnte und sie ihnen so eine Last abgenommen hätten.[417] Interessanterweise äussern andere Prostituierte genau die entgegengesetzte Ansicht. Sie werfen den Ehefrauen vor, dass es sie nur brauche, weil diese sich den Bedürfnissen/Wünschen ihrer Partner verweigerten.[418] Abgesehen davon, dass sich da auf die gesamte Einschätzung gesehen ein Widerspruch auftut, ist die dahinter liegende und von beiden Positionen geteilte Annahme bemerkenswert. Denn beide gehen stillschweigend von einer selbstverständlichen Zuständigkeit der Frauen für das Wohlergehen der Männer, einschliesslich sexueller Befriedigung und ‚mentalem/seelischem' Beistand, aus. Das entspricht aber einer Ansicht, der zumindest von feministischer Seite, auch von Teilen der Männerbewegung, schon seit längerem widersprochen wurde.

Wie ist aber die geschlechtsspezifische Einseitigkeit dieser gesellschaftlichen Veranstaltung im konkreten gesellschaftlichen Kontext zu deuten? Mir scheint, dass das mit widersprüchlichen Tendenzen einhergeht. Auf der einen Seite sind Fortschritte in der Gleichstellung der Geschlechter zu verzeichnen. Auf der anderen Seite bleibt die Reproduktionssphäre ein ungelöster Knackpunkt im Hinblick auf eine geschlechtergerechte Gesellschaftsordnung. Familienarbeit gilt zwar nicht mehr unbestritten als hauptsächlich in der Verantwortung der Frauen stehend, de facto ist dies aber nach wie vor der Fall. Ist auf diesem Hintergrund das Florieren des Prostitutionsgewerbes als Auslagerung eines Teils der Reproduktionssphäre zu deuten? Mit dem Ergebnis, dass nach wie vor Frauen dafür zuständig sind, wenn auch dafür bezahlt?[419] Ist unter diesen Umständen die Vermarktung von Sexualität (konkret des eigenen Körpers zur sexuellen Befriedigung des Kunden) tatsächlich als emanzipatorisch zu werten? Kommt dies nicht vielmehr einer Angleichung an eine männliche Norm bzw. Verhaltensweise gleich? Diesbezüglich erscheint selbst die sexuelle Revolution, die im Grunde genommen von einer Gleichberechtigung der Geschlechter ausging, in einem kritischen Licht. So gelangt die Schriftstellerin Verena Stefan Mitte der 1970er Jahre zur Erkenntnis, dass der Sexismus in beiden Geschlechtern tief verwurzelt sei.[420]

> „löst ein mann an sich in dir sehnsüchte aus? ist es nicht vielmehr so, dass deine sehnsucht die sehnsucht ist, in ihm sehnsüchte auszulösen? ... wir haben doch gelernt, nicht unsern körper zu

417 Im eben beschriebenen Sinn hat sich z. B. Lisa Moos (aus der Prostitutionstätigkeit ausgestiegen) am 8. März 2007 in einer Talkshow auf 3sat geäussert, bei der auch Sabine Grenz (zu ihrer Forschungsarbeit betreffend Prostitutionskunden siehe Kap. 5.2) und Valentin Landmann (renommierter Schweizer Milieu-Anwalt) zugegen waren. Wie ist aber im Kontext der Rechtfertigung der Prostitutionstätigkeit die Charakterisierung von Lisa Moos als Frau, die den Ausstieg geschafft hat, zu deuten? – Eine Prostitutions wohlwollende Interpretation würde da die von der Gesellschaft verursachten Schwierigkeiten oder den allgemeinen Wunsch nach einem beruflichen Wechsel hervorheben, während eine Prostitutions kritische Interpretation die Schwierigkeiten mehr prostitutionsimmanent sieht. Letztere fände sogar entsprechende Anhaltspunkte im Bericht von Lisa Moos über ihre Prostitutionstätigkeit. (Vgl. dies., Das erste Mal und immer wieder.)

418 Vgl. die Äusserung der Bordellbetreiberin Mia bei Tamara Domentat, Lass dich verwöhnen, 164, oder Tina von S., Ich bin eine Hure, 157, 204-208.

419 Ich sehe da eine Parallele zur Debatte um die von ‚westlichen' Frauen delegierte Familienarbeit, die sich an den Fällen entzündete, wo Ausländerinnen aufgrund der weltweiten sozialen Ungleichheit diese Arbeit übernehmen, aber unter ausbeuterischen Bedingungen erfüllen müssen.

420 Vgl. Verena Stefan, Häutungen, 34.

> lieben, sondern ... das verlangen, das er im mann auslöst ... lieben wir den männlichen körper oder ... lieben wir das begehrt sein durch ihn?"[421]

> „kaum jemals hatte ich die erfahrung gemacht, mit einem mann eine verbindung zu haben, ohne mit ihm zu schlafen. der koitus war wichtig geblieben, um männliche anerkennung zu bekommen."[422]

Was Stefan beschreibt, widerspiegelt die Erfahrung mancher Frau zu jener Zeit wie zum Teil wohl heute noch. Sie zielt auf die grundlegende Frage, welche Form gelebter Sexualität der Frau entspricht, ihr Lust bereitet und sie erfüllt. – Dass das entsprechende ‚Gegenstück' (zur beschriebenen Erfahrung), die fraglos für selbstverständlich gehaltene ‚männliche' Sexualität auch für die Männer selbst nicht unproblematisch war und noch immer ist, betont zu Recht die gegenwärtige Männerforschung. – Der Fremdbestimmung und wiederholten Erfahrung von Entfremdung im Bereich der Sexualität müde, ohne das ‚Eigene' gefunden zu haben, führt das bei Stefan letztlich zu einer „Sexualitätsmüdigkeit"[423]. Eine solche kann, wie verschiedentlich berichtet, in der Folge aus der Prostitutionstätigkeit hervorgehen. Problematisch ist dabei nicht die „Sexualitätsmüdigkeit" an sich; sie ist es in dem Fall, wo sie die leibliche Antwort ist auf Anforderungen an Sexualität und Körper, die sich so letztlich als untragbar und unzumutbar erweisen.

Unabhängig davon ist die Annahme, dass die Veräusserung sexueller Handlungen aufgrund der Einbindung in den ökonomischen Warentausch emanzipatorisch sein soll, als irreführend abzulehnen. Einerseits basiert das auf entsprechenden Geschlechterbildern, die auf diese Weise weitertradiert werden und zugleich das darauf aufbauende Geschlechterverhältnis reproduzieren. Andererseits verkennt die Gegenüberstellung – emanzipatorisch, weil Sex gegen Geld erbracht, versus unfrei wegen unentgeltlich praktiziertem Sex – den einer nichtkommerziellen sexuellen Begegnung innewohnenden Anspruch auf personal verstandene Wechselseitigkeit, die – immer vom Anspruch her gedacht – beide Beteiligten als gleichberechtigt betrachtet.

Wenn auch in Bezug auf die Gesellschaft als Ganze der Nutzen der Prostitutionstätigkeit und deren emanzipatorisches Potential hier in Abrede gestellt werden, sind aus einer Mikroperspektive, d. h. auf individueller Ebene, verschiedene Facetten auszumachen. – Mit dieser Position bleibt im Übrigen die Möglichkeit der Gesellschaftskritik erhalten.[424] Zugleich lässt sich damit den von Prostituierten als negativ empfundenen Aspekten besser gerecht werden.

Wo Prostituierte in ihrer Tätigkeit ein emanzipatorisches Potential sehen, ist das hauptsächlich auf zwei Erfahrungen zurückzuführen. Die eine besteht darin, für den eigenen Lebensunterhalt sorgen zu können und insofern unabhängig zu sein. Die andere bezieht sich auf das Verhältnis zu Männern. Die Erfahrung, begehrt zu werden und die Interaktion lenken zu können, verleiht Selbstvertrauen und damit verbundene ‚Hand-

[421] Ebd., 85.

[422] Ebd., 62.

[423] Nach Schilderungen von Erfahrungen – rückblickend gesehen – fremdbestimmter Sexualität schreibt sie: „Ich war sexualitätsmüde." (Ebd., 57.)

[424] So fragt Maria Michela Marzano Parisoli kritisch nach der Freiheit und Autonomie derer, die nur ihren Körper haben, und nennt dabei als ein Beispiel die Prostitution. (Vgl. dies., Penser le corps, 135.)

lungsmächtigkeit'.[425] Die hierzu erworbenen Kompetenzen sind, wie bereits andernorts betont, anzuerkennen. Diese Leistung gilt es nicht nur allgemein hervorzuheben, sondern insbesondere auf Unternehmensseite im Fall einer Umschulung oder Anstellung zu würdigen und zu berücksichtigen.

Untersuchungen zeigen, dass es durchaus Prostituierte gibt, die ihre Tätigkeit als (mehrheitlich) selbstbestimmt, zum Teil vielleicht sogar als emanzipatorisch empfinden.[426] Dies stellt ein Urteil aufgrund gemachter Erfahrung dar und ist nicht mit Überlegungen betreffend Modellen geglückten Lebens oder geschlechtergerechten gesellschaftlichen Bedingungen zu verwechseln. Das eine sollte nicht gegen das andere ausgespielt werden. So ist es wichtig und richtig, darüber nachzudenken, wie menschliches Leben glücken kann und wie eine Gesellschaft gestaltet sein muss, um dies zu ermöglichen. Das schliesst natürlich nicht aus, dass ebenfalls unter nicht-idealen, vielleicht sogar widerwärtigen und menschenunwürdigen Bedingungen Momente des Glückens erfahrbar wären, wie erfüllt oder verkürzt sie immer sind. Allerdings lassen diese den Umkehrschluss nicht zu, per se Modelle geglückten Lebens zu sein. Aufgrund dieser Überlegungen wird einsichtig, weshalb in der Regel weder Prostituierte noch deren Kunden ihren Töchtern die Prostitutionstätigkeit als lebenswerte Lebensperspektive empfehlen. Ein Zweites gilt es zu bedenken. Liesse sich die Prostitutionstätigkeit als Modell geglückten Lebens rechtfertigen, diente das in erster Linie den Interessen der Männer, die dadurch die Illusion einer sexuellen Begegnung nach dem Modell einer Beziehung[427] besser aufrecht erhalten könnten. Es würde zudem die Ökonomisierung von Lebensbereichen befördern, die nicht dem monetären Tauschprinzip gehorchen, sondern von ‚ungeschuldeter' Zuneigung und Wechselseitigkeit leben.

[425] Vgl. hierzu Julia O'Connell Davidson, Prostitution, Power and Freedom, 88-106.

[426] Vgl. dazu Kap. 6.3.2.

[427] Vgl. dazu Kap. 5.2.3 und 5.2.4.

6. Prostitution – (K)ein Problem?!

Das vorangehende Kapitel 5 beschäftigte sich mit Hintergrundannahmen, die sowohl eine Prostitutions kritische als auch befürwortende Position treffen. Daher lag der Fokus auf grundlegenden philosophischen und theologischen Überlegungen zu Sexualität, Körperlichkeit und Beziehung. Damit verbunden stellte sich die Frage, welche Bedeutung Prostitutionskunden ihrer Nachfrage nach einer sexuellen Dienstleistung geben. Nach den genannten grundsätzlichen Überlegungen steht nun das Phänomen Prostitution im Zentrum der Reflexion. Denn um einer Sache – in diesem Fall dem Phänomen Prostitution bzw. den darin involvierten Personen – gerecht werden zu können, ist es unabdingbar, sich von dessen Erscheinung(en), Ausprägung(en) und Auswirkung(en) ein genaueres Bild zu machen. Dabei geht es im Folgenden weniger darum, einen möglichst vollständigen Überblick zu gewinnen als vielmehr, zu vertiefter Kenntnis über wichtige Aspekte zu gelangen, die immer wieder Anlass zu kontroverser Einschätzung sind. Allein die Forschungslage liesse einen mehr oder weniger lückenlosen Überblick gar nicht zu. Das rührt daher, dass die Prostitution aus verschiedenen Gründen einen grossen Graubereich darstellt, der entsprechende Schwierigkeiten für die Erforschung nach sich zieht. Gleichwohl können Tendenzen oder problematische Entwicklungen ausgemacht und Widersprüche benannt werden. Daraus wird ersichtlich, ob und inwiefern sich die Prostitution als risikoreich und problematisch und damit – aus ethischer Sicht – als nicht menschengerecht erweist.
In Bezug auf die Prostitution sind folgende Aspekte von Bedeutung:

- die Frage, ob, in welchem Ausmass und in welcher Hinsicht Gewalt im Spiel ist,
- wie weit Prostitution mit Frauenhandel, Zwangsprostitution verbunden ist,
- unter welchen Arbeitsbedingungen Prostituierte tätig sind/sein müssen,
- wie sich Ein- und Ausstieg gestalten,
- wie verbreitet das Phänomen der Kinder- und Jugendprostitution ist,
- welche Auswirkungen die Tätigkeit selbst und/oder die Umstände wie z. B. die Stigmatisierung, das Doppelleben auf die psychische und physische Gesundheit haben.

Letztlich lassen sich die genannten Aspekte auf die Frage zuspitzen, wie weit der Bereich der Prostitution von Freiheit oder Unfreiheit bestimmt ist bzw. genauer, wie weit die Prostituierten frei oder unfrei sind und dementsprechend handeln können.

Die aufgeworfenen Fragen werden im Folgenden hauptsächlich anhand des Kontextes in Mitteleuropa besprochen.

6.1 Kein Job „erster Wahl“[1]

In der Regel stellt die Aufnahme der Prostitutionstätigkeit keine Berufswahl im engeren Sinn dar. Weder erfolgt das über eine Ausbildung wie bei anderen Berufen, noch verbindet sich damit die bewusste Wahl einer sinnstiftenden Tätigkeit. Hauptsächliche Motivation für den Einstieg sind finanzielle Gründe.[2] Dazu gehören vorwiegend die Notwendigkeit, den Lebensunterhalt bestreiten zu müssen, aber auch Schulden, die oft nicht einmal die eigenen, sondern diejenigen des Partners sind,[3] sowie Konsumwünsche. Daneben finden sich in einem geringeren Mass weitere Motive wie „sexuelle Neugierde, der Glamour des Rotlichtmilieus, das Brechen von Tabus und die ‚Nähe' zum Milieu“ oder „positive Anreize“ wie die Möglichkeit, selbständig arbeiten zu können, Bestätigung zu erhalten und neue Erfahrungen zu machen, und „andere Einflüsse“ wie durch den Partner dazu gebracht worden oder „so hineingerutscht“[4] zu sein.

Dem hauptsächlichen Motiv entsprechend, einen finanziellen Engpass (der völlig unterschiedlicher Art sein kann) zu überbrücken, wird die Tätigkeit als etwas zeitlich Begrenztes verstanden, bis das angestrebte Ziel erreicht ist.[5] Die Aufnahme der Prostitutionstätigkeit verbindet sich demnach nicht mit einer langfristigen Perspektive. Dass diese Vorstellung in der Realität oft nicht umgesetzt wird, hat mit verschiedenen Gründen zu tun.

> „Nur die wenigsten sehen in der Arbeit als Prostituierte eine lebenslange Perspektive. [...] Nicht wenige verbleiben jedoch länger in der Prostitution, als sie ursprünglich wollten, und je länger sie als Prostituierte arbeiten, desto schwieriger gestaltet sich der Ausstieg.“[6]

Entgegen der oft vorherrschenden und in abolitionistischen[7] Kreisen mit Vehemenz vertretenen Meinung, Zuhälter würden die Frauen (mit psychischen und/oder physischen Druckmitteln) dazu bringen, sich zu prostituieren, erweisen sich die Bekanntschaft

1 Sabine Grenz, Prostitution, eine Verhinderung oder Ermöglichung sexueller Gewalt?, 323. Die Studien, auf die ich nachfolgend Bezug nehme, beziehen sich auf Deutschland und basieren grösstenteils auf Aussagen von Frauen mit deutscher Staatsbürgerschaft, was mit der Erreichbarkeit dieser Frauen zu Forschungszwecken zu tun hat.

2 Vgl. Beate Leopold/Elfriede Steffan, EVA-Projekt, 10, VI; Monika Krüger, Prostitution und Gesundheit, 33-34, mit Verweis auf weitere Literatur; Martina Schuster, Kampf um Respekt, 43-45.

3 Vgl. Beate Leopold/Elfriede Steffan/Nikola Paul, Dokumentation zur rechtlichen und sozialen Situation von Prostituierten in der Bundesrepublik Deutschland, 269; Beate Leopold/Elfriede Steffan, EVA-Projekt, 10. Schulden abzubauen, gelingt nicht immer. Zum Teil sammeln sie sich aus verschiedensten Gründen während der Prostitutionstätigkeit an. Vgl. hierzu den Bericht „Schritt für Schritt – Wege aus der Prostitution“, 58. Schulden sind auch bei Mona Gasser der Auslöser dafür, die Prostitutionstätigkeit aufzunehmen. (Vgl. dies., Gestatten: Callgirl,18-20.)

4 Beate Leopold/Elfriede Steffan, EVA-Projekt, 10. Wiltrud Schenk weist darauf hin, dass Geld immer eine Rolle spiele, dass aber noch persönliche Gründe wie z. B. Arbeitslosigkeit oder eine nur geringe Unterstützung durch die Sozialhilfe hinzukämen. (Vgl. dies., Prostitution – ein Beruf wie jeder andere oder Folge von sexuellem Missbrauch?, 111-112.)

5 Diesbezüglich spricht die Beratungsstelle XENIA für Frauen im Sexgewerbe in Bern aber von der „Illusion des grossen Geldes“. (Simone Thoy/Jacqueline Suter/Martha Wigger, Nachwort, 233.)

6 Beate Leopold, Wer arbeitet warum als Prostituierte?, 24. Vgl. auch Martina Schuster, Kampf um Respekt, 45.

7 Vgl. zum Begriff und damit verbundener Überzeugung Kap. 8.3.2.2.

mit Frauen, die bereits als Prostituierte tätig sind,[8] anderweitige Nähe zum Milieu wie beispielsweise die Arbeit in einem darin gelegenen Restaurant oder Eigeninitiative, die zum Teil durch einen Bruch in der eigenen Biographie veranlasst sein kann, als die hauptsächlichen Türöffner zur Prostitutionstätigkeit.[9]

> „Viele Frauen würden ohne den Kontakt zum Milieu und die konkrete Möglichkeit vor Augen, in der Prostitution Geld zu verdienen, gar nicht auf die Idee kommen, dass Sexarbeit eine mögliche Alternative darstellt."[10]

Dass sich in verschiedensten Studien als Hauptmotiv für die (Wieder-)Aufnahme der Prostitutionstätigkeit finanzielle Gründe herauskristallisiert haben, ist unübersehbar. Bereits genannt ist diesbezüglich der Umstand, dass Frauen keine andere oder bessere Möglichkeit sehen, ihren Lebensunterhalt und häufig noch denjenigen von Familienmitgliedern zu bestreiten. Dies trifft nicht nur für ‚einheimische' Prostituierte zu, sondern auch für einen grossen Teil von Migrantinnen, die sich prostituieren und einen beträchtlichen Teil der Angebotsseite abdecken (die Schätzungen reichen je nach Ort von 60-90 Prozent).[11] Unvorhergesehene Kosten, z. B. für eine medizinische Behandlung oder in Form von Schulden, für die aufzukommen ist und die kaum anders zu bewältigen sind, können ein weiterer Auslöser sein. Schliesslich gibt es Frauen, die mehr wollen vom Leben, also ebenfalls teilhaben wollen am Wohlstand, dies aber nicht auf anderem Weg zu realisieren vermögen. Sabine Grenz sieht darin einen Zusammenhang mit den nach wie vor bestehenden schlechteren Arbeitsmarktchancen und geringeren Verdienstmöglichkeiten für Frauen. Unter dieser Voraussetzung sind Gleichberechtigung und freie Berufswahl zwar *formal* garantiert, aber *sozial* noch lange nicht umgesetzt. Deswegen kann gegenwärtig nicht „davon ausgegangen werden, dass für alle Frauen, die mit Sex-Arbeit ihr Geld verdienen, die Sex-Arbeit ihre erste Wahl wäre."[12]

Diese Einsicht hat Konsequenzen in Bezug auf die umstrittene Frage, wie frei sich Frauen für die Aufnahme und Ausübung der Prostitutionstätigkeit entscheiden (können). Sie macht deutlich, dass selbst der freie Entscheid im Kontext von Rahmenbedingungen erfolgt, die nach Geschlecht unterschiedlich sind und nicht ausgeblendet werden dürfen. Dies negiert die Möglichkeit von Freiheit/Freiwilligkeit auch in diesem Bereich, der als anrüchig gilt und umstritten ist, in keinster Weise. Sie beharrt aber darauf, dass die Rahmenbedingungen, die der persönlichen Freiheit Grenzen setzen, immer mitzubedenken sind, weil sie genauso Realität sind wie die Handlungsfähigkeit und -mächtigkeit auf persönlicher Ebene. Andernfalls würde die bestehende soziale Ungleichheit unsichtbar, die

[8] Im EVA-Projekt gaben 50 Prozent der Befragten an, auf diese Weise Kontakt zum Milieu erhalten zu haben. (Vgl. Beate Leopold/Elfriede Steffan, EVA-Projekt, 10.)

[9] Betreffend Nähe zum Prostitutionsmilieu und Brüchen in der Biographie als Wegbereiter zur Aufnahme der Prostitutionstätigkeit vgl. Margrit Brückner/Christa Oppenheimer, Lebenssituation Prostitution, 157-158. Im EVA-Projekt geben 25 Prozent der Befragten an, selbst die Initiative zur Aufnahme der Prostitutionstätigkeit ergriffen zu haben. (Vgl. Beate Leopold/Elfriede Steffan, EVA-Projekt, 10.)

[10] Martina Schuster, Kampf um Respekt, 45.

[11] Zu den Motiven bei Migrantinnen in der Prostitution vgl. die Studie von Anette Brunovskis/Guri Tyldum, Crossing Borders.

[12] Sabine Grenz, Prostitution, eine Verhinderung oder Ermöglichung sexueller Gewalt?, 323.

entlang den Geschlechtergrenzen und weltweiter Ungleichheit verläuft (die sich wiederum nach Ethnie und Klasse ausdifferenzieren[13]), was zugleich einer darauf reagierenden Gesellschaftskritik den Boden entzöge. Dass damit den – jedenfalls betroffenen – Frauen Unrecht geschehen könnte, – wobei dies nicht in einem engen Sinn als eine gegen jemanden gerichtete Tat zu verstehen ist, sondern im Hinblick auf die Auswirkungen einer bestimmten Gesellschaftsordnung – deutet der Zweifel an, ob „Frauen ohne qualifizierte Schul- und Berufsausbildung und entsprechende Berufsmöglichkeiten [...] den Schritt in die Prostitution auch dann getan hätten, wenn ihnen andere Alternativen offen gestanden hätten.“[14]

6.2 Prostitution und Gewalt

Abolitionistische Gruppierungen sowie Forscherinnen und Forscher, die diesem Gedankengut nahe stehen, tendieren dazu, Prostitution mit Gewalt an Frauen gleichzusetzen. Viele andere würden in ihrer Schlussfolgerung nicht so weit gehen, selbst wenn sie Gewalt im Kontext der Prostitution als zentrales Problem betrachten.

In der wissenschaftlichen Diskussion wird die Verbindung von Gewalt und Prostitution in verschiedener Hinsicht thematisiert. Gewalt ist dabei in unterschiedlichen Formen im Blick: als physische und davon abgegrenzt als sexuelle, sodann als psychische oder strukturelle. Auch die Bezüge variieren. So sind Gewalterfahrungen mit Prostitutionskunden, Zuhältern und weiteren Personen Gegenstand der Diskussion. Andere befassen sich mit einer möglichen Herkunft aus problematischen Familienverhältnissen, im Speziellen mit Erfahrungen von sexuellem Missbrauch und/oder körperlicher Gewalt, die Frauen, die sich prostituieren, als Kind/Jugendliche gemacht haben. Die Frage, die sich in diesem Zusammenhang stellt, ist die, ob solche Erfahrungen als typisch und den Weg für eine ‚Prostituiertenkarriere' ebnend gelten können. Andere legen den Fokus auf die rechtlichen und gesellschaftlichen Verhältnisse, die als Form von Gewalt und selbst Gewalt begünstigend begriffen werden.

Dass weder physische noch psychische, von Zuhältern ausgeübte Gewalt Hauptgrund für die Aufnahme der Prostitutionstätigkeit ist, wurde bereits im vorangehenden Abschnitt (6.1) deutlich. Es fragt sich aber, ob, in welcher Art und welchem Mass Frauen bei der Ausübung dieser Tätigkeit Gewalt ausgesetzt sind.

[13] Diesbezüglich sei unsere Breitengrade betreffend an den Anteil von sich prostituierenden Migrantinnen verwiesen, der über jenem an der jeweiligen Gesamtbevölkerung liegt. Brasilien sei als Beispiel für ein Ungleichgewicht in Bezug auf nach Ethnie verlaufende Linien genannt, denn hier sind die Afro-Brasilianerinnen in der Prostitution übervertreten. (Vgl. zu Letzterem Margaret Eletta Guider, Daughters of Rahab, 125, insb. Anm. 46.) Einen entsprechenden Befund referieren Rita Nakashima Brock und Susan Brooks Thistlethwaite für die USA und die von ihnen untersuchten asiatischen Staaten. (Vgl. dies., Casting Stones, 227.)

[14] Beate Leopold/Elfriede Steffan, EVA-Projekt, 10.

6.2.1 Gewalterfahrungen

Im Jahr 2003 wurde in Deutschland eine vom Bundesministerium für Familie, Senioren, Frauen und Jugend in Auftrag gegebene, gross angelegte Studie bei Frauen durchgeführt, worin diese zu ihren Gewalterfahrungen, ihrer psychosozialen und gesundheitlichen Situation sowie ihrem Sicherheitsgefühl befragt wurden.[15] Parallel dazu wurde dies gesondert bei spezifischen Gruppen erfasst, u. a. bei Prostituierten.[16] Im Gegensatz zur Hauptstudie ist die Erhebung bei den Prostituierten nicht repräsentativ, vermittelt aber „doch einen Einblick in die Lebens- und Arbeitsbedingungen sowie auch die Gewaltprävalenzen und besonderen Gewalterfahrungen [der, B.B.] Untersuchungsgruppe“[17]. Die Frauen, die an dieser Studie teilgenommen haben, wurden über Hilfsvereine und Gesundheitsämter erreicht und arbeiten überwiegend in der Club-, Appartement- und Bordellprostitution. Etwas mehr als drei Viertel sind deutsche Staatsangehörige, die zudem grossmehrheitlich in Deutschland aufgewachsen sind.[18] Die Studie förderte zutage, dass die befragten Prostituierten in ihrem Leben im Vergleich zu den in der Hauptstudie befragten Frauen „nicht nur zu einem grösseren Anteil Opfer von Gewalt geworden sind, sondern dass sie diese auch häufiger erlebt haben“[19]. Die Differenzierung nach der Art der erfahrenen körperlichen und sexuellen Gewalt zeigte zudem, dass die Prostituierten schwerere Formen von Gewalt erlitten haben, was ebenfalls in den ermittelten Verletzungsfolgen zum Ausdruck kommt. Körperliche wie sexuelle Gewalt geschieht bei ihnen am meisten im privaten Bereich und im Arbeitskontext. Dabei überwiegt bei der körperlichen Gewalt die von (Ex-)Partnern ausgeübte Gewalt, während sexuelle Gewalt häufiger von Prostitutionskunden ausgeht.[20]

Von Partnern ausgeübte Gewalt lässt sich als häusliche Gewalt begreifen. Diese unterscheidet sich bei den Prostituierten gegenüber den übrigen Frauen dadurch, dass aktuelle wie frühere Partner in erhöhtem Mass (bezüglich Intensität und Häufigkeit) gewalttätig waren. Die Erklärungsmuster für den Verbleib in der gewaltbelasteten Beziehung gleichen sich hingegen bei beiden Gruppen von Frauen. Damit einher geht der Umstand, dass viele in der Prostitution tätige Frauen die Beziehung zu ihrem Partner nicht als Zuhälterbeziehung sehen, selbst wenn sie von aussen betrachtet solche Merkmale aufweist, sondern (hauptsächlich) als Liebesbeziehung.[21]

15 Vgl. Lebenssituation, Sicherheit und Gesundheit von Frauen in Deutschland. Eine repräsentative Untersuchung zu Gewalt gegen Frauen in Deutschland.

16 Vgl. Lebenssituation, Sicherheit und Gesundheit von Frauen in Deutschland. II. Teilpopulationen-Erhebung bei Prostituierten.

17 Ebd., 11.

18 Vgl. ebd., 10-12, 17.

19 Ebd., 28. Vgl. hierzu auch die Ergebnisse bei Sybille Zumbeck, Die Prävalenz traumatischer Erfahrungen, Posttraumatischer Belastungsstörung und Dissoziation bei Prostituierten, die in ihrem Sample allerdings einen überproportional hohen Anteil an Beschaffungsprostituierten hat.

20 Die in der Studie differenziert präsentierten Ergebnisse brauchen hier nicht detaillierter wiedergegeben zu werden.

21 Vgl. Lebenssituation, Sicherheit und Gesundheit von Frauen in Deutschland. II. Teilpopulationen-Erhebung bei Prostituierten, 72-77. Die Beobachtung, dass eine Paarbeziehung subjektiv als Liebes- und nicht als Geschäftsbeziehung gedeutet wird, machte auch Joanna Phoenix in ihrer Studie bei Prostituierten in MidCity (England). (Vgl. dies., Making Sense of Prostitution, u. a. 147-148.)

Aufgrund der zu geringen Datenbasis gibt es keine gesicherte Antwort darauf, weshalb die in der Prostitution tätigen Frauen in allen Lebensbereichen mehr Gewalt (d. h. häufiger und stärkere) erfahren. Die Autorinnen der Studie „vermuten [aber, B.B.], dass die höheren Gewaltbetroffenheiten der befragten Prostituierten in allen Lebensbereichen einerseits mit der Ausübung prostitutiver Tätigkeiten und andererseits mit früheren Gewalterfahrungen in der Kindheit und Jugend der Frauen in Zusammenhang stehen."[22] Demgegenüber sehen Beate Leopold und Elfriede Steffan in ihrer Studie einen Zusammenhang zwischen der Gewalterfahrung in der Prostitution und dem Einstiegsalter sowie dem Bildungsniveau. So haben Frauen

> „[e]in besonders hohes Risiko, Opfer physischer und sexueller Gewalt durch Freier und Zuhälter/Betreiber zu werden, [...] die recht jung (im Alter bis zu 21 Jahren) mit der Prostitutionstätigkeit beginnen sowie Prostituierte, die nur über einen geringen schulischen und beruflichen Ausbildungsstatus verfügen."[23]

Zu den Gewalterfahrungen mit Prostitutionskunden und Partnern kommen weitere hinzu. Wenn im Folgenden von Gewalt oder Gewalterfahrungen gesprochen wird, übernehme ich die in der aufgeführten Literatur[24] verwendete Begrifflichkeit, auch wenn dies nicht unproblematisch ist. Da es sich neben der Gewalt im engeren Sinn (d. h. körperliche und sexuelle Gewalt sowie psychische Gewalt, wobei Letztere schwerwiegende Formen wie z. B. massive Bedrohung meint) um Gewalterfahrung als Ergebnis kumulativ erfahrener Pressionen gleicher oder unterschiedlicher Art handelt, lässt sich das rechtfertigen. Diesbezüglich ist beispielsweise an die wiederholte Nachfrage nach ungeschütztem Sex oder die Summe von ‚Drucksituationen' wie z. B. Preisdruck von Seiten der Prostitutionskunden, verbale Attacken von Seiten von Kolleginnen und Mietzinsdruck von Seiten von Vermietern zu denken, die als Übergriff empfunden und damit als Gewalterfahrung gedeutet werden. Wenn auch diese einzelnen Handlungen (z. B. vom jeweiligen Kunden ausgehende Nachfrage nach ungeschütztem Sex) und Kategorien von Handlungen (z. B. Nachfrage nach ungeschütztem Sex) nach meinem Verständnis nicht als Gewalt im engeren Sinn zu bezeichnen sind, sondern als Druckversuch, Nötigung u. ä., sind sie aus ethischer Sicht deswegen nicht weniger problematisch. Denn das Problem der (davon mehr oder weniger betroffenen) Frauen besteht gerade darin, dass sie dem dauernd ausgesetzt sind. Wie aus den Untersuchungen hervorzugehen scheint, ist es mehr der kumulative Effekt solcher Handlungen, der dazu führt, dass die Frauen dies als Übergriff und Missachtung ihrer Person und damit als Gewalterfahrung empfinden. Um beim gewählten Beispiel zu bleiben, könnte eine einzelne Nachfrage nach ungeschütztem

22 Lebenssituation, Sicherheit und Gesundheit von Frauen in Deutschland. II. Teilpopulationen-Erhebung bei Prostituierten, 77.

23 Beate Leopold/Elfriede Steffan, EVA-Projekt, 11.

24 Àgi Földhàzi und Milena Chimienti verwenden in ihrer Studie „Marché du sexe et violences à Genève" explizit einen weiten Gewaltbegriff, der nicht nur physische Gewalt umfasst, sondern z. B. auch Formen, die die Missachtung der Person bezwecken. Auch wenn mir das Anliegen berechtigt erscheint, strukturell bedingte Zwangssituationen oder Herabwürdigungen der Person ernst zu nehmen, weil diese ebenfalls gravierende Auswirkungen haben können, besteht bei einem weit verstandenen Gewaltbegriff gleichwohl die Gefahr, dass dieser letztlich verwässert und in der Folge Gewalt im engeren Sinn verharmlost wird.

Sex allenfalls noch hingenommen und einfach ‚abgehakt' werden. Dass dies aber immer wieder von Seiten der Kunden an sie herangetragen wird, bündelt sich bei der einzelnen Frau in einer Missachtungs- bzw. Gewalterfahrung.

Die Pressionen, die von weiteren Personen wie den Besitzerinnen und Besitzern der entsprechenden Arbeitsräumlichkeiten (Salons, Wohnungen – wobei hier auch Untermietverhältnisse mitzudenken sind – Clubs etc.) bzw. offiziellen oder informellen Arbeitgebern[25] (Cabarets, Kontaktbars, andere) den Prostituierten gegenüber ausgeübt werden, bestehen vornehmlich aus Druckmitteln unterschiedlicher Art, um möglichst grossen Profit aus der Arbeit der Prostituierten herauszuholen.[26] Dazu gehören beispielsweise überrissene Mieten, teuer verrechnete Abgaben auf jegliche Dienstleistungen, die Regelung der Provisionen für den erreichten Umsatz bei den Getränken in Cabarets, die erst ab einer bestimmten Menge ausgerichtet werden, oder das Einbehalten der Sozialversicherungsbeiträge der Cabaret-Tänzerinnen (was klar gesetzeswidrig, aber schwierig, jedenfalls mit Aufwand verbunden zu kontrollieren ist). Daneben kommt es vom genannten Personenkreis her immer wieder zu physischer und sexueller Gewalt gegenüber den arbeitenden Frauen. Diese sind sodann – meist verbalen – Übergriffen ihrer eigenen Kolleginnen ausgesetzt, was sich noch akzentuiert, wenn die Konkurrenz gross ist und dadurch eine Stresssituation entsteht. Übergriffe werden ebenfalls von Seiten der Polizei beklagt. Schliesslich haben es auch Kleinkriminelle auf die Frauen abgesehen und suchen danach, diese zu bestehlen, was vorwiegend auf dem Strassenstrich vorkommt. Dort sind die Frauen weiter verbalen Attacken durch Passantinnen und Passanten ausgesetzt.

6.2.2 *In Diskussion: Gewalt durch Prostitutionskunden*

Wie bereits mehrfach erwähnt wird Gewalt im Arbeitskontext vor allem von Seiten der Prostitutionskunden erlebt. Während die beiden Studien aus Deutschland (die bundesweite Studie und das EVA-Projekt) physische und sexuelle Gewalt thematisieren, weist die Studie von Àgi Földhàzi und Milena Chimienti noch auf andere Formen von Gewalt hin. So wird das häufige Drängen von Kunden nach ungeschütztem Verkehr als Druckversuch empfunden, der für die Frauen eine Belastung darstellt, kostet doch das permanente zurückweisen Müssen dieses Ansinnens zusätzlich Energie. Dies wie die damit verbundene Zumutung ihrer Person gegenüber wird deshalb ebenfalls als Form von Gewalt erlebt.[27] Es reicht aber nicht, geschützten Verkehr beim Verhandeln durchzuset-

25 Vgl. zu den rechtlichen Arbeitsverhältnissen bei Cabarets und Kontaktbars die Ausführungen von Milena Chimienti, Prostitution et migration. Ich gehe mit Chimienti einig, dass beide Bereiche zur Prostitution zu zählen sind, auch wenn bei den Cabarets die Prostitutionstätigkeit untersagt und bei den Kontaktbars nicht geregelt ist. In beiden Bereichen ist diese aber genuiner Bestandteil.

26 Àgi Földhàzi und Milena Chimienti sprechen in diesem Zusammenhang von „violence économique", also von wirtschaftlicher Gewalt. Zu dieser und den nachfolgend aufgeführten Gewalterfahrungen vgl. dies., Marché du sexe et violences à Genève; Milena Chimienti, Prostitution et migration; Lebenssituation, Sicherheit und Gesundheit von Frauen in Deutschland. II. Teilpopulationen-Erhebung bei Prostituierten.

27 Vgl. Àgi Földhàzi/Milena Chimienti, Marché du sexe et violences à Genève, 27-28. Vgl. ebenfalls das Beispiel bei Margrit Brückner/Christa Oppenheimer, Lebenssituation Prostitution, 160. Auch in der Studie von Milena Chimienti erweist sich, dass die Frauen in allen von ihr untersuchten Prostitutionsbereichen wegen des Tragens eines Kondoms verhandeln müssen. (Vgl. dies., Prostitution et migration, 167.)

zen. Die Frauen müssen während dem Vollzug der vereinbarten Leistung auf der Hut sein, damit die Kunden nicht mit Tricks versuchen, doch noch ungeschützt verkehren zu können. Davon unabhängig gilt es, Sorgfalt zu bewahren, um zu verhindern, dass ein Kondom reisst oder platzt. Auf der Hut sind die Prostituierten ebenfalls, um Diebstahl von Seiten der Kunden zuvorzukommen. Unangenehm sind für sie weiter verbale Attacken, die sie entweder als Prostituierte oder als Prostituierte und Migrantin erniedrigen, sowie Unsauberkeit der Kunden und ein grober Umgang während des Verkehrs.[28]

Ein Teil der Frauen hält die von den Kunden ausgeübten Gewalttätigkeiten (ob in Bezug auf Gewalt im engeren oder auch erweiterten Sinn) für einen Teil des Jobs und banalisiert sie entsprechend.[29] Dies mag Teil der Strategie sein, nicht alles an sich herankommen zu lassen, um die Anforderungen bewältigen zu können, die der Kontakt mit den Kunden mit sich bringt. Eine andere mögliche Erklärung bietet die bundesweite Studie: Hier vermuten die Autorinnen, dass aufgrund gemachter Missbrauchserfahrungen der Körper abgespalten wird und die Frauen die Schwelle zur Verletzung ihrer Integrität höher ansetzen als sonst üblich.[30] – Unabhängig von der Deutung bleibt aber festzuhalten, dass damit das geschilderte verletzende Verhalten von Kunden keineswegs zu rechtfertigen ist und selbst von den betroffenen Frauen als Unrecht empfunden wird, sei dies direkt oder eben indirekt über eine Selbstschutzstrategie.

Aus den vorliegenden Studien geht hervor, dass sich die Gewalt von Kunden gegenüber Prostituierten nicht auf den Strassenstrich konzentriert, wie häufig angenommen wird. Sie ist zwar dort stärker präsent, kommt aber in der so genannten Indoorprostitution ebenfalls in nicht unbedeutendem Mass vor, wobei Salons mit wenig Personal gefährdeter sind als grössere Betriebe. Aus diesem Grund sehen sich die darin tätigen Frauen vor. Entsprechende Vorsichtsmassnahmen sind beispielsweise eine Videoüberwachung am Eingang oder die Praxis, nicht allein in einer Wohnung zu arbeiten, damit sie bei Bedarf noch auf die Hilfe einer Kollegin zählen können.[31]

Die Frauen sehen sich, wie sich gezeigt hat, einer Bandbreite von gewalttätigen Übergriffen von Seiten ihrer Kunden gegenüber. Davor sind sie an keinem Arbeitsort völlig sicher. Daher stellt sich die Frage, ob die Prostitution als Ort der Gewalt zu betrachten ist und die Prostitutionskunden – zugespitzt ausgedrückt – als Gewalttäter. Auch wenn umstritten ist, ob die Gewalt von Seiten der Kunden zugenommen hat,[32] ist nicht aus dem Blick zu verlieren, dass in den genannten Studien zwar ein beträchtlicher Teil der Frauen von Gewalterfahrungen berichtet, aber zugleich eine grosse Zahl davon unbehel-

28 Vgl. Àgi Földhàzi/Milena Chimienti, Marché du sexe et violences à Genève, 28-30. Vgl. auch die noch unpublizierte Studie von Maritza Le Breton/Eva Büschi, „Prostitution zwischen Faszination und Abscheu“, 13, 19.

29 Vgl. Joanna Phoenix, Making Sense of Prostitution, 122, in Bezug auf verschiedene Formen von Gewalt; Àgi Földhàzi/Milena Chimienti, Marché du sexe et violences à Genève, 30, in Bezug auf verbale Gewalt.

30 Vgl. Lebenssituation, Sicherheit und Gesundheit von Frauen in Deutschland. II. Teilpopulationen-Erhebung bei Prostituierten, 74.

31 Vgl. Milena Chimienti, Prostitution et migration, 240, 248.

32 Margrit Brückner und Christa Oppenheimer berufen sich diesbezüglich auf die Aussage einer Vertreterin von Hydra (Prostituiertenselbsthilfeorganisation in Berlin), die 1998 in Bezug auf das vorausgegangene Jahr von einer Zunahme der Gewalt ausgegangen ist. (Vgl. dies., Lebenssituation Prostitution, 176.) Stephanie Klee teilt diese Meinung mit der Begründung, die Gewalt habe in der gesamten Gesellschaft zugenommen. (Vgl. dies., Prostitutionskunden, 49.)

ligt blieb.[33] Daraus lässt sich zu Recht folgern, dass ein grosser Teil der Kunden sich anständig verhält, also kein die Frauen herabwürdigendes Gebaren an den Tag legt, nicht nach ungeschütztem Geschlechtsverkehr verlangt und keine gröberen Formen von körperlicher oder sexueller Gewalt ausübt. Der Befund, dass es zwei Kategorien von Kunden zu geben scheint, trägt zwar zu einer differenzierten Sicht bei und ist nicht zuletzt aus Gründen der Redlichkeit unverzichtbar, er löst aber das Problem der Gewalt nicht, die für die Frauen insofern allgegenwärtig ist, als sie – ausser bei Stammkunden – nie wissen, ob Gefahr droht, weil sie nicht wissen, mit wem sie es zu tun haben. Wegen den verschiedenen Risiken sind sie dauernd in innerer Alarmbereitschaft. Ein neuer, unbekannter Kunde bedeutet erst einmal psychischen Stress.[34]

Dieser Umstand – dass die Frauen gegenüber ihren Kunden auf der Hut sein müssen[35] – ist aber für ein Dienstleistungsgewerbe nicht üblich und stellt daher die in Anspruch genommene ‚Normalität' (unter dem Slogan: ein Job wie jeder andere) in Frage.

6.2.3 In Diskussion: Von Gewalt, sexuellem Missbrauch geprägte Herkunft?

Verschiedentlich wird in der Literatur auf einen Zusammenhang zwischen Gewalterlebnissen in der Kindheit/Jugend und der Prostitutionstätigkeit verwiesen.[36] Zuweilen entsteht dadurch der Eindruck, Prostituierte seien Opfer früheren (sexuellen) Missbrauchs – eine Vorstellung, gegen die sich Prostituiertenorganisationen vehement zur Wehr setzen, weil Prostituierte deswegen als ‚arme Opfer' erscheinen und nicht als Frauen, die sich selbständig und frei für die Prostitutionstätigkeit entschieden haben. Gleichwohl ist danach zu fragen, was es mit diesem möglichen Zusammenhang auf sich hat. Dies ist gerade aus einer ethischen Sicht, die menschengerecht sein will und dabei das Los der Benachteiligten in den Mittelpunkt stellt, unabdingbar.

In beiden deutschen Studien, derjenigen von Leopold und Steffan (EVA-Projekt) zu Beginn der zweiten Hälfte der 1990er Jahre sowie der bundesweiten Erhebung des Jahres 2003, geht hervor, dass die befragten Prostituierten in ihrer Kindheit/Jugend erheblich mehr[37] Gewalterfahrungen (körperlicher und/oder sexueller Art) gemacht und schwierigere Lebensereignisse erlebt haben, als es bei den Frauen allgemeinhin der Fall war, was

[33] Bei einem Teil der Frauen scheinen die Erfahrungen von Gewalt und anderen Pressionen mit ihrer noch geringen beruflichen Erfahrung (d. h. Erfahrung mit der Tätigkeit selbst wie den Bedingungen, unter denen sie ausgeübt wird) zusammenzuhängen, wie die Studie von Janine Dahinden und Fabienne Stants zu den „Arbeits- und Lebensbedingungen von Cabaret-Tänzerinnen in der Schweiz" sowie jene von Antje Langer zum Drogenstrich (vgl. dies., Klandestine Welten, 142) zeigen.

[34] Vgl. Milena Chimienti, Prostitution et migration, 247 (hier bezogen auf Masseusen, die in einem Salon arbeiten).

[35] Dies gilt auch umgekehrt. Kunden können ebenfalls zum Opfer werden, z. B. wenn sie von Prostituierten bestohlen werden. Dies scheint aber weitaus weniger der Fall sein. Ich werde daher nicht weiter darauf eingehen.

[36] Vgl. hierzu die Literaturverweise bei Sybille Zumbeck, Die Prävalenz traumatischer Erfahrungen, Posttraumatischer Belastungsstörung und Dissoziation bei Prostituierten; Ine Vanwesenbeeck, Prostitutes' well-being and risk, 21-24.

[37] Dies ist dahingehend zu verstehen, dass sowohl eine grössere Anzahl Frauen davon betroffen ist, als auch die davon Betroffenen dies häufiger erlebt haben.

sich aus dem Vergleich mit zeitgleichen oder -nahen Erhebungen erschliesst.[38] Einen Zusammenhang sehen die Autorinnen der bundesweiten Studie eher im erhöhten „Risiko, sexuelle (und auch körperliche) Gewalt im Erwachsenenleben zu erfahren, [...] wenn sie [die Frauen, B.B.] bereits in ihrer Kindheit sexuellen Missbrauch erlebt haben“[39], als – wie folgerichtig zu ergänzen wäre – in der Wahrscheinlichkeit der Aufnahme der Prostitutionstätigkeit nach früherer Gewalterfahrung. Denn Gewalterfahrung in der Kindheit/Jugend korrelierte mit Gewalterfahrung als Erwachsene sowohl unter den Prostituierten als auch unter den in der Hauptstudie befragten Frauen. Wenn die von den Autorinnen noch mit Vorsicht formulierte Feststellung zutrifft, legt sich die – in diesem Sinn noch vorläufige – Schlussfolgerung nahe, dass es sich demnach bei der Prostitution um einen Bereich handelt, der stärker von Gewalt betroffen ist als andere Bereiche. Anders wäre sonst nicht zu erklären, weshalb der Anteil von Gewalt betroffenen Frauen in der Prostitution bedeutend höher zu sein scheint.[40] Dahingehend lässt sich auch die Einsicht interpretieren, die die Sozialarbeiterin Wiltrud Schenk aufgrund ihrer mehrjährigen Beratungsarbeit bei Prostituierten gewonnen hat:

> „Bei einem nicht unerheblichen Teil von Frauen, die in der Prostitution arbeiten, ist ein Zusammenhang mit sexuellen Missbrauchserfahrungen, die sie in der Kindheit gemacht haben, festzumachen. Allerdings kann daraus nicht gefolgert werden, dass sexueller Missbrauch fast zwangsläufig in die Prostitution führt. Damit werden wir der Vielzahl von Frauen, die sexuellen Missbrauch erlebt und einen anderen Weg gewählt haben, nicht gerecht. Andererseits tun wir denjenigen, die auf Grund von Missbrauchserfahrungen zur Prostitution kommen, unrecht, wenn wir verallgemeinernd behaupten, Prostitution sei ein Beruf wie jeder andere.“[41]

Die noch mit einer gewissen Vorsicht formulierten Erkenntnisse bezüglich eines möglichen Zusammenhangs zwischen (sexuellem) Missbrauch als Kind/Jugendliche und einer späteren Prostitutionstätigkeit bzw. Gewalterfahrung in der Prostitution basieren – was aber, um ganz sicher zu gehen, eigens zu überprüfen wäre – hauptsächlich auf den Aussagen einheimischer Frauen. Ob sich ein solcher Zusammenhang auch bei Migrantinnen, die mittlerweile die Mehrheit der in der Prostitution tätigen Frauen ausmachen, nachweisen lässt, wäre erst noch zu ermitteln.

Wie aus den bisherigen Überlegungen hervorgeht, wäre der alleinige Fokus auf den genannten möglichen Zusammenhang zu eng. Hingegen darf er, wie Schenk richtig be-

38 Vgl. Beate Leopold/Elfriede Steffan, EVA-Projekt, 7-9; Lebenssituation, Sicherheit und Gesundheit von Frauen in Deutschland. II. Teilpopulationen-Erhebung bei Prostituierten, 78-84. Joanna Phoenix stellte in dem von ihr untersuchten Sample ebenfalls einen Zusammenhang mit einem problematischen familiären Hintergrund fest. (Vgl. dies., Making Sense of Prostitution.) Gleichwohl ist ebenfalls in Bezug auf das Vorliegen einer Missbrauchserfahrung in der Kindheit/Jugend nicht zu vergessen, dass ein grosser Teil der Prostituierten davon nicht betroffen ist. Darauf verweist auch Ine Vanwesenbeeck, Prostitutes' well-being and risk, 24.

39 Lebenssituation, Sicherheit und Gesundheit von Frauen in Deutschland. II. Teilpopulationen-Erhebung bei Prostituierten, 82-83.

40 Eine andere mögliche Erklärung könnte darin bestehen, dass der höhere Anteil von Gewaltbetroffenheit in der Prostitution ein verzerrtes Bild der Realität wiedergäbe, das darauf zurückzuführen wäre, über welche Kanäle die Forscherinnen zu den Frauen gelangen und diese für die Teilnahme an der jeweiligen Studie gewinnen können. – Die von breiteren Kreisen geteilte Einschätzung betreffend Präsenz von Gewalt spricht aber weniger für diese als vielmehr für die erstgenannte Interpretation.

41 Wiltrud Schenk, Prostitution – ein Beruf wie jeder andere oder Folge von sexuellem Missbrauch?, 112.

merkt, nicht ausser Acht gelassen werden, will man den betroffenen Frauen wirklich gerecht werden. Soll Letzteres handlungsleitend sein, drängt sich eine erweiterte Perspektive auf. Denn aus Lebensschilderungen von in der Prostitution tätigen Frauen und Erkenntnissen der Migrationsforschung wird ersichtlich, dass allgemein biographische Wendepunkte wie beispielsweise das Zerbrechen von Partnerschaften, der Verlust der Arbeitsstelle oder eine Notlage – gepaart mit entsprechend eingeschränkten Möglichkeiten auf dem Arbeitsmarkt – bei einigen Frauen die Aufnahme der Prostitutionstätigkeit befördert haben. Solches gilt es ebenfalls im Auge zu behalten.

6.3 Arbeits- und Lebenssituation

Nicht nur in Bezug auf Einstieg und Gewalterfahrung zeigt sich ein uneinheitliches Bild. Eine Vielfalt ist ebenfalls hinsichtlich der Arbeits- und Lebenssituation zu beobachten, was nicht nur von der jeweiligen rechtlichen und sozialen Lage abhängig ist, sondern auch mit persönlichen Faktoren zu tun hat wie beispielsweise der Art, ob jemand auf Situationen eher passiv oder aktiv reagiert.

6.3.1 In welcher Weise sozial eingebunden?

6.3.1.1 Soziale Einbindung in Familie und weiteren Kreisen

Aus der deutschen Studie zu Lebenssituation, Sicherheit und Gesundheit von Frauen geht hervor, dass im Vergleich zur übrigen Population der (in Deutschland lebenden) Frauen weniger Prostituierte in einer festen Partnerschaft leben (53 gegenüber 70 Prozent bei den Frauen der Hauptstudie).[42] In dieser Hinsicht sieht Ine Vanwesenbeeck in ihrer auf die Niederlande bezogenen Studie keinen nennenswerten Unterschied, weil der Anteil der in einer festen Partnerschaft lebenden Prostituierten fast gleich gross ist wie der Anteil der verheirateten Frauen beim Rest der weiblichen Bevölkerung.[43] Da der Vergleich aber unpräzis ist, weil die verheirateten Frauen genau genommen nur einen Teil der in einer festen Partnerschaft lebenden Frauen ausmachen, bleibt offen, ob hier tatsächlich zwei verschiedene Befunde vorliegen und wie dies zu deuten wäre. Im Sample der von Chimienti in der Schweiz befragten Migrantinnen stehen die Unterschiede betreffend vorhandener oder nicht vorhandener Partnerschaft in einem Zusammenhang mit dem Arbeitsbereich, in dem die Frauen tätig sind. So sind die in Cabarets oder Kontaktbars arbeitenden Frauen mehrheitlich ledig und ohne Partner, während die in Salons tätigen Frauen verheiratet oder getrennt/geschieden sind und folglich einen gesicherten Aufenthaltsstatus haben, der ihnen die Arbeit in einem Salon ermöglicht.[44] Unter ihnen

[42] Vgl. Lebenssituation, Sicherheit und Gesundheit von Frauen in Deutschland. II. Teilpopulationen-Erhebung bei Prostituierten, 22.

[43] Vgl. Ine Vanwesenbeeck, Prostitutes' well-being and risk, 70.

[44] Vgl. Milena Chimienti, Prostitution et migration, 147, 198, 249, 392. Eine Scheidung kann nach schweizerischem Ausländerrecht zu aufenthaltsrechtlichen Problemen führen, was aber bei den befragten Frauen nicht der Fall ist.

finden sich dreimal mehr Frauen mit Kindern als ohne Kinder, während dieses Verhältnis bei den in Cabarets oder Kontaktbars arbeitenden Frauen gerade umgekehrt ist. Ein Teil der Kinder lebt im Ausland.[45] Eigene Kinder haben in der deutschen Studie 51 Prozent der befragten Prostituierten, wobei aus der Untersuchung nicht ersichtlich ist, wie viele dieser Frauen mit ihren Kindern zusammenleben.[46] Auch in der niederländischen Studie hat die Hälfte der Prostituierten Kinder, was über dem Prozentsatz der unter 38jährigen Frauen in den Niederlanden liegt.[47]

Mit ihrem Einkommen bestreiten 42 Prozent der in Deutschland tätigen Prostituierten das gesamte Haushaltseinkommen, 11 Prozent leisten dazu einen Beitrag, der über der Hälfte liegt und bis zu 90 Prozent reichen kann, und etwa 19 Prozent steuern dazu 25-50 Prozent bei. Mit Blick auf die Partnersituation tragen 44 Prozent der zum Befragungszeitpunkt in einer festen Partnerschaft lebenden Frauen mehr als die Hälfte zum Haushaltseinkommen bei.[48] Dass diese Frauen eine grosse finanzielle Verantwortung tragen, zeigt sich ebenfalls in den Studien von Vanwesenbeeck und Chimienti, wo zudem deutlich wird, dass sich die von den Frauen geleistete finanzielle Unterstützung oft auf weitere Familienmitglieder erstreckt. Angesichts eines meist nicht kalkulierbaren Einkommens, weil dieses Kunden abhängig ist, fühlen sich viele Frauen aufgrund ihrer finanziellen Verpflichtungen unter Druck.[49]

Gradmesser dafür, wie weit jemand sozial eingebunden ist, sind Kontakte innerhalb der Familie, zu Freundinnen und Freunden sowie weiteren Personen. Wesentlich ist dabei, wie weit sich jemand vom genannten Umfeld getragen fühlt, also beispielsweise Geborgenheit erfahren und auf Ansprechpersonen zählen kann, die bei privaten und/oder beruflichen Schwierigkeiten Unterstützung bieten. In dieser Hinsicht zeigt die Studie unter den in Deutschland lebenden Frauen „durchgängig eine geringere soziale Einbindung und eine[n] höhere[n] Grad an sozialer Isolation und Einsamkeit"[50] bei den Prostituierten gegenüber den übrigen befragten Frauen. Wenn bei ihnen der Anteil jener, die nicht auf ein Umfeld zurückgreifen können, das ihnen Annahme schenkt oder sie in verschiedenster Art unterstützt, signifikant höher ist als bei den Frauen der Hauptuntersuchung, so ist doch festzuhalten, dass einerseits rund die Hälfte (zum Teil sind es mehr, zum Teil weniger) in dieser Weise eingebunden ist und andererseits ebenso viele aufgrund ihrer Antwort erkennen lassen, dass sie diesbezüglich mit ihrer Situation zufrieden

45 Vgl. Milena Chimienti, Prostitution et migration, 392.

46 Vgl. Lebenssituation, Sicherheit und Gesundheit von Frauen in Deutschland. II. Teilpopulationen-Erhebung bei Prostituierten, 22.

47 Vgl. Ine Vanwesenbeeck, Prostitutes' well-being and risk, 70. Eine englische Prostituiertenorganisation geht davon aus, dass 75 Prozent der Prostituierten alleinerziehende Mütter seien. (Vgl. Belinda Brooks-Gordon/Loraine Gelsthorpe, Prostitutes' Clients, Ken Livingstone and a New Trojan Horse, 444.)

48 Vgl. Lebenssituation, Sicherheit und Gesundheit von Frauen in Deutschland. II. Teilpopulationen-Erhebung bei Prostituierten, 24.

49 Vgl. hierzu die Ausführungen bei Milena Chimienti, Prostitution et migration. Der genannte Umstand ist bei den Cabaret-Tänzerinnen und in Kontaktbars arbeitenden Frauen insofern abgefedert, als sie einen Fixlohn haben. Bei Letzteren ist er allerdings oft ebenfalls nicht kalkulierbar, dies ist bei Arbeitsverhältnissen von Arbeit auf Abruf der Fall.

50 Lebenssituation, Sicherheit und Gesundheit von Frauen in Deutschland. II. Teilpopulationen-Erhebung bei Prostituierten, 51.

sind.[51] Gleichwohl ist jenes knappe Drittel Frauen nicht aus dem Blick zu verlieren, die ausserhalb von Familie und Partnerschaft niemanden haben, mit dem/der sie ihre Probleme betreffend Arbeitswelt und Sexualität besprechen könnten. – Ob sie das als Manko empfinden, wird nicht überliefert.

6.3.1.2 Reichweite der Unterstützung durch das soziale Umfeld

Für die von Chimienti befragten Migrantinnen stellt die eigene Familie und/oder Herkunftsfamilie eine wichtige emotionale Unterstützung dar, selbst wenn sie nicht um deren Prostitutionstätigkeit weiss und deshalb bei auf die Arbeit bezogenen Problemen keine Hilfe bieten kann. Ihr Wert besteht für die Migrantinnen aber darin, dass sie sich in anderen Bezügen erfahren, nämlich unabhängig vom Arbeitskontext eingebunden in ein familiäres Beziehungsnetz (auch wenn dies auf Distanz manchmal schwierig ist), wodurch sie zugleich Sinn für ihre oft mit Schwierigkeiten behaftete Tätigkeit schöpfen, weil letztlich sie es sind, die ihre Familie unterstützen, in ihrer Position finanziell durch ihre Arbeit. Als problematisch erweist sich hingegen in der Studie von Vanwesenbeeck die soziale Unterstützung durch den Bekanntenkreis, der um die Prostitutionstätigkeit weiss oder selbst ins Prostitutionsgewerbe involviert ist. Denn dieser scheint eher dahin zu tendieren, die Probleme herunterzuspielen, was die Frauen mehr belastet statt effektiv zu unterstützen.[52]

Bei Vanwesenbeeck ist nicht aufgeschlüsselt, wie sich der erwähnte Bekanntenkreis zusammensetzt. Die Ambivalenz, die zum Ausdruck kommt, erinnert aber an die Ambivalenz, die sich insbesondere in Bezug auf Paarbeziehungen zeigt. Von Schwierigkeiten sich prostituierender Frauen, einen Partner ausserhalb des Milieus zu finden, berichtet nicht nur die Studie von Chimienti. Schwierigkeiten in einer bereits bestehenden Paarbeziehung – ob sie nun mit Gewalt zu tun haben oder nicht – stehen in einem Teil der Fälle in einem Zusammenhang mit der Prostitutionstätigkeit und/oder dem Prostitutionsmilieu.[53] Selbst wenn dies alles aufgrund der vorliegenden Studien nicht genau zu beziffern ist, sind solche Hinweise ernst zu nehmen. Denn sie sind Zeugnis für konkrete Schwierigkeiten, mit denen Prostituierte konfrontiert sind und die – vielleicht vorschnell, zu pauschal – als Diskriminierung/Stigmatisierung dieser Frauen gebrandmarkt werden, was aber nicht weiterhilft, weil es eine differenzierte Auseinandersetzung mit der Komplexität der dahinter stehenden Problematik verhindert.

Unter dieser Perspektive eröffnet sich beispielsweise ein Spannungsfeld bei der Problematik, einen Partner ausserhalb des Milieus zu finden, dies sowohl mit Blick auf die Männer wie auf die Frauen. So ist in Bezug auf die Männer zu fragen, wie eine der Prostitutionstätigkeit gegenüber ablehnende Haltung von Männern, die selbst keine sexuellen Dienstleistungen in Anspruch nehmen, zu deuten ist. Wären deren Vorbehalte gegenüber Frauen, die diese Tätigkeit ausüben, was deren Chancen auf eine Paarbeziehung ausserhalb des Milieus mindert, einfach als diskriminierend abzutun? Was ist, wenn es sich

51 Vgl. ausführlich in Bezug auf die verschiedenen Aspekte: ebd., 51-53.
52 Vgl. Ine Vanwesenbeeck, Prostitutes' well-being and risk, 107.
53 Vgl. diesbezüglich die Ausführungen bei Milena Chimienti, Prostitution et migration, 254.

dabei um ausländische Frauen ohne Aufenthaltsbewilligung handelt, von Befürchtungen zu halten, die betreffenden Frauen würden möglicherweise weniger Beziehungsabsichten hegen, als die Absicht einer Konsolidierung ihres Aufenthaltsstatus verfolgen? Begegnen diese Frauen[54] da ungerechtfertigten, stigmatisierenden Vorurteilen oder mehr der Konsequenz einer nicht eines realen Grundes entbehrenden Risikoabwägung? Die Schwierigkeit, Sex im Kontext eines Dienstleistungsverhältnisses und Sex in der privaten Beziehung mit sich vereinbaren zu können, zeigt sich nicht nur bei Männern, die Mühe mit einer allfälligen Prostitutionstätigkeit ihrer Partnerin bekunden (was im Übrigen nicht einfach als Ausdruck eines patriarchalen Besitzanspruchs abzuqualifizieren wäre). Sie zeigt sich einerseits auch in den Äusserungen von Frauen, die das Nebeneinander beider Erfahrungsbereiche als spannungsvoll und negativ empfinden, und andererseits in der formulierten Absicht, mit der Prostitutionstätigkeit aufzuhören, sobald sie eine Beziehung eingegangen sind bzw. um damit die Chance auf eine Beziehung zu erhöhen.[55]

6.3.2 Zufriedenheit mit dem Job und Bewältigung der Arbeit

6.3.2.1 Allgemeine Hinweise

Generell lässt sich in Bezug auf die Arbeitsbedingungen der in der Prostitution tätigen Frauen sagen, dass diese einerseits von den Charakteristiken und damit verbundenen spezifischen Erfordernissen sowie der Ausgestaltung des jeweiligen Prostitutionsorts abhängen und andererseits von der rechtlichen Lage. So macht es beispielsweise einen Unterschied, ob wie beim Strassenstrich oder der Fensterprostitution Laufkundschaft anzuwerben und zu bedienen ist. Die Hygienebedingungen sind auf der Strasse nicht dieselben wie in einem Salon. Dort wird in der Regel eine grössere Palette an sexuellen Dienstleistungen angeboten, was aber nicht allein über die Arbeitsbedingungen entscheidet. Diese hängen ebenso sehr davon ab, ob die Salonbesitzerin den Kondomgebrauch durchsetzt und bei der Anzahl Angestellten eine (übermässige) Konkurrenzsituation vermeidet.[56] Die im Kontext eines Cabarets oder einer Kontaktbar stattfindende Prostitution ist an den Alkoholkonsum gebunden, was andere Erfordernisse an eine dort tätige Frau stellt.

Die rechtliche Lage setzt die Rahmenbedingung für das Prostitutionsgewerbe insgesamt wie für einzelne Bereiche im Besonderen, sie betrifft dabei nicht nur die gesetzliche Regelung, sondern auch die Art, wie diese umgesetzt wird. Für Frauen, die in der Prostitution tätig sein wollen, sind die gegebenen Aufenthaltsbedingungen und daran geknüpften Möglichkeiten legalen Arbeitens entscheidend.

54 Vgl. die berichtete Erfahrung bei ebd., 202.

55 Vgl. u. a. die Beispiele bei ebd., z. B. 202.

56 Vgl. die auf die Schweiz bezogenen Ausführungen zum Massagesalon wie zu den Cabarets und Kontaktbars sowie zur rechtlichen Situation bei Milena Chimienti, Prostitution et migration. Zur rechtlichen Situation in der Schweiz vgl. auch Brigitte Hürlimann, Prostitution – ihre Regelung im schweizerischen Recht und die Frage der Sittenwidrigkeit; Susanne Bertschi, Sexarbeit tabuisiert – zum Nachteil der Frauen.

Im Anschluss an die knappen Hinweise zu den Rahmenbedingungen stellt sich die Frage, wie die Frauen ihre Arbeitstätigkeit unter den gegebenen Bedingungen bewältigen (können) und wie es damit zusammenhängend um ihre Arbeitszufriedenheit steht bzw. wie zufrieden sie mit ihrer eigenen Situation, einschliesslich der ausgeübten Tätigkeit, sind.

In der Studie „Lebenssituation, Sicherheit und Gesundheit von Frauen in Deutschland" waren die Frauen aufgefordert, ihre Arbeitszufriedenheit anhand einer Skala einzuordnen. Etwa ein Drittel (33 Prozent) der Prostituierten gab an, zufrieden bis sehr zufrieden mit ihrer Tätigkeit zu sein. Ein weiteres knappes Drittel (30 Prozent) ist mittelmässig zufrieden und etwas mehr als ein Drittel (37 Prozent, die Studie spricht in diesem Zusammenhang von einem grösseren Anteil) der Frauen sind unzufrieden bis sehr unzufrieden. Im Vergleich zur Hauptstudie sind hier wesentlich mehr Frauen mit ihrer Arbeit unzufrieden und wesentlich weniger damit zufrieden bis sehr zufrieden, was die Autorinnen im Vergleich zu den übrigen Frauen als „deutlich grössere Unzufriedenheit mit [der, B.B.] Arbeitssituation" deuten. Zudem sehen sie bei den Prostituierten aufgrund des sich ergebenden Mittelwerts bei der Einstufung auf der Skala „eine relativ geringe Zufriedenheit mit der beruflichen Situation"[57]. Wenn auch im Vergleich zur übrigen Frauenpopulation eine geringere Arbeitszufriedenheit resultiert, zeigt sich aber doch, dass immerhin rund zwei Drittel dieser Frauen ihre Arbeitssituation nicht als nicht zufriedenstellend empfinden. (Mag sein, dass sich dabei ein Teil von ihnen bereits mit weniger zufrieden gibt oder geben muss.)

6.3.2.2 Zufriedenheit in Abhängigkeit von der Arbeitssituation

In einer Erhebung unter Prostituierten, die in der Stadt Zürich tätig sind, wurde nach den Gründen für ihre Prostitutionstätigkeit gefragt. Rund 40 Prozent der Befragten bejahten die Antwort, ihre Arbeit zu mögen.[58] Weshalb dem so ist bzw. in welcher Hinsicht sie ihre Tätigkeit als positiv werten, wurde allerdings nicht genauer untersucht. Bei den aufgeführten positiven Aspekten erhielten folgende am meisten Zustimmung: Geld, unabhängig zu sein[59] und anderen helfen zu können. Ein Zusammenhang mit der positiven Wertung der Tätigkeit zeichnet sich in der Studie in Bezug auf die Arbeitssituation und Gewalterfahrungen innerhalb und ausserhalb des Arbeitskontextes ab.

Dass die Arbeitsbedingungen die Zufriedenheit mit der Arbeit am meisten beeinflussen, ist auch eine Erkenntnis in der Studie von Vanwesenbeeck. Frauen, die in einem so genannt unstrukturierten Rahmen (d. h. nicht durch einen äusseren Rahmen geregelt wie in einem Club oder Bordell) arbeiten (also auf dem Strassenstrich, in der Fensterprostitu-

[57] Lebenssituation, Sicherheit und Gesundheit von Frauen in Deutschland. II. Teilpopulationen-Erhebung bei Prostituierten, 50.

[58] Dabei waren Mehrfachantworten möglich. Die unter der Leitung von Prof. Wulf Rössler durchgeführte Studie ist noch nicht publiziert.

[59] Dass Prostituierte Flexibilität und Unabhängigkeit als positive Aspekte ihrer Arbeitssituation schätzen, berichtet auch Linda LeMoncheck, Loose Women, Lecherous Men, 113. Vgl. die Beispiele von Thailänderinnen, die nach Deutschland migriert sind, bei: Prapairat Ratanaloan Mix, Four Cases from Hamburg. Die Autorin schöpft aus ihrer Erfahrung als Beraterin bei Amnesty for Women.

tion, zu Hause oder als Escorts[60] tätig sind), einen rascheren Arbeitsablauf haben und pro Kunde weniger verdienen, fühlen sich bedeutend weniger gut bei der Arbeit. Gründe dafür sieht Vanwesenbeeck in einem weniger entspannten Arbeitssetting, in der höheren Anzahl Kunden, die zu bedienen sind und bei denen erst noch ein geringerer Verdienst herausschaut, sowie in der häufiger von Seiten der Kunden erlebten Gewalt. Darüber hinaus stellt die Studie fest, dass Frauen, die in ihrem Privatleben Gewalt von Seiten ihrer Partner erfahren haben, stärker dazu neigen, in den genannten, weniger sicheren Prostitutionsbereichen zu arbeiten.[61]

Der Gesamtbefund der Studie ergibt, dass es den befragten Prostituierten insgesamt zwar schlechter als den in der Kontrollgruppe befragten Frauen geht, dass es aber grosse Unterschiede gibt. So geht es mehr als einem Viertel der befragten Prostituierten besser als dem Durchschnitt der Kontrollgruppe (bestehend aus Frauen, die sich nicht prostituieren). Meist schätzen sie ihre Tätigkeit, fühlen sich und agieren als Professionelle. Das Gegenteil ist bei rund einem weiteren Viertel der Fall. Diese Frauen leiden sehr unter ihrer Situation und zwar stärker als der Durchschnitt einer Kontrollgruppe bestehend aus gravierend traumatisierten Frauen, die aber nicht in der Prostitution tätig sind. Sie haben verschiedene Probleme, negative Gefühle ihrer Tätigkeit gegenüber und vermögen diese gerade noch knapp zu bewältigen.[62] Die andere Hälfte, die in sich heterogen ist, liegt zwischen den beiden genannten Extremen. Diesen Prostituierten geht es nur geringfügig schlechter als dem Durchschnitt der Kontrollgruppe. Sie haben auch meist eine professionelle Einstellung ihrem Job gegenüber.[63]

Grossen Einfluss auf das Wohlbefinden der Prostituierten haben, wie sich in der Untersuchung herauskristallisiert hat, fünf Faktoren: Traumatische Kindheitserlebnisse (physische und/oder sexuelle Gewalt), die finanzielle Situation (wie dringend und in welchem Ausmass sie Geld brauchen), die Arbeitsbedingungen, die individuellen „Überlebensstrategien" (gemeint ist damit, wie jemand mit der Situation umgeht; in der Studie hat sich gezeigt, dass die Prostituierten oft emotionale Strategien wie beispielsweise Leugnen von Schwierigkeiten, Verharmlosen oder Abspalten der Gefühle anwenden) sowie die Art des Umgangs mit den Kunden (was davon abhängt, wie sie sich diesen gegenüber fühlen und deren Wünschen/Forderungen zu begegnen vermögen).[64] Wie sich diese Faktoren auswirken, hängt von deren Zusammenspiel ab. Daraus resultiert dann ein kumulativer Effekt im Positiven wie im Negativen bzw. im einen Fall eine Aufwärts-, im anderen Fall (d. h. bei den Prostituierten, denen es gesamthaft nicht gut geht)

60 Weshalb Vanwesenbeeck auch die Escort-Prostitution (d. h. den Begleitservice bzw. die Vermittlung von Callgirls) dazuzählt, die üblicherweise im oberen Prostitutionssegment angesiedelt ist, ist mir unklar, hat aber möglicherweise mit deren Ausgestaltung in den Niederlanden zu tun.

61 Vgl. Ine Vanwesenbeeck, Prostitutes' well-being and risk, 110.

62 Die Studie spricht davon, dass diese Frauen mehr überleben als dass sie darin eine Tätigkeit sehen können, die Freude macht. (Vgl. ebd., 147.)

63 Vgl. ebd., 108, 147.

64 Vgl. ebd., 148-152.

eine Abwärtsspirale. Diesen Effekt nennt die Autorin in Anlehnung an die Bibelstelle im Matthäus-Evangelium (Mt 13,12[65]) „Matthew effect"[66].

Ergänzend liesse sich aufgrund der bei Chimienti gewonnenen Erkenntnisse sagen, dass das Wohlergehen dieser Frauen entscheidend davon abhängt, ob es ihnen gelingt, eine Perspektive zu entwickeln, sich Fortschritte auf dem Weg zum gesteckten Ziel abzeichnen und sie sich neben der Prostitutionstätigkeit zu regenerieren vermögen. Kurzgefasst sind Sinngebung[67] und die Existenz eines positiv besetzten Lebens ausserhalb des beruflichen Kontextes wichtige Faktoren, die die Frauen befähigen, mit den Anforderungen/Schwierigkeiten, die sich ihnen stellen (z. B. hinsichtlich Arbeitssituation, Ausländerstatus), umgehen zu können.

6.3.2.3 Prostitutionstätigkeit als längerfristige Perspektive?

Eine Perspektive zu entwickeln heisst noch lange nicht, eine längerfristige Arbeit im Prostitutionsgewerbe ins Auge zu fassen. So sehen die von Chimienti befragten Cabaret-Tänzerinnen und Frauen, die in Kontaktbars arbeiten, ihre Zukunft ausserhalb dieses Gewerbes.[68] Bei den in den Salons arbeitenden Ausländerinnen ist – pointiert ausgedrückt – aus einer zunächst als vorübergehend gedachten Tätigkeit ein dauerhafter Zustand geworden, selbst wenn etliche immer noch davon ausgehen, einmal auszusteigen (wobei diesbezüglich Unterschiede betreffend ins Auge gefasstem Zeithorizont bestehen), weil sie in dieser Tätigkeit keine längerfristige Perspektive sehen. Irgendwie haben sie sich aber in diesem Bereich eingerichtet, auch einrichten müssen, hat doch ein grosser Teil von ihnen finanzielle Verpflichtungen für die eigenen Kinder und keine anderen, jedenfalls keine finanziell genügend einträglichen Möglichkeiten auf dem Arbeitsmarkt. Ein Umgang mit dieser Situation kann darin bestehen, teilzeitlich zu arbeiten, was etliche tun, oder selbst einen Salon mit Angestellten zu eröffnen, was erlaubt, selbst weniger oder gar keine sexuellen Dienstleistungen mehr zu erbringen.[69]

Wenn Frauen hin und her pendeln, eine Zeit lang im Prostitutionsgewerbe arbeiten, dann wieder ausserhalb, lässt sich das ebenfalls als Ausdruck dafür deuten, dass diese Frauen für sich keine Perspektive in einer langfristigen Prostitutionstätigkeit sehen.

[65] „Denn wer hat, dem wird gegeben, und er wird im Überfluss haben; wer aber nicht hat, dem wird auch noch weggenommen, was er hat."

[66] Ine Vanwesenbeeck, Prostitutes' well-being and risk, 154. Sie übernimmt da den bereits andernorts beschriebenen Effekt.

[67] Einen Sinn in der Arbeit zu sehen, lässt auch die in der Studie von Joanna Phoenix befragten und in eher schwierigen Umständen arbeitenden und lebenden Frauen aushalten. (Vgl. dies., Making Sense of Prostitution.) Vgl. diesbezüglich auch die Beispiele bei Laura María Agustín, Sex at the Margins. Dies ist nicht mit handlungsunfähig machender Passivität zu verwechseln, sondern wird von Milena Chimienti als „agir faible" gedeutet, womit ein Handeln unter widrigen Umständen gemeint ist. Abhängig vom einzelnen Typ der Person und verfügbaren Ressourcen nimmt dies unterschiedliche Gestalt an. Vgl. hierzu ihre Studie „Prostitution et migration. La dynamique de l'agir faible".

[68] Vgl. Milena Chimienti, Prostitution et migration, 234.

[69] Vgl. ebd., 241, 243, 249, 253, 261-266, 274.

Ebensogut kann dies eine Phase im Ausstiegsprozess sein, der oft nicht geradlinig verläuft.[70]

Ausstiegswünsche hängen in der Studie von Leopold und Steffan mit finanziellen, „gesundheitlichen, psychischen, persönlichen und in der Prostitution liegenden Gründen"[71] zusammen. Zu den meistgenannten Gründen gehörten: nur noch schlecht zu verdienen, Angst vor einer HIV-Ansteckung zu haben, einen Hass auf Freier entwickelt zu haben bzw. sich vor ihnen zu ekeln, keinen Gefallen mehr an der Sache oder den Arbeitsbedingungen zu haben, zu viel mit der Forderung nach einer Dienstleistung ohne Kondom konfrontiert zu sein, die Prostitution nicht mehr aushalten zu können, unter massiven Ängsten zu leiden, einen anderen Beruf ergreifen zu wollen, dem Wunsch des Partners zu entsprechen, mit dieser Tätigkeit aufzuhören.[72] Daher deuten die Autorinnen den Ausstiegswunsch als „Resultat eines psychischen, gesundheitlichen und zum Teil ökonomischen ‚Entkräftungsprozesses' (Burn-Out) [...], der das Gefühl vermittelt, den teilweise extrem ressourcenbeanspruchenden, ‚harten' Prostitutionsalltag nicht mehr bewältigen zu können."[73]

In der Studie von Sven-Axel Månsson und Ulla-Carin Hedin sind Ausstieg oder Ausstiegsversuche der Frauen von Wendepunkten („turning point") im Leben motiviert, bei denen sich drei verschiedene Arten unterscheiden lassen: ein die Augen öffnendes Ereignis, traumatische Erlebnisse oder ein positives Ereignis, das eine neue Lebenschance bietet. Von einem die Augen öffnenden Ereignis berichteten Frauen, die noch wenig Prostitutionserfahrung hatten, zum Teil noch gar nicht richtig im Prostitutionsgewerbe drinsteckten, aber die Tragweite dessen realisierten und es daher vorzogen, gleich wieder auszusteigen. Wenn Frauen nach für sie traumatischen Erlebnissen aussteigen wollen, kann dahinter ein einmaliges, für sie sehr schlimmes Ereignis wie z. B. die versuchte Tötung durch einen Kunden oder der behördliche Entzug der Sorgeberechtigung für ihr Kind stehen oder ist das Fass vollends zum Überlaufen gebracht, z. B. bei längerer Gewalterfahrung durch den Partner/Zuhälter. Ein positives, neue Lebensperspektiven eröffnendes Ereignis sind beispielsweise sich verliebt zu haben, ein Kind zu bekommen oder eine andere Arbeit gefunden zu haben.[74] Daher gibt es immer wieder Prostituierte, die darauf hoffen, einen Partner zu finden und in der Folge aussteigen zu können.[75]

6.3.3 Gesundheit und Wohlbefinden

Die bereits mehrfach erwähnte, im Jahr 2003 durchgeführte deutsche Studie („Lebenssituation, Sicherheit und Gesundheit von Frauen in Deutschland") hatte unter anderem

[70] Vgl. bezüglich mehrmaliger Ausstiegsversuche Beate Leopold/Elfriede Steffan, EVA-Projekt, 12; Sven-Axel Månsson/Ulla-Carin Hedin, Breaking the Matthew effect – on women leaving prostitution. Zu den Schwierigkeiten des Ausstiegs und unterstützenden Angeboten, was hier aber nicht weiter thematisiert wird, vgl. Schritt für Schritt – Wege aus der Prostitution; Katharina Baumberger, Ausstieg aus der Prostitution.

[71] Beate Leopold/Elfriede Steffan, EVA-Projekt, 12.

[72] Vgl. ebd., VIII. Bei der Befragung waren Mehrfachnennungen möglich.

[73] Ebd., 12. Vgl. in diesem Zusammenhang den Bericht über Ursula in: Sabine Eichhorst/Petra Marchewka, Am Ende des Strichs, 116, 120.

[74] Vgl. Sven-Axel Månsson/Ulla-Carin Hedin, Breaking the Matthew effect – on women leaving prostitution, 71.

[75] Vgl. Martina Schuster, Kampf um Respekt, 47.

zum Ziel, den Gesundheitszustand der in Deutschland lebenden Frauen zu ermitteln. Sowohl bei den körperlichen als auch bei den psychischen Beschwerden, die abgefragt wurden,[76] zeigt sich, dass die Prostituierten generell häufiger davon betroffen sind als die übrigen Frauen in der Bevölkerung. Dazu gesellen sich Auffälligkeiten im Beschwerdebild, sind doch Prostituierte von einem Teil der Beschwerden signifikant häufiger betroffen, bei denen sich zudem ein Zusammenhang mit der Prostitution nahelegt. Namentlich handelt es sich bei den körperlichen Beschwerden wie Kopfschmerzen, Magen-/Darmproblemen oder Hautproblemen/Allergien um solche, die „auf erhöhte psychosomatische Belastungen hindeuten“[77], dazu kommen noch Essstörungen und gynäkologische Beschwerden wie beispielsweise Unterleibsschmerzen, Menstruationsprobleme oder ein eingeschränktes Lusterleben.[78] In Bezug auf die gynäkologischen Beschwerden meinen die Autorinnen, dass die signifikant höhere Belastung als in der Hauptuntersuchung (d. h. bei den übrigen in Deutschland lebenden Frauen) auf einen Zusammenhang „mit der beruflichen Tätigkeit des Anbietens sexueller Dienstleistungen“[79] weist. Selbst wenn eine deutliche Differenz zu den übrigen Frauen unübersehbar ist, dürfen die Unterschiede unter den Prostituierten selbst[80] nicht aus den Augen verloren werden, was natürlich nicht heisst, dass damit die Schmerzen/das Unwohlsein der davon Betroffenen bagatellisiert würden.

Die nicht zu vernachlässigende psychische Belastung der Prostituierten, die in unterschiedlichem Mass in den bereits besprochenen Kontexten sichtbar wurde, bestätigt sich in der vorliegenden Studie. Sie erleben in einem bedeutend grösseren Ausmass als die anderen Frauen Zustände wie Stress/Überlastung, Schwäche/Müdigkeit, Schlafstörungen, Niedergeschlagenheit/Depressionen, Angstanfälle/Panikattacken und das Gefühl, nicht mehr weiterleben zu wollen. Wie die Autorinnen der Studie vermuten, steht der höhere Medikamenten-, dabei insbesondere Psychopharmakakonsum damit in einem Zusammenhang. Was zur Bewältigung der genannten Probleme dienen kann, birgt zugleich ein Suchtpotential in sich, das sich auch in Bezug auf den Drogen- und Alkoholkonsum sowie das Rauchen als höher erweist als bei den übrigen Frauen.[81]

Dass Frauen, die in der Prostitution tätig sind, ein erhöhtes gesundheitliches (d. h. körperliches und psychisches) Risiko tragen, entspricht einer breit geteilten Meinung, wobei die möglichen negativen Auswirkungen auf das psychische Wohlbefinden als grös-

76 Genau genommen wurde danach gefragt, ob die aufgeführten Beschwerden in den 12 Monaten vor der Befragung häufig erlebt wurden.

77 Lebenssituation, Sicherheit und Gesundheit von Frauen in Deutschland. II. Teilpopulationen-Erhebung bei Prostituierten, 63.

78 Vgl. betreffend Konsequenzen für die Beziehungsfähigkeit Sven-Axel Månsson, L'homme dans le commerce du sexe, 363.

79 Lebenssituation, Sicherheit und Gesundheit von Frauen in Deutschland. II. Teilpopulationen-Erhebung bei Prostituierten, 63. Detaillierter zu möglichen gynäkologischen Beschwerden: Heidrun Nitschke-Özbay, Berufskrankheiten bei Sexarbeiterinnen – gibt es das?.

80 Spitzenreiter mit einem knappen Drittel sind die Kopfschmerzen, Hautprobleme nennt ein Fünftel und Menstruationsprobleme kennt etwas weniger als ein Viertel der befragten Prostituierten. An den herausgegriffenen Beispielen wird deutlich, dass der grosse Rest im erfragten Zeitraum nicht häufig darunter gelitten hat.

81 Vgl. Lebenssituation, Sicherheit und Gesundheit von Frauen in Deutschland. II. Teilpopulationen-Erhebung bei Prostituierten, 63-67.

ser eingeschätzt werden, dies umso mehr, je länger die Ausübung der Tätigkeit dauert.[82] Deshalb gilt sie für viele nicht als Tätigkeit mit einer langfristigen Perspektive.[83]

> „Nach Ansicht der ExpertInnen ist Prostitutionstätigkeit keine Tätigkeit, die langfristig eine für die persönliche Existenz gewinnbringende Lebens- und Arbeitsperspektive enthält. Frauen in fortgeschrittenem Alter, die sich prostituieren, sind eine Minderheit. Psychisch und physisch ist die Mehrheit der Prostituierten nach einigen Jahren in der Prostitution geschädigt. Hinzukommt, dass die Verdienstmargen mit zunehmendem Alter aufgrund sinkender Nachfrage der Freier tendenziell abnehmen, während die Konkurrenzsituationen mit jüngeren Frauen zunehmen."[84]

Die verschiedenen Risiken resultieren insbesondere aus dem Arbeitskontext[85] (dessen spezifischen Anforderungen wie z. B. Alkoholkonsum oder an gewissen Arbeitsorten ungeschützter zu sein), den Gewalterfahrungen innerhalb und ausserhalb des Prostitutionsgewerbes sowie den Wünschen/Forderungen und Umgangsweisen, mit denen die Kunden sie konfrontieren. Das bedeutet, dass ein beträchtlicher Teil der Gefährdung von der Prostitution selbst ausgeht.[86] Vanwesenbeeck und viele andere warnen aber davor, die genannten Probleme darauf zurückzuführen. Denn ihrer Meinung nach liegen diese weniger in der Prostitution selbst begründet als vielmehr im Stigma, das der Prostitutionstätigkeit anhaftet[87] und von vielen als gravierendes, wenn nicht als Hauptproblem betrachtet wird. So meint Gail Pheterson, Sozialpsychologin und bekannte Kämpferin für die Rechte der Prostituierten, nicht die Tätigkeit an sich sei ein Problem, sondern die damit verbundene Stigmatisierung und Diskriminierung, die zudem einseitig die Prostituierten treffe.[88]

82 Vgl. ergänzend zur in diesem Kontext bereits erwähnten Literatur: Milena Chimienti, Prostitution et migration; Monika Krüger, Prostitution und Gesundheit. Auch die noch nicht publizierte Studie über Prostituierte, die in Zürich tätig sind, findet eine höhere psychische Belastung bei ebendiesen.

83 Das hängt auch mit den Selbstschutzstrategien wie beispielsweise der Abspaltung der Gefühle oder Abwehrreaktionen zusammen, die in gewissem Mass Voraussetzung für ein professionelles Verhalten der Prostituierten sind, sich aber in höherer Ausprägung und langfristig als selbstdestruktiv erweisen können.

84 Monika Krüger, Prostitution und Gesundheit, 154-155.

85 Ergänzend ist hier noch zu vermerken, dass eine allfällige Infektionsgefahr nicht nur von Seiten der Kunden droht, sondern ebenfalls von Seiten der eigenen Partner, dies insbesondere dann, wenn es sich um ehemalige Kunden handelt, die das Prostitutionsmilieu auch nach der Eheschliessung noch frequentieren. Die bei Chimienti zu Wort kommenden Frauen vertrauen aber darauf, dass ihre Männer sich entsprechend vorsehen würden. Vgl. die aufgeführten Beispiele bei Milena Chimienti, Prostitution et migration.

86 Dies entspricht auch der Meinung der von Monika Krüger befragten Expertinnen. (Vgl. dies., Prostitution und Gesundheit, 146.)

87 Vgl. Ine Vanwesenbeeck, Another Decade of Social Scientific Work on Sex Work, 267.

88 Vgl. Gail Pheterson, Huren-Stigma sowie dies., The Prostitution Prism, hier insb. Kap. 3 „The Whore Stigma: Female Dishonor and Male Unworthiness".

6.3.4 Stigmatisierung und Diskriminierung

6.3.4.1 Grundsätzliche Überlegungen

Nach Erving Goffman bezeichnet Stigma eine „Eigenschaft [...], die zutiefst diskreditierend ist“[89], wobei diese Eigenschaft nicht im strengen Sinn des Wortes zu verstehen, sondern eher als zugeordnetes Attribut[90] aufzufassen ist, das in einer bestimmten Konstellation als negativ gewertet wird und die Trägerin oder den Träger zu einer diskreditierten (sofern die Mitmenschen in einer bestimmten Situation darum wissen) oder zu einer diskreditierbaren (solange in einer bestimmten Situation nur der Träger, die Trägerin darum weiss) Person macht. Das ist, sehr vereinfacht gesagt,[91] darauf zurückzuführen, dass zunächst ein bestimmtes Verhalten als abweichend wahrgenommen wird und die sich solcherart verhaltenden Personen einer Gruppe zugeordnet werden (ein ‚klassisches' Beispiel dafür sind ‚die Homosexuellen'). Über diese Zuordnung hinaus erfolgt aufgrund herrschender kultureller Überzeugungen die Zuschreibung unerwünschter Eigenschaften, die zusammen ein negatives Stereotyp bilden. In der Folge wird eine Person nicht nur als einer solchen Gruppe zugehörig betrachtet, sondern mit dem damit verbundenen negativen Stereotyp identifiziert. Dies wiederum hat eine Art Grenzziehung zwischen den als abweichend Definierten und der übrigen Gesellschaft zur Konsequenz, was für Erstere zu einem Statusverlust führt und Diskriminierungen auf zwischenmenschlicher wie struktureller Ebene provoziert.

Um die in einer Interaktion als normal unterstellten Identitäten aufrechtzuerhalten oder bei Abweichung die Diskrepanz möglichst zu minimieren, wenden die Betreffenden verschiedene und vielfältige Strategien an,[92] bestätigen und reproduzieren aber damit zugleich das gesellschaftliche Normensystem.[93] Den diskreditierten oder diskreditierbaren Personen verlangt dies eine grosse Anpassungsleistung ab, solange das Stigma wirkt. Dieses ist aber nicht in Stein gemeisselt und kann sich im Verlauf der Zeit ändern, womit sich auch die Parameter der Interaktion verschieben und bei den Interaktionsteilnehmerinnen und -teilnehmern die Grenze dessen, was als normal bzw. als abweichend gilt.

Die Stigmatisierung der Prostitution ist für viele in zweifacher Hinsicht Stein des Anstosses. Einerseits betrifft dies die Ablehnung der Käuflichkeit sexueller Handlungen und andererseits den Umstand, dass allein die Prostituierten dafür verantwortlich gemacht und im Gegensatz zu den Kunden als Bevölkerungsgruppe mit missbilligtem, abweichendem Verhalten wahrgenommen werden. Dabei bleibt es aber, wie die bisherigen Überlegungen gezeigt haben, nicht bei einer blossen Feststellung ebendieses Verhal-

89 Erving Goffmann, Stigma, 11.

90 Es handelt sich hierbei um eine Interaktionsperspektive; diese entsteht in einer Interaktion, in der eine Person für die Situation relevante (Identitäts-)Normen nicht erfüllt. (Vgl. Hilde Weiss, Soziologische Theorien der Gegenwart, 84.)

91 Vgl. ausführlicher Bruce G. Link/Jo C. Phelan, Conceptualizing Stigma, 378. Vgl. auch die Ausführungen bei Ine Vanwesenbeeck, Prostitutes' well-being and risk, 45-46.

92 Dies wird in Erving Goffmann, Stigma, ausführlich beschrieben.

93 Vgl. Hilde Weiss, Soziologische Theorien der Gegenwart, 84; zum Verhältnis von Individuum und Gesellschaft bzw. gesellschaftlicher Struktur vgl. ebd., 85.

tens, sondern die Frauen werden als Person mit ihrer Tätigkeit identifiziert und aufgrund der damit verbundenen negativen Attribute als Person abgelehnt und ausgegrenzt.[94] Die Stigmatisierung der Prostituierten trifft auch deren Kunden und Dritte (Partner, Familie, Geschäftsleute des Prostitutionsgewerbes),[95] jedoch längst nicht im selben Ausmass, was als grosse Ungerechtigkeit empfunden wird, weil nur ein Teil der Beteiligten dafür ‚den Kopf herhalten' muss.

Der Unterschied in der moralischen Verurteilung besteht gemäss Pheterson darin, dass sich eine Frau mit ihrer Prostitutionstätigkeit einen bestimmten sozialen Status einhandelt und als „unehrenhaft" gilt und damit als ganze Person diskreditiert ist, während das Verhalten ihrer Kunden lediglich als eine Aktivität gewertet wird, die zwar dem dominierenden Männlichkeitsbild entspricht, aber im Zusammenhang mit der Prostitution als „unwürdig"[96] empfunden wird.[97] Die „Unwürdigkeit" liegt bei den Kunden in deren sexueller und bei den Zuhältern in deren finanzieller *Abhängigkeit* von den Prostituierten.[98] Diese wiederum gelten aufgrund ihrer sexuellen und finanziellen *Unabhängigkeit* als „unehrenhaft".[99] Wie weit die Stigmatisierung der Prostituierten heute noch auf dieses Weiblichkeits- und Männlichkeitsbild zurückzuführen ist, kann offen bleiben. Nach Renate Kirchhoff ist sie der „gesellschaftlich getragene[n] Konstruktion von Wirklichkeit" geschuldet, „die Prostitution ethisch ablehnt und die Prostituierten für die Existenz des Dienstleistungssektors verantwortlich macht"[100], obwohl viele von der Prostitution profitierten und diese insofern gesellschaftliche Akzeptanz geniesse. – Ob die Gleichsetzung von Nutzniessung breiter Kreise und Akzeptanz der Prostitution zutrifft bzw. in welchem Sinn Akzeptanz in diesem Fall zu verstehen ist, braucht hier nicht weiter erörtert zu werden. Denn der Vorwurf der Stigmatisierung der Prostituierten ist davon nicht betroffen.

6.3.4.2 Beispiele erlebter/praktizierter Stigmatisierung und Diskriminierung

Stigmatisierung hat viele Gesichter und findet in verschiedenen Bereichen statt. Einen Einblick in diese Problematik, die für die Prostituierten sehr belastend ist, vermitteln die nachfolgend aufgeführten Beispiele.

Das Beispiel einer aus Afrika stammenden Frau, die in einem Cabaret arbeitet, bezieht sich auf die zwischenmenschliche Ebene. Bei dieser Frau kumulieren sich gleich

[94] Gail Pheterson meint, die Prostituierten würden nicht nur stigmatisiert, sondern verkörperten geradezu das Huren-Stigma. (Vgl. dies., The Prostitution Prism, 65.)

[95] Daher wollten die Kunden anonym bleiben. Zu Klagen von Dritten über die Stigmatisierung, die auch sie betrifft, siehe das Interview mit einer Bordellbetreiberin bei Margrit Brückner/Christa Oppenheimer, Lebenssituation Prostitution, 58.

[96] Zur Unterscheidung der gesellschaftlichen Missbilligung, die Prostituierte und deren Kunden verschieden behandelt, spricht Gail Pheterson von „female dishonor" und „male unworthiness". Die gewählte Begrifflichkeit zeigt an, dass nach der in der Gesellschaft vorherrschenden Meinung bei der Prostituierten gleich die ganze Person betroffen ist, während dies bei deren Kunden nicht der Fall ist.

[97] Vgl. Gail Pheterson, The Prostitution Prism, 36.

[98] Vgl. ebd., 49-52.

[99] Vgl. ebd., 52.

[100] Renate Kirchhoff, Frauenwürde, Prostitution und Gesellschaft, 58.

zwei Stigmata: im Sexgewerbe zu arbeiten und (dunkelhäutige) Ausländerin zu sein. Sie leidet darunter, wie die Leute auf der Strasse ihr begegnen und insbesondere, wie die Männer sich ihr gegenüber verhalten, konkret, dass sie sich nicht mit ihr unterhalten wollen, sondern nur darauf aus sind, sie zu betatschen.[101]

Die Kombination Ausländerin und Arbeit im Sexgewerbe ist den Schweizer Behörden suspekt. Da wird schnell einmal vermutet, die Frauen würden sich einen garantierten Aufenthalt in der Schweiz erschleichen wollen. Dies zeigt sich beispielsweise bei der Behandlung des Gesuchs um erleichterte Einbürgerung einer ausländischen Ehefrau eines Schweizer Bürgers. Das Bundesamt für Ausländerfragen hat ein solches im Jahr 2003 mit Verweis auf die Prostitutionstätigkeit der betreffenden Frau abgelehnt, weil Prostitution nicht mit einer stabilen ehelichen Gemeinschaft einhergehe, die bekanntlich Voraussetzung für die Gewährung der erleichterten Einbürgerung ist.[102] Geht es darum, in einem konkreten Fall festzustellen, ob eine Scheinehe vorliegt, so gilt die Prostitutionstätigkeit einer Ausländerin als ein Indiz dafür.[103]

Eine diskriminierende Behandlung durch die Behörden erfahren die Frauen auch in anderen Belangen.[104] So empfinden es heutzutage viele als stossende Ungleichheit, dass ihr Gewerbe im Vergleich zu anderen Erwerbstätigkeiten in viel stärkerem Ausmass eingeschränkt und kontrolliert wird.[105] Beklagt wird zudem eine zum Teil schikanöse Behandlung durch staatliche Organe, bis hin zu Übergriffen. Schutz sei ebenfalls keiner zu erwarten. Im Fall von tätlichen Übergriffen, z. B. von Seiten der Kunden, – die im Übrigen von der Ansicht, Prostituierte seien minderwertig,[106] motiviert sein können – bräuchten sie sich gar nicht erst an die Polizei zu wenden, da ihnen nicht geglaubt würde (weil die Prostituierte per se als nicht glaubwürdige Person gilt oder weil das Bild von der Prostitution nicht mit Übergriffen zu vereinbaren ist und es solche daher gar „nicht gibt“), die Polizei andere Aufgaben als dringlicher einstufe oder sie für die Übergriffe im Sinn eines Berufsrisikos mitverantwortlich gemacht würden.[107] – Das Gefühl, nicht genügend Schutz durch die Polizei zu erfahren, kann auf Erfahrungen beruhen oder auf einem gewachsenen Selbstverständnis, das nicht zwingend der Realität entsprechen muss. Zudem zeigt sich auch da ein Wandel. So haben in der deutschen Studie etliche Prostitu-

[101] Vgl. Milena Chimienti, Prostitution et migration, 165.

[102] Der Fall ist aufgeführt bei Brigitte Hürlimann, Prostitution, 78.

[103] Das Bundesgericht hat dies festgelegt. Vgl. ausführlicher dazu ebd., 81-82.

[104] Vgl. die Beispiele in Bezug auf das Verhalten von Sozialbehörden bei Joanna Phoenix, Making Sense of Prostitution, 164-165.

[105] Das ist auch dahingehend zu verstehen, dass staatliche Organe immer wieder versuchen, das Prostitutionsgewerbe einzudämmen. Vgl. Brigitte Hürlimann, Prostitution, 84-85. Vgl. zur rechtlichen Lage (gesetzliche Vorschriften und deren Umsetzung) auch bei Milena Chimienti, Prostitution et migration.

[106] Vgl. den Hinweis über die von Seiten der Kunden erlebte Verachtung bei Rita Dolder/Claudia Weiss Gerber, Verkaufte Illusionen, 185.

[107] Vgl. Gail Pheterson, The Prostitution Prism, 42-45; vgl. auch Hilary Kinnell, Murderous clients and indifferent justice; Martina Schuster, Kampf um Respekt, 90, 92-97. Die Ausführungen von Martina Schuster machen zudem deutlich, dass der Hinderungsgrund, die Polizei einzuschalten, nicht nur im Agieren der Behörden begründet liegt, sondern auch darin bestehen kann, die eigene illegale Arbeitssituation nicht auffliegen lassen zu wollen, was beispielsweise bei Ausländerinnen ohne Arbeitsbewilligung oder bei bestehender Anmeldepflicht bei nicht registrierten einheimischen Prostituierten der Fall ist.

ierte, die massiv Gewalt erlitten haben, von sich aus die Polizei eingeschaltet.[108] Möglicherweise deutet das darauf hin, dass sie in schwer wiegenden Fällen durchaus auf die Unterstützung durch die Polizeibehörden vertrauen, aber leichtere Fälle als ‚zum business gehörend' hinnehmen.

Nicht als glaub- und vertrauenswürdig zu gelten führt ebenfalls zu Schwierigkeiten im Geschäftsverkehr. So wird aus den Niederlanden berichtet, dass die Prostituierten auch nach der gesetzlichen Anerkennung der Prostitution noch Schwierigkeiten hätten, ein Bankkonto eröffnen oder eine Hypothek aufnehmen zu können.[109]

Die Liste der Beispiele liesse sich fortsetzen. Aus den genannten geht aber genügend hervor, dass Stigmatisierung und Diskriminierung sowohl auf der persönlichen Ebene, im zwischenmenschlichen Kontakt[110] sowie auf der geschäftlichen und institutionellen Ebene zum Tragen kommen und ein entsprechendes Selbst- und Fremdbild prägen.

Nach Vanwesenbeeck finden sich auch in der wissenschaftlichen Literatur Annahmen/Überlegungen, die die Stigmatisierung widerspiegeln. Konkret handelt es sich dabei beispielsweise um generalisierende, stereotypisierende Darstellungen oder um die Interpretation allen Verhaltens als deviant. Die kritisierte Haltung kommt ebenfalls zum Ausdruck, wenn in Bezug auf die Prostituierten nicht oder zu wenig differenziert wird, als wären sie eine homogene Gruppe. Dazu gehört weiter, Missbräuche im Bereich der Prostitutionstätigkeit einfach der Art dieser Arbeit zuzuschreiben, statt sie in einen Zusammenhang mit dem damit verbundenen Stigma oder negativen Begleitumständen zu stellen.[111] Wenn Prostituierte hinsichtlich physischer oder sexueller Gewalt als Risikogruppe betrachtet werden, liesse sich das als Resultat des Stigmatisierungsprozesses deuten. Mit dem Hurenstigma belegt zu werden, beinhaltet nach diesem Verständnis nicht nur den Vorwurf eines ungebührlichen sexuellen Verhaltens, sondern wirkt zugleich als Einladung an die Männer, sich diesen Frauen gegenüber überheblich und aggressiv zu verhalten, was durch das Hurenstigma dann noch legitimiert wird.[112]

6.3.4.3 Folgen und Umgang mit der Stigmatisierung

Um vor anderen nicht als diskreditierte Person aufgedeckt zu werden, entscheiden sich viele (aus der Literatur zu schliessen, dürften dies die allermeisten sein) für ein Doppelle-

[108] Vgl. Lebenssituation, Sicherheit und Gesundheit von Frauen in Deutschland. II. Teilpopulationen-Erhebung bei Prostituierten, 74.

[109] Vgl. Beate Leopold/Maya Czajka/Angela Siebold, Analysen der Kompetenzprofile von Prostituierten, 19.

[110] Manuela Ribeiro und Octávio Sacramento nennen konkrete Beispiele für erlebte Stigmatisierung im zwischenmenschlichen Bereich, der sich prostituierende Migrantinnen in Spanien und Portugal ausgesetzt sehen. Darunter figurieren die Weigerung, am Ort, wo sie in einer Wohnung untergebracht sind, den Lift gemeinsam zu benutzen, oder Petitionen für eine Wohnungskündigung, allein weil da Prostituierte logieren. Es handelt sich dabei um Reaktionen auf die Person, nicht auf allfällige Störungen im Zusammenhang mit der Prostitutionstätigkeit, weil diese in den genannten Fällen anderswo stattfindet. (Vgl. dies., Violence against Prostitutes, 71-72.) Lena Edlund und Evelyn Korn gehen davon aus, dass Prostituierte wegen ihrer mit einem Stigma behafteten Tätigkeit geringere Chancen auf dem Heiratsmarkt haben (jedenfalls in unseren Breitengraden). (Vgl. dies., A Theory of Prostitution, 207-211.)

[111] Vgl. Ine Vanwesenbeeck, Another Decade of Social Scientific Work on Sex Work, 279.

[112] Vgl. Ine Vanwesenbeeck, Prostitutes' well-being and risk, 46.

ben. Das heisst, dass sie ihre Prostitutionstätigkeit andern gegenüber verheimlichen. Teilweise geschieht das selbst gegenüber dem eigenen Partner, in grösserem Ausmass gegenüber den eigenen Kindern, der weiteren Familie und dem übrigen Umfeld. Das verlangt den Frauen einiges ab. Sie müssen sich örtlich und zeitlich entsprechend einrichten sowie sich eine passende Erklärung zu ihrer Arbeitstätigkeit zulegen. Eine Strategie besteht darin, nicht in der Nähe des Wohnortes zu arbeiten, um die Wahrscheinlichkeit zu verringern, dabei einer Person aus dem Bekanntenkreis zu begegnen. Gleichwohl plagt viele die Angst, doch noch eines Tages entdeckt zu werden.[113] Diesbezüglich auf der Hut sein zu müssen, endet nicht mit einer allfälligen Aufgabe der Prostitutionstätigkeit. Sich auf diese Weise selbst zu verleugnen, die Unsicherheit, ob und wann sie es ihren Kindern offenbaren sollen, stellen grosse Belastungen dar.[114] Gleichwohl entdeckt die eine oder andere hin und wieder, dass die Schere im eigenen Kopf zuweilen viel grösser ist als die angenommene negative Haltung im Umfeld.[115]

Die Vorstellung, eine in der Prostitution tätige Frau könne nicht gleichzeitig eine gute Mutter sein, haben etliche dieser Frauen internalisiert und daher das Gefühl, als Mutter nicht zu genügen. Sie versuchen deshalb, „überperfekte Mütter"[116] zu sein. Als Mütter haben sie nicht nur die üblichen Schwierigkeiten zu bewältigen, die ein Alltag mit Kindern und Berufstätigkeit mit sich bringt. Erschwerend kommt hinzu, dass sie nicht offen zu ihrer Tätigkeit stehen können, sei es, dass sie selbst „die Verachtung der Gesellschaft ihrem Beruf gegenüber verinnerlicht haben"[117], sei es, dass sie negative Reaktionen aus dem Umfeld ihren Kindern gegenüber befürchten. Ausfluss dieses als-Mutter-nicht-Genügen ist auch die Befürchtung, ihnen könnte, insbesondere im Fall einer Scheidung, das Sorgerecht entzogen werden. In der Vergangenheit war das gang und gäbe. In der Schweiz und anderswo nahm der Staat den Prostituierten die Kinder weg und brachte sie in einem Heim unter, weil die Behörden die Mütter meist unehelicher Kinder nicht für fähig hielten, für ihre Kinder angemessen sorgen zu können.

Angesichts des vorherrschenden negativen Werturteils entwickelt manche Prostituierte ein negatives Selbstbild. Sie tendiert, da ihre Tätigkeit zwar gefragt ist, aber keine gesellschaftliche Wertschätzung geniesst, ebenfalls zu einer abwertenden Haltung ihr gegenüber und vermag dadurch, wie sich in einem in Deutschland, Italien und den Niederlanden durchgeführten Forschungsprojekt gezeigt hat, zu wenig zu erkennen, welche Kompetenzen und Schlüsselqualifikationen sie sich bei ihrer Arbeit angeeignet hat.[118] Das erschwert eine berufliche Neuorientierung, zumal die mit der Prostitutionstätigkeit

113 Dies kann mit ein Grund sein, im Fall eines gewalttätigen Übergriffs von einer Anzeige abzusehen. Vgl. das Beispiel von Lulu bei: Franziska, Lulu.

114 Vgl. ausführlicher bei Martina Schuster, Kampf um Respekt, 50-62, und ein Beispiel bei Milena Chimienti, Prostitution et migration, 256. Generell sieht Ine Vanwesenbeeck die Strategien, die im emotionalen Bereich zur Bewältigung der Prostitutionstätigkeit praktiziert werden, in direktem Zusammenhang mit der Stigmatisierung. (Vgl. dies., Prostitutes' well-being and risk, 46.)

115 Vgl. Astrid, Doppelleben – Anschaffen mit Familie; Martina Schuster, Kampf um Respekt.

116 Xenia (Verein und Beratungsstelle), Jahresbericht 2001, 5.

117 Ebd.

118 Vgl. Beate Leopold/Maya Czajka/Angela Siebold, Analysen der Kompetenzprofile von Prostituierten.

verbrachten Jahre auf dem Arbeitsmarkt negativ gewertet werden, weshalb die Strategie der Beratung darin besteht, den Lebenslauf entsprechend zu „schönen".[119]

6.4 Prostitution und Frauenhandel

6.4.1 Steigendes Problembewusstsein oder aufgebauschte Problematisierung?

In Westeuropa sind viele Migrantinnen legal oder illegal im Sexgewerbe tätig.[120] Ihre Anzahl wie die zum Teil prekären Arbeitsbedingungen lassen schnell einmal den Verdacht aufkommen, da sei zu einem grossen Teil Frauenhandel im Spiel. Dieser war in den letzten Jahren verstärkt ein Thema in der Öffentlichkeit, prominent in den Kampagnen im Umfeld der Fussball-Weltmeisterschaft in Deutschland 2006 und der Fussball-Europameisterschaft in Österreich und der Schweiz 2008.

Die Bedeutung der Migrantinnen, die sexuelle Dienstleistungen anbieten, zeigt sich in der Einschätzung von Marianne Schertenleib, die in ihrem Überblick über die Sexarbeit in der Schweiz im Jahr 2004 zum Schluss kommt, ohne diese laufe gar nichts.[121] Die (geschätzten) Zahlen verdeutlichen dies. Der Anteil der Migrantinnen beträgt mehr als die Hälfte; je nach Ort steigt dieser auf bis zu 70-90 Prozent.[122] Emilija Mitrović geht 2001 davon aus, dass unter den in Deutschland tätigen Prostituierten lediglich 48 Prozent „Deutsche bzw. EU-Staatsbürgerinnen"[123] sind. Nach dem Fall des Eisernen Vorhangs kamen zunehmend Frauen aus den zentral- und osteuropäischen Staaten in den ‚verlockenden' Westen, um sich hier zu prostituieren.[124] Angesichts des beträchtlichen Anteils

[119] So die persönliche Auskunft einer Mitarbeiterin von Xenia im Juni 2003. Bezügl. grösserer Chancen auf dem Arbeitsmarkt bei Geheimhaltung der Prostitutionstätigkeit vgl. auch Gail Pheterson, The Prostitution Prism, 42. Bezügl. Schwierigkeiten beim Aus- und Umstieg vgl. die Berichte bei Sabine Eichhorst/Petra Marchewka, Am Ende des Strichs.

[120] Auf die Schweiz bezogen verweist Marianne Schertenleib 2004 auf die Schätzung des Bundesamtes für Polizei. Dieses geht basierend auf einer Umfrage bei den Kantonen für das Jahr 2000 von 11'500 im Sexgewerbe tätigen Frauen aus. Etwa 5'200 Frauen würden die Tätigkeit legal ausüben, während etwa 6'300 illegal tätig seien. Sie meint, dass die weitere Entwicklung jedoch zeige, dass diese Schätzungen überholt seien. (Vgl. dies., Sexarbeit in der Schweiz – ein Überblick, 3.) Dies bestätigt sich im Bericht Innere Sicherheit der Schweiz 2006 des Bundesamtes für Polizei, der für das Jahr 2006 von einer Zunahme der Prostituierten wie der Betriebe ausgeht, dazu aber keine konkreten Zahlen nennt. (Vgl. Bericht Innere Sicherheit der Schweiz 2006, 59.)

[121] Vgl. Marianne Schertenleib, Sexarbeit in der Schweiz – ein Überblick, 3.

[122] Vgl. Emilija Mitrović, Frauenarbeitsplatz Prostitution, 96, auf Hamburg bezogen; Angelika Kartusch et al., Bekämpfung des Frauenhandels, 92, sowie Thérèse van der Helm, Migration and mobility of sex workers in the Netherlands, 6, auf die Niederlande bezogen. An dieser Stelle sei darauf hingewiesen, dass bei solchen Schätzungen zum Teil nur noch jene Frauen als Migrantinnen gelten, die nicht unter das Personenfreizügigkeitsgesetz fallen. Konkret sind das jene Frauen, die weder Staatsbürgerinnen eines EU- oder Efta-Staates sind noch in einem solchen Staat eine Niederlassungsbewilligung besitzen.

[123] Emilija Mitrović, Frauenarbeitsplatz Prostitution, 96.

[124] Zu den Vorstellungen über die Möglichkeiten im Westen vgl. Petrus Han, Frauen und Migration, 200-201. Das zeigt sich auch bei der Herkunft der von Frauenhandel betroffenen Frauen, vgl. Eleonore Kofman, Women Migrants and Refugees in the European Union, 11. Gemäss Schätzungen stellen sie ein Viertel der in Deutschland tätigen Prostituierten. Vgl. diesbezüglich Mirjana Morokvasic, Transnational mobility and gender, 124-125. Licia Brussa geht davon aus, dass deren Anteil in den EU-Staaten 30-40 Prozent beträgt. (Vgl. dies., Migrant sex workers in Europe, 12.)

an Migrantinnen und der in den EU- und Efta-Staaten herrschenden erschwerten Einwanderungsbedingungen stellt sich die Frage, ob das Phänomen eher als Prostitutionsmigration zu deuten ist, wie dies beispielsweise Juania Henning und Petrus Han vertreten,[125] oder ob da eher mit Frauenhandel zum Zweck der Prostitution zu rechnen ist.[126] Beides lebt vom sozialen Gefälle, doch in Verbindung mit Täuschung und Ausbeutung lässt dies die Prostitution erst recht als problematisch erscheinen.

Die Lobbyarbeit von NGOs sowie Bestrebungen auf politischer Ebene, insbesondere in Europa und in der UNO, lassen erkennen, dass Frauen-/Menschenhandel als ernst zu nehmendes Problem eingestuft wird,[127] geniesst es doch auf der politischen Agenda vermehrte Aufmerksamkeit. Diesbezüglich ist an das Zusatzprotokoll zur Verhütung, Bekämpfung und Bestrafung des Menschenhandels, insbesondere des Frauen- und Kinderhandels zu erinnern, das Ende 2000 in Ergänzung zum Übereinkommen der Vereinten Nationen gegen die grenzüberschreitende organisierte Kriminalität verabschiedet wurde, sowie an das im Mai 2005 zur Unterzeichnung aufgelegte und am 1. Februar 2008 in Kraft getretene Übereinkommen des Europarats zur Bekämpfung des Menschenhandels. Demgegenüber wehren sich Organisationen, die sich für eine Anerkennung der Prostitution als Beruf einsetzen, vehement gegen ein Aufbauschen des Problems. Alison Murray spricht von einem „Hype“[128], die bundesweite Arbeitsgemeinschaft Recht/Prostitution gar von einem „Menschenhandelskomplott“[129]. Elvira Niesner et al. halten weder die eine noch die andere Position für zutreffend, d. h. weder jene, die kaum oder gar nicht mit Freiwilligkeit bei den in der Prostitution tätigen Migrantinnen rechnet und diese generell zum Opfer[130] stempelt, noch jene, die von der Selbstbestimmung ausgeht und deshalb Frauenhandel für einen Mythos hält.[131] Mit dieser Position ist jene von Anders Lisborg kompatibel, der von „prostitution-related migration“ spricht und dabei von einem Kontinuum zwischen Prostitutionsmigration und Frauenhandel zum Zweck der Prostitution ausgeht.

125 Vgl. Juanita Henning, Kolumbianische Prostituierte in Frankfurt; Petrus Han, Frauen und Migration, 198-200, 266-267, der dies bei Frauen aus den osteuropäischen Ländern beobachtet. Vgl. auch die Einschätzung von Rahel Zschokke und Josef Estermann in: dies., Menschenhandel und Frauenhandel, 152-153.

126 Dass der Fokus bezügl. Frauen-/Menschenhandel auf dem Bereich der Prostitution liegt, ist der Thematik der Arbeit geschuldet und keinesfalls einer Sichtweise, die dieses Delikt nur in Bezug auf Prostitution oder sexuelle Ausbeutung anerkennt, wie dies lange Zeit vorherrschend war und was sich noch heute auswirkt. Vgl. dazu Angelika Kartusch, Internationale und europäische Massnahmen gegen den Frauen- und Menschenhandel; Marjan Wijers, European Union Policies on Trafficking in Women; Ulrike Mentz, Frauenhandel als migrationsrechtliches Problem.

127 Das ist hauptsächlich auf zwei Gründe zurückzuführen. Einerseits wurde die Bekämpfung des organisierten Verbrechens in jüngster Zeit zu einem verstärkten Anliegen. Andererseits ist Menschenhandel auch aus moralischem Grund stossend, wie dies im folgenden Zitat zum Ausdruck kommt: „As unimaginable as it seems, slavery and bondage still persist in the early twenty-first century. […] Trafficking in persons is one of the greatest human rights challenges of our time.“ (Trafficking in Persons Report, 5.)

128 Alison Murray, Debt-Bondage and Trafficking, 51.

129 AG-Recht, Das Menschenhandelskomplott.

130 Vgl. hinsichtlich einer Kritik des Opferbegriffs, dies auch in Bezug auf die Vorstellung von Frauenhandelsopfern: Maria Katharina Moser, Opfer zwischen Affirmation und Ablehnung, insb. 391-412.

131 Vgl. Elvira Niesner et al., Ein Traum vom besseren Leben, 13; sie nehmen da auch kritisch Bezug auf Juanita Henning.

„International prostitution-related migration is thus here defined both as migration for the purpose of prostitution and migration in which the migrants end up in prostitution in the receiving countries without that being their original intention. This definition, broad as it is, makes it possible to view migrant prostitution as a continuum from voluntary prostitution to direct trafficking in women and forced migration."[132]

6.4.2 *Begriff und Ausmass des Frauen-/Menschenhandels*

6.4.2.1 Zum Begriff

Unter dem Eindruck der so genannten „traite des blanches", des Handels weisser europäischer Mädchen und Frauen in die damaligen Kolonialgebiete, wurden zu Beginn des 20. Jahrhunderts verschiedene internationale Abkommen getroffen, die dem Handel von Mädchen und Frauen in die Prostitution ins Ausland zu begegnen versuchten.[133] Kurz nach der Gründung der Vereinten Nationen verabschiedeten diese 1949 die Konvention zur Unterdrückung des Menschenhandels und der Ausbeutung der Prostitution anderer,[134] die nicht nur den Menschenhandel, sondern auch die Prostitution selbst zu bekämpfen trachtete.[135] Sie vermochte aber aus verschiedenen Gründen der Bekämpfung des Menschenhandels nicht gerecht zu werden. So berücksichtigt sie beispielsweise nur den Menschenhandel in die Prostitution oder lässt die Abschiebung von Migrantinnen, die von Menschenhandel betroffen sind, zu, wenn diese die Gesetze eines Staates betreffend Einwanderung oder Prostitution verletzt haben.

Danach sind auf internationaler wie auf europäischer Ebene verschiedene Bestrebungen zu verzeichnen, die das Problem des Menschenhandels anzugehen versuchen, das insbesondere als ein Problem des Frauen- und Kinderhandels wahrgenommen wird.[136] Auf Seiten der UNO führte das zum Übereinkommen der Vereinten Nationen gegen die grenzüberschreitende organisierte Kriminalität, das am 15. November 2000 mitsamt den beiden Zusatzprotokollen, dem Protokoll zur Verhütung, Bekämpfung und Bestrafung

132 Übersetzt: „Folglich wird hier internationale, mit der Prostitution zusammenhängende Migration, sowohl als Migration zum Zweck der Prostitution definiert als auch als Migration, bei der die Migrantinnen im Destinationsland in der Prostitution landen, ohne dass dies ihre ursprüngliche Absicht gewesen wäre. Diese breite Definition erlaubt es, Prostitutionsmigration als Kontinuum zu begreifen zwischen freiwilliger Prostitution bis hin zu Frauenhandel und erzwungener Migration." (Anders Lisborg, Bodies Across Borders: Prostitution-related Migration from Thailand to Denmark, 101.) Laura Oso sieht das in Bezug auf kolumbianische Prostituierte in Spanien ebenso. (Vgl. dies., Colombian women, sex work and health in Galicia, Spain, 10.)

133 Vgl. zum Inhalt dieser Dokumente und der darin sich manifestierenden Entwicklung: Ulrike Mentz, Frauenhandel als migrationsrechtliches Problem, 104-107; Angelika Kartusch, Internationale und europäische Massnahmen gegen den Frauen- und Menschenhandel, 9-10.

134 Convention for the Suppression of the Traffic in Persons and of the Exploitation of the Prostitution of Others, von der UNO-Generalversammlung am 2. Dezember 1949 verabschiedet.

135 Die „Menschenhandelskonvention" erklärt in ihrer Präambel die Prostitution sowie den Menschenhandel in die Prostitution als mit der Menschenwürde unvereinbar und als Gefahr für das Wohlergehen des Individuums, der Familie und der Gemeinschaft. Mit der Konvention und der dahinter stehenden Geisteshaltung beschäftige ich mich ausführlicher in Kap. 8.3.2.1.

136 Vgl. zu diesen Bestrebungen, Angelika Kartusch, Internationale und europäische Massnahmen gegen den Frauen und Menschenhandel; Angelika Kartusch et al., Bekämpfung des Frauenhandels; Ulrike Mentz, Frauenhandel als migrationsrechtliches Problem.

des Menschenhandels, insbesondere des Frauen- und Kinderhandels (auch als Palermo-Protokoll bezeichnet) sowie dem Protokoll gegen die Schleusung von Migranten auf dem Land-, See- und Luftweg, von der Generalversammlung verabschiedet wurde. Wie die Bezeichnung des Übereinkommens und der Zusatzprotokolle erkennen lässt, liegt der Schwerpunkt dieser Übereinkommen auf der Verbrechensbekämpfung,[137] auf die die Staaten stärker verpflichtet werden als auf den menschenrechtlichen Schutz der von Menschenhandel Betroffenen, der dafür im Übereinkommen des Europarats zur Bekämpfung des Menschenhandels von 2005 ein stärkeres Gewicht erhält.[138] Dennoch ist das so genannte Menschenhandelsprotokoll ein wichtiger Meilenstein, da es in Artikel 3 „die erste internationale, rechtlich verbindliche Definition des Begriffs Menschenhandel enthält"[139]. Die Definition ist umfassend, beschränkt sich demnach nicht mehr nur auf den Menschenhandel in die Prostitution, sondern bezieht sich auch auf andere Formen der Ausbeutung. Die Definition ist in einem weiteren Sinn umfassend, als sie nicht nur die Situation der Anwerbung im Blick hat.[140] Denn zu Situationen, in denen Menschen „unter Verletzung ihrer Selbstbestimmung in ein Ausbeutungsverhältnis (jegliche Formen der sexuellen Ausbeutung, Ausbeutung der Arbeitskraft oder Entnahme menschlicher Organe) vermittelt werden"[141], kann es auf verschiedenen Stationen im Migrationsprozess kommen.[142] Bleibt der Fokus hingegen auf die Anwerbung gerichtet, was in manchen Staaten immer noch Praxis ist, hat das für jene Frauen fatale Konsequenzen, die der Arbeit in der Prostitution frei (jedenfalls nicht unter strafrechtlich verstandenem Zwang oder Täuschung) zugestimmt hatten, sich im Zielland unverhofft in einer Aus-

[137] Das liegt nach Meinung von Angelika Kartusch und Ann Jordan daran, dass das Büro der Vereinten Nationen für Drogenkontrolle und Verbrechensverhütung mit Sitz in Wien das Übereinkommen und die dazu gehörigen Zusatzprotokolle ausgearbeitet hat und nicht ein Menschenrechtsorgan der UNO. (Vgl. Angelika Kartusch, Internationale und europäische Massnahmen gegen den Frauen und Menschenhandel, 12-13; Ann D. Jordan, Handbuch zum Menschenhandelsprotokoll der Vereinten Nationen, 3-4.) Das Büro der Vereinten Nationen für Drogenkontrolle und Verbrechensverhütung, das sich vornehmlich mit der Bekämpfung der innerstaatlichen und grenzüberschreitenden Kriminalität befasst, ist auch beauftragt mit der Umsetzung dieser Abkommen. (Vgl. die Resolution der Generalversammlung der UNO zur „Internationale[n] Zusammenarbeit bei der Bekämpfung der grenzüberschreitenden Kriminalität: Unterstützung von Staaten beim Aufbau von Kapazitäten mit dem Ziel, die Durchführung des Übereinkommens der Vereinten Nationen gegen die grenzüberschreitende organisierte Kriminalität und der dazugehörigen Protokolle zu erleichtern" vom 20. Dezember 2004.)

[138] Vgl. zu den beiden genannten Übereinkommen wie zum „Fakultativprotokoll zum Übereinkommen über die Rechte des Kindes betreffend den Verkauf von Kindern, die Kinderprostitution und die Kinderpornographie" von 2000: Joëlle Moret et al., Menschenhandel in der Schweiz, 39-40.

[139] Angelika Kartusch, Internationale und europäische Massnahmen gegen den Frauen und Menschenhandel, 13.

[140] Vgl. dazu Jo Goodey, Recognising organised crime's victims, 159: „The issue [...] ist not one of initial ‚consent'. Rather, it is one of persistent exploitation."

[141] Auf diese Weise definiert die interdepartementale Arbeitsgruppe Menschenhandel den Begriff Menschenhandel in ihrem Bericht „Menschenhandel in der Schweiz", 3. Demnach ist unter Menschenhandel „jegliche[r] Handel mit Menschen zum Zwecke der Ausbeutung" zu verstehen, was einer zunehmend geteilten Auffassung entspricht. (Menschenhandel in der Schweiz, 3.)

[142] Dieser Auffassung ist auch Petrus Han. Er versteht unter Menschenhandel „die durch Gewaltanwendung bzw. Androhung von Gewalt [...] erzwungene Allokation (auf dem Wege des Handels bzw. Verkaufs) von Menschen in die Arbeitsbedingungen [...], in denen ihre Arbeitskraft unter Verletzung der allgemeinen Menschenrechte [...] ausgebeutet wird". (Petrus Han, Frauen und Migration, 189-190.)

beutungssituation (z. B. durch eine Art von Schuldknechtschaft) wiederfinden, aber wegen ihrer anfänglichen Zustimmung nicht als Menschenhandelsopfer anerkannt werden.

Die Begriffsbestimmung in Artikel 3 des Menschenhandelprotokolls lautet folgendermassen:

Im Sinne dieses Protokolls

a) bezeichnet der Ausdruck „Menschenhandel" die Anwerbung, Beförderung, Verbringung, Beherbergung oder den Empfang von Personen durch die Androhung oder Anwendung von Gewalt oder anderen Formen der Nötigung, durch Entführung, Betrug, Täuschung, Missbrauch von Macht oder Ausnutzung besonderer Hilflosigkeit oder durch Gewährung oder Entgegennahme von Zahlungen oder Vorteilen zur Erlangung des Einverständnisses einer Person, die Gewalt über eine andere Person hat, zum Zweck der Ausbeutung. Ausbeutung umfasst mindestens die Ausnutzung der Prostitution anderer oder andere Formen sexueller Ausbeutung, Zwangsarbeit oder Zwangsdienstbarkeit, Sklaverei oder sklavereiähnliche Praktiken, Leibeigenschaft oder die Entnahme von Körperorganen;

b) ist die Einwilligung eines Opfers des Menschenhandels in die unter Buchstabe a genannte beabsichtigte Ausbeutung unerheblich, wenn eines der unter Buchstabe a genannten Mittel angewendet wurde;

c) gilt die Anwerbung, Beförderung, Verbringung, Beherbergung oder der Empfang eines Kindes zum Zweck der Ausbeutung auch dann als „Menschenhandel", wenn dabei keines der unter Buchstabe a genannten Mittel angewendet wurde;

d) bezeichnet der Ausdruck „Kind" jede Person unter achtzehn Jahren.[143]

Nach Meinung von Ann D. Jordan kann jedoch diese breite Definiton nicht einfach ins nationale Strafrecht übernommen werden, da sie im Hinblick auf die Beweisführung in einer Strafverfolgung Schwierigkeiten bietet, die sich zum Nachteil der von Menschenhandel Betroffenen auswirken würden.[144]

Im Zuge der Umsetzung von Übereinkommen auf europäischer und UN-Ebene hat Deutschland auf den 19. Februar 2005 neue, verschärfte Strafvorschriften betreffend Menschenhandel in Kraft gesetzt. In der Schweiz gilt seit 1. Dezember 2006 eine neue Strafbestimmung zu Menschenhandel, die auch andere Formen beinhaltet als jene zum Zweck sexueller Ausbeutung.

Art. 182 (neu), Abs. 1 StGB lautet: „Wer mit Menschen Handel treibt zum Zweck ihrer sexuellen Ausbeutung, der Ausbeutung ihrer Arbeitskraft oder zwecks Entnahme von Körperorganen, wird mit Zuchthaus oder mit Gefängnis nicht unter sechs Monaten bestraft."

[143] Deutsche Übersetzung des Protokolls im Internet unter: http://www.un.org/Depts/german/gvsonst/a55383_anhii.pdf (Stand 06.05.2005); abgedruckt und kommentiert in: Ann D. Jordan, Handbuch zum Menschenhandelsprotokoll der Vereinten Nationen, 8-13.

[144] Vgl. Ann D. Jordan, Handbuch zum Menschenhandelsprotokoll der Vereinten Nationen, 8; als zu ungenau wird die Begrifflichkeit in der von der Internationalen Organisation für Migration (IOM) herausgegebenen Studie „Is Trafficking in Human Beings Demand Driven?", 7, kritisiert.

Die strafrechtliche Bestimmung steht für einen der beiden Pole in der Bekämpfung des Menschenhandels, nämlich für die Strafverfolgung.[145] Der zweite Pol beinhaltet den Opferschutz, der nicht nur aus menschenrechtlichen Gründen unabdingbar ist, sondern auch Voraussetzung für eine erfolgversprechende Strafverfolgung. Einem wirksamen Opferschutz steht aber die immer restriktivere Handhabung oder Verschärfung des Ausländergesetzes entgegen. Dem trägt das neue Ausländergesetz Rechnung. Bereits früher hat das Bundesamt für Migration (früher IMES) in einem Rundschreiben von 2004 auf die missliche Situation reagiert und darin Rahmenbedingungen für die Erteilung von Aufenthaltsbewilligungen für Opfer von Menschenhandel genannt. Dieser Spielraum scheint jedoch gemäss Erkenntnissen einer neuen Studie des Forums für Migrations- und Bevölkerungsstudien noch wenig bekannt zu sein und genutzt zu werden.[146]

6.4.2.2 Zum Ausmass

Immer wieder rütteln Berichte wie jener von Ela aus der Ukraine auf.[147] Da werden Frauen unter falschen Versprechungen in den Westen gelockt und dort zur Prostitution gezwungen. So das medial vermittelte Bild des Frauenhandels, das häufig mit beinhaltet, es handle sich um ein Problem grossen Ausmasses. Doch wie gross ist das Problem tatsächlich? Nach breit geteilter Ansicht gibt es hierzu keine verlässlichen, d. h. wissenschaftlich abgesicherten, Zahlen.[148] Zugleich dominiert die Überzeugung, dass das Ausmass des Menschenhandels, insbesondere des Frauenhandels, beträchtlich sei und zudem im Steigen begriffen, dies nicht zuletzt wegen der Nachfrage,[149] der beschränkten Zugänglichkeit zum Arbeitsmarkt in Westeuropa und dem Migrationsdruck.[150] Gemäss

[145] Vgl. Joëlle Moret et al., Menschenhandel in der Schweiz, 8. Die Autorinnen dieser Studie des Schweizerischen Forums für Migrations- und Bevölkerungsstudien weisen darauf hin, dass die juristische Definition nur eine mögliche Perspektive darstellt. Daneben existieren noch eine operationelle und soziologische, die für das Verständnis des Menschenhandels ebenfalls unverzichtbar sind. (Vgl. ausführlicher ebd., 7, 65-75.)

[146] Vgl. Joëlle Moret et al., Menschenhandel in der Schweiz, 42, 49-50.

[147] Vgl. Nina Rucker, Ela. Das Mädchen, das durch die Hölle ging.

[148] Das unterstreichen jüngst auch Joëlle Moret et al., Menschenhandel in der Schweiz. Vgl. weiter IOM, Journeys of Jeopardy, 19-22; Liz Kelly/Linda Regan, Stopping Traffic, 16; Maritza Le Breton/Ursula Fiechter, Verordnete Grenzen – verschobene Ordnungen, 21; Alison Murray, Debt-Bondage and Trafficking, 55; Elvira Niesner et al., Ein Traum vom besseren Leben, 12-13; Jo Goodey, Sex trafficking in women from Central and East European countries, 28; Eleonore Kofman, Women Migrants and Refugees in the European Union, 11; John Salt, Current Trends in International Migration in Europe, CDMG (2001), 24; ders., Current Trends in International Migration in Europe, CDMG (2005), 33, 36-37, mit einer Übersicht über die verschiedenen Schätzungen. Claudio Besozzi weist darauf hin, dass die Zuverlässigkeit der Zahlen nicht überprüfbar sei und dass diese zudem von privaten oder öffentlichen Organisationen stammen würden, die mit der Bekämpfung des Menschenhandels befasst sind. (Vgl. ders., Illegal, legal – egal?, 43.)

[149] Diesbezüglich wird auf die Entwicklung oder Globalisierung der Sexindustrie verwiesen. (Vgl. Jo Goodey, Sex trafficking in women from Central and East European countries, 27; Eleonore Kofman, Women Migrants and Refugees in the European Union, 11.)

[150] Vgl. Carmen Galiana, Trafficking in Women, 4; IOM, Is Trafficking in Human Beings Demand Driven?, 11; Liz Kelly/Linda Regan, Stopping Traffic, 16; Elvira Niesner et al., Ein Traum vom besseren Leben, 12; Tanja El-Cherkeh et al., EU-Enlargement, Migration and Trafficking in Women, 3-4, 6, 18; Petrus Han, Frauen und Migration, 192, 196; Ulrike Mentz, Frauenhandel als migrationsrechtliches Problem, 44. Auch Joëlle Moret et al., Menschenhandel in der Schweiz, 17, rechnen aufgrund verschiedener Indizien mit einer Zunahme. John Salt

einem Bericht der ILO spielt sich der Frauenhandel in den Industriestaaten vor allem im Bereich des Sexgewerbes ab.[151]

Die von NGOs oder offiziellen Stellen wie Staaten oder internationalen Organisationen genannten Zahlen differieren zum Teil erheblich.[152] Das ist auf verschiedene Gründe zurückzuführen. Generell handelt es sich um einen Graubereich, über den per definitionem niemand einen Überblick hat. Die Schätzungen beruhen zudem auf unterschiedlichen Definitionen von Menschenhandel und unterschiedlichen Methoden der Erhebung.[153] So kritisiert die bundesweite Arbeitsgemeinschaft Recht die für Deutschland herumgebotene Zahl von 140'000 Zwangsprostituierten als „masslos überhöht, nicht nachprüfbar und unseriös"[154] und beruft sich dagegen auf die Erfahrung von Beratungsstellen und der Polizei, die von einer wesentlich geringeren Anzahl Opfer ausgingen.[155] Sie nennt dabei die vom Bundeskriminalamt fürs Jahr 2003 ermittelte Zahl von 1'235 Menschenhandelsopfern,[156] unterschlägt aber, dass diese Zahl nur auf den gemeldeten Ermittlungsverfahren beruht. Diese wiederum stehen in Zusammenhang mit der Häufigkeit von durchgeführten Polizeirazzien oder der Sensibilisierung der Polizeibehörden für mögliche Fälle von Menschenhandel.

Nach Angaben des „Trafficking in Persons Report" des US Department of State von 2008 würden jedes Jahr weltweit 800'000 Personen über nationale Grenzen hinweg gehandelt. Dabei seien es zu etwa 80 Prozent Frauen und Mädchen; die Mehrheit würde zum Zweck der sexuellen Ausbeutung gehandelt.[157] 1996 ging die Internationale Organisation für Migration von 500'000 Frauen aus, die jährlich vom Menschenhandel nach Europa betroffen sind,[158] 1998 nannte sie die Zahl von 300'000 Frauen.[159] Die Europäi-

hingegen weist darauf hin, dass wegen der mangelhaften Datenlage weder von einer Zu- noch von einer Abnahme des Frauen-/Menschenhandels ausgegangen werden könne. (Vgl. ders., Current Trends in International Migration in Europe, CDMG [2005], 37.)

151 Vgl. ILO, A global alliance against forced labour, 13-14; dies in Bezug auf die EU bestätigend: Eleonore Kofman, Women Migrants and Refugees in the European Union, 6. Die ILO geht bei den Opfern sexueller oder ökonomischer Ausbeutung von einem Anteil von 40-50 Prozent Kindern aus.

152 Vgl. Trafficking in Human Beings in South Eastern Europe, 92; IOM, Journeys of Jeopardy, 20.

153 Vgl. diesbezüglich Joëlle Moret et al., Menschenhandel in der Schweiz, 17, die als weiteren Grund die unterschiedlichen Interessen nennen, die die einzelnen Akteure mit ihrer Aktivität im Bereich des Menschenhandels verbinden.

154 AG-Recht, Das Menschenhandelskomplott.

155 Demgegenüber kritisiert Niki Adams vom English Collective of Prostitutes die übertriebenen Zahlen der Polizei (u. a. im Bericht von Liz Kelly und Linda Regan, Stopping Traffic). Denn sie würden nur zur Legitimation dienen, verstärkt im Bereich der Prostitution aktiv zu werden, insbesondere durch vermehrte Razzien, und mehr Mittel für die polizeiliche Tätigkeit zu fordern. (Vgl. Niki Adams, Anti-trafficking legislation, 136.)

156 Vgl. Bundeskriminalamt, Lagebild Menschenhandel 2003, 5.

157 Vgl. Trafficking in Persons Report, 7. Tanja El-Cherkeh et al. zitieren die Zahl von 4 Mio. Menschen, die jedes Jahr weltweit gehandelt würden. (Vgl. dies., EU-Enlargement, Migration and Trafficking in Women, 21.)

158 Vgl. Liz Kelly/Linda Regan, Stopping Traffic, 16 sowie in anderen Publikationen.

159 Vgl. IOM, Journeys of Jeopardy, 19. Petrus Han nennt die Schätzung von 200'000 – 500'000 Frauen, die in Europa von Frauenhandel betroffen sind. (Vgl. ders., Frauen und Migration, 197.) Solche Schätzungen basieren z. T. auf den Zahlen entdeckter illegaler Grenzübertritte, die hochgerechnet werden, weil davon ausgegangen wird, dass die entdeckten illegalen Grenzübertritte nur einen Bruchteil ausmachen. Ein illegaler Grenzübertritt braucht aber nicht zwingend mit Menschenhandel in Verbindung zu stehen und kann geradeso gut mit Hilfe von Menschenschmuggel oder ohne Unterstützung erfolgen.

sche Kommission rechnet diesbezüglich mit 120'000 davon betroffenen Frauen.[160] In der Schweiz sind es gemäss Bundesamt für Polizei 1'500-3'000 Frauen[161] – eine Grössenordnung, die nicht unumstritten ist. Denn „zahlreiche Experten" halten diese für „wenig glaubwürdig und zu hoch"[162].

Der hohen Anzahl geschätzter Menschenhandelsopfer entsprechend wird der Umfang der geschätzten Gewinne veranschlagt. Der Menschenhandel gilt als äusserst lukratives Geschäft,[163] da ein geringes Risiko besteht, dabei aufgegriffen und diesbezüglich belangt zu werden, und zudem, gerade im Vergleich zum Drogenhandel, relativ geringe Strafen zu erwarten sind.[164] Solche Faktoren begünstigen auch den Frauenhandel in die und in der Prostitution, zumal sich grössere Einnahmen mit ‚gehandelten Frauen' generieren lassen als mit relativ selbständig arbeitenden. Dieser gängigen Annahme widerspricht aber Valentin Landmann. Er argumentiert gerade gegenteilig: ‚Gehandelte Frauen' seien weniger motiviert und daher weniger lukrativ.[165] Was sich tatsächlich auszahlt, wäre allerdings zu überprüfen.

Was das Ausmass des Frauenhandels in die und in der Prostitution anbelangt, schätzen es Niesner et al. in ihrer auf Deutschland bezogenen Studie auf „mindestens ein Fünftel der Migrantinnen"[166] ein, während Liz Kelly und Linda Regan für Grossbritannien aufgrund unterschiedlicher Berechnungsarten von einer Bandbreite von 5-25 Prozent der Migrantinnen ausgehen.[167] Wenn auch der prozentuale Anteil von Frauenhandelsopfern viel geringer zu sein scheint, als viele annehmen, sind dennoch zwei Dinge nicht aus den Augen zu verlieren. Zum einen ergibt sich bei einem grösseren Migrationsfluss eine entsprechend hohe nominelle Zahl.[168] Zum anderen ist jedes Opfer eines zu viel, das gilt für diesen Bereich genauso wie anderswo.

Ob eine Frau als Opfer von Frauenhandel erkannt und anerkannt wird, hängt von der Situation ab, in der sie aufgegriffen wird, von der Vorstellung, die sich Behörden von einem Frauenhandelsopfer machen, sowie von der Sensibilität für diese Problematik.[169]

160 Vgl. IOM, Journeys of Jeopardy, 19; Menschenhandel in der Schweiz, 17.

161 Vgl. betrogen und verkauft, 8.

162 Joëlle Moret et al., Menschenhandel in der Schweiz, 6. Vgl. auch ebd., 45.

163 Vgl. Ulrike Mentz, Frauenhandel als migrationsrechtliches Problem, 44-45. Verschiedentlich wird berichtet, dass der Menschenhandel nach dem Drogen- und Waffenhandel die drittgrösste Einnahmequelle darstelle. John Salt nennt die Schätzung von 5-7 Billionen US-Dollar, die der Menschenhandel und Menschenschmuggel jährlich einbringen. (Vgl. ders., Current Trends in International Migration in Europe, CDMG [2001], 24.) Claudio Besozzi ist diesbezüglich zurückhaltend. Er weist darauf hin, dass wir kein gesichertes Wissen über die weltweite Bedeutung der illegalen Märkte hätten. (Vgl. ders., Illegal, legal – egal?, 25.) Die Einnahmen aus dem Menschenhandel werden nicht nur durch das organisierte Verbrechen generiert, wie vielfachs angenommen wird. Denn häufig sind es Einzelpersonen oder kleinere Netzwerke, die Menschenhandel betreiben. (Vgl. Petrus Han, Frauen und Migration, 191; Claudio Besozzi, Illegal, legal – egal?, 92.)

164 Vgl. IOM, Journeys of Jeopardy, 44-47; Carmen Galiana, Trafficking in Women, 11.

165 Valentin N.J. Landmann, Verbrechen als Markt.

166 Elvira Niesner et al., Ein Traum vom besseren Leben, 263.

167 Vgl. Liz Kelly/Linda Regan, Stopping Traffic, 21-23.

168 Die Ukraine sieht sich deswegen vor grosse Probleme bei der Unterstützung zurückkehrender Menschenhandelsopfer gestellt, wie sich anlässlich des Exposure- und Dialogprogramms zu diesem Thema im Mai 2009 im Land selbst gezeigt hat. Demgegenüber ist die Schweiz in einer viel komfortableren Situation und sollte allein aus diesem Grund grössere Anstrengungen zum Schutz dieser Frauen unternehmen.

169 Vgl. IOM, Journeys of Jeopardy, 37-38.

Frauenhandel festzustellen wird aber nicht zuletzt dadurch erschwert, dass es sich häufig nicht um klare, extreme Fälle handelt, sondern um fliessende Übergänge, die einer eindeutigen Identifizierung entgegenstehen.[170] Das würde hingegen die Auffassung bestätigen, die das Verhältnis von Migration und Prostitution als Kontinuum sieht, das von der Prostitutionsmigration bis zum Frauenhandel in die und in der Prostitution reicht.[171] Nichtsdestotrotz gibt es in verschiedenen Ländern Anstrengungen zu einem verbesserten Schutz der Menschen/Frauen, die Opfer von Menschenhandel geworden sind.[172]

6.4.3 *Prostitutionsmigration*

Da in der öffentlichen und politischen Wahrnehmung die Problematik des Frauenhandels in die Prostitution eindeutig im Vordergrund steht, bleibt die Prostitutionsmigration (unabhängig davon, ob sie legal oder illegal erfolgt) fast unbeachtet, selbst wenn sie zahlenmässig in weit grösserem Umfang stattfindet, was auch die oben genannten Schätzungen betreffend Anteil des Frauenhandels belegen.[173] Demnach entscheiden sich die meisten Frauen wissentlich und willentlich für die Migration zum Zweck der Prostitution, eine der wenigen Erwerbsmöglichkeiten, die ihnen wegen der restriktiven Einwanderungspolitik verbleiben.[174] Doch um eines grösseren Verdienstes und anderer Vorteile willen, wie beispielsweise grössere finanzielle und soziale Unabhängigkeit, nehmen sie das in Kauf.[175] Zugleich gelingt den meisten dieser Schritt, dies abhängig von den Umstän-

170 Vgl. Renate Heubach, Migrantinnen aus Mittel- und Osteuropa in ungeschützten Arbeitsverhältnissen; Frank Laczko et al., Trafficking in Women from Central and Eastern Europe, 3.

171 Vgl. Anders Lisborg, Bodies Across Borders: Prostitution related Migration from Thailand to Denmark, 101.

172 Vgl. diesbezüglich die auf den Opferschutz in der Schweiz bezogene Studie: Joëlle Moret et al., Menschenhandel in der Schweiz.

173 Anders Lisborg geht von einer Zunahme dieser Migrationsform aus. „This international prostitution-related migration of women from developing countries to the developed world has, in recent years, been increasing in scope, expanding in geographical dimensions and intensifying in the types of organization involved in it.“ (ders., Bodies Across Borders: Prostitution-related Migration from Thailand to Denmark, 100.) Ein ukrainischer Priester, der in Italien zur Unterstützung seiner migrierten Landsleute (Italien ist ein von ihnen häufig gewähltes Destinationsland) eine Migrantenseelsorge aufgebaut hat, schätzt, dass über neunzig Prozent der Ukrainerinnen, die in Italien in der Prostitution tätig sind, dies freiwillig tun. Als Kirchenmann ist er alles andere als verdächtig, eine progressive Linie fahren zu wollen. Daher scheint mir diese Einschätzung umso bemerkenswerter. (Aussage anlässlich des Exposure- und Dialogprogramms zum Thema Trafficking in Persons im Mai 2009 in der Ukraine.) Vgl. aus ethischer Sicht meinen eigenen Beitrag „Prostitutionsmigration. Ein unterbelichteter Aspekt der Migrationsbewegungen“.

174 Vgl. u. a. Elisabeth Rohr, Frauen auf der Flucht, im Exil und in der Migration, 25-26; Annie Phizacklea, Transnationalism, gender and global workers, 89. Zur wachsenden Bedeutung der Prostitution als Erwerbsmöglichkeit für Frauen vgl. Saskia Sassen, The feminization of survival, 61, 70. Es versteht sich von selbst, dass dieser Prozess nicht einheitlich verläuft. Zum Teil ahnen die Frauen nur vage, was sie tun würden (wollen es aber gar nicht genauer wissen), zum Teil steigen sie erst nach einer anderen Tätigkeit im Destinationsland in die Prostitution ein. Die angedeutete Realität, die viele Facetten hat, braucht hier nicht weiter ausgefaltet zu werden.

175 Vgl. ausführlicher dazu Laura María Agustín, Migrants in the Mistress's House: Other Voices in the „Trafficking“ Debate. Zur Prostitutionsmigration von Frauen aus der Dominikanischen Republik in Frankfurt vgl. Ulrich Koch, Dominikanische Prostituierte in Frankfurt am Main. Unabhängig sein zu wollen, stellt sich auch in der Studie von Milena Chimienti als starkes Motiv heraus. Bei einem Teil der in einer Beziehung lebenden Frauen, deren Partner für die Lebenshaltungskosten aufkommt, besteht dies darin, die Herkunftsfamilie finanziell unterstützen zu können. (Vgl. dies., Prostitution et migration.)

den und mit unterschiedlichem Erfolg. Sie haben dabei mehr oder weniger Probleme zu überwinden und mit schwierigen Bedingungen zurechtzukommen. So gibt es genügend Frauen, die sich, um überhaupt migrieren zu können, verschulden und am Zielort erst einmal die vorgestreckten Auslagen zurückzahlen müssen. Gemäss den Erkenntnissen von Henning schaffen es die Frauen, ihre Schulden während den ersten drei Monaten ihres Aufenthalts zu begleichen.[176] Nachher verbleibt ihnen nach Abzug der üblichen Auslagen der gesamte Verdienst, den sie dafür verwenden, um die gesteckten Ziele zu verwirklichen. Sind diese erreicht, scheinen die Frauen wieder in ihre Heimat zurückzukehren. Sobald sie wieder ein Einkommen für neu ins Auge gefasste Ziele brauchen, nehmen sie die Prostitutionstätigkeit in der Fremde wieder auf. Was Henning als Pendelmigration kolumbianischer Prostituierter beschreibt, stimmt mit den Erkenntnissen der Migrationsforschung überein. So ist nach Mirjana Morokvasic-Muller seit 1989 eine Zunahme der Pendelmigration, einer auf kurzfristige Zeiträume angelegten Migrationsform, zu beobachten.[177] Bei der temporären Migration oder Pendelmigration aus den zentral- und osteuropäischen Ländern stellen seit neuerem die Frauen den Hauptanteil.[178] Begünstigt wird diese Migrationsform durch zwei Tendenzen. Einerseits verfolgen die westeuropäischen Staaten, um eine mögliche Unterschichtung zu vermeiden, eine restriktive Migrationspolitik, die es Menschen aus Nicht-EU- und -Efta-Staaten praktisch verunmöglicht, legal in den Arbeitsmarkt eintreten zu können. Andererseits lockerten sie gewissen Nicht-EU- und -Efta-Staaten gegenüber die Einreisebestimmungen, indem sie beispielsweise die Visumspflicht aufhoben.[179] – Innerhalb von Europa hat sich die Lage mit dem Personenfreizügigkeitsabkommen und der Erweiterung der Europäischen Union noch einmal zu Gunsten einer vereinfachten Migration entwickelt. – Dies hat für die Migrationswilligen mehrere Vorteile. Es erleichtert nicht nur die Einreise, sondern erlaubt ohne grösseren Aufwand eine mehrmalige Wiedereinreise. Die Aufhebung der Visumspflicht reduziert zudem die Migrationskosten.[180] Der Abbau dieser Hürde vereinfacht die Migration und reduziert allfällige Abhängigkeiten, die bei der unterstützten Migration entstehen können. Han geht davon aus, dass bei Frauen aus Zentral- und Osteuropa, die sich im Westen prostituieren, vor allem die Form der Pendelmigration vor-

[176] Vgl. Juanita Henning, Kolumbianische Prostituierte in Frankfurt, 97-105. Laura Oso weist darauf hin, dass die Bedingungen unterschiedlich sind, unter denen die Schulden zu begleichen sind. Wenn die Schulden aber einmal abbezahlt sind, könnten die meisten Frauen der Prostitution frei nachgehen. (Vgl. dies., Colombian women, sex work and health in Galicia, Spain.)

[177] Vgl. Mirjana Morokvasic, Gender-Dimensionen der postkommunistischen Migrationen in Europa, 157.

[178] Vgl. Tanja El-Cherkeh et al., EU-Enlargement, Migration and Trafficking in Women, 4.

[179] Diese Tendenzen führen nach Einschätzung von Tanja El Cherkeh et al. auch zu einer Abnahme des Frauenhandels. (Vgl. ebd.)

[180] Ein weiterer Vorteil besteht darin, dass bei Vorliegen von Familienbetreuungspflichten nur ein temporärer Ersatz notwendig ist. Zudem reduziert ein temporärer Aufenthalt die Wahrscheinlichkeit, entdeckt und ausgewiesen zu werden. Ein Teil der Frauen will das ursprüngliche Lebensumfeld gar nicht aufgeben und kann auf diese Weise zwei Lebensbereiche miteinander verbinden. (Vgl. zu Letzterem Sabine Hess, Migrationsstrategien von Frauen aus Osteuropa, 371.)

liegt.[181] Das erscheint plausibel, zumal eine solche auch im Reinigungs- und Pflegebereich stattfindet.

Erleichterte Einreisebestimmungen gehen nicht automatisch mit einem erleichterten Zugang zum Arbeitsmarkt einher. Die an den Aufenthaltsstatus gebundene Arbeitsbewilligung verunmöglicht es daher vielen der migrierten Frauen, ihre Erwerbstätigkeit legal auszuüben. Aus diesem Grund befinden sich dennoch viele in einer prekären Situation, die sie verletzlich und ausbeutbar macht. Chimienti beschreibt ihr Handeln unter solch erschwerten Bedingungen/widrigen Umständen als „agir faible". Sie zeigt also auf, wie die Frauen die geringen Handlungsmöglichkeiten nutzen, die sie haben.[182] Die prekäre Lage vieler Migrantinnen beeinflusst das eigene Verhältnis zur Prostitutionstätigkeit. So sind sie weniger an einer Legitimierung dieses Gewerbes interessiert als vielmehr daran, eine Aufenthalts- und Arbeitsbewilligung zu bekommen.[183]

6.4.4 (Prostitutions-)Migration: Handeln unter erschwerten Bedingungen

6.4.4.1 Entscheid zu migrieren

Verschiedene Ursachen, darunter insbesondere die Feminisierung der Armut sowie die strukturelle und gesellschaftliche Diskriminierung, bewegen Frauen dazu, mittels Migration einen Ausweg aus Lebensbedingungen zu suchen, die als aussichtslos empfunden werden. Im Kontrast dazu steht das Bild vom Westen als eines Raumes, in dem sich schnell und leicht eine Menge Geld verdienen lässt.[184] Die Entscheidung zu migrieren hängt aber nicht nur von den genannten strukturellen Bedingungen ab, sondern ist letztlich persönlich motiviert.[185]

In einer norwegischen Studie, in der Opfer von Frauenhandel sowie aktuell in der Prostitution tätige Migrantinnen befragt wurden, liessen sich grob drei Kategorien von persönlichen Gründen ausmachen, die zum Entscheid geführt hatten, zu migrieren bzw. die Prostitutionstätigkeit aufzunehmen.[186] Die einen Frauen steckten in einer akuten

181 Vgl. Petrus Han, Frauen und Migration, 198-200, 266-267. Vgl. auch die bei Sabine Hess beschriebene Pendelmigration von Frauen aus Osteuropa, die in Deutschland als Au Pair oder als Putzfrau tätig sind. (Vgl. dies., Migrationsstrategien von Frauen aus Osteuropa, 367, 369-371.)

182 Vgl. Milena Chimienti, Prostitution et migration.

183 Vgl. Laura María Agustín, Sex at the Margins, 73.

184 Zu den Vorstellungen über die Möglichkeiten im Westen vgl. Petrus Han, Frauen und Migration, 200-201. Dementsprechend betont Carmen Galiana in ihrem Bericht ans Europäische Parlament, dass es wichtig ist, bei Präventionskampagnen gegen Frauenhandel auch das Bild zu korrigieren, dass im Westen mit Prostitution viel Geld zu verdienen sei. (Vgl. dies., Trafficking in Women, 20.) Die Vorstellung von einer besseren Lebenssituation im Westen ist denn auch ein wesentlicher Grund dafür, dass Prostituierte in Destinationen des Sextourismus danach streben, eine langfristige Beziehung zu ihren Kunden aufzubauen, um sich die Chance einer Heirat und damit verbunden einer Ausreise in den Westen offen zu halten. (Vgl. Denise Brennan, Selling Sex for Visas.)

185 Darauf weist auch Laura María Agustín hin, denn es migriert jeweils nur ein Bruchteil der Frauen. (Vgl. dies., Migrants in the Mistress's House: Other Voices in the „Trafficking" Debate, 99.)

186 Diese Studie befasst sich mit der Prostitution von ausländischen Frauen in Oslo, insbesondere derjenigen von Frauen aus Ost- und Zentraleuropa. Um die Mechanismen bezüglich Frauenhandel zu eruieren, wurden Interviews mit von Frauenhandel Betroffenen geführt, die in ihr Herkunftsland zurückgekehrt waren. (Vgl. Anette

Krise und versuchten, ihr auf diese Weise zu begegnen. Die Krise konnte eine rein finanzielle sein, im Zusammenhang mit dem Zerbrechen einer Partnerschaft oder anderen schwerwiegenden familiären Konflikten stehen. Eine weitere Gruppe von Frauen war von länger andauernden finanziellen Problemen betroffen, weil sie beispielsweise einer schlecht entlöhnten Erwerbsarbeit nachgingen bzw. nachgehen mussten oder seit längerem den Lohn nicht mehr bekommen hatten. Sie suchten deshalb nach einer besser bezahlten Erwerbstätigkeit. Schliesslich gab es eine dritte Gruppe von Frauen, die mehr vom Leben wollten, als einer üblichen Erwerbsarbeit nachzugehen. Bei den letztgenannten Frauen handelte es sich vorwiegend um Frauen, die zum Zeitpunkt der Studie noch als Prostituierte tätig waren und ihre Tätigkeit als frei gewählt bezeichneten. Diese drei Gruppen von Frauen hatten eines gemeinsam: Sie brauchten Geld. Als weiterer, die Entscheidung zur Migration oder die Aufnahme der Prostitutionstätigkeit begünstigender Faktor kam der Umstand hinzu, jemanden im Umfeld zu kennen, die damit bereits Erfahrungen gemacht hatte.[187] Die jeweiligen Familien[188] waren unterschiedlich stark an der Entscheidungsfindung mitbeteiligt, was auch kulturell bedingt ist. Doch selbst bei einem grossen Teil der Frauen, die ihre Entscheidung ganz persönlich gefällt hatten, ging es darum, auf wirtschaftliche Probleme in der Familie zu reagieren.[189]

6.4.4.2 Unterstützte Migration

Aus Gründen der beschränkten Möglichkeiten im eigenen Land wie der restriktiven Einwanderungs- und/oder Arbeitsbestimmungen in den Zielländern sind die meisten Frauen auf Unterstützung und Vermittlung angewiesen,[190] was sie verwund- und ausbeutbar macht. Viele Frauen gelangen über informelle Netzwerke nach Westeuropa. Das gilt sowohl für Frauen aus Zentral- und Südamerika als auch für Frauen aus Asien wie in jüngerer Zeit ebenso für Frauen aus Zentral- und Osteuropa.[191] Die Migration der Letztgenannten sorgte in den vergangenen Jahren für Schlagzeilen, insbesondere im Zusammenhang mit dem Frauenhandel. Dabei hat sich herausgestellt, dass vielfach diejenigen, die sie angeworben hatten, ihnen persönlich oder jemandem aus dem Umfeld (Familie, Sippe oder Bekanntenkreis) bekannt waren, weshalb ihnen die Arbeitsangebote als durchaus vertrauenswürdig erschienen. Etliche Frauen haben über Präventionskampagnen von der Gefahr des Menschenhandels erfahren, sind deshalb vorsichtig und reagieren beispielsweise nicht auf Jobanzeigen. Ihre eigene Situation schätzen sie dementspre-

Brunovskis/Guri Tyldum, Crossing Borders, 12.) Bei jenen Frauen, die noch als Prostituierte tätig waren, handelte es sich zum Teil um Migrantinnen, die bereits vorgängig in Norwegen ansässig waren.

187 Vgl. Anette Brunovskis/Guri Tyldum, Crossing Borders, 50-55. Jemanden mit solchen Erfahrungen zu kennen oder Bekannte im Zielland zu haben, wird von verschiedener Seite als wichtiger begünstigender Faktor genannt.

188 Familie ist hier sowohl als Familie in einem engeren Sinn wie auch als Haushalt aufzufassen. Anette Brunovskis und Guri Tyldum verwenden beide Begriffe.

189 Vgl. Anette Brunovskis/Guri Tyldum, Crossing Borders, 48-49.

190 Vgl. auch Petrus Han, Frauen und Migration, 112-113, der die unterschiedliche Art der Rekrutierung von weiblichen und männlichen Arbeitskräften beschreibt.

191 Vgl. in Bezug auf Frauen aus Zentral- und Osteuropa: Carmen Galiana, Trafficking in women, 8. Hinsichtlich der übrigen vgl. u. a. Elvira Niesner et al., Ein Traum vom besseren Leben; Juanita Henning, Kolumbianische Prostituierte in Frankfurt; Laura Oso, Colombian women, sex work and health in Galicia, Spain.

chend als sicher ein. Da zwischenzeitlich an gewissen Orten (z. B. in der Ukraine) auch die Rekrutierung über Männer auf Misstrauen stösst, werden vermehrt Frauen eingesetzt. Häufig sind das Frauen, die selbst von Menschenhandel betroffen sind, sich aber auf diese Weise freikaufen können.[192]

6.4.4.3 Arbeit im informellen Sektor

Der Zugang zum (offiziellen) Arbeitsmarkt in den Zielländern Westeuropas ist Frauen, die nicht aus einem EU- oder Efta-Staat stammen, praktisch verschlossen. Auf Schwierigkeiten stossen aus unterschiedlichen Gründen aber auch Frauen aus den neuen EU-Mitgliedstaaten. Gleichwohl besteht im Westen eine enorme Nachfrage nach (informellen) Dienstleistungen von Frauen,[193] insbesondere im Sexgewerbe, im Bereich des privaten Haushalts und der privaten Pflege. Dabei gilt das Sexgewerbe als boomende Branche und profitables Geschäft,[194] das eine steigende Nachfrage nach ausländischen, darunter so genannt ,exotischen' Frauen verzeichnet.[195] Allerdings lässt sich die Migration nicht allein mit der Nachfrage erklären, die im Übrigen ebenfalls krisenanfällig ist, wie sich angesichts der jüngsten weltweiten Finanz- und Wirtschaftskrise gezeigt hat. Die Aussicht auf einen guten Verdienst stellt einen weiteren Faktor – sozusagen das passende Gegenstück – dar, der aber im Endeffekt zu einem Überangebot und davon abhängig zu einer massiven (und viel beklagten) Konkurrenz führen kann, die die ohnehin prekären Arbeitsbedingungen noch verschärft.[196]

Bei den genannten Bereichen handelt es sich um solche, die typisch sind für nicht regulierte, d. h. informelle und ungeschützte, Arbeit und die daher anfälliger sind für Praktiken der Ausbeutung.[197] Dennoch entscheiden sich etliche Migrantinnen für die ihnen verbleibenden so genannten „,3 d-Jobs': ,dirty, degrading and dangerous'"[198], also Tätigkeiten, die als schmutzig, entwürdigend und gefährlich gelten. Die Alternative, näm-

[192] Vgl. Anette Brunovskis/Guri Tyldum, Crossing Borders, 57-62.

[193] Vgl. u. a. Annie Phizacklea, Transnationalism, gender and global workers, 89. Tanja El-Cherkeh et al. sprechen von der Nachfrage nach undokumentierter Arbeit von Frauen. (Vgl. dies., EU-Enlargement, Migration and Trafficking in Women, 3, 13.) Petrus Han stellt fest, dass die Nachfrage nach Frauenarbeit weltweit gestiegen ist. (Vgl. ders., Frauen und Migration, 48, 157.)

[194] Vgl. dazu den Abschnitt zum Verständnis der Prostitution aus ökonomischer Perspektive (Kap. 2.2.3). Die „Unterhaltungs- und Sexindustrie" gilt als „schnell wachsende[r] Sektor", der „weltweit fast ausschliesslich Frauen beschäftigt". (Mirjana Morokvasic, Gender-Dimensionen der postkommunistischen Migrationen in Europa, 163.)

[195] Vgl. Eleonore Kofman, Women Migrants and Refugees in the European Union, 12.

[196] Vgl. zur Konkurrenzsituation Sandra Käsch, Veränderungen der Prostitutionsformen: von 1949 bis heute, 61. Aus dem zunehmenden Druck kann zudem ein grösseres Risikoverhalten der Prostituierten erfolgen, was nicht allein bei ausländischen Frauen der Fall zu sein braucht.

[197] Vgl. IOM, Is Trafficking in Human Beings Demand Driven?, 5, 11; vgl. auch Petrus Han, Frauen und Migration, 24-25, 150-151. In der Untersuchung von Anders Lisborg stellte sich heraus, dass die „one-step migrants", die sich von Agent/innen oder kommerziellen Netzwerken (im Fall von Thailand sind diese klein) vermitteln liessen, am meisten Gefahr liefen, Opfer von Frauenhandel zu werden, während dies bei den „two- or multistep-migrants", die sich vor allem Unterstützung über transnationale soziale Netzwerke holten, kaum der Fall war. (Vgl. ders., Bodies Across Borders: Prostitution-related Migration from Thailand to Denmark, 112-117.)

[198] Angelika Kartusch, Internationale und europäische Massnahmen gegen den Frauen- und Menschenhandel, 6. Vgl. zum weltweiten nach Geschlechtern segregierten Arbeitsmarkt auch Petrus Han, Frauen und Migration.

lich ein Einkommen im eigenen Land erwerben zu müssen, erscheint ihnen demgegenüber noch prekärer oder zu unattraktiv. Die Distanz zum eigenen Herkunftsland erleichtert den Schritt in das Prostitutionsgewerbe insofern, als sie die Tätigkeit besser geheim halten können.[199] Aufgrund dieser Absicht, die wesentlich auf der gesellschaftlichen Ächtung dieser Tätigkeit beruht,[200] sind sie allerdings erpressbar, was im Fall von Frauenhandel ausgenützt wird, um sie gefügig zu machen und zur Kooperation zu zwingen. Aufgrund von Schamgefühlen wollen etliche von Frauenhandel Betroffene nicht in ihr Herkunftsland oder -gebiet zurückkehren. Diese Schamgefühle hängen einerseits mit der gesellschaftlichen Bewertung ihrer Prostitutionstätigkeit zusammen, andererseits mit dem Gefühl des Versagens. Viele Migrantinnen stehen denn auch unter Erfolgsdruck, weshalb sie fast nur Erfolgsgeschichten übermitteln, ein allfälliges Scheitern aber vertuschen, was ebenfalls dazu beiträgt, die Vorstellung hochzuhalten, mit Prostitutionsmigration sei gut und leicht Geld zu verdienen.[201] Zugleich erhöht dies den Anreiz zu migrieren und senkt die Wahrnehmung der damit verbundenen Gefahren.[202]

Gemäss den Erkenntnissen betreffend Prostitutionsmigration scheint aber tatsächlich eine Mehrheit der Frauen ihre Ziele auf diesem Weg zu erreichen. Insofern stellt dies nicht zu Unrecht eine realistische und durchaus realisierbare Möglichkeit dar. Dass der Verdienst in Tat und Wahrheit häufig sauer und unter widrigen Bedingungen[203] verdientes Geld ist, wird aber meist – wohl aus verschiedenen Gründen – verschwiegen.

6.5 Kinder- und Jugendprostitution

Wenn die Prostitution problematisiert wird, erfolgt das hin und wieder mit dem Hinweis auf die Prostitution von Kindern und Jugendlichen, die zwangsläufig damit verbunden sei. Da Prostitution von Minderjährigen als verwerflich gilt – wobei hier nicht die Prostitutionstätigkeit der Kinder und Jugendlichen im Blick ist, sondern das Verhalten der Kunden und allfälligen Zuhälter! – und bis zur vom jeweiligen Staat festgelegten Alters-

[199] Vgl. Anette Brunovskis/Guri Tyldum, Crossing Borders, 48. Vgl. auch Linda Meaker, A Social Response to Transnational Prostitution in Queensland, Australia, S. 63.

[200] Vgl. Carmen Galiana, Trafficking in women, 78, die in der Nicht-Akzeptanz der Prostitutionstätigkeit in der Herkunftsgesellschaft (gemeint sind hier Zentral- und Osteuropa), was bis zu polizeilicher Verfolgung reichen kann, eine Gefahr für eine erneute Viktimisierung durch Frauenhandel sieht.

[201] So liessen viele Thailänderinnen, die in Deutschland arbeiten, ihre Landsfrauen im Unklaren über die Arbeitsbedingungen und andere Schwierigkeiten, die sie zu bewältigen hatten. Dafür hoben sie die Verdienstmöglichkeiten hervor und die damit verbundene Gelegenheit, sich Schmuck zu erwerben, was bei entsprechendem Erscheinungsbild durchaus zu beeindrucken vermochte. (Vgl. Prapairat Ratanaloan Mix, Four Cases in Hamburg, S. 94, 96.) Denise Brennan stellte bei Prostituierten in einer dominikanischen Sextourismus-Destination fest, dass selbst bei negativen Migrationserfahrungen häufig eine idealisierte Vorstellung betreffend Beziehung und Lebenssituation vorhanden ist. (Vgl. dies., Selling Sex for Visas, 167-168.)

[202] Vgl. Elvira Niesner et al., Ein Traum vom besseren Leben, 55; Anette Brunovskis/Guri Tyldum, Crossing Borders, 47.

[203] Diesbezüglich werden lange Arbeitszeiten und eine grosse Anzahl von Kunden, die zu bedienen sind, erwähnt. Mit der Aussicht auf zukünftige finanzielle Sicherheit sind Frauen teilweise auch bereit, missliche Situationen hinzunehmen. (Vgl. Linda Meaker, A Social Response to Transnational Prostitution in Queensland, Australia, 62.)

grenze sogar verboten ist, stellt die behauptete untrennbare Nähe zur Erwachsenenprostitution ebendiese in Frage.

Die Prostitution von Kindern und Jugendlichen ist ein Phänomen, das noch wenig erforscht ist bzw. über das noch kaum sozialwissenschaftlich brauchbare Studien vorliegen.[204] Sabine Partenheimer nennt bezogen auf Deutschland einen Anteil von 5-10 Prozent Minderjährigen unter den Prostituierten.[205] Wie andere geht Alfons Heinz-Trossen davon aus, dass „der Umfang der Jugendprostitution bzw. Prostitution junger Frauen [...] steigt"[206]. Er beruft sich dabei auf eine Studie, die 1980 einen Anteil von 44 Prozent und 1990/91 von 62 Prozent an weiblichen Prostituierten ausmacht, die die Prostitutionstätigkeit vor ihrem 21. Lebensjahr aufgenommen haben. Ein vergleichbares Bild ergibt sich in der Studie von Leopold und Steffan, wo 15 bzw. 12 Prozent der befragten Frauen in die Prostitution eingestiegen sind, bevor sie 17 Jahre alt waren, und 45 bzw. 42 Prozent im Alter zwischen 17 und 21 Jahren.[207] Aus den Altersangaben scheint ein fliessender Übergang von der Minderjährigen- zur Erwachsenenprostitution hervorzugehen. Nicht zu übersehen ist aber, welch grosse Bedeutung die Prostitution *junger* Frauen hat. Trotz dieses Kontinuums stellt sich die Frage, ob sich die Prostitution von Kindern/Jugendlichen von der (freiwilligen) Erwachsenenprostitution unterscheiden lässt oder ob es Zusammenhänge gibt, die letztere deswegen als problematisch erscheinen lassen.[208]

Nach Friedrich W. Stallberg stellt die Prostitution von Kindern und Jugendlichen eine mehrheitlich zeitlich befristete Betätigung dar und ist daher nicht als Vorstufe zur Erwachsenenprostitution zu sehen.[209] Bei Cathrin Schauers Recherchen zur Kinderprostitution im deutsch-tschechischen Grenzgebiet erweist sich allerdings, dass die meisten der befragten Frauen bereits als Kinder zur Prostitution gezwungen worden sind.[210] Dies könnte aber diesem spezifischen Kontext geschuldet sein. Ob sich die Prostitutionstätigkeit im Erwachsenenalter fortsetzt, könnte demnach in einem Zusammenhang mit der Zwangslage oder einer bestimmten Art von Zwangslage zu Beginn der Aufnahme der Prostitutionstätigkeit stehen. Darauf deuten das Ergebnis von Schauer sowie ein Beispiel bei der Untersuchung von Stefan Studer und Christina Peter hin.[211]

Wie weit eine Verbindung zwischen der Minderjährigen- und Erwachsenenprostitution besteht, lässt sich ebenso wenig im Hinblick auf die Örtlichkeiten beurteilen, an de-

204 Vgl. Friedrich W. Stallberg, Prostitution als soziales Problem, 34-35; Gebunden im Schweigen, 24; Stefan Studer/Christina Peter, Kommerzielle sexuelle Ausbeutung von Kindern und Jugendlichen in der Schweiz, 6.

205 Vgl. Sabine Partenheimer, Kinder- und Jugendprostitution in der Bundesrepublik Deutschland, 103. Sie stützt sich dabei auf eine Quelle von 1990. Die genannte Zahl bezieht sich auf die damalige BRD.

206 Alfons Heinz-Trossen, Prostitution und Gesundheitspolitik, 275. Dieser Meinung sind in neuerer Zeit auch Beate Leopold/Katja Grieger, Gewaltprävention durch Arbeit mit Minderjährigen in der Prostitution, 20.

207 Vgl. Beate Leopold/Elfriede Steffan, EVA-Projekt, 10. Die erstgenannte Zahl gibt den Anteil der im Interview befragten Frauen wieder, die zweitgenannte Zahl jene, die mittels Fragebogen geantwortet haben.

208 Da der Fokus der Arbeit auf der Erwachsenenprostitution liegt, reflektiere ich die Thematik der Prostitution von Kindern und Jugendlichen nur in Bezug auf diese. Deswegen bleibt auch der (straf-)rechtliche Aspekt ausgeklammert. Wie bei der gesamten Arbeit konzentriere ich mich auf die Prostitutionstätigkeit der Frauen bzw. Mädchen.

209 Vgl. Friedrich W. Stallberg, Prostitution als soziales Problem, 41.

210 Vgl. Cathrin Schauer, Kinder auf dem Strich, 82.

211 Vgl. Stefan Studer/Christina Peter, Kommerzielle sexuelle Ausbeutung von Kindern und Jugendlichen in der Schweiz, 25-28, 51.

nen diese vorkommen. Nach Partenheimer und Isabell Tiede sind die beiden Bereiche wegen des Verbots der Minderjährigenprostitution und entsprechender Sanktionen getrennt. Deshalb hätten die Minderjährigen kaum die Möglichkeit, in Bordellen zu arbeiten.[212] Statt dessen bleibt ihnen die Strasse und auch da nur in den Gebieten, die für erwachsene Prostituierte nicht interessant sind, das heisst in den Sperrgebieten.[213] Dies hingegen erhöht ihre Verletzlichkeit, die ohnehin aufgrund der oftmals bestehenden Unerfahrenheit von vielen Kunden schamlos – eine Wertung, die angesichts der vorhandenen Berichte angebracht ist[214] – ausgenützt wird. Ein anderes Bild zeigt sich im deutsch-tschechischen Grenzgebiet, wo sich die Kinder-/Jugendprostitution in unmittelbarer Nähe zur Erwachsenenprostitution abspielt oder gar in denselben Etablissements, wie auch Beispiele bei Studer und Peter und Beobachtungen der Dortmunder Mitternachtsmission belegen.[215]

Im Hinblick auf die Kunden von Minderjährigen lassen sich zwei Typen unterscheiden. Die einen sind sexuell auf ein Kind fixiert und daher pädosexuell orientiert. Die anderen weisen eine polymorphe Sexualität auf und leben folglich, aus welchen Gründen auch immer, ihre Sexualität sowohl mit Erwachsenen als auch mit Kindern aus.[216] Letztere belegen, dass ebenfalls auf Seiten der Nachfragenden ein Kontinuum zwischen Sex mit Erwachsenen und Sex mit Kindern/Jugendlichen bestehen kann.[217] Der Trend zur Nachfrage nach immer jüngeren Frauen – ein Phänomen, das besonders im Sextourismus aufgefallen ist[218] – liesse sich als weiteren Hinweis darauf verstehen.

Möglicherweise ist es bei sich prostituierenden Kindern und Jugendlichen noch ausgeprägter als bei erwachsenen Prostituierten, dass sie häufig aus schwierigen Familien-

212 Vgl. Sabine Partenheimer, Kinder- und Jugendprostitution in der Bundesrepublik Deutschland, 214; Beate Leopold/Katja Grieger, Gewaltprävention durch Arbeit mit Minderjährigen in der Prostitution, 20.

213 Vgl. Isabell Tiede, Mädchenprostitution, 88. Ein Zusammenhang besteht sicherlich mit der Beschaffungsprostitution, von der viele Mädchen betroffen sind. Gemäss den Erfahrungen von Tiede gibt es Mädchen, die nicht in die Prostitution eingestiegen sind, weil sie ihren Drogenkonsum irgendwie finanzieren müssen (dies entspricht auch den Beobachtungen von Alfons Heinz Trossen, Prostitution und Gesundheitspolitik), die aber mit dem Drogenkonsum begonnen haben, um die Prostitutionstätigkeit bewältigen und aushalten zu können, und so in die Drogenabhängigkeit geraten sind. Ich werde aber nicht weiter auf die Beschaffungsprostitution eingehen, weil sie sich wesentlich von der Prostitutionstätigkeit unterscheidet, die von Befürwortenden als „Job wie jeder andere" betrachtet wird. Die drogensüchtigen Frauen verstehen sich denn auch nicht als Prostituierte. Gleichwohl ist demgegenüber kritisch zu vermerken, dass es ungeachtet eines allfälligen professionellen Selbstverständnisses in beiden Fällen um eine nachgefragte sexuelle Dienstleistung und folglich um eine Kundenbeziehung geht.

214 Vgl. Isabell Tiede, Mädchenprostitution; Auf dem Strich – Mädchenprostitution in Wien.

215 Vgl. Stefan Studer/Christina Peter, Kommerzielle sexuelle Ausbeutung von Kindern und Jugendlichen in der Schweiz, 50-51. Auf die Beobachtungen der Dortmunder Mitternachtsmission verweisen Beate Leopold/Katja Grieger, Gewaltprävention durch Arbeit mit Minderjährigen in der Prostitution, 20.

216 Vgl. das Interview mit dem Psychiater Frank Urbaniok bei Stefan Studer/Christina Peter, Kommerzielle sexuelle Ausbeutung von Kindern und Jugendlichen in der Schweiz, 87.

217 Vgl. die Beispiele der beiden bei Susann Millhagen dargestellten Prostitutionskunden. (Vgl. dies., Gefühle kann man nicht kaufen, 77-87.)

218 Grund dafür ist die Vorstellung von Sextouristen, bei einer ganz jungen Frau würden sie nicht Gefahr laufen, mit HIV infiziert zu werden. Betreffend weiterer Gründe siehe auch Mechtild Maurer, Auf der Suche nach Jugendlichkeit – die Sextouristen.

verhältnissen kommen.[219] Sei es, dass sie Gewalt, darunter sexueller Gewalt, ausgesetzt waren, sei es, dass sie es aus anderen Gründen zu Hause oder in einem Heim nicht mehr ausgehalten haben, ausgerissen sind und sich nun aus einer Notlage heraus prostituieren. Erfahrung von Gewalt steht oft in einem Zusammenhang mit dem Konsum von Drogen, der über die Prostitutionstätigkeit finanziert wird. Bei den Kindern und Jugendlichen im deutsch-tschechischen Grenzgebiet stehen die Gewalterfahrungen auch im Zusammenhang mit einer materiell prekären Familiensituation, aus der heraus sie zur Prostitution gezwungen werden.[220]

Die bisherigen Überlegungen legen nahe, die Prostitution von Kindern und Jugendlichen als spezifisches Phänomen mit eigener Problemlage zu betrachten und behandeln.[221] Gleichwohl lässt sich die freiwillige Erwachsenenprostitution aufgrund der aufgezeigten Berührungspunkte nicht völlig davon abgrenzen, weshalb ihr wegen den bestehenden fliessenden Übergängen doch eine gewisse Ambivalenz anhaftet, zumal die Kunden die Prostitution jugendlicher oder junger Frauen oft mit Unerfahrenheit und Unprofessionalität verbinden und damit verdrängen, dass es sich um eine Dienstleistung handelt.

6.6 Prostitution – (K)ein Problem?! Ein Fazit

Nach dem Parcours durch verschiedene Problemfelder, die mit der Prostitution verbunden sind, diese aber nicht als solche durch und durch bestimmen (ihr also nicht 'wesenseigen' sind), lässt sich als erster genereller Schluss ziehen: Die Prostitution ist als Problem nicht zu dramatisieren, genauso wenig lässt sie sich beschönigen. Gewalterfahrungen im Rahmen der Prostitutionstätigkeit und in Verbindung zu dieser auch ausserhalb, vorgängige Missbrauchserfahrungen in der Kindheit/Jugend sowie Frauenhandel betreffen nicht jede als Prostituierte tätige Frau bzw. tut dies nicht gleich stark. Dennoch erweist sich der gesamte Bereich als viel stärker von Nötigung, Zwang und Gewalt be-

219 Vgl. Friedrich W. Stallberg, Prostitution als soziales Problem, 44-45; Stefan Studer/Christina Peter, Kommerzielle sexuelle Ausbeutung von Kindern und Jugendlichen in der Schweiz; Mechtild Maurer, „Ich war eine Frau, bevor ich ein Mädchen wurde.", 29. In dem von Heather Montgomery beschriebenen Beispiel von Kinderprostitution in Thailand sind es von Armut geprägte Familienverhältnisse. Die Kinder prostituieren sich nicht aufgrund eines von der Familie ausgeübten Zwangs, sondern um in einer Situation äusserst eingeschränkter Möglichkeiten die Familie mit einem Einkommen zu unterstützen, was sich positiv auf ihr Selbstbild auswirkt. Sie arrangieren sich so mit den strukturellen Gegebenheiten. Dazu gehört, dass sie ihre Tätigkeit nicht als Prostitution bezeichnen, sondern Ausdrücke wie z. B. „zum Vergnügen mit Fremden ausgehen" oder „Gäste empfangen" verwenden. Daraus ist aber auch nach Meinung der genannten Forscherin nicht zu folgern, dass die Verhältnisse nun zu beschönigen und nicht als Ausbeutung anzuprangern wären. (Vgl. dies., Children, Prostitution, and Identity.)

220 Vgl. Cathrin Schauer, Kinder auf dem Strich.

221 Laura María Agustín kritisiert das Konzept einer abgegrenzten Zeitspanne der Kindheit, wie sie auch im Übereinkommen über die Rechte des Kindes der UNO von 1989 zum Ausdruck kommt, als westliche Vorstellung. Denn hier wird beispielsweise dem Umstand nicht Rechnung getragen, dass es Gesellschaften gibt, die die Unterscheidung zwischen vor- und nachpubertärer Phase ziehen und in letzterer praktizierten Sex zulassen. (Vgl. dies., Sex at the Margins, 70.) Auf den bei Agustín zum Ausdruck kommenden Vorwurf einer ethnozentrisch-hegemonialen Sicht kann ich hier nicht weiter eingehen. Dieselbe Diskussion ist auch in Bezug auf die Menschenrechte bekannt.

lastet als andere, was umso erstaunlicher ist, als es sich erklärtermassen um einen Dienstleistungsbereich handelt. Die mit der Prostitution verbundenen Probleme sind folglich (angemessen) ernst zu nehmen, da doch ein grösseres Gefährdungspotential vorliegt. In diesem Sinn lässt sich mit dem Bericht der Bundesregierung sagen, dass es sich um eine Tätigkeit handelt, „die [...] typischerweise mit erheblichen Gefahren und Risiken behaftet ist“[222]. Dabei ist das Gefährdungspotential je nach Voraussetzung und Kontext ein unterschiedliches, weshalb sich weiter spezifizieren lässt:

> „Prostitution ist [...] eine physisch und psychisch belastende, risikoreiche und auch gefährliche Tätigkeit, die nicht selten von besonders vulnerablen Gruppen ausgeübt wird.“[223]

Auf diesem Hintergrund und mit Blick darauf, dass es sich um einen Dienstleistungsbereich handelt, können weitere Folgerungen gezogen werden:

- So, wie sich der Bereich der Prostitution präsentiert, ist er noch weit davon entfernt, ein mehr oder weniger ‚idealer' Dienstleistungsbereich zu sein. Die Allgegenwärtigkeit möglicher Übergriffe und Selbstverständlichkeit verbaler Attacken/Anfeindungen belegen das. So betrachtet mangelt es insgesamt an Professionalität auf Seiten der Kunden, auch wenn sich ein grosser Teil ‚anständig' verhält. Denn die Tendenz zur Grenzüberschreitung – verbal, im Druck Ausüben betreffend Kondom und/oder Preis bis hin zu körperlicher und/oder sexueller Gewalt – ist nicht von der Hand zu weisen. Solches verlangt nach weitergehenderen Überlegungen.
- Um die Prostitutionstätigkeit professionell über längere Zeit und dabei möglichst unbeschadet ausüben zu können, sind die dazu notwendigen persönlichen Voraussetzungen/Ressourcen oft nicht vorhanden. Das ist keineswegs als Vorwurf aufzufassen, sondern schlicht als nüchterne Feststellung, die den Tatsachen Rechnung trägt, was auch im Hinblick auf politische Überlegungen wichtig ist.
- Da die Arbeitsbedingungen – abhängig von der rechtlichen Regelung der Prostitution sowie ausländerrechtlichen Bestimmungen im Hinblick auf Aufenthalts- und Arbeitsbewilligung – einen wesentlichen Einfluss auf Gesundheit und Wohlbefinden der sich prostituierenden Frauen ausüben, ist das Augenmerk verstärkt auf die strukturellen Rahmenbedingungen zu richten.

Aus den Ergebnissen der Überlegungen zum komplexen Feld der Prostitution werden Spannungen, Widersprüchlichkeiten und Anfragen sichtbar, die im Hinblick auf eine Bewertung des Phänomens und die Suche nach Leitlinien für eine Regelung auf Brennpunkte hinweisen, die aufzunehmen sind. Sie werden im Folgenden kurz benannt.

Die Stigmatisierung der Prostitution und Prostituierten erweist sich als *das* zentrale Problem. Auch wenn sie nun keinesfalls bagatellisiert werden soll, fragt sich doch, ob sie wirklich – pointiert formuliert – die alles erklärende Erklärung ist, was darauf hinauslaufen würde, dass sie zu einem ‚Totschlagargument' verkommen würde. Da solches nicht

[222] Bericht der Bundesregierung zu den Auswirkungen des Gesetzes zur Regelung der Rechtsverhältnisse der Prostituierten (Prostitutionsgesetz – ProstG), 6.

[223] Ebd., 9.

zu überzeugen vermag, fragt sich, wie weit ihr Erklärungsvermögen reicht. Das soll am Beispiel der Gewalt von Seiten der Kunden verdeutlicht werden. Unter der Perspektive der Stigmatisierung der Prostituierten erscheint die von den Kunden ausgeübte Gewalt als deren Folge, konkret als Einladung und Rechtfertigung, sich so diesen Frauen gegenüber zu verhalten.[224] Denkbar sind aber noch andere Erklärungsansätze. Einer vermutet eine Geisteshaltung bei diesen Kunden, die generell von einer inferioren Stellung der Frauen ausgeht. Die konkret stattfindenden Übergriffe könnten als in Anspruch genommenes ‚Züchtigungsrecht' und/oder als Angriff auf die Schwächsten interpretiert werden. Letzteres ist ja in der Realität mit Blick auf jene Frauen zu beobachten, die am meisten Gewalt erleiden.[225] Ein damit verbundener, aber auf einer psychologischen Ebene liegender Erklärungsansatz versteht die Übergriffe dahingehend, dass damit von der eigenen Unzulänglichkeit abgelenkt werden soll. Schliesslich wäre ganz im Sinn eines ‚Konsumdenkens' ein übersteigertes Selbstverständnis als Kunde denkbar, das die Devise „der Kunde ist König" vollends auf die Spitze treibt und in eine massive Grenzverletzung ausartet. Wenn dies ein wenig überzeichnet scheinen mag, so darf dabei aber nicht vergessen werden, dass es gerade aufgrund der Kundenwünsche/-bedürfnisse und der Konkurrenzsituation unter den Frauen dauernd zu Grenzverschiebungen kommt, die, vor allem wenn sie länger dauern, ebenfalls eine zerstörerische Wirkung zeitigen können.

Nur oder primär beim ‚Knackpunkt' Stigma ansetzend wird folgerichtig die Entstigmatisierung der Tätigkeit und der sie ausübenden Frauen gefordert, indem eine neue, nämlich positive, Wertung dieser Tätigkeit verlangt wird. Solches übergeht aber die Diskussion um die Werthaftigkeit dieser Tätigkeit, was sich aber nicht nur praktisch nicht überspringen lässt, sondern auch aus ethischer Sicht nicht ausgeklammert werden darf. Zudem ist zwischen einem negativen Werturteil und einem Prozess der Stigmatisierung zu unterscheiden. Die Herausforderung bestünde in diesem Fall darin, das Bewusstsein für diesen Unterschied wieder zu schärfen und Auswege aus den Abwertungs- und Ausgrenzungsmechanismen zu suchen.

Unabhängig von einem allfälligen persönlichen Nutzen fragt sich im Hinblick auf die unterstellte Wertigkeit der Tätigkeit, worin denn diese besteht, wenn man die gigantischen Umsätze, die damit generiert werden, einmal ausklammert bzw. die Wertigkeit nicht nur aus der ökonomischen Bedeutung dieses Gewerbes heraus erklären will. Diese fundamentale Anfrage erwächst aus verschiedenen Facetten, die sichtbar wurden. So fällt auf, dass die Tätigkeit in aller Regel nicht im Sinn einer Berufsperspektive gewählt wird. Vielmehr scheint sie von einem ausgeprägten funktionalen Verständnis begleitet zu sein, wird demnach (überwiegend) als Mittel zum Zweck aufgefasst (nämlich möglichst viel Geld zu verdienen, – was sich noch akzentuiert, wenn schwarz gearbeitet wird, was vielfach der Fall zu sein scheint – dies für sich selbst, teilweise noch zur Unterstützung von Familienangehörigen). Ihren Sinn hat die Prostitutionstätigkeit demzufolge nicht in sich

224 In der Studie von Joanna Phoenix, Making Sense of Prostitution, scheint die Gewalt der Kunden von deren Prostituiertenbild abhängig zu sein.

225 Antje Langer hat auf dem Drogenstrich Kunden beobachtet, die so lange ihre Runden gedreht haben, bis sie eine Drogenprostituierte entdeckten, bei der sie Anzeichen von Entzugserscheinungen feststellen konnten. Diese lassen sich in Bezug auf Praktiken und Entgeltung besser unter Druck setzen. (Vgl. dies., Klandestine Welten, 74.)

selbst, sondern nur mittelbar über das angepeilte Ziel, das je nach Inhalt durchaus auch aus ethischer Sicht eine positive Würdigung erfahren kann. Letzteres tut aber im Grunde genommen nichts zur Sache, denn selbst bei einem zweifelhaften Ziel kann sich das ausgewählte Mittel als etwas Sinnvolles erweisen (in diesem Fall sollte es trotzdem nicht eingesetzt werden, weil das damit intendierte Ziel abgelehnt wird). Umgekehrt kann das Ziel etwas Sinnvolles beinhalten, wohingegen das Mittel zur Erreichung ebendieses Ziels sich als fragwürdig erweisen kann. Aus dieser Perspektive scheint es mir deshalb reichlich widersprüchlich zu sein, bei einer überwiegend funktionalistischen Betrachtung eine in der Prostitutionstätigkeit selbst begründete Werthaftigkeit bzw. Sinnhaftigkeit unterstellen zu wollen. Soll dennoch auf dem intendierten Weg eine Entstigmatisierung erreicht werden, führt dies nicht an einer inhaltlichen bzw. Wertediskussion vorbei.

Ein rein funktionales Arbeitsverständnis stellt das Verhältnis zur Arbeit und das damit verbundene Selbstverständnis grundlegend zur Debatte. Welche Konsequenzen ergeben sich daraus für ein personales Verständnis von Arbeit? Wie ist in diesem Zusammenhang Identität neu zu begreifen?

Gemäss den Erkenntnissen von Chimienti landen die Migrantinnen, deren Aufenthaltsstatus geregelt ist und die in der Folge in einem Salon arbeiten können, beruflich letztlich in einer Sackgasse. Denn der Arbeitsmarkt erweist sich als ziemlich undurchlässig. Im Fall der von ihr befragten Migrantinnen spielen auch zu geringe sprachliche Kenntnisse eine Rolle. Generell treffen in der Prostitution tätige Frauen mit geringen (oder in der Schweiz nicht anerkannten) Berufsqualifikationen auf entsprechende Schwierigkeiten, wenn sie eine andere berufliche Tätigkeit ausüben wollen. Handlungsbedarf ist nicht nur in Bezug auf ausstiegswillige Prostituierte angezeigt. Denn es stellt sich die Frage, welche Möglichkeiten ihnen offen stehen, vor allem wenn sie noch finanzielle Verpflichtungen haben. Damit verbindet sich generell das noch ungelöste Problem eines geschlechtersegregierten Arbeitsmarktes.

Die Frage nach der Gestaltung des Arbeitmarktes ist breit zu verstehen, stellt sich doch für viele Prostituierte nicht nur die Frage nach einer Erwerbsarbeit mit einem genügenden Verdienst, sondern auch jene nach der Vereinbarkeit von Kinderbetreuungspflichten/Familie und Beruf.

Prekäre Familienverhältnisse, Wendepunkte in der Biographie und andere schwierige Situationen machen deutlich, wie wichtig es wäre, auf ein funktionierendes soziales Netz bauen zu können. Das gilt generell. Auf die Prostitution bezogen müsste dieses vor Aufnahme der Prostitutionstätigkeit (so auch präventiv wirkend), in Begleitung ebendieser und bei der Unterstützung eines Ausstiegs zum Tragen kommen.

Die verbreitete Nachfrage von Prostitutionskunden nach ungeschützten Sexualkontakten ist nicht nur im Hinblick auf den Aspekt der Gewalt (siehe oben) zu hinterfragen, sondern ebenso hinsichtlich des gesundheitlichen Aspektes. Denn sie stellen für beide Beteiligten (für die Prostituierte noch verstärkt) und allfällige Dritte, mit denen sie sexuell verkehren, ein Risiko dar. Für die Prostituierten kommt noch jenes einer möglichen Schwangerschaft hinzu. Es macht den Anschein, als ob diese Prostitutionskunden die Verantwortung für die Gesundheit einfach ausklammern oder delegieren würden. Die mangelnde Übernahme von Verantwortung in diesem Bereich sowie der Umstand, dass unhygienische Bedingungen vorkommen, – sei dies, dass die Kunden ungepflegt sind, sei dies, dass die Örtlichkeit, an der sie sexuelle Dienstleistungen nachfragen, in einem hygienisch mangelhaften Zustand ist – wirft die Frage nach dem Selbstverhältnis dieser Männer auf. Denn erst auf der Grundlage eines Selbstverhältnisses, das ein Verhältnis zum eigenen Körper und eine Selbstverortung in sozialen Bezügen einschliesst, lässt sich Verantwortung für sich und andere übernehmen.

7. Überlegungen zur Prostitution aus theologisch-ethischer Perspektive

Die folgenden Überlegungen sind als Ergänzung und Fortführung der hauptsächlich philosophisch-ethischen Überlegungen zu Sexualität, Körperlichkeit und Prostitution in Kapitel 5 zu verstehen. Daher greife ich als Erstes (in Kap. 7.1) die wichtigsten Erkenntnisse des 5. Kapitels auf. In Bezug auf Kapitel 6 beschränke ich mich dabei auf Gesichtspunkte, die noch nicht zur Sprache gekommen sind. Danach (in Kap. 7.2) geht es ergänzend zu den bereits in Kapitel 5 präsentierten theologisch-ethischen Überlegungen zunächst um eine biblisch-theologische Sicht auf Mensch und Welt. Sie dient nicht nur zu einer generellen Beurteilung des Phänomens Prostitution, sondern stellt in erster Linie ein konkretes Sinnangebot dar, das „Zeugnis eines Erfahrungsschatzes" ist, „der jenseits von Zeitgeist und Marktinteressen liegt"[1], und sich als Orientierung im Hinblick auf eine gelingende Lebensgestaltung versteht. In Bezug auf die Gemeinschaft/Gesellschaft beinhaltet sie das Anliegen, dass niemand ausgeschlossen werden soll. Das Erfordernis, zwischen Tat und Täterin bzw. Täter zu unterscheiden, kommt dem entgegen. Auf dem skizzierten Hintergrund kommt die Frage des Umgangs mit der Prostitution zur Sprache, die anhand der Frage nach der Verantwortung der Beteiligten konkretisiert wird (in Kap. 7.3). Daran (in Kap. 7.4) schliessen Überlegungen an zu einem vertretbaren Umgang mit dem Phänomen Prostitution und den beteiligten Akteurinnen und Akteuren, dies unter den Bedingungen einer pluralistischen Gesellschaft. Letztere zeichnet sich nicht nur durch eine Pluralität an moralischen Überzeugungen aus, sondern auch durch eine soziale und marktwirtschaftliche Strukturierung.

7.1 Zwischenbilanz

Die Auseinandersetzung mit philosophisch-ethischen Ansätzen zu Sexualität und Prostitution führte zur Einsicht, dass es zwar ein ganzes Spektrum unterschiedlicher sexueller Praxen gibt, dass diese aber nicht als gleich zu bewerten sind. So widersprechen der Kauf und Verkauf sexueller Dienstleistungen nach wie vor einer von vielen geteilten moralischen Überzeugung, die Sex im Rahmen verbindlicher Beziehungen verortet. Obwohl es dabei oft zum Scheitern kommt, wird das Ideal/Leitbild dadurch nicht hinfällig, was gerade bei jenen Menschen sichtbar ist, die sich weiter daran orientieren. Das ist weder als unverbesserlicher Idealismus noch als fehlender Realitätssinn zu werten, sondern aus ethischer Sicht gut begründet und, wie die Realität ebenfalls zeigt, durchaus lebbar.

Meine Behauptung, dies sei aus ethischer Sicht gut begründet, stützt sich auf die Überlegungen zum Menschenbild, das im jeweiligen Verständnis von Sexualität und Körper zum Vorschein kommt. Auch wenn der Streit um die häufig implizit vertretenen Menschenbilder nicht direkt entscheidbar ist, lässt sich doch danach fragen, welche leitende, Orientierung bietende Vorstellung von Mensch-Sein als menschenfreundlich und kohärent gelten kann. Als menschenfreundlich erweist sich ein Menschenbild, wenn es

[1] Eine prägnante Formulierung, die ich Wolfgang Bürgstein verdanke.

einerseits den Menschen in seiner/ihrer Ganzheit, was die zeitliche Dimension einschliesst, und andererseits die möglichen Folgen für das Individuum selbst wie für das nähere oder weitere Beziehungsgeflecht im Blick hat.[2] In Bezug auf Sexualität und Leiblichkeit entspricht dem, kurz gefasst, eine möglichst ganzheitliche Sicht, die den Menschen als eine Einheit von Körper, Geist und Seele begreift und daher jeglicher Fragmentierung oder Abspaltung gegenüber skeptisch reagiert. Weiter gehört dazu wesentlich der Aspekt der Relationalität, d. h. auf Mitmenschen bezogen zu sein. Der Bereich der Sexualität ist davon nicht ausgenommen. Relationalität/Bezogenheit ist ihm folglich ebenfalls eigen und kommt beispielsweise im sexuellen Begehren zum Ausdruck. – Selbst in der Prostitution trifft das zu, ist doch das sexuelle Begehren der Kunden auf Frauen gerichtet, auch wenn es sich meist nicht auf eine konkrete Frau bezieht. – Das Moment der Relationalität geht einher mit der Vorstellung eines Engagements der ganzen Person, was in der Prostitution sowohl von Seiten der Kunden als auch von Seiten der die sexuelle Dienstleistung erbringenden Frauen ausgeschlossen wird. Insofern ist diese Form gelebter Sexualität als defizitär zu qualifizieren.

Die Überlegungen zur Leiblichkeit des Menschen konzentrierten sich auf die Frage, wie die Verfügungsmacht über den eigenen Körper, die in der Diskussion um die Prostitutionstätigkeit immer wieder geltend gemacht und grundsätzlich zu Recht als Teil der menschlichen Freiheit betrachtet wird, zu verstehen ist. Nebst der Diskussion, ob das Verhältnis zum eigenen Körper als Eigentums- oder vielmehr als Treuhänderschaftsverhältnis und wie Identität als leiblich verfasste angemessen zu begreifen ist, ist die Frage der Zielbestimmung von Bedeutung. Wofür, zu welchem Zweck geschieht der Körpereinsatz bei der Prostitutionstätigkeit und bei der Nachfrage nach Sex?

Untersuchungen über Prostitutionskunden haben zu Tage gefördert, dass diese sexuelle Dienstleistungen selbstverständlich in Anspruch nehmen, dies also unhinterfragt als ihr Recht betrachten, sei es, um dadurch das Fehlen einer (sexuellen) Beziehung zu einer Frau, damit verbundene Einsamkeit oder ein sexuelles Manko in einer Beziehung zu kompensieren, sei es um des ‚reinen' Vergnügens willen. Prostitution dient dabei letztlich der Vergewisserung und Reproduktion einer als ‚normal' betrachteten männlichen Heterosexualität.

Die an dieser Stelle nur knapp benannten Überlegungen lassen aus grundsätzlicher ethischer Sicht plausibel erscheinen, weshalb die Nachfrage nach und das Anbieten von sexuellen Dienstleistungen zu hinterfragen ist. Eine kritische Haltung der Prostitution gegenüber legt sich zudem aus den in Kapitel 6 ausführlich besprochenen Problemen nahe, die mit diesem Gewerbe verbunden sind. Ergänzend dazu sei noch auf folgende problematische Aspekte hingewiesen:

- Die Nachfrage nach sexuellen Dienstleistungen generiert insbesondere auf dem Strassenstrich Folgeprobleme wie Lärmimmissionen und zum Teil weitere Belästigungen. Hinsichtlich ideeller Immissionen und der Wertverminderung von Liegenschaften, wenn sich das Prostitutionsgewerbe auf bestimmte Örtlichkei-

[2] Biblisch wird das mit „An ihren Früchten werdet ihr sie erkennen." (Mt 7,16) umschrieben, das im Verlauf der Zeit zum geflügelten Wort geworden ist. Den Hinweis auf dieses biblische Verständnis der Folge-Problematik verdanke ich Hans Halter.

ten konzentriert und/oder mit einer Vernachlässigung des Unterhalts der Gebäude einhergeht, sind Prostitutionskunden nicht direkte Verursacher, tragen aber durch ihre Nachfrage wesentlich dazu bei. Meist haben sich die Behörden solcher Folgeprobleme anzunehmen, was Kräfte bindet und mit Kosten verbunden ist, die von der Öffentlichkeit zu berappen sind.

- In Kapitel 6 lag der Fokus darauf, in welcher Hinsicht die Prostituierten von den zur Debatte stehenden Probleme betroffen sind. Darüber hinaus bleibt zu fragen, ob sich auch Auswirkungen auf die Prostitutionskunden selbst und allfällige Dritte ausmachen lassen. Da dies noch weitgehend unerforscht ist, können die diesbezüglichen Probleme an dieser Stelle nur kurz angesprochen, aber nicht beziffert werden. Wo die Inanspruchnahme sexueller Dienstleistungen einem Suchtverhalten entspricht, wirkt sich dies (analog einer anderen Sucht) auf die Persönlichkeit aus und hat je nach Situation ebenfalls finanzielle Konsequenzen.[3] Wenn Prostitutionskunden ungeschützten bezahlten Sex durchsetzen, gefährden sie damit nicht nur ihre eigene Gesundheit, sondern auch diejenige der beteiligten Prostituierten und in einer Partnerschaft lebend ebenfalls jene ihrer Partnerin.[4] In diesem Fall ist der Vertrauensmissbrauch offensichtlich, zudem noch gepaart mit einem Verstoss gegen das Nicht-Schadensprinzip. Beides kennzeichnet aus ethischer Sicht nicht nur die genannte Situation, sondern trifft generell auf Prostitutionskunden zu, die in einer Partnerschaft leben. Denn der Gang zur Prostituierten stellt einen Akt sexueller Untreue dar, der meist verheimlicht wird. Auch wenn dies auf Seiten der Partnerin nicht bemerkt wird, was durchaus plausibel erscheint, weil sich die Inanspruchnahme sexueller Dienstleistungen gut in den Tagesablauf einbauen lässt, schleichen sich Unehrlichkeit und in gewissem Sinn Unzuverlässigkeit in die Beziehung ein.

Angesichts der Forderung nach einer Entstigmatisierung der Prostitution, die konkret als positive(re) Wertschätzung derselben verstanden wird, fällt die aus einer wertenden Perspektive gezogene Bilanz insgesamt doch ziemlich ernüchternd aus. Denn die Prostitution erweist sich nicht nur aus grundsätzlichen Gründen als äusserst problematisch, sondern auch wegen verschiedener Probleme, die mit der Art, verschiedenen Kontexten und Begleiterscheinungen des Gewerbes zu tun haben und nicht nur der nach wie vor bestehenden Stigmatisierung anzulasten sind. Dies wirft unweigerlich die Frage auf, wie denn mit dem Phänomen umzugehen sei, zumal es sich als äusserst langlebig erwiesen hat und kein Anlass besteht anzunehmen, dass sich das in absehbarer Zeit ändern wird. Sich angesichts dieser Sachlage auf die normative Kraft des Faktischen zu berufen, wäre aber

[3] Vgl. betreffend möglicher Auswirkungen konsumierter Sexualität, z. B. auf die partnerschaftliche Sexualität, die Ausführungen der Sexualberaterin Marlise Santiago in ihrem Artikel „Schattenwürfe des Sexkonsums".

[4] Vgl. das Beispiel von Herrn T, der in den von Udo Gerheim präsentierten Interviewbeispielen als „der Besessene" bezeichnet wird. Denn er „beschreibt sich selbst als sexsüchtig" und lebt dies auf dem Strassenstrich aus, wobei er da bewusst ungeschützten Sex verlangt, was für ihn mit einer Art morbidem Kitzel verbunden ist. (Udo Gerheim, Freier, 176-179, Zitate: 176, 177.) Vgl. auch das Beispiel bei Juliana Balmer/Rita Dolder, Susanne D., 184-185.

keine Lösung. Denn in der Praxis stellt sich die Frage nach einem vertretbaren Umgang mit diesem Phänomen gleichwohl immer wieder von neuem.

Bevor ich mich aus einer theologisch-ethischen Sicht der Frage nach dem Umgang mit der Prostitution zuwende, braucht es eine Vergewisserung über die Deutung des Phänomens aus ebendieser Perspektive. Erst im Anschluss daran lässt sich über eine verantwortbare Handhabung in der Praxis nachdenken. Dies ist nicht dahingehend misszuverstehen, dass sie einfach aus der grundlegenden Position abgeleitet werden könnte. Sie steht aber dazu in einem Zusammenhang und erfolgt in Auseinandersetzung mit dieser. Sich darüber Rechenschaft abzulegen ist im Fall der Prostitution noch aus einem anderen Grund wichtig. Eine theologisch-ethische Perspektive steht von vornherein unter dem Verdacht, einen repressiven Umgang zu begünstigen, wie das in der Vergangenheit oft geschehen ist und heute noch von gewissen Gruppierungen praktiziert wird. Dabei braucht eine kritische Position nicht zwangsläufig mit einer (sehr) restriktiven oder sogar prohibitiven gesellschaftspolitischen Haltung einherzugehen, was ebenfalls aus der Tradition ersichtlich ist.

7.2 Überlegungen aus biblisch-theologischer Sicht

Die Deutung des Phänomens Prostitution aus einer biblisch-theologischen Sicht erfolgt in drei Schritten. Zuerst (in Kap. 7.2.1) wird allgemein der Horizont des jüdisch-christlichen Menschen- und Weltverständnisses aufgespannt. Aus dieser Perspektive wird zweitens (in Kap. 7.2.2) die menschliche Sexualität gedeutet. Das ist drittens (in Kap. 7.2.3) Grundlage nicht nur dafür, um Konsequenzen betreffend Bewertung der Prostitution als Institution zu ziehen, sondern vielmehr noch, um weiterführende Überlegungen anzustellen im Hinblick auf den Umgang mit den daran beteiligten Personen.

7.2.1 ‚Von Gott geliebt zur Freiheit berufen'

Entgegen der in unseren Breitengraden verbreiteten Auffassung, jeder und jede sei seines bzw. ihres Glückes Schmied und habe folglich das eigene Wohlergehen weitgehend selbst in den Händen, setzt das biblisch-theologische Verständnis vom Menschen gerade nicht bei einem Leistungsprinzip an, das unweigerlich aus dem angesprochenen modernen Menschenbild folgt, sondern bei Gott als dem/der „Ich-bin-da" (Ex 3,14). Gott hat sich als der/die „Ich-bin-da" seit Anbeginn der Schöpfung erwiesen, wo er/sie den Menschen in männlicher und weiblicher Gestalt als sein/ihr Ebenbild erschaffen, diese Schöpfung für gut befunden und gesegnet hat. Das sich darin manifestierende Interesse Gottes am Menschen zeigt sich im weiteren Verlauf in Gottes leidenschaftlichem Ringen um den Menschen, wenn dieser sich von ihm/ihr abwendet und nach biblischem Verständnis damit auch die eigentliche Bestimmung zum Menschsein verfehlt. Davon zeugen die Erzählung der so genannten Sintflutgeschichte, die mit der Versöhnung Gottes mit den Menschen und dem Bundesschluss als Zeichen dafür endet, sowie die Mahnungen der Propheten, die modern ausgedrückt eine Art Vermittlerfunktion zwischen Gott und Mensch wahrnehmen und zur Besinnung und Umkehr aufrufen. Besonders drastisch wird das ersichtlich, wo das Verhältnis zwischen Gott und den Menschen als Liebesverhältnis begriffen und deren abtrünniges Verhalten als „Hurerei“ gebrandmarkt wird.[5] – Auch wenn diese Kritik vornehmlich an die Verantwortlichen im Volk Israel, konkret an die männliche Oberschicht gerichtet war, blieb dieser dem weiblichen Part entlehnte Vorwurf wirkungsgeschichtlich gesehen stärker an den Frauen haften, dies unabhängig davon, ob sie sich nun tatsächlich prostituierten oder nicht. – Gottes Entgegenkommen findet sodann nach christlichem Verständnis in der Heilstat durch Jesus Christus eine Fortsetzung und zugleich einen Höhepunkt.

Die Liebe Gottes zum Menschen, die sich in der freien Schöpfungstat, dem Bundesschluss und der christologischen Heilstat mit neuerlichem Bundesschluss manifestiert, zeigt sich ebenso in der Sorge um die Geknechteten, Kleinen und Schwachen. Gottes Solidarität mit seinem Volk wurde im Ereignis des Exodus zur bedeutsamen und Identität stiftenden Erfahrung. Dass sich Gott der Benachteiligten in besonderem Mass annimmt und auf Seiten der Menschen nach einem entsprechenden Verhalten verlangt, wird von den Propheten immer wieder angemahnt, beispielsweise wenn sie daran erinnern, dass die Witwen und Waisen zu ihrem Recht kommen sollen. Jesus selbst hat modellhaft (vor-)gelebt, was es im Konkreten bedeutet, den Mitmenschen als Nächste, als Nächsten anzunehmen.

Nach jüdischem und christlichem Verständnis verdankt der Mensch demnach seine/ihre Existenz Gott. Geschöpflichkeit als gute und von Gott gesegnete Schöpfung bezieht sich auf den ganzen Menschen, schliesst daher die menschliche Sexualität ein und hat eine ganzheitliche Sicht des Menschen zur Folge, was gegenüber lange Zeit vorherrschenden und neuerlichen Tendenzen zur Abwertung von Leiblichkeit und Sexualität hervorzuheben ist.[6] Die mit der Schöpfung verbundene Gottebenbildlichkeit zeichnet den Menschen in besonderem Mass aus. In seiner geschlechtlichen Differenzierung wird er zum Gegenüber[7] von Gott und im Verhältnis zur Welt ist Frau und Mann in Stellvertretung Gottes die Verantwortung übertragen. In der Gottebenbildlichkeit und nach christlichem Verstandnis ebenso sehr in der durch Jesus Christus begründeten Heilswirklichkeit liegt denn auch die gleiche Würde aller Menschen begründet,[8] die unverlierbar ist und die Herrschaft des Menschen uber den Menschen, dabei nach heutiger Sicht ebenso

[5] Dies trifft insbesondere auf Jeremia und Ezechiel zu. Vgl. kritisch dazu Athalya Brenner, Das Hohelied, 242-243; Angela Bauer, Das Buch Jeremia, 259-261; Renate Jost/Elke Seifert, Das Buch Ezechiel, 286-290, jeweils mit Literaturverweisen.

[6] Betreffend alten und neueren Tendenzen zur Abwertung des menschlichen Körpers vgl. Regina Ammicht Quinn, Jung, schön und fit; dies., können, sollen, wollen, dürfen, müssen, 127-135. In seiner *Enzyklika „Deus caritas est“* weist Papst Benedikt XVI. darauf hin, dass die gegenwärtig vorhandene „Verherrlichung des Leibes“ in einen „Hass auf die Leiblichkeit umschlagen“ (Nr. 5) könne.

[7] Die Alttestamentlerin Helen Schüngel-Straumann spricht von der in der Schöpfung angelegten „dialogische[n] Struktur des Menschen“. (Dies., Das Menschenbild der Bibel, 163.)

[8] Johannes Schwartländer bringt diesen Zusammenhang kurz und bündig auf den Punkt, wenn er schreibt: „In den Offenbarungsschriften der christlichen Religion findet der Gedanke der einzigartigen Würde jedes Menschen seine Begründung in den fundamentalen Aussagen der Gottebenbildlichkeit des Menschen, seiner radikalen Schuldverstrickung und seiner Erlösung in Christus.“ (Ders., Art. Menschenwürde/Personwürde, 684.) Vgl. ausführlich aus protestantischer Sicht: Schweizerischer Evangelischer Kirchenbund (Hrsg.), Den Menschen ins Recht setzen, 28-35. Vgl. auch Konrad Hilpert, Art. Menschenwürde, 134-135; Wolfgang Huber, Art. Menschenrecht/Menschenwürde, 591-592.

jene des Mannes über die Frau ausschliesst.[9] Die mit Jesus Christus angebrochene universale Heilswirklichkeit macht die Menschen fundamental zu Gleichen, insofern ihnen allen die gleiche Freiheit zugesagt ist, was aber auch verpflichtet.[10]

Wie sich bereits der alttestamentliche Mensch durch Gottes Entgegenkommen in Schöpfung, Bundesschluss und Exodus zur Antwort herausgefordert sieht, können auch Christinnen und Christen nicht anders, als auf die erfahrene Liebe und Rechtfertigung durch Gott angemessen zu antworten, was in Dank, Lobpreis[11] und einer Grundhaltung der Liebe[12] geschieht. Das ist nicht als blosse Verpflichtung zu verstehen, weil die Reihe, – ob ihnen das passt oder nicht, – nun an den Beschenkten ist, sondern ist in einer Relation zu sehen, die mit der Initiative Gottes ihren Anfang genommen hat und zugleich die Befähigung des Menschen zu einem neuen Selbst- und Weltverhältnis in sich birgt, ist doch die Liebe Gottes „ausgegossen in unsere Herzen durch den Heiligen Geist, der uns gegeben ist" (Röm 5,5).[13] Sich und die Welt mit den Augen der Liebe (Gottes) zu sehen und danach zu handeln, ist Kennzeichen der Christinnen und Christen und Ausdruck wahrer Freiheit bzw. Autonomie (vgl. Gal 5,13).[14] Als von Gott ermöglichte Haltung ist das nicht mit einem blossen Gefühl zu verwechseln, das kommt und wieder vergeht. Vielmehr zielt sie darauf, sich selbst und den Anderen, die Andere als Person anzunehmen[15] und daran bei Bedarf auch unter erschwerten Bedingungen festzuhalten. Eine solche Haltung der Liebe dient nicht nur der einzelnen Person, sondern ermöglicht Gemeinschaft und soll insbesondere die Gemeinschaft der Christinnen und Christen auszeichnen.

Sich bedingungslos angenommen zu wissen und in einem Geflecht von tragenden Beziehungen entfalten zu können, ist ein anthropologisches Erfordernis. Wo Eltern das

9 Vgl. ausführlicher zum skizzierten Menschenbild v. a. aus alttestamentlicher und auf die Gottebenbildlichkeit bezogener Sicht: Helen Schüngel-Straumann, Das Menschenbild der Bibel.

10 Johannes Schwartländer umschreibt Menschenwürde auch als „gleiche[] Freiheit aller". (Ders., Art. Menschenwürde/Personwürde, 688.)

11 Vgl. z. B. 1Kor 6,20, wo Paulus fordert, dass dieser Lobpreis leiblich, im konkreten Verhalten zum Ausdruck kommt.

12 Nach Dietmar Mieth besteht das Spezifikum des christlichen Ethos darin, dass es sich wesentlich an der Liebe orientiert. (Vgl. Ders., Ehe als Entwurf, 93-94.)

13 Das entspricht einem tugendethischen Ansatz. Dabei ist der Begriff der Tugend nicht in einem philosophisch-ethischen Sinn als eine Art Projekt der Selbstverbesserung zu verstehen, sondern aus theologischer Perspektive werden Tugenden als „neue Daseinsformen des Menschen" begriffen, „die nicht auf dem Rücken seiner Handlungen erworben werden, sondern die Ausdruck der Anwesenheit der ungeschuldeten Gnade in ihm sind". (Dietmar Mieth, Die neuen Tugenden, 41.) Diesen Denkansatz greift Eberhard Schockenhoff in seiner „Grundlegung der Ethik" auf, wobei er ihn nicht nur philosophisch und (biblisch-)theologisch fundiert entfaltet, sondern mit dem normethischen Ethikansatz verbindet. Ausgangs- und Mittelpunkt der Überlegungen bei Schockenhoff ist die Liebe als höchste der Tugenden. Vgl. hierzu seine ausgreifende Reflexion des Begriffs in biblischer und theologisch-ethischer Hinsicht, Letzteres auch in einer Verhältnisbestimmung von Gottes-, Selbst- und Nächstenliebe: ders., Grundlegung der Ethik, 210-302. Der skizzierte Zusammenhang ist ebenfalls Thema der Enzyklika „Deus caritas est" von Papst Benedikt XVI.

14 Hans Halter behandelt in seiner Dissertation ausführlich den Zusammenhang von Taufe, Berufung zur Freiheit und damit verbundenem sittlichem Anspruch, der in der Praxis der Liebe besteht. Vgl. in Bezug auf Gal 5,13: Hans Halter, Taufe und Ethos, insb. 118-119, 129.

15 Darin besteht ja das Gebot der Nächsten- und Selbstliebe. Vgl. auch Eberhard Schockenhoff, Grundlegung der Ethik, 245-246.

ihren Kindern und generell Menschen ihren Nächsten zu vermitteln vermögen, entstehen lebensförderliche Bedingungen und lassen sich die Person aufbauende und stärkende Erfahrungen machen. Nach christlichem Verständnis ist dies letztlich von Gott ermöglicht und getragen und geht zudem weit darüber hinaus, was Menschen einander zu geben vermögen.

Diese grundlegende Sinnbestimmung des Menschen, die unter dem Horizont der Liebe steht, gilt es nun in Bezug auf den Aspekt der Sexualität auszufalten.

7.2.2 Menschliche Sexualität: human und erfüllend – eine theologisch-ethische Sicht

Die grundlegende Bewertung der Prostitution („an sich") geschieht immer auf dem Hintergrund einer bestimmten Sicht der menschlichen Sexualität, die als solche auszuweisen und mit Gründen zu plausibilisieren ist. Aus theologisch-ethischer Perspektive ist sie Teil des Menschen und wie dieser bzw. diese eine gute Schöpfung, was als Erstes (in Kap. 7.2.2.1) dargelegt wird. Daran anschliessend folgt zweitens (in Kap. 7.2.2.2) eine Entfaltung der christlichen Überzeugung, welche die Sexualität (wie den Menschen selbst) als unter dem Horizont der Liebe stehend begreift. In einem dritten (in Kap. 7.2.2.3) Schritt gehe ich auf verschiedene Sinngehalte ein, die der Sexualität eigen sind, wenn sie als menschliche begriffen wird, d. h. als dem Menschen entsprechende Gestaltung der ‚Natur'. Abschliessend (in Kap. 7.2.2.4) erläutere ich, weshalb die gängige Vorstellung, dass Sex Privatsache ist, zu kurz greift.

7.2.2.1 Eine gute Schöpfung

Aus jüdisch-christlicher Sicht ist Sexualität ebenfalls Teil der guten Schöpfung.[16] Damit sind verschiedene Konsequenzen verbunden.

Die Qualifizierung als gute Schöpfung schliesst jegliche grundsätzliche Abwertung der Sexualität aus, weshalb vergangene und gegenwärtige Formen der Abwertung zu korrigieren sind. Sexualität gilt dabei nicht nur unter dem Aspekt der Fruchtbarkeit als gute Schöpfung, sondern insgesamt. So weist die Neutestamentlerin Marlis Gielen in ihrer Interpretation von 1Kor 6,12-20, wo Paulus auf den zweiten Schöpfungsbericht (konkret auf Gen 2,24) rekurriert, darauf hin, dass dort im Gegensatz zum ersten Schöpfungsbericht der Aspekt der Fruchtbarkeit gerade nicht thematisiert wird, sondern schlicht die dauerhafte Lebensgemeinschaft von Frau und Mann, in die die sexuelle Begegnung beider integriert ist.[17] Daneben beinhaltet Sexualität weitere Sinnbestimmungen, die als solche positiv gewertet werden, wie das Hohelied zeigt, das für die einen eine Sammlung von Liebesliedern darstellt, gemäss anderen in Übereinstimmung mit der jüdisch-christlichen Tradition hingegen allegorisch zu verstehen ist.[18] Welches Verständ-

[16] Vgl. Hans Halter, Bibel und Sexualität, 12-15.

[17] Vgl. Marlis Gielen, „Der Leib aber ist nicht für die Unzucht ..." (1Kor 6,13), 227; vgl. auch Hans Halter, Bibel und Sexualität, 13-14.

[18] Während Athalya Brenner von einer Sammlung profaner Liebeslieder spricht (vgl. dies., Das Hohelied, 236), lehnt Thomas Staubli deren Qualifizierung als profan ab (vgl. ders., Von der Heimführung des Hoheliedes aus der babylonischen Gefangenschaft der Allegorese, 94). Dass es sich aber um eine Sammlung von Liebesliedern

nis nun zutreffend ist, braucht hier nicht entschieden zu werden. Denn die Allegorie beruht in diesem Zusammenhang ebenfalls auf einer im Grundsatz positiven Wertung desselben Sachverhalts. Sonst könnten menschliche Sexualität und Erotik gar nicht als Sinnbild für Gottes Liebe aufgegriffen werden.[19] Verschiedenes ist an deren Darstellung im Hohelied bemerkenswert. So fallen der offene, lustvolle Umgang mit der Sexualität und die erotisch gefärbte Freude am eigenen Körper und demjenigen der/des Geliebten auf, die in der „Dramatik junger Liebe"[20] geschildert werden, in der sich die beiden Liebenden suchen und finden, aber auch wieder aus den Augen verlieren. Weiter sind auf dem Hintergrund einer patriarchalen Familien- und Sippenordnung die unverblümte Initiative der Frau und die wechselseitige Zuneigung beachtenswert.[21]

Erotik und (sexuelle) Sinnenfreude können demnach als gute Gaben der Schöpfung Gottes betrachtet werden, deren Genuss positiv bewertet wird, solange dieser in einer ganzheitlichen, die soziale Seite einschliessenden Sicht des Menschen eingebettet ist. Sexualität stellt einen wesentlichen Aspekt der Person und des menschlichen Lebensvollzugs dar, ist daher nie nur ‚für sich' zu betrachten, sondern in eine ganzmenschliche, d. h. auch mitmenschliche Sicht zu integrieren.[22] Unter dem Zeichen der Geschöpflichkeit verbietet sich deren Verabsolutierung, sind daran keine überrissenen Heilserwartungen

handelt, entspricht gemäss Ruth Scoralick in der Exegese einer verbreiteten Meinung (vgl. dies., „ ... Umduftet von Myrrhe und Weihrauch" [Hld 3,6], 99; vgl. auch Thomas Staubli, Von der Heimführung des Hoheliedes aus der babylonischen Gefangenschaft der Allegorese, 92). Ob die allegorische Deutung des Hohelieds dafür verantwortlich ist, dass es in den Kanon der biblischen Bücher aufgenommen wurde, wie beispielsweise Silvia Schroer vermutet (vgl. dies., Auf dem Weg zu einer feministischen Rekonstruktion der Geschichte Israels, 148; vgl. auch Martti Nissinen, Die Heilige Hochzeit und das Hohelied, 10), ist nach Scoralick keineswegs ausgemachte Sache (vgl. dies., „ ... Umduftet von Myrrhe und Weihrauch" [Hld 3,6], 99) und gemäss John Barton überhaupt nicht zutreffend. Denn nach seinen Erkenntnissen gab es die allegorische Deutung nur bei Schriften, die unbestritten waren und zudem einen hohen Status hatten. (Vgl. ders., The Canonicity of the Song of Songs, u. a. 2.) Auch bei Scoralick ist der Befund nicht mit einer negativen Wertung der allegorischen Hohelied-Interpretation verbunden. Diese erfährt bei ihr im Gegenteil aus der Perspektive einer kanonischen Bibelhermeneutik eine positive Wertung, weswegen sie die mit der allegorischen Deutung verbundene „Verdrängung jeder positiven Rede von menschlicher Sexualität und Sinnlichkeit" nicht gleichermassen negativ sieht, weil dies „nicht Hauptzweck" der genannten Interpretation war. (Dies., „ ... Umduftet von Myrrhe und Weihrauch" [Hld 3,6], 100.) Zu den Anfängen der Interpretationsgeschichte des Hohelieds vgl. Antoon A.R. Bastiaensen, Die Anfänge der christlichen Hoheliedauslegung.

19 Dieses Argument verdanke ich Hans Halter.

20 Ruth Scoralick, „ ... Umduftet von Myrrhe und Weihrauch" (Hld 3,6), 100.

21 Vgl. Athalya Brenner, Das Hohelied, 237-239; Ruth Scoralick, „ ... Umduftet von Myrrhe und Weihrauch" (Hld 3,6), 100.

22 Das entspricht einer einhellig geteilten Meinung in der theologischen Ethik (d. h. wird auch auf protestantischer Seite vertreten), meist im Kontext des Verständnisses des Menschen als einer Einheit von Körper, Seele und Geist, die ebenso für die Sexualität geltend gemacht wird. Die Forderung der Integration der Sexualität in das Personsein lässt sich in diesem Sinn wie auch erweitert im Hinblick auf das Erfordernis verstehen, verschiedene Lebensbereiche sinnvoll in ein ‚Lebensganzes' integrieren zu müssen. Vgl. beispielsweise Hans Halter, Bibel und Sexualität; ders., Beziehung und Sexualität christlich gestalten in heutiger Zeit, 15; Eberhard Schockenhoff, Art. Sexualität, 520; Martin Honecker, Grundriss der Sozialethik, 214; Ulrich H.J. Körtner, Evangelische Sozialethik, 238; Johannes Gründel, Plädoyer für eine menschenfreundliche christliche Sexualmoral, 120-121. Auf den Aspekt der Lust bezogen vgl. Hans van der Geest, Verschwiegene und abgelehnte Formen der Sexualität, 214-215. Die Verabsolutierung der Sexualität hat zudem zur Konsequenz, dass sie und mit ihr der Mensch zur Ware wird. (Vgl. Enzyklika „Deus caritas est", 5.)

zu knüpfen, wie die weit verbreitete Ökonomisierung der Sexualität und Sexualisierung unserer Gesellschaft gegenwärtig suggerieren.[23]

> „Abertausende von kleinen Sexualwarenhändlern optimieren tagsüber ihre Internet-Seiten, es ist ein emsiger Trubel, Kopulationen sonder Zahl – ein leeres Treiben bei ständiger Betriebsamkeit. Irgendwann dann sinken die *sexworker* zu Bett, und die *Rolling Stones* spielen die kleine Nachtmusik des einundzwanzigsten Jahrhunderts: *I can get no satisfaction.*"[24]

Auch im Bereich der Sexualität gibt es nicht das Paradies auf Erden. Vielmehr ist eine realistische Sicht angebracht, die Sexualität und Erotik als Teil gelungenen Menschseins zu würdigen vermag und dieses nicht schon darin erfüllt sieht. Mit einer solchen Sicht lassen sich eine menschlich erfüllende Sexualität und damit verbundene echte Erotik wiedergewinnen, die ob der gegenwärtigen Vorstellung ihrer Machbarkeit und Erwerbbarkeit abhanden zu kommen drohen.[25] Sollte die Diagnose des Ethikers Dietmar Mieth zutreffen, dass eine „mangelnde Kultur des Erotischen" mitverantwortlich ist für „schleichende[] Krisen" in einer festen Beziehung, wäre die entsprechende Einübung und Pflege einer „Kultur des Eros"[26], die Mieth immer in Verbindung eines „gemeinsamen Ethos"[27] sieht, erst recht angebracht.

Eine ganzheitliche Sicht des Menschen ist sich sodann der Vergänglichkeit sowie der Gefährdung bewusst, der jeglicher Bereich menschlichen Lebens, so auch die Sexualität, unterworfen ist. Diese Einsicht zieht keineswegs eine negative oder pessimistische Deutung nach sich. Denn das Wissen um die Vergänglichkeit[28] vermag den Blick für das Erleben, den Genuss zur richtigen Zeit zu schärfen, wodurch dieses, im vorliegenden Fall die Sexualität, den angemessenen Wert bekommt. Gefährdet ist die Sexualität einerseits dann, wenn sie verabsolutiert wird, andererseits, wenn ein Mensch sich und den Anderen oder die Andere da verfehlt.[29] In beiden Fällen besteht die „Gefahr der Hörigkeit"[30], d. h. des Verlustes der eigenen Freiheit. Sexualität wird da letztlich entwertet und führt zu Entfremdung. Aufgrund der Gebrochenheit der Schöpfung können Menschen also auch im Bereich der Sexualität scheitern und schuldig werden, sich selbst wie anderen gegenüber. Die Reaktion der Scham (auch in Aussagen von Prostitutionskunden zu finden) zeigt dies an.

23 Vgl. diesbezüglich auch Gerd Höver, der einen Zusammenhang zwischen der Konsumwelt, in der wir leben, und der Unterwerfung der Sexualität unter den Konsumzwang sieht. (Vgl. ders., Normative Interessen der Kirche in Fragen der Sexualität und Sexualethik, 14.)

24 Ursula Pia Jauch, Flügellahmer Eros? Lust ohne Laster?, 90-91 (Hervorh. im Orig.). Markus Zimmermann-Acklin danke ich für den Hinweis auf diesen Artikel.

25 Zum Verlust der Erotik in der Neuzeit vgl. ebd.

26 Dietmar Mieth, Ehe als Entwurf, 85.

27 Ebd., 86.

28 Vgl. aus biblischer Sicht Koh 3,5.8; 7,9; vgl. auch Béatrice Bowald/Hans Halter, „Preist Gott mit eurem Leib!" (1 Kor 6,20), 239.

29 Vgl. ausführlicher und mit Bezug auf die Bibel: Hans Halter, Bibel und Sexualität, 23-24.

30 Ebd., 23.

7.2.2.2 Sinnbestimmung I: Unter dem Horizont der Liebe

Wenn Liebe, verstanden als christliches Liebesideal, das sich durch den Bezug zur Welt auszeichnet,[31] *die* angemessene Grundhaltung nicht nur der Christinnen und Christen, sondern eigentlich der Menschen überhaupt ist, gilt das uneingeschränkt auch in Bezug auf den Bereich der Sexualität.[32] Auf diesen findet das biblische Liebesgebot (bestehend aus Gottes- und Nächstenliebe), bekannt durch die Kurzformel der Selbst- und Nächstenliebe, ebenfalls Anwendung (Mt 22,34-40 par). – Selbst wenn das Liebesgebot im Laufe der Tradition einseitig ausgelegt wurde und deswegen für Frauen höchst ambivalent erscheinen mag, ist daran festzuhalten, denn es beinhaltet weder eine selbstausbeuterische Liebe zu anderen noch eine solche, die nur Frauen abverlangt würde. Vielmehr kann auf dem Hintergrund einer solchen Haltung eine echte Wechselseitigkeit zwischen den Geschlechtern entstehen.[33] – Selbst- und Nächstenliebe sind ohne ganzheitliches personales Engagement gar nicht denkbar.[34] Daraus folgt hinsichtlich gelebter Sexualität, die ja in besonderem Mass mit zwischenmenschlicher Nähe verbunden ist, unweigerlich, dass unpersönliche sexuelle Begegnungen von vorneherein ausgeschlossen sind. Eine sexuelle Begegnung, biblisch mit „Ein-Fleisch-Werden" (Gen 2,24) umschrieben, ist aus biblischer Sicht immer schon eingebettet in eine Lebens- und Liebesgemeinschaft, hat dort ihren ihr gebührenden Ort.[35]

Die amerikanische Theologin Lisa Sowle Cahill interpretiert die neutestamentliche Botschaft dahingehend, dass jegliche menschlichen Beziehungen in Richtung grösserer Gleichheit, mehr Mitgefühl und Solidarität zu entwickeln seien.[36] Sie werden daran ge-

[31] Gerade aus diesem Grund hält es Regina Ammicht Quinn für ein wichtiges Prinzip. (Vgl. dies., Körper – Religion – Sexualität, 344.)

[32] Vgl. Hans Halter, Bibel und Sexualität, 16, mit biblischen Verweisen; ders., Christliche Sexualethik, 166; Thomas Söding, Eros und Agape.

[33] Auch Iris Radisch, Moderatorin und Schriftstellerin, die sich mit einem eigenen Beitrag in die laufende Debatte um Geschlechterrollen und Familie eingeschaltet hat, sieht für die zeitgenössische Moderne keine (brauchbare) Alternative zur partnerschaftlichen Liebe, die mit einer entsprechenden Gestaltung des Alltags einhergeht. (Vgl. dies., Die Schule der Frauen, 71-72.) Diese ist im Übrigen nicht als etwas Langweiliges zu begreifen, geht sie doch auch bei Radisch mit Erotik und erfüllter Sexualität einher. Dass eine solche Sichtweise nicht selbstverständlich ist, zeigt sich ebenfalls in der Empfehlung von Lisa Isherwood und Elizabeth Stuart, das Christentum solle die Menschen anleiten, Gleichheit als erotisch aufzufassen und zu empfinden („to [...] eroticize their equality"). (Dies., Introducing Body Theology, 32.) Sie machen das auf dem Hintergrund einer christlichen Sexualmoral, die in der Tradition dominant war und in der Praxis vor allem die Frauen einschränkte.

[34] Die theologisch-ethischen Beiträge zur Gestaltung der Sexualität zeichnen sich dadurch aus, dass sie grossen Wert auf das personale Moment gelebter Sexualität legen, was gleichermassen für beide Beteiligten gilt. Vgl. u. a. Dietmar Mieth, Das gläserne Glück der Liebe; Bernhard Fraling, Sexualethik; Johannes Gründel, Plädoyer für eine menschenfreundliche christliche Sexualmoral; Gerd Höver, Normative Interessen der Kirche in Fragen der Sexualität und Sexualethik; Hans Rotter, Sexualität und christliche Moral.

[35] Das wird im folgenden Abschnitt (7.2.2.3), unter Sinnbestimmung II, noch ausgeführt.

[36] Lisa Sowle Cahill, Sex, gender, and Christian ethics, 117: „More important than defining moral and immoral forms of sexual conduct is the fundamental NT concern to transform all human relations toward greater equality, compassion, and solidarity." Sie legt den Akzent also nicht auf die Definition so genannt unmoralischer Formen von Sexualität, sondern auf die Stossrichtung, die menschliche Beziehungen aus neutestamentlicher Sicht beinhalten sollen. Vgl. in ähnlichem Sinn bereits früher: dies., Between the sexes, 142. Vgl. zu den von ihr herausgearbeiteten Dimensionen der Sexualität in Kap. 5.3.3.5.

messen, ob sie „einem grösseren Wohlergehen der Person“[37] dienen. Grundlage für diese Richtschnur sind die von ihr ausgemachten „christlichen Werte der Inkarnation, Gemeinschaft, Solidarität, Treue, des Mitfühlens und der Hoffnung, dass moralische und soziale Entwicklung möglich sind“[38]. Moderne Gesellschaften lassen sich in Bezug auf die Gestaltung von sexuellen und Geschlechter-Beziehungen von den Prinzipien der „Reziprozität, Intimität und Geschlechtergleichheit“[39] leiten, die sich gut mit den von Cahill genannten christlichen Grundsätzen zur Gestaltung von Beziehungen vereinbaren lassen. Zu deren Verwirklichung ist eine Haltung erforderlich, die von „Respekt, Reziprozität, Liebe und Bindung“[40] geprägt ist.

Wie sich der christlich verstandene Horizont der Liebe auf die Ehe (heutzutage wohl ebenfalls in gewisser Hinsicht auf verbindliche Beziehungen) hin konkretisieren lässt, deutet Mieth an. Das „Geheimnis des Neuen Bundes zwischen Gott und den Menschen“[41] nach Gal 5,32 kann auch in einer Ehe als gegenwärtig erfahren werden, was sie zum „Ort der Liebe als unverbrüchlichen Vertrauens und Treuseins“[42] werden lässt. Zu verstehen ist das im Sinn von „trauen und vertrauen, aneinander glauben, aufeinander hoffen, Dasein als [M]iteinander erfahren“[43]. Die Erfahrung der Liebe und Treue Gottes, konkret des „‚Bleibens‘ seiner Liebe als Gutheissung, Interessenehmen, Hingabe“[44] bedarf in der ehelichen Liebe der Einübung und der Dauer,[45] ohne welche sich das Menschliche gar nicht entfalten könnte, weil das Moment der Verlässlichkeit fehlte und sich die Liebe gar nicht „in ihrer Fülle ausschöpfen“[46] liesse. „Liebe in ihrer Fülle“[47] beinhaltet die Öffnung auf die Welt hin, sei dies im Hinblick auf eigene Kinder, sei dies durch ein Engagement zur Humanisierung der Gesellschaft. Sie ist aber auch in ganz sinnlichem Sinn als Moment erotisch-sexueller Erfüllung zu verstehen.[48] In ehelichen Beziehungen bildet sie – im Idealfall – gleichsam die verschiedenen Facetten der göttlichen Liebe ab.

Die gesamte menschliche Existenz unter dem Horizont der Liebe stehend zu begreifen, gibt sozusagen die Tonart für das Verständnis der einzelnen Lebensbereiche vor. Das mag moderne Menschen zunächst befremden und sogar als Einschränkung der

37 Lisa Sowle Cahill, Sex, gender, and Christian ethics, 70 („greater human well-being“). Das stellt ein breit geteiltes Kriterium dar, das häufig in feministischen Diskursen in Bezug auf die Frauen aufgegriffen wird, so auch bei Karen Peterson-Iyer, Prostitution, 20.

38 Lisa Sowle Cahill, Sex, gender, and Christian ethics, 257 („Christian values of incarnation, community, solidarity, fidelity, compassion, and hope that moral and social change are possible“).

39 Ebd. („reciprocity, intimacy, and gender equality“).

40 Ebd., 101 („respect, reciprocity, love, and commitment“).

41 Dietmar Mieth, Ehe als Entwurf, 94.

42 Ebd.

43 Ebd.

44 Ebd.

45 Soll die Liebe „das Ganze der Existenz in allen ihren Dimensionen“ umfassen, gehört das Moment der Zeit dazu. (Enzyklika „Deus caritas est“, 6.)

46 Dietmar Mieth, Ehe als Entwurf, 95. Dass die Liebe nicht mit Unverbindlichkeit kompatibel ist, sondern nach Dauer und Übernahme von Verantwortung verlangt, bestätigt auch Wolfgang Bartholomäus. (Vgl. ders., Sexualerziehung in kirchlichen Praxisfeldern, 41.)

47 Dietmar Mieth, Ehe als Entwurf, 95.

48 Vgl. ebd., 95-96.

Freiheit erscheinen. Im damit angezeigten ,Ur-Grund' des Glaubens widerspiegelt sich aber die anthropologische Erfahrung, die eigene Existenz letztlich anderen zu verdanken, zur Entfaltung der eigenen Person letztlich auf andere verwiesen zu sein.[49] Das kommt im Leitgedanken der Geburtlichkeit zum Ausdruck, der ausgehend von Hannah Arendt, insbesondere von feministischen Philosophinnen und Theologinnen aufgenommen und entfaltet wurde.[50] Die christliche Überzeugung, dass Gott/die Liebe Gottes Ursprung und Fundament des Ganzen ist, gibt dem, was an Verbundenheit und förderlichen Beziehungsgeflechten unter Menschen erfahrbar ist, einen letzten Grund. – Umgekehrt lässt sich aber, wenn Beziehungen verletzen, Verbindungen unter Menschen zerbrechen, nicht auf Gottes Abwesenheit schliessen. Gott als „Ich-bin-da" kann in solchen Situationen als Zuflucht, Zuspruch, zuverlässiger Ort des Aufgehoben-Seins erfahren werden. – Sowohl unter dem Horizont der Liebe (Gottes) als auch dem Leitgedanken der Geburtlichkeit wird deutlich, dass die Frage der Freiheit nicht in erster Linie als ,Freiheit von', sondern primär und hauptsächlich als ,Freiheit zu' zu begreifen ist.[51] Darin liegt das für den Menschen wesentliche Entfaltungspotential, das in allen Lebensbereichen verwirklicht werden will. Sexualität ist davon nicht auszunehmen. Einen Bereich – in diesem Fall sogar einen Bereich, wo sich Menschen auf einzigartige Weise nahe kommen können, – davon ausklammern zu wollen, wäre widersprüchlich und ergäbe keinen Sinn.

> „[...] Geschlechtlichkeit [verweist] den Menschen leiblich und geistig auf den anderen. Wer seine Geschlechtlichkeit leben will, ist auf den anderen angewiesen und erfährt sich gerade darin erst als er selbst, als Geschlechtswesen." [...] Eine ,Liebesbeziehung' ermöglicht die „Erfahrung, dass man über sich hinausgehen kann, wenn man geliebt wird und liebt. Diese Erfahrung ist im angstfreien und hingebungsvollen Erleben der erotisch sensiblen geschlechtlichen Begegnung in einmaliger Weise möglich."[52]

Wenn auch Prostitutionskunden im Kontakt mit einer Prostituierten danach suchen, als Mensch, dabei unverwechselbar und als Geschlechtspartner, angenommen zu werden,

[49] Ein Teil feministischer Denkerinnen hält explizit am Moment der Relationalität nebst demjenigen der Autonomie fest und kritisiert davon ausgehend liberalistische Feministinnen als zu einseitig und dem Menschen, insbesondere den Frauen, nicht gerecht werdend, so auch in der Debatte die Prostitution betreffend. Als Beispiel dafür sei Karen Peterson-Iyer, Prostitution, insb. 39, genannt. Die Abhängigkeit von anderen Menschen zu verneinen, halten die beiden US-amerikanischen Theologinnen Rita Nakashima Brock und Susan Brooks Thistlethwaite für ein besonders schwerwiegendes Erbe des Patriarchats: „One of the major distortions of patriarchy is the denial of the need of human beings for one another, the denial of eros." (Dies., Casting Stones, 250.) Christa Schnabl greift dieses Versäumnis auf und beschäftigt sich in ihrer Habilitationsschrift „Gerecht sorgen" mit der Abhängigkeit von Menschen, die ,in der Natur der Sache' liegend ein asymmetrisches Verhältnis, konkret ein Fürsorge-Verhältnis begründet.

[50] Vgl. die Referenzen dazu in Anm. 284 (im Kap. 5.3.3.4). Dieser Gedanke ist aufgenommen in dem, was Regina Ammicht Quinn „geschichtlich eingebundene[] Körperlichkeit" nennt. (Dies., Körper – Religion – Sexualität, 340, im Orig. mit Hervorh.)

[51] Regina Ammicht Quinn plädiert dafür, „Selbstwerdung und Bindung" nicht länger als Gegensätze zu betrachten, sondern als gleichermassen notwendig zur persönlichen Entwicklung. (Dies., Körper – Religion – Sexualität, 331.) Zur Verbindung von Liebe und Freiheit vgl. Dietmar Mieth, Das gläserne Glück der Liebe, 21, 25. Auf einen anderen Aspekt macht Lisa Sowle Cahill aufmerksam, nämlich, dass Freiheit immer nur innerhalb einer Vorstellung von Gesellschaft zu haben ist. (Vgl. dies., „Embodiment" and Moral Critique, 209.)

[52] Dietmar Mieth, Ehe als Entwurf, 89.

drückt sich darin ein urmenschliches Bedürfnis aus.[53] Wirkliche bzw. vollumfängliche Annahme als Person kann sich aber nur dann ereignen, wenn sie frei geschenkt wird. In der Prostitution ist sie (bei einer entsprechend professionell erbrachten Dienstleistung) nur als gut verkaufte Illusion zu haben.

7.2.2.3 Sinnbestimmung II: Verschiedene Sinngehalte umfassend

Wie bereits die schöpfungstheologische Sicht gezeigt hat, bestehen die „spezifisch humane[n] Sinnziele der Sexualität" in der „Lustdimension", der „Beziehungsdimension" und der „prokreative[n] Dimension"[54]. Sie „meinen den menschlich-vernünftigen Sinn, der in der menschlichen Geschlechtlichkeit enthalten"[55] und daher einsichtig ist, und stellen die „existentielle[] Sinnfülle menschlicher Sexualität"[56] dar. Soll menschliche Sexualität vollumfänglich als wahrhaft menschliche realisiert werden, bedingt das, dass diese drei Dimensionen aktualisiert und in einer verbindlichen Beziehung gelebt werden.[57]

> „Human sexual experience is complex and complete when all three bodily dimensions of sex [d. h. reproduction, pleasure und intimacy, B.B.] are developed through the three levels (bodily, personal, social) and integrated in relationships over time."[58]

Die angesprochenen Aspekte ergeben zusammen ein *Leitbild*, das die Richtung anzeigt, in welche menschliche Sexualität zu leben ist, soll sie zu einer geglückten, erfüllten Sexualität werden. Es versteht sich von selbst, dass dieses Ziel[59] immer nur annäherungsweise

[53] Vgl. das Beispiel von Marco I. aufgezeichnet von Peter Oertle, „Ich habe einfach nur Liebe gesucht", und jenes von Herrn M bei Udo Gerheim, Freier, 168-174.

[54] Eberhard Schockenhoff, Grundlegung der Ethik, 438. Wolfgang Barholomäus bezeichnet das als Sinnaspekte und benennt deren vier: den Identitätsaspekt, den Lustaspekt, den Beziehungsaspekt und den Fruchtbarkeitsaspekt. (Vgl. ders., Sexualerziehung in kirchlichen Praxisfeldern, 40.)

[55] Dietmar Mieth, Ehe als Entwurf, 89. Mieth benennt als „Grundwerte der Geschlechtlichkeit" (ebd.) die Angewiesenheit, Zärtlichkeit, Verantwortung und soziale Fruchtbarkeit (vgl. ebd., 89-90), die in ihrer inhaltlichen Bestimmung den von Eberhard Schockenhoff genannten und auch von Lisa Sowle Cahill geteilten Sinnzielen der menschlichen Sexualität nahekommen.

[56] Eberhard Schockenhoff, Grundlegung der Ethik, 418.

[57] Da es bei der Prostitution um Sexualität in einer geschlechtlichen Begegnung geht, befasse ich mich nur mit dieser Form gelebter Sexualität, was selbstverständlich nicht ausschliesst, dass frei gewählte sexuelle Enthaltsamkeit nicht auch eine Form geglückter menschlicher Sexualität sein kann. Vgl. zu Letzterem Hans Halter, Sexualität und Bibel, 25-26.

[58] Übersetzung: „Menschliche sexuelle Erfahrung ist vielschichtig und vollständig, wenn alle drei körperlichen Dimensionen der Sexualität [d. h. Reproduktion, Lust und Intimität, B.B.] auf allen drei Ebenen (körperlich, personal, sozial) entfaltet und in dauerhafte Beziehungen integriert werden." (Lisa Sowle Cahill, Sex, gender, and Christian ethics, 113.) Cahill versteht den Konnex dieser drei Dimensionen als grundsätzliches Ideal, kann sich aber Situationen vorstellen, wo die Verbindung von Reproduktion und Lust/Intimität aus moralisch legitimen Gründen sozusagen ausser Kraft gesetzt wird, was aber die grundsätzliche Geltung der Verbundenheit dieser drei Dimensionen nicht in Frage stellt. (Vgl. dies., Sex, gender, and Christian ethics, 115-116.) Zu einer verbindlichen Beziehung gehören nach Hans Halter „Ausschliesslichkeit, Treue und Dauer". (Ders., Bibel und Sexualität, 18.) In diesem Sinn auch: Eberhard Schockenhoff, Grundlegung der Ethik, 439.

[59] Lisa Sowle Cahill formuliert das an anderer Stelle so: „The most complete and morally attractive experience of sex is at the intersection of its three sides – the pleasurable, the interpersonal, and the parental." (dies., Sex, gender, and Christian ethics, 115.) Auch für die Liebe insgesamt (nicht nur im Sinn von erotischer, sexueller Liebe

zu erreichen ist, folglich eine Lebensaufgabe darstellt, sonst wäre das Paradies (hier jedenfalls im sexuellen Bereich) tatsächlich bereits auf Erden zu haben. So betrachtet lässt sich festhalten, dass konkret gelebte Sexualität diesem Ziel unterschiedlich nahe kommt.[60] Prostitution zeichnet sich dabei dadurch aus, dass sie in besonderem Mass von diesem Ziel entfernt ist, schliesst sie doch einige der genannten Aspekte explizit aus.

Die skizzierte Vorstellung gelungener menschlicher Sexualität beruht auf der Überzeugung, die gelebte Sexualität nicht als äusserlich bleibenden Akt, sondern als „personal-kommunikative[s]"[61] Geschehen zwischen zwei Menschen begreift. Dieses Verständnis von Sexualität folgt demnach nicht der „Analogie zu Hunger und Durst", sondern dem „Modell von Sprache und Mitteilung"[62]. Dahinter steht die Sicht des Menschen, die dessen/deren Selbst- und Weltbezug als leib-vermittelt[63] auffasst. Der Körper ist Teil der Person und damit auch Ausdruck der Persönlichkeit eines Menschen. Über den Körper geschieht die Interaktion mit anderen Menschen und mit der Welt.[64] Aus diesem Grund wird der Umgang mit den Körpergrenzen bedeutsam. Denn als „Schnittstelle zwischen Menschen und als Schnittstelle von Mensch und Welt repräsentieren sie zum einen [...] die Gemeinschaft, in der der Mensch lebt, zum anderen das unverwechselbare Selbst des Menschen"[65]. Daraus erfolgt die Aufgabe des Aufbaus und der Pflege einer „klar konturierten Körperlichkeit"[66]. „Klar konturierte Körpergrenzen" lassen einen „Mensch[en] für andere als Person fassbar" werden, was aber voraussetzt, dass „die eigene Körperlichkeit gelebt wird"[67]. Wie im Verhältnis von Selbst- und Nächstenliebe verschafft erst der „Respekt vor und in der eigenen Körperlichkeit" dem „Respekt vor der Körperlichkeit anderer"[68] die notwendige Nachachtung. Und erst auf dieser Grundlage, der entsprechend gewachsenen Sensibilität, sind etwaige Missbrauchs- und Gewaltverhältnisse erkenn- und überwindbar, selbst wenn sie unter dem Deckmantel der Liebe daherkommen.[69] Gerade in einem Bereich, wo Menschenwürde leicht verletzbar ist, verlangt deren

verstanden) gilt, dass sie nicht im Sinn eines Zielpunkts erreicht werden kann, sondern sich darauf hin wandelt und dabei reift. (Vgl. Enzyklika „Deus caritas est", 17.)

60 Eberhard Schockenhoff verweist am Beispiel nichtehelicher Lebensgemeinschaften auf das „Gesetz der Gradualität" (ders., Grundlegung der Ethik, 443), welches das bereits Erreichte positiv zu würdigen vermag, aber nicht mit einer graduellen Geltung der (moralischen) Norm zu verwechseln ist. Hinsichtlich Letzterem referiert er das *Apostolische Schreiben „Familiaris consortio"* Nr. 9, das explizit auf diesem Unterschied besteht. (Vgl. ebd., 443 [Anm. 243].)

61 Marlis Gielen, „Der Leib aber ist nicht für die Unzucht ..." (1 Kor 6,13), 227.

62 Eberhard Schockenhoff, Grundlegung der Ethik, 439.

63 Vgl. Marlis Gielen, „Der Leib aber ist nicht für die Unzucht ..." (1 Kor 6,13), 226. Vgl. bezügl. Körper auch Kap. 5.4.

64 Vgl. Lisa Sowle Cahill, „Embodiment" and Moral Critique, 204. Die leibliche Verfasstheit des Menschen hat nicht nur Konsequenzen für den Bereich der Sexualität, sondern wird von Cahill auch für den Bereich der Medizin in Erinnerung gerufen. Vgl. in Bezug auf die Sexualität: Regina Ammicht Quinn, können, sollen, wollen, dürfen, müssen, 127.

65 Regina Ammicht Quinn, Körper – Religion – Sexualität, 340.

66 Ebd. (im Orig. mit Hervorh.).

67 Ebd.

68 Ebd.

69 Vgl. ebd.

Beachtung eine grössere Sorgfalt. Auf der anderen Seite verpflichtet das zu einem menschenwürdigen Verhalten.

Die Aufgabe, eine „klar konturierte Körperlichkeit" zu entwickeln, ist der Tendenz nach für beide Geschlechter eine je andere. Während Frauen sich eher von Bildern und Vorstellungen lösen müssen, die sie ihrem Körper-Selbst entfremden, geht es für Männer mehr darum, überhaupt erst in ihrem Körper heimisch zu werden, dies als Individuen und insofern unabhängig von vorgegebenen Männlichkeitsvorstellungen.[70]

Eine „klar konturierte Körperlichkeit" ist per se nicht mit der Prostitution zu vereinbaren. Denn eine „klar konturierte Körperlichkeit" verträgt sich weder mit dem ‚Zur-Verfügung-Stellen'[71] des eigenen Körpers zur sexuellen Befriedigung anderer noch mit dem Erwerb sexueller Dienstleistungen, der mit dem nur über Bezahlung ermöglichten Zugang zum Körper der Prostituierten einhergeht und – je nach Situation – einzig oder primär die eigene sexuelle Befriedigung zum Ziel hat.

Sexuelle Begegnung verstanden als (besonders intensive) Kommunikation zwischen zwei Menschen unterliegt dem „Grundgebot der Wahrhaftigkeit"[72]. Das bedeutet, dass das, was körperlich ausgedrückt wird, – nämlich ‚nächste' Nähe, – auch dem entsprechen soll, was es anzeigt. Der Theologe und Ethiker Hans Halter spricht diesbezüglich von der „wirklichen Übereinstimmung zwischen dem äusseren leiblich-sexuellen Zeichen des Einsseins und der inneren Realität der Zusammengehörigkeit und Einheit zweier Menschen"[73].

> „Verbindet sich das sexuelle Begehren des anderen mit der Liebe, so fällt das Ausser-Sich-Sein, das der exstatischen Struktur des Begehrens entspricht, mit dem Beim-Anderen-Sein zusammen, das das Verlangen der Liebe prägt."[74]

‚Nächste' Nähe, die sich in der Annahme des/der Anderen als Person, im ‚Sich-Offenbaren und -Einbringen' als Person ausdrückt und dabei die Dimension der Sexualität einschliesst, wird biblisch mit Nackt-Sein und Erkennen umschrieben. Das Bild zweier Menschen, die vor einander entblösst sind, lässt erahnen, wie sehr da die eigene Person involviert ist und wie die beiden als Mensch und ‚Geschlechtswesen' aufeinander

[70] Vgl. zum gebrochenen Verhältnis von Männern zu Körper und Sexualität die Studie „KörperNormen – KörperFormen" von Beate Hofstadler und Birgit Buchinger sowie James Nelson, der in Auseinandersetzung damit seinen Body Theology-Ansatz in „Body Theology", „On Doing Body Theology" und „Love, Power, and Justice in Sexual Ethics" entwickelt. Vgl. zu Letzterem Béatrice Bowald, Gekaufte Nähe, 176-177, 180.

[71] Diese Umschreibung impliziert keineswegs eine passive Haltung auf Seiten der Prostituierten.

[72] Eberhard Schockenhoff, Grundlegung der Ethik, 439. Das entspricht in der theologischen Ethik einer verbreiteten Überzeugung, die daher immer wieder als Argument gegen unverbindlichen Sex angeführt wird. Zur eingeforderten Wahrhaftigkeit der Körpersprache vgl. u. a. Bernhard Fraling, Geschlechterverhältnis und Sexualität in katholisch-theologischer Sicht, 53-54; ders., Sexualethik, 149; Johannes Gründel, Plädoyer für eine menschenfreundliche christliche Sexualmoral, 121; Hans Rotter, Art. Sexualität, 684, 687.

[73] Hans Halter, Bibel und Sexualität, 22.

[74] Eberhard Schockenhoff, Grundlegung der Ethik, 441, mit Verweis auf Regina Ammicht Quinn, Körper – Religion – Sexualität, 344.

verwiesen sind.[75] Zugleich wird spürbar, wie verletztlich die beiden dabei sind bzw. wie verletzbar sie sich durch die zugelassene Nähe machen.[76]

Prostitutionskunden sind ein Beleg für diese tiefere Wahrheit, wenn sie bewusst oder unbewusst kontrollierten Sex suchen, um dadurch die eigene Verletzlichkeit und Verletzbarkeit zu reduzieren.[77] Auch die biblischen Texte selbst drücken das Bewusstsein um das in der sexuellen Begegnung und Lebensgemeinschaft liegende Potential der Gefährdung aus. Nicht nur das, sie legen ebenfalls Zeugnis ab von gewalttätiger Grenzüberschreitung, die mit einem Machtanspruch einhergeht und sich – heute noch traurige Tatsache – meist gegen Frauen richtete.[78] Wo sich aber zwei Menschen „erkennen", sich „in ihrer Nacktheit nicht voreinander zu schämen" (Gen 2,25) brauchen, sind sie als Person in all ihren Facetten anerkannt, können sich in der Hand des Partners/der Partnerin aufgehoben fühlen.

Das Verständnis von sexueller Begegnung als „personal-kommunikativem" Geschehen zwischen zwei Menschen, die sich im Tiefsten füreinander öffnen, beinhaltet das Moment der Zugehörigkeit, drücken die beiden doch damit aus, dass sie einander zugehörig sind, was nicht ohne eine entsprechende Grundhaltung möglich ist. Nach biblischer Vorstellung gibt es keine gelebte Sexualität ohne damit verbundene Grundhaltung. Genau genommen behält das heute noch seine Gültigkeit. Entscheidend ist dabei, welcher Art die Grundhaltung ist und inwieweit sie moralisch legitimierbar ist.

Nach biblischer Überzeugung, die sich im zweiten Schöpfungsbericht (Gen 2,4-25) und daran anknüpfend zeigt, begründet gelebte Sexualität eine Geschlechtsgemeinschaft zwischen Mann und Frau. Sexuelle Aktivität ist nach diesem Verständnis keine solipsistische Angelegenheit (wie bei der Masturbation), sondern schafft als zutiefst personales Geschehen zwischen einer Frau und einem Mann eine untrennbare Verbindung. Diese wiederum ist gemäss biblischer Vorstellung eingebettet in eine Lebensgemeinschaft, die

75 Vgl. Dietmar Mieth, Ehe als Entwurf, 89.

76 Karen Lebacqz deutet die Aussage von Gen 2,25, dass beide, Mann und Frau, nackt waren, sich aber nicht vor einander schämten, als „appropriate vulnerability" sowie das biblische „Erkennen" als „vulnerability". „Appropriate vulnerability" als eine Sinnbestimmung der Sexualität, gemäss Lebacqz sogar die Voraussetzung auch der anderen beiden, „union" und „procreation", dient ihr als Massstab zur Beurteilung sexuellen Verhaltens. Sie lehnt davon ausgehend verschiedene Formen ab, so auch die Prostitution, weil es da hinsichtlich „vulnerability" keine Wechselseitigkeit gibt und daher keine „appropriate vulnerability" vorliegt. (Vgl. dies., Appropriate Vulnerability, 259.)

77 Vgl. dazu auch Kp. 5.3.3.2.

78 Besonders eindrücklich und gerade für Frauen beklemmend, – weil einer Erfahrung entsprechend, die jede treffen kann, – kommt dies zum Ausdruck, wenn einer Frau oder einer als Frau, dabei häufig als „Hure", personifizierten Stadt angedroht wird, ihre Scham würde entblösst, was in der sexuellen Gewaltmetaphorik nichts anderes bedeutet, als dass sie vergewaltigt wird. Exemplarisch in Bezug auf die verwendete sexuelle Gewaltmetaphorik in prophetischen Büchern des AT kann hierzu das Beispiel der Stadt Ninive im Buch Nahum genannt werden. Vgl. hierzu Gerlinde Baumann, Das Buch Nahum, 349-350, mit Verweisen auf weitere entsprechende Bibelstellen. Vgl. in Bezug auf die „grosse Hure Babylon": Caroline Vander Stichele, Just a Whore. The Annihilation of Babylon According to Revelation 17,16; Luzia Sutter Rehmann, Die Offenbarung des Johannes; dies., Vom Mut, genau hinzusehen, 84-113. Was das in Bezug auf das Gottesbild bedeutet, zumal die Gewalt häufig als von Gott ausgehend geschildert wird, kann hier nicht weiter diskutiert werden. Hierzu sei lediglich auf die von der feministischen Exegese angestossene, rege Debatte verwiesen.

von Gott gesegnet ist. Genau auf diese Überzeugung greift Paulus zurück, wenn er den Christinnen und Christen in Korinth (1 Kor 6,12-20) erklärt, weshalb es unstatthaft ist, wenn Männer ihrer Gemeinschaft mit einer „porne" sexuell verkehren. Diese wird in den meisten Kommentaren mit einer Prostituierten gleichgesetzt. Demgegenüber interpretiert die Neutestamentlerin Renate Kirchhoff die Stelle als generelle Absage an den Geschlechtsverkehr mit einer Frau, „für die der betreffende Christ nicht der einzige (noch lebende) Sexualpartner ist"[79], weshalb sexuell mit ihr zu verkehren von Paulus und der von ihm aufgegriffenen Tradition als „regelwidrig" erachtet wird.[80] Das Aufsuchen einer Prostituierten stellt in dieser Interpretation lediglich eine Form von regelwidrigem Sexualverkehr dar, auch wenn dies, ebenfalls in der Einschätzung von Kirchhoff, aufgrund der Gepflogenheiten in der Hafenstadt Korinth die Regel gewesen sein dürfte.[81] In beiden Lesarten sind die sich in der sexuellen Begegnung ausdrückende Zugehörigkeit und die damit verbundene Identität der Grund für die Unvereinbarkeit. Denn die Taufe[82] begründet eine neue ‚leib-geistliche' Existenzweise mit entsprechend zugehöriger Identität. Damit ist zugleich ein „Verpflichtungsverhältnis"[83] verbunden, das darin besteht, dieser neuen Existenzweise durch das eigene Verhalten, das immer als leibliches zu verstehen ist, Ausdruck zu geben. Die Geistbegabung verpflichtet nicht bloss, sondern befähigt gleichzeitig zur neuen Existenz. Das ist aber keineswegs dahingehend misszuverstehen, dass sexuelles Verhalten generell nicht kompatibel wäre mit einem christlichen Selbstverständnis.[84] Das trifft nur auf den sexuellen Verkehr mit einer „porne" zu, d. h. einer „Frau, die regelwidrigen Sexualverkehr hat"[85] bzw. näherhin mit einer Prostituierten. Die durch die sexuelle Kommunikation mit ihr geschaffene neue Identität macht den „mit ihr Verkehrenden zu einem ‚Unzüchtigen' [...], d. h. zu einem Sünder"[86], weshalb die aus dieser sexuellen Kommunikation hervorgehende „negative Macht"[87] bzw. „Tatsphäre"[88] zu meiden ist (V. 18), stehen doch nichts weniger als die neu gewonnene Frei-

79 Renate Kirchhoff, Die Sünde gegen den eigenen Leib, 36.

80 Diese Interpretation vertreten ebenfalls (u. a.) G. Fitzer, Art. πορνεία, 329; Norbert Baumert, Frau und Mann bei Paulus, 136; Marie-Theres Wacker, Art. Prostitution, 202.

81 Vgl. Renate Kirchhoff, Die Sünde gegen den eigenen Leib, 37. Vgl. zur Prostitution in der Hafenstadt Korinth auch: Bettina Eva Stumpp, Prostitution in der römischen Antike, 140-141; Carola Reinsberg, Ehe, Hetärentum und Knabenliebe im antiken Griechenland, 89.

82 Dafür stehen 1 Kor 6,11 sowie in 1 Kor 6,12-20 die Hinweise auf den heiligen Geist, der in den Angesprochenen ist (V. 19) und ihnen Anteil an gibt an Jesu Tod und Auferstehung (V. 14). Vgl. zu 1 Kor 6,11 Hans Halter, Taufe und Ethos, 148-152.

83 Renate Kirchhoff, Die Sünde gegen den eigenen Leib, 129. Vgl. diesbezüglich auch Hans Halter, der zur Charakterisierung dessen, was in der Taufe geschieht, von einem „Herrschaftswechsel" spricht. (Ders., Taufe und Ethos, 293.)

84 Das betont auch die Neutestamentlerin Luise Schottroff. (Vgl. dies., Der erste Brief an die Gemeinde in Korinth, 582.)

85 Renate Kirchhoff, Die Sünde gegen den eigenen Leib, 36.

86 Helmut Merklein, Der erste Brief an die Korinther, 76, er bezieht sich da auf V. 16.

87 Gerhard Dautzenberg, Φεύγετε τὴν πορνείαν (1 Kor 6,18), 283.

88 Renate Kirchhoff, Die Sünde gegen den eigenen Leib, 151. Sie bevorzugt den Begriff der „Tatsphäre", um anzuzeigen, dass es nicht um eine vor der Tat bestehende Macht geht, wie dies in der Interpretation von Gerhard Dautzenberg der Fall zu sein scheint, sondern dass die Macht als Folge aus der Tat hervorgeht. Darin stimmt ihr Helmut Merklein zu. (Vgl. ders., Der erste Brief an die Korinther, 79.)

heit und die Verheissung des Reiches Gottes auf dem Spiel.[89] Halter bringt den Zusammenhang von Heiligung und Rechtfertigung und dem entsprechender Lebensweise prägnant auf den Punkt:

> „Es gilt, sich radikal von der Sünde zu trennen, um seinen Heilsstand zu wahren bzw. ins kommende Reich Gottes einzugehen. Da der Grund christlicher Existenz bzw. der Grund der Gemeinde, nämlich die Widerfahrnis des gegenwärtigen und künftigen endzeitlichen Handelns Gottes nun selbst zum letzten und höchsten Kriterium christlichen Verhaltens wird, kann es sein, dass sich die Christen u. U. auch von einem Verhalten trennen müssen, das – anders als die auch innerweltlich als solche bekannten Laster – in der Welt nicht als böses oder minderwertiges Verhalten gilt [...].“[90]

Für die korinthischen Christen(männer), die aufgrund ihres niedrigen sozialen Status' ohnehin mit Prostituierten, die selbst überwiegend aus derselben Schicht stammten, in Kontakt waren und es nicht anstössig fanden, auch sexuell mit ihnen zu verkehren, galt es umzudenken.[91] Je nach Lesart des Textes ist das generell zu verstehen, weil das Selbstverständnis als Christ sich nicht mit dem bis anhin gewohnten Gang zur Prostituierten verträgt, aber erst noch einzusehen und dementsprechend zu praktizieren ist.[92] Wer bei der Interpretation des Textes mit einer Geisteshaltung in Korinth rechnet, die Leib und Welt als überwunden ansieht und das ‚wahre' Leben einzig als pneumatisches begreift, legt den Akzent mehr auf den Freiheitsbegriff, der gemäss Paulus als leiblich verfasst zu verstehen ist.[93] Diese Christen müssen davon überzeugt werden, dass Christ-Sein nicht etwas rein Spirituelles ist, dem (angeblich) rein körperliche Vorgänge nichts anhaben

[89] Dass damit die neue Auferstehungswirklichkeit auf dem Spiel steht, bestätigt auch Norbert Baumert, Frau und Mann bei Paulus, 126. Weil diesbezüglich im Bereich des Sexuellen eine besondere Gefährdung besteht, nennen die paulinischen Lasterkataloge im Gegensatz (ist im Sinn einer Regel und nicht ausschliesslich zu verstehen, vgl. Hans Halter, Taufe und Ethos, 569 [Anm. 14b]) zu ausserbiblischen Quellen Verfehlungen in diesem Bereich an erster Stelle. Vgl. ausführlicher dazu ebd., insb. 123-126. Nicht nur das Heil des/der Einzelnen steht aus paulinischer Sicht auf dem Spiel, sondern in einer christologisch-ekklesiologischen Sicht zugleich auch der Leib Christi, der von regelwidrigem Sexualverkehr tangiert, mehr noch beschädigt wird. Vgl. hierzu und zum paulinischen Verständnis des Leibes Christi: Claudia Janssen, Anders ist die Schönheit der Körper, 72-75.

[90] Hans Halter, Taufe und Ethos, 151-152.

[91] Vgl. Renate Kirchhoff, Die Sünde gegen den eigenen Leib, 47, 67-68, 100-103. Vgl. zum sozialen Status der Prostituierten in der antiken Gesellschaft auch: Bettina Eva Stumpp, Prostitution in der römischen Antike; Carola Reinsberg, Ehe, Hetärentum und Knabenliebe im antiken Griechenland.

[92] Das entspricht dem Verständnis von Renate Kirchhoff. Luise Schottroff pflichtet ihr diesbezüglich bei. Ihrer Meinung nach „bewegt sich (Paulus) damit im Rahmen jüdischer Sexualethik“. (Dies., Der erste Brief an die Gemeinde in Korinth, 580.) Dass Paulus hier auf eine entsprechende moralische Bewertung des Sexualverkehrs mit einer Prostituierten zurückgreift bzw. diese voraussetzt, vertritt auch der Ethiker Werner Wolbert. Deshalb stellt die Argumentation von Paulus von der Form her eine Paränese und nicht im strengen Sinn eine normative Argumentation dar. (Vgl. ders., Was sollen wir tun?, 41.) Den angesprochenen Hintergrund erläutern Silvia Schroer und Thomas Staubli. Sie zeigen auf, dass die Vorstellung, jede Christin und jeder Christ sei ein Tempel Gottes mit der alttestamentlichen Vorstellung der Gottebenbildlichkeit und der besonderen Präsenz Gottes im Tempel zu tun hat, was nach einem entsprechenden Schutz der damit gegebenen Würde verlangt. (Vgl. dies., Die Körpersymbolik der Bibel, 42-43.) Nach Gerd Theissen stellt das „Einwohnungsmotiv“ ein Grundmotiv des Glaubens der urchristlichen Gemeinschaften dar und gehört somit zum Kernbestand des christlichen Glaubens. (Vgl. ders., Die Religion der ersten Christen, 376-377.)

[93] Vgl. Helmut Merklein, Der erste Brief an die Korinther, 70, 74; Wolfgang Schrage, Der erste Brief an die Korinther, 10-11, 13-17, 20-21; Christian Wolff, Der erste Brief des Paulus an die Korinther, 123-126.

können.[94] Deshalb werden sie an ihre leib-geistige Beschaffenheit erinnert. In Verbindung mit der Taufe, die sie zu Christen macht und einen Status der Heiligkeit begründet, hat das zur Folge, dass sich Christ-Sein nicht nur geistig, sondern eben auch leiblich manifestieren muss.[95]

Paulus' bestimmtes Eintreten für ein – modern ausgedrückt – ganzheitliches Menschenbild ist heute noch aktuell.[96] Denn die Dichotomie von Körper und Geist/Seele zeigt sich weiterhin, wenn auch oft in unterschiedlicher Gestalt. Um der Humanität willen ist aber an der leiblichen Verfasstheit des Menschen festzuhalten, wobei dessen/deren Sexualität darin eingeschlossen ist.[97] Paulus vertritt die Vorstellung, dass sexuelles Verhalten mit einer entsprechenden Haltung und damit verknüpften Identität verbunden ist. Sexuelles Verhalten mit dem Aspekt der Identität zusammenzubringen, mag zwar auf den ersten Blick befremden, erscheint jedoch angesichts der von einem Teil der Prostitutionskunden gepflegten Identitätsvergewisserung in Internetforen als einsichtig und aktuell und bestätigt, dass durchaus ein Zusammenhang besteht. Die durch die Internetforen konstituierte „Freier-Community"[98] dient der Selbstvergewisserung sowie der Rechtfertigung des eigenen Verhaltens und der gewählten ‚Zugehörigkeit'.[99] Interessanterweise ist in Bezug auf Letztere die Idee der Ausschliesslichkeit wieder zu finden, dies in zweifacher Hinsicht. Einerseits gibt es Prostitutionskunden, die in einer Single-Phase sexuelle Dienstleistungen in Anspruch nehmen, aber damit aufzuhören gedenken, sobald sie (wieder) in einer festen Beziehung leben.[100] Andererseits könnten es einige (möglicherweise ein nicht unbeträchtlicher Teil) der Prostitutionskunden nicht oder nur schwer akzeptieren, wenn die eigene Partnerin als Prostituierte arbeiten würde.[101] Dass dabei mit verschiedenen Ellen gemessen wird und wohl auch ein gewisser ‚Besitzanspruch' mit im Spiel sein dürfte, liegt auf der Hand.[102] Doppelmoral und möglicher Besitzanspruch sind klar abzulehnen, dies umso mehr, als sie mit den traditionellen, auf Ungleichheit

94 In diesem Sinn auch Werner Wolbert, Was sollen wir tun?, 43. Vgl. auch Marlis Gielen, „Der Leib aber ist nicht für die Unzucht ..." (1Kor 6,13), 225-227.

95 Dass sexuelles Verhalten „relevant für eine christliche Praxis" ist, steht gemäss Helga Kuhlmann, im Zusammenhang mit der generellen „biblische[n] Hochschatzung des Leiblichen", welche die Sexualität mitumfasst. (Dies., Gott braucht keine Opfer, 541.) Zur Bedeutung der Leiblichkeit und damit zusammenhängend gefordertem Verhalten vgl. auch Wolfgang Harnisch, Freiheit als Selbstentzug.

96 Die Sicht, dass Paulus ein positives Körperbild vertritt, wird auch von der Biblikerin Klara Butting geteilt, die sich in Bezug auf 1 Kor 6,13-17 auf Renate Kirchhoff und Luise Schottroff stützt. (Vgl. dies., Paulinische Variationen zu Gen 2,24, insb. 106-107.)

97 Daran sei gerade auch aus feministischer Sicht festzuhalten, wie die (theologische) Ethikerin Karen Peterson-Iyer mit Verweis auf andere feministische Denkerinnen betont. Dabei sei aber darauf zu achten, nicht auf Vorstellungen zurückzugreifen, die für Frauen letztlich nachteilig sind. (Vgl. dies., Prostitution, 38-39.)

98 Udo Gerheim, Freier, 159.

99 Das lässt sich aus den beiden Interview-Beispielen bei ebd., 158-159, 174-175 herauslesen.

100 Vgl. die beiden Interview-Beispiele bei ebd., 161, 171.

101 Aus dem Lebensbericht des Zuhälters Siegfried Lehnhoff, einem ehemaligen und einst sehr einflussreichen Zuhälter im Ruhrgebiet, geht hervor, dass er selbst (wie andere Zuhälter auch) die wahre Dimension der Prostitutionstätigkeit nicht wahrhaben wollte und sich der Illusion hingab, seine Partnerin Wendy, die sich um eines gemeinsamen Zieles willen prostituierte, würde davon sozusagen sexuell ‚unberührt' und in dieser Hinsicht ihm allein ‚vorbehalten' bleiben. Dass er für sich persönlich sexuelle Untreue als sein gutes Recht ansah und sie selbstverständlich in Anspruch nahm, steht auf einem anderen Blatt. (Vgl. Marcel Feige, Lude!, 115-117.)

102 Vgl. die Interview-Beispiele bei Udo Gerheim, Freier, 155, 161, 166.

basierenden Geschlechtsrollenbildern verknüpft sind und die betreffenden Männer folglich nicht bereit sind, vollumfängliche Annahme, Verlässlichkeit, Geborgenheit und dergleichen mehr zu schenken, diese aber für sich selbst wünschen. Was als Besitzanspruch aufscheint, lässt sich jedoch nicht nur negativ als Machtanspruch gegenüber der Frau interpretieren (der klar abzulehnen ist), sondern auch positiv als Ausdruck dafür, an dem festhalten zu wollen, was für eine gelungene Sexualität wesentlich ist.

Was das Verständnis von Freiheit anbelangt, ist nebst dem Zusammenhang mit der leiblichen Verfasstheit des Menschen ein weiterer Aspekt wichtig. Paulus wendet sich in 1 Kor 6,12-20 nicht generell gegen die Vorstellung von Freiheit, sondern nur gegen jene, die sich als bindungslos und damit als absolut begreift. Als Kriterien richtig verstandener Freiheit gibt er einerseits den Nutzen – im Sinn von ‚nur was nützt, macht auch frei' – und andererseits die ‚Reichweite' an, die dort ihre Grenze findet, wo eine Angelegenheit zu dominieren beginnt, den Menschen in der Sprache von 1 Kor 6,12 beherrscht und damit Freiheit gerade verunmöglicht.[103] Insbesondere Ersteres ist nicht nur auf das Individuum bezogen zu verstehen, sondern hat, davon nicht zu trennen, weil sich wechselseitig beeinflussend, den Nutzen für den Aufbau der Gemeinde mit im Blick.[104] Die Vorstellung des ‚Beherrscht-Werdens' im Bereich der Sexualität ist bei Paulus vom oben erläuterten Tatsphärendenken motiviert. Wenn das auch für moderne Menschen zunächst sehr ungewohnt erscheint, vermitteln doch zwei bekannte Phänomene wenigstens eine Ahnung davon, wie sich das ganz konkret auszuwirken vermag. Unmittelbar einsichtig dürfte das Phänomen der Sexsucht sein. Das zweite Phänomen bezieht sich nur auf die Prostitutionskunden. Wenn sich diese im Vorfeld ihres Prostitutionsbesuchs ‚getrieben' fühlen, sich in verschiedener Form immer wieder damit befassen oder lange auf dem Strassenstrich herumfahren, nimmt sie der Gedanke daran ‚in Besitz', was eine mehr punktuelle, eine wiederkehrende oder gar eine suchtartige Erscheinung sein kann.[105] Beides entspricht nicht ‚wahrer' Freiheit. Echt verstandene Freiheit ist nicht ohne Bindung zu denken, doch diese muss so beschaffen sein, dass sie dem Menschen dient.

Freiheit nicht als bindungslos zu begreifen, ist nicht allein deswegen wichtig, damit man sich bewusst für die richtige, d. h. förderliche ‚Zugehörigkeit' entscheiden kann, sondern auch wegen der Konsequenz, welche die gängige Verabsolutierung der Prinzipien der Freiheit und Autonomie nach sich zieht. Denn diese führt gemäss Cahill dazu, dass nur noch das Kriterium der (gegenseitigen) Zustimmung als massgebend betrachtet wird. Sie lehnt einen solchen Massstab dezidiert ab, weil das zu individualistisch gedacht ist und die soziale Seite ausblendet.[106] Zudem ist sogar mit negativen Auswirkungen zu rechnen, weil sich allein mit Berufung auf das Kriterium der Zustimmung sexuelle Ver-

103 Vgl. Wolfgang Schrage, Der erste Brief an die Korinther, 19.

104 Vgl. Helmut Merklein, Der erste Brief an die Korinther, 71-72.

105 Marco I. ist ein Beispiel eines Sex- und mit der Zeit auch anderweitig süchtigen Prostitutionskunden. Nicht nur die Freiheit kommt abhanden, auch die Lust lässt sich mit der Zeit nicht mehr steigern. (Vgl. Peter Oertle, „Ich habe nur Liebe gesucht".)

106 Diese Kritik wird auch von anderen Theologinnen und Philosophinnen geteilt, die sich mit Berufung auf den Aspekt der Relationalität gegen eine rein individualistische, von liberalistischen Positionen vertretene Sicht des Menschen stellen.

haltensweisen nicht ausschliessen lassen, die langfristig (selbst-)zerstörerisch wirken können. Weiter ist es blind für den Umstand, dass in bestimmten Situationen, oft aufgrund entsprechender Prägung, emotionale Bedürfnisse als sexuelle wahrgenommen werden.[107]

Die besprochenen Sinngehalte der Sexualität zielen auf das Gelingen der menschlichen Person, auf das Glücken des Lebens von Männern und Frauen, einschliesslich deren Sexualität.[108] Aus sozialethischer Sicht lässt sich das als Konkretisierung des Personprinzips verstehen, das im Hinblick auf die Gestaltung von Gesellschaft zum Tragen kommt. Wie Person nicht nur individuell, sondern auch sozial zu verstehen ist, weisen die genannten Sinngehalte ebenfalls auf den sozialen Aspekt hin, der im Folgenden näher erläutert wird.

7.2.2.4 Keine Privatsache

Nach biblischem Verständnis wirkt sich gelebte Sexualität nicht nur im privaten Rahmen aus, indem sie eine Gemeinschaft zwischen zwei Menschen stiftet und erhält, sondern beeinflusst gleichermassen die sie umgebende Gemeinschaft/Gesellschaft. Diese Überzeugung stellt für Paulus einen weiteren Grund dar, weshalb er den Prostitutionsbesuch von Gemeindegliedern in Korinth verurteilt. Denn richtig verstandene Freiheit hat in seinen Augen ebenso sehr dem Aufbau der Gemeinde zu dienen. Die (christliche) Gemeinde wird dabei als „Raum der Heiligkeit“[109] begriffen, konstituiert durch die Gemeinschaft der „Gerechtfertigten“ und „Geheiligten“, die ihre je eigene Heiligkeit wie jene der Gemeinde zu bewahren und zu pflegen haben.[110] Das vermittelt die in 1 Kor 6,12-20 verwendete „Reinheits- und Tempelsymbolik“[111]. Was die Symbolik anbelangt, ist modernen, westlichen Menschen die Tempelsymbolik nicht mehr geläufig. Hingegen feiert die Reinheitssymbolik ebenfalls in Kontexten des Umgangs mit dem eigenen Körper eine Renaissance, wenn auch unter anderen Bedingungen und mit anderer Zielsetzung.[112] Die bei Paulus mit der „Reinheits- und Tempelsymbolik“ verbundene tiefere Wahrheit, dass sich das Verhalten der einzelnen Christinnen und Christen auf ihre Gemeinschaft auswirkt, ist aber nach wie vor aktuell.

Das ist nicht zuletzt dort zu beobachten, wo Menschen die verbreitete Kommerzialisierung der Sexualität in westlichen Gesellschaften mit der Dekadenz der in ihr lebenden Menschen gleichsetzen und sich angewidert davon abwenden.[113] Sie würden Paulus be-

[107] Vgl. ausführlicher dazu Béatrice Bowald, Gekaufte Nähe, 182-183.

[108] Genau dieses Ziel wird andernorts als „well-being“ benannt, was aber ohne ein gewisses Mass an „substantive conception of human flourishing“ (Karen Peterson-Iyer, Prostitution, 20) eine abstrakte Vorstellung bliebe, die sich deswegen kaum konkretisieren liesse. Eine in die gleiche Richtung zielende Einsicht steht auch hinter der von der Philosophin Martha C. Nussbaum entwickelten „starken vagen Konzeption des Guten“. (Vgl. hierzu dies., Gerechtigkeit oder Das gute Leben, darin insb. ihren Aufsatz „Der aristotelische Sozialdemokratismus“.)

[109] Helmut Merklein, Der erste Brief an die Korinther, 83. Vgl. auch Marlis Gielen, „Der Leib aber ist nicht für die Unzucht ...“ (1Kor 6,13), 223.

[110] Vgl. zu dieser Vorstellung auch Gerd Theissen, Die Religion der ersten Christen, 159-160.

[111] Helmut Merklein, Der erste Brief an die Korinther, 83.

[112] Vgl. zu diesem Zusammenhang Regina Ammicht Quinn, Jung, schön und fit.

[113] Darunter sind beileibe nicht nur (streng) gläubige Muslime zu finden, wie aufgrund von Medienberichten angenommen werden könnte, sondern ebenso sehr Menschen christlicher und anderer Provenienz.

stimmt darin Recht geben, dass Sex bzw. der allgegenwärtige Gedanke daran zu einer beherrschenden Macht geworden ist. Falls sie sich religiös motiviert und von ihrer Religionsgemeinschaft getragen davon abgrenzen und bewusst einen anderen Lebensstil pflegen, verwirklichen sie ein ‚gottgefälliges' Leben. Darin haben sie eine Gemeinsamkeit mit Frauen und Männern des Urchristentums, die aus unteren Schichten stammten und sich in der bewussten Abgrenzung gegen eine permissive römische Umwelt dieser gegenüber profilieren konnten. Genau das machte für viele einen Teil der Attraktivität der christlichen Gemeinschaft(en) aus.[114]

Auch ausserhalb eines religiösen Deutungskontexts behält die Einsicht einer wechselseitigen Beeinflussung von Individuum und Gemeinschaft/Gesellschaft seine Richtigkeit. Selbstbild und entsprechendes Verhalten von Individuen prägen das Selbstverständnis sowie die damit zusammenhängenden strukturellen Gegebenheiten einer Gemeinschaft/Gesellschaft, die wiederum als Umfeld die Entfaltung der einzelnen Menschen mitkonstituieren.[115] Beides sollte unmittelbar einsichtig sein,[116] entspricht aber ebenfalls sozialwissenschaftlicher Erkenntnis. Ersteres könnte im Bereich der Prostitution die Tendenz zur Nachfrage nach personennaheren Dienstleistungen erklären.[117] Den Einfluss der Gesellschaft auf das Individuum wiederum illustriert die fortschreitende Kommerzialisierung der Sexualität, die das Bild einer sexualisierten Gesellschaft vermittelt. Auf der Wertebene führt das zu einer Banalisierung der Sexualität, die eine Haltung des Konsums auch im Bereich der Sexualität als angemessen erscheinen lässt.[118] Damit stehen aber „die Bedingungen für ein gelingendes menschliches Leben" bzw. für „ein gelingendes Selbst- und Weltverhältnis" sowie „die sozialen Praktiken, die dieses behindern oder befördern"[119] zur Debatte. Zu Ende gedacht stehen aber auch die „liberalen Werte Autonomie und Freiheit" auf dem Spiel, weil „die überindividuellen Bedingungen, derer

[114] Vgl. Renate Kirchhoff, Die Sünde gegen den eigenen Leib, 101-103; Michael Wolter, Ethos und Identität in paulinischen Gemeinden.

[115] Vgl. dazu auch unter Kap. 7.4.1.2.

[116] Liberalistische Positionen, die allein auf eine individualistische Sicht abstellen, ziehen das nicht in Betracht, was ihnen zu Recht als verkürzte Sicht vorgeworfen wird. Vgl. am Beispiel der Prostitution: Karen Peterson-Iyer, Prostitution.

[117] Das hat dazu geführt, dass Berichten zufolge das Angebot von Küssen, Streicheln und ‚Französisch ohne' (d. h. orale Befriedigung des Mannes ohne Kondom) in jüngerer Zeit in unseren Breitengraden zum Standard geworden ist. Das sagt Don Rolando, ehemaliger Zuhälter und aktueller Clubbesitzer, ganz offen, denn sonst gäbe es wegen der bestehenden (grossen) Konkurrenz keinen Verdienst. Allerdings bedauert er, dass es deswegen auch Frauen gibt, die sogar Geschlechtsverkehr ohne Kondom praktizieren – selbstredend nicht in seinem Etablissement. (Vgl. ders., Jetzt mal Klartext über Huren, 171-172.) Dass Küssen, Streicheln und persönliche Zuwendung (z. B. in Form von Zeit) heutzutage durchaus gefragt sind, lässt sich an den Kontaktanzeigen ablesen. Das Bestehen eines Konkurrenzdrucks, der dazu führt, dass sich Frauen (insbesondere Migrantinnen) weniger gut gegen entsprechende Forderungen von Seiten ihrer Kunden wehren können, wird auch von Einrichtungen zur Unterstützung von Prostituierten bestätigt. – Was das Verhältnis von Nachfrage und Angebot anbelangt, liesse sich die beschriebene Entwicklung auf der Angebotsseite gleicherweise als Reaktion auf einen allgemeinen Konkurrenzdruck und weniger auf eine dahingehend spezifizierte Nachfrage deuten. Auf jeden Fall ist eine Wechselwirkung zwischen Nachfrage und Angebot anzunehmen.

[118] Jedenfalls erscheint das als reale Gefahr, die in Bezug auf die Vorstellungen, die heutigen jungen Menschen vermittelt werden, mit Sorge betrachtet wird. Anlass, darüber öffentlich zu debattieren, gaben die jüngsten Vorfälle sexueller Übergriffe unter Kindern und Jugendlichen.

[119] Rahel Jaeggi, Der Markt und sein Preis, 989.

es zur Realisierung von Autonomie und Freiheit bedarf, durch kommodifizierende Praktiken bedroht sind“[120]. Die Philosophin Rahel Jaeggi bezieht sich diesbezüglich in zustimmender Weise auf die Position von Elizabeth Anderson[121]:

> „Andersons Ansatz [reicht] bis zum Selbstmissverstädnis und der Selbstwidersprüchlichkeit einer Gesellschaft, die sich selber kommodifiziert und damit die Bedingungen für ein selbstbestimmtes Leben untergräbt. Damit wird [...] klar, dass das Projekt, ‚sein eigenes Leben zu leben’, nicht unabhängig von der Gestaltung des gemeinsamen Lebens – wie es im Warenverkehr einen Ausdruck findet – verwirklicht werden kann.“[122]

7.2.3 Konsequenzen und weiterführende Überlegungen

7.2.3.1 Bewertung der Prostitution und Anliegen der gesellschaftlichen Integration

Das biblische Menschen- und Weltbild verortet den Menschen in einem Beziehungsgeflecht, das das Verhältnis der Menschen untereinander und zu Gott umfasst. In dieser Perspektive stellt die Prostitution keine lebensförderliche und eine gelingende menschliche Sexualität begünstigende Option dar, weder im Hinblick auf den einzelnen Menschen noch auf das Gemeinwesen. Sie wird daher als *Institution* klar abgelehnt.[123] Damit verbindet sich aber keineswegs die Vorstellung einer Einschränkung der Freiheit, sondern der Ermöglichung einer umfassenderen Freiheit. Nicht der Verlust einer alten Gewohnheit (bei den Christen in Korinth) oder der Verzicht auf eine noch nicht ausprobierte Erfahrung (bei gegenwärtig lebenden Männern, die noch keine Dienste einer Prostituierten in Anspruch genommen haben) und damit auch nicht der Verlust eines (männlichen) Privilegs (oder der Verzicht darauf) stehen im Zentrum, sondern der Gewinn einer neuen Lebenswirklichkeit, die zu mehr Menschlichkeit befreit. Auf diesem Hintergrund ermutigt nach dem Verständnis von Helga Kuhlmann theologische Ethik

> „Männer, die sexuelle Dienste erzwingen und/oder kaufen“, dazu, „nach Sexualität in verbindlichen Beziehungen zu suchen, in der sich beide gegenseitig begehren und sich beide gegenseitig in Freiheit einander sexuell zuwenden. Eine solche Form sexueller Beziehung bleibt unbezahlbar.“[124]

Darüber, wie sie zu biblischen Zeiten das als problematisch eingestufte Phänomen Prostitution sozial gelöst haben, geben die biblischen Texte keine Auskunft. Für die Zeit des

120 Ebd., 991.

121 Die Position der Philosophin Elizabeth Anderson wurde in Kap. 5 dieser Arbeit besprochen.

122 Rahel Jaeggi, Der Markt und sein Preis, 1003-1004.

123 Zwar scheint sie nach Einschätzung von Silvia Schroer zu Zeiten des Alten Testaments, und auch da nur in vorstaatlicher Zeit, akzeptierter gewesen zu sein, dies jedoch auf dem Hintergrund einer „patriarchale[n] Doppelmoral“, die den Verkehr mit den sich prostituierenden Frauen im Gegensatz zu jenem mit „unverheirateten oder verlobten Mädchen oder einer verheirateten Frau“ zuliess. (Dies., Auf dem Weg zu einer feministischen Rekonstruktion der Geschichte Israels, 149.) Das ist auch die Meinung von Hannelis Schulte, die für diese Zeit noch die Existenz einer matrilinearen Familienstruktur annimmt. (Vgl. dies., Beobachtungen zum Begriff der Zônâ im Alten Testament.) Vgl. auch Renate Jost, Von „Huren und Heiligen“, 128.

124 Helga Kuhlmann, Gott braucht keine Opfer, 534.

Neuen Testaments wird zwar nichts darüber berichtet, dass Frauen, die sich prostituierten, diese Tätigkeit aufgegeben haben, als sie sich der christlichen Gemeinde anschlossen.[125] Doch im Wissen darum, dass sich die urchristlichen Gemeinden in Abgrenzung zu ihrer Umwelt verstanden und Paulus den Prostitutionsbesuch scharf verurteilte (auch wenn er kein Wort über die Frauen verlor, die mit der Prostitution ihren Lebensunterhalt bestreiten mussten), läge das durchaus nahe. Wie diese Frauen dann finanziell gesichert waren, ob die Gemeinde ihren Unterhalt übernommen hat, erfahren wir ebensowenig.[126]

Selbst wenn sich die biblischen Texte über den konkreten Umgang mit dem Phänomen und insbesondere mit den sich prostituierenden Frauen ausschweigen, sind das Vorbild Jesu und die prophetische Tradition der Sorge um die Benachteiligten als Richtschnur zu sehen. So weisen die Beispiele der „Sünderin" in Lk 7,36-50, die Jesus salbt und in der Tradition mit einer Prostituierten gleichgesetzt wird,[127] und der „Zöllner und Dirnen" in Mt 21,28-32, die noch vor den Hohepriestern und Ältesten Eingang ins Reich Gottes finden, auf die Zuwendung Jesu zu den Entrechteten und Ausgegrenzten[128] hin sowie auf deren Empfänglichkeit für seine befreiende Botschaft, wodurch sie für alle zum Beispiel für den Glauben werden.[129] Wichtig scheint demnach weniger die Auseinandersetzung mit der abgelehnten Tätigkeit/dem abgelehnten Verhalten zu sein, als vielmehr der Umgang mit den Randständigen und damit das Bemühen, sie wieder in die Gemeinschaft zu integrieren. Dass Prostituierte eher zu den Randständigen, von Armut

[125] Die Neutestamentlerin Luise Schottroff scheint daraus zu folgern, dass die Frauen das nicht zu tun brauchten und gleichwohl Christinnen sein konnten. (Vgl. dies., Auf dem Weg zu einer feministischen Rekonstruktion der Geschichte des frühen Christentums, 183; dies., Die grosse Liebende und der Pharisäer Simon, 321.) Dem würde auch die Interpretation von Mt 21,28-32 bei Regene Lamb und Claudia Janssen entsprechen, welche die dort vorhandene Umkehrforderung hauptsächlich als „Aufgabe von Privilegien" und an die Hohepriester und Ältesten gerichtet verstehen. (Dies., „Zöllnerinnen und Prostituierte gelangen eher in das Reich Gottes als ihr" [Mt 21,31], 282.) Vgl. in diesem Sinn auch Martina Gnadt: „Sie [die Prostituierten, B.B.] zählen zu den Kleinen, denen gegenüber die Grossen zur Sorge und Achtung aufgefordert werden." (Dies., Das Evangelium nach Matthäus, 493.)

[126] Das ziehen Luise Schottroff, Auf dem Weg zu einer feministischen Rekonstruktion der Geschichte des frühen Christentums, 183-184, sowie Regene Lamb/Claudia Janssen, „Zöllnerinnen und Prostituierte gelangen eher in das Reich Gottes als ihr" (Mt 21,31), 282, in Betracht.

[127] Ekkehard und Wolfgang Stegemann weisen darauf hin, dass Frauen der Jesusbewegung allein schon wegen ihrer Teilnahme an Gastmählern in Verruf kamen, in concreto aber gar keine Prostituierten zu sein brauchten. (Vgl. dies., Urchristliche Sozialgeschichte, 327-329.) Was die Perikope Lk 7,36-50 anbelangt, geht Luise Schottroff davon aus, dass es sich bei der „Sünderin" um eine Prostituierte handelte (vgl. dies., Die grosse Liebende und der Pharisäer Simon), während Lorenz Oberlinner darauf besteht, dass die bislang übliche Gleichsetzung aufzugeben sei (vgl. ders., Begegnungen mit Jesus).

[128] Was die „Zöllner und Dirnen" anbelangt, weist der Neutestamentler Ulrich Luz darauf hin, dass es sich hierbei um „zwei Gruppen von Menschen am untersten Rand des damaligen religiösen und ethischen Wertesystems" handelt, um „religiös und moralisch Disqualifizierte, denen sich Jesus besonders zugewandt hat." (Ders., Das Evangelium nach Matthäus [Mt 18-25], 211.) Wenn sie nun als vorbildlicher in Bezug auf den Glauben als die Führer Israels dargestellt werden, lässt das erst recht aufhorchen.

[129] Ein weiteres Beispiel stellt die „Dirne" Rahab in Jos 2; 6 dar, die später bei Matthäus als Stammmutter Jesu aufgeführt wird. Vgl. zu Rahab die Interpretation bei Margaret Eletta Guider, Daughters of Rahab, 28-36. Daran anknüpfend arbeitet sie als Pastoraltheologin heraus, wie die Kirche besser und adäquater mit den Prostituierten umgehen könnte und ihnen so auch gerechter würde.

Betroffenen gehörten, lassen die Angaben zum Verdienst in Spr 6,26[130] und der Hinweis auf die Situation einer Prostituierten im Alter in Jes 23,15-18[131] vermuten.

7.2.3.2 Unterscheidung zwischen Tat und ‚Täter/Täterin'!

Freiheit gehört nach biblischer und theologischer Überzeugung wesentlich zur Geschöpflichkeit des Menschen. Sie zu gebrauchen, ist von Gott so gewollt. Das bedeutet aber zugleich, dass Menschen sich bewusst selbstschädigend verhalten und/oder mit ihrem Handeln gewollt anderen Menschen schaden können, womit sie sich gegen das von Gott begründete Beziehungsverhältnis stellen[132] und dadurch theologisch gesprochen sündig werden können.[133] In diesem Fall stellt sich die Frage, in welchem Verhältnis die begangene Tat (theologisch als Sünde gedeutet) und der Täter/die Täterin (bzw. Sünder/Sünderin) zueinander stehen. Diesbezüglich gilt grundsätzlich, dass zwischen beiden zu unterscheiden ist. Diese Überzeugung ausführlich zu thematisieren, würde hier aber zu weit führen. Ich werde sie unter dem Blickwinkel der Fragestellung beleuchten, ob ein schuldhaftes Verhalten die Mitmenschen dazu berechtigt, die Fehlbaren als *Person* zu verurteilen. Im Kontext der Prostitution ist das von besonderem Interesse, weil sich viele Prostituierte als Person abgewertet/verurteilt fühlen.

Zunächst ist daran zu erinnern, dass die grundlegende Würde des Menschen durch keine noch so abscheuliche Tat verloren geht, weder bei der Person, die die Tat begangen hat, noch bei derjenigen, die Opfer davon geworden ist.[134] Das ist insbesondere angesichts des Leids, das Menschen einander anzutun vermögen, sowie menschenunwürdiger Zustände und Ungerechtigkeiten eine äusserst herausfordernde Überzeugung. Egal welches die Umstände sind, Menschen hören nach jüdisch-christlichem Verständnis nicht auf, Abbild Gottes und in Christus zur Erlösung (aus Sünde, Not und Tod) berufen zu sein. Nach kantischem Verständnis bleibt die Selbstzweckhaftigkeit eines jeden Menschen bestehen, was aus menschenrechtlicher Sicht darin zum Ausdruck kommt, dass niemand das Recht auf die grundlegenden Menschenrechte verwirken kann.[135]

[130] Die Stelle lautet: „Einer Dirne zahlt man bis zu einem Laib Brot [...]." Vgl. Renate Jost, Von „Huren und Heiligen", 128.

[131] Die Bibelstelle spricht von einer „vergessenen Dirne" (V. 16), die Zither spielend und singend durch die Stadt zieht. Dasselbe Schicksal, sein Dasein in ärmlichen Verhältnissen fristen zu müssen, wird der Stadt Tyrus angedroht. Vgl. zur Deutung dieser Stelle Renate Jost, Von „Huren und Heiligen", 128; Silvia Schroer, Auf dem Weg zu einer feministischen Rekonstruktion der Geschichte Israels, 149.

[132] Vgl. ausführlicher dazu unter Kap. 7.2.1.

[133] Zum theologischen und theologisch-ethischen Verständnis von Schuld und Sünde vgl. u. a. Johannes Gründel, Art. Sünde, V. Theologisch-ethisch; Jürgen Werbick, Art. Schuld, VI. Theologisch-ethisch; Gerd Höver, Schuld und Sünde; Raimund M. Luschin, Art. Schuld; Klaus Demmer, Art. Sünde; Josef Schuster, Art. Schuld/Schuldgefühl, 4. Theologisch. Zum philosophisch-ethischen Verständnis von Schuld vgl. Christof Mandry, Art. Schuld.

[134] In GS 28 wird dies in Bezug auf die sich irrende Person gesagt. Der Konzilstext besteht hier auf dem Unterschied zwischen Irrtum und irrender Person. Analog dazu ist der Unterschied zwischen Tat und Täterin/Täter zu sehen.

[135] Die Selbstzweckhaftigkeit des Menschen gründet nach Kant in der ‚Moralfähigkeit' des Menschen, die diesem eigen ist. Vgl. zu Kants Moralphilosophie: Klaus Steigleder, Art. Kant, mit weiterführender Literatur. Der un-

„Niemand darf als Unperson behandelt werden. Gott lässt seine Sonne über Gute *und* Böse aufgehen (Lk 6,35, Mt 5,45).“[136]

Wenn auch keine Tat, Handlung oder Haltung zum Verlust der Menschenwürde führt, wäre es ein grosses Missverständnis, wenn dies so ausgelegt würde, dass damit gutes oder schlechtes Verhalten beliebig würde. Das würde nicht nur dem biblischen und theologischen Verständnis widersprechen, sondern ebenfalls die philosophische (bzw. kantische) Idee der Moralität des Menschen verfehlen. Ebenso wenig bedeutet die Nichtverlierbarkeit der Menschenwürde, dass menschenunwürdige Zustände, Schuldverstrickungen und dergleichen einfach belassen werden könnten. Vielmehr entspricht es dem Willen Gottes, dass Menschen Befreiung aus knechtenden, unterdrückenden Verhältnissen erfahren oder aus „lebensschädigenden Verhältnissen und Beziehungen“[137] und eigener Schuldverstrickung. Aus biblischer Perspektive sind Umkehr und Vergebung sowie Befreiung jederzeit möglich, weshalb Menschen einander nie vollends ‚abschreiben' dürfen.

Umkehr und Vergebung setzen den betreffenden Menschen wieder ins Recht, rehabilitieren damit aber in keiner Weise das Fehlverhalten selbst. Beispiel dafür ist Jesu Begegnung und Umgang mit einer Frau, die beim Ehebruch ertappt worden war (Joh 8, 3-11). Er verurteilt sie nicht und entlässt sie mit dem Auftrag, inskünftig solches Unrecht zu unterlassen. Bemerkenswert an dieser Geschichte ist im Weiteren Jesu Entgegnung denjenigen gegenüber, die sich im Recht sahen und die Frau im Wissen um die Strafe der Steinigung, die für dieses Vergehen vorgesehen war, zu Jesus gebracht haben.[138] Ihre Erwartung eines Richtspruchs pariert er mit der Feststellung, dass jener, der ohne Sünde sei, den ersten Stein werfen könne, worauf sich die Ankläger bekanntermassen davonmachen.

Diese Geschichte ist insofern ein Lehrstück, als sie Selbstgerechtigkeit kritisiert und zudem aufzeigt, wo Barmherzigkeit (d. h. Gnade vor Recht) angebracht ist. Mit Blick auf das gesellschaftliche Gefüge lässt sich zudem ein weiterer Grundsatz erkennen: In moderner Terminologie gesprochen sind die Bemühungen auf die Integration zu richten und Ausgrenzung (die im Fall der Todesstrafe mit der gänzlichen Auslöschung der betroffenen Person verbunden wäre) zu vermeiden. Dem entspricht im Übrigen auch das Gebot der Feindesliebe.

Einander nicht ‚abschreiben' zu dürfen, steht den Menschen grundsätzlich nicht zu. Denn dies käme ‚abschliessendem' Richten gleich, das allein Gott vorbehalten ist[139] und

verbrüchliche Anspruch auf die grundlegenden Menschenrechte äussert sich beispielsweise im Recht auf rechtliches Gehör, das auch (Schwer-)Verbrechern zu gewähren ist.

136 Stephan Goertz, Theologie welcher Moral?, 32 (Hervorh. im Orig.). Seine auf die Moraltheologie bezogenen Überlegungen entsprechen meinen, die ich im Folgenden im Hinblick auf die Prostitution darlege. (Vgl. ebd., 32-34.)

137 Helga Kuhlmann, Gott braucht keine Opfer, 534.

138 Dass es sich dabei, so wie die Geschichte konstruiert ist, um eine Falle für Jesus handelt und die Frau im Grunde genommen dafür instrumentalisiert wird, sei hier lediglich vermerkt. Die Antwort, die Jesus in dieser Situation parat hat, gilt als Grundsatz unabhängig von diesem Kontext.

139 Vgl. hierzu auch GS 28: „Gott allein ist der Richter und Prüfer der Herzen; darum verbietet er uns, über die innere Schuld von irgend jemandem zu urteilen.“ Vgl. zur Gerichtsvorstellung aus einer ethischen Perspektive: Hans Halter, Gericht und ethisches Handeln.

im Übrigen alle gleicherweise trifft, da alle „am Ende der Tage" Rechenschaft über ihr eigenes Tun und Unterlassen abzulegen haben. Unabhängig von dieser religiösen Deutung, die nicht von allen Menschen geteilt wird, verbietet sich ‚letztgültiges' Richten unter Menschen. Der Grund liegt darin, dass sich aus einer Aussenperspektive die konkrete Schuld eines Menschen nicht objektiv beurteilen lässt. Objektiv meint in einem solchen Fall unter Einbezug der möglichen Begrenzungen der Einsicht wie der Entscheidungsfreiheit, die wiederum auf selbst-, mit- oder unverschuldeten Ursachen beruhen. Weiter sind die damit verbundenen bewussten oder unbewussten Handlungsmotivationen zu berücksichtigen. Unter dieser Voraussetzung kann sich niemand anmassen, eine andere Person in einem ‚höchstrichterlichen' Sinn zur Verantwortung zu ziehen. Diese Unmöglichkeit und Unzulässigkeit widerspiegelt sich im Übrigen in der menschenrechtlichen Standards genügenden Gerichtspraxis, die einerseits den Grad der Zurechnungsfähigkeit und des Verschuldens zum Tatzeitpunkt (sorgfältig) ermittelt und wo andererseits strukturell die Möglichkeit zur Revision eines Urteils besteht. Denn es geht darum, auch einem (möglicherweise) schuldig gewordenen Menschen gerecht zu werden.

Wenn sich also ‚letztgültiges' Richten unter Menschen verbietet, ist damit nicht gleich jede Möglichkeit der ‚Zurechtweisung' ausgeschlossen. Das wäre ein grosses Missverständnis und wiederum völlig unbiblisch, wie die Beispiele der Propheten, von Paulus oder von Jesus selbst zeigen. Nur ist auch in diesem Fall Zurückhaltung angebracht und zunächst selbstkritisch das eigene Tun und Lassen zu beurteilen, wie die Mahnung in Mt 7,1-5 bzw. Lk 6,37-42 deutlich macht und Jesu Reaktion in der Geschichte mit der Frau, die Ehebruch begangen hat (Joh 8,3-11), zeigt.

> „Warum siehst du den Splitter im Auge deines Mitmenschen, aber den Balken in deinem Auge bemerkst du nicht? Oder wie kannst du zu deinem Mitmenschen sagen: Lass mich den Splitter aus deinem Auge ziehen, und dabei steckt der Balken in deinem Auge? Welche Scheinheiligkeit! Zieh zuerst aus deinem Auge den Balken, dann siehst du klar und kannst den Splitter aus dem Auge deines Mitmenschen ziehen." (Mt 7,3-5)[140]

Aus biblischer Sicht lässt sich daher festhalten: Einen Menschen auf seine/ihre Taten zu reduzieren, insbesondere wenn sie als Fehltritte, Vergehen oder unmoralisches Verhalten gedeutet werden, wird ihm oder ihr nicht gerecht. Das gilt im Fall der Prostitution sowohl für die Prostituierten als auch für deren Kunden. Auf diesem Hintergrund verbietet sich auf jeden Fall, Prostituierte mit ihrer Tätigkeit in eins zu setzen und sie sozusagen als Person abzulehnen. Diskriminierendes und damit auf ihre Person zielendes Verhalten, wie das insbesondere von Seiten eines Teils der Kunden und Passanten geschieht, kann daher keinesfalls gerechtfertigt werden und ist im Gegenteil entschieden abzulehnen. Die Verunglimpfung von Prostituierten ist zudem nicht nur wegen der Missachtung der Würde ihrer Person zu kritisieren, sondern auch wegen der damit verbundenen Konsequenz, dass dies zur Legitimierung der Gewalt ihnen gegenüber dienen kann. Weiter geht es aus den genannten Gründen beispielsweise nicht an, Prostitutionskunden namentlich

140 Die zitierte Bibelstelle stammt aus der Bibel in gerechter Übersetzung. Der Kontext der Mahnung lässt bei Matthäus durchaus auch einen Bezug zum Gericht Gottes anklingen, bei dem derselbe Massstab angelegt werden wird, mit dem man selbst die anderen zu richten pflegte. Insofern ist das eine vom anderen nicht völlig zu trennen.

an den Pranger zu stellen, um sie einer unmoralischen Tat zu bezichtigen und so zur Räson zu bringen bzw. wohl eher dauerhaft dafür zu bestrafen, wie dies in einigen US-Staaten praktiziert wird.

Gerade weil solche Praktiken oft mit christlichem Gedankengut gerechtfertigt werden, ist dem, wie die Ausführungen hinreichend gezeigt haben dürften, entschieden zu widersprechen und ist dies klar als Unrecht zu benennen. Die Kirchen stehen diesbezüglich in der Verantwortung, einerseits um der Menschenwürde und Achtung der Menschenrechte willen, andererseits, weil sie selbst immer wieder im Verlauf ihrer Geschichte einen massregelnden, bevormundenden Umgang mit Prostituierten motiviert und mitunterstützt haben.[141] Daraus ergibt sich gerade für die Kirchen die Aufgabe, immer wieder in Erinnerung zu rufen, dass der Mensch – gleich welchen Geschlechts, welchen Alters, ob gesund, krank oder behindert, ob mehr oder weniger in Schuld verstrickt – immer mehr ist, als was er/sie (sich) leistet oder für andere darstellt.

Im Anschluss an die bisherigen Überlegungen stellt sich die Frage, ob und in welchem Sinn von Übernahme von Verantwortung gesprochen bzw. dies eingefordert werden kann. Denn, sollen die Menschen wirklich ernst genommen und das heisst als moralische Subjekte behandelt werden, gehört wesentlich dazu, ihnen gegebenenfalls die Übernahme von Verantwortung zuzumuten (was nicht mit einem verantwortlich Machen im Sinn einer Schuldzuweisung zu verwechseln ist, die zugleich die betreffende Person als solche verurteilt).

7.3 Zur Frage der Verantwortung

7.3.1 Ausgangslage: Unterschiedliche Situationen und Motivationen

Die Diskussion um Verantwortung und deren Übernahme geschieht immer auf dem Hintergrund des jeweils vertretenen Werturteils in Bezug auf eine Handlung/ein Verhalten und/oder die Einschätzung der Art und Reichweite (möglicher) Folgen. In Bezug auf Ersteres lässt sich das mit Günter Virt näher bestimmen als Reflexion über „die *freie menschliche Handlung* [...] und die *Haltung*, aus der die Handlung entspringt“[142]. Da diese nicht als beliebig betrachtet werden, ist es wesentlich, „ob wir für unser Handeln Gründe angeben können oder nicht“[143].

[141] Das stellt die dunkle Seite der Tradition dar und ist klar zu verurteilen. Auf der anderen Seite ist ebenso an die Bemühungen zu erinnern, Prostituierte in die Gesellschaft zu integrieren (mittels Eheschliessung oder Eintritt in ein so genanntes Reuerinnenkloster), was aber dennoch nicht einer gewissen Ambivalenz entbehrt, weil es die Aufgabe der Prostitutionstätigkeit bedingte. Vgl. dazu Peter Schuster, „Sünde und Vergebung“; ausführlicher zur kirchlichen Tradition in Bezug auf den Umgang mit Prostituierten: Charles Chauvin, Les chrétiens et la prostitution. Die bürgerlichen Sittlichkeitsvereine um 1900 bedienten sich auch des Mittels einer Anstalt. Frauen, die in unterschiedlicher Art ein ‚unbotmässiges' Leben führten, wurden zu erzieherischen Zwecken regelrecht weggesperrt. Vgl. das Beispiel des Zürcher Erziehungsheims Pilgerbrunnen bei Sabine Jenzer, „Solche Mädchen sollten gebessert, geändert, erzogen werden.“

[142] Günter Virt, Art. Moraltheologie, 531 (Hervorh. im Orig.).

[143] Stephan Goertz, Theologie welcher Moral?, 11.

Unter der angezeigten Perspektive geht es im Folgenden darum, über die Frage der Verantwortung nachzudenken, die sich in Bezug auf die Prostitution stellt. Der Fokus liegt dabei auf dem Handeln der beiden Hauptbeteiligten, der Prostituierten und ihrer Kunden, weil meist dieses im Zentrum steht, wenn Prostitution als Problem betrachtet wird. Angesichts der Vielfalt in diesem Bereich ist es wichtig, sich vorgängig ein paar authentische Konstellationen und Situationen zu vergegenwärtigen:

- Unter den von Milena Chimienti befragten Migrantinnen gibt es Frauen, die in der Schweiz verheiratet sind, in einem Salon arbeiten und diese Erwerbstätigkeit schätzen, weil sie sie teilzeitlich (oft tagsüber) ausüben, auf diese Weise Erwerbsarbeit und Familienpflichten gut verbinden und dabei gleichzeitig genug verdienen können (dies im Gegensatz zu anderen Jobs, die ihnen offen stehen).[144]
- Eine Frau aus Lateinamerika kommt in die Schweiz, um in einer Kontaktbar zu arbeiten. Sie heiratet und arbeitet anschliessend in anderen Bereichen, was ihr aber finanziell wenig einbringt – zu wenig, um sich die Reise in ihr Heimatland für einen Besuch bei den Verwandten zu finanzieren. Deshalb steigt sie in die Salonprostitution ein. Eine andere, ebenfalls in der Schweiz verheiratete Migrantin, prostituiert sich, weil der Verdienst ihres Ehemanns nicht zur Unterstützung ihrer Ursprungsfamilie ausreicht. In einer ähnlichen Situation befinden sich jene Frauen, die für den Unterhalt ihrer eigenen, aus einer früheren Beziehung stammenden Kinder, aufkommen müssen.[145]
- Eine junge Frau aus Afrika sieht in ihrer Heimat keine Perspektive, zumal Frauen dort nicht viel wert sind. Sie will sich ihren Lebensunterhalt selbst verdienen und unabhängig sein, weshalb sie gegen den Willen der Familie migriert und nun in einer Kontaktbar in der Westschweiz arbeitet.[146]
- Eine junge, etwa dreissigjährige Frau, fühlte sich schon immer von dem angezogen, was sich Prostituierte leisten können. Sie ist noch im Studium und braucht Geld, möchte auch nicht auf Annehmlichkeiten wie gute Kleidung u. a. verzichten. Sie entschliesst sich daher für den Escort-Service, wo sie ein bis zwei Kunden wochentlich bedient. Für sie ist es zugleich ein Kick. Sie schätzt an diesem Job den persönlicheren Ablauf, vergleichbar mit einem „Date". Allerdings besteht die Kehrseite davon darin, dass es das innere Distanz Nehmen erschwert. Die beruflich etablierten Männer, die sie dabei trifft und die vielfach verheiratet sind, geben sich Mühe und verhalten sich wie Liebhaber. Dazu gehören hin und wieder eine Einladung zum Essen oder Geschenke.[147]
- Zwei Männer, einer anfangs vierzig, der andere Mitte fünfzig, beide verheiratet, sind mit ihrem ehelichen Sexualleben nicht zufrieden und nehmen deshalb sexuelle Dienstleistungen in Anspruch. Während der eine die sich verweigernde

[144] Vgl. Milena Chimienti, Prostitution et migration, 268.

[145] Vgl. ebd., 264, 253.

[146] Vgl. ebd., 155 (Anm. 163).

[147] Bei diesem Beispiel handelt es sich um die Wiedergabe eines kürzlich am Schweizer Radio ausgestrahlten Porträts. Bei Tina von S. war die Aufnahme der Prostitutionstätigkeit mit der erklärten Absicht verbunden, sich einen luxuriösen Lebensstil finanzieren zu können. (Vgl. dies., Ich bin eine Hure.)

Ehefrau dafür verantwortlich macht, gesteht der andere zu, dass er damit – d. h. mit einem solcherart problemlosen Seitensprung – ein bestehendes Problem nur vor sich herschiebt.[148]

- Ein lediger Mittdreissiger will sich keine Zeit für eine Beziehung zu einer Frau nehmen, sucht aber gleichwohl Sex mit und mehr noch Nähe zu einer Frau. Er sagt, die Prostitution sei „zur unreflektierten Angewohnheit geworden“[149].
- Neben den aus der Schweiz stammenden Beispielen sei noch ein Blick auf einen der mannigfaltigen Schauplätze im Ausland geworfen: Männer, die in den riesigen Gemüse- und Obstplantagen in Spanien arbeiten, beanspruchen ebenfalls sexuelle Dienstleistungen. Während Männer in leitender Position die nahe gelegenen luxuriösen Bars mit zugehörigen Zimmern aufsuchen und von Frauen aus Osteuropa bedient werden, gehen die afrikanischen, nichtdokumentierten Arbeiter zu Nigerianerinnen, die in billigen Absteigen eine häusliche Atmosphäre anbieten.[150]

Die zufällig herausgegriffenen Beispiele haben nicht den Anspruch, das gesamte Spektrum an Situationen und Motivationen abzubilden, sondern sollen plastisch in Erinnerung rufen, was zur Bedeutung des Kaufs sexueller Dienstleistungen (in Kap. 5.2) und zur Prostitutionstätigkeit (in Kap. 6, dabei insb. im Abschnitt 6.1) bereits gesagt wurde. Während dort die Darstellung im Vordergrund stand, gilt es hier, dazu aus ethischer Perspektive Stellung zu nehmen.

7.3.2 Verantwortung konkretisiert

Aus einer zweckrationalen Perspektive betrachtet, ergänzen sich im Bereich der Prostitution die Hauptmotivation der Frauen, nämlich Geld verdienen zu wollen, und das Bedürfnis der Männer nach Sex, Nähe und Unterhaltung. Gleichwohl stellt sich die Frage, ob das aus ethischer Perspektive auch als gut oder zumindest als richtig zu werten ist.

Dass diese gesellschaftliche Einrichtung aus grundsätzlichen ethischen Überlegungen (hinsichtlich gelingendem, erfüllendem Menschsein, einschliesslich des Bereichs der Sexualität, sowie der Reproduktion des bestehenden Geschlechterverhältnisses, die hier einen besonders sensiblen Bereich betrifft) nicht als etwas Gutes qualifiziert werden kann, habe ich bereits ausführlich zu begründen versucht. Im Hinblick darauf kann auch das Handeln der Beteiligten, wobei hier neben den Prostituierten und ihren Kunden noch weitere Akteure in Betracht zu ziehen sind, nicht beanspruchen, als gut zu gelten. Deren Beitrag ist insofern problematisch, als sie zur Aufrechterhaltung einer Institution beitragen, die gesamthaft betrachtet nicht der Entfaltung zu befreitem Menschsein dient und bei der deswegen menschlich und gesellschaftlich viel auf dem Spiel steht.

Wenn auch alle Kategorien von Beteiligten – systembedingt – dafür verantwortlich sind, ist dennoch ihr Anteil unterschiedlich zu gewichten. Am problematischsten scheint

148 Vgl. Josy Meier/Thomas Geiger, Seele mieten, 41, 44.

149 Ebd., 51.

150 Vgl. Laura María Agustín, Sex at the Margins, 67.

mir die Nachfrage nach solchen Dienstleistungen zu sein. Sie trägt entscheidend zum Erhalt der Prostitution bei und beruht dabei auf der Entscheidung unzähliger Männer, sie in Anspruch zu nehmen.[151] Auf dem Hintergrund der Situation in der Schweiz ist zudem von einer bewussten Entscheidung auszugehen, die sich darin manifestiert, dass eine Wahl getroffen und der entsprechende Ort, das entsprechende Etablissement oder die ausgewählte Prostituierte aufgesucht werden. Selbst wenn sich Männer ahnungslos (weil sie vorgängig davon keine Kenntnis hatten, z. B. in einer ihnen noch unbekannten Stadt) an einem Ort befinden, wo Prostitution stattfindet, sind sie frei, davon keinen Gebrauch zu machen. Diese Beurteilung beruht darauf, dass es aus ethischer Sicht (wie ich das verschiedenenorts in dieser Arbeit ausgeführt habe) grundsätzlich verkehrt ist, sexuelle Intimität gegen Bezahlung in Anspruch zu nehmen.

> „Männer haben gelernt, in einer Welt zu leben, in der alles auf ihre Wünsche und Wertvorstellungen ausgerichtet ist. [...] Viele Männer leben im Irrglauben, dass man Zuwendung und Zärtlichkeit nur über Sex kriegen kann, weil sie es nie anders gelernt haben und es auch nicht anders lernen wollten."[152]

Wie die Aussage von Brigitte Obrist deutlich macht, liegt das Verkehrte erstens darin, dass diese Männer es als selbstverständlich erachten, dass ihre sexuellen Wünsche/Bedürfnisse erfüllt werden und sie andernfalls dazu die Dienstleistung einer Frau in Anspruch nehmen, sowie zweitens, dass sie Anerkennung und Zuwendung sexualisieren. Damit blende ich das bei diesen Männern bestehende Bedürfnis nach körperlicher Nähe und Anerkennung sowie nach dem Ausleben sexueller Lust keineswegs aus. Je nach Kontext können sie dabei mit mehr oder weniger Verständnis rechnen (z. B. abhängig davon, ob sie Single sind, in einer Partnerschaft leben, darin aber sexuell unbefriedigt sind oder schlicht ein ‚Recht' auf Abwechslung beanspruchen). Aus ethischer Sicht liegt jedoch der entscheidende Punkt in der Unterscheidung von Verstehen (im Sinn von Verständnis für etwas aufbringen) und Billigen, die nicht gleichzusetzen sind,[153] wie das in Diskussionen so oft geschieht.[154] Wenn aus ethischer Sicht die Art, wie das genannte Bedürfnis gestillt wird, nicht gebilligt werden kann, heisst das, dass die Problemlösung nicht der Anforderung entspricht, im Sinn einer verallgemeinerbaren (ethischen) Regel anwendbar zu sein.

In der Motivation, sich zu prostituieren, bündeln sich verschiedene Motive, die mit unterschiedlichen Zielsetzungen verbunden sind und nach Typ der Frau wie der Situation differieren, in der sie sich befindet. Dominant ist das Motiv, den eigenen Lebensunterhalt zu verdienen. Oft ist es damit verknüpft, eigene Kinder und/oder die Herkunftsfamilie mitzuversorgen. In einem solchen Kontext lässt sich das Handeln dieser Frauen

151 Darauf, dass die Prostitutionskunden für ihr Tun verantwortlich zu machen sind, insistieren auch Rita Nakashima Brock und Susan Brooks Thistlethwaite in ihrer Studie Casting Stones, 200. Die folgenden Überlegungen zur Verantwortung der einzelnen Beteiligten beruhen auf den Erkenntnissen von Kap. 6.

152 Aussage von Brigitte Obrist, die zum Zeitpunkt der Befragung einen eigenen Salon führte, in: Josy Meier/Thomas Geiger, Seele mieten, 28.

153 Vgl. zum Unterschied von Verstehen und Billigen: Dietmar Mieth, Sozialethik als hermeneutische Ethik, 225.

154 Das Umgekehrte gilt natürlich genauso. In diesem Sinn verbietet sich, sich aufgrund der Ablehnung eines bestimmten Verhaltens/Handelns dem Verständnis dafür zu verweigern.

nach Meinung von Kuhlmann als Hingabe deuten, die aus Gründen geschieht, die ebenfalls aus christlicher Sicht anerkannt sind. Sie weist aber zugleich darauf hin, dass Hingabe ihre Grenzen hat, nämlich dort, wo sie in Unfreiheit, Verlust der Würde/Integrität umschlägt.[155] Für den eigenen Lebensunterhalt sorgen und in dieser Hinsicht unabhängig bleiben zu wollen, dadurch der Allgemeinheit nicht zur Last zu fallen, dies auch in dem Fall, wo Schulden beglichen werden, sind für sich betrachtet positive Zielsetzungen. Selbst das Bedürfnis, mehr vom Leben zu wollen, ist grundsätzlich positiv zu werten. Aus ethischer Sicht problematisch ist der Weg, auf dem dies erreicht werden soll, nicht nur aus den bereits besprochenen grundsätzlichen Gründen, sondern weil dies oft selbstschädigende, vielleicht zusätzlich fremdschädigende Konsequenzen hat.

Selbstredend liesse sich nach Art des Motivs und Risikos bzw. möglichen Folgen weiter differenzieren. So ist das Motiv, andere zu unterstützen (wobei dies nicht mit der Selbstaufgabe einhergehen darf), anders zu werten, als sich einen luxuriöseren Lebensstil leisten zu können. In der angedeuteten Hinsicht noch weiter differenzieren zu wollen, führt nicht weiter, erst recht nicht, wenn damit das Handeln einzelner Frauen beurteilt würde. Dies hätte zudem die absurde Konsequenz, dass unter der Hand zwischen ‚guten und schlechten' Prostituierten unterschieden würde, was erst recht fatal wäre, wenn ihnen deswegen im Bedarfsfall unterschiedliche Unterstützungsleistungen zugestanden würden.

Während Männern aus ethischer Sicht nahezulegen ist, von der Nachfrage nach sexuellen Dienstleistungen abzusehen, lässt sich dasselbe nicht uneingeschränkt in Bezug auf die Frauen sagen. Frauen, die bereits in der Prostitution tätig sind oder einsteigen wollen, weil sie keine adäquaten Verdienstmöglichkeiten haben, einen diesbezüglichen Verzicht zu empfehlen (ohne eine angemessene Perspektive anbieten zu können), wäre zwar folgerichtig und würde den Grundsätzen Genüge tun, wäre aber im Endeffekt zynisch. Zudem bestünde darob die Gefahr, dass das, was angesichts dieser Situation angezeigt ist, aus dem Blick gerät. Erstens brauchen Frauen, die sich prostituieren, Arbeitsbedingungen, die die Risiken für ihre Sicherheit und Gesundheit möglichst gering halten. Dass die Prostitutionstätigkeit eine lukrative oder lukrativ erscheinende Option sein kann, ist zweitens ein Hinweis auf die für Frauen generell bestehenden Schwierigkeiten auf dem Arbeitsmarkt, insbesondere wenn sie noch Versorgungspflichten (finanzieller Art und/oder in Form von Betreuung) haben.

Männer, die sich (weiterhin) als Prostitutionskunden betätigen, sollen wenigstens im Sinn einer Minimalmoral „ein paar grundsätzliche Knigge-Regeln einhalten"[156]. Das beinhaltet, die beteiligte Prostituierte anständig und korrekt zu behandeln, ihr also beispielsweise weder herablassend zu begegnen, noch den Preis zu drücken zu versuchen, geschweige denn, Gewalt anzuwenden. Weiter gehört dazu, von selbst „safer sex" praktizieren zu wollen, denn das gegenteilige Ansinnen durchzusetzen, birgt die gesundheitliche Gefährdung der beteiligten Prostituierten wie allfälliger Partnerinnen in sich und

155 Vgl. Helga Kuhlmann, Gott braucht keine Opfer, 540-542.

156 Susanne Bachmann, Freier als Befreier?, 35. Vgl. auch „The client's guide" aus den Niederlanden, abgedruckt in: Dokumentation der Fachtagung „Prostitutionskunden – Sich auszutauschen, um Standpunkte zu verrücken", 56.

stellt eine Missachtung der Person der Prostituierten dar. Schliesslich gilt es, aufmerksam zu sein für eine allfällige Zwangslage und einer davon betroffenen Prostituierten dann auch zu helfen, was auf verschiedene Weise geschehen kann.[157]

Für Dritte, die von der Prostitutionstätigkeit profitieren, gilt ebenfalls das im Grundsatz Dargelegte. Es dabei bewenden zu lassen, würde aber zu kurz greifen. Denn wenn Frauen sich prostituieren, hierzu aber mehr Möglichkeiten als den Strassenstrich oder privat arrangierte Settings haben sollen, sind sie zwangsläufig auf die Dienstleistungen Dritter angewiesen. Diese reichen vom Vermieten oder Untervermieten von Räumlichkeiten bis hin zum Führen eines Etablissements. Handelt es sich bei Letzterem um einen Salon/ein Appartement, kommt es oft vor, dass die Saloninhaberin entweder selbst noch sexuelle Dienstleistungen erbringt oder nur noch andere für sich arbeiten lässt. Wenigstens eine Minimalmoral einzuhalten, gilt auch für Drittpersonen im Kontext des Arbeitsortes. Eine solche verbietet insbesondere überrissene Mieten, das Erzeugen einer Konkurrenzsituation, die die Frauen grösserem Stress und einem höheren Risiko aussetzt, die Förderung oder Tolerierung von Praktiken, die die Gesundheit der Frauen gefährden/schädigen (betrifft nicht nur die Durchsetzung von „safer sex", sondern gilt auch in Bezug auf den Alkoholkonsum), sowie eine unfaire und intransparente Behandlung (z. B. willkürliche Bussen, sonstige Abzüge).

Die traditionelle Moral hat zu solchen Minima moralia leider kaum einen Beitrag geleistet. Während in der Frage der Gewalt Gewaltanwendung grundsätzlich abgelehnt wird, aber auf konkrete Situationen/Kontexte bezogen durchaus Überlegungen zu einer legitimierbaren Anwendung derselben erfolg(t)en, liess die Ablehnung der Prostitution als Institution das moralische Anliegen eines möglichst moralischen Verhaltens in diesem grundsätzlich für unmoralisch betrachteten Bereich gar nicht aufkommen.[158]

7.4 Sozialethische Überlegungen und Grundsätze

Die bisherigen theologisch-ethischen Überlegungen widerspiegeln ein Leitbild, das zwar einem christlichen Menschen- und Weltbild verpflichtet ist, sich aber ebenfalls auf Vernunftgründe stützen und daher auch anderen einsichtig und plausibel sein kann. Sollen Menschen ein sinnvolles Leben führen können, brauchen sie Zielvorstellungen, die Ausdruck gelungenen/glückenden Menschenlebens sind und dadurch Orientierung bieten, also anzeigen, wonach das Leben sich auszurichten lohnt. Aus der genannten Perspektive vermag kein Leitbild zu überzeugen, das Prostitution als Teil gelungenen Lebens oder sogar als sinnvolles Leitbild begreift.[159]

[157] Vgl. hierzu u. a. die Broschüre von Terre des Femmes Deutschland „Männer setzen Zeichen", in der sie Männer auf das Thema Frauenhandel (bezogen auf Prostitution und Heiraten) zu sensibilisieren suchen und dazu praktische Hinweise geben. Vgl. auch die Hinweise zum Erkennen von Frauenhandel unter http://www.verantwortlicherfreier.ch/de/erkennen.html (Stand: 12.08.2009) sowie die Tipps in Bezug auf darauf bezogene Hilfe für die betroffenen Frauen.

[158] Eine Ausnahme bildet der Theologe und Ethiker Waldemar Molinski. Vgl. seine in der Literaturliste aufgeführten Beiträge.

[159] Vgl. hierzu auch Kap. 5.

Auf der Ebene eines Leitbilds zu diskutieren, ist mit Einsichten verbunden, die für die weiteren Überlegungen zentral sind. Nicht alle Menschen teilen dieselbe Leitvorstellung gelungenen Menschseins. Nimmt man den Menschen als moralisches Subjekt[160] ernst, heisst das, dass einerseits jeder Mensch seine Lebensausrichtung und -gestaltung zu verantworten hat und sich andererseits deswegen kein Leitbild verordnen lässt. Das gilt auch für das hier vertretene. Was hier als Befreiung zu mehr Menschlichkeit (einschliesslich erfüllter Sexualität) verstanden wird, kann letztlich nur als Sinnangebot begriffen werden, weshalb es falsch wäre, das Anbieten und den Erwerb sexueller Dienstleistungen aus diesem Grund verbieten zu wollen.

Ein Leitbild verkörpert Zielvorstellungen gelungenen Menschseins. Diese lassen sich aber unter den Bedingungen der Endlichkeit weder absolut verbindlich universalisieren noch ganz einholen. Menschen vermögen ihnen deshalb immer nur mehr oder weniger näher zu kommen. Aufgrund dieses Umstands stellt sich die Frage der Lebens- und damit verbunden der Gestaltung einer Gesellschaft nicht nur im Blick auf die ‚grosse' Perspektive im Sinn einer generellen Ausrichtung, sondern auch hinsichtlich der vielen verschiedenen, von unterschiedlichen Begrenzungen geprägten Lebensbereiche. Unter dieser Voraussetzung ist es angezeigt, aus ethischer Sicht ebenfalls darüber nachzudenken, was gutes Leben in einem kleinen, begrenzten Rahmen, d. h. in einem bestimmten gesellschaftlichen Bereich, bedeutet, wie hier die Verhältnisse gerecht zu gestalten sind und was darauf bezogen richtiges Handeln beinhaltet. Die oben in Bezug auf Prostitutionskunden und Dritte formulierte Minimalmoral ist als Konkretisierung dessen zu verstehen. Der auf den Bereich der Prostitution gerichtete Fokus vermag zudem sichtbar zu machen, dass Menschlichkeit und erfüllende Momente auch in solchen Kontexten erfahren werden. Zu denken ist dabei beispielsweise an Begegnungen mit Kunden, in der sich die Frauen als Person angenommen fühlen und/oder bei denen sie in sexueller Hinsicht ihren Spass haben.[161] Die von den Kunden gesuchte und in Anspruch genommene ‚Auszeit' ist in einem solchen Fall nicht völlig einseitig, d. h. nicht auf eine blosse Dienstleistung beschränkt.

Um der Wirklichkeit gerecht werden zu können, braucht es sowohl eine aufs Gesamte bezogene als auch eine auf die einzelnen Teilbereiche gerichtete Sicht. Nur das eine oder andere zu berücksichtigen, ergäbe eine einseitige Perspektive, die auch deswegen verkürzt wäre, weil so die Wechselwirkung zwischen den Teilen und dem Ganzen ausgeblendet würde.

Die im Folgenden aufgeführten Grundsätze (Prinzipien) vermitteln aus einer christlichen sozialethischen Sicht, wie eine Gesellschaft und ihre Teilbereiche strukturiert sein sollten. Sie werden in Bezug auf den hier interessierenden Bereich der Prostitution darge-

160 Vgl. u. a. Arno Anzenbacher, Christliche Sozialethik, 181-182.

161 Dies kann mit dem Verzicht auf den Gebrauch eines Kondoms verbunden sein. Vgl. u. a. die bei Ine Vanwesenbeeck, Prostitutes' well-being and risk, 116-118, beschriebenen Frauen, die damit bewusst und gewollt zwischendurch ein gesundheitliches Risiko eingehen (das sie aber in diesen Fällen als äusserst gering einschätzen), weswegen sie von Vanwesenbeeck als „selective risk takers" bezeichnet werden.

legt und beanspruchen daher nicht, den Gehalt und Anspruch dieser Prinzipien umfassend wiederzugeben.[162]

7.4.1 *Sozialethische Grundsätze*

7.4.1.1 *Grundsatz I: Gleiche Würde aller Menschen*

Ausgangs- und Zielpunkt der theologisch-ethischen Reflexion über die Gestaltung der Gesellschaft ist der Mensch (vgl. GS 25).[163] Theologische sozialethische Reflexion macht damit transparent, was „jede ethische Reflexion des Sozialen" voraussetzt, selbst wenn dies nicht eigens thematisiert wird: nämlich „einen Begriff vom Menschen und seiner Bestimmung"[164]. Der Bezug zum gesamten „Raum des Sozialen sowie [...] allen seinen Teilbereichen" liegt darin begründet, dass diese nicht einfach als abstrakte Grössen oder blosse Strukturen aufzufassen sind, sondern als Räume, in denen Menschen handeln, weshalb es wesentlich „um Interaktionen von Menschen"[165] geht.

Grundlage ist die Überzeugung von der *grundlegenden Würde des Menschen*, die allen Menschen gleichermassen zukommt.[166] Die darin zum Ausdruck kommende *fundamentale Gleichheit der Menschen* rührt aus theologischer Sicht daher, dass wir Geschöpfe Gottes sind, geschaffen als sein/ihr Ebenbild, und dass wir durch Jesus Christus in eine neue Heilswirklichkeit hineingenommen wurden. Vor Gott sind wir also alle gleichwertig. Ihm/ihr verdanken wir unsere Existenz in einem ganz grundlegenden Sinn, und seine/ihre Liebe gilt allen ohne Ausnahme und ohne Bedingung. Die *gleiche Würde aller Menschen* ist Grundlage der *Menschenrechte*, die allen Menschen ohne Unterschied zukommen. Sie schliesst im Weiteren jegliche Herrschaft eines Menschen über einen anderen Menschen aus.

Auf diesem Hintergrund ist festzuhalten, dass die Überzeugung von der gleichen Würde aller Menschen ebenso für die Prostituierten wie für ihre Kunden und weitere Beteiligte wie Lokalvermieter oder Zuhälter gilt. Stigmatisierung und Diskriminierung der Frauen, die sich prostituieren, stehen in einem Widerspruch dazu. Die immer noch anzutreffende Annahme einer Minderwertigkeit dieser Frauen und der entsprechende Umgang mit ihnen lässt sich aus dieser Sicht keinesfalls rechtfertigen. Ebenso wenig können unterdrückerische (Arbeits-)Verhältnisse toleriert werden.

[162] Die sozialethischen Prinzipien oder Prinzipien der Katholischen Soziallehre werden in der einschlägigen ethischen Literatur erläutert.

[163] Vgl. zu dem als Person- oder Personalitätsprinzip genannten Grundsatz: Arno Anzenbacher, Christliche Sozialethik, 178-183; Alois Baumgartner/Wilhelm Korff, Sozialprinzipien, 406-407; Alois Baumgartner, Personalität, 265-269; Reinhard Marx/Helge Wulsdorf, Christliche Sozialethik, 154-156.

[164] Arno Anzenbacher, Christliche Sozialethik, 178.

[165] Ebd.

[166] Vgl. zum Verständnis von Menschenwürde auch: Jean-Pierre Wils, Art. Würde; Johannes Schwartländer, Art. Menschenwürde/Personwürde, insb. 684-686; K. van der Wal, Art. Würde; Heiner Bielefeldt, Die Menschenwürde als Fundament der Menschenrechte, insb. 147-149; Annemarie Pieper, Art. Autonomie, insb. 289-291.

Wenn nun die kirchliche Lehre, besonders prägnant im Konzilsdokument „Gaudium et spes", Prostitution als Verletzung der Menschenwürde,[167] und zwar derjenigen der Prostituierten wie des Kunden,[168] verurteilt, ist das nicht dahingehend zu verstehen, dass deren Menschenwürde deswegen eine Werteinbusse erlitten hätte und sie folglich ‚weniger wert' wären. Die Aussage der kirchlichen Lehre, die zugleich als Anklage der von ihr als menschenverachtend empfundenen Zustände zu begreifen ist, macht vielmehr deutlich, dass wesentliche Aspekte des Personseins missachtet und die Entfaltung menschlichen Lebens grundsätzlich in nicht zu rechtfertigender Weise behindert werden. Grundlage dafür ist ein Verständnis des Menschen, das verschiedene Dimensionen umfasst.[169] In diesem Kontext sei lediglich auf die Vorstellung des Menschen als einer leib-geistigen Einheit verwiesen. Diese erhebt Einspruch, wo Menschen auf ihren Körper reduziert werden, was beispielsweise dort geschieht, wo der Frauenkörper als Konsumgut präsentiert wird.

Von körperlicher und seelischer Integrität zu sprechen, eine Sensibilität dafür zu entwickeln, macht nur Sinn auf dem Hintergrund einer untrennbaren Verbindung von Leiblichem und Geistigem/Seelischem. In Bereichen wie der Prostitution, wo bereits von der Anlage/Struktur her eine Grenzverschiebung stattfindet, gewinnt die Respektierung der eigenen Integrität wie derjenigen des Gegenübers umso grössere Bedeutung.

Das auf der Achtung der Menschenwürde beruhende *Personprinzip* hat als strukturierndes Sozialprinzip zwei Funktionen. Einerseits ist es Massstab zur Bewertung und gegebenenfalls Kritik gesellschaftlicher Zustände, wie dies hinlänglich deutlich geworden ist. Andererseits dient es zur Orientierung bei der Ausgestaltung von Strukturen, Institutionen und dergleichen in der Gesellschaft. Bezogen auf die Prostitution heisst dies beispielsweise, dass Vorkehrungen getroffen werden, die die Möglichkeiten zur Herabwürdigung von Prostituierten minimieren und ein Umfeld schaffen, in dem diese Frauen selbst für die Wahrung ihrer Integrität einstehen können.

7.4.1.2 Grundsatz II: Eine lebensförderliche Gesellschaft

Da Menschen immer in Beziehungsstrukturen verschiedenster Art eingebunden sind und ihre Bestimmung, in *Freiheit und Verantwortung* ihr Leben zu gestalten, nicht unabhängig von ihrem Umfeld zu realisieren vermögen, muss die jeweilige Gesellschaft (wobei hier immer eine weltweite Perspektive mitzudenken ist) strukturell so beschaffen sein, dass sie

[167] Diese Sicht, dass Prostitution eine Verletzung der Menschenwürde darstellt, liegt auch der Konvention zur Unterbindung des Menschenhandels und der Ausnutzung der Prostitution anderer vom 2.12.1949 zu Grunde. Vgl. die Ausführungen zur genannten Konvention in Kap. 8.3.2.1.

[168] Die in GS 27 aufgezählten Missstände, wozu auch die Prostitution gehört, werden klar als von Menschen verübte Taten betrachtet und als „eine Zersetzung der menschlichen Kultur" gewertet, die „weit mehr jene [entwürdigen], die das Unrecht tun, als jene, die es erleiden".

[169] Vgl. die Ausfaltung dieser Dimensionen bei Arno Anzenbacher, Christliche Sozialethik, 180-183. Dass es sich dabei nicht um ein beliebiges Unterfangen handelt, zeigt der Hinweis von Anzenbacher auf die Wichtigkeit einer konkreteren Vorstellung vom Menschsein. Er meint: „Wird nicht mehr gewusst, worin die Würde der menschlichen Person besteht, dann ist auch der Status der Person als unverfügbar-selbstzweckhaftes Menschenrechtssubjekt nicht mehr plausibel." (Ebd., 183.)

lebensförderlich und menschengerecht ist. Darin besteht auch das mit *Gemeinwohl* umschriebene Anliegen.[170]

> „Menschwerdung vollzieht sich nur im sozialen Kontext und setzt Werte, Chancen und Mittel voraus, die nur in Kooperation mit anderen zu sichern sind. Auf das, was der Mensch braucht an Werten, Chancen und Mitteln, um sein Personsein verwirklichen zu können, hat er ein Anrecht. Gleichzeitig ist er aber auch verpflichtet, an der Bereitstellung dieser Werte, Chancen und Mittel solidarisch mitzuwirken."[171]

Das von Karl Gabriel im Zitat angesprochene Verhältnis von Mensch/Individuum und Gemeinwesen/Gesellschaft weist auf verschiedene Dimensionen hin, die zueinander in einem Zusammenhang stehen.

Gemeinsam geteilte *Werte* bilden das ideelle Fundament. Eine solche Vorstellung ist nicht unangefochten, doch selbst eine pluralistische Gesellschaft kommt nicht ohne leitende Ideen/Vorstellungen aus. Die Idee der für alle geltenden Menschenrechte, der Gleichheit der Geschlechter, dass Gerechtigkeit sein soll, soziale Sicherung notwendig ist und dergleichen mehr deuten auf eine entsprechende Selbstverständigung hin. Da diese nicht ein für allemal gegeben ist, bedarf es einer dauernden Selbstvergewisserung. Bestandteil dieses Prozesses ist auch das Ringen um eine nähere inhaltliche Bestimmung. Theologie und Kirche sehen zu Recht ihre Aufgabe darin, hier Leitvorstellungen einzubringen, in Erinnerung zu rufen, die der Verwirklichung von mehr Menschlichkeit, mehr Gerechtigkeit dienen sollen. (Umgekehrt ist die Kritik an Entwicklungen, Institutionen etc. wie beispielsweise die Prostitution als gesellschaftliche Einrichtung daraus motiviert.)

Die Chancen und Mittel, die ein Mensch braucht, um sich als Person entfalten zu können, verweisen auf die dazu notwendigen gesellschaftlichen Strukturen und Einrichtungen. Deren Bereitstellung ist von der Vorstellung der *(sozialen) Gerechtigkeit* und *Solidarität* motiviert. Die Zuständigkeit dafür ist als eine abgestufte zu verstehen und jeweils gemäss *Subsidiaritätsprinzip* zu ermitteln.[172] Was hier in Kürzestform dargelegt wurde, soll an einem Beispiel verdeutlicht werden. Eine wichtige und nicht mehr wegzudenkende gesellschaftliche Einrichtung stellen das soziale Sicherungssystem und das Gesundheitswesen dar.[173] Prostituierte haben dazu aus unterschiedlichen Gründen nur erschwerten oder kaum Zugang, was zu Recht als ungerecht empfunden wird und die gesellschaftliche Solidarität herausfordert. Wer welchen Beitrag zur Verbesserung dieser Situation leisten soll, d. h. was staatliche Stellen in dieser Hinsicht zu erbringen haben, welche weiteren Massnahmen von Seiten des Staates nötig sind, welches diesbezüglich die Aufgabe unter-

170 Vgl. Werner Veith, Gemeinwohl.

171 Karl Gabriel, Die ‚katholischen' Grundlagen des Sozialstaats, 15.

172 Vgl. zu den genannten Prinzipien (Solidarität, Gemeinwohl, Subsidiarität, soziale Gerechtigkeit): Arno Anzenbacher, Christliche Sozialethik, 196-224; Alois Baumgartner/Wilhelm Korff, Sozialprinzipien; Reinhard Marx/Helge Wulsdorf, Christliche Sozialethik, 148-187; Alois Baumgartner, Solidarität; Thomas Bohrmann, Subsidiarität; Werner Veith, Gerechtigkeit. Da das Prinzip der Nachhaltigkeit, das als Reaktion auf die in jüngerer Zeit festgestellte Entwicklung der natürlichen Umwelt zu verstehen ist, im Kontext der Prostitution weniger von Belang ist, klammere ich es aus.

173 Dass der Grad der Ausgestaltung weltweit gesehen höchst unterschiedlich ist, versteht sich von selbst. Damit wird aber das dahinter stehende Anliegen einer entsprechenden und bei Bedarf notwendigen Unterstützung der Menschen nicht hinfällig.

stützender Organisationen ist, was im Sinn der Wahrnehmung von Eigenverantwortung verlangt werden kann usw., bedarf einer gesonderten Klärung (was dem Subsidiaritätsprinzip entspricht).

7.4.1.3 Grundsatz III: Den Benachteiligten verpflichtet

Das oben genannte Beispiel einer konkret bestehenden Benachteiligung der (bzw. eines grossen Teils der) Prostituierten lenkt die Aufmerksamkeit auf ein zentrales Anliegen der theologischen Sozialethik, das mit *„Option für die Armen"* bzw. *„Option für die Benachteiligten"* benannt wird. Die Idee der gleichen Würde aller Menschen verträgt sich nicht mit systematischer Benachteiligung, Marginalisierung oder Ausschluss aus der Gesellschaft. In der biblischen Tradition äussert sich dies in der besonderen Sorge um die Schwachen, Ausgegrenzten und Entrechteten. Dass sie – die Witwen, Waisen, Armen, unter Schuldknechtschaft Stehenden, die Fremden im Land – unter Gottes besonderem Schutz stehen, mussten die Propheten immer wieder energisch in Erinnerung rufen. Die Zuwendung Gottes zu den bedürftigen Menschen, die ungeachtet eines selbst-, mit- oder fremdverursachten Verschuldens gilt, setzt sich in Jesu Umgang mit den Armen, Kranken und anderweitig Ausgestossenen wie den Zöllnern und Prostituierten fort. Auf diesem Hintergrund, jedoch in einem weiteren Sinn, ist die Mahnung des Apostels Paulus an die „Starken" in der Gemeinde zu verstehen, sie hätten Rücksicht auf die „Schwachen" zu nehmen (1 Kor 8).

Randständige in das Gemeinwesen/die Gesellschaft zu integrieren, sich besonders um jene Menschen zu sorgen, die nicht oder kaum für sich selbst einstehen können, und benachteiligende Strukturen zu ändern, entspricht einem Gebot der Gerechtigkeit und Solidarität. Darin spiegelt sich auch die Einsicht wider, dass der Schutz der Menschenwürde unter den Bedingungen ungleicher Macht- und Kräfteverhältnisse nur auf diese Weise gewährleistet werden kann. Die geforderte Solidarität reicht vom Einstehen füreinander, über Für-Sorge[174] bis hin zu Solidarstrukturen mit rechtlich garantierter Anteilhabe, z. B. an einer menschenwürdigen sozialen Sicherung.

Die Prostitution ist hier nicht ausgenommen. Wird die Option für die Benachteiligten als Beurteilungs- und Orientierungsmassstab auf die Gestaltung der gesellschaftlichen Rahmenbedingungen im Bereich der Prostitution angewendet, eröffnet sich der Blick auf die unterschiedlichen Lagen dieser Frauen, auf die damit verbundene Vielfalt an Bedürfnissen, Bedürftigkeiten, Sorgen und Nöten. Darauf zu reagieren, ist ein Gebot der (Mit-) Menschlichkeit, Solidarität und Gerechtigkeit. Das Ziel, ihnen zu besseren Lebensperspektiven zu verhelfen, ist aber nicht einfach *für* sie, sondern ebenso *mit* ihnen anzustreben. Darin kommt ein weiterer Grundsatz zum Ausdruck.

7.4.1.4 Grundsatz IV: Partizipation ermöglichen

Die Option für die Benachteiligten beschränkt sich nicht darauf, lediglich eine *materielle* Verbesserung der sozialen Lage derjenigen anzustreben, die in einer Gesellschaft benach-

174 Vgl. aus sozialethischer Sicht: Christa Schnabl, Gerecht sorgen.

teiligt sind. Vielmehr geht es darum, die Beteiligung aller an einer Gesellschaft zu ermöglichen. Beteiligungs- oder Partizipationsgerechtigkeit als Teil sozialer Gerechtigkeit[175] stellt eine Konkretisierung des bereits erwähnten Grundsatzes dar, dass der Mensch Ziel allen gesellschaftlichen Bestrebens (GS 25) sein soll. Die geforderte Partizipation schliesst sowohl die Möglichkeit zur Beteiligung als auch die Befähigung dazu ein. In systematischer Hinsicht ist sie als Anteilhabe und Anteilnahme[176] an einer Gesellschaft zu verstehen. Der Begriff des Empowerment, der neuerdings vermehrt in diesem Zusammenhang verwendet wird, steht für den Sachverhalt, dass zur Realisierung der Partizipation entsprechende strukturelle und individuelle Voraussetzungen erfüllt sein müssen.

Das Prinzip des Empowerment greift ebenfalls in Bezug auf den Bereich der Prostitution und ist hier in erster Linie im Umgang mit Prostituierten gefragt. Ein Beispiel dafür ist in der Verbesserung der Arbeitsbedingungen dieser Frauen zu sehen, damit sie sich gegen Ausbeutung, Übergriffe oder andere Benachteiligungen wehren können.[177] Prostituierte so zu behandeln, zeugt von Respekt ihnen gegenüber und Achtung ihrer Personwürde und sollte auf diese Weise auch eine entsprechende Haltung in der Gesellschaft befördern. Das ist nicht nur in Bezug auf die Gesellschaft wichtig, sondern zugleich als Signal an diese Frauen. Denn die Zielvorstellung eines menschenwürdigen Lebens, das im Zentrum gesellschaftlichen Bemühens steht, schliesst alle ein. In diesem Sinn gilt die biblische Verheissung eines aufrechten Ganges[178] und eines Lebens in Fülle[179] ebenfalls für sie. Um sich als vollwertiges Gesellschaftsmitglied sehen und fühlen zu können, brauchen sie selbst eine entsprechende Sensibilität für ihren Wert als Person für ihre Stärken, die ihnen charakterlich eigen sind und die sie im Verlauf ihrer Tätigkeit entwickelt haben,[180] und für ihre Schwächen, genauso wie sich das als Aufgabe für eine jede Person stellt.

Während die Prostitutionskunden in aller Regel gesellschaftlich integriert sind, haben sie folglich keinen Bedarf an Empowerment im eben beschriebenen Sinn. Hingegen ist Empowerment im Umgang mit der nach wie vor dominierenden Vorstellung von Männlichkeit vonnöten, die den Gebrauch dafür bezahlter ‚Sex-Gespielinnen' als selbstverständlich, als ihr gutes Recht betrachtet, ob dies nun generell oder nur in Zeiten, wo eine Partnerin fehlt, in Anspruch genommen wird.[181] Eine entsprechende Auseinandersetzung

175 Vgl. Marianne Heimbach-Steins, Beteiligungsgerechtigkeit; dies., Soziale Gerechtigkeit – Prüfkriterium gesellschaftlicher Strukturen, 233; Werner Veith, Gerechtigkeit, 322-324.

176 Vgl. zur Beteiligung auch Christoph Stückelberger/Frank Mathwig, Grundwerte, 212-256, hier insb. 212 (die beiden Autoren stützen sich dabei auf Vorarbeiten der Theologin Céline Ehrwein und des Theologen Otto Schäfer-Guignier).

177 Vgl. Rita Nakashima Brock/Susan Brooks Thistlethwaite, Casting Stones, 9, 312.

178 Dies in Anlehnung an die Heilung der „gekrümmten" Frau in Lk 13,10-17 und die Heilung des Gelähmten in Mk 2,1-12 par.

179 Vgl. Joh 10,10.

180 Vgl. die von Madonna: Beratung und Hilfe für Prostituierte herausgegebene Studie „Analysen der Kompetenzprofile von Prostituierten als Voraussetzung für die sozio-professionelle Integration in den ersten Arbeitsmarkt (ANAKO)".

181 Rita Nakashima Brock und Susan Brooks Thistlethwaite sprechen in diesem Zusammenhang von einer „socially responsible masculinity". (Dies., Casting Stones, u.a. 295.)

mit der eigenen Männlichkeit schliesst die Anerkennung der eigenen (sexuellen) Bedürftigkeit ein sowie das Vermögen, zwischen sexuellen und nicht-sexuellen Bedürfnissen unterscheiden und angemessen darauf reagieren zu können. Weiter gehört dazu die Bereitschaft des Verzichts – auf eine erworbene sexuelle Befriedigung wie auf ein ‚männliches Privileg'.

7.4.2 Verantwortete Gestaltung der Gesellschaft unter den Bedingungen des Pluralismus – ein Ausblick

Kirche und Theologie (einschliesslich theologischer Ethik) haben wie dargelegt die Vision erfüllten, glückenden Mensch-Seins und damit verbunden menschenwürdigerer, besserer Lebensbedingungen zu vertreten. Auf diese Weise kommen sie ihrer Aufgabe nach, die Botschaft der Befreiung zu verkünden, bzw. werden sie ihrer prophetischen Tradition gerecht. Das schliesst einerseits ganz im Geist Jesu ein, die Menschen in ihrer Unzulänglichkeit und Unvollkommenheit anzunehmen. Andererseits ist im Hinblick auf die Realisierung einer besseren, lebensfreundlicheren Gesellschaft die Begrenztheit der Handlungsmöglichkeiten unter irdischen Bedingungen anzuerkennen.[182] Nur so vermag ihr Beitrag menschen- und sachgerecht zu sein, was zugleich Voraussetzung dafür ist, in den heutigen modernen Gesellschaften als realitätsnah und glaubwürdig wahrgenommen zu werden. Dadurch steigen auch die Chancen, überhaupt Gehör zu finden. Gleichwohl kann deswegen in einer pluralistischen Gesellschaft nicht mit mehr Zustimmung gerechnet werden, was die Frage aufwirft, wie unter diesen Bedingungen verantwortete und verantwortbare Entscheidungen getroffen werden können.

Die Aufgabe, die sich damit stellt, lässt sich in Anlehnung an den Ethiker Gerhard Kruip als Suche nach einem „gesellschaftlichen Kompromiss in ethischen Fragen“[183] begreifen, der sich aus ethischer Sicht rechtfertigen lässt. Ein solcher Kompromiss ist erforderlich, wenn in einer bestimmten Frage ein „moralischer Dissens“ besteht, sich dieser nicht in absehbarer Zeit beilegen lässt und zudem aus „moralischen Gründen eine Entscheidung“ bzw. eine rechtliche Regelung „getroffen werden muss“[184]. Es geht folglich darum, angesichts einer völlig unterschiedlichen Wertung eines Sachverhalts gleichwohl zu einer Lösung der damit verbundenen Probleme zu finden. Der Vorschlag von Kruip zeigt an, wie man diesbezüglich zu einer Einigung finden kann, die auch ethischen Kriterien genügt.

Die Frage, wie mit der Prostitution umzugehen ist, ob und wie sie zu regeln ist, erfüllt die von Kruip genannten Aspekte, die einen „gesellschaftlichen Kompromiss in ethischen Fragen“ notwendig machen. Denn ein moralischer Dissens besteht in der Wertung der Prostitution. Angesichts der zum Teil erbitterten Debatten ist keineswegs absehbar, dass es innert nützlicher Frist zu einer Einigung kommen wird. Die prekäre Lage vieler

[182] Den konkreten Kontext ernst zu nehmen, sieht (feministische) Befreiungstheologie als unhintergehbares Erfordernis an. Vgl. Rita Nakashima Brock/Susan Brooks Thistlethwaite, Casting Stones, 215, die dies im Zusammenhang ihres Nachdenkens über Prostitution vertreten.

[183] Gerhard Kruip, Gibt es moralische Kriterien für einen gesellschaftlichen Kompromiss in ethischen Fragen?.

[184] Ebd., 136.

Frauen, die sich prostituieren, macht aber eine Verständigung darüber erforderlich, wie sich diese verbessern liesse.

Damit ein solcher Kompromiss als ethisch vertretbar gelten kann, genügt es nicht, wenn die Mehrheit entscheidet, sondern er muss in fairer Weise getroffen werden und daher bestimmte Kriterien erfüllen.[185] Nach Kruip handelt es sich dabei um folgende Kriterien bzw. Verfahrensregeln[186]:

- Bevor nach einem ethischen Kompromiss gesucht wird, „muss der ernsthafte Versuch" gemacht werden, „sich über die strittigen Fragen zu einigen". Bezogen auf die Prostitution heisst das beispielsweise, sich über die Bewertung derselben im Hinblick auf die Frage der Menschenwürde oder die Gleichheit der Geschlechter zu verständigen. Dabei ist es wichtig, dass jede Seite ihren moralischen Standpunkt darlegen kann, ohne dass sie der Unmoral bezichtigt wird.
- Sodann braucht es Klarheit darüber, „dass überhaupt die Notwendigkeit einer Entscheidung besteht". Im vorliegenden Fall der Prostitution wäre z. B. plausibel zu begründen, weshalb die bestehende Regelung oder die konkrete Handhabung derselben nicht genügen und weshalb ein Belassen beim Status quo für die Betroffenen unzumutbar ist und nach einer (neuerlichen) Entscheidung darüber verlangt. Dasselbe wäre denkbar, wenn ein Teil der Bevölkerung sich wegen der praktizierten Prostitutionspolitik Nachteilen ausgesetzt sieht, die sie als moralisch relevant betrachtet und über die deswegen (neu) zu verhandeln ist.
- Der Kompromiss muss Ergebnis eines Verständigungsprozesses sein, der nach den „Regeln verständigungsorientierter Kommunikation" verläuft.
- Der Kompromiss muss sich dadurch auszeichnen, dass die getroffene Regelung reversibel ist. Dies ist dahingehend zu verstehen, dass die getroffene Regelung bei neuen Erkenntnissen oder veränderten moralischen Standpunkten ein Aufrollen des Verfahrens möglich macht. Das bedeutet nicht, dass nach einer bestimmten Zeit eine getroffene Entscheidung völlig umgekrempelt würde. Auf das Beispiel der Prostitution angewendet hiesse das, dass die Einigung auf eine Regulierung nicht zu einem späteren Zeitpunkt rückgängig gemacht und in ein Verbot umgewandelt würde und die Gegner dadurch wieder einen in ihren Augen moralisch akzeptablen Zustand durchgesetzt hätten. Die jeweilige moralische Überzeugung muss demnach ‚im Spiel bleiben' können.
- Schliesslich sind die mit dem Kompromiss verbundenen moralischen Zumutungen fair zu verteilen.
- Der Kompromiss sollte mit einem „Höchstmass an Handlungsmöglichkeiten entsprechend den eigenen moralischen Überzeugungen" verbunden sein, sodass sich die moralische Zumutung auf die Duldung von Handlungen beschränkt, „die man für moralisch falsch hält", und dafür im Gegenzug ein Mitwirken (Müssen) ausschliesst.

185 Gerhard Kruip entwickelt seine Überlegungen in dieser Frage auf dem Hintergrund der Gerechtigkeitstheorie von John Rawls. (Vgl. ebd., 139.) Kruip führt dies anhand der Frage des Stammzellenimports und des moralischen Status des Embryos aus, die in Deutschland Gegenstand kontroverser Debatten waren.

186 Vgl. im Folgenden ebd., 140-143.

- Der Kompromiss muss zum Erhalt des sozialen Friedens beitragen.

Auf die Frage nach einem vertretbaren Kompromiss hinsichtlich einer Regelung der Prostitution komme ich am Schluss der Arbeit (in Kap. 10) zurück. Vorgängig ist dazu noch grundsätzlich über das Verhältnis von Recht und Moral nachzudenken (in Kap. 8). Daran anschliessend ist die Frage zu erörtern, welche Erfahrungen mit unterschiedlichen Regelungen gemacht wurden (in Kap. 9).

Dritter Teil

Leitlinien für eine (sozial-)ethisch verantwortete Prostitutionspolitik

8. Recht und Moral in einer strittigen Angelegenheit

Aus den bisherigen Überlegungen geht hervor, dass Prostitution keine sinnvolle Lebensperspektive darstellt[1] und als (Erwerbs-)Tätigkeit mit spezifischen Schwierigkeiten konfrontiert ist, die sie in mancher Hinsicht fraglich werden lassen.[2] Deshalb ist sie aus theologisch-ethischer Perspektive abzulehnen. Diese sieht dabei die Frage der Verantwortung differenziert in Bezug auf die verschiedenen Akteurinnen und Akteure.[3] Eine ablehnende Haltung gegenüber der Prostitution als solcher geht aber, wie ich ebenfalls dargelegt habe, gerade nicht mit einer die Prostituierten selbst ablehnenden Haltung einher. Vielmehr sind aus theologisch-ethischer Sicht ein respektvoller Umgang sowie die Ermöglichung von Anteilnahme und Anteilhabe an der Gesellschaft gefordert.[4] Für manche wie beispielsweise Tamara Domentat, die die Prostitution befürworten, ist das eine ‚unmögliche' Position. Sei es, dass ihnen der Respekt den Prostituierten gegenüber als unglaubwürdig erscheint, weil die Tätigkeit selbst abgelehnt wird, sei es, dass sie die Position in der Praxis für nicht umsetzbar halten, jedenfalls nicht ohne (neuerliche) Einbussen für die Prostituierten. In Bezug auf die Gesellschaftspolitik heisst das, dass sie eine die Prostitution stark einschränkende Politik befürchten, was auf verschiedene Weise erreicht werden kann. Möglich wäre das mit einer konsequent abolitionistischen Politik,[5] wie sie von der UN-Konvention zur Unterdrückung des Menschenhandels und der Ausnutzung der Prostitution von 1949[6] verlangt wird und Schweden seit 1999 mit dem Verbot des Erwerbs sexueller Dienstleistungen in einer bislang einzigartigen Weise praktiziert, weiter mit einer strengen Regulierung der Prostitution, die beispielsweise die Ausübung dieser Tätigkeit räumlich eng begrenzt, oder gar mit einer Verbotspolitik, welche die Prostitution generell untersagt. Dem setzen jene, die die Prostitution befürworten, die Forderung nach Anerkennung der Prostitutionstätigkeit als Beruf entgegen, was insbesondere die Vorstellung einer freien Ausübung dieser Tätigkeit und deren soziale Sicherung beinhaltet. Somit besteht aus dieser Sicht die Möglichkeit einer politischen Regelung nur in den beiden Extremen einer ungebührlichen Einschränkung oder weitgehenden Liberalisierung. Abgesehen davon, dass aus theologisch-ethischer Sicht weder die eine noch die andere Lösung den besprochenen Grundsätzen[7] gerecht wird, erscheint eine solch enge Auswahl wenig plausibel, zumal damit zwei völlig unterschiedliche Staats- und Gesellschaftsverständnisse verbunden sind, ohne dass weitere Alternativen in Betracht gezogen würden. Generell erschöpft sich aber – glücklicherweise – mit den beiden Extremen nicht bereits jegliche Möglichkeit zur Gestaltung von Staat und Gesellschaft.

[1] Vgl. hierzu Kap. 5 und 7.

[2] Vgl. hierzu Kap. 6 sowie 5.4.

[3] Vgl. hierzu Kap. 7.3.

[4] Vgl. hierzu Kap. 7.4.1, dabei insb. Kap. 7.4.1.3 und 7.4.1.4.

[5] Auf die verschiedenen Modelle gehe ich später in Kap. 8.3.2 „Möglichkeiten rechtlicher Regelung der Prostitution" ausführlicher ein.

[6] Convention for the Suppression of the Traffic in Persons and of the Exploitation of the Prostitution of Others, verabschiedet von der Generalversammlung der Vereinten Nationen am 2. Dezember 1949 und am 25. Juli 1951 in Kraft getreten. Die Schweiz hat die Konvention bislang nicht unterzeichnet.

[7] Vgl. Kap. 7.4.

Wenn auch die Vorstellungen über die richtige Gesellschaftsordnung beträchtlich auseinandergehen können, verbindet sie doch dasselbe Anliegen, nämlich Gerechtigkeit verwirklichen zu wollen. Das kommt nicht zuletzt in der Forderung nach Anerkennung der Prostitutionstätigkeit als Beruf zum Ausdruck, die als Reaktion auf die negativen Folgen zu verstehen ist, die eine restriktive Prostitutionspolitik verursacht, und die eine Verbesserung der Situation der Betroffenen zum Ziel hat, mithin also für mehr Gerechtigkeit einsteht.

Im Hinblick auf das Faktum der Prostitution und die Notwendigkeit, diese staatlich irgendwie regeln zu müssen, geht es im Folgenden als Erstes darum, Funktion und Aufgabe des Rechts in einer modernen Gesellschaft zu bestimmen. In einem inneren Zusammenhang dazu steht die Frage, wo das Recht/die Verrechtlichung an seine/ihre Grenzen kommt. Das wird in einem zweiten Schritt erörtert. Daran schliessen Überlegungen zur Gestaltung des Rechts an, zunächst grundsätzlicher Art und dann in Bezug auf Möglichkeiten gesetzlicher Regelung im Bereich der Prostitution. Als Letztes folgt eine kurze Bilanz zu den Kontroversen, die sich aus den unterschiedlichen Ansätzen ergeben, sowie ein Ausblick auf die Herausforderungen, die sich einer verantwortbaren Prostitutionspolitik stellen.

8.1 Recht im Dienst einer freiheitlichen Ordnung oder von ‚Zucht und Ordnung'?

Hinter den angesprochenen Verständnissen von Staat und Gesellschaft, die sich in einer entsprechenden Rechtsordnung niederschlagen, steht ein Spektrum von Vorstellungen, die von einer der menschlichen Freiheit verpflichteten Rechts- und Staatsordnung reichen bis zu jener, die die Aufgabe des Staates darin sieht, insbesondere mit Hilfe des (Straf-)Rechts bestimmte moralische Vorstellungen über das Zusammenleben der Menschen durchzusetzen. Eine bestimmte (ebenfalls partikuläre) moralische Vorstellung über das Zusammenleben der Menschen ist natürlich auch bei einer freiheitlichen Ordnung gegeben. In der Gegenüberstellung ist sie folglich so zu verstehen, dass damit bereits konkrete Inhalte verknüpft sind, während bei einer freiheitlichen Ordnung die allfällig staatliche Regelung nach demokratischen Prinzipien des Rechtsstaats erfolgen muss und die inhaltliche Ausgestaltung des Zusammenlebens den einzelnen Menschen weitgehend überlassen bleibt. Das wiederum geschieht nicht absolut frei, sondern hat sich an der Menschenwürde und den Menschenrechten zu orientieren, die den Rahmen und die unhintergehbare Grenze für eine ansonsten freie Gestaltung bilden. Daraus ablesen zu wollen, dass die Menschenrechte nur im einen Fall die Grundlage für die Regelung von Staat und Gesellschaft bildeten, wäre wiederum verfehlt. Richtig ist, dass im einen Fall die Freiheit bzw. das Selbstbestimmungsrecht des/der Einzelnen ein viel stärkeres Gewicht hat.

In modernen Gesellschaften basiert die Rechtsordnung auf der Idee der allen Menschen gleicherweise zukommenden Menschenwürde und den davon abgeleiteten grundlegenden Menschenrechten. Die darin zum Ausdruck kommende grundlegende Gleichheit und Freiheit der Menschen ist unhintergehbar und darum auch Massstab für die

Rechtsetzung und -anwendung. Sie dient allgemein zur Orientierung im gesellschaftlichen Zusammenleben und manifestiert sich im liberalen Grundprinzip, „dass sich die Mitglieder einer Gesellschaft wechselseitig die Anerkennung als freie und gleiche Personen schulden“[8]. Inhaltlich geht es dabei im Wesentlichen um die Achtung der körperlichen und geistigen Integrität eines und einer jeden, die von staatlicher Seite her eines entsprechenden Schutzes bedarf.[9] Die Vorstellung menschlicher Freiheit geht mit der Idee der Selbstbestimmung einher, was aber keineswegs mit Beliebigkeit zu tun hat, sondern in der kantischen Tradition so zu verstehen ist, dass der Mensch über die Vernunft das sittlich Richtige und Gute erkennen kann und daher zu einer selbstverantwortlichen Lebensführung fähig und zugleich verpflichtet ist. Ebenso wenig ist das im Sinn eines Individualismus misszuverstehen, denn die Verallgemeinerungsregel „[transzendiert] die eigenen Interessen des jeweiligen Individuums“[10]. Selbstverantwortliche Lebensführung schliesst damit „die Rücksicht auf die Gemeinschaft, auf das Allgemeine“[11] ein. Sollen sich Menschen in diesem Sinn in Freiheit entfalten können, sind sie auf Bedingungen angewiesen, die dies ermöglichen und auch fördern. In der menschenrechtlichen Tradition wollen das die Teilhaberechte bzw. die sozialen, wirtschaftlichen und kulturellen Rechte sicherstellen.[12] – Die skizzierte Vorstellung menschlicher Freiheit und Selbstbestimmung stellt selbst wiederum eine Moralvorstellung dar, die aber zu Recht inzwischen grosse Verbreitung gefunden hat.

Ein auf dem modernen Menschenrechtsgedanken basierendes Recht hat demnach in einem liberalen Rechtsstaat nicht die Aufgabe, eine bestimmte partikuläre Moralvorstellung durchzusetzen, sondern „primäre Funktion des Rechts“ ist es, „die Bedingungen des Freiheitsvollzugs zu gewährleisten.“[13] Was das Recht regelt, steht allein im Dienst der Entfaltung menschlicher Freiheit,[14] die als offene Freiheit gedacht ist und nicht bereits inhaltlich stark bestimmt, wie das in einer gewissen dafür bekannten naturrechtlichen Tradition der Fall ist.

> „Um der Entfaltung der Freiheit des Menschen willen gestaltet das moderne Recht seine Präsenz zurückhaltend, ethische Grundlagen dort sichernd, wo der Kernbestand der Freiheit auf

8 Stefan Grotefeld, Selbstbeschränkung als Bürgerpflicht?, 66.

9 Vgl. hierzu das in der Schweizer Bundesverfassung als Grundrecht verankerte Recht auf Leben und persönliche Freiheit (BV Art. 10), dabei insbesondere die Bestimmung zur Integrität eines Menschen. BV Art. 10 Abs. 2 hält diesbezüglich fest: „Jeder Mensch hat das Recht auf persönliche Freiheit, insbesondere auf körperliche und geistige Unversehrtheit und auf Bewegungsfreiheit.“ Ein solches Recht ist Teil der Menschenrechte (vgl. Allgemeine Erklärung der Menschenrechte, insb. Art. 3, 18) und gehört zum unverzichtbaren Bestand eines jeden modernen Rechtsstaates (vgl. beispielsweise das Grundgesetz der Bundesrepublik Deutschland, insb. Art. 2 Abs. 2). Die Allgemeine Erklärung der Menschenrechte sowie Teile des deutschen Grundgesetzes sind abgedruckt in: K. Peter Fritzsche, Menschenrechte, 207-212 bzw. Letzteres 197-205.

10 Norbert Campagna, Von der Bioethik zum Biorecht, 297. Markus Zimmermann-Acklin danke ich für den Hinweis auf diesen Artikel, der bedenkenswerte Überlegungen enthält, die Campagna für den Bereich der Bioethik anstellt, interessanterweise aber später in seiner Monographie zur Prostitution nicht aufgreift. Ich werde darauf im Abschnitt zu den Grenzen des Rechts eingehen.

11 Norbert Campagna, Von der Bioethik zum Biorecht, 297-298.

12 Vgl. zur Begrifflichkeit K. Peter Fritzsche, Menschenrechte, 21-22.

13 Josef Römelt, Menschenwürde und Freiheit, 128.

14 Vgl. auch Kristian Kühl, Art. Recht und Moral, 470-471.

dem Spiel steht, Lernprozesse anstossend und Offenheit wahrend, wo der Zwang die ethische Vertiefung der Überzeugung der Bürger nicht zu garantieren vermag."[15]

In einem der Musik entliehenen Vergleich hat das moderne Recht nicht die Aufgabe, der Solokarriere einer einzelnen Stimme (die in diesem Fall durchaus von einer ganzen Gruppe gesungen würde) zum Durchbruch zu verhelfen, sondern die Vielzahl der Stimmen so zu orchestrieren, dass es trotz Dissonanzen und sogar regelrechten Disharmonien bei einem friedlichen Miteinander bleibt bzw. bei grösseren Differenzen wieder dazu kommt.

> „Die ihm [dem Recht, B.B.] zugewiesene Aufgabe liegt vielmehr wesentlich darin, Konfliktlösungsinstrument zu sein, das darauf zielt, die Handlungsfähigkeit der Gesellschaft gerade im Aufeinandertreffen unterschiedlicher Überzeugungen bei grösstmöglicher Wahrung der Würde und Freiheit aller Beteiligten sicherzustellen."[16]

Die Kennzeichnung modernen Rechts, wie sie bei den beiden zitierten theologischen Ethikern Josef Römelt und Wilhelm Korff zum Ausdruck kommt, stellt aus theologisch-ethischer Sicht keine Konzession an eine Entwicklung dar, die sich durchgesetzt hat und nun notgedrungen nachzuvollziehen wäre. Denn die Hinwendung zum Individuum beginnt bereits viel früher, angestossen durch Weiterentwicklungen des kirchlichen Rechts und durch das theologische Konzept der Person.[17] In der damaligen Vorstellungswelt war das ein christliches Verständnis vom Menschen, wozu dessen/deren Verortung in einer bestimmten Gesellschaftsstruktur gehörte. Das war gerade auf katholischer Seite lange ein Hinderungsgrund, die Freiheit verbürgenden Menschenrechte vollumfänglich anzuerkennen. Die lehramtliche Anerkennung der Menschenrechte im Allgemeinen geschah erst spät, nämlich 1963 mit der Enzyklika „Pacem in terris" von Johannes XXIII. Kurze Zeit später wurde sie im Zweiten Vatikanischen Konzil bekräftigt.[18] Grund dafür ist nicht zuletzt ein vertiefteres Verständnis der Person, das Lehramt und Theologie für die Menschenrechte einstehen lässt. Genau dieses Verständnis der Person geht aber noch einen Schritt weiter, indem der Fokus nicht nur auf die Menschenrechte gelegt wird, sondern auch auf die Bedingungen der Ermöglichung einer freiheitlichen Rechts- und Gesellschaftsordnung. Dieser Gedanke wird im Abschnitt zu den Grenzen des Rechts wieder aufgenommen.

Welche Konsequenzen sind aus einem freiheitlichen, den Menschenrechten verpflichteten Recht in Bezug auf die Prostitution zu ziehen? Zunächst bedeutet Freiheit zur selbstverantwortlichen Lebensführung generell, dass in sexuellen Belangen jede erwach-

15 Josef Römelt, Menschenwürde und Freiheit, 126.

16 Wilhelm Korff, Recht und Ethik, 36. Vgl. in gleichem Sinn z. B. Wolfgang Huber, Gerechtigkeit und Recht, 34; Norbert Campagna, Von der Bioethik zum Biorecht, 290.

17 Vgl. zu dieser und der weiteren Entwicklung Wolfgang Huber, Gerechtigkeit und Recht, 35-38. Ausführlich befasst sich Huber in seiner Monographie „Gerechtigkeit und Recht. Grundlinien christlicher Rechtsethik" mit Entwicklung, Funktion und Inhalt des Rechts aus einer theologisch-ethischen Perspektive. *(Hinweis zur Zitation: Hubers Artikel erscheint unter dem Titel, der dem Haupttitel der Monographie entspricht. Diese wird im Folgenden mit vollem Titel, d. h. inkl. Untertitel, wiedergegeben.)*

18 Vgl. GS 26, 29. Zur Entwicklung des Menschenrechtsgedankens in der katholischen Kirche vgl. Konrad Hilpert, Die Menschenrechte, 138-173; Marianne Heimbach-Steins, Menschenrechte in Gesellschaft und Kirche, 11-51.

sene Person selbst entscheiden kann, was er oder sie als richtig erachtet. Hierbei geht es um Sex unter Erwachsenen, die dem zugestimmt haben. Deshalb sind Kinder da klar ausgenommen; Gleiches gilt in Bezug auf Zwang und Gewalt.[19] Hingegen ist es aus dieser Perspektive Sache der einzelnen Person, ob sie sexuelle Dienstleistungen nachfragt oder welche anbietet. Was die Prostitutionstätigkeit anbelangt, gilt für diese wie für andere (Erwerbs-)Tätigkeiten im Grundsatz das Recht auf Wirtschaftsfreiheit,[20] was in der Schweiz wie in Deutschland anerkannt ist, aber in etlichen Staaten nicht oder nur (sehr) eingeschränkt. Unter dem Aspekt, dass die Prostitutionstätigkeit in der Schweiz und in Deutschland grundsätzlich dasselbe Recht auf Wirtschaftsfreiheit geniesst, ist sie anderen (Erwerbs-)Tätigkeiten gleichgestellt. Das beinhaltet das Recht auf freie Ausübung im Rahmen allgemein bestehender Regelungen sowie die Unterstellung unter die Bestimmungen der sozialen Sicherung. Ein wesentlicher Unterschied ergibt sich allerdings bei der Weisungsbefugnis allfälliger Arbeitgeber, die stark eingeschränkt ist, um nicht mit dem Recht auf sexuelle Integrität in Konflikt zu geraten.[21]

8.2 Grenzen des Rechts und der Verrechtlichung

8.2.1 Zum Fundament von Recht und Rechtsstaat

Auch wenn das Recht bzw. die Rechtsordnung in einer pluralistischen Gesellschaft einen wesentlichen Teil dessen ausmacht, was die Menschen miteinander verbindet bzw. aneinander bindet, und insofern als eine von allen geteilte (minimale?) moralische Basis gelten kann, stösst es in verschiedener Hinsicht an seine Grenzen. Diese stellen aber – um eine mögliche Fehlinterpretation gleich vorweg auszuräumen – das bestehende, den Menschenrechten verpflichtete Recht nun keineswegs in Frage, sondern lenken die Aufmerksamkeit auf wichtige Aspekte, die sich rechtlich nicht regeln lassen, aber für den Bestand der staatlichen Ordnung wie der Gesellschaft insgesamt unabdingbar sind.

Eine freiheitliche Rechtsordnung verdankt sich einer bestimmten Sicht des Menschen einschliesslich der Vorstellung, wie in einer solchen Gesellschaft das Zusammenleben der Menschen geregelt sein soll, die als freie und grundlegend gleiche begriffen werden. Sie vermag aber nicht aus sich selbst heraus, diese sie tragende Idee wach zu halten und weiterzutradieren sowie davon ausgehend das Recht selbst weiterzuentwickeln.

19 SM (Sadomasochismus) und die Prostitutionsform, die von einer Domina ausgeübt wird, stellen einen Spezialfall der Verletzung der Grenzen körperlicher/geistiger Integrität dar, beruhen aber auf Zustimmung aller Beteiligten. Doch selbst da sind nach Auffassung des Juristen Marc-Antoine Borel Grenzen zu beachten. So hält er in einem solchen Setting ausgeübte schwere Körperverletzung für strafbar. Vgl. ausführlich dazu ders., La prostitution en droit pénal Suisse, 241-248. Im Rahmen dieser Arbeit braucht das nicht weiter diskutiert zu werden.

20 Die Wirtschaftsfreiheit wird in der Schweizerischen Bundesverfassung wie folgt umschrieben: „Sie umfasst insbesondere die Wahl des Berufes sowie den freien Zugang zu einer privatwirtschaftlichen Erwerbstätigkeit und deren freie Ausübung." (Art. 27 Abs. 2) In Deutschland wird die Freiheit zur Ausübung der Prostitutionstätigkeit mit Berufung auf Art. 12 des Grundgesetzes geltend gemacht. Vgl. ausführlich dazu Silke Ruth Laskowski, Die Ausübung der Prostitution.

21 Vgl. zum Prostitutionsgesetz in Deutschland „Bericht der Bundesregierung zu den Auswirkungen des Gesetzes zur Regelung der Rechtsverhältnisse der Prostituierten", 13-15 sowie als Vorschlag für die Schweiz bei Susanne Bertschi, Sexarbeit tabuisiert – zum Nachteil der Frauen, 26.

„Der säkulare Rechtsstaat ist [...] der gängigen politischen Theorie zufolge auf die in der freiheitlichen Gesellschaft wirksamen Kräfte angewiesen, die ihm die soziale Kohäsion und die ethische Substanz zur Verfügung stellen, die er zur Erfüllung seines eigenen Auftrags voraussetzen muss.“[22]

„Neben der angemessenen Sicherung individueller Freiheit gegenüber staatlicher und politischer Macht bedarf menschliche Kultur danach der rechtlichen Gestaltung der sozialen Ermöglichungsbedingungen von Freiheit.“[23]

Das Bewusstsein um die Notwendigkeit, Wertvorstellungen zu pflegen, die menschlicher Freiheit und Entfaltung förderlich sind, droht in verschiedener Hinsicht zu erodieren und betrifft entweder gleich das gesamte Fundament oder einen Teilbereich. Als mögliche Ursachen kommen in Frage, dass nicht mehr zwischen Recht und Moral unterschieden wird oder dass einzelne Rechte oder Rechtsbereiche sozusagen unter der Hand ausgehebelt werden.

„In einer zunehmend zerfliessenden Gesellschaft avanciert das Recht mehr und mehr zu einem unverzichtbaren Kohäsionsprinzip, jedermann braucht eindeutige Identifikationsinstanzen. Genaueres Hinschauen ist allerdings geboten, sollen Fehldeutungen vermieden werden. Recht errichtet ein Bollwerk gegen den aggressiven Moralismus eines unendlichen Sollens, es pendelt sich über den zugrundeliegenden Konsens auf das generell Zumutbare ein. Aber gleichzeitig schützt die ethische Konsensbildung an der gesellschaftlichen Basis vor einem schleichenden Legalismus, der mit einem Gewaltstreich die ethische auf die rechtliche Ebene verkürzt und in der Folge das Recht entdemokratisiert, insofern letztlich unkontrollierbare technokratische und ökonomische Kategorien den Ausschlag geben.“[24]

Angewendet auf den Bereich der Sexualität bedeutet das, dass das, was rechtlich erlaubt ist, nicht automatisch auch aus moralischer und ethischer Sicht gutzuheissen ist. Der lutheranische Bischof und Ethiker Wolfgang Huber formuliert das so:

„Es ist ein Kurzschluss, aus der Selbstbeschränkung des Strafrechts auf die sittliche Gleichgültigkeit aller nicht strafrechtlich sanktionierten sexuellen Handlungen und aller damit verbundenen Lebensformen zu schliessen.“[25]

Ein liberales Sexualstrafrecht, wie es beispielsweise die Schweiz und Deutschland kennen, entbindet daher nicht von einer moralischen und ethischen Auseinandersetzung um eine menschenwürdige, lebensbejahende und förderliche Gestaltung menschlicher Sexualität. Wenn sich das Strafrecht mit dem Schutz der sexuellen Integrität, d. h. in diesem Bereich mit dem Schutz eines grundlegenden Menschenrechts begnügt und keine weiter-

[22] Eberhard Schockenhoff, Christliches Ethos und staatliches Recht, 47. Reinhard Marx und Helge Wulsdorf sprechen von einem notwendigen „Mindestmass an gesellschaftlichem Wertekonsens, für den die gesellschaftlichen Kräfte in gleicher Weise mitverantwortlich sind“. (Dies., Christliche Sozialethik, im Kapitel zur politischen Ethik, 228.) Diese Auffassung geht auf Ernst-Wolfgang Böckenförde zurück, einen deutschen Staats- und Verwaltungsrechtler sowie Rechtsphilosophen, dessen Aussage, dass der freiheitliche Staat von Voraussetzungen lebt, die er nicht selber schaffen kann, zum Allgemeingut avanciert ist.

[23] Josef Römelt, Menschenwürde und Freiheit, 111. Vgl. auch Wolfgang Huber, Gerechtigkeit und Recht, 37-38.

[24] Klaus Demmer, Ethische Wahrheit jenseits von demokratischem Konsens?, 134-135 (korr., B.B.).

[25] Wolfgang Huber, Gerechtigkeit und Recht, 51.

gehenden Massnahmen vorsieht, heisst das folglich nicht, dass damit die Frage der sinnvollen Gestaltung menschlicher Sexualität in den privaten Bereich verbannt wäre. Doch die notwendige Auseinandersetzung ist auf anderer Ebene anzusiedeln als auf der strafrechtlichen.

8.2.2 Überlegungen zur Inanspruchnahme von Rechten und damit verbundenen Auswirkungen

Im Rahmen seiner Überlegungen, ob es aus liberaler demokratischer Sicht richtig ist, bioethische Überzeugungen in Recht überzuführen und wie dies geschehen soll, weist Norbert Campagna zunächst darauf hin, dass die Beanspruchung eines Grundrechts für sich die Anerkennung der übrigen Grundrechte impliziert und dazu „verpflichtet [...], jede Handlung zu unterlassen, welche die Kultur der Grundrechte gefährden könnte."[26] Eine allfällige Gefährdung braucht dabei nicht von einer einzelnen Handlung auszugehen, „gegen die [jedenfalls nach Ansicht des philosophischen Ethikers Campagna, B.B.] als solche oft nichts einzuwenden sein mag", sondern ist eher auf den „kumulativen Effekt der vielen einzelnen Handlungen"[27] zurückzuführen. Weiter stellt Campagna eine Zunahme der Verfolgung eigener Interessen fest, ohne „Rücksicht auf die Gemeinschaft, auf das Allgemeine"[28]. Er nennt hierzu das Beispiel eines Jungen, der behindert ist und von seinen Eltern als Erwachsener gerichtlich Schadenersatz fordern will, weil sie ihn trotz Wissen um seine Behinderung nicht abtreiben wollten. In diesem Fall wendet sich das gegen die Gemeinschaft der eigenen Familie, die das primäre, ihn tragende Umfeld sein sollte.[29] Schliesslich attestiert Campagna „der zeitgenössischen Kultur des Individualismus"[30] eine inflationäre Beanspruchung von neuen Grundrechten, die nicht nur einen Ausweitungseffekt in Bezug auf die Grundrechte selbst zur Folge hat – und damit in gewisser Weise zu deren Entwertung führt –, sondern auch in Bezug auf die Möglichkeit, sie in Anspruch nehmen zu können. Denn bei Vorliegen neuer technischer Möglichkeiten würde zunächst ein negatives Recht eingeklagt, diese überhaupt in Anspruch nehmen zu können. Sobald das anerkannt sei, würde ein positives Recht geltend gemacht, das darin besteht, den Staat dazu zu verpflichten, die Inanspruchnahme der neuen technischen Möglichkeiten durch Übernahme der Kosten allen zugänglich zu machen.[31]

Als Beispiel eines Ausweitungseffekts lässt sich die Einführung der Institution so genannter Berührerinnen und Berührer deuten, die Menschen mit einer Behinderung ‚erotisch-sexuelle' Dienstleistungen (Geschlechtsverkehr und Oralkontakt sind dabei ausgeschlossen[32]) anbieten mit dem Ziel, ihnen ein sinnliches, erotisches Erlebnis zu ermöglichen. Das Recht auf sexuelle Selbstbestimmung, das als solches völlig legitim ist, scheint nun dahingehend ausgelegt zu werden, dass es das Recht beinhaltet, sich entspre-

26 Norbert Campagna, Von der Bioethik zum Biorecht, 292.

27 Ebd., 294.

28 Ebd., 297-298.

29 Vgl. ebd., 298. Campagna geht nicht näher auf den Fall ein und nennt auch keine Namen.

30 Ebd.

31 Vgl. ebd.

32 Vgl. hierzu die auf die Schweiz bezogenen Informationen unter http://www.sexualassistenz.ch. [Stand: April 2008]

chende Dienste zu erwerben, um sich den Wunsch nach sexueller Betätigung erfüllen zu können, zumal das gerade für diese Menschen anderweitig oft unmöglich ist. Nur so lässt sich die Initiative von Pro Infirmis[33] Zürich sinnvoll verstehen, auch in der Schweiz in Anlehnung an Beispiele im Ausland ein solches Angebot ins Leben zu rufen. Aufgrund von massiven Protesten und einem drohenden Spendenrückgang zog sich Pro Infirmis aus der direkten Organisation zurück. Zuständig ist statt dessen die neu geschaffene Fachstelle fabs (Fachstelle für Behinderung und Sexualität).[34] Im Verlauf der Entwicklung wurde das Angebot nun offiziell „Sexualassistenz" genannt, was gegenüber der Bezeichnung Berührer oder Sexualbegleiterin den Aspekt der Inanspruchnahme von Seiten der Person mit einer Behinderung betonen soll.

Die Empörung in der Öffentlichkeit und der damit verbundene Druck auf Pro Infirmis erklärt sich dadurch, dass die Dienstleistung in der Öffentlichkeit als Prostitution, jedenfalls als der Prostitution sehr nahe kommend, begriffen wird und nach allgemeiner Meinung kein moralisch legitimes Recht auf den Erwerb sexueller Dienstleistungen besteht, erst recht nicht, wenn dies über eine Organisation mit privaten Spenden und staatlichen finanziellen Mitteln (mit-)finanziert wird.[35] Ob das nun als Prostitution zu werten ist oder nicht – der Jurist Marc-Antoine Borel sieht aufgrund seiner Definition von Prostitution, die durchaus einleuchtend ist, keinen Grund, da einen Unterschied zu machen[36] –, kann hier offen bleiben. Eine Dienstleistung im Bereich Sexualität/Erotik bleibt es alleweil.

Man mag in dieser Angelegenheit einwenden, hier handle es sich um einen Spezialfall, was durchaus zutrifft. Gleichwohl stellt sich die Frage einer möglichen weiteren Ausweitung, zumal die Prostituierten selbst immer wieder auf die sich in verschiedener Hinsicht äussernde Bedürftigkeit (jedenfalls eines Teils) ihrer Kunden hinweisen.[37] Bedeutet das, dass eine Grenze zwischen legitimen und nicht-legitimen Bedürfnissen zu ziehen ist und wie wäre sie zu begründen? So betrachtet erscheint die Vorstellung nicht einmal abwegig, dass Grossunternehmen im Rahmen ihrer Bemühungen zur Gesundheitsförderung bei ihren Angestellten nicht nur einen Beitrag an das Fitness-Abonnement leisten, sondern fortan auch für den Besuch eines Massagesalons oder eines anderen Etablissements im Sexgewerbe. – Was dann die weiblichen Angestellten bezahlt bekommen, sei dahingestellt. – Immerhin wird der „Puffbesuch" zu geschäftlichen Zwecken de facto praktiziert, sei dies, um Geschäftsabschlüsse zu begünstigen, sei dies, um den Zusammenhalt der

33 Pro Infirmis ist in der Schweiz die Dachorganisation für Menschen mit einer Behinderung.

34 Nähere Angaben finden sich unter http://fabs-online.ch. [Stand: April 2008]

35 In den Niederlanden gibt es eine Mitfinanzierung von Seiten der Krankenkasse und in Dänemark von Seiten des Staates. (Vgl. Norbert Campagna, Prostitution, 220-221 [Anm. 15], der sich selber auf entsprechende Quellen stützt.) In der Schweiz leistet gemäss Angabe von Marc-Antoine Borel Pro Infirmis einen finanziellen Beitrag an die Dienstleistung, wobei er das nicht eigens belegt. (Vgl. ders., La prostitution en droit pénal suisse, 30.)

36 Seine Begründung: „Ce sont des prestations à caractère sexuel tarifées: la rémunération de l'assistant sexuel provient de Pro Infirmis pour la plus grande part et de la personne handicapée pour le reste." (Marc-Antoine Borel, La prostitution en droit pénal suisse, 30.)

37 Vgl. u. a. die Beispiele bei Norbert Campagna, Prostitution, im Abschnitt über die Kunden, 207-235.

Belegschaft zu fördern, wobei es da um den Kitt unter den Männern geht und weibliche Angestellte, sofern vorhanden, ausgeschlossen bleiben.[38]

Auf dem Hintergrund der Überlegungen von Campagna stellt sich nicht nur die Frage nach einer möglichen Ausweitung, sondern auch nach möglichen Auswirkungen auf die „Kultur der Grundrechte" insgesamt wie auf die Entwicklung moralischer Ressourcen im Bereich des Sexuellen.

Im Hinblick auf die „Kultur der Grundrechte" ist zu bedenken, dass die Prostitution inhaltlich ein Geschlechterbild transportiert, das die Frau in einem (sexuellen) Dienstverhältnis zum Mann stehend begreift. Daher stellt sich die Frage, ob die Prostitution letztlich nicht die *Idee* der Gleichheit der Geschlechter untergräbt, in deren Horizont das Grundrecht auf Gleichstellung der Geschlechter zu verstehen ist. Letzteres beschränkt sich nicht auf den wirtschaftlichen Aspekt und wäre im Übrigen selbst in dieser Hinsicht nicht erfüllt, wenn man vom Grundtatbestand absieht, dass beide – Mann und Frau bzw. im konkreten Fall Prostituierte – erwerbstätig sind. Denn die Art der Erwerbstätigkeit einer sich prostituierenden Frau zeichnet sich durch eine bestimmte Körpernähe aus und fügt sich ein in einen nach Geschlecht segregierten Arbeitsmarkt. Zudem stellt sie mancherorts einen den Männern vorbehaltenen Raum dar, zu dem nur die dienstleistenden Frauen Zutritt haben. Wenn nun die Prostitution dergestalt als selbstverständlicher Bestandteil der Kultur erscheint, dass sie einfach in Anspruch genommen werden kann und nicht weiter hinterfragt zu werden braucht, dürfte sich das nicht nur auf das Frauen- und Männerbild auswirken, sondern ebenfalls auf das Verständnis von körperlicher und sexueller Integrität. Zugleich ergeben sich daraus Konsequenzen für die Entwicklung moralischer Ressourcen hinsichtlich der Gestaltung der Sexualität und des Geschlechterverhältnisses. Soll dem entgegengesteuert werden, was eines entsprechenden Konsenses in der Gesellschaft bedarf, stellt sich die Frage nach den Gestaltungsmöglichkeiten in einer bestehenden Gesellschaft.

8.2.3 *Kein Schutz vor Selbstschädigung*

Eine weitere Grenze des Rechts besteht darin, Personen nicht bzw. nur in äusserst schwerwiegenden Fällen[39] vor selbstschädigenden Handlungen schützen zu können. Das hat jüngst der Schweizerische Evangelische Kirchenbund in Bezug auf die Problematik der Sterbehilfe und des Suizids am Lebensende diskutiert.

> „Liberale Gesellschaften und Rechtsstaaten machen ernst mit dem Selbstbestimmungsrecht jedes Menschen. Das Recht verpflichtet den Staat, das Leben des einzelnen nicht zu gefährden

[38] Vgl. hierzu Sabine Grenz, (Un)heimliche Lust. Als weitere Beispiele seien die VW-Affäre genannt, in die verschiedene Persönlichkeiten involviert waren, oder die bei Londoner Finanzfirmen praktizierte Kundenpflege. Zu Ersterem vgl. Johannes Ritter, Sexbelege und Lügengeschichten, oder „Die Chronologie der VW-Affäre" auf der Website des Norddeutschen Rundfunks NDR (http://www1.ndr.de/wirtschaft/unternehmen/wiun66html; Stand: 29.12.2008); zu Letztgenanntem vgl. sev. [Christin Severin], Kundenpflege im Stripklub.

[39] Vgl. diesbezüglich die Diskussion um den Fürsorgerischen Freiheitsentzug, d. h. die Möglichkeit, eine Person, wenn es sachlich angezeigt ist, auch gegen deren Willen in eine psychiatrische Klinik einweisen zu können, oder im Bereich des Strassenverkehrs die in der Schweiz bestehende Pflicht, im Auto Sicherheitsgurten und auf dem Motorrad einen Helm zu tragen.

und vor Übergriffen Dritter zu schützen, nicht aber die einzelne Person (als Rechtsträger) vor sich selbst."[40]

Dasselbe Prinzip gilt selbstredend für den Bereich der Prostitution. Was heisst das? Aus der Annahme, die Ausübung der Prostitutionstätigkeit würde/könnte den Frauen schaden, lässt sich keine staatliche Eingriffsmöglichkeit ableiten, um die Frauen aktiv bzw. mittels einschneidender Massnahmen (bis hin zu einem diesbezüglich motivierten Verbot der Prostitution) davon abzuhalten. Die Frauen präventiv von der Prostitution abzuhalten oder später daraus herauszuholen, kommt aus grundsätzlichen Überlegungen nicht in Frage und verbietet sich erst recht, als die Schädlichkeit dieser Tätigkeit höchst umstritten ist. Ob der Prostitutionsbesuch bei den Kunden schädliche Auswirkungen hinterlässt, ist kaum Gegenstand von Überlegungen. Aber auch in diesem Fall hat sich der Staat herauszuhalten. Hingegen lassen sich Bemühungen von Seiten des Staates rechtfertigen, die Praktizierung von „safer sex" ebenfalls im Bereich der Prostitution zu fördern. Denn hier geht es nicht nur um eine mögliche Beeinträchtigung der eigenen Gesundheit, besteht doch eine gesundheitliche Gefährdung der beteiligten Person wie von Drittpersonen, was eine Schutzpflicht des Staates begründet.

8.3 Möglichkeiten der Gestaltung des Rechts

8.3.1 Grundsätzliche Überlegungen

Wenn im Folgenden über Möglichkeiten der Ausgestaltung der Rechtsordnung nachgedacht wird, geschieht das wie oben dargelegt im Wissen darum, dass das Recht ohnehin „nicht alles von sich aus zu regeln [vermag], was im sittlichen Sinne erstrebenswert ist"[41]. Die konstatierte begrenzte Reichweite des Rechts bezieht sich dabei nicht nur auf das Strafrecht, was bereits auf das Recht bezogen eine Einschränkung darstellen würde, sondern auf die gesamte Rechtsordnung. Geprägt von der (moral-)theologischen Tradition[42] wie auch von unserer mitteleuropäischen Rechtskultur ist aber meist zuerst das Strafrecht im Blick, dies insbesondere, wenn es darum geht, zwischenmenschliche Verhältnisse zu regeln, bei denen Sexualität im Spiel ist.[43] Das lässt sich beispielsweise bis in die jüngste Vergangenheit am Umgang mit der Homosexualität oder dem Konkubinat ablesen. Demgegenüber ist gerade angesichts des modernen (Rechts-)Staates daran zu erinnern, dass dieser „mehr Mittel zur Verfügung [hat] als nur das Strafrecht"[44], weshalb es im Zug politischer (Gesetzgebungs-)Prozesse „eine[] bessere[] Wahrnehmung der spezifischen Möglichkeiten und Grenzen des rechtlichen Instrumentariums"[45] braucht.

40 Schweizerischer Evangelischer Kirchenbund SEK (Hrsg.), Das Sterben leben, 29.

41 Wilhelm Korff, Recht und Ethik, 39.

42 Vgl. Alberto Bondolfi, Ethik und Gesetzgebung, 20; ders., Ethik und Recht im Bereich neuer biomedizinischer Errungenschaften, 163.

43 Lange Zeit wurde solches unter dem verengten Begriff „Vergehen gegen die Sittlichkeit" subsumiert.

44 Karl-Wilhelm Merks, Ethik und Politik, 254.

45 Alberto Bondolfi, Ethik und Gesetzgebung, 17.

Der Bereich der Wirtschaft ist ein Beispiel für eine differenzierte staatliche Regelung, bei der es primär darum geht, eine Rahmenordnung zu schaffen, die die unterschiedlichen Interessen (z. B. Gewinn zu erwirtschaften, den Schutz der Arbeitnehmenden und der Umwelt) zu einem Ausgleich bringt und dabei auf verschiedenen Ebenen mittels entsprechender Anreizstrukturen agiert.[46] Dass die Wirtschaft zu funktionieren und möglichst zu prosperieren vermag, hängt weniger vom Strafrecht als vielmehr von solchen Instrumenten ab. Dem Strafrecht kommt die Funktion zu, gesetzten unhintergehbaren Leitplanken Nachdruck zu verleihen und sozusagen als letztes Mittel für deren Durchsetzung zu sorgen. Was hier idealtypisch skizziert ist, erweist sich in der praktischen Durchführung als viel schwieriger, bedenkt man die Komplexität der Materie, welche die Untersuchung und Urteilsfindung bei Wirtschaftschaftsdelikten vor beträchtliche Probleme stellt.

Mit Blick auf die gesamte Rechtsordnung stellt sich die Frage, welche Funktion dem Strafrecht zukommt. Bereits aus der Art der Fragestellung geht hervor, dass das Strafrecht keine unabhängige Bedeutung hat, sondern von der Idee/Aufgabe des Rechts insgesamt her zu verstehen ist. Dieses ist anerkanntermassen nach modernem Verständnis eine „Freiheits- und Friedensordnung“[47] und hat folglich „Verhältnisse wechselseitiger Anerkennung und Achtung zu ermöglichen und zu sichern“[48]. In diesem Kontext fällt dem Strafrecht die Aufgabe zu, „diejenigen Rechtsgüter [zu definieren], deren Verletzung ein ungefährdetes Zusammenleben in Frage stellt“[49]. Der vom Strafrecht bestimmte Schutzbereich umfasst sowohl die individuellen Rechtsgüter, wie z. B. die körperliche Integrität, die Freiheit der Meinungsäusserung oder das Eigentum, als auch „staatliche Leistungen der Daseinsvorsorge, die gegebenenfalls ebenso durch strafrechtliche Verbote gesichert werden müssen“[50]. Das Strafrecht zeigt also die Grenzen an, die einzuhalten sind, und ist somit nur im Sinn einer „*ultima ratio* der Staatsordnung“[51] zuständig für die Gewährleistung der „Verhältnisse wechselseitiger Anerkennung und Achtung“. Daraus ergibt sich im Hinblick auf die verschiedenen möglichen Ebenen einer Regelung folgender Grundsatz:

> „Wo immer der Zweck eines möglichst ungefährdeten Zusammenlebens durch andere Mittel – sei es durch ausserrechtliche Mittel oder durch die Mittel des bürgerlichen oder öffentlichen Rechts – zu erreichen ist, hat das Strafrecht sich zurückzuhalten.“[52]

46 Vgl. Wilhelm Korff, Recht und Ethik, 40.

47 Eberhard Schockenhoff, Christliches Ethos und staatliches Recht, 49. Vgl. auch Wilhelm Korff, Recht und Ethik, 32, der sich diesbezüglich auf Ernst-Wolfgang Böckenförde beruft.

48 Wolfgang Huber, Gerechtigkeit und Recht, 50.

49 Ebd.

50 Ebd. Sanktionsbewehrt ist demnach nicht nur die Verletzung individueller Güter, sondern auch kollektiver ‚Güter/Errungenschaften'. Während im ersten Fall Einzelpersonen bis hin zu staatlichen Organen als Täter in Frage kommen können, ist im zweiten Fall eher an Einzelpersonen und juristische Personen (z. B. Arbeitgeber) zu denken.

51 Ebd., 51 (Hervorh. im Orig). Huber spricht in diesem Zusammenhang auch vom „subsidiären Charakter“ des Strafrechts. (Ebd., 50-51.)

52 Ebd., 51. Ansonsten würde die „Rechtfertigungsfähigkeit“ des Strafrechts aufs Spiel gesetzt. (Ders., Gerechtigkeit und Recht. Grundlinien christlicher Rechtsethik, 418.)

Gerade bei ethischen Konflikten – zu denken ist da an den beinahe schon klassischen Fall des Schwangerschaftsabbruchs wie der Sterbehilfe sowie an weitere, insbesondere im Bereich der Bioethik angesiedelte Konflikte – wird rasch einmal der Ruf nach einer strafrechtlichen Regelung laut. Nach Huber bleibt hierbei zu bedenken, dass das Strafrecht allein solche Konflikte (er bezieht sich auf den Schwangerschaftsabbruch und die Sterbehilfe) nicht zu lösen vermag. Insofern gilt es, diese Grenze des Strafrechts zu akzeptieren. Das ist aber nicht als resignativer Rückzug zu verstehen, sondern als Bedingung dafür, dass Raum zur Übernahme von Verantwortung bleibt. Ansonsten würde die menschliche Freiheit völlig aufgegeben. Im Fall ethischer Konflikte

> „muss ein Raum dafür geschaffen werden, dass Menschen Wege suchen, die sie vor ihrem Gewissen verantworten können. [...] Das Strafrecht ist nicht nur [...] subsidiär; es ist auch fragmentarisch. Es kann und darf nicht alle Lebenssituationen regeln. Gerade die ernstesten Entscheidungssituationen entziehen sich der Regelungskompetenz des Strafrechts."[53]

Welche Konsequenzen sind aus den genannten Überlegungen hinsichtlich der Prostitution zu ziehen? Stellt sie eine Gefährdung des freiheitlichen und friedlichen Zusammenlebens bzw. der wechselseitigen Anerkennung und Achtung dar? Wenn ja, nimmt das ein solches Ausmass an, dass eine strafrechtliche Regelung angezeigt ist? Oder ist solches nur einzelnen Akteuren anzulasten, evtl. eingeschränkt unter bestimmten Bedingungen? Ohne an dieser Stelle der nachfolgenden Diskussion der verschiedenen möglichen Prostitutionspolitiken vorzugreifen, sei doch darauf hingewiesen, dass sich ein entsprechender Vorwurf in Bezug auf die Prostitution als ganzer nicht halten liesse. Der Entscheid Schwedens hingegen, den Erwerb sexueller Dienstleistungen zu verbieten, basiert darauf, dass Letzterer als schwerwiegende Störung des Geschlechterverhältnisses interpretiert wird, weil damit ein Gewaltverhältnis geschaffen wird. Aus schwedischer Perspektive verursachen das die Prostitutionskunden mit ihrer Nachfrage, weshalb diese dafür haftbar zu machen sind. Dritte, die aus der Prostitution Nutzen ziehen, bleiben dort allerdings nach wie vor strafbar.[54]

Die Tatsache, dass in modernen Staaten die staatliche Ordnungspolitik auf verschiedenen Ebenen angesiedelt ist und dabei verschiedene Akteure in unterschiedlichem Mass einbindet, – was sich im Übrigen gut mit dem aus der katholischen Soziallehre stammenden Prinzip der Subsidiarität vereinbaren lässt[55] –, lenkt den Blick auf die Möglichkeit bzw. aus ethischer Perspektive auf die Notwendigkeit, auf die Prostitution bezogene (Ordnungs-)Politik ebenfalls breit angelegt zu konzipieren. Als mögliche Beispiele seien die an mehreren Orten in der Schweiz initiierten runden Tische zwischen staatlichen und nicht-staatlichen Akteuren genannt, die eine Zusammenarbeit anstreben, um dem Problem des Frauenhandels angemessener begegnen zu können. Im vorgestellten ordnungspolitischen Rahmen können auch Leistungsaufträge an Organisationen gerechtfertigt

53 Wolfgang Huber, Gerechtigkeit und Recht. Grundlinien christlicher Rechtsethik, 429.

54 Vgl. zur Regelung in Schweden Kap. 9.1.1.

55 Vgl. zum Verständnis des Prinzips der Subsidiarität in der Katholischen Soziallehre u. a. Arno Anzenbacher, Christliche Sozialethik, 210-221; Reinhard Marx/Helge Wulsdorf, Christliche Sozialethik, 181-187; Thomas Bohrmann, Subsidiarität, 293-301; Lothar Roos, Art. Subsidiarität.

werden, die Prostituierte unterstützen.[56] Dass hier eine Kategorie von Menschen eine besondere Zuwendung von staatlicher Seite bekommt, lässt sich in den genannten Beispielen damit begründen, dass sich diese Frauen in einer besonderen, je nach Situation von Exklusion bedrohten oder sogar geprägten Lebenslage befinden und eine speziell darauf abgestimmte Unterstützung brauchen, wobei die Hilfestellung selbstredend als Angebot ausgestaltet sein soll. Weitere Argumente sind die staatliche Schutzpflicht bezüglich körperlicher/sexueller Integrität (wobei hier die Gefährdung durch Gewalt als auch die Gefährdung der Gesundheit im Blick sind) sowie das Anliegen der Geschlechtergerechtigkeit. Die besondere Zuwendung von staatlicher Seite gilt demnach unabhängig vom Grad der Freiwilligkeit, der hinter dem Handeln der betroffenen Frauen steht.[57] Hingegen bestimmt sich die Art der Zuwendung nach ebendiesem. Denn staatliche Schutzpflicht und institutionalisierte Solidarität sollen der Situation, den bestehenden Erfordernissen angemessen sein. Intendiert ist also eine auf den anerkannten Bedarf abgestimmte Stärkung der Prostituierten und keine direkte staatliche Förderung des Prostitutionsgewerbes. Dass sich das indirekt positiv darauf auswirken kann, ist nicht auszuschliessen, rechtfertigt aber nicht, deswegen keine Unterstützung zu bieten.[58]

Anhand der aufgeführten Beispiele ist ersichtlich, dass eine differenzierte Prostitutionspolitik erstens in der Praxis möglich und zweitens mit guten Gründen legitimierbar ist. Grundlegende Voraussetzung dazu ist allerdings die Zuteilung von entsprechenden Mitteln, was den Blick auf eine wesentliche Bedingung für staatliches Handeln lenkt. Angesichts nur begrenzt vorhandener Ressourcen ist die Politik herausgefordert, Ziele zu definieren, Prioritäten festzulegen und die Mittel zur Erreichung ebendieser zu bestimmen.[59] Gerade eine blosse Verbotspolitik (mittels strafrechtlichem Verbot oder strenger Regelung) lässt es aber mehr als fraglich erscheinen, ob die damit verbundene Repression nicht zu viele Mittel bindet und ob der Aufwand den erhofften Nutzen zu bewirken vermag, also zielführend ist. Schliesslich ist noch abzuwägen, ob ein Mittel richtig und in Anbetracht der Umstände angemessen ist. Diese Frage stellt sich auch für den Fall, dass die angestrebten Ziele erreicht werden. Diesbezüglich gilt es, die Vor- und Nachteile auszumachen, was insbesondere anhand des Aspekts der Verhältnismässigkeit und der zu erwartenden Folgen zu ermitteln ist. Ein weiterer und ebenso wichtiger (rechtlicher) Aspekt ist die Frage der Durchführbarkeit oder Durchsetzbarkeit einer bestimmten Massnahme.

56 Das ist bei der Beratungsstelle Xenia in Bern der Fall, die von der Stadt Bern finanzielle Unterstützung erhält, die an einen Leistungsauftrag gekoppelt ist.

57 In gewissem Sinn ist das mit der Drogenpolitik vergleichbar, genauer mit der Unterstützung von Drogenabhängigen.

58 Ein analoges Beispiel dafür stellt die Nothilfe für Menschen dar, die sich nach schweizerischem Recht illegal in diesem Land aufhalten. Die Hilfe aus menschenrechtlichen Gründen hat Vorrang vor ausländerrechtlichen Bestimmungen und dahinter stehenden politischen Interessen, selbst wenn diese dadurch ein Stück weit unterlaufen werden.

59 Vgl. Reinhard Marx/Helge Wulsdorf, Christliche Sozialethik, 204.

8.3.2 Möglichkeiten rechtlicher Regelung der Prostitution

Die rechtlichen Regelungen, welche die verschiedenen Staaten im Bereich der Prostitution getroffen haben, werden von ihrer Ausrichtung her drei, seit neuerem vier Kategorien zugeordnet: dem Abolitionismus, der (gesetzlichen) Regulierung,[60] der Prohibition (d. h. dem Verbot) und dem Neo-Abolitionismus.[61] Von Bedeutung ist dabei die recht erbittert geführte Auseinandersetzung zwischen jenen, die für eine Regulierung eintreten, und jenen, die dem Abolitionismus verpflichtet sind. Die Differenz bricht regelmässig auf, wenn das Thema Prostitution und der damit verbundene Frauenhandel europa- oder weltweit diskutiert wird. Die UN-Konvention zur Unterdrückung des Menschenhandels und der Ausnutzung der Prostitution von 1949[62] legt die Staaten auf eine abolitionistische Politik fest, was allerdings nicht unumstritten ist und sich darin zeigt, dass sie bislang nur von 74 Staaten unterzeichnet wurde.[63] Von dieser von der UNO vorgegebenen Linie weichen aber die Wiener Deklaration zur Eliminierung der Gewalt gegen Frauen von 1993, die Erklärung der UNO-Generalversammlung über die Beseitigung der Gewalt gegen Frauen vom Dezember des gleichen Jahres[64] sowie die 4. Weltfrauenkonferenz, die 1995 in Peking durchgeführt wurde, erstmals ab.[65] Als eine Form von Gewalt an Frauen wird in den erwähnten Erklärungen und der Schlusserklärung der Weltfrauenkonferenz[66] nicht die Prostitution an sich, sondern die *erzwungene* Prostitution genannt. Dies durchbricht die bislang geltende Auffassung, dass Prostitution *als solche* ein Verstoss gegen die Menschenwürde und Menschenrechte sei.[67] Die 1998 von der ILO publizierte Studie

60 Die Bezeichnung dieser Art von Prostitutionspolitik ist uneinheitlich. So spricht beispielsweise Joachim Renzikowski von Reglementierung und Regulationismus (vgl. ders., Reglementierung von Prostitution, u. a. 8, 13) und Brigitte Hürlimann von Reglementarismus (vgl. dies., Prostitution – ihre Regelung im schweizerischen Recht und die Frage der Sittenwidrigkeit, 4-5). Die vom „Conseil du statut de la femme" veröffentlichte Studie „La prostitution: Profession ou exploitation?" verwendet die Begrifflichkeit „réglementarisme ou légalisation" (S. 99). Inhaltlich geht es jeweils darum, dass die Ausübung der Prostitution jenseits von Verbot oder Laisser faire gesetzlich geregelt bzw. „an bestimmte rechtliche Bedingungen geknüpft" (Norbert Campagna, Prostitution, 281) wird. In der Praxis reicht das von mehr oder weniger detaillierten Vorschriften, an die sich Prostituierte zu halten haben (z. B. betreffend Gesundheitsuntersuchung, Kleidung, Wohnen, Zivilstand), was oft mit Reglementierung bezeichnet wird, bis hin zur gesetzlichen Anerkennung als Erwerbsarbeit mit entsprechender auf die Arbeit selbst bezogene Regelung.

61 Vgl. ausführlicher zu den genannten Begriffen und der damit verbundenen Politik Kap 8.3.2.2-8.3.2.5.

62 Originaltitel: Convention for the Suppression of the Traffic in Persons and of the Exploitation of the Prostitution of Others.

63 Im Vergleich dazu haben 185 Staaten die Frauenkonvention („Übereinkommen über die Beseitigung jeder Form von Diskriminierung der Frau") von 1979 ratifiziert. Das Palermo-Protokoll (bzw. „Protokoll zur Verhütung, Bekämpfung und Bestrafung des Menschenhandels, insbesondere des Frauen- und Kinderhandels, in Ergänzung des Übereinkommens der Vereinten Nationen gegen die grenzüberschreitende organisierte Kriminalität") von 2000 wurde von 116 Staaten, darunter Deutschland, Österreich und der Schweiz, ratifiziert.

64 Resolution A/RES/48/104 vom 20.12.1993.

65 Vgl. Joyce Outshoorn, Introduction: prostitution, women's movements and democratic politics, 11.

66 Vgl. Bericht der 4. Weltfrauenkonferenz in Peking vom 4.-15. Sept. 1995, A/Conf. 177/20. bzw. UN Beijing Conference's Platform for Action.

67 Vgl. zur Bedeutung der 4. Weltfrauenkonferenz im Hinblick auf die Frage der Prostitution: Conseil du statut de la femme, La prostitution: Profession ou exploitation?, 95. Demgegenüber meint Laura Reanda, dass erst im Verlauf der 1970er Jahre die Einsicht gewachsen sei, dass die Prostitution als solche eine Verletzung der Menschenrechte von Frauen darstelle und noch die Frauenkonvention von 1979 auf der impliziten Unterscheidung

„The sex sector", die das Sexgewerbe in den ost-asiatischen Staaten Thailand, Indonesien, Philippinen und Malaysia untersuchte, kam angesichts der massiv gestiegenen wirtschaftlichen Bedeutung dieses Sektors zum Schluss, dass die Staaten dies nicht länger ignorieren oder gar verneinen könnten.[68] Obwohl diese Studie noch keiner bestimmten staatlichen Regelung das Wort redet, hat sie Aufsehen erregt, weil eine Unterorganisation der UNO die bisher von der UNO vertretene Politik in Frage stellt. Das Zusatzprotokoll zur UN-Konvention gegen die organisierte Kriminalität, das so genannte Palermo-Protokoll von 2000, das den Menschenhandel effektiver bekämpfen will, scheint hingegen in dieser Sache keine klare Position einzunehmen. Es macht zwar den Tatbestand des Menschenhandels allein von den im Protokoll genannten Kriterien abhängig, ohne eine allfällige Einwilligung der betroffenen Person zu berücksichtigen. Gleichwohl sehen sich nun beide Seiten in ihrer Auffassung bestätigt. Die einen interpretieren das Protokoll so, dass es lediglich die erzwungene Prostitution als Form von Menschenhandel betrachtet und damit die Prostitution unter Erwachsenen, die mit Einwilligung geschieht, nicht mit dem Menschenhandel in Verbindung bringt. Demgegenüber sind für die anderen die beiden Phänomene nicht von einander zu trennen, weil ein beträchtlicher Teil des Menschenhandels zum Zweck der Prostitution und der sexuellen Ausbeutung dient.[69]

Im Folgenden stelle ich die UN-Konvention von 1949 gesondert dar, um ihrem Status als internationalem Übereinkommen Rechnung zu tragen, das trotz relativ geringem Rückhalt nicht einfach übergangen werden kann und auf das von befürwortender (d. h. Vertreterinnen und Vertretern des Abolitionismus) wie von ablehnender Seite immer wieder Bezug genommen wird. Daran anschliessend lege ich die verschiedenen Typen rechtlicher Regelung dar, dies jeweils im Kontext der mit ihnen verbundenen Debatten und der Orte, an denen sie praktiziert werden.

8.3.2.1 Zur UN-Konvention zur Unterdrückung des Menschenhandels und der Ausnutzung der Prostitution von 1949

Die Konvention bezeichnet in ihrer Präambel die Prostitution und das sie begleitende Übel des Menschenhandels zum Zweck der Prostitution als unvereinbar mit der Würde und dem Wert der menschlichen Person sowie als Gefahr für das Wohlergehen des Individuums, der Familie und der Gemeinschaft.[70] Daraus folgt nun aber nicht, dass alle Beteiligten zu belangen wären, im Gegenteil. Diejenigen, die sich prostituieren, werden in ihrem Entscheid respektiert. Sie sollen weder daran gehindert noch darin unterstützt werden. Jedoch ist auszuschliessen, dass Dritte daraus irgendwelchen Profit ziehen kön-

von erzwungener und freiwilliger Prostitution beruhe. (Vgl. dies., Prostitution as a Human Rights Question, 219, 217.)

68 Vgl. Lin Lean Lim, Whither the sex sector? Some policy considerations, u. a. 213.

69 Vgl. zu dieser Debatte Conseil du statut de la femme, La prostitution: Profession ou exploitation?, 96-97. Vgl. auch Joyce Outshoorn, Introduction: prostitution, women's movements and democratic politics, 11; Yolande Geadah, La prostitution, 85-88.

70 Im Wortlaut: „Whereas prostitution and the accompanying evil of the traffic in persons for the purpose of prostitution are incompatible with the dignity and worth of the human person and endanger the welfare of the individual, the family and the community".

nen. Konkret bedeutet das, dass die Konvention generell die Bestrafung jener verlangt, die eine andere Person zur Prostitution vermitteln oder deren Prostitutionstätigkeit ausnutzen, dies ausdrücklich auch dann, wenn dies mit Zustimmung der betroffenen Person geschieht (Art. 1). Weiter wird eine Bestrafung jener verlangt, die ein Bordell betreiben oder an dessen Finanzierung beteiligt sind, sowie jener, die wissentlich Räumlichkeiten oder Gelegenheiten (darunter fällt z. B. die Vermittlung von Callgirls) zum Zweck der Prostitution anderer zur Verfügung stellen.[71] Schliesslich wendet sich die Konvention gegen jegliche Form der Regulierung von Seiten des Staates (Art. 6). So dürfen Prostituierte beispielsweise weder registriert noch zu Gesundheitskontrollen verpflichtet werden und ist generell jegliche Überwachung durch den Staat zu unterlassen.

Die Bestimmungen in Artikel 1 und 2 der Konvention führen dazu, dass eine Prostituierte nicht nur sich selbst überlassen bleibt, sondern sich auch einschneidenden Einschränkungen bei der Ausübung der Prostitutionstätigkeit gegenübersieht. In der Folge ist nicht nur ein grundlegender kritischer Vorbehalt wegen den Konsequenzen angezeigt, sondern ebenfalls Skepsis angebracht, was den Erfolg dieser Konvention anbelangt, die Prostitution sowie deren negative Begleiterscheinungen zu reduzieren.

> „Il n'est pas certain que la convention et les sanctions internationales ou locales aient pu empêcher les hommes et les femmes de se tourner vers la prostitution, tout comme il semble que ce texte et sa mise en oeuvre n'aient pas eu d'impact sur la diminution des abus en rapport avec la prostitution."[72]

8.3.2.2 Abolitionismus[73]

Der Abolitionismus im Bereich der Prostitution geht auf die Inititative von Josephine Butler 1869 in Grossbritannien zurück. Sie wehrte sich gegen die per Gesetz (die so genannten Contagious Diseases [Prevention] Acts[74]) beschlossene Reglementierung der Prostituierten, die eine Registrierungspflicht bei der Polizei, eine Kasernierung in dafür lizenzierten Häusern und regelmässige Gesundheitskontrollen vorsah. Was, wie der Begriff Abolitionismus zum Ausdruck bringt, aufgehoben/abgeschafft werden soll, ist nicht die Prostitution selbst, auch wenn diese als unmoralisch betrachtet wird, sondern deren Reglementierung. Das ist das erklärte Ziel dieser neuen Bewegung. Sie führt dafür verschiedene Gründe an: Die staatlich unterstützte Doppelmoral trifft einseitig die Prostituierten, legitimiert die Nachfrage der Männer nach sexuellen Dienstleistungen und schützt

[71] Vgl. im Detail Art. 2 der Konvention.

[72] Übersetzung: „Es ist nicht sicher, dass die Konvention und die internationalen oder lokalen Sanktionen Männer und Frauen daran zu hindern vermochten, in die Prostitution einzusteigen; genauso scheint es, dass dieser Text und seine Umsetzung keinen Einfluss auf die Reduzierung der Missbräuche im Zusammenhang der Prostitution hatten." (Marc-Antoine Borel, La prostitution en droit pénal suisse, 55.)

[73] Der Begriff bezeichnet ursprünglich den Kampf zur Abschaffung der Sklaverei (der Schwarzen) in Amerika.

[74] Dabei handelt es sich um verschiedene Gesetze, die erlassen wurden, um die Verbreitung von ansteckenden Krankheiten, konkret vor allem von Geschlechskrankheiten, zu verhindern. Die entsprechende Gefahr wurde bei den Prostituierten lokalisiert. Davor sollten die Männer, insbesondere die Soldaten, geschützt werden. Vgl. dazu Jo Doezema, Weisse Sklavinnen, arme Slawinnen, 272-273. Vgl. auch Joanna Phoenix, Making Sense of Prostitution, 28-30; Nils Johan Ringdal, Die neue Weltgeschichte der Prostitution (Kp. 18: Der Kampf um die Sittlichkeit).

sie dabei noch. Da nicht immer von vornherein klar ist, welche Frau der Prostitution nachgeht, geschieht es, dass sich ‚unbescholtene' Frauen in den Augen der Gesetzeshüter verdächtig verhalten und zu Zwangsuntersuchungen verpflichtet werden, die nicht selten in grober Manier vorgenommen werden.[75]

Der Abolitionismus bekämpft sodann jegliche Form von Zuhälterei (d. h. die direkte oder indirekte[76]), was die Konvention von 1949 wie eben dargelegt aufnimmt. Grund dafür ist die aus den Menschenrechten abgeleitete Überzeugung, dass der menschliche Körper unveräusserlich ist. Die Freiheit sich zu prostituieren wird aber respektiert. So sprechen sich die Vertreterinnen und Vertreter des Abolitionismus explizit dagegen aus, Prostituierte wegen ihrer Tätigkeit zu diskriminieren. Sie sehen sie ohnehin als Opfer an und setzen sich daher für ein Engagement im Bereich der Prävention und Wiedereingliederung ein. Während der Abolitionismus in einer ersten Phase von (sexual-)moralischen und gesundheitspolitischen Gründen motiviert war, versteht sich der zeitgenössische Abolitionismus explizit als feministisch und beruft sich dabei auf die Menschenrechte sowie ein egalitäres Geschlechterverhältnis. Um diese Entwicklung deutlich zu machen, unterscheidet Yolande Geadah zwischen Abolitionismus und feministischem Abolitionismus bzw. Neo-Abolitionismus.[77]

Auf internationaler Ebene vertritt die CATW (Coalition Against Trafficking in Women International) eine explizit abolitionistische Position. Sie wehrt sich vehement gegen eine Legalisierung oder Entkriminalisierung der Prostitution. Einzig die Entkriminalisierung der *Prostituierten* befürwortet sie, weil keine Frau für ihre eigene Ausbeutung bestraft werden sollte.[78] Eine Legitimierung der Prostitution als (Erwerbs-)Arbeit, wie dies über eine Entkriminalisierung oder Legalisierung des gesamten Gewerbes geschieht, lehnt die CATW ab. Denn dies diene den betroffenen Frauen nicht, sondern einzig und allein der Sexindustrie. Wie Janice G. Raymond, Co-Direktorin der CATW, in ihren 10 Gründen, weshalb die Prostitution nicht zu legalisieren/entkriminalisieren ist, aufführt, würde das den Zuhältern, Menschenhändlern und der Sexindustrie insgesamt entgegenkommen und Letztere expandieren lassen (als Beispiele dafür werden die Niederlande, der Bundesstaat Victoria in Australien sowie die Schweiz genannt), weil mit dem Wegfallen von (moralischen und rechtlichen) Restriktionen die Nachfrage steigen würde. Die intendierte Kontrolle der Sexindustrie habe sich mithin als unmöglich erwiesen. Entgegen der verbreiteten Annahme würden auch der Frauenhandel, die Kinderprostitution, die versteckte oder illegale Prostitution und die Strassenprostitution nicht ab-, sondern im Gegenteil zunehmen. Gleicherweise führe eine Legalisierung oder Entkriminalisierung weder zu einem

75 Vgl. zu den Motiven hinter den Gesetzen in England: Norbert Campagna, Prostitution, 298-299, der sich diesbezüglich auf das Werk von Judith Walkowitz stützt. Vgl. zur Entwicklung in Deutschland: Romina Schmitter, Prostitution – Das älteste Gewerbe der Welt?, 61-81.

76 Vgl. hierzu Élizabeth Coquart/Philippe Huet, Le livre noir de la prostitution, 211. Direkte Zuhälterei meint ein persönliches Verhältnis. In der klassischen Form ist es ein Zuhälter, der eine oder mehrere Frauen als Prostituierte für sich arbeiten lässt. Indirekte Zuhälterei liegt z. B. dort vor, wo Räumlichkeiten zum Zweck der Prostitution vermietet werden.

77 Vgl. Yolande Geadah, La prostitution, 72-75. Zum Neo-Abolitionismus vgl. im Abschnitt 8.3.2.5.

78 „No woman should be punished for her own exploitation." (Janice G. Raymond, 10 Reasons for *Not* Legalizing Prostitution.)

besseren Schutz der Prostituierten oder einer Verbesserung von deren Gesundheit noch zu einer Erhöhung der Wahlfreiheit der Frauen. Zudem lehnten die in der Prostitution tätigen Frauen selbst eine Legalisierung/Entkriminalisierung der Sexindustrie ab.[79]

Auf die einzelnen Argumente gehe ich nicht detailliert ein. Problematisch scheint mir beispielsweise ihre These, dass Prostitution, wo sie legalisiert oder entkriminalisiert ist, eine der Grundursachen des Frauenhandels sei. Raymond verweist hierfür auf die grosse Anzahl ausländischer Prostituierter ohne Arbeitsbewilligung in den Niederlanden und Deutschland, wie wenn das mit einer entsprechend hohen Quote oder in den genannten Staaten gar mit einer möglichen Zunahme des Frauenhandels einhergehen müsste.[80] Dass diese Frauen meist Unterstützung bei der Migration erhalten, ist nicht per se mit Frauenhandel gleichzusetzen, wie sie suggeriert. Was die These der Ausweitung des Sexgewerbes anbelangt, mag diese zwar zunächst einleuchtend erscheinen. Doch auch da ist Vorsicht am Platz. Denn selbst wenn die Ausweitung in den Niederlanden und im Bundesstaat Victoria (Australien) zutreffen sollte, wäre genau zu überprüfen, ob dies tatsächlich einer Mengenausweitung gleichkommt und nicht vielmehr einer grösseren Diversifizierung des Sexgewerbes oder einer regionalen Verlagerung geschuldet ist. Zudem wäre die Entwicklung über einen längeren Zeitraum (differenziert) zu beobachten. Schliesslich wäre bei den von der CATW eindringlich monierten Folgen einer Legalisierung/Entkriminalisierung der unterstellte kausale Zusammenhang erst nachzuweisen. Unabhängig davon gilt es, bei festgestellten Problemen nach möglichen Ursachen zu suchen und Unterstützung zu bieten.

Das längerfristige Ziel des Abolitionismus besteht darin, die Prostitution abzuschaffen, sie jedenfalls merklich einzudämmen. Da aber zugleich die Freiheit der sich prostituierenden Person zu respektieren ist, gibt es nur die Möglichkeit der Tolerierung. Diese ist jedoch nicht unbegrenzt. Denn zum Schutz des allgemeinen sittlichen Empfindens und der Wahrung der öffentlichen Ordnung seien der freien Ausübung der Prostitution Grenzen zu setzen. Dazu könne die bereits bestehende Rechtsordnung herangezogen werden. Wo dies nicht möglich sei, liessen sich darauf zugeschnittene Regelungen treffen, insbesondere was die Anwerbung in der Öffentlichkeit anbelange. Hierzu bemerkt Geadah, eine vehemente Verfechterin des modernen Abolitionismus, kritisch, dass abolitionistische Regimes sich dabei oft auf die Prostituierten konzentriert hätten statt auf die Zuhälter und Menschenhändler, die diese ausbeuten[81] (und nach abolitionistischer Auffassung allgegenwärtig sind, weil die weit verbreitete Ausbeutung von ihnen verursacht wird).

In Frankreich ist der Abolitionismus stark verankert. Dementsprechend tritt Frankreich mit dieser Position auf europäischer und weltweiter Ebene auf.[82] In Europa haben

79 Vgl. Janice G. Raymond, 10 Reasons for *Not* Legalizing Prostitution.

80 Vgl. zur Politik und den damit gemachten Erfahrungen in den Niederlanden und Deutschland in Kap. 9.2.1 und 9.2.2.

81 Vgl. Yolande Geadah, La prostitution, 72.

82 Vgl. zur Entwicklung und Durchführung der entsprechenden Politik in Frankreich: Amy G. Mazur, Prostitute movements face elite apathy and gender-biased universalism in France. In der von Andrea Di Nicola et al. für das Europäische Parlament verfassten Studie, „Study on National Legislation on Prostitution and the Trafficking in Women and Children“, wird Frankreich dem Neo-Abolitionismus zugeordnet, der wie der Abolitionismus

eine ganze Reihe weiterer Staaten die Konvention von 1949 unterzeichnet, weshalb sie dem abolitionistischen Regime zuzuordnen sind. Die Umsetzung in staatliches Recht und die staatliche Ordnungspolitik erfolgt allerdings sehr unterschiedlich.[83] So werden z. B. Lebenspartner von Prostituierten – egal ob sie effektiv deren Zuhälter sind oder nicht – nicht überall oder mancherorts nur unter bestimmten Bedingungen als Zuhälter verfolgt.

Unter einem strenger gehandhabten abolitionistischen Regime ist die Ausübung der Prostitutionstätigkeit stark erschwert. Zieht eine Prostituierte die Arbeit in Räumlichkeiten vor, ist es für sie äusserst schwierig, sich diese zu beschaffen. Normalerweise wird sie gleichwohl welche bekommen, was für sie mit entsprechend hohen Kosten verbunden ist, weil sie dafür unter der Hand eine entsprechende Risikoprämie entrichten muss. Damit profitieren jene noch mehr, die man mit der Regelung vom Profit ausschliessen wollte, wie der in der Schweiz als Milieuanwalt bekannt gewordene Jurist Valentin Landmann mit beissendem Spott bemerkt.[84]

Bereits die wenigen Überlegungen zur Konvention und zum Abolitionismus lassen die Frage aufkommen, wie weit sich die bekräftigte Freiheit der sich prostituierenden Person realisieren lässt oder ob sie je nach Umständen letztlich nicht eher ein Lippenbekenntnis bleibt. Ein weiterer ernst zu nehmender Aspekt sind gewisse – wohl eher nicht intendierte – negative Folgen. Beim Beispiel der Beschaffung von Räumlichkeiten für die Prostitutionstätigkeit trifft es in erster Linie die Prostituierte und stellt eine nicht zu unterschätzende Verschlechterung der Arbeitsbedingungen dar, was im Hinblick auf damit zusammenhängende mögliche Prekarität und zusätzliche Gefährdung, aber auch unter dem Aspekt der Freiheit und Gerechtigkeit zu hinterfragen ist. Je nach Ausgestaltung des Systems können Frauen wegen Anwerbens belangt werden, was bei mehrmaliger Übertretung strafverschärfend wirkt. Ihre finanzielle Situation hängt ebenfalls von der Art der Steuererhebung ab. Solche Effekte erschweren einen allfälligen Ausstieg aus der Prostitution und stehen der vom Abolitionismus geförderten Unterstützung des Ausstiegs entgegen.

8.3.2.3 (Staatliche) Regulierung

Während der Abolitionismus die Prostitution lediglich toleriert, wird sie im System der Regulierung anerkannt, wenn auch aus unterschiedlichen Motiven.[85] Die Bandbreite dieses Systems reicht von einer relativ starken staatlichen Lenkung bis zu einer liberaleren Gesetzgebung, die sich mehr vom Grundsatz leiten lässt, die Prostitutionstätigkeit wie andere Erwerbstätigkeiten zu behandeln, um insbesondere auf diese Weise auch den

Indoor- und Outdoor-Prostitution zulässt, aber Bordelle verbietet. In der gleichen Studie wird Schweden dem prohibitionistischen System zugerechnet, was de facto der Sache nach stimmt, nicht aber de iure. Bei der von mir gewählten Zuordnung folge ich der von mir als Referenz herangezogenen, verbreiteten Einteilung.

83 Vgl. die Länderberichte in Fondation Scelles, La prostitution adulte en Europe.

84 Vgl. Valentin N.J. Landmann, Verbrechen als Markt, 186-218 (Kapitel Prostitution und Halbwelt).

85 Vgl. Conseil du statut de la femme, La prostitution: Profession ou exploitation?, 99-100; Élizabeth Coquart/Philippe Huet, Le livre noir de la prostitution, 210; Fondation Scelles, La prostitution adulte en Europe, 62.

Prostituierten eine soziale Sicherung zu ermöglichen.[86] Ersteres ist vor allem aus der Geschichte bekannt und findet sich heute u. a. noch im US-Bundesstaat Nevada oder gewissen australischen Bundesstaaten. Aufgrund der Erfahrungen mit der Regelung in Nevada, wo Prostitution nur im Bordell erlaubt ist und die Prostituierten strengen Vorschriften unterworfen sind, beispielsweise hinsichtlich Arbeitszeit oder der Auflage, dass sie das Bordell nur in Begleitung verlassen dürfen, sprechen sich verschiedene, unter ihnen die Prostituiertenorganisation COYOTE, gegen eine (solche) Regulierung aus und votieren demgegenüber für eine Entkriminalisierung. Denn eine derartige staatliche Lenkung stelle keinen wesentlichen Fortschritt gegenüber dem ansonsten herrschenden Verbot der Prostitution dar. Aus abolitionistischer Sicht wiederum betätigt sich da der Staat als Zuhälter, was unannehmbar ist.

Die Vorstellungen über die Entkriminalisierung kommen der liberalen Variante nahe, die Geadah als Neo-Reglementarismus bezeichnet und die Prostitution als Erwerbstätigkeit behandelt. In Europa hat sich ein solches System in den Niederlanden und in Deutschland durchgesetzt. Die Schweiz und Österreich werden ebenfalls diesem Regime zugerechnet.

> „La Suisse n'a pas signé la Convention des Nations Unies du 2 décembre 1949 pour la répression de la traite des êtres humains et de l'exploitation de la prostitution d'autrui. De plus, elle autorise la prostitution et, dans une certaine mesure, le proxénétisme. Dans ce sens, la Suisse tend plutôt vers un régime réglementariste."[87]

Das (moderne) System der Regulierung geht von der Freiheit, über den eigenen Körper zu verfügen, aus und unterscheidet bei Erwachsenen zwischen freier und erzwungener Prostitution (die Prostitution Minderjähriger[88] bleibt untersagt).[89] Darin besteht eine grundlegende Differenz zum (Neo-)Abolitionismus, der sich vehement gegen eine solche Unterscheidung wehrt, weil für ihn die Prostitution per se ein Gewaltverhältnis darstellt. Weiter sieht dieser keinen stichhaltigen Grund, zwischen Erwachsenen- und Minderjährigen-Prostitution zu unterscheiden, was aber nicht zu überzeugen vermag.[90] Denn wenn Geadah – um ein Argument aufzugreifen – meint, der Kampf gegen die Prostitution von Minderjährigen sei nicht effizient zu führen, solange die Erwachsenenprostitution als

[86] Vgl. ausführlicher zu diesem System: Conseil du statut de la femme, La prostitution: Profession ou exploitation?, 99-102.

[87] Übersetzung: „Die Schweiz hat die UN-Konvention vom 2. Dezember 1949 zur Verfolgung des Menschenhandels und der Ausbeutung der Prostitution anderer nicht unterzeichnet. Ausserdem erlaubt sie die Prostitution und in gewissem Mass die Zuhälterei. In diesem Sinn tendiert die Schweiz eher zu einem reglementaristischen [in meiner Begrifflichkeit: regulierenden, B.B.] System." (Marc-Antoine Borel, La prostitution en droit pénal suisse, 57.)

[88] Als minderjährig gelten in internationalen Übereinkommen Personen unter achtzehn Jahren (vgl. Art. 3 lit. d des Palermo-Protokolls bzw. „Protokolls zur Verhütung, Bekämpfung und Bestrafung des Menschenhandels, insbesondere des Frauen- und Kinderhandels, in Ergänzung des Übereinkommens der Vereinten Nationen gegen die grenzüberschreitende organisierte Kriminalität" von 2000), was aber wie in der Schweiz im Widerspruch zur staatlichen Gesetzgebung stehen kann (in der Schweiz liegt die Schutzaltergrenze bei sechzehn Jahren, weshalb es rechtlich nicht verboten ist, sexuelle Dienstleistungen ab diesem Alter anzubieten bzw. von solchen Personen in Anspruch zu nehmen).

[89] Vgl. die Diskussion dieser Grundannahme in Kap. 5.4.

[90] Vgl. dazu die Ausführungen in Kap. 6.5.

legitime wirtschaftliche Tätigkeit betrachtet wird,[91] müsste mit derselben Logik generell jede Unterscheidung und Ungleichbehandlung von Erwachsenen- und Kinderarbeit aufgehoben werden. Dass der Prostitution Minderjähriger aus verschiedenen Gründen nur schwer beizukommen ist, ist damit nicht in Abrede gestellt.

Eine weitere Differenz zwischen den beiden Systemen ist in Bezug auf die Sicht der sich prostituierenden Person und dem davon abhängigen Umgang mit ihr auszumachen. Während diese im System des Abolitionismus als Erwerbstätige sich selbst überlassen bleibt und nur als der Hilfe bedürftige im Blick ist, strebt die liberale Variante der Regulierung eine verbesserte Stellung der Prostituierten an, um ihr grösstmögliche Handlungsfreiheit, soziale Sicherung und gesellschaftliche Akzeptanz zu verschaffen. Von abolitionistischer Seite wird allerdings jenen, die für eine Regulierung eintreten, unterstellt, die Hauptmotivation bestehe darin, das Sexgewerbe besser besteuern zu können. Ob das von den regulierenden Staaten anvisierte Ziel einer Besserstellung der Prostituierten zu erreichen ist, hängt wesentlich von der konkreten Ausgestaltung des Systems ab und wird am Beispiel Deutschlands und der Niederlande an anderer Stelle[92] ausführlicher diskutiert.

Die gegenwärtigen Kontroversen zwischen den beiden Systemen (d. h. dem Abolitionismus und der Regulierung) legen zunächst die Vermutung nahe, sie würden auf völlig unterschiedlichen, nicht miteinander kompatiblen Ansätzen beruhen. Dem ist aber nicht so, verstehen sich doch beide als feministisch und den Menschenrechten verpflichtet. Allerdings vertreten sie verschiedene feministische Ansätze – die Position der Regulierung einen (ultra-)liberalen Feminismus[93] – und unterscheiden sich in ihrer Interpretation der Menschenrechte.

Eine dem Abolitionismus verpflichtete Sicht lehnt die Unterscheidung zwischen freier und erzwungener Prostitution nicht nur aus grundsätzlichen Gründen ab, sondern auch im Hinblick darauf, dass der Nachweis einer Zwangslage nur sehr schwer zu führen sei.[94] Diese Kritik ist jedenfalls aufgrund der bisherigen Erfahrungen in der Schweiz nicht von der Hand zu weisen. Denn die gerichtlichen Verfahren sind in der Tat schwierig zu führen, weshalb die geringe Zahl an Verurteilungen damit zusammenhängt. Im Hinblick auf die immer wieder genannten Schätzungen von Menschen-/Frauenhandelsopfern, erscheint die Quote der Verurteilungen erst recht als minim. Dem ist aber entgegenzuhalten, dass das Problem des Frauenhandels und der Zwangsprostitution gar nicht so gross ist, wie oft angenommen wird (was aber keinesfalls heisst, dass das Problem selbst deswegen weniger schlimm wäre).[95]

Vertreterinnen und Vertreter des Abolitionismus weisen darauf hin, dass die Mehrzahl der Prostituierten aus schwierigen Verhältnissen kämen, die auf vergangene Erfah-

91 Vgl. Yolande Geadah, La prostitution, 271.

92 In Kap. 9.2.1 und 9.2.2.

93 Yolande Geadah spricht von ultraliberalem Feminismus. (Vgl. dies., La prostitution, 74.) Julia O'Connell Davidson bezeichnet das Gedankengut, das hinter einer Regulierung im Sinn einer Anerkennung als Berufstätigkeit steht, als liberal oder libertinär. (Vgl. dies., Männer, Mittler, Migranten, 10.)

94 Darauf weisen Élizabeth Coquart/Philippe Huet, Le livre noir de la prostitution, 217, hin.

95 Vgl. dazu ausführlich in Kap. 6.4. Deshalb ist der Einschätzung von Valentin N.J. Landmann, Verbrechen als Markt, 186-218 (Kapitel Prostitution und Halbwelt), Recht zu geben.

rungen des (sexuellen) Missbrauchs zurückzuführen oder aktuell prekären sozialen Lebenslagen geschuldet seien. Deswegen kann es aus dieser Sicht gar keine freie Prostitution geben. Wenn auch deren Verständnis von Freiheit kritisierbar ist, ist der Hinweis in einem anderen Sinn aufzunehmen. Wie verschiedene Untersuchungen gezeigt haben, haben viele (wobei hier die beträchtlichen Unterschiede zu beachten sind im Hinblick darauf, ob und in welchem Mass eine Frau davon betroffen ist) in der Prostitution tätige Frauen einen problembehafteten Hintergrund.[96] Deshalb ist eine Parallelisierung mit anderen Erwerbstätigkeiten nur begrenzt möglich. Das legt nahe, die Tätigkeit zwar im Grundsatz als Erwerbstätigkeit zu behandeln, darüber hinaus aber Angebote bereitzustellen, die der speziellen Situation dieser Frauen Rechnung tragen. Und daran ist die jeweilige Ausgestaltung des Systems der Regulierung zu messen.

Ein weiterer Kritikpunkt betrifft die Folgen für ausländische Prostituierte. Die Regulierung der Prostitutionstätigkeit beinhaltet zwangsläufig die Definition von Zugangsbedingungen. Kehrseite davon ist der Ausschluss all jener, die diese Bedingungen nicht erfüllen. Wie weit reichend das ist, hängt wiederum von der getroffenen Regelung ab und ist am Beispiel Deutschlands und der Niederlande eigens aufzugreifen.[97] Was den Zugang von ausländischen Prostituierten anbelangt, die nicht dem EU-Personenfreizügigkeitsabkommen unterstehen, unterscheidet sich ihre Ausgangslage betreffend Zugang zum Arbeitsmarkt im Grunde genommen nicht von derjenigen ihrer Landsleute in anderen Bereichen. Allerdings entgehen ihnen durch das Wegfallen eines Graubereichs Arbeitsmöglichkeiten. Kehrseite davon ist, wie befürchtet wird, eine Verschlechterung der ohnehin prekären Arbeitsbedingungen.

8.3.2.4 Prohibition (Verbot)

Während in der Vergangenheit hinter dem Verbot der Prostitution moralische und gesundheitspolitische Gründe standen, gilt sie in der Gegenwart als Angriff auf die Menschenwürde, weshalb es erklärtes Ziel ist, sie zum Verschwinden zu bringen.[98] Der Philosoph Scott A. Anderson befürwortet ein solches Verbot, weil sich die institutionellen Bedingungen für die sexuelle Autonomie jedes und jeder Einzelnen, darunter insbesondere der Schwächsten in der Gesellschaft, nur so gewährleisten liessen. Eine Normalisierung der (Institution) Prostitution hingegen, wie sie von liberaler Seite gefordert wird, stünde dem entgegen. Denn wenn kein Unterschied zwischen dem Gebrauch der Sexualität und jeglichem anderen Gebrauch des Körpers gemacht und damit zusammenhängend ‚Sexarbeit' wie jede andere Erwerbsarbeit betrachtet wird, würde dies in der Konsequenz zu einer Unterminierung verschiedener Aspekte sexueller Autonomie führen.[99] So wäre eine Ausweitung der Vermarktung der Sexualität zu erwarten, weil bislang geschützte Bereiche mit sexuellen Dienstleistungen verknüpft würden. Zudem hätte es eine Ver-

[96] Vgl. dazu in Kap. 6.

[97] Vgl. Kap. 9.2.1 und 9.2.2.

[98] Vgl. Conseil du statut de la femme, La prostitution: Profession ou exploitation?, 104. Die moralischen Gründe betreffen vor allem die Gestaltung der Sexualität, die in diesem Fall eher im Kontext einer bestimmten Ordnungsvorstellung zu sehen ist als in Verbindung mit einer Vorstellung von Würde.

[99] Vgl. zu dieser Argumentation auch Kap. 5.1.1.

schlechterung der Kontrollmöglichkeit über sexuelle Praktiken für jene zur Folge, die diese erbringen. Schliesslich würden auf dem Hintergrund der beanspruchten Meinungsäusserungsfreiheit die Vermarktung von Sex oder ausserhalb einer festen Beziehung praktizierter Sex als richtig propagiert und Vorbehalte dagegen als Vorurteile disqualifiziert. In einem solchen Kontext wäre auch eine entsprechende berufliche Vorbereitung auf eine Tätigkeit an der Tagesordnung, die sexuelle Dienstleistungen beinhaltet.[100] In einem solchen Kontext würde darüber hinaus die Forderung von Prostituierten hinfällig, ausschliesslich selbst über die Arbeitsbedingungen bestimmen zu können, weil dies über die üblichen Regelungen von Angestelltenverhältnissen hinausgeht und damit ihre Tätigkeit nicht wie jede andere Arbeit behandelt würde, was wiederum mit einer weiteren Forderung von Prostituierten im Widerspruch stünde.[101]

In Bezug auf die Argumentation von Anderson fragt sich, ob die mehr implizite Gleichsetzung von moralischer Normalisierung und rechtlicher Normierung der Prostitution nicht eine Extremposition darstellt, der die gleiche Wirklichkeitsferne unterstellt werden kann, wie er sie in der Möglichkeit einer Durchsetzung einer Regelung sieht, die einzig Prostituierte begünstigt.[102] Zudem scheint eine solch enge Verknüpfung wenig plausibel. So braucht beispielsweise die rechtliche Ermöglichung der Prostitutionstätigkeit nicht zwingend mit der Meinung einherzugehen, dass es wünschenswert ist, wenn Frauen wenigstens diese Verdienstmöglichkeit hätten. Einerseits liesse sich auf diesem Hintergrund begründet Kritik an Verhältnissen sozialer Ungleichheit üben, die als stossend und ungerecht empfunden werden. Andererseits legitimierte dies auch Anstrengungen von staatlicher Seite, entsprechende Präventionsarbeit zu leisten.

Im System der Prohibition werden alle Akteure und alle die Prostitution betreffenden Tätigkeiten unter Strafe gestellt.[103] Konkret werden aber meist die Prostituierten belangt. Praktiziert wird dieses System u. a. in den USA (mit Ausnahme des Bundesstaates Nevada), China und Staaten des Persischen Golfs.[104]

Wie die Geschichte lehrt und die Erfahrung zeigt, vermochte bislang kein Verbotsregime das erklärte Ziel, Prostitution aus der Welt zu schaffen, zu erreichen. „[...] la prostitution n'est pas souhaitable mais elle est un phénomène trop fortement ancré socialement et historiquement pour qu'on puisse la faire disparaître par simple interdiction."[105]

100 Vgl. Scott A. Anderson, Prostitution and Sexual Autonomy, 762-763.

101 Vgl. ebd., 765.

102 So schätzt es jedenfalls Scott A. Anderson ein. (Vgl. ebd., 772-773.)

103 Vgl. Conseil du statut de la femme, La prostitution: Profession ou exploitation?, 104.

104 Vgl. Élizabeth Coquart/Philippe Huet, Le livre noir de la prostitution, 210. Joachim Renzikowski rechnet auf Europa bezogen Irland, Litauen, Malta und Schweden dazu. Er übernimmt dabei die Einteilung der von Andrea Di Nicola et al. im Auftrag des Europäischen Parlaments erstellten Studie „Study on National Legislation on Prostitution and the Trafficking in Women and Children". (Vgl. ders., Reglementierung von Prostitution, 12.) Norbert Campagna nimmt eine Dreiteilung der Prostitutionspolitiken (nach seiner Terminologie Prohibition, Abolition und Regulierung) vor. In diesem Fall gehört Schweden ebenfalls zum Typ der Prohibition. (Vgl. ders., Prostitution, 304.) Die Uneinigkeit in der Klassifizierung lässt sich wohl mit Schwierigkeiten der Abgrenzung wie der Perspektive erklären.

105 Übersetzung: „[...] die Prostitution ist nicht erwünscht, aber sie ist ein Phänomen, das gesellschaftlich und geschichtlich zu stark verankert ist, als dass es mit einem blossen Verbot zum Verschwinden gebracht werden könnte." (Fondation Scelles, La prostitution adulte en Europe, 62.)

Die Verbotspolitik stösst daher auf breit geteilte Ablehnung, dies aus grundsätzlichen Überlegungen wie aufgrund der Folgen.[106] Das bedeutet aber nicht, dass damit das intendierte Ziel automatisch hinfällig würde. Abolitionistische Kreise halten erklärtermassen daran fest und weisen auf das Problem der Sklaverei hin, die sich ebenfalls über lange Zeit hartnäckig halten konnte, bis es gelang, sie abzuschaffen.[107] Aus dem Vergleich lässt sich herauslesen, dass beide Phänomene auf derselben Ebene angesiedelt werden, was jedoch nicht zutreffend ist, weil der Prostitution bzw. genauer der Prostitutionstätigkeit nicht per se völlig fehlende Freiheit unterstellt werden kann, wie dies per definitionem bei der Sklaverei der Fall ist.

8.3.2.5 Neo-Abolitionismus

Das als Neo-Abolitionismus bezeichnete Regime stellt eine konsequente Weiterführung und damit in gewisser Weise eine Verschärfung des Abolitionismus dar.[108] Wie der Abolitionismus bejaht er die freie Verfügbarkeit über den eigenen Körper, solange das mit dem Respekt der Menschenwürde einhergeht. Prostitution stellt aber in den Augen der Vertreterinnen und Vertreter des Neo-Abolitionismus eine Verletzung der leiblich verstandenen Menschenwürde und der darauf basierenden Menschenrechte dar, die so gravierend ist, dass neben den Zuhältern neu auch die Prostitutionskunden bestraft werden sollen. Die Prostituierten hingegen werden wie im Abolitionismus nur als Opfer betrachtet und deswegen nicht belangt. Im Gegenteil geht es darum, diese Frauen zu schützen und sie bei der Wiedereingliederung in die Gesellschaft zu unterstützen.

Eine entsprechende gesetzliche Regelung kennt aktuell Schweden.[109] Nach einem längeren Prozess, in dem die Gewalt an Frauen zur Debatte stand, wurde auch die Prostitution als eine Form der Gewalt an Frauen definiert. Das in der Folge beschlossene Verbot des Erwerbs sexueller Dienstleistungen, das seit Januar 1999 in Kraft ist, ist Teil eines als pro-feministisch verstandenen Gesetzespakets unter dem Titel „Kvinnofrid“ (d. h. Friede der Frauen) zum Schutz der Frauen vor männlicher Gewalt in jeglichem Bereich. Prostitutionskunden riskieren nunmehr eine Strafe in Form einer Busse bis hin zu Gefängnis. Mit dem genannten Gesetz soll nicht nur die Respektierung der körperlichen Integrität der Frauen durchgesetzt, sondern auch das Anliegen der Geschlechtergleichheit (gender equality) gefördert werden. „Et nous ne pouvons accepter que des

[106] Vgl. hierzu in Kap. 9, insb. 9.3.

[107] Zum Teil wird die abolitionistische Position in einer missionarischen Art und Weise vertreten, wie folgende Aussage zeigt: „Il est urgent de refuser la prostitution comme on refuse le racisme, l’exclusion, la torture et l’esclavage.“ (Élizabeth Coquart/Philippe Huet, Le livre noir de la prostitution, 273.)

[108] Vgl. zum Neo-Abolitionismus: Conseil du statut de la femme, La prostitution: Profession ou exploitation?, 105-106. Joachim Renzikowski referiert eine völlig andere Definition. Gemäss dieser besteht das Neue am Neo-Abolitionismus im (zusätzlichen) Verbot von Bordellen. Eine Auffassung, die er aus der in FN 104 erwähnten Studie übernommen hat. (Vgl. ders., Reglementierung von Prostitution, 11-12.) Vgl. zur Einteilung auch FN 82 in diesem Kapitel.

[109] Vgl. Conseil du statut de la femme, La prostitution: Profession ou exploitation?, 106-107; Élizabeth Coquart/Philippe Huet, Le livre noir de la prostitution, 219-224. Vgl. zur Politik in Schweden auch in Kap. 9.1.1.

hommes puissent acheter une femme pour le plaisir. Ce n'est pas une question de sexualité, mais de pouvoir et d'égalité."[110]

Die als Opfer betrachteten Frauen wurden aber nicht einfach ihrem Schicksal überlassen. Vielmehr war die Einführung des Gesetzes von einem breit angelegten Unterstützungsangebot für die Frauen begleitet, die aus der Prostitution aussteigen wollten. Für Männer bestand ein Angebot an Psychotherapie.[111] Während sich dieses mehr an die Männer richtete, die regelmässig Prostituierte aufsuchten, dient die Verbotsstrategie mehr dazu, gelegentliche Prostitutionskunden abzuhalten.[112]

Dass dieses bislang einzigartige Gesetz auf Seiten derjenigen, die für eine Anerkennung der Prostitution eintreten, heftige Kritik provoziert hat, versteht sich von selbst. Widerspruch kommt aber auch von abolitionistischen Kreisen, weil sie das als verkappte Verbotspolitik betrachten.[113]

8.3.3 Umstrittene rechtliche Regelung der Prostitution – ein Fazit

8.3.3.1 Kontroversen um staatlich zu gewährleistende Bedingungen der Freiheit

Jede der vier vorgestellten Möglichkeiten, die Prostitution staatlich zu regeln, basiert letztlich auf einer bestimmten Moralvorstellung. Die grossen Differenzen ergeben sich aus unterschiedlichen Auffassungen betreffend Menschenwürde, Menschenrechte, Freiheit/Autonomie, Gerechtigkeit sowie gutes Leben und nicht zuletzt im Hinblick darauf, was Aufgabe eines Staates sein soll. Darin zeigt sich die jeweilige kulturelle Prägung, die der Moralvorstellung unterlegt ist. So ist das Beispiel von Schweden wohl kaum andernorts denkbar. Als charakteristisch für die Staaten mit einer Regulierung der Prostitution erachtet es die Fondation Scelles, dass diese mehrheitlich im deutschen Kulturraum beheimatet sind.[114] Gleichwohl ist aus einer ethischen Perspektive, die einer menschenrechtlichen und freiheitlichen Sicht verpflichtet ist (was im Grundsatz von den vier Systemen geteilt wird), zu fragen, welche Art der Regelung am besten die Balance zwischen Freiheit/Autonomie und Menschenrechtsschutz sowie freier, einschliesslich wirtschaftlicher, Entfaltung und Sozialverträglichkeit hält. Diesbezüglich ist einzig der Prohibitionismus bereits vom Grundgedanken her einseitig angelegt.

110 Übersetzung: „Wir können es nicht akzeptieren, dass Männer eine Frau zu ihrem Vergnügen kaufen können. Dies ist keine die Sexualität betreffende Frage, sondern der Macht und Geschlechtergleichheit." (Élizabeth Coquart/Philippe Huet, Le livre noir de la prostitution, 221, zit. Inger Segeström, die als Abgeordnete an der Erarbeitung des Gesetzes mitgewirkt hat [in: Prostitution et société, n° 125, avril-mai-juin 1999].)

111 Vgl. Élizabeth Coquart/Philippe Huet, Le livre noir de la prostitution, 224.

112 Vgl. Sven-Axel Månsson, L'homme dans le commerce du sexe, 342.

113 Vgl. Élizabeth Coquart/Philippe Huet, Le livre noir de la prostitution, 223-224. Yolande Geadah hingegen begrüsst das als eine konsequente Fortführung/Umsetzung der abolitionistischen Überzeugung, dass die Nutzniesser der Prostitution zu bestrafen seien. (Vgl. dies., La prostitution, 255-266.)

114 Vgl. deren Feststellung in: La prostitution adulte en Europe, 83: „Les pays réglementaristes ont en commun d'être majoritairement des pays de culture germanique: Allemagne, Autriche, Pays-Bas, Suisse."

> „Wer die Menschenwürde von Prostituierten gegen ihren Willen schützen zu müssen meint, vergreift sich in Wahrheit an ihrer von der Menschenwürde geschützten Freiheit der Selbstbestimmung."[115]

Den Versuch einer Balance lässt sich sowohl dem Abolitionismus und Neo-Abolitionismus als auch dem Ansatz einer Regulierung liberaler Prägung attestieren. Während Erstere das Gewicht mehr auf den Schutz der Menschenwürde und die Sozialverträglichkeit legen, betont Letzterer die individuelle Freiheit stärker, die ebenfalls als Ausdruck der Menschenwürde begriffen wird. Das Verständnis von Freiheit ist denn auch Brennpunkt verschiedener Kontroversen.

Strittig ist, wie weit die individuelle Freiheit reichen soll. Während diese beim Prohibitionismus hinter eine bestimmte Auffassung richtigen sexuellen Verhaltens zurücktreten muss, die vom Staat mit den Mitteln des Strafrechts durchgesetzt wird, lassen der Abolitionismus und Neo-Abolitionismus individuelle Freiheit auf Seiten der Prostituierten und im ersten Fall auch auf Seiten von deren Kunden zu. Hingegen sehen sie es nicht als Aufgabe des Staates an, die Freiheit prostitutiver Betätigung über deren blosse Tolerierung hinaus zu unterstützen. Denn der Staat habe mit Blick auf das Wohlergehen der gesamten Gesellschaft, ausgehend von einer Wertehierarchie, eine Priorisierung von Rechten vorzunehmen und sich danach auszurichten.[116] Das ist aus dieser Sicht im Fall der Prostitution umso mehr angezeigt, als es nicht um eine Priorisierung verschiedener Rechte mit positiven Effekten geht, sondern darum, negative Auswirkungen abzuwenden.

> „Admettre qu'une pratique ayant autant d'effets négatifs sur des millions de personnes puisse être ‚choisie' et adoptée ‚librement' par un certain nombre d'entre elles ne signifie nullement qu'il faille l'institutionnaliser et la protéger à tout prix. Il est clair qu'une perspective individualiste et étroite, fondée sur une perversion du sens des droits et libertés qui méritent d'être défendus, conduit à des aberrations, car elle occulte totalement d'autres dimensions humaines et sociales du phénomène."[117]

Aus der Perspektive jener, die für eine Regulierung eintreten, schränkt eine solche Sicht die individuelle Freiheit zu stark ein und bedeutet eine unzulässige Einmischung von Seiten des Staates, der sich in modernen Gesellschaften einer Wertpräferenz enthalten müsse. Was die negativen Auswirkungen der Prostitution anbelangt, soll dem gerade mit dem Mittel der Regulierung begegnet werden.

Die Forderung nach einer gewissen Wertneutralität des Staates wird im Grundsatz auch aus theologisch-ethischer Sicht anerkannt, nämlich im Rahmen der Menschenwürde

[115] Susanne Dodillet, Prostitutionspolitik in Deutschland und Schweden, 108, die die grüne Politikerin Irmingard Schewe-Gerigk in ihrer Rede vor dem Bundestag am 11. Mai 2001 zitiert.

[116] Vgl. zu dieser Position Yolande Geadah, La prostitution, 275-276.

[117] Übersetzung: „Zuzugeben, dass eine gewisse Anzahl Menschen eine Praxis, die so viele negative Folgen für Millionen von Menschen hat, ‚wählt' und ‚frei' ausübt, bedeutet keineswegs, dass man diese institutionalisieren und um jeden Preis schützen sollte. Es ist klar, dass eine individualistische und enge Perspektive, die auf einer Perversion des Sinns der Rechte und Freiheiten beruht, die verdientermassen verteidigt werden, zu Widersinnigkeiten führt, weil sie andere menschliche und soziale Dimensionen des Phänomens völlig ausblendet." (Yolande Geadah, La prostitution, 251.)

und den darauf beruhenden Menschenrechten. In Bezug auf die individuelle Freiheit bedeutet das, dass diese weder eine absolute Geltung beanspruchen noch auf wirtschaftliche Aspekte eingeschränkt werden darf. Dies droht aber bei jener Position, die die Prostitutionstätigkeit als Arbeit wie jede andere bewertet und behandelt haben will. Den Vertreterinnen und Vertretern dieser Richtung ist weiter das Faktum eines möglichen kumulativen negativen Effekts individueller Handlungen auf das soziale Gefüge in Erinnerung zu rufen, das gleichermassen im Fall der Prostitution zutrifft und folglich eine reine Wertabstinenz des Staates selbst im Bereich der Sexualität verunmöglicht. Abgesehen davon liesse sich das generell nicht durchhalten, weil jeder politische Entscheid, in einer Angelegenheit so oder so zu handeln, auf einer mit einer Güterabwägung verbundenen Wertpräferenz beruht. Das spricht nun keineswegs gegen eine Politik der Regulierung, jedoch gegen eine Verabsolutierung der Position ‚Pro Sexarbeit', vor allem wenn sie noch auf eine moralische Neubewertung der Prostitution zielt. Letztgenannte Position vertritt im Grunde genommen genau das, was sie bekämpft: dass der Staat nach einer bestimmten Wertpräferenz handeln soll.

Eine unterschiedliche Auffassung besteht nicht nur darüber, wie weit die Schutzpflicht des Staates gegenüber der individuellen Freiheit in sexuellen Belangen reicht, sondern wieweit persönliche Freiheit überhaupt vorhanden ist. Während die abolitionistische Position auf die Notwendigkeit des Gelderwerbs und die diesbezüglich eingeschränkten Möglichkeiten für Frauen verweist und diesen Umstand als Unfreiheit wertet und deshalb grundsätzlich eine Unterscheidung zwischen freier und erzwungener Prostitution ablehnt, lässt sich aus der Sicht derjenigen, die für eine (staatliche) Regulierung eintreten, den Prostituierten selbst ein Minimum an Freiheit nicht generell absprechen. In diesem Sinn gibt es von staatlicher Seite keinen Schutz vor sich selbst ausser in schwerwiegenden Fällen.

> „Es ist nicht Aufgabe des Staates, Menschen vor den Folgen ihrer Lebensentscheidungen zu bewahren, die sie in freier Selbstverantwortung getroffen haben. Freiwilligkeit bedeutet in Zusammenhang mit dem sexuellen Selbstbestimmungsrecht, dass Individuen frei über das ‚Ob', das ‚Wann' und das ‚Wie' einer sexuellen Begegnung entscheiden können."[118]

Wie das Zitat aus dem Bericht der Bundesregierung Deutschlands antönt, ist nicht auszuschliessen, dass sich Frauen – unabhängig davon, wie frei (der Handlungsspielraum der jeweiligen Frau ist abhängig von der Lage, den persönlichen Ressourcen, den Chancen auf dem Arbeitsmarkt etc.) sie sich für die Prostitutionstätigkeit entschieden haben – in eine Situation der Unfreiheit hineinmanövrieren bzw. sich darin wiederfinden können. Unfreiheit meint in diesem Kontext nicht eine von Dritten verursachte Zwangslage, die zu Recht strafrechtlich sanktioniert würde, sondern eine Befindlichkeit psychischer Art, die Lage in Bezug auf die Lebens- und/oder Arbeitssituation. Dennoch kann es angesichts dessen nicht Aufgabe des Staates sein, Frauen aktiv, d. h. mit Zwang, von der Prostitution abzuhalten (was nicht heisst, dass damit präventive Massnahmen ausgeschlossen sein sollten) oder daraus herauszuholen. Beides käme einer Bevormundung

[118] Bericht der Bundesregierung zu den Auswirkungen des Gesetzes zur Regelung der Rechtsverhältnisse der Prostituierten (Prostitutionsgesetz – ProstG), 8.

gleich und wäre zudem nicht durchführbar. Im Sinn der Schutzfunktion, die Unterstützung in Notlagen bietet, der sozialen Gerechtigkeit, die auf eine Verbesserung der Chancen und Partizipationsmöglichkeiten hinzielt und dabei das Anliegen der Gleichstellung der Geschlechter verfolgt, der Aufgabe, den sozialen Zusammenhalt zu fördern, sowie weiteren leitenden Prinzipien hat der Staat für den genannten Fall adäquate, leicht zugängliche Unterstützungsangebote bereitzuhalten bzw. gemäss Subsidiaritätsprinzip entsprechende Stellen damit zu beauftragen.

Dass im Fall einer staatlichen Regulierung der Prostitution der Nachweis von ausgeübtem Zwang/auferlegter Unfreiheit durch Dritte nur schwer zu führen ist, wie es abolitionistische Kreise wie z. B. die Organisation SOLWODI (Solidarity with women in distress bzw. Solidarität mit Frauen in Not)[119] monieren, und dass damit sozusagen doppeltes Unrecht droht, ist hingegen ernst zu nehmen. Eine Verbesserung des Schutzes ist allerdings nicht nur von einer effektiveren Strafverfolgung der Täter abhängig zu machen, sondern wäre auf die staatliche Opferhilfe und Unterstützungsmassnahmen auszudehnen, die unabhängig von einem richterlichen Urteilsspruch situationsadäquat zu gewähren sind. Dies wäre ein anderes Zeichen der Anerkennung, dass den betroffenen Frauen Unrecht geschehen ist, und würde ebenfalls zu deren Empowerment beitragen.

Neben der berechtigten Sorge um den tatsächlich bestehenden Handlungsspielraum ist nicht zu vergessen, dass missliche Umstände je nach Situation und Verfassung der jeweiligen Frau auch das Potential einer Entfaltungsmöglichkeit bergen – allen Widerwärtigkeiten zum Trotz. Daran lässt sich für die Frauen selbst wie für allfällig sie unterstützende Personen und Institutionen positiv anknüpfen.

> „[Die] Kontextualisierung von Prostitution in kapitalistischen und staatlich-patriarchalen Ausbeutungs- und Unterdrückungsverhältnissen heisst freilich nicht, dass Prostitution nicht Ausgangspunkt für divergente und widerständige Lebens- und Arbeitsentwürfe sein kann: Sie kann einerseits zur Aufrechterhaltung von Abhängigkeit, beispielsweise von Drogen, Zuhältern, Bar- oder Bordellbesitzer/-inne/-n und Frauenhändlern, beitragen, sie kann andererseits aber auch Ausgangspunkt für Freiheitsentwürfe sein – so wie jede andere in Wert gesetzte Arbeit auch."[120]

Die Auseinandersetzung um das Verständnis und die Reichweite von Freiheit zeigt sich ebenfalls in der Frage nach der Verfügungsmacht über den eigenen Körper. Während die abolitionistische Seite von einer Unverfügbarkeit des Körpers ausgeht, die es zu schützen gilt, beansprucht eine liberale und für eine Regulierung eintretende Sicht eine je nach Ausprägung unterschiedlich starke Verfügungsmacht über den eigenen Körper, die vom Staat anerkannt werden soll. Aus abolitionistischer Sicht darf aber ein Staat keinesfalls zulassen, dass der menschliche Körper und im Fall der Prostitution konkret der Körper von Frauen und Kindern zur Handelsware gemacht werden kann. Obwohl sich in der philosophisch-ethischen Diskussion die These einer grundsätzlichen Unverfügbarkeit und damit verbunden einer nur begrenzten Verfügungsmächtigkeit über den eigenen Körper plausibilisieren liess,[121] ist daraus noch keine bestimmte Politik abzuleiten. Viel-

[119] In Deutschland wurde SOLWODI 1988 von Sr. Lea Ackermann gegründet und ist dort zu einer anerkannten Institution geworden, die Frauen in der Prostitution, dabei insbesondere Opfer von Menschenhandel, betreut.

[120] Birgit Sauer, Zweifelhafte Rationalität, 78.

[121] Vgl. Kap. 5.4.

mehr eröffnet sich ein politisch und rechtlich zu gestaltendes Spannungsfeld, wie dies in anderen Fragen, die den Umgang mit dem menschlichen Körper betreffen, zum Ausdruck kommt. Beispiele hierfür sind u. a. das Verbot des Rauchens, des Organhandels, der Kinderarbeit, die zur Zeit (in der Schweiz und anderswo) heftig umstrittene Sterbehilfe oder die strafrechtliche Regelung der Abtreibung.

Ein demokratischer Rechtsstaat basiert auf der wechselseitigen Anerkennung seiner Bürgerinnen und Bürger als Freie und Gleiche. Dies gilt vom Prinzip her ohne Unterschied, ist aber je nach Kontext in Erinnerung zu rufen und entsprechend umzusetzen. Sozusagen ein Dauerbrenner ist dabei das Geschlechterverhältnis, das aufgrund des genannten Prinzips hin zu einer Gleichstellung der Geschlechter verändert werden soll. Aus der Sicht der abolitionistischen Position widerspricht aber die im prostitutionellen Setting aushandelbare Verfügbarkeit über den weiblichen Körper (zum Zweck des Erwerbs einer sexuellen Dienstleistung) einem egalitären Geschlechterverhältnis. Demgegenüber betrachten jene, die für eine Regulierung der Prostitution eintreten, eine anderen Erwerbsarbeiten analoge Behandlung der Prostitutionstätigkeit als Fortschritt in Richtung grösserer Geschlechtergerechtigkeit. Sicherheit am Arbeitsplatz und sozialversicherungsrechtliche Absicherung müssten auch für Prostituierte gelten, die ja mit ihrer Tätigkeit de facto wie andere ihren Lebensunterhalt verdienen.

Aus abolitionistischer Sicht darf eine die Menschenwürde verletzende Tätigkeit aus grundlegenden Gründen nicht wie eine Erwerbsarbeit behandelt werden. Selbst wenn man dem im Grundsatz zustimmt, stellt sich die Frage, ob das Strafrecht dazu das richtige Mittel ist. Lässt sich mittels Strafrecht eine grössere Geschlechtergerechtigkeit durchsetzen, indem Dritte, die von der Prostitutionstätigkeit anderer profitieren, belangt oder zusätzlich Kunden so zur Verantwortung gezogen werden? Solange die (mehr oder weniger) frei ausgeübte Prostitutionstätigkeit nicht als Verletzung der Menschenwürde empfunden wird, die von Staats wegen zu verfolgen ist, sondern als persönliche Entscheidung, die zu respektieren ist, vermag das Strafrecht ohnehin nicht, eine Änderung der Moral zu bewirken, wie dies oft unterstellt wird.

8.3.3.2 Herausforderungen für eine zu verantwortende Prostitutionspolitik

Der Abolitionismus lehnt eine staatliche Regulierung der Prostitution nicht zuletzt deswegen ab, weil damit eine Anerkennung der Prostitution durch den Staat verbunden ist. Das ist nicht von der Hand zu weisen, wie das Beispiel der Abtreibung zeigt, wobei gerade dieses Beispiel deutlich macht, dass die Frage der Anerkennung differenziert zu betrachten ist. Darum besteht die Herausforderung darin, zu einer Prostitutionspolitik zu finden, die die Prostitution von staatlicher Seite her zwar nicht gutheisst, sie aber respektiert, wenn sie von Erwachsenen frei ausgeübt wird. Der Respekt kann sich jedoch nicht auf ein blosses Tolerieren beschränken, das im Endeffekt darauf hinausliefe, die Prostituierten sich selbst zu überlassen, solange sie in diesem Gewerbe tätig sind. Strukturelle Massnahmen sind daher unerlässlich.

Jene, die eine abolitionistische Position vertreten, befürchten, dass eine staatliche Regulierung einen Ausweitungseffekt nach sich zieht. Am meisten wird dabei die Annahme geäussert, dass dies zu einer Zunahme der Prostitutionstätigkeit und in der Konsequenz zu einem unbarmherzigen und für die Frauen fatalen Konkurrenzkampf führen würde. Eine weitere Befürchtung besteht darin, dass eine Kommerzialisierung sexueller Handlungen (schleichend) in anderen Bereichen Einzug halten würde. In Bezug auf Ersteres gilt es, um der Humanität willen mögliche negative Folgen des Marktes abzufedern, die sich im Spiel von Angebot und Nachfrage ergeben können. Was die Ausweitung auf weitere Bereiche anbelangt, besteht die Herausforderung darin, den Schutz der sexuellen Integrität so auszugestalten, dass mit der Kommerzialisierung der Sexualität, die im Fall der Prostitution zugelassen wird, keine Ansprüche von Seiten Dritter verbunden werden können. Das ist nicht nur zum Schutz der Prostituierten selbst notwendig, sondern verhindert auch eine Ausweitung in andere Bereiche.

Im Hinblick auf das staatliche Ziel einer Gleichstellung der Geschlechter ist die Prostitutionspolitik so auszugestalten, dass sie diesem Ziel zumindest nicht zuwiderläuft. Dazu gehört, deutlich zu machen, dass der Erwerb sexueller Dienstleistungen zwar zugelassen ist, aber darauf weder ein einklagbares noch ein moralisch legitimiertes Recht besteht. Darüber hinaus ist es notwendig, zu einer kritischen Auseinandersetzung mit dem Phänomen der Prostitution beizutragen.

> „Im Übrigen ist es Aufgabe aller gesellschaftlichen Kräfte, auch die problematischen Auswirkungen der Kommerzialisierung von Sexualität auf die in der Gesellschaft präsenten Bilder von Geschlechterrollen und deren nachteilige Auswirkungen auf das Ziel einer gleichberechtigten Partnerschaft in den Blick zu nehmen und Jungen und Männer im Rahmen einer wertbezogenen Diskussion für ihre diesbezügliche Verantwortung zu sensibilisieren.“[122]

Eine menschenwürdige und sozialverträgliche Prostitutionspolitik hat schliesslich die Aufgabe, einen Ausgleich zwischen dem berechtigten Schutz der Freiheit und Menschenwürde der Prostituierten sowie der ebenso berechtigten Sorge um ein freiheitliches und friedliches Zusammenleben zu finden. In der Katholischen Soziallehre entspricht das der Überzeugung, dass Personprinzip und Gemeinwohl zusammengehören.

[122] Bericht der Bundesregierung zu den Auswirkungen des Gesetzes zur Regelung der Rechtsverhältnisse der Prostituierten (Prostitutionsgesetz – ProstG), 10.

9. Erfahrungen mit unterschiedlichen Prostitutionspolitiken

In Europa gelten die Niederlande und Deutschland auf der einen sowie Schweden auf der anderen Seite als herausragende Beispiele von Prostitutionspolitiken, die von völlig unterschiedlichen Voraussetzungen ausgehen und deswegen nicht unumstritten sind.[1] Bemerkenswert ist im Fall dieser drei Staaten, dass sie sich fast zur selben Zeit nach jahrelanger (!) Debatte und beeinflusst von entsprechenden Forderungen von Frauen dafür entschieden haben, Prostitution als Arbeit aufzufassen und zu behandeln bzw. dies im Fall von Schweden gerade nicht zu tun, sondern als Ausdruck eines ungleichen Geschlechterverhältnisses aufzufassen, das der allgemein verfolgten Gleichstellungspolitik widerspricht. Dafür aber beide Seiten, d. h. die Prostituierte und ihr Kunde, zu belangen, wäre nach Meinung der Mehrheit ungerecht, weil das der strukturell schwächeren Position der Frau nicht Rechnung tragen würde. In der Konsequenz werden in Schweden nur diejenigen zur Verantwortung gezogen, die sexuelle Dienstleistungen nachfragen (in Schweden ist vor allem die heterosexuelle Prostitution im Blick, bei der sich die Männer als Kunden betätigen), oder Drittpersonen, die daraus für sich Profit ziehen (Letzteres war bereits früher nicht erlaubt).

Soziale und politische Konstellationen haben die jeweilige Entscheidung ermöglicht. Damit ist aber die Debatte um eine angemessene Prostitutionspolitik nicht beendet, die nicht nur national, sondern auch auf europäischer und weltweiter Ebene Gegenstand der Auseinandersetzung bleibt. In den letzten Jahren war das insbesondere im Zusammenhang mit dem Problem des Frauen- und Menschenhandels der Fall. Höchst umstritten ist, welcher Prostitutionspolitik der Vorzug zu geben ist. Neben grundsätzlichen Erwägungen zu den Grundannahmen der jeweiligen Prostitutionspolitik, die in Kapitel 8 reflektiert wurden, stellt sich die Frage, welche Prostitutionspolitik sich bislang bewährt hat bzw. woran es liegt, wenn die intendierten Ziele nicht erreicht wurden.

Im Folgenden geht es nicht um einen Überblick über die Prostitutionspolitiken in Europa,[2] sondern um die Diskussion von getroffenen Regelungen an ausgewählten Beispielen.

9.1 Abolitionistische und neo-abolitionistische Politik

9.1.1 Zum „Modell Schweden"

Die Debatte um Prostitution zeichnet sich in Schweden dadurch aus, dass Prostitution als Folge einer patriarchalen Geschlechterordnung und als eine Form von Gewalt an

1 Die verschiedenen Prostitutionspolitiken werden in ihren Grundzügen in Kap. 8.3.2.2-8.3.2.5 dargelegt.

2 Vgl. diesbezüglich in unterschiedlicher Ausführlichkeit und Schwerpunktsetzung: Fondation Scelles, La prostitution adulte en Europe (aus einer explizit abolitionistischen Perspektive); die Beiträge in: Joyce Outshoorn (Hrsg.), The Politics of Prostitution. Women's Movements, Democratic States and the Globalisation of Sex Commerce; Yolanda M. Koller-Tejeiro, Die rechtliche Lage der Prostitution in Europa; die Beiträge in: Emilija Mitrović (Hrsg.), Prostitution und Frauenhandel.

Frauen verstanden wird.[3] Sie mündete schliesslich Ende der 1990er Jahre in ein Gesetzespaket, das nebst anderem den Kauf von sexuellen Dienstleistungen verbietet. Schweden stellt sich damit gegen liberale Tendenzen in der EU und sieht darin ein Mittel, Frauenhandel in die Prostitution unattraktiv zu machen.[4] Mit der Öffnung Osteuropas stieg auch in Schweden anfangs der 1990er Jahre die Anzahl ausländischer Frauen, die der Prostitution nachgingen und als Opfer von Frauenhandel begriffen wurden. Mit dem neuen Gesetz, das am 1. Januar 1999 in Kraft getreten ist, wollte man nicht nur die Prostitution über eine Steuerung der Nachfrage eindämmen – die in Schweden gemäss Schätzungen ohnehin in geringerem Umfang vorhanden war als beispielsweise in den Niederlanden oder Deutschland[5] –, sondern auch ein Zeichen setzen. Maria-Pia Boethius, eine namhafte Verfechterin der Gleichstellung von Mann und Frau in Schweden, drückt das folgendermassen aus:

> „Der Gedanke, dass gewisse Frauen zu kaufen seien, wurde immer weniger akzeptabel. Es wird viel Zeit vergehen, bevor sich diese Sicht durchsetzt; das Allerwichtigste aber ist der Symbolwert und die Schaffung eines Tabus, das es immer hätte geben sollen: Die Sexualität eines anderen Menschen, die von Frauen, Männern oder Kindern, soll niemand kaufen dürfen. Das passt nicht zu einer Demokratie."[6]

Was wurde bislang erreicht? Eine Umfrage zwei Jahre nach in Kraft Treten des neuen Gesetzes zeigt eine breite Akzeptanz[7] und gemäss aktueller Einschätzung einer Zeitungskorrespondentin „gehört der Kauf von sexuellen Dienstleistungen heute im allgemeinen nicht mehr zu den Kavaliersdelikten"[8]. Konkrete Auswirkungen, beispielsweise in Form einer Abnahme der Prostitution sind ohnehin schwierig auszumachen. Eine Umfrage bei Stellen, die in verschiedener Hinsicht mit Prostitution zu tun haben (wie Beratungsstellen oder Polizei), kristallisiert folgende Einschätzung heraus: eine Abnahme der Strassenprostitution (Prostituierte, Kunden und Kundenverkehr) in den Städten Stockholm, Göteborg und Malmö, unklar scheint hingegen, ob insgesamt eine Abnahme zu verzeichnen ist oder ob das durch andere Prostitutionsformen kompensiert wird. Die Zunahme an Kundenkontakten via Handy oder Internet wird weniger einer dem neuen Gesetz geschuldeten Verlagerung zugeschrieben als einer auch anderswo beobachtbaren Veränderung im Prostitutionsgewerbe.[9] Andere vermuten eine Verlagerung der Prostitu-

[3] Yvonne Svanström zeichnet in ihrem Artikel „Criminalising the john – a Swedish gender model?" die Debatte in Schweden nach. Vgl. hierzu auch Maria-Pia Boethius, Das Ende der Prostitution in Schweden?. Susanne Dodillet vergleicht in ihrem Artikel „Prostitutionspolitik in Deutschland und Schweden" die jeweiligen Hintergrundannahmen.

[4] Letzteres motiviert auch eine entsprechende Gesetzgebung in Norwegen, die noch im Parlament diskutiert werden muss und nach Planung des Justizministers auf den 1. Januar 2009 in Kraft treten sollte. Vgl. den Bericht von Luise Steinberger unter dem Titel „Norwegen schickt Freier ins Gefängnis".

[5] Vgl. Judith Kilvington/Sophie Day/Helen Ward, Prostitution Policy in Europe: A Time of Change?, 82.

[6] Maria-Pia Boethius, Das Ende der Prostitution in Schweden?, 10.

[7] Vgl. Maria Jacobson, Why do men buy sex? The Interview: Professor Sven-Axel Månsson, Sweden, 24.

[8] Luise Steinberger, Norwegen schickt Freier ins Gefängnis.

[9] Vgl. den vom National Board of Health and Welfare herausgegebenen Bericht *Prostitution in Sweden 2003*, 7-8, 23-29.

tion zu Formen, die weniger sichtbar sind, bis hin zum Ausweichen in Nachbarstaaten.[10] Gemäss polizeilichen Erkenntnissen ist das Geschäft mit dem Menschen- bzw. Frauenhandel weniger lukrativ geworden und scheint sich dafür mehr auf Norwegen und Dänemark zu konzentrieren.[11] Ob die beobachtete Zunahme des Frauenhandels mit russischen Frauen im Norden Schwedens und Finnlands auf eine gegenläufige Tendenz verweist oder lediglich Ausdruck einer Verlagerung in ländliche Regionen bedeutet, lässt sich nicht entscheiden.[12] Schwieriger scheint sich die Verfolgung von Prostitutionskunden zu gestalten. Einerseits liegt das in der Sache selbst begründet, müssen doch diese auf frischer Tat ertappt werden. Andererseits ist das zumindest anfänglich auch auf eine inkonsequente Umsetzung zurückzuführen, weil Polizei wie Gerichte die Kunden auf verschiedene Weise schonten und dabei nach Auffassung des Soziologen Sven-Axel Månsson Solidarität unter Männern an den Tag legten.[13] Zudem wird von Seiten jener, die dem neuen Gesetz kritisch gegenüberstehen, darauf verwiesen, dass „[d]urch Repression und Kriminalisierung [...] neue Formen von Abhängigkeiten geschaffen" würden und „neue Kriminalitätsformen wie z. B. die Erpressbarkeit von Kunden, ein höheres Gefahrenrisiko für Prostituierte, die Zunahme von Zuhältern, die als Kontaktperson für Kunden dienen und Wohnungen beschaffen"[14], entstünden.

Schweden liess es aber nicht bei einem Verbot des Erwerbs sexueller Dienstleistungen bewenden. – Räumlichkeiten zur Prostitution zur Verfügung zu stellen und Zuhälterei bleiben weiterhin untersagt, was der bis anhin praktizierten abolitionistischen Regelung entspricht. – Flankierend gibt es Beratungsangebote für Prostitutionskunden und Unterstützungsangebote für Prostituierte, die aber nach Einführung des neuen Gesetzes weniger gut erreicht werden können. Nach Erfahrung der entsprechenden Stellen werden diese Angebote von jenen genutzt, für die die Prostitution ein Problem darstellt.[15]

9.1.2 Widersprüchlichkeiten am Beispiel Frankreichs

Nach Meinung der Fondation Scelles setzt sich der französische Staat zu wenig für Prävention und Wiedereingliederung von Prostituierten ein, obwohl er aufgrund entsprechender Gesetze dazu verpflichtet wäre. Die genannte Organisation wirft dem Staat zudem mangelnde Repression der Zuhälterei vor, dabei habe Frankreich eines der strengsten Gesetze. Sie rügt ebenfalls die Steuerbehörden, weil sie mit ihrer Haltung den Verbleib in der Prostitution begünstigen würden, obwohl gemäss Dekret der nationalen Steuerbehörde ein gewisser Erlass der Steuerschulden möglich wäre, wenn eine Frau nachweislich aus der Prostitution ausgestiegen ist.[16]

10 Vgl. Judith Kilvington/Sophie Day/Helen Ward, Prostitution Policy in Europe: A Time of Change?, 84-86; vgl. auch Emilija Mitrović, Modell Schweden: Strafe für Freier, 102.

11 Vgl. den vom National Board of Health and Welfare herausgegebenen Bericht *Prostitution in Sweden 2003*, 51.

12 Vgl. ebd., 51-53.

13 Vgl. Maria Jacobson, Why do men buy sex? The Interview: Professor Sven-Axel Månsson, Sweden, 24. Månsson hat sich selbst seit Jahren für eine Bestrafung der Prostitutionskunden eingesetzt.

14 Emilija Mitrović, Modell Schweden: Strafe für Freier, 102.

15 Vgl. den vom National Board of Health and Welfare herausgegebenen Bericht *Prostitution in Sweden 2003*, 57-58, 61; Judith Kilvington/Sophie Day/Helen Ward, Prostitution Policy in Europe: A Time of Change?, 85.

16 Vgl. Fondation Scelles, La prostitution adulte en Europe, 131-132.

Weit reichender als die mangelnde Unterstützung von Prävention und Wiedereingliederung wirkt sich das Verbot der Anwerbung von Prostitutionskunden in der Öffentlichkeit aus. Das Verbot wurde 2003 im Rahmen von Bestimmungen zur inneren Sicherheit erlassen und behandelt die öffentliche Anwerbung von Prostitutionskunden als schwerwiegendere Straftat, wird sie doch mit einer happigen Busse (3'750 Euro) oder zwei Monaten Gefängnis belegt. Das kommt einem Verbot der Outdoor-Prostitution bzw. des Strassenstrichs gleich, der in manchen Städten in der Folge abgenommen hat.[17] Nach Ansicht der Politikwissenschaftlerin Amy G. Mazur manifestiert sich darin die Widersprüchlichkeit zwischen der Legalität der Prostitution und den getroffenen gesetzlichen Bestimmungen.[18] Diese Inkohärenz scheint aber nicht einer falschen Politik geschuldet, sondern systembedingt zu sein. Denn der Rechtswissenschaftler Joachim Renzikowski hält einzig das Verbot und die Regulierung für in sich kohärente Systeme.[19]

9.2 Zur Politik der Regulierung

9.2.1 Beispiel Niederlande

Seit 1911 praktizierten die Niederlande ein abolitionistisches Regime, unterzeichneten die Konvention von 1949[20] aber nie. Bordelle[21] und Zuhälterei waren verboten.[22] Allerdings wandelte sich dieses Regime im Verlauf des 20. Jahrhunderts immer mehr zu einem regulierenden/reglementierenden, auch wenn dafür die gesetzliche Grundlage fehlte. Um das Prostitutionsgewerbe, das gleichwohl bestand, doch irgendwie lenken zu können, bezeichneten die Gemeindebehörden entsprechende Gebiete, wo es ausgeübt werden durfte, und liessen ebenfalls so genannt private Häuser zu. Bei moralisch umstrittenen Prob lemen praktizieren die niederländischen Behörden einen „pragmatischen und realistischen Umgang"[23]. Dieser reichte Ende der 1970er Jahre nicht mehr, als die Prostitution stark zunahm und zu Protesten der Anwohner führte. Deshalb wurde die Dachorganisation der Gemeindebehörden auf nationaler Ebene vorstellig und verlangte die Aufhebung des Verbots von Bordellen. Die Zunahme von ausländischen Prostituierten und das damit verbundene Problem des Frauenhandels sensibilisierte vor allem feministische Kreise und verstärkte den Handlungsdruck.

17 Vgl. Andrea Di Nicola et al., Study on National Legislation on Prostitution and the Trafficking in Women and Children, 23, 83, 86.

18 Vgl. Amy G. Mazur, Prostitute movements face elite apathy and gender-biased universalism in France, 124.

19 Vgl. Joachim Renzikowski, Reglementierung von Prostitution, 30.

20 Vgl. hierzu Kap. 8.3.2.1.

21 Unter Bordellen hat man sich nicht nur die berühmt berüchtigten Grossbordelle vorzustellen. In Deutschland gilt beispielsweise ein Etablissement ab drei Prostituierten als Bordellbetrieb.

22 Vgl. im Folgenden sowie ausführlicher zur Debatte und Entwicklung in den Niederlanden: Joyce Outshoorn, Voluntary and forced prostitution: the ‚realistic approach' of the Netherlands.

23 Im Original: „pragmatic and realistic approach". (Joyce Outshoorn, Voluntary and forced prostitution: the ‚realistic approach' of the Netherlands, 199.) Vgl. auch Chrisje Brants am Beispiel von Amsterdam in ihrem Artikel „The Fine Art of Regulated Tolerance: Prostitution in Amsterdam".

Ein Kennzeichen der Debatte in den Niederlanden ist die eingeführte Unterscheidung zwischen freiwilliger und erzwungener Prostitution. Zudem setzt sich die Auffassung durch, dass die Prostitutionstätigkeit weder als Übel noch als Folge männlicher Dominanz zu behandeln sei, sondern als eine Form von (Erwerbs-)Arbeit. Damit verbindet sich die Überzeugung, dass die Position der Prostituierten so am besten gestärkt werden könne. Kehrseite dieser Sicht ist eine veränderte Wahrnehmung der ausländischen Prostituierten, die nicht mehr länger als Opfer betrachtet werden, sondern als illegal Erwerbstätige. 1999 hob das niederländische Parlament das Verbot von Bordellen auf. Die Mehrheit lehnte es aber ab, zugleich den bereits im Land tätigen Prostitutierten aus Nicht-EU-Staaten eine Arbeitsbewilligung zu erteilen sowie generell die Möglichkeit dazu zu schaffen. Dafür wurden die Strafbestimmungen im Zusammenhang mit Menschenhandel verschärft und ein besserer Schutz für Opfer von Menschenhandel eingeführt.

Den Gemeindebehörden obliegt es nun, bei den Bordellen Standards in Bezug auf die Ausgestaltung des Arbeitsplatzes, die Hygiene und die Arbeitsbedingungen zu setzen sowie das Prostitutionsgewerbe auf ihrem Gebiet sozialverträglich zu regulieren. Zuständig für die Kontrolle sind verschiedene Behörden.

Die Prostitutionstätigkeit als Erwerbsarbeit zu begreifen, führt nicht nur dazu, dass nun – in einem vormals in einer Grauzone operierenden Bereich – offen eine Grenze zwischen legaler und illegaler Tätigkeit gezogen wird. Tendenziell gerät bei dieser Sichtweise die Verbindung mit dem Geschlecht sowie die Art der Arbeit, nämlich Sexualität beinhaltend, aus dem Blick. Letzteres rückte (in den Niederlanden) aber bei der Diskussion um die Prostitution Minderjähriger wieder ins Bewusstsein. Das Verbot der Prostitution Minderjähriger wurde damit begründet, dass ein fundamentaler Unterschied zwischen kommerzialisiertem Sex mit Minderjährigen und konsensuellem Sex unter ihnen bestehe.[24]

Wie hat sich die Situation nach Oktober 2000, als das Gesetz in Kraft getreten ist, entwickelt? Nach Einschätzung der Politikwissenschaftlerin Joyce Outshoorn behandelt die Polizei den Kampf gegen den Menschenhandel nicht prioritär und ist im Prostitutionsgewerbe eine Verlagerung der Bordell-Prostitution zu Escort-Service und Strassenprostitution zu beobachten, um der Kontrolle durch die Behörden zu entgehen.[25] Letzteres stimmt mit der kritischen Bilanz von Licia Brussa von der Organisation TAMPEP (Transnational AIDS/STD prevention amongst Migrant Prostitutes in Europe Project) überein, die drei Jahre nach Einführung des neuen Gesetzes von neuen Prostitutionsformen berichtet, die eher verdeckt bleiben wie z. B. die Prostitution in Diskotheken, Hotels oder privaten Wohnungen.[26] Wer sich nicht registrieren lassen will (weil eine Prostituierte beispielsweise anonym bleiben will) oder kann (wie Migrantinnen ohne Arbeitserlaubnis), sucht sich einen anderen Weg, was sich in einer erhöhten Mobilität der Prostituierten innerhalb der Niederlande und in die Nachbarstaaten niederschlägt.[27] Im

24 Vgl. Joyce Outshoorn, Voluntary and forced prostitution: the ‚realistic approach' of the Netherlands, 198-199.
25 Vgl. ebd., 203.
26 Vgl. Licia Brussa, Three years of Dutch legalization, 16.
27 Vgl. Judith Kilvington/Sophie Day/Helen Ward, Prostitution Policy in Europe: A Time of Change?, 86.

Gegenzug dazu besteht die Erwartung, dass jene, die sich registrieren lassen, von besseren Arbeitsbedingungen und einem verbesserten Schutz profitieren werden.[28] Doch auch in dieser Hinsicht zieht Brussa eine kritische Bilanz. Gemäss ihren Ausführungen ist das Arbeitsverhältnis zwischen Bordellbetreibern und Prostituierten nicht restlos geklärt und wird von Gemeinde zu Gemeinde verschieden gehandhabt. Die Gemeinden würden zudem versuchen, die Prostitution auf ihrem Gebiet einzudämmen.[29] Die jüngsten Bestrebungen in Amsterdam scheinen ihr diesbezüglich Recht zu geben.[30]

Dem neuen Gesetz wirft Brussa sodann Diskriminierung von Ausländerinnen vor, weil die Legalisierung der Prostitution nicht mit der Möglichkeit von Arbeitsbewilligungen für Migrantinnen aus Nicht-EU-Staaten verbunden ist und damit eine Ausnahme gegenüber anderen Tätigkeiten gemacht wird. Was den intendierten Kampf gegen den Frauen-/Menschenhandel anbelangt, ist sie skeptisch, da das Zeugenschutzprogramm für Opfer von Frauenhandel zu wenig attraktiv ist und deren Bedürfnisse zu wenig berücksichtigt.[31]

Eine weitere Folge der neuen Regelung besteht darin, dass Stellen, die Unterstützung bei sozialen und die Gesundheit betreffenden Problemen bieten, in den Niederlanden nur noch erschwerten Zugang zu Prostituierten finden, die nicht registriert sind; in Schweden ist das generell der Fall.[32]

9.2.2 Beispiel Deutschland

Am 1. Januar 2002 trat in Deutschland das „Gesetz zur Regelung der Rechtsverhältnisse der Prostitutierten (Prostitutionsgesetz – ProstG)“ in Kraft, das im Oktober 2001 vom Deutschen Bundestag verabschiedet worden war.[33] Damit verbindet sich die erklärte Absicht, die rechtliche und soziale Lage von Prostituierten zu verbessern. Im Zentrum stehen dabei jene Prostituierten, „die freiwillig ihren Lebensunterhalt durch Prostitution bestreiten“[34]. Der Erlass dieses Gesetzes ist einerseits davon motiviert, die vom Grundrecht geschützte Selbstbestimmung zu respektieren[35] und andererseits die rechtliche Diskriminierung dieser Tätigkeit zu beseitigen, dies aus grundsätzlichen Gründen und wegen den negativen Folgen für die Prostituierten. Wie in den Niederlanden setzt sich

28 Vgl. ebd., 89.

29 Vgl. Licia Brussa, Three years of Dutch legalization, 15. Eine Kritik, die von Petra Timmerman, Die Niederlande – Regulierung der Sexindustrie: Wer will uns da an die Wäsche?, 103, geteilt wird.

30 Vgl. vau. [René Vautravers], Sanierungspläne für Amsterdams Altstadt; René Vautravers, Rot-Grün will Amsterdam aufräumen.

31 Vgl. Licia Brussa, Three years of Dutch legalization, 16.

32 Vgl. Judith Kilvington/Sophie Day/Helen Ward, Prostitution Policy in Europe: A Time of Change?, 86.

33 Vgl. zum Werdegang des Gesetzes sowie zur adäquaten Auslegung: Margarete Gräfin von Galen, Rechtsfragen der Prostitution.

34 Bericht der Bundesregierung zu den Auswirkungen des Gesetzes zur Regelung der Rechtsverhältnisse der Prostituierten (Prostitutionsgesetz – ProstG), 6.

35 Vgl. die Erläuterung im Bericht der Bundesregierung zu den Auswirkungen des Gesetzes zur Regelung der Rechtsverhältnisse der Prostituierten (Prostitutionsgesetz – ProstG), 6: „[...] versteht der in Deutschland mit dem Prostitutionsgesetz eingeschlagene Weg Prostitution als vom Recht zu respektierende autonome Entscheidung, die aber typischerweise mit erheblichen Gefahren und Risiken behaftet ist“, wobei diese aber „wesentlich von den Bedingungen ab[hängen], unter denen [die Prostitutionstätigkeit, B.B.] ausgeübt wird.“

auch in Deutschland eine pragmatische Haltung und Umgangsweise durch. „Prostitution an sich wurde dabei als gegeben angesehen, das Gesetz strebte weder eine Abschaffung noch eine Aufwertung der Prostitution an.“[36]

Aus der genannten Perspektive folgt aber nicht, dass die Prostitution nun als „Beruf wie jeder andere“ betrachtet würde. Denn dies wird explizit ausgeschlossen.[37] Das zeigt sich ebenfalls im Entscheid des Bundestages, den Gesetzesvorschlag der PDS (Partei des Demokratischen Sozialismus)[38] abzulehnen, welche die Prostitution als ‚normale' Dienstleistung etablieren wollte, und statt dessen das vorliegende Prostitutionsgesetz anzunehmen.

Mit dem Prostitutionsgesetz ist eine Verbesserung der Verhältnisse von Prostituierten intendiert, was konkret Folgendes beinhaltet:

- Neu soll eine Prostituierte eine allfällig vorenthaltene Entlöhnung vor Gericht einklagen können. Möglich wird das dadurch, dass die Prostitutionstätigkeit rechtlich nicht mehr als sittenwidrig bewertet wird und deshalb neu zu einem wirksamen Rechtsgeschäft wird.
- Die Ermöglichung von Anstellungsverhältnissen, um so einen verbesserten Zugang zu Krankenversicherung und Sozialversicherungen zu schaffen.
- Die Ermöglichung von Anstellungsverhältnissen soll zu einer Verbesserung der Arbeitsbedingungen und damit auch der Gesundheit von Prostituierten führen.
- Ein erleichterter Ausstieg aus der Prostitutionstätigkeit.
- Eine Reduktion der kriminellen Begleiterscheinungen.

Daran anschliessend stellt sich nun die Frage, ob sich die mit dem neuen Gesetz verknüpften Erwartungen erfüllt haben.

Nach den Erkenntnissen der Sozialwissenschaftlerin Emilija Mitrović, die im Auftrag der Gewerkschaft ver.di in den Jahren 2003/04 die Auswirkungen des Prostitutionsgesetzes untersucht hat, sind diese mehr auf der symbolischen als auf der praktischen Ebene anzusiedeln.

> „Das neue Gesetz zur Verbesserung der rechtlichen und sozialen Lage von Prostituierten, bedeutet für diese einen positiven ersten Schritt im Sinne der Anerkennung ihrer Tätigkeit und der Garantie ihrer Rechte in sozialen und arbeitsrechtlichen Bereichen.“[39]

> „[D]as Prostitutionsgesetz ist ein richtiger Schritt, wenn es darum geht, die gesellschaftliche Doppelmoral in Bezug auf die in der Prostitution Tätigen abzubauen. Eine wirkliche Veränderung in der Arbeitsrealität der SexarbeiterInnen hat durch das Gesetz nicht stattgefunden.“[40]

36 Bericht der Bundesregierung zu den Auswirkungen des Gesetzes zur Regelung der Rechtsverhältnisse der Prostituierten (Prostitutionsgesetz – ProstG), 6.

37 Vgl. dazu ebd.: „Prostitution sollte allerdings kein ‚Beruf wie jeder andere' werden.“

38 Vgl. Drucksache 14/4456 des Deutschen Bundestags. Susanne Baer, auf öffentliches Recht spezialisierte Rechtswissenschaftlerin, spricht sich aus grundsätzlichen Erwägungen gegen den Gesetzesvorschlag der PDS aus: „Prostitution im allgemeinen Vertragsrecht anzuerkennen, macht Intimität, Sexualität und den Körper zu einer Ware, was nicht zuletzt in Zeiten intensiver Diskussion um Organhandel und den Schutz körperlicher Integrität bedenklich erscheint.“ (Dies., Anmerkungen zum Urteil des VG Berlin vom 1.12.2000, 20.)

39 Emilija Mitrović, Der gesellschaftliche Umgang mit Prostitution in Deutschland, 261.

Die weitgehende praktische Wirkungslosigkeit führt Mitrović auf verschiedene Gründe zurück. Auf der einen Seite gibt es auf institutioneller Ebene eine uneinheitliche Praxis. So erfolgt die Umsetzung in den einzelnen Bundesländern höchst unterschiedlich,[41] nicht zuletzt deswegen, weil das Bundesparlament keine Durchführungsbestimmungen erlassen hat. Nach Ansicht von Renzikowski, der im Auftrag der Bundesregierung ein Rechtsgutachten zum Prostitutionsgesetz verfasst hat, scheint die Rechtslage hingegen aus rechtssystematischen Gründen klar zu sein.[42] Aus dieser Perspektive braucht es beispielsweise keine eigenen Ausführungsbestimmungen für das Gaststättenrecht. Dieses müsste dem verabschiedeten Prostitutionsgesetz entsprechend, das übergeordnet sei, angepasst werden. Insofern befinden sich diejenigen Bundesländer, die (z. B. beim Gaststättenrecht) an der alten gesetzlichen Regelung festhalten, im Unrecht.[43] Auch dem Argument einer bestehenden Rechtsunsicherheit, insbesondere in Bezug auf den Straftatbestand der Zuhälterei – konkret, wie der nicht veränderte § 181a Abs. 1, Nr. 2 StGB neu zu interpretieren sei –, widerspricht Renzikowski mit Verweis auf die vom Gesetzgeber intendierte restriktive Auslegung.[44]

Auf der anderen Seite bestehen Vorbehalte auf persönlicher Ebene. Sich gegenüber Behörden und im privaten Umfeld als Prostituierte zu ‚outen', stösst in verschiedener Hinsicht auf Ablehnung. Als Grund, anonym bleiben zu wollen, wird beispielsweise angeführt, dass Prostituierte ein Doppelleben führen, der Tätigkeit nur für kurze Zeit nachgehen wollen oder dass nach wie vor Vorurteile ihnen gegenüber bestünden. Aber auch handfeste materielle Gründe sind mit im Spiel. So wollen manche Frauen keine Abgaben zahlen.[45] Denn zusätzliche Abgaben für Sozialversicherungen und Steuern schmälern den Verdienst, der nach Auskunft von Mitrović ohnehin nicht hoch sei und im Durchschnitt im Monat unter 1'500 Euro liege.[46] Selbst wenn die Frauen gewillt sind, neu diese Abgaben zu leisten, sehen sie sich Schwierigkeiten gegenüber, weil bei den Steuern und Sozialversicherungen rückwirkende Forderungen erhoben werden können. Um diesbezüglich Rechtssicherheit zu schaffen, treten Prostituiertenorganisationen für die Einführung einer Stichtagsregelung ein.[47] Konkret sollten die Finanzämter auf Forde-

[40] Emilija Mitrović, Arbeitsplatz Prostitution: Auswertung der Feldstudie „Veränderungen im Umgang mit Prostitution seit dem Inkrafttreten der neuen Gesetzgebung am 1.1.2002", 115.

[41] Vgl. die Ergebnisse der Untersuchung in den „fünf deutschen Grossstädten Berlin, Hamburg, Dresden, Dortmund und Stuttgart" sowie ergänzender „Befragungen in Bremen und Leipzig" (S. 36-37) bei ebd., 44-105. Vgl. zur Umsetzung des Prostitutionsgesetzes auch die verschiedenen Beiträge des Fachgesprächs im Deutschen Bundestag, das die Fraktion „Bündnis 90/Die Grünen" am 16. August 2004 durchgeführt hat, publiziert in: „Auf dem Prüfstand: Das Prostitutionsgesetz".

[42] Vgl. Joachim Renzikowski, Reglementierung von Prostitution: Ziele und Probleme – eine kritische Betrachtung des Prostitutionsgesetzes.

[43] Vgl. ebd., 34-35 (Nr. 62), 38-40 (Nr. 75-79).

[44] Vgl. ebd., 10 (Nr. 10), 35 (Nr. 63), 41 (Nr. 83), 43 (Nr. 89). Vgl. auch Bericht der Bundesregierung zu den Auswirkungen des Gesetzes zur Regelung der Rechtsverhältnisse der Prostituierten (Prostitutionsgesetz – ProstG), 40-42.

[45] Vgl. zu den persönlichen Gründen: Emilija Mitrović, Arbeitsplatz Prostitution: Auswertung der Feldstudie „Veränderungen im Umgang mit Prostitution seit dem Inkrafttreten der neuen Gesetzgebung am 1.1.2002", insb. 105.

[46] Vgl. ebd., 22.

[47] Vgl. das Beispiel eines Prostituiertenprojekts in Hamburg bei ebd., 68.

rungen verzichten, „die vor dem Inkrafttreten des ProstG möglicherweise entstanden sind“[48]. Dagmar Kaltenmark, Mitarbeiterin bei der Prostituiertenorganisation Kassandra e. V. begründet dies folgendermassen:

> „Was an Sonderregelungen für grosse hinterzogene Auslandsvermögen möglich war, sollte eigentlich für eine stigmatisierte und finanziell oftmals am Existenzminimum lebende Minderheit erst recht unproblematisch sein.“[49]

Demgegenüber lehnt Ingetraud Meurer vom Bundesministerium für Finanzen diese Forderung aus Gründen der Gerechtigkeit ab, denn „[d]ies wäre eine sachlich in keiner Weise zu rechtfertigende Bevorzugung gegenüber allen anderen Steuerpflichtigen, die ihren steuerlichen Pflichten ordnungsgemäss nachkommen.“[50]

Parallel zur Verabschiedung des Prostitutionsgesetzes wurde die Bundesregierung angewiesen, nach Ablauf von drei Jahren Bericht zu erstatten über die Auswirkungen des Gesetzes. Dieser wurde anfangs 2007 vorgelegt. Er basiert auf verschiedenen Gutachten, die in Auftrag gegeben worden waren, und kommt zu ähnlichen Ergebnissen. Im Folgenden greife ich einige Aspekte heraus, die mir wichtig erscheinen und in Bezug zu den bereits genannten Erwartungen an das Prostitutionsgesetz sowie die bei Mitrović zusammengetragenen Erfahrungen zu sehen sind.

Dass Prostituierte noch kaum Gebrauch von ihrem Recht gemacht haben, eine ausstehende Bezahlung durch die Kunden gerichtlich einzufordern, schreibt die Bundesregierung der Praxis der Vorkasse zu. Deswegen sei die neue Regelung aber nicht unnütz, sondern würde die Position der Prostituierten stärken.[51]

Was die Frage der Sittenwidrigkeit anbelangt, hält die Bundesregierung fest, dass sie diese mit dem Prostitutionsgesetz in Bezug auf die Prostitution generell als aufgehoben betrachtet, aber konstatieren muss, dass sich dies bislang nicht wie intendiert auch in den übrigen Bereichen (z. B. Gaststätten- oder Gewerberecht) durchgesetzt hat.[52]

Die neu ermöglichte Schaffung abhängiger Beschäftigungsverhältnisse hat nicht nur kaum Resonanz gefunden, sondern stosst sowohl bei Prostituierten wie bei Betreiberinnen und Betreibern auf Ablehnung, wobei unterschiedliche Gründe eine Rolle spielen. Ein wichtiger Grund sind die zusätzlichen Kosten (insbesondere in Form von Abgaben von Seiten der Arbeitnehmerin und des Arbeitgebers), die beide Seiten nach Möglichkeit vermeiden. Aus dieser Perspektive war die alte gesetzliche Regelung nicht nur mit Nachteilen verbunden, was im Bericht nüchtern benannt wird.

> „Die bisherige Grauzone bot auch Prostituierten, so überraschend dies klingen mag, trotz allem gewisse Vorteile. Die Einräumung eines rechtlichen Rahmens ist immer auch mit Pflichten ver-

48 Dagmar Kaltenmark, Vom Stillstand der Zeiten – Die (Nicht-)Umsetzung des ProstG in Bayern, 19.

49 Ebd.

50 Ingetraud Meurer, o.T., in: Auf dem Prüfstand: Das Prostitutionsgesetz, 30.

51 Vgl. Bericht der Bundesregierung zu den Auswirkungen des Gesetzes zur Regelung der Rechtsverhältnisse der Prostituierten (Prostitutionsgesetz – ProstG), 12.

52 Vgl. ebd., 12-13, mit vertiefter Diskussion und Vorschlägen: 64-70.

bunden, die nunmehr sichtbar werden, z. B. in Form von Steuer- und Sozialversicherungspflichten für die Prostituierte."[53]

Dasselbe gilt natürlich für die Betreiberinnen und Betreiber, die kaum freiwillig Arbeitgeberfunktionen übernehmen. Dem soll einerseits mit Kontrollen begegnet werden, damit dort, wo de facto Beschäftigungsverhältnisse bestehen, diese auch wie vom Recht vorgesehen geregelt werden. Zudem prüft die Bundesregierung den Vorschlag, das so genannte Vermieterprivileg aufzuheben, das deswegen besteht, weil die Ausbeutung der Prostitution durch überhöhte Mieten weniger streng geahndet wird als jene durch einen Zuhälter.[54] An den Einschränkungen im Weisungsrecht hingegen, die Arbeitgebende in diesem Bereich hinnehmen müssen, hält die Bundesregierung explizit fest.[55] Sie bekräftigt damit die „grundlegende[] Entscheidung des Gesetzgebers von 2001, Prostitution nicht als einen ‚Beruf wie jeden anderen' auszugestalten"[56].

Um dem verbreiteten Bedürfnis von Prostituierten entgegenzukommen, als selbständig Erwerbstätige zu arbeiten, ist nach Ansicht der Bundesregierung zu überlegen, „wie eine Tätigkeit in der Prostitution im rechtlichen Rahmen der Selbstständigkeit ausgestaltet werden kann und wie unter dem rechtlichen Vorzeichen der Selbstständigkeit die soziale Absicherung von Prostituierten gewährleistet und deren Arbeitsbedingungen als Selbstständige verbessert werden können."[57]

Gemäss Darstellung der Bundesregierung haben sich die „Spitzenorganisationen der Sozialversicherung"[58] im November 2002 über die Konsequenzen des Prostitutionsgesetzes verständigt und auf eine Stichtagsregelung (konkret den Termin, an dem das ProstG in Kraft getreten ist) geeinigt. Wenn darüber, wie aus den Untersuchungen hervorgeht, zu späteren Befragungszeitpunkten Unklarheit bestand, scheint das zum Teil auf mangelnde Kenntnis darüber zurückzuführen zu sein, was eine weitere Schwierigkeit offenbart, nämlich die ‚Basis' mit entsprechenden Informationen zu erreichen.

Eine Kontroverse entstand weiter bei der Frage der Arbeitsvermittlung im oder in den Bereich der Prostitution, da sich die Bundesagentur für Arbeit grundsätzlich dagegen ausgesprochen hat, in diesem Bereich Stellen zu vermitteln. Sie begründet das damit, dass sie „sonst Prostitution direkt fördern" würde, wozu sie aber „nicht verpflichtet"[59] sei. Demgegenüber leitet sie ihre Praxis aus dem Schutzgedanken ab, der für das Prostitutionsgesetz leitend ist. Der Entscheid der Bundesagentur für Arbeit stösst bei einem Teil der Prostituierten und deren Organisationen sowie bei gewissen Betreiberinnen und Betreibern auf Kritik, weil damit die Tätigkeit in diesem Bereich (immer noch) anders

[53] Ebd., 17.

[54] Vgl. ebd., 17-18, 56. Vgl. die Kritik am Vermieterprivileg bei Joachim Renzikowski, Reglementierung von Prostitution: Ziele und Probleme – eine kritische Betrachtung des Prostitutionsgesetzes –, 54 (Nr. 120-121).

[55] Vgl. die Kritik eines Bordellbetreibers bei Emilija Mitrović, Arbeitsplatz Prostitution: Auswertung der Feldstudie „Veränderungen im Umgang mit Prostitution seit dem Inkrafttreten der neuen Gesetzgebung am 1.1.2002", 73.

[56] Bericht der Bundesregierung zu den Auswirkungen des Gesetzes zur Regelung der Rechtsverhältnisse der Prostituierten (Prostitutionsgesetz – ProstG), 14.

[57] Ebd., 18.

[58] Ebd., 19.

[59] Ebd., 28.

behandelt wird.[60] Die Bundesregierung hingegen stützt dies ausdrücklich und begrüsst entsprechende Gerichtsentscheide, die zwischenzeitlich erfolgt sind. Sie bleibt damit ihrem Grundsatz treu, dass „[d]ie Legalisierung von Beschäftigungsverhältnissen in der Prostitution nicht dazu [führt], dass Prostitution ein ‚Beruf wie jeder andere' geworden ist."[61] Sie stellt sich diesbezüglich auf den Standpunkt, dass der mit dem Prostitutionsgesetz intendierte Schutz von Prostituierten keine Verpflichtung des Staates beinhaltet, deren Tätigkeit aktiv zu unterstützen oder gar zu fördern.

> „Das Gebot der staatlichen Zurückhaltung in weltanschaulichen Fragen bedeutet jedoch andererseits nicht, dass Prostitution von staatlicher Seite als erwünschte Form wirtschaftlicher Betätigung und in jeder Hinsicht neutral behandelt werden muss. Vielmehr ist ein differenzierender Umgang mit den sozialen Ausprägungen und Folgen von Prostitution auch vor dem Hintergrund der Wertvorstellungen des Grundgesetzes geboten."[62]

Der genannte Grundsatz hat nicht nur zur Folge, dass Arbeitsämter keine Prostituierten oder an der Prostitution interessierte Personen an entsprechende Betriebe vermittelt bzw. umgekehrt diesen keine Stellen im Bereich der Prostitution vermittelt. Vielmehr gilt, dass Prostituierte jederzeit aussteigen können und nicht in ihrer Tätigkeit verbleiben müssen, um nicht den Anspruch auf Arbeitslosenunterstützung zu verlieren, sind sie doch explizit von den diesbezüglichen strengeren Regelungen ausgenommen. Zugleich ist dadurch ausgeschlossen, dass eine erwerbslose Person unter dem Argument der Zumutbarkeit eine Tätigkeit in diesem Bereich aufnehmen müsste.[63]

> „Der Gesetzgeber hat eigens durch die Ausgestaltung des ProstG dafür Sorge getragen, dass keine Person indirekt oder durch vertragliche Bindung auf eine Tätigkeit in der Prostitution verwiesen oder zur Fortsetzung der Prostitution rechtlich verpflichtet wird, und damit dem hohen Rang des sexuellen Selbstbestimmungsrechts Rechnung getragen."[64]

Es liegt in der Konsequenz der skizzierten Perspektive, dass der Staat die Priorität bei der Hilfe zum Ausstieg setzt. Doch gerade in diesem Bereich verzeichnet der Bericht eine Verschlechterung der Möglichkeiten.[65] Gemäss breit geteilter Einschätzung ist das nicht etwa auf das Prostitutionsgesetz zurückzuführen als vielmehr auf die wirtschaftliche Situation in Deutschland und die allgemein neu eingeführten Regelungen im Bereich der Arbeitslosen- und Sozialhilfe.[66] Handlungsbedarf in diesem Bereich ergibt sich umso mehr, als diesbezügliche Unterstützung einem Bedürfnis entspricht, wie ebenfalls aus dem Bericht von Mitrović hervorgeht. Unterstützung bräuchten dabei sowohl die aus-

[60] Vgl. u. a. die beiden Beispiele bei Emilija Mitrović, Arbeitsplatz Prostitution: Auswertung der Feldstudie „Veränderungen im Umgang mit Prostitution seit dem Inkrafttreten der neuen Gesetzgebung am 1.1.2002", 46, 49.

[61] Bericht der Bundesregierung zu den Auswirkungen des Gesetzes zur Regelung der Rechtsverhältnisse der Prostituierten (Prostitutionsgesetz – ProstG), 29.

[62] Ebd., 9.

[63] Vgl. ebd., 28-31.

[64] Ebd., 30.

[65] Vgl. ausführlich dazu das Gutachten „Vertiefung spezifischer Fragestellungen zu den Auswirkungen des Prostitutionsgesetzes: Ausstieg aus der Prostitution".

[66] Vgl. Bericht der Bundesregierung zu den Auswirkungen des Gesetzes zur Regelung der Rechtsverhältnisse der Prostituierten (Prostitutionsgesetz – ProstG), 36.

stiegswilligen Frauen als auch die verschiedenen Beratungsstellen, die diese Aufgabe erfüllen, aber an Kapazitätsgrenzen stossen.

Was die Begleitkriminalität anbelangt, lässt sich bislang kein Rückgang feststellen, der dem Prostitutionsgesetz zuzuschreiben wäre.[67] Ebenso ist keine erhöhte Transparenz des so genannten Rotlichtmilieus ersichtlich. Die Befürchtung, nach Aufhebung der generellen Strafbarkeit der Zuhälterei könnten Gewaltverhältnisse in der Prostitution, sprich Zwangsprostitution und Menschenhandel, bedeutend schlechter verfolgt werden, wurde nicht bestätigt.[68] Diesem Befund widerspricht jedoch die Organisation SOLWODI vehement. Trotz anders lautender Absichten und Beteuerungen habe sich die Position der „Profiteure" verbessert, dafür würde auf die Frauen allgemein mehr Druck ausgeübt und seien diese verstärkter Ausbeutung ausgesetzt. Deshalb tritt SOLWODI für eine Reform des Prostitutionsgesetzes ein, die unter anderem die Abschaffung der Möglichkeit einer abhängigen Beschäftigung beinhaltet und damit jegliche Weisungsbefugnisse von Dritten verunmöglicht.[69]

Die Bundesregierung verweist darauf, dass nicht nur die strafrechtliche Verfolgung in Betracht zu ziehen ist, sondern auch eine weitergehende Kontrolle beispielsweise über gewerberechtliche Vorschriften, deren Einhaltung zu überprüfen wäre. Damit liessen sich einerseits die Arbeitsbedingungen für Prostituierte tatsächlich verbessern und andererseits Frauenhandel und Minderjährigenprostitution effektiver bekämpfen. Aus diesem Grund setzt die Bundesregierung auf einen „insgesamt breiteren Ansatz[] der Reglementierung der Prostitution"[70].

Auf das Problem, dass es unter den Prostituierten einen beträchtlichen Anteil an Migrantinnen gibt – Schätzungen sprechen von 50 Prozent und (z. T. beträchtlich) mehr –, unter denen sich wiederum viele befinden, die aufgrund ausländerrechtlicher Bestimmungen keine Arbeitsbewilligung erhalten und sich trotzdem prostituieren, dies also illegal tun (müssen), geht die Bundesregierung in ihrem Bericht nur im Kontext des Menschenhandels und der Zwangsprostitution ein.

67 Vgl. im Folgenden ebd., 40-70.

68 Vgl. hierzu das Gutachten „Vertiefung spezifischer Fragestellungen zu den Auswirkungen des Prostitutionsgesetzes: Kriminalitätsbekämpfung und Prostitutionsgesetz", das die Ergebnisse einer Befragung von Landeskriminalämtern und polizeilichen Fachstellen zu ihren Erfahrungen betreffend Möglichkeiten der Ermittlung und des Nachweises von Straftaten im Bereich der Prostitution nach Einführung des Prostitutionsgesetzes präsentiert.

69 Vgl. SOLWODI, Rundbrief Nr. 78, Dezember 2008, 4; SOLWODI-Kampagne für eine Reform des Prostitutionsgesetzes, 3. Wilhelm Schmidbauer, Polizeipräsident von München, teilt die Einschätzung von SOLWODI: vgl. ders., Prostitution und Menschenhandel in München – polizeiliche Erfahrungen, Strategien und Problemstellungen, 75-76.

70 Bericht der Bundesregierung zu den Auswirkungen des Gesetzes zur Regelung der Rechtsverhältnisse der Prostituierten (Prostitutionsgesetz – ProstG), 80. Das unterstützt die Mehrheit der befragten Landeskriminalämter und polizeilichen Fachstellen, wie das Gutachten „Vertiefung spezifischer Fragestellungen zu den Auswirkungen des Prostitutionsgesetzes: Kriminalitätsbekämpfung und Prostitutionsgesetz" zeigt. Dieses macht weiter deutlich, dass Schwierigkeiten bei der Ermittlung und dem Nachweis von Straftaten in diesem Bereich bereits vor der Einführung des Prostitutionsgesetzes bestanden und dass auch andere Entwicklungen wie die EU-Osterweiterung und das neue Zuwanderungsgesetz einen Einfluss auf die Praxis der Polizei haben.

> „Die rechtliche und soziale Situation von Migrantinnen ohne gültigen Aufenthaltstitel, die Situation von Minderjährigen in der Prostitution und von drogenabhängigen Beschaffungsprostituierten blieb durch den Ansatz des ProstG weitgehend ausgeklammert.“[71]

Einerseits sollte der Gewalt bei den genannten Kategorien von Prostituierten mittels konsequenter Strafverfolgung begegnet werden.[72] Andererseits unterstützt die Bundesregierung Prävention und spezifische Hilfestellungen für Minderjährige sowie einen verbesserten Schutz von Frauen, die von Menschenhandel betroffen sind. Auf die von verschiedener Seite erhobene Forderung nach einer „Legalisierung der in der Sexindustrie beschäftigten Migrantinnen“[73] tritt sie hingegen nicht ein. Die von ihr ins Auge gefasste stärkere Regulierung des Prostitutionsgewerbes wird aber, so ist zu vermuten, ohne die Schaffung eines legalen Zugangs die Lage dieser Migrantinnen verschlechtern und die intendierte Bekämpfung des Menschenhandels unterlaufen.

9.3 Erfahrungen mit „Verbotspolitik“

Ein Verbot der Prostitution ist schwierig durchzusetzen. Wie sich im Verlauf der Geschichte immer wieder gezeigt hat, kann dieses Unterfangen durchaus als gescheitert betrachtet werden. Das liegt nicht nur daran, wie konsequent die Strafverfolgungspolitik betrieben wird, sondern bereits in der ‚Natur der Sache' selbst. Ein Blick in die Geschichte zeigt: Solange Frauen in der Prostitutionstätigkeit eine Verdienstmöglichkeit sehen, suchen sie den jeweiligen Umständen entsprechend nach (neuen) Möglichkeiten, auf diese Weise zu Einnahmen zu kommen. Unterstützung finden sie dabei bei jenen, die daran mitverdienen, ob durch die Vermittlung von Kundschaft oder in anderer Hinsicht.[74] Dies nachzuweisen oder der Zuhälter habhaft zu werden sowie Kunden in flagranti zu ertappen, erweist sich in der Regel als schwierig. Letzteres stellt ebenfalls in Schweden ein Problem dar. Prostituierte lassen sich leichter ausfindig machen.

Wie am Beispiel der Niederlande und Deutschlands deutlich wurde, unterblieb aber eine konsequent praktizierte Durchsetzung der Strafnormen. Die deutsche Bundesregierung stellt denn auch in Bezug auf die alte Regelung fest: „Eine durchgängige Strafverfolgung der Bordellbetreiber und Zuhälter fand [...] nicht statt.“ Gemäss Ausführungen von Renzikowski war die polizeiliche Praxis statt dessen bestrebt, „eine befriedete Szene zu kontrollieren und gegen einzelne ‚Ausreisser' unter den Zuhältern vorzugehen“[75].

71 Bericht der Bundesregierung zu den Auswirkungen des Gesetzes zur Regelung der Rechtsverhältnisse der Prostituierten (Prostitutionsgesetz – ProstG), 7.

72 Vgl. ebd., 7, 53-61.

73 Emilija Mitrović, Der gesellschaftliche Umgang mit Prostitution in Deutschland, 263 (im Orig. mit Hervorh.).

74 Vgl. am Beispiel von Zürich: Natalie Avanzino, „Ich verkehrte geschlechtlich mit demselben und erhielt zwei Franken Trinkgeld.“ Zürcher Kellnerinnen und ihre Nähe zur Prostitution; Sarah Lüssi, Die Zigarreusen. Ein Stück Zürcher Prostitutionsgeschichte.

75 Bericht der Bundesregierung zu den Auswirkungen des Gesetzes zur Regelung der Rechtsverhältnisse der Prostituierten (Prostitutionsgesetz – ProstG), 51. Der Bericht übernimmt die Aussage von Joachim Renzikowski, Reglementierung von Prostitution: Ziele und Probleme – eine kritische Betrachtung des Prostitutionsgesetzes –, 45-46 (Nr. 93).

Eine Verbotspolitik ist nicht nur wegen der Frage der Durchsetzbarkeit problematisch, sondern mehr noch wegen den damit verbundenen Folgen. Obwohl sich in einem prohibitionistischen System alle Beteiligten strafbar machen, werden die Prostituierten am meisten verfolgt.[76] Wie die Erfahrungen in den USA zeigen, trifft es dabei die Strassenprostituierten am stärksten.[77] Unter ihnen befindet sich ein überproportionaler Anteil an farbigen Frauen. Gemäss Rita Nakashima Brock würden diese zudem härter angepackt, da ihnen gegenüber längere Strafen und höhere Bussen verhängt würden.[78]

Das Verbotsregime hat für die Prostituierten gravierende Konsequenzen. Es verschlechtert die Sicherheitslage, bringt eine grössere Gefährdung der Gesundheit mit sich und treibt die betroffenen Frauen eher in die Arme eines Zuhälters. Zusätzlich erschweren die Vorstrafen einen Ausstieg.[79]

Die Verbotspolitik ist nicht nur in Bezug auf die betroffenen Frauen problematisch, sondern zahlt sich auch für das Gemeinwesen nicht aus, ist sie doch mit hohen Kosten verbunden, erst recht, wenn wie bei der Indoor-Prostitution verdeckt ermittelt werden muss. Der damit erzielte Nutzen scheint demgegenüber verschwindend klein zu sein.[80]

Der Prohibitionismus stösst aus den genannten Gründen zumindest in Europa auf Ablehnung und wird ebenfalls in den USA immer wieder kritisiert.

> „Even if prostitution is wrong, we may not be justified in prohibiting it if that prohibition makes the facts in virtue of which it is wrong worse, or if its costs are too great for other important values, such as autonomy and privacy."[81]

9.4 Fazit: Welche Prostitutionspolitik bewährt sich?

Die an ausgewählten Beispielen erörterten Erfahrungen mit unterschiedlichen Prostitutionspolitiken zeigen, dass es *die* ideale Lösung im Sinn einer in sich kohärenten und erfolgreichen Prostitutionspolitik nicht gibt und wohl auch nie geben wird. Denn es gilt, einen Ausgleich zwischen verschiedenen Anforderungen zu finden, die sich durchaus widersprechen können. So besteht die Herausforderung bereits darin, der Bandbreite des Phänomens Prostitution gerecht zu werden – ein Aspekt, der gegenwärtig weniger in Bezug auf die Prostituierten selbst gesehen wird, als vielmehr betreffend Umgang mit den verschiedenen Sparten des Gewerbes, wobei dies nur beim Ansatz der Regulierung

76 Für Prostitutionskunden gab es lange Zeit mildere Strafen. Erst in jüngster Zeit wird es für Behörden interessant, diese zu belangen. Sie versprechen sich dadurch mehr Erfolg im Kampf gegen die Strassenprostitution. Vgl. ausführlicher Ronald Weitzer, Prostitution control in America: Rethinking public policy, 94-99.

77 Es kommt aber auch vor, dass sich Behörden auf die so genannte Indoor-Prostitution konzentrieren, weil das lukrativer erscheint. Vgl. diesbezüglich ebd., 90.

78 Vgl. Rita Nakashima Brock, Politicians, Pastors, and Pimps, 252.

79 Vgl. Conseil du statut de la femme, La prostitution: Profession ou exploitation?, 105; vgl. betreffend weiterer Folgen: Rita Nakashima Brock, Politicians, Pastors, and Pimps, 251-252.

80 Vgl. Ronald Weitzer, Prostitution control in America: Rethinking public policy.

81 Übersetzung: „Selbst wenn Prostitution verwerflich ist, sind wir vielleicht nicht dazu berechtigt, sie zu verbieten, wenn dieses Verbot die Umstände, aufgrund derer sie verwerflich ist, verschlimmert oder wenn die Kosten in Bezug auf andere wichtige Werte wie Autonomie und Privatsphäre zu gross sind." (Debra Satz, Markets in Women's Sexual Labor, 81.)

oder des Abolitionismus zum Tragen kommt, weil Prohibition und Neo-Abolitionismus von einem generellen Verbot ausgehen. Schliesslich sind unterschiedliche wirtschaftliche Interessen, unterschiedliche Bedürfnisse in Bezug auf die Sicherheit und Vorstellungen von einer lebenswerten Umgebung sowie vieles mehr miteinander in Einklang zu bringen, damit die daraus resultierende Politik möglichst allen gerecht wird. Auch unterschiedliche wirtschaftliche Interessen stehen auf dem Spiel, wie das Beispiel des Strassenstrichs in Olten zeigt. Dieser war wegen seiner Länge bekannt geworden und wurde vom übrigen Gewerbe wie der Stadtbehörde als Störfaktor empfunden.[82] Gerade der Strassenstrich kann, wenn er sich in bewohntem Gebiet abspielt, belästigend oder bedrohend wirken. Während hier vor allem Lärmimmissionen und Abfälle sowie die Verwischung der Grenzen zwischen dem Bereich der Prostitution und der übrigen Gesellschaft – Männer werden als potentielle Kunden angesprochen und umgekehrt Frauen als vermutete Prostituierte[83] – Anlass zu Unmut geben, stehen bei einer Konzentration des Sexgewerbes ebenfalls die Immissionen, allfällige Begleitkriminalität sowie ein Wachstum der Grundstückspreise im Vordergrund, die der ansässigen Bevölkerung das Leben schwer machen.[84] Die angesprochene Verwischung der Grenzen begreift die Soziologin Martina Löw als „symbolische Besetzung“[85] des Raums. Diese vermag so weit zu gehen, dass Frauen, die am „besetzten“ Ort nicht als Prostituierte tätig sind, dazu gar keinen Zutritt haben. Eine solche Beanspruchung des Raums ist hingegen begründungsbedürftig und auszuhandeln.[86]

Im Hinblick auf die Durchsetzbarkeit der verschiedenen Prostitutionspolitiken scheint eine solche bei der Prohibition und beim Neo-Abolitionismus am wenigsten gegeben zu sein und würde allein dafür zu viele Mittel binden. Die Regulierung ist vom System her so angelegt, dass eine Anpassung an die Umstände möglich ist. Dies wird auch beim Abolitionismus praktiziert. In der konkreten Ausgestaltung können sich daher Regulierung und Abolitionismus sehr nahe kommen, z. B. in Bezug auf die Zulassung von Bordellen oder Eingrenzung des Strassenstrichs. Dennoch sind Unterschiede zwischen beiden Systemen auszumachen. Ein wesentlicher Unterschied besteht in der Rechtssicherheit, die hier in einem breiteren Sinn zu verstehen ist. So gibt es auf der Grundlage einer generellen rechtlichen Anerkennung des Prostitutionsgewerbes eine umfassendere Möglichkeit, Einfluss auf die Ausgestaltung der Regelung zu nehmen.[87] Eine rechtliche ‚Grundabsicherung' bildet zudem die Basis dafür, dass Vertrauen in das Rechtssystem und die Behörden wachsen kann. Das ist gerade in den Fällen wichtig, in welchen Prostituierte darauf angewiesen sind, Unrecht einklagen zu können.

82 Vgl. Doris Rauber, Vom Strassenstrich zum Strassenstrichlein – Erfahrungen am Beispiel der Stadt Olten.

83 Vgl. die Erfahrungen von Martina Löw, Blickfänge: Räumlich-geschlechtliche Inszenierungen am Beispiel der Prostitution, 194-195, und von Antje Langer, Klandestine Welten, 26, 80, 95.

84 Vgl. als konkretes Beispiel die Ausführungen von Peter Rüegger: Entwicklungen im Sexgewerbe der Stadt Zürich und mögliche Massnahmen für eine quartierverträgliche Ausgestaltung.

85 Martina Löw, Blickfänge: Räumlich-geschlechtliche Inszenierungen am Beispiel der Prostitution, 195.

86 Anstössig ist hierbei weniger der räumliche Anspruch der tätigen Frauen als vielmehr die Beanspruchung eines ‚Biotops' von Seiten der konsumierenden Männer (ob sie dies nun passiv tun oder sich direkt sexuelle Dienstleistungen erwerben).

87 Dazu gehört beispielsweise auch die Diskussion um die richtige Auslegung des Prostitutionsgesetzes in Deutschland, was weiter allfällige gerichtliche und politische Prozesse beeinflussen kann.

Ein System der Regulierung, das analog dem deutschen Prostitutionsgesetz dem Schutz der Prostituierten verpflichtet ist, bietet grundsätzlich für alle Beteiligten mehr Handlungsoptionen als die anderen Systeme. Es verfolgt einen umfassenderen Ansatz der Integration der Menschenrechte als die anderen und ist bestrebt, mögliche negativen Folgen zu minimieren. Dass diesbezüglich Verbesserungsbedarf besteht, ist unbestritten. Springender Punkt ist vielmehr, ob der politische Wille vorhanden ist, dies auch wirklich anzupacken.

Von abolitionistischer Seite her steht das System der Regulierung im Verdacht, eine Ausweitung des Sexgewerbes zu begünstigen und den Frauenhandel in die Prostitution zu fördern. Weder das eine noch das andere konnte bislang nachgewiesen werden. Wenn es eine Zunahme des Sexgewerbes gab, – was schwierig zu ermessen ist, weil eine grössere Zahl von Prostituierten oder bestimmten Betrieben nicht per se mit einer Ausweitung des Gewerbes gleichzusetzen ist, – beschränkte sich diese nicht auf diejenigen Staaten, die ein System der Regulierung kennen. In Bezug auf das Problem des Frauenhandels in die Prostitution kommt eine vom Europäischen Parlament in Auftrag gegebene Studie zum Schluss, dass nicht die Prostitutionspolitik, sondern andere Faktoren wie beispielsweise Frauenarbeitslosigkeit oder das Wohlstandsgefälle zwischen Herkunfts- und Destinationsland für dessen Ausmass verantwortlich sind.[88] Nach In-Kraft-Treten des Prostitutionsgesetzes im Kanton Waadt (2004) untersuchte eine Masterarbeit in Kriminologie den Zusammenhang zwischen der Regulierung der Prostitution und dem Frauenhandel anhand von Massagesalons im Kanton Waadt. Gemäss Befund des Autors Christophe Zufferey scheint die gesetzlich ermöglichte Kontrolle durch die Behörden den Frauenhandel in diesem Bereich zu verhindern, weil es sich für die Besitzerinnen und Besitzer dieser Etablissements nicht lohnt, diesbezüglich erwischt und entsprechend bestraft zu werden.[89] Die Erfahrungen mit der Regulierung von bordellartigen Betrieben/Sexetablissements in den Niederlanden weist in die gleiche Richtung. Eine Verlagerung des Frauenhandels auf andere Prostitutionsbereiche wird in den Niederlanden von den einen vermutet, von anderen wiederum verneint.[90] Was die Lage in Deutschland nach Einführung des Prostitutionsgesetzes anbelangt, scheint sich dieses nicht negativ auf den Frauenhandel in diesem Bereich (d. h. diesen begünstigend) ausgewirkt zu haben.[91] Der Vorwurf von SOLWODI, es würde zu wenig kontrolliert und deswegen nur wenig Fälle von Frauenhandel aufgedeckt, ist in Bezug auf die dahinter stehende Logik aus theoretischen

[88] Vgl. Andrea Di Nicola et al., Study on National Legislation on Prostitution and the Trafficking in Women and Children.

[89] Vgl. Christophe Zufferey, L'évolution de l'industrie du sexe et la traite des êtres humains à des fins de prostitution: du mythe à la réalité. In zwei anderen Studien zeigte sich hingegen, dass die Salonprostitution für Frauen interessant war, die sich illegal prostituierten, weil sie die Kontrollen zu umgehen wussten (indem sie sich versteckten) oder weil nicht überall gleich streng kontrolliert wurde. (Vgl. Milena Chimienti, Prostitution et migration, 236 [Anm. 264]; Àgi Földhàzi/Milena Chimienti, Marché du sexe et violences à Genève, 24.) Daraus lässt sich schliessen, dass auch trotz gesetzlich ermöglichter Kontrolle Frauenhandel in diesem Bereich vorkommen kann.

[90] Vgl. Andrea Di Nicola et al., Study on National Legislation on Prostitution and the Trafficking in Women and Children, 121-122.

[91] Vgl. ebd., 115.

Gründen nicht zwingend[92] und in der Praxis nicht nachzuweisen, weil es keinen Gesamtüberblick gibt, der als Referenzwert dienen könnte.

Ob eine getroffene Regelung zu überzeugen vermag, ist abhängig von der angestrebten Zielsetzung wie der konkreten Umsetzung auf den verschiedenen Ebenen. Dazu braucht es eine entsprechende Kommunikation sowie eine kohärent ausgestaltete Durchsetzung dieser Regelung. In Bezug auf das Prostitutionsgesetz in Deutschland und die Regelung in den Niederlanden stellt sich die Frage, ob die Rechnung letztendlich ohne den Wirt, sprich die Prostituierten, gemacht wurde. Dass sich ein grosser Teil nicht einbinden lassen will, hat verschiedene Gründe. Gleichwohl kann nicht von einer verfehlten Zielsetzung gesprochen werden. Das Anliegen, soziale Sicherung und mehr Rechtssicherheit zu ermöglichen, ist für sich gesehen ein berechtigtes und aus Gründen der Gerechtigkeit ein Erfordernis. Davon ausgehend sollte darüber nachgedacht werden, wie es angepasst an die unterschiedlichen Bedürfnisse von Prostituierten umgesetzt werden kann. Die Sorge, dadurch auf die Tätigkeit festgelegt zu werden, muss sich in der Praxis erst als unbegründet erweisen können. Weiter braucht es seine Zeit, bis das Bewusstsein gewachsen ist, dass auch in diesem Bereich der Gewährung von Rechten die Erfüllung von Pflichten entspricht. An Letzterem ist nicht zuletzt aus Gründen der Gerechtigkeit festzuhalten. Auf die Politik bezogen ist eine Balance zwischen Gleichbehandlung (z. B. was die Entrichtung von Steuern angeht) und Berücksichtigung des Spezifischen dieses Gewerbes (dass es beispielsweise besonderer Beratung oder spezifischer Hilfestellung für den Ausstieg bedarf) zu finden.

92 Vgl. Valentin Landmann, Halbwelt als Markt und Quartierverträglichkeit – wie beeinflusst man das Rotlichtmilieu sinnvoll?, 36. Er argumentiert, dass der Frauenhandel im Bereich der Prositution aus ökonomischen Gründen weniger oft vorkommt, als angenommen wird. Vgl. diesbezüglich auch die Ausführungen in Kap. 8.3.2.3.

10. Leitlinien für Gesellschaft und Politik

Meine Ausführungen zur Prostitution haben vorwiegend sozialwissenschaftliche, rechtliche, philosophische, theologische und ethische Erkenntnisse und Überlegungen zum Thema aufgegriffen. Die Reflexion hat gezeigt, dass das Phänomen Prostitution nicht nur sehr komplex ist, sondern auch widersprüchlich wahrgenommen und äusserst kontrovers beurteilt wird. So herrscht Uneinigkeit in Bezug auf die mit der Prostitution verbundenen Probleme (Kap. 6). Dissens gibt es bei der moralischen Wertung des Phänomens (Kap. 5 und 7), sodann hinsichtlich der Auffassung zum Verhältnis von Recht und Moral (Kap. 8) und damit zusammenhängend einer angemessenen Prostitutionspolitik (Kap. 9). Gleichwohl sind in einer Gesellschaft – trotz teils unüberbrückbarer weltanschaulicher Differenzen – Entscheidungen zu treffen, die das Zusammenleben in ebendieser regeln, einschliesslich der Art des Wirtschaftens oder der sozialen Sicherung und anderem mehr. Nach einem menschenrechtlichen und demokratischen Verständnis geht es dabei um die Ermöglichung eines freiheitlichen und sozialverträglichen Zusammenlebens. Dieses ist durch Anerkennungsbeziehungen strukturiert, weshalb ich im Folgenden als Erstes die Frage nach der Anerkennung der Prostitution(stätigkeit) aufgreife. Daran schliessen Überlegungen grundsätzlicher und konkreterer Art zur Gestaltung einer ethisch vertretbaren Prostitutionspolitik an. Sie verstehen sich als Umsetzung der von Gerhard Kruip formulierten Kriterien für einen „gesellschaftlichen Kompromiss in ethischen Fragen“[1], der nicht bloss Resultat eines von den jeweiligen Machtkonstellationen abhängigen demokratischen Willensbildungsprozesses ist, sondern auch aus ethischer Sicht verantwortet werden kann.

Angesichts der Komplexität des Phänomens und des damit verbundenen moralischen Dissenses kann es keine ideale Problemlösung auf gesellschaftlicher und staatlicher Ebene geben. Gleichwohl hebt das den theologisch-ethischen Anspruch nicht auf, nach mehr Gerechtigkeit und besseren, d. h. menschengerechteren, Lebensbedingungen zu suchen. Die folgenden Lösungsansätze sind dem verpflichtet und tragen den skizzierten gesellschaftlichen Bedingungen Rechnung. Sie sind daher nicht als konkrete Lösungsvorschläge im Sinn eines Rezepts, wie vorzugehen ist, aufzufassen, sondern als Anzeige, in welche Richtung im Hinblick auf konkrete Massnahmen und Regelungen weiterzudenken ist. Dies muss in Zusammenarbeit mit den verschiedensten Akteuren geschehen, die mit dem Bereich Prostitution zu tun haben. Dazu gehören insbesondere staatliche Stellen (darunter unterschiedliche Ämter und Behörden, z. B. die Sozialbehörden oder die Polizei), politische Akteure, Organisationen, Vertretungen von Betroffenen (Prostituierte, Unternehmerinnen und Arbeitgeber in diesem Bereich). Der Einbezug unterschiedlicher Perspektiven und Interessen entspricht nicht nur einem Gebot der Klugheit angesichts komplexer Verhältnisse, sondern auch dem Grundsatz der Partizipation.[2]

1 Vgl. dazu Kap. 7.4.2.

2 Vgl. zu Letzterem Kap. 7.4.1.4.

10.1 Grundlegend: gefragt ist ein differenziertes Verständnis der Anerkennung

10.1.1 Anerkennung der Prostitution ist nicht mit deren Wertschätzung gleichzusetzen

> „Obwohl sie [die Prostitution, B.B.] in jeder Gesellschaft gefragt ist und man deshalb annehmen kann, dass sie ein soziales Bedürfnis erfüllt, wird sie tabuisiert und stigmatisiert. Ihr haftet etwas Anrüchiges und Verwerfliches an. Sexuelle Käuflichkeit und professionelle Promiskuität werden als unmoralisch und unzüchtig verurteilt und als sozial abweichendes Verhalten eingeordnet. Gleichzeitig zeigt sich gesellschaftliche Zustimmung in stillschweigender Duldung.“[3]

Immer wieder findet sich – so insbesondere in sozialwissenschaftlichen Studien und in Äusserungen von politisch aktiven Prostituierten(organisationen)[4] – die Erwartung, die Existenz der Prostitution würde einem gesellschaftlichen Bedürfnis entsprechen und sei deswegen nicht negativ zu bewerten. In Anlehnung an den Honnethschen Anerkennungsbegriff[5] hiesse das, dass die Prostitution und mit ihr die Prostitutionstätigkeit soziale Wertschätzung erfahren müsste. Doch aus einer Praxis, selbst wenn sie einer verbreiteten Gewohnheit entspricht, einen damit verbundenen Wert, der sich nicht auf einen allfälligen ökonomischen Wert beschränkt, ableiten zu wollen, entspricht einem grossen Missverständnis bzw. stellt eine falsche Schlussfolgerung dar. Vielmehr ist mit Axel Honneth von einer abgestuften sozialen Wertschätzung auszugehen,[6] weshalb es auch keine Gleichwertigkeit unter den in einer Gesellschaft erbrachten Dienstleistungen geben kann.

Ohne die gesamte Diskussion neu aufzurollen, sei hier an folgende Gründe erinnert, die die Skepsis gegenüber einer sozialen Wertschätzung dieser Institution wie des Handelns der beteiligten Personen als berechtigt ausweisen:

> Wird eine positive Werthaftigkeit unterstellt, bedeutet das zugleich, dass die von Hunderten von Männern selbstverständlich praktizierte Nachfrage nach sexuellen Dienstleistungen ebenfalls als positiv taxiert wird. Konkret hiesse das, dass es nicht nur keine Rolle spielt, ob ein frustrierter Ehemann, ein überzeugter Single oder ein Mann mit Kontaktschwierigkeiten den schnellen Sex auf der Strasse oder im Wohnwagen, die erotisch aufgeladene Unterhaltung (bis hin zur Möglichkeit sexueller Handlungen) in einer Kontaktbar oder einem Cabaret, die anspruchsvollere Bedienung in einem Salon oder das ausgefallene, ekstatische Event in der Edelprostitution sucht, sondern dass dies darüber hinaus als etwas Positives, Wünschenswertes zu gelten habe. Eine Argumentation, die bei der genannten Praxis eine positive Wertzumessung als vernünftig und plausibel darzulegen vermag, steht aber noch aus.[7]
>
> Der Vergleich mit anderen körpernahen Dienstleistungen wie der Betreuung von Kindern oder der Pflege von älteren Menschen überzeugt deshalb nicht, weil diese nicht auf derselben Ebene

[3] Antje Langer, Klandestine Welten, 7.

[4] Als Beispiel dafür sei das Argument aus dem „Sex Workers in Europe Manifesto“ (abgedruckt in: Emilija Mitrović [Hrsg.], Prostitution und Frauenhandel) genannt, wir würden in einer Gesellschaft leben, in der Dienstleistungen gekauft und verkauft werden (vgl. ebd., 145).

[5] Vgl. hierzu Kap. 3.

[6] Vgl. ebd.

[7] Vgl. ausführlicher dazu meine Ausführungen in Kap. 5 und 7.

anzusiedeln sind. Während die Sorge für Kinder und Pflegebedürftige auf eine in der Konstitution dieser Personen liegende Bedürftigkeit antworten und deren Erfüllung zudem nicht an ein bestimmtes Geschlecht gebunden ist, verhält es sich bei der sexuellen Dienstleistung anders.[8]

Eine generelle positive Wertschätzung würde die ambivalente oder sogar negative Einstellung eines nicht unbedeutenden Teils der Prostituierten völlig ausblenden. Stellvertretend dafür sei die Aussage einer (aus Afrika stammenden und) in einer Kontaktbar arbeitenden Frau genannt: „Pour nous *[les filles]* les bars sont un besoin, mais pour lui c'est un vice. Sur 100 hommes, il y en a peut-être 2-3 de bien, qui peuvent sortir *[renoncer à fréquenter]* de ce milieu."[9] Nach dieser Auffassung prostituieren sich die Frauen vor allem aufgrund einer Notwendigkeit, während das Verhalten der Kunden als Laster gewertet wird. Anstelle einer positiven Bilanz ergibt sich demnach ein paradoxes Bild, das aber durch den Befund bei Laura Maria Agustín gestützt wird, Migrantinnen würden weniger die Anerkennung ihrer Prostitutionstätigkeit fordern als vielmehr eine Zugangsmöglichkeit zu ihr, um Geld verdienen zu können. Dass die meisten Frauen diese Tätigkeit hauptsächlich wegen des Geldes ausüben und dies nur für eine begrenzte Zeit zu tun gedenken, ist ein weiterer Beleg dafür, dass die Tätig-keit selbst kaum mit einer darin selbst begründeten Sinnhaftigkeit in Verbindung gebracht wird.

Wird die Prostitutionstätigkeit – undifferenziert – lediglich als Dienstleistung betrachtet, gerät, wie die Erfahrung in den Niederlanden gezeigt hat,[10] aus dem Blick, dass es sich dabei wesentlich um eine geschlechtlich konnotierte Tätigkeit handelt, die sich zudem in der Art von anderen Arbeiten unterscheidet, nämlich dadurch, dass sie die Sexualität/sexuelle Intimität betrifft.

Wenn auch die Prostitution selbst, wie dargelegt, kaum mit einem inhärenten positiven Wert zu verbinden ist, der die ethische Bejahung der Prostitution begründen könnte, verdienen die darin tätigen Frauen dennoch eine soziale Wertschätzung. Diese bezieht sich aber nicht auf deren Tätigkeit, sondern auf die Motivation und den Durchhaltewillen, ihre oft prekäre Lebenssituation selber bewältigen zu wollen. Positiv zu würdigen ist demnach der Umstand, dass diese Frauen bestrebt sind, für sich sowie häufig noch für ihre eigenen Kinder und/oder Verwandten zu sorgen, dass sie so soziale Verantwortung übernehmen, was sich auch darin zeigt, bei vorhandenen Schulden der Allgemeinheit nicht zur Last fallen zu wollen. Angesichts der vielfältigen Herausforderungen, die mit dieser Tätigkeit verbunden sind, gebührt ihnen im genannten Sinn erst recht Anerkennung.

Unabhängig von einer allfälligen Wertung der Prostitution wie der Prostitutionstätigkeit steht diesen Frauen zu, wie alle anderen Bürgerinnen und Bürger an der sozialen Sicherung partizipieren zu können, die nach menschenrechtlichem Verständnis nicht von einer (abgestuften) sozialen Wertigkeit ihrer Tätigkeit oder ihres Verhaltens abhängt, sondern verbrieftes Recht ist. Da zumindest in den modernen westlichen Gesellschaften die soziale Sicherung hauptsächlich über die Erwerbsarbeit erfolgt und die Prostitutionstätigkeit dazuzuzählen ist, wäre es nicht zu rechtfertigen, hier in Bezug auf die soziale

[8] Vgl. zur Bedeutung des Erwerbs von sexuellen Dienstleistungen Kap. 5.2.

[9] Übersetzung: „Für uns [die Mädchen] sind die Kontaktbars eine Notwendigkeit, aber für ihn ist es ein Laster. Auf 100 Männer gibt es vielleicht deren 2-3, die es schaffen, aus diesem Milieu herauszukommen [verzichten, es zu frequentieren]." (Milena Chimienti, Prostitution et migration, 199 [Anm. 210, Hervorh. im Orig.].)

[10] Vgl. Kap. 9.2.1.

Sicherung eine Ausnahme machen zu wollen. In dieser Hinsicht ist Kritik an der abolitionistischen Position angebracht.[11]

10.1.2 Anerkennung der Prostitution durch den Staat soll kein staatliches Gütesiegel verleihen, sondern hat verschiedenen Anforderungen gerecht zu werden

Aus ethischer Sicht ist der Regulierung, die eine der genannten Möglichkeiten der rechtlichen Regelung der Prostitution darstellt,[12] den Vorzug zu geben. Denn sie legt beispielsweise *vom Ansatz her* das Gewicht auf eine menschenrechtliche Sicht, auf Fragen der Gerechtigkeit und Gleichbehandlung, der sozialen Sicherung und des sozialen Zusammenhalts und ist dabei der Transparenz verpflichtet.

Regelungen sind zwangsläufig mit Ausschlussprozessen verbunden.[13] Eine Regulierung der Prostitution durch den Staat steht daher vor der Herausforderung, Ausschlussprozesse zu minimieren und diese gegebenenfalls zu rechtfertigen. Ersteres ist am ehesten möglich und deswegen angezeigt mittels eines Vorgehens, das dem Prinzip der Partizipation Rechnung trägt und demnach möglichst viele Interessen einbindet (in Bezug auf die Prostitutionstätigkeit gehören insbesondere jene der Migrantinnen dazu).

Die mit einer staatlichen Regulierung einhergehende Anerkennung bedeutet (zu Recht) nicht per se, dass die Prostitution oder die Prostitutionstätigkeit sozusagen ein staatliches Gütesiegel erhalten würden (dies ist analog zur in Deutschland und der Schweiz bestehenden Regelung der Abtreibung zu sehen). Vielmehr bedarf es im Sinn einer abgestuften Anerkennung eines differenzierten Umgangs. Dem entspricht die deutsche Bundesregierung mit dem Erlass eines Prostitutionsgesetzes, das die Prostitutionstätigkeit als Erwerbsarbeit behandelt, diese aber anderer Erwerbsarbeit nicht vollumfänglich gleichstellt.

> „Das Gebot der staatlichen Zurückhaltung in weltanschaulichen Fragen bedeutet jedoch andererseits nicht, dass Prostitution von staatlicher Seite als erwünschte Form wirtschaftlicher Betätigung und in jeder Hinsicht neutral behandelt werden muss. Vielmehr ist ein differenzierender Umgang mit den sozialen Ausprägungen und Folgen von Prostitution auch vor dem Hintergrund der Wertvorstellungen des Grundgesetzes geboten."[14]

Die aus der Absicht getroffene Regelung, die rechtliche und soziale Lage der Prostituierten zu verbessern und ihnen in Bezug auf den Status der Arbeit Gerechtigkeit widerfahren zu lassen, dabei aber die geschlechtsspezifisch ungleichen Ausgangslagen und andere Grundwerte als die Wirtschaftsfreiheit zu beachten, lassen diese als ethisch verantwortbaren Kompromiss erscheinen.

11 Vgl. Kap. 8.3.2.2.

12 Vgl. dazu Kap. 8.3.2. Neben der (staatlichen) Regulierung sind dies der Abolitionismus, die Prohibition (Verbot) und der Neo-Abolitionismus.

13 Beispielsweise betrifft das im Abolitionismus die Strassenprostitution, wenn die Anwerbung in der Öffentlichkeit streng geahndet wird.

14 Bericht der Bundesregierung zu den Auswirkungen des Gesetzes zur Regelung der Rechtsverhältnisse der Prostituierten (Prostitutionsgesetz – ProstG), 9.

Dennoch kann man sich aus ethischer Sicht auch nicht mit der bestmöglichen Regelung zufrieden geben, weil sie, wie Milena Chimienti es treffend beim Namen nennt, die mit der Prostitution verbundene soziale Ungleichheit akzeptiert, die die Prostitutionstätigkeit als valable Lösungsmöglichkeit anbietet.

> „La reconnaissance juridique de cette activité comporte parallèlement des effets pervers. Elle a pour effet de considérer la prostitution comme une solution viable aux problèmes des femmes et, de manière générale, de toute personne en situation de désaffiliation. Elle stabilise ainsi les personnes dans une position dégradante et dans un marché peu pérméable et ségmenté."[15]

> „La reconnaissance juridique de l'exercice de la prostitution accepte de fait les inégalités."[16]

Um den von Chimienti benannten Effekt möglichst abzufedern bzw. dem von der Bundesregierung vorgesehenen „differenzierenden Umgang" auch wirklich Taten folgen zu lassen, ist eine diesen negativen Effekten Rechnung tragende Ausgestaltung des praktischen Umgangs mit der Prostitution unabdingbar.

10.2 Regelungsbedarf

10.2.1 Bessere Arbeitsbedingungen und soziale Sicherung

Obwohl es sich als äusserst schwierig erweist, bessere Arbeitsbedingungen für Prostituierte zu schaffen – die Erfahrungen bei der Einführung von Angestelltenverhältnissen und Standards für Etablissements sind ambivalent bis negativ –, entbindet dies den Staat nicht von der Aufgabe, nach Verbesserungsmöglichkeiten zu suchen. Denn dessen Schutzpflicht gebietet es, nach Lösungen zu suchen, die die Sicherheit, Gesundheit und allgemein das Wohlbefinden von Prostituierten verbessern. Dabei gilt es auch, im Sinn eines Empowerment deren Handlungsmächtigkeit zu stärken, damit sie ihren Handlungsspielraum gegenüber den Kunden, (häufig nur de facto) Arbeitgebern und jeweiligen Arbeitsverhältnissen erweitern können.

> Wie erwähnt erweist sich die Idee, dies über die Schaffung von Anstellungsverhältnissen zu erreichen, als Illusion. Das zeigen nicht nur die Erfahrungen in Deutschland, wo sowohl für Prostituierte als auch für Betreiberinnen und Betreiber von Etablissements zu wenig Anreize bestehen, solche Angestelltenverhältnisse einzugehen.[17] Die Vorstellung, die Tätigkeit nur für eine begrenzte Zeit auszuüben, (schnell) Geld ‚für sich selbst' zu verdienen und diesen Verdienst folglich nicht durch zusätzliche Abgaben zu schmälern, sich nicht mit dieser Tätigkeit zu identifizieren und diese deshalb nicht offiziell zu deklarieren oder nicht über eine Arbeitsbewilligung

[15] Übersetzung: „Die rechtliche Anerkennung dieser Tätigkeit beinhaltet parallel dazu perverse Auswirkungen. Sie hat zur Folge, dass die Prostitution als realisierbare Lösung für die Probleme von Frauen und generell von allen Personen erscheint, die sich in einer Situation schwindender sozialer Einbindung befinden. Sie stabilisiert die Personen so in einer sich verschlechternden Position und einem wenig durchlässigen und segmentierten Markt." (Milena Chimienti, Prostitution et migration, 332.)

[16] Übersetzung: „Die rechtliche Anerkennung der Prostitutionstätigkeit akzeptiert die Ungleichheiten als Tatsache." (Milena Chimienti, Prostitution et migration, 333.)

[17] Vgl. Kap. 9.2.2.

zu verfügen, stellen auf Seiten der Prostituierten Gründe dar, die der genannten Idee entgegenstehen. Betreiberinnen und Betreiber von Etablissements wollen ihren Verdienst durch den Arbeitgeberbeitrag, den sie auf den sozialen Abgaben zu leisten haben, ebenfalls nicht schmälern und vermeiden möglicherweise auch den zusätzlichen administrativen Aufwand. Ein Vorschlag besteht deshalb darin, bei bestehendem faktischem Arbeitsverhältnis die Arbeitgeber zur Schaffung von rechtlich anerkannten Angestelltenverhältnissen zu zwingen. Doch auch dies könnte sich mit Blick auf die Erfahrungen in der Schweiz mit den Cabarets als Trugschluss erweisen. Denn hier sind die Arbeitsbedingungen klar und umfassend geregelt, nur hält sich kaum jemand daran, was von den Behörden stillschweigend geduldet wird. Die vorgeschriebenen Standards laufen oft nicht nur den Interessen der Betreiber zuwider, sondern auch denjenigen der Frauen, für die sich eine solche Arbeit lohnen muss, weshalb die Arbeitszeitregelung (weniger Stunden bei gleich bleibendem Grundlohn, was aber den Ertrag beim Getränkeumsatz schmälert) und das Verbot der Prostitution (zusätzliche Einnahmemöglichkeit) bei der gegenwärtigen Ausgestaltung des Betriebs (dass sich die Cabarets über den Absatz von Champagner finanzieren) für viele von ihnen wenig Sinn macht.[18]

Um zu besseren Lösungen zu kommen, geht es aufgrund der gewonnenen Erfahrungen darum, einerseits Anreize zu finden, die eine Verhaltensänderung lohnend machen (z. B. im Fall der Cabarets, dass der Verdienst des Betriebs nicht mehr länger vom konsumierten Alkohol abhängig ist, dafür zur Kompensation etwa Eintritt verlangt und/oder die Zeit vergütet wird, die eine Tänzerin für die Gesprächsunterhaltung eines einzelnen Kunden aufwendet;[19] analog dazu wäre auch in anderen Bereichen kreativ nach Lösungen zu suchen, die die Interessen aller berücksichtigen), und dies andererseits mit einer adäquaten Kontrollpolitik (diesbezüglich ist an Behördenvertreter/innen oder damit beauftragte Institutionen zu denken, die vertrauensbildend präsent sind sowie darauf hinwirken, dass Mindeststandards eingehalten werden, und bei vorliegenden Schwierigkeiten, Missständen entsprechend aktiv werden) zu flankieren. Zugleich ist nicht damit zu rechnen, dass sich dieser Bereich vollumfänglich regeln lässt. Das Aufkommen der Kontaktbars wird denn auch als Ausweichen in eine neue, eben nicht regulierte Nische gedeutet.[20] So werden sich weiterhin solche Möglichkeiten finden,[21] was aber nicht von Anstrengungen zur Verbesserung der Situation von Prostituierten entbindet.

Im Hinblick auf die mit einer Erwerbstätigkeit verbundene soziale Sicherung, stellt sich die Frage, ob eine Art niederschwellig angebotene ‚Paketlösung' mehr Frauen dazu ermuntern könnte, für sich Vorsorge zu treffen. Damit ist eine Lösung gemeint, die den administrativen Aufwand für die Frauen verringert (der in der Studie von Chimienti für die in den Salons arbeitenden Ausländerinnen eine Hürde darstellt) und zugleich in dem Sinn ‚diskret' ist, dass sie sich nicht auf die Kategorie Prostituierte festgelegt fühlen müssen. Gemäss Subsidiaritätsprinzip ist der Staat gehalten, hier Bedingungen zu schaffen, die der tatsächlichen Situation angepasst sind (in die gleiche Richtung zielt das Bestreben in Bezug auf die Hausangestellten). Wie weit dies mit entsprechenden Sanktionen verbunden sein soll, wäre noch zu überlegen. Diesbezüglich gilt, dass die jeweils getroffene

[18] Vgl. dazu Milena Chimienti, Prostitution et migration; Janine Dahinden/Fabienne Stants, Arbeits- und Lebensbedingungen von Cabaret-Tänzerinnen in der Schweiz sowie Kap. 6.

[19] Vgl. die Beispiele, wie dies in einzelnen anderen Staaten als der Schweiz geregelt ist, bei: Janine Dahinden/Fabienne Stants, Arbeits- und Lebensbedingungen von Cabaret-Tänzerinnen in der Schweiz, 141-144.

[20] Vgl. Milena Chimienti, Prostitution et migration.

[21] Vgl. diesbezüglich auch die Erfahrungen in den Niederlanden (Kap. 9.2.1).

Regelung weder in die eine (Unmöglichkeit der Durchsetzung der vorgesehenen Sanktionen) noch in die andere Richtung (durch Absehen von Sanktionen) zu unterlaufen ist. Hinsichtlich der in der Prostitution tätigen Frauen gilt aus dieser Sicht – ebenfalls im Sinn des Subsidiaritätsprinzips –, dass sie allfällige Konsequenzen (z. B. schlechtere soziale Sicherung im Alter) bei vorliegendem Selbst- oder Mitverschulden zu tragen haben.

10.2.2 Staatliche Kontrolltätigkeit

Staatliche Kontrolltätigkeit ist einerseits erforderlich zur Gewährleistung der Sicherheit der Prostituierten und andererseits zur Durchsetzung von Standards in den Arbeitsbedingungen, was zwar den Interessen der Beteiligten zuwiderlaufen kann, aber die Situation der Prostituierten verbessern sollte. – In dieser Hinsicht besteht unter Prostituierten eine widersprüchliche Haltung, wenn sie sich in der Arbeit zu wenig geschützt und nicht bzw. zu wenig sicher fühlen, hingegen Kontrollen durch die Behörden eher ablehnend gegenüberzustehen scheinen.

Die staatlichen Behörden sind daher gehalten, ihre Kontrolltätigkeit situationsgerecht durchzuführen. In diesem Sinn gilt es, hier eine Balance zwischen einer zu largen und zu restriktiven Praxis zu finden, weil beide negative Auswirkungen auf die sich prostituierenden Frauen haben. Im ersten Fall soll einer Untergrabung der staatlichen Autorität entgegengewirkt und im zweiten das Prinzip der Verhältnismässigkeit gewahrt werden. Das mag als inkohärentes und vielleicht auch intransparentes Agieren der Behörden erscheinen.

> Nach der Erfahrung von Monika Stocker, der ehemaligen Sozialvorsteherin der Stadt Zürich, ermöglicht ein gewisses gewähren Lassen einen Zugang von staatlicher Seite, über den gegebenenfalls Druck ausgeübt werden kann.[22] Beispiel dafür ist die Tolerierung des Konsums von so genannten Partydrogen in Clubs, deren Betreiber im Gegenzug angehalten werden, gewisse Standards (z. B. genügend Flüssigkeit zur Verfügung zu stellen) einzuhalten. So wäre es denkbar, dass die Behörden nicht oder nur sporadisch einschreiten, wenn sich Frauen illegal in einer Liegenschaft prostituieren, dafür aber den Liegenschaftsbesitzer unter Druck setzen, diese zu sanieren, wenn sie sich in einem miserablen Zustand befindet.

Nicht als rigorose Behörde aufzutreten, hat den Vorteil, dass Vertrauen geschaffen und so den Betroffenen (in diesem Fall den Prostituierten, die sich in einer für sie schwierigen Situation befinden) Unterstützung angeboten werden kann, was durchaus mit ordnungspolitischen Massnahmen verbunden sein kann (wie das Beispiel der in Zürich praktizierten Drogenpolitik belegt).

10.2.3 Zulassung von Migrantinnen zum Arbeitsmarkt

Viele Migrantinnen haben keinen Aufenthaltsstatus, der sie zur Aufnahme einer Erwerbstätigkeit berechtigt, weshalb sie, wenn sie sich prostituieren, dies illegal tun. Dies macht sie verletzlicher und ausbeutbarer. Angesichts der weiter bestehenden Nachfrage wird gefordert, ihnen einen legalen Zugang zur Prostitutionstätigkeit zu verschaffen (auf

[22] Gespräch vom 20.02.2009.

die Schweiz bezogen wäre dies analog zur Zulassung der Cabaret-Tänzerinnen zu sehen und bei diesen selbst die Zulassung der Prostitutionstätigkeit in Betracht zu ziehen) und in diesem Sinn den Zugang zu legaler Arbeit auch auf diese Personengruppe hin zu erweitern. In Bezug auf ein Empowerment, das sich auf die konkreten Arbeitsbedingungen bezieht, ist diese Forderung folgerichtig und unterstützenswert. Allerdings ist dabei zu vermeiden, dass die Prostitutionstätigkeit unter der Hand zum Eintrittsbillett wird und die Frauen womöglich darauf fixiert bleiben, wie dies bei der gegenwärtigen Regelung in Bezug auf die Cabaret-Tänzerinnen der Fall ist. Denn diesen ist ein Branchenwechsel untersagt. Zudem können sie sich keine längerfristigen Aufenthaltsrechte erwerben. Eine „kontrollierte Öffnung des Arbeitsmarktes“[23] für eine Tätigkeit im und ausserhalb des Sexgewerbes würde sowohl den Interessen der Migrantinnen entgegenkommen als auch die nationale Souveränität im Bereich der Migrationspolitik berücksichtigen. Doch selbst bei einer diesbezüglich verbesserten Situation werden informelle oder illegale Marktsegmente nicht völlig verschwinden.[24]

10.2.4 Flankierende Massnahmen

Eine Gesellschaft kann sich nicht damit zufrieden geben, dass Frauen in der Prostitutionstätigkeit ein Auskommen finden und dabei beruflich, zum Teil auch sozial in einer Sackgasse landen. Darum ist es angezeigt, auf realistische Ausstiegsmöglichkeiten hinzuarbeiten.

> „Es ist [...] eine soziale Realität, dass viele Prostituierte sich in einer sozialen und psychischen Situation befinden, in der es fraglich ist, ob sie sich wirklich frei und autonom für oder gegen diese Tätigkeit entscheiden können. Vor diesem Hintergrund muss es Ziel der Gleichstellungspolitik sein, Frauen und Mädchen sowie Männern und Jungen in der Prostitution andere Optionen der Lebensgestaltung zu eröffnen und einem Abgleiten in Abhängigkeiten, die Prostitution als scheinbar kleineres Übel oder akzeptablen Ausweg erscheinen lassen, entgegenzuwirken. Hier ist es Aufgabe sowohl des staatlich geförderten Hilfesystems als auch der Bildungs- und Arbeitsmarktpolitik, Alternativen zu eröffnen.“[25]

Konkret wäre beispielsweise zu prüfen, ob sich wie in Deutschland eine Sonderregelung mit der Arbeitslosenversicherung finden liesse, die ausstiegswilligen Frauen eine Unterstützung für eine berufliche Neuausrichtung böte.[26] Da gemäss den Erkenntnissen von Chimienti bei vielen Migrantinnen, die in der Salonprostitution arbeiten, mangelnde Sprachkenntnisse ein Hinderungsgrund für einen Wechsel in einen anderen Bereich sind,

[23] So der Vorschlag des Rechtsanwalts und Migrationsexperten Marc Spescha an der Fachtagung „Frauenhandel in der Schweiz – Strategien der Bekämpfung“ vom 11.06.2009.

[24] Dies entspricht auch der Einschätzung der Autorinnen der Studie von IOM „Is Trafficking in Human Beings Demand Driven?“, 44-47.

[25] Bericht der Bundesregierung zu den Auswirkungen des Gesetzes zur Regelung der Rechtsverhältnisse der Prostituierten (Prostitutionsgesetz – ProstG), 9.

[26] In der Schweiz sind die Selbstständigerwerbstätigen nicht in die Arbeitslosenversicherung integriert. Sie zahlen keine Beiträge, bekommen daher im Fall eines Ausbleibens von Arbeitsaufträgen auch keine Unterstützung. Auch hier wäre es angebracht, nach Möglichkeiten der Unterstützung eines Ausstiegs aus der Prostitutionstätigkeit zu suchen.

gäbe es in dieser Hinsicht einen Anknüpfungspunkt, dem mit geeigneten Angeboten zu begegnen. Einige Frauen haben kaum Kontakte ausserhalb des Milieus, was einen beruflichen Wechsel zusätzlich erschwert. Diesem Manko Abhilfe zu leisten, sind nicht nur staatliche Stellen aufgefordert.

Darüber hinaus gilt es, präventiv Massnahmen vorzusehen, die einer Aufnahme der Prostitutionstätigkeit entgegenwirken. Ein soziales Netz bestehend aus staatlichen und nicht-staatlichen Stellen, das bei biographischen Brüchen über Engpässe hinweghilft und gefährdeten jungen Frauen andere Perspektiven ermöglicht, sowie bessere Chancen für Frauen auf dem Arbeitsmarkt, einschliesslich einer besseren Vereinbarkeit von Beruf und Kinderbetreuungsaufgabe, stellen diesbezüglich mögliche Massnahmen dar. Dies ist sowohl als Aufgabe im Inland als auch im Hinblick auf eine entsprechend ausgestaltete Entwicklungszusammenarbeit zu sehen. Denn viele Frauen migrieren aus für sie unhaltbaren Situationen und finden dann im Ausland oft nur in der Prostitution ein Auskommen.

10.2.5 Der Exklusion entgegenwirken

Ausschlussprozesse finden auf verschiedenen Ebenen statt. Um dem entgegenzuwirken, ist der Staat insbesondere beim Problem der Stigmatisierung, der Gewalterfahrung und des Frauenhandels gefordert:

- Aufgrund der bestehenden, häufig auch befürchteten Stigmatisierung ziehen viele Frauen ein Doppelleben vor. Dies kann, braucht aber nicht mit gesellschaftlicher Isolation einherzugehen. Behörden könnten diesbezüglich mit einem die Prostitutionstätigkeit akzeptierenden Ansatz einer Stigmatisierung entgegenwirken. Zu einem grossen Teil bewegt sich das Problem auf einer zwischenmenschlichen Ebene, wo alle zu Toleranz aufgerufen sind. Von staatlicher Seite her lässt sich diesbezüglich nur Sensibilisierungsarbeit leisten.
- Mit Gewalterfahrungen allein gelassen oder diesbezüglich nicht ernst (genug) genommen zu werden, trägt ebenfalls zu einer Isolation der betroffenen Frauen bei. Gewalttätige Übergriffe stellen eine Verletzung der körperlichen und seelischen Integrität dar und sind deshalb klar zu verurteilen. Daraus leitet sich eine dem Opferschutz verpflichtete Unterstützungspflicht des Staates ab. Analog zur häuslichen Gewalt darf ein Staat auch in diesem Bereich keine Gewalt tolerieren. Das ist nicht nur aus menschenrechtlichen, sondern ebenfalls aus rechtspolitischen Gründen angezeigt. Über die Strafverfolgung und den Schutz betroffener und gefährdeter Frauen hinaus, ist dabei an präventive Massnahmen zu denken (entsprechende Sicherheitsvorkehrungen auf dem Strassenstrich sind bereits bekannt; ein Angebot an angepassten Selbstverteidigungskursen könnte eine weitere sinnvolle Massnahme darstellen, die sogar noch weitere Aspekte wie beispielsweise Vernetzung und Vertrauensbildung abdecken könnte).
- In Bezug auf den Frauenhandel ist aus ethischer Sicht der nach wie vor ungenügende Opferschutz anzumahnen. Hier besteht noch ein grosser Handlungsbedarf. Dies hängt nicht nur mit einem ungenügenden Opferschutz in den Fällen zusammen, in denen es überhaupt zu einem Gerichtsverfahren kommt. Denn in

allen anderen Fällen, in denen es aus unterschiedlichen Gründen nicht bis zu einem Prozess kommt, sind die betroffenen Frauen nicht weniger Opfer. Der in Italien praktizierte, zweigleisige Opferschutz (über das Justizsystem, also in Zusammenarbeit mit den Behörden, oder über eine akkreditierte NGO oder Sozialdienste, die die Glaubwürdigkeit im jeweils vorliegenden Fall prüfen) vermag sowohl einem möglichen Missbrauch vorzubeugen (ein solcher Verdacht steht angesichts der europaweit praktizierten restriktiven Zuwanderungspolitik schnell einmal im Raum) als auch dem Schutz der Menschenrechte zu genügen.[27]

Da sich die Ambivalenz in Bezug auf den Status in der Gesellschaft nicht nur anhand des Doppellebens eines grossen Teils der Prostituierten zeigt, sondern auch in Bezug auf die Steuermoral, stehen diesbezüglich die Frauen selbst ebenfalls in der Pflicht.[28] Wie der Bericht der Bundesregierung und auch die Studie von Chimienti zeigen, ziehen es viele Frauen vor, schwarz zu arbeiten, womit sie sich selbst ausserhalb der gesellschaftlichen Ordnung stellen. Der Umstand, dass viele nicht wissen, wie lange sie diese Tätigkeit ausüben, oder dass sie (bezieht sich auf die von Chimienti befragten Migrantinnen) mit dem Steuersystem zu wenig vertraut sind,[29] mag zwar in gewisser Hinsicht verständlich sein, rechtfertigt aber dieses Verhalten nicht.

10.2.6 Sensibilisierung der Prostitutionskunden

Bislang beschränkten sich die Kampagnen, die Prostitutionskunden ansprechen, auf die Sensibilisierung in Bezug auf „safer sex" und Frauenhandel. Sich dem Neutralitätsgebot in weltanschaulichen Fragen verpflichtet zu sehen, sich aber nicht sklavisch daran zu halten, sondern eine begründete Wertpolitik zu verfolgen, wie es oben (im Abschnitt 10.1.2) im Zitat aus dem Bericht der deutschen Bundesregierung zum Ausdruck kommt, wäre auch in Bezug auf die Prostitutionskunden zu überdenken. Dabei ginge es keineswegs darum, die Moralkeule zu schwingen (was schnell einmal unterstellt wird).[30] Aber ausgerechnet in diesem Bereich weitere, nicht hinnehmbare Verhaltensweisen (wie z. B. verbale Attacken bis hin zu Gewalt gegenüber Prostituierten, auf den Preis drücken usw.) und die Verantwortung für den Beitrag zum Bestehen dieser problematischen gesellschaftlichen Einrichtung aus Gründen der Zurückhaltung und/oder mit Verweis, dass es Privatsache sei, nicht anzusprechen, ist nicht einsichtig. Aus einer feministischen Sicht gilt hier genauso, dass das (angeblich) Private politisch ist. Dazu gehört auch, die Vorstellung zu dekonstruieren, dass Frauen sich grossmehrheitlich aus völlig freien Stücken prostituieren würden.

27 Vgl. zur Praxis in Italien: Joëlle Moret/Denise Efionayi-Mäder/Fabienne Stants, Menschenhandel in der Schweiz, 144-145.

28 Eine Pflicht, Sozialversicherungsabgaben und Steuern zu leisten, bejaht auch das Sex Workers in Europe Manifesto.

29 Vgl. Milena Chimienti, Prostitution et migration, 243.

30 Zur aus theologisch-ethischer Sicht erforderlichen Minimalmoral bei Prostitutionskunden vgl. Kap. 7.3.2.

10.3 Desiderate aus theologischer Perspektive

Eine (feministisch-)befreiungstheologische Sicht weiss sich den Verliererinnen und Verlierern verpflichtet, ob sie in der eigenen Gesellschaft oder anderswo auf der Welt leben. Mit einer „Hermeneutik des Verdachts" (Elisabeth Schüssler Fiorenza) misstraut sie Antwortversuchen, die Spannungen einebnen wollen. Denn dadurch würden sie unter der Hand zu doppelten Verliererinnen.

Eine theologisches Verständnis des Menschen und des Zusammenlebens von Menschen bemüht sich um eine Konkretisierung dessen, was Menschenwürde bedeutet/beinhaltet. Aus dieser Perspektive sind Personsein und Würde im Bereich der Sexualität dort gewahrt, wo Sexualität „*ganzheitlich* gelebt" und „nicht abgespalten wird in Teilbereiche des Menschseins, des Rollenrepertoirs", wo „*Endgültigkeit*" im Sinn einer Zielvorstellung „zu ihr gehört" und wo sie „*fruchtbar* ist", wobei das als Leben mit Kindern oder im übertragenen Sinn begriffen werden kann. Die letztgenannte Sinnbestimmung bedeutet, dass Sexualität „nicht eigensüchtig ist" und die „Menschen nicht gegen die Welt abschottet", sondern dass „die Energie der Liebesbeziehung fruchtbar gemacht wird für die Welt"[31].

Aufgabe von Theologie und Kirche ist es, daran zu erinnern, dass die Anerkennung der Person auch in der genannten Hinsicht ernst zu nehmen ist.

Schliesslich ist das Bewusstsein um die Begrenztheit der Menschen wachzuhalten. Wir vermögen bei weitem nicht, den berechtigten Ansprüchen, die wir oder andere an uns stellen, zu genügen. Ohne dies als Freipass für eine entsprechende Untätigkeit verstehen zu wollen, ist es auch unter den Bedingungen der Endlichkeit und Begrenztheit rechtens, sich des Lebens zu erfreuen und dies bei gegebenem Anlass zu feiern. Den Zusammenhalt zu pflegen und einander zu stärken, sind weitere wichtige Aspekte gelingenden Menschseins. Ob allem berechtigten Engagement, das zuweilen einem Kampf gegen die Windmühlen gleichkommt, ist der Humor nicht zu verlieren. All dies gilt auch für das Engagement für und mit Prostituierten.

Die Bedingungen der Endlichkeit und Begrenztheit erfordern nicht nur, dass wir uns mit ihnen arrangieren, sondern bergen ebenfalls die Möglichkeit in sich, dass wir schuldig werden können. Davon ist niemand ausgenommen. Dass heisst aber deswegen nicht, dass wir auf unsere Schuld festgenagelt bleiben müssten.[32] Denn für alle – die einzelnen Akteurinnen und Akteure in der Prostitution eingeschlossen – gilt die gute Nachricht, dass es eine Vergebung für jede eingestandene Schuld gibt, was geschehenes Unrecht allerdings nicht ungeschehen macht. Aber die Botschaft des Evangeliums, dass wir von Gott auch in unserer (eingesehenen und bereuten) Schuld angenommen sind, eröffnet immer wieder einen neuen Anfang. Dieser Neuanfang ist jedem und jeder persönlich zugesagt und im Hinblick auf die Gesellschaft eine Aufforderung, ebenfalls Neuanfänge zu ermöglichen.

[31] Regina Ammicht Quinn, Feministische Ethik und die anthropologische Grundkategorie der Körperlichkeit, 167 (Hervorh. im Original). Vgl. zu dieser Sichtweise auch Kap. 5.3.3.5, Kap. 5.3.3.6 und Kap. 7.2.2.

[32] Vgl. ergänzend dazu die Überlegungen in Kap. 7.2.3.2.

Eine sozialethische Perspektive ist sich bewusst, dass wir angesichts der Bedingungen der Endlichkeit auf dieser Erde keine idealen Regelungen schaffen können, die allen guten Anliegen und berechtigten Ansprüchen gleicherweise gerecht werden können. Dies gilt genauso oder vielleicht erst recht im Hinblick auf die notwendige staatliche Regelung der Prostitution. Dennoch ist grössere Gerechtigkeit, wie sie Jesus in Mt 5 fordert, immer möglich und daher auch konsequent anzustreben.[33]

[33] Vgl. ergänzend dazu Kap. 7.4.1.

LITERATURVERZEICHNIS

Abeldt, Sönke, Ökonomische und sozialpolitische Kontexte der Anerkennung, in: ders./ Bauer, Walter u. a. (Hrsg.), „...was es bedeutet, verletzbarer Mensch zu sein". Erziehungswissenschaft im Gespräch mit Theologie, Philosophie und Gesellschaftstheorie. Helmut Peukert zum 65. Geburtstag, Mainz 2000, 246-255.

Adams, Niki, Anti-trafficking legislation: protection or deportation?, in: Feminist Review 73 (2003), 135-139.

AG-Recht, Das Menschenhandelskomplott. Eine Aufklärungsschrift der bundesweiten Arbeitsgemeinschaft Recht/Prostitution, März 2005, veröffentlicht im Internet: http://www.lobby-fuer-menschenrechte.de/Menschenhandelskomplott.php (Stand: 01.08.2009).

Agustín, Laura María, Challenging Place: Leaving home for sex, in: Development 45 (2002) 1, 110-116.

Dies., Migrants in the Mistress's House: Other Voices in the „Trafficking" Debate, in: Social Politics 12 (2005) 1, 96-117.

Dies., Sex at the Margins. Migration, Labour Markets and the Rescue Industry, London/New York 2007.

Ahlemeyer, Heinrich W., Prostitutive Intimkommunikation. Zur Mikrosoziologie heterosexueller Prostitution, (Beiträge zur Sexualforschung; 74) Stuttgart 1996.

Alexander, Priscilla, Warum dieses Buch?, in: Delacoste, Frédérique/ Alexander, Priscilla, SexArbeit. Frauen in der Sexindustrie, München 1989, 19-22 *(engl. 1987)*.

Amber, Ich verkaufe Sex pur, in: Hartmann Lukas/ Krebs, Jürg, Notstand Liebe. Gespräche über Sex, Lebenslügen und Beziehungskisten, Bern 1992, 141-150.

Ammicht Quinn, Regina, Körper – Religion – Sexualität. Theologische Reflexionen zur Ethik der Geschlechter, Mainz ^{2}2000 *(Erstaufl. 1999)*.

Dies., Regina, können, sollen, wollen, dürfen, müssen. Ein nicht nur grammatischer Versuch über Sexualität und Moral, in: Sex. Vom Wissen und Wünschen, hrsg. v. d. Stiftung Deutsches Hygiene-Museum, Ostfildern 2001, 115-139.

Dies., Jung, schön und fit. Körperkult und Körperverachtung aus theologischer Perspektive, in: Bowald, Béatrice/ Binnenkade, Alexandra/ Büchel-Thalmaier, Sandra/ Jakobs, Monika (Hrsg.), KörperSinnE. Körper im Spannungsfeld von Diskurs und Erfahrung, (gender wissen; Bd. 2) Bern/Wettingen 2002, 64-80.

Dies., Feministische Ethik und die anthropologische Grundkategorie der Körperlichkeit, in: Spiess, Christian/ Winkler, Katja (Hrsg.), Feministische Ethik und christliche Sozialethik, (Schriften des Instituts für christliche Sozialwissenschaften; 57) Berlin 2008, 145-183.

Anderson, Elizabeth, Value in Ethics and Economics, Harvard/Cambridge, Mass./London 1993.

Anderson, Scott A., Prostitution and Sexual Autonomy: Making Sense of the Prohibition of Prostitution, in: Ethics 112 (2002) 4, 748-780.

Angell, Jeannette, Callgirl. Meine lukrative Exkursion in das älteste Gewerbe der Welt, München 2004 *(engl. 2003).*

Anzenbacher, Arno, Christliche Sozialethik. Einführung und Prinzipien, Paderborn/München/Wien/Zürich 1998.

Apostolisches Schreiben Familiaris consortio von Papst Johannes Paul II. über die Aufgaben der christlichen Familie in der Welt von heute vom 22. November 1981, hrsg. von Sekretariat der Deutschen Bischofskonferenz, (Verlautbarungen des Apostolischen Stuhls; 33) Bonn 1981.

Astrid, Doppelleben – Anschaffen mit Familie, in: Handbuch Prostitution, hrsg. v. HWG e. V., Redaktion: Christine Drössler, Jasmin Kratz, Marburg 1994, 168-170.

Auf dem Prüfstand: Das Prostitutionsgesetz. Dokumentation des Fachgesprächs am 16.08.2004 im Deutschen Bundestag, hrsg. v. Bündnis 90/Die Grünen, Berlin 2004.

Auf dem Strich – Mädchenprostitution in Wien, eine Dokumentation von Carolin Tener und Tina Ring, Wien 2006.

Avanzino, Natalie, „Ich verkehrte geschlechtlich mit demselben und erhielt zwei Franken Trinkgeld." Zürcher Kellnerinnen und ihre Nähe zur Prostitution, in: Wertes Fräulein, was kosten sie? Prostitution in Zürich 1875-1925, hrsg. v. Philipp Sarasin, Regula Bochsler und Patrick Kury im Auftrag des Schweizerischen Landesmuseums, Baden 2004, 59-63.

Bachmann, Susanne, Freier als Befreier?, in: männerzeitung 7 (2007) 3, 34-35.

Baer, Susanne, Anmerkungen zum Urteil des VG Berlin vom 1.12.2000, in: STREIT. Feministische Rechtszeitschrift 19 (2001) 1, 19-20.

Bajos, Nathalie/ Pyren, Stéphanie/ Warszawski, Josiane/ Serre, Anne/ groupe ACSF, Sexualité vénale et gestion du risque de transmission sexuelle du sida. Une analyse des donnés de l'enquête ACSF, in: Sciences Sociales et Santé, 15.3.1997, 31-60.

Balmer, Juliana/ Dolder, Rita, Susanne D. Ein Leben als Prostituierte, Bern ^{2}1997.

Barbara/ de Coninck, Christine, Die geteilte Frau, aus dem Französischen von Dorothea Muenk, mit einem Nachwort von Pieke Biermann, Berlin 1980 *(franz. 1977).*

Barkhaus, Annette, Differenz und Anerkennung. Eine Auseinandersetzung mit Axel Honneths Konzept posttraditionaler Solidarität, in: dies./ Mayer, Matthias/ Roughley, Neil/ Thürnau, Donatus (Hrsg.), Identität, Leiblichkeit, Normativität. Neue Horizonte anthropologischen Denkens, Frankfurt a.M. 1996, 229-244.

Bartholomäus, Wolfgang, Sexualerziehung in kirchlichen Praxisfeldern. Dringlichkeit, Reichweite und Kriterien für eine Inhaltsreform, in: Ziebertz, Hans-Georg (Hrsg.), Sexualität im Wertpluralismus. Perspektiven zur Überwindung der Krise in der ethischen Bildung, Mainz 1991, 22-43.

Barton, John, The Canonicity of the Song of Songs, in: Perspectives on the Song of Songs/Perspektiven der Hoheliedauslegung, ed. by/hrsg. v. Anselm C. Hagedorn, (BZAW; 346) Berlin/New York 2005, 1-7.

Bastiaensen, Antoon A.R., Die Anfänge der christlichen Hoheliedauslegung, in: Alvarium. FS Christian Gnilka, hrsg. v. Blümer, Wilhelm/ Henke, Rainer/ Mülke, Markus, (JbAC, Ergänzungsband 33), Münster 2002, 27-38.

Bauer, Angela, Das Buch Jeremia. Wenn kluge Klagefrauen und prophetische Pornographie den Weg ins Exil weisen, in: Schottroff, Luise/ Wacker, Marie-Theres (Hrsg.), unter Mitarb. v. Claudia Janssen u. Beate Wehn, Kompendium Feministische Bibelauslegung, 2., korr. Aufl., Gütersloh 1999, 258-269.

Bauman, Zygmunt, Über den postmodernen Gebrauch der Sexualität, in: Zeitschrift für Sexualforschung 11 (1998) 1, 1-16.

Baumann, Gerlinde, Das Buch Nahum. Der gerechte Gott als sexueller Gewalttäter, in: Schottroff, Luise/ Wacker, Marie-Theres (Hrsg.), unter Mitarb. v. Claudia Janssen u. Beate Wehn, Kompendium Feministische Bibelauslegung, 2., korr. Aufl., Gütersloh 1999, 347-353.

Baumberger, Katharina, Ausstieg aus der Prostitution. Eine Analyse von Ergebnissen aus Forschung, Praxis und einem Expertinneninterview, unveröffentl. Diplomarbeit, Basel 2004.

Baumert, Norbert, Frau und Mann bei Paulus. Überwindung eines Missverständnisses, Würzburg 1992.

Baumgartner, Alois, Personalität, in: Heimbach-Steins, Marianne (Hrsg.), Christliche Sozialethik. Ein Lehrbuch. Bd. 1 Grundlagen, Regensburg 2004, 265-269.

Ders., Solidarität, in: Heimbach-Steins, Marianne (Hrsg.), Christliche Sozialethik. Ein Lehrbuch. Bd. 1 Grundlagen, Regensburg 2004, 283-292.

Ders./ Korff, Wilhelm, Sozialprinzipien, in: Lexikon der Bioethik, hrsg. im Auftrag der Görres-Gesellschaft v. Wilhelm Korff, Lutwin Beck und Paul Mikat, Bd. 3, Gütersloh 1998, 405-411.

Beck, Ulrich, Was meint „eigenes Leben"?, in: ders./ Erdmann Ziegler, Ulf, Eigenes Leben. Ausflüge in die unbekannte Gesellschaft, in der wir leben, München 1997, 9-17.

Becker, Werner, Anerkennung und Toleranz. Über die politischen Tugenden der Demokratie, (Jenaer philosophische Vorträge und Studien; Bd. 19) Erlangen/Jena 1996.

Becker-Schmidt, Regina/ Knapp, Gudrun-Axeli, Feministische Theorien zur Einführung, Hamburg 2000.

Bedau, Maren, Ein Ende der Rechtlosigkeit? Zur Anerkennung von Prostitution als Beruf, in: Müller-Heidelberg, Till/ Finckh, Ulrich et al. (Hrsg.), Grundrechte-Report 2002. Zur Lage der Bürger- und Menschenrechte in Deutschland, Reinbek 2002, 164-168.

Beitritt zum UNO-Übereinkommen gegen transnationale organisierte Kriminalität, zum Zusatzprotokoll zur Verhinderung und Bestrafung des Menschenhandels, insbesondere des Handels mit Frauen und Kindern, und zum Zusatzprotokoll gegen den Menschenschmuggel auf dem Land-, Luft- und Seeweg. Bericht und Vorentwurf [des Schweizer Bundesrates], Bern 2003.

Bericht der Bundesregierung zu den Auswirkungen des Gesetzes zur Regelung der Rechtsverhältnisse der Prostituierten (Prostitutionsgesetz – ProstG), hrsg. v. Bundesministerium für Familie, Senioren, Frauen und Jugend, Berlin 2007.

Bericht innere Sicherheit der Schweiz 2006, Publikation des Bundesamtes für Polizei, EJPD, Bern Mai 2007.

Bernsdorf, W[ilhelm], Art. Prostitution, II. Gewerbsmässige Prostitution, in: RGG, Bd. 5, Tübingen 1961.

Ders., Soziologie der Prostitution, in: Giese, Hans (Hrsg.), Die Sexualität des Menschen. Handbuch der medizinischen Sexualforschung, 2., neubearb. u. erw. Aufl., Stuttgart 1971, 191-248.

Bernstein, Elizabeth, The meaning of the purchase. Desire, demand and the commerce of sex, in: Ethnography 2 (2001) 3, 389-420.

Dies., Temporarily yours. Intimacy, Authenticity, and the Commerce of Sex, Chicago/ London 2007.

Bertschi, Susanne, Sexarbeit tabuisiert – zum Nachteil der Frauen. Eine juristische Analyse von Straf- und AusländerInnenrecht zur Unterbindung von Frauenhandel, (Bulletin des NFP 40, Nr. 7) Bern 2003.

Beruf: Hure. Dokumentation der „Anhurung" vom 5. März 1990 in Bonn, hrsg. v. DIE GRÜNEN im Bundestag, Arbeitskreis Frauenpolitik und DIE GRÜNEN, Bundesgeschäftsstelle, Bonn 1991.

Besozzi, Claudio, Illegal, legal – egal? Zu Entstehung, Struktur und Auswirkungen illegaler Märkte, Bern/Stuttgart/Wien 2001.

betrogen und verkauft. Frauenhandel in der Schweiz und anderswo, hrsg. von FIZ Fraueninformationszentrum für Frauen aus Afrika, Asien, Lateinamerika und Osteuropa, Zürich 2003.

Bielefeldt, Heiner, Die Menschenwürde als Fundament der Menschenrechte. Die Menschenwürde in der Diskussion, in: Jahrbuch für Menschenrechte 2005. Themenschwerpunkt: Durchsetzung der Rechte von Frauen, hrsg. v. Deutschen Institut für Menschenrechte und von Volkmar Deile, Franz-Josef Hutter, Sabine Kurtenbach und Carsten Tessmer, Frankfurt a.M. 2004, 143-155.

Biermann, Pieke, „Wir sind Frauen wie andere auch!". Prostituierte und ihre Kämpfe, Hamburg 1980.

Bishop, Ryan/ Robinson, Lillian S., Travellers' Tails: Sex Diaries of Tourists Returning from Thailand, in: Thorbek, Susanne/ Pattanaik, Bandana (Hrsg.), Transnational Prostitution. Changing Patterns in a Global Context, London/New York 2002, 13-23.

Bloemen, Gerrit, Erfahrungen mit Prostituierten aus Sicht der Freier, in: Dokumentation der Fachtagung „Prostitutionskunden – Sich auszutauschen, um Standpunkte zu verrücken", hrsg. v. context e.V., Berlin/Frankfurt a.M. 2004, 55.

Boethius, Maria-Pia, Das Ende der Prostitution in Schweden?, in: STREIT. Feministische Rechtszeitschrift 19 (2001) 1, 6-10.

Böhme, Gernot, Leibsein als Aufgabe. Leibphilosophie in pragmatischer Hinsicht, (Die graue Reihe; 38) Kusterdingen 2003.

Ders., Der Begriff des Leibes, in: Studia philosophica 62 (2003), 7-22.

Bohmeyer, Axel, Jenseits der Diskursethik. Christliche Sozialethik und Axel Honneths Theorie sozialer Anerkennung, (Forum Sozialethik; 2) Münster 2006 *(Diss. 2005/06)*.

Bohrmann, Thomas, Subsidiarität, in: Heimbach-Steins, Marianne (Hrsg.), Christliche Sozialethik. Ein Lehrbuch. Bd. 1 Grundlagen, Regensburg 2004, 293-301.

Bolender, Claus/ Feldhaus, Stephan, Art. Prostitution, 1. Zum Problemstand, in: Lexikon der Bioethik, hrsg. im Auftrag der Görres-Gesellschaft v. Wilhelm Korff, Lutwin Beck und Paul Mikat, Bd. 3, Gütersloh 1998, 68-73.

Bondolfi, Alberto, Ethik und Gesetzgebung. Anlässe und Annäherungen zu einem „neuen“ Thema, in: ders./ Grotefeld, Stefan (Hrsg.), Ethik und Gesetzgebung. Probleme – Lösungsversuche – Konzepte, Stuttgart/Berlin/Köln 2000, 13-22.

Ders., Ethik und Recht im Bereich neuer biomedizinischer Errungenschaften, in: Wils, Jean-Pierre/ Zahner, Michael (Hrsg.), Theologische Ethik zwischen Tradition und Modernitätsanspruch. FS Adrian Holderegger, (Studien zur theologischen Ethik; 110) Freiburg Schweiz/Freiburg/Wien 2005, 155-164.

Borel, Marc-Antoine, La prostitution en droit pénal suisse. Essai sur les infractions commises par les protagonistes en droit suisse et en droit comparé, Lausanne 2007 *(Diss. 2007)*.

Botschaft des Bundesrates über die Änderung des Schweizerischen Strafgesetzbuches vom 26. Juni 1985 (BBl 85 II).

Bowald, Béatrice, Gekaufte Nähe. Body Theology konfrontiert mit dem Verhalten von Freiern, in: dies./ Binnenkade, Alexandra/ Büchel-Thalmaier, Sandra/ Jakobs, Monika (Hrsg.), KörperSinnE. Körper im Spannungsfeld von Diskurs und Erfahrung, (gender wissen; 2) Bern/Wettingen 2002, 171-200.

Dies./ Halter, Hans, „Preist Gott mit eurem Leib!“ (1 Kor 6,20). Leiblichkeit aus biblisch-ethischer Perspektive, in: Diakonia 33 (2002) 4, 235-241.

Dies., Prostitutionsmigration. Ein unterbelichteter Aspekt der Migrationsbewegungen, in: Ethica 14 (2006) 2, 199-216.

Brants, Chrisje, The Fine Art of Regulated Tolerance: Prostitution in Amsterdam, in: Journal of Law and Society 25 (1998) 4, 621-635.

Brennan, Denise, Selling Sex for Visas: Sex Tourism as a Stepping-stone to International Migration, in: Ehrenreich, Barbara/ Hochschild, Arlie Russell (Hrsg.), Global Woman. Nannies, Maids and Sex Workers in the New Economy, London 2003, 154-168 *(Publikation in den USA 2002)*.

Brenner, Andreas, Leib statt Körper, in: Studia philosophica 62 (2003), 47-59.

Ders., Des Menschen Leib und Würde, in: Studia philosophica 63 (2004), 229-242.

Brenner, Athalya, Das Hohelied. Polyphonie der Liebe, in: Schottroff, Luise/ Wacker, Marie-Theres (Hrsg.), unter Mitarb. v. Claudia Janssen u. Beate Wehn, Kompendium Feministische Bibelauslegung, 2., korr. Aufl., Gütersloh 1999, 233-245.

Brewis, Joanna/ Linstead, Stephen, Time After Time. The temporal organization of red-collar work, in: Time & Society 7 (1998) 2, 223-248.

Brooks-Gordon, Belinda/ Gelsthorpe, Loraine, Prostitutes' Clients, Ken Livingstone and a New Trojan Horse, in: The Howard Journal 42 (2003) 5, 437-451.

Brückner, Margrit, Geschlechterverhältnisse im Spannungsfeld von Liebe, Fürsorge und Gewalt, in: dies./ Böhnisch, Lothar (Hrsg.), Geschlechterverhältnisse. Gesellschaftliche Konstruktionen und Perspektiven ihrer Veränderung, Weinheim/München 2001, 119-178.

Dies./ Oppenheimer, Christa, Lebenssituation Prostitution. Sicherheit, Gesundheit und soziale Hilfen, (Werkstattberichte des gemeinsamen Frauenforschungszentrums der Hessischen Fachhochschulen (gFFZ); 6) Königstein/Taunus 2006.

Brumlik, Micha, Kontexte der Anerkennung – Kommentar zu Axel Honneths Moral jenseits von Aristoteles und Kant, in: Edelstein, Wolfgang/ Nunner-Winkler, Gertrud (Hrsg.), Moral im sozialen Kontext, Frankfurt a.M. 2000, 77-81.

Brunovskis, Anette/ Tyldum, Guri, Crossing Borders. An Empirical Study of Transnational Prostitution and Trafficking in Human Beings, (Fafo-report; 426) Oslo 2004.

Brussa, Licia, Migrant sex workers in Europe: STI/HIV prevention, health and rights, in: Research for Sex Work 5 (2002), 12-14.

Dies., Three years of Dutch legalization. Consequences for legal and undocumented sex workers, in: Research for Sex Work 6 (2003), 14-16.

Bublitz, Hannelore, Judith Butler zur Einführung, Hamburg 2002.

Bucher, Ursel, Der Traum vom grossen Glück. Wunsch und Wirklichkeit in Paarbeziehungen, München 1992.

Büchel-Thalmaier, Sandra, Dekonstruktive und Rekonstruktive Perspektiven auf Identität und Geschlecht. Eine feministisch-religionspädagogische Analyse, (Theologische Frauenforschung in Europa; 19) Münster 2005 *(Diss. 2003).*

Bullough, Bonnie/ Bullough, Vern L., Introduction. Female prostitution: Current research and changing interpretations, in: Elias, James E./ Bullough, Vern L./ Elias, Veronica/ Brewer, Gwen (Hrsg.), Prostitution. On Whores, Hustlers, and Johns, New York 1998, 23-44.

Bundesamt für Gesundheitswesen, Übersicht über die Prostitution in der Schweiz, Bern 1989.

Bundeskriminalamt [BKA], Lagebild Menschenhandel 2003, o. O. 2004. *(Internet: http://www.bka.de/lageberichte/mh/2003/mh2003.pdf; Stand: 08.05.2005)*

Burkart, Günter, Arbeit und Liebe. Über die Macht der Liebe und die Arbeit an der Partnerschaft, in: Hahn, Kornelia/ Burkart, Günter (Hrsg.), Grenzen und Grenzüberschreitungen der Liebe. Studien zur Soziologie intimer Beziehungen II, Opladen 2000, 165-198.

Butler, Judith, Das Unbehagen der Geschlechter, Frankfurt a.M. 1991 *(engl. 1990).*

Dies., Körper von Gewicht. Die diskursiven Grenzen des Geschlechts, Berlin 1995 *(engl. 1993).*

Butting, Klara, Paulinische Variationen zu Gen 2,24. Die Rede vom Leib Christi im Kontext der Diskussion um Lebensformen, in: Janssen, Claudia/ Schottroff, Luise/ Wehn, Beate (Hrsg.), Paulus. Umstrittene Traditionen – lebendige Theologie. Eine feministische Lektüre, Gütersloh 2001, 103-114.

Cahill, Lisa Sowle, Between the sexes. Foundations for a Christian Ethics of Sexuality, Philadelphia/New York/Ramsey 1985.

Dies., „Embodiment“ and Moral Critique: A Christian Social Perspective, in: dies./ Farley, Margaret A. (Hrsg.), Embodiment, Morality, and Medecine, (Theology and Medicine; 6) Dordrecht/Boston/London 1995, 199-215.

Dies., Sex, gender, and Christian ethics, (New Studies in Christian Ethics) Cambridge 1996.

Campagna, Norbert, Die normative Betrachtung der Sexualität und die rechtliche Regulierung sexuell expliziter Darstellungen, in: Bondolfi, Alberto/ Grotefeld Stefan (Hrsg.), Ethik und Gesetzgebung. Probleme – Lösungsversuche – Konzepte, Stuttgart/Berlin/Köln 2000, 161-173.

Ders., Von der Bioethik zum Biorecht: Demokratietheoretische Übersetzungsprobleme, in: Kettner, Matthias (Hrsg.), Angewandte Ethik als Politikum, Frankfurt a.M. 2000, 280-308.

Ders., Prostitution. Eine philosophische Untersuchung, Berlin 2005.

Chauvin, Charles, Les chrétiens et la prostitution, Paris 1983.

Chimienti, Milena, Prostitution et migration. La dynamique de l'agir faible, Zurich/Genève 2009.

Conseil du statut de la femme, La prostitution: Profession ou exploitation? Une réflexion à poursuivre. Recherche du Conseil du statut de la femme, Québec 2002. *(Internet: http://www.csf.gouv.qc.ca/fr/publications/?F=affichage&ma=20&choix=1&s=47; Stand: 29.08.2009)*

Coquart, Élizabeth/ Huet, Philippe, Le livre noir de la prostitution, Préface de Jean-Marie Rouart, Paris 2000.

Coyle, Diane, Sex, Drugs & Economics. Eine nicht alltägliche Einführung in die Wirtschaft, Frankfurt a.M./New York 2004 *(engl. 2002)*.

Dahinden, Janine/ Stants, Fabienne, Arbeits- und Lebensbedingungen von Cabaret-Tänzerinnen in der Schweiz, (SFM-Studien; 48) Neuchâtel 2006.

Dautzenberg, Gerhard, Φεύγετε τήν πορνείαν (1 Kor 6,18). Eine Fallstudie zur paulinischen Sexualethik in ihrem Verhältnis zur Sexualethik des Frühjudentums, in: Merklein, Helmut (Hrsg.), Neues Testament und Ethik. Für Rudolf Schnackenburg, Freiburg i.Br./Basel/Wien 1989, 271-298.

Dekker, Arne/ Matthiesen, Silja, Bedeutungen der Sexualitiät, in: Schmidt, Gunter (Hrsg.), Kinder der sexuellen Revolution. Kontinuität und Wandel studentischer Sexualität 1966-1996, (Beiträge zur Sexualforschung; 77) Giessen 2000, 97-110.

Delacoste, Frédérique/ Alexander, Priscilla, SexArbeit. Frauen in der Sexindustrie, München 1989 *(engl. 1987)*.

Demmer, Klaus, Art. Sünde, in: Neues Lexikon der christlichen Moral, hrsg. v. Hans Rotter und Günter Virt, Innsbruck/Wien 1990, 752-759.

Ders., Ethische Wahrheit jenseits von demokratischem Konsens? Eine Herausforderung für theologische Ethik und Lehramt, in: Autiero, Antonio (Hrsg.), Ethik und Demokratie. 28. Internationaler Fachkongress für Moraltheologie und Sozialethik (Sept. 1997 / Münster), (Studien der Moraltheologie; 8) Münster 1998, 121-140.

de Ridder, Martina, Der Körper als Ware. Über die weibliche Lustlosigkeit an der männlichen Lust, in: Petzold, Hilarion (Hrsg.), Leiblichkeit. Philosophische, gesellschaftliche und therapeutische Perspektiven, Paderborn 1985, 313-321.

Derwein-Sponsel, Irene, Art. Prostitution, in: Wörterbuch der Feministischen Theologie, hrsg. v. Elisabeth Gössmann u. a., Gütersloh 1991, 335-337.

Di Nicola, Andrea/ Orfano, Isabella/ Cauduro, Andrea/ Conci, Nicoletta, Study on National Legislation on Prostitution and the Trafficking in Women and Children, hrsg. v. European Parliament, Brussels 2005.

Dodillet, Susanne, Prostitutionspolitik in Deutschland und Schweden. Zum ideologischen Hintergrund von Sexarbeit und Sexkaufverbot, in: Grenz, Sabine/ Lücke, Martin (Hrsg.), Verhandlungen im Zwielicht. Momente der Prostitution in Geschichte und Gegenwart, Bielefeld 2006, 95-112.

Doezema, Jo, Forced to Choose. Beyond the Voluntary v. Forced Prostitution Dichotomy, in: Kempadoo, Kamala/ Doezema, Jo (Hrsg.), Global Sex Workers. Rights, Resistance, and Redefinition, New York/London 1998, 34-50.

Dies., Weisse Sklavinnen, arme Slawinnen. Das Melodram vom Frauenhandel, in: Osteuropa 56 (2006) 6, 269-284.

Dokumentation der Fachtagung „Prostitutionskunden – Sich auszutauschen, um Standpunkte zu verrücken", hrsg. v. context e.V., Berlin/Frankfurt a.M. 2004.

Dolder, Rita/ Weiss Gerber, Claudia, Verkaufte Illusionen, 2. korr. u. überarb. Aufl., Bern 1999.

Domentat, Tamara, Lass dich verwöhnen. Prostitution in Deutschland, Berlin 2003.

Don Rolando, Jetzt mal Klartext über Huren. Wie man Zuhälter wird und bleibt, Hamburg 2006.

Eder, Franz X., Kultur der Begierde. Eine Geschichte der Sexualität, München 2002.

Edlund, Lena/ Korn, Evelyn, A Theory of Prostitution, in: Journal of Political Economy 110 (2002) 1, 181-214.

Eichhorst, Sabine/ Marchewka, Petra, Am Ende des Strichs. Frauen berichten von ihrem Ausstieg aus der Prostitution, Bergisch Gladbach 1995.

El-Cherkeh, Tanja/ Stirbu, Elena/ Lazaroiu, Sebastian/ Radu, Dragos, EU-Enlargement, Migration and Trafficking in Women: The Case of South Eastern Europe, (HWWA-Report; 247) Hamburg 2004.

Emmermann, Heide-Marie, Die heilige Hure. „Credo an Gott und sein Fleisch", München ²1992 *(Erstaufl. 1991 unter dem Titel „Credo an Gott und sein Fleisch").*

Enzyklika „Deus caritas est" von Papst Benedikt XVI. vom 25. Dezember 2005, (Verlautbarungen des Apostolischen Stuhls; 171) Bonn 2006.

Ericsson, Lars O., Charges against Prostitution. An Attempt at a Philosophical Assessment, in: Gruen, Lori/ Panichas, George E. (Hrsg.), Sex, Morality, and the Law, New York/London 1997, 87-106 *(Wiederabdruck seines 1980 in Ethics publizierten Artikels).*

Feige, Marcel, Lude! Ein Rotlicht-Leben, Berlin 2006.

Fischer, Irmtraud, Über „die Liebe" in hierarchischen Gesellschaftsformen. Sozialgeschichtliche Voraussetzungen zum Verständnis von Liebe in der Hebräischen Bibel, in: Gielen, Marlis/ Kügler, Joachim (Hrsg.), Liebe, Macht und Religion. Interdisziplinäre Studien zu Grunddimensionen menschlicher Existenz. Gedenkschrift für Helmut Merklein, Stuttgart 2003, 63-81.

Fitzer, G., Art. πορνεία, in: EWNT, Bd. III, hrsg. v. Horst Balz und Gerhard Schneider, Stuttgart/Berlin/Köln/Mainz 1983, 328-333.

Földhàzi, Àgi/ Chimienti, Milena, Marché du sexe et violences à Genève, avec la collaboration de Géraldine Bugnon, Laurence Favre et Emilie Rosenstein, Sociograph n°2, Département de sociologie, Université de Genève 2007.

Fondation Scelles, La prostitution adulte en Europe, Préface de Marie-Thérèse Hermange, Ramonville Saint-Agne 2002.

Forst, Rainer, Das grundlegende Recht auf Rechtfertigung. Zu einer konstruktivistischen Konzeption von Menschenrechten, in: Brunkhorst, Hauke/ Köhler, Wolfgang R./ Lutz-Bachmann, Matthias (Hrsg.), Recht auf Menschenrechte. Menschenrechte, Demokratie und internationale Politik, Frankfurt a.M. 1999, 66-105.

Ders., Toleranz, Gerechtigkeit und Vernunft, in: ders. (Hrsg.), Toleranz. Philosophische Grundlagen und gesellschaftliche Praxis einer umstrittenen Tugend, Frankfurt a.M./New York 2000, 119-143.

Ders., Toleranz im Konflikt. Geschichte, Gehalt und Gegenwart eines umstrittenen Begriffs, Frankfurt a.M. 2003.

Fraling, Bernhard, Sexualethik. Ein Versuch aus christlicher Sicht, Paderborn/München/Wien/Zürich 1995.

Ders., Geschlechterverhältnis und Sexualität in katholisch-theologischer Sicht. Stufen der Normierung, in: Gestrich, Christof (Hrsg.), Geschlechterverhältnis und Sexualität, Beiheft zur BThZ 14 (1997), 38-54.

Franziska, Lulu, in: Handbuch Prostitution, hrsg. v. HWG e. V., Redaktion: Christine Drössler, Jasmin Kratz, Marburg 1994, 171-172.

Fraser, Nancy, Recognition without Ethics?, in: Theory, Culture & Society 18 (2001) 2-3, 21-42.

Frerichs, Petra, Die Arbeit der Anerkennung. Thesen und ein empirisches Beispiel zur Ungleichheit von Anerkennungschancen nach Klasse und Geschlecht, in: Holtgrewe, Ursula/ Voswinkel, Stephan/ Wagner, Gabriele (Hrsg.), Anerkennung und Arbeit, Konstanz 2000, 269-283.

Fritzsche, K. Peter, Menschenrechte. Eine Einführung mit Dokumenten, (UTB; 2437) Paderborn/München/Wien/Zürich 2004.

Fuchs, Thomas, Leib, Raum, Person. Entwurf einer phänomenologischen Anthropologie, Stuttgart 2000.

Ders., Sexualität im Zeitalter ihrer technischen Reproduzierbarkeit, in: Scheidewege 32 (2002/2003), 59-75.

Gabriel, Karl, Die ‚katholischen' Grundlagen des Sozialstaats – und ihre Relevanz für die aktuelle Diskussion um sein Profil und Programm, in: Schramm, Michael/ Grosse Kracht, Hermann-Josef/ Kostka, Ulrike (Hrsg.), Der fraglich gewordene Sozialstaat. Aktuelle Streitfelder – ethische Grundlagenprobleme, Paderborn/München/ Wien/Zürich 2006, 9-25.

Galen, Margarete Gräfin von, Rechtsfragen der Prostitution. Das Prostitutionsgesetz und seine Auswirkungen, München 2004.

Galiana, Carmen, Trafficking in Women. Working Paper, published by the European Parliament, o. O. 2000.

Gasser, Mona, Gestatten: Callgirl – Die Freiheit nehm ich mir, Stuttgart [3]1997 *(Erstaufl. 1996).*

Gaudium et spes. Pastorale Konstitution über die Kirche in der Welt von heute vom 7. Dezember 1965, in: Rahner, Karl/ Vorgrimler, Herbert, Kleines Konzilskompendium. Sämtliche Texte des Zweiten Vatikanums, Freiburg/Basel/Wien [18]1985, 449-552 *(Erstaufl. 1966).*

Geadah, Yolande, La prostitution: un métier comme un autre?, Montréal 2003.

Gebunden im Schweigen. Sex mit Kindern ist ein Verbrechen, hrsg. v. Schweizer Kampagne gegen Kinderprostitution, o. O. 1993.

Gerheim, Udo, Freier. Ein sich windender Forschungsgegenstand. Projektskizze einer qualitativ-empirischen Untersuchung zu habituellen Mustern heterosexueller Prostitutionskunden, in: Mitrović, Emilija (Hrsg.), Arbeitsplatz Prostitution. Ein Beruf wie jeder andere?, (Gender Studies in den Angewandten Wissenschaften; 4) Hamburg 2007, 123-193.

Giddens, Anthony, Wandel der Intimität. Sexualität, Liebe und Erotik in modernen Gesellschaften, Frankfurt a.M. 1993 *(engl. 1992).*

Gielen, Marlis, „Der Leib aber ist nicht für die Unzucht ..." (1Kor 6,13). Möglichkeiten und Grenzen heutiger Rezeption sexualethischer Aussagen des Paulus aus exegetischer Perspektive, in: SaThZ 10 (2006) 2, 222-248.

Girtler, Roland, Die Prostituierte und ihre Kunden, in: KZfSS 36 (1984), 323-341.

Ders., Der Strich. Erotik der Strasse, erw. Neuaufl., o. O. 1994.

Gnadt, Martina S., Das Evangelium nach Matthäus. Judenchristliche Gemeinden im Widerstand gegen die *Pax Romana*, in: Schottroff, Luise/ Wacker, Marie-Theres

(Hrsg.), unter Mitarb. v. Claudia Janssen u. Beate Wehn, Kompendium Feministische Bibelauslegung, 2., korr. Aufl., Gütersloh 1999, 483-498.

Goertz, Stephan, Theologie welcher Moral? Über den prekären Gegenstand der Moraltheologie, (Münstersche Theologische Vorträge; 6) Münster 2004.

Goffman, Erving, Stigma. Über Techniken der Bewältigung beschädigter Identität, Frankfurt a.M. 1975 *(engl. 1963).*

Goodey, Jo, Recognising organised crime's victims. The case of sex trafficking in the EU, in: Edwards, Adam/ Gill, Peter (Hrsg.), Transnational organised crime. Perspectives on global security, London/New York 2003, 157-173.

Dies., Sex trafficking in women from Central and East European countries: promoting a ‚victim-centred' and ‚woman-centred' approach to criminal justice intervention, in: Feminist Review 76 (2004) 1, 26-45.

Greisch, Jean, Der Mensch: ein „Mitspieler im grossen Spiel des Lebens", in: fiph Journal 11 (2008) 1, 4-7.

Grenz, Sabine, (Un)heimliche Lust. Über den Konsum sexueller Dienstleistungen, Wiesbaden 2005.

Dies., Prostitution, eine Verhinderung oder Ermöglichung sexueller Gewalt? Spannungen in kulturellen Konstruktionen von männlicher und weiblicher Sexualität, in: dies./ Lücke, Martin (Hrsg.), Verhandlungen im Zwielicht. Momente der Prostitution in Geschichte und Gegenwart, Bielefeld 2006, 319-342.

Grotefeld, Stefan, Selbstbeschränkung als Bürgerpflicht? Religiöse Überzeugungen, politische Deliberation und Gesetzgebung, in: Bondolfi, Alberto/ Grotefeld, Stefan (Hrsg.), Ethik und Gesetzgebung. Probleme – Lösungsversuche – Konzepte, Stuttgart/Berlin/Köln 2000, 65-89.

Gründel, Johannes, Plädoyer für eine menschenfreundliche christliche Sexualmoral, in: Seidel, Walter (Hrsg.), Befreiende Moral. Handeln aus christlicher Verantwortung, Würzburg 1991, 86-123.

Ders., Art. Sünde, V. Theologisch-ethisch, in: LThK, Sonderausgabe 2006 (Durchgesehene Ausgabe der 3. Auflage 1993-2001), Bd. 9, 1128-1130.

Gugutzer, Robert, Leib, Körper und Identität. Eine phänomenologisch-soziologische Untersuchung zur personalen Identität, Wiesbaden 2002 *(Diss. 2001).*

Ders., Soziologie des Körpers, Bielefeld 2004.

Ders., Der *body turn* in der Soziologie. Eine programmatische Einführung, in: ders. (Hrsg.), body turn. Perspektiven der Soziologie des Körpers und des Sports, (Materialitäten; 2) Bielefeld 2006, 9-53.

Guider, Margaret Eletta, Daughters of Rahab. Prostitution and the Church of Liberation in Brazil, Minneapolis 1995.

Günter, Andrea, Die Welt zur Welt bringen. Das Symbolische, Politik und Gebürtigkeit bei Hannah Arendt, den DIOTIMA-Philosophinnen und den Frauen des Mailänder Frauenbuchladens, in: Kahlert, Heike/ Lenz, Claudia (Hrsg.), Die Neubestimmung des Politischen. Denkbewegungen im Dialog mit Hannah Arendt, Königstein/Taunus 2001, 167-200.

Dies., Weltliebe. Gebürtigkeit, Geschlechterdifferenz und Metaphysik, Königstein/Taunus 2003.

Habermas, Jürgen, Kampf um Anerkennung im demokratischen Rechtsstaat, in: ders., Die Einbeziehung des Anderen. Studien zur politischen Theorie, Frankfurt a.M. 1999, 237-276 *(Erstabdruck des Artikels 1993).*

Hahn, Alois, Konstruktionen des Selbst, der Welt und der Geschichte. Aufsätze zur Kultursoziologie, Frankfurt a.M. 2000.

Hahn, Kornelia, Liebe: Ein Testfall für die fragilen Grenzkonstruktionen zwischen Intimität und Öffentlichkeit, in: dies./ Burkart, Günter (Hrsg.), Grenzen und Grenzüberschreitungen der Liebe. Studien zur Soziologie intimer Beziehungen II, Opladen 2000, 249-278.

Haker, Hille, Selbstkonzepte aus feministisch-ethischer Sicht, in: FZPhTH 49 (2002) 1/2, 126-143.

Dies., Krise der Identität? Leiblichkeit, Körper und erzählte Identität in der Informations- und Wissensgesellschaft, in: Berthoud, Gérald/ Kündig, Albert/ Sitter-Liver, Beat (Hrsg.), Informationsgesellschaft. Geschichten und Wirklichkeit, 22. Kolloquium (2003) der Schweizerischen Akademie der Geistes- und Sozialwissenschaften, Fribourg/Freiburg Schweiz 2005, 323-340.

Halter, Hans. Taufe und Ethos. Paulinische Kriterien für das Proprium christlicher Moral, (Freiburger Theologische Studien; 106) Freiburg/Basel/Wien 1977.

Ders., Bibel und Sexualität. Biblisch begründete Leitsätze für eine heutige christliche Sexualmoral, in: ders./ Ziegler, Albert SJ/ Mieth, Dietmar/ Camenzind-Weber, Hildegard, Sexualität und Ehe. Der Christ vor einem Dauerproblem, Zürich 1981, 9-27.

Ders., Gericht und ethisches Handeln. Zur Rede vom göttlichen Gericht in der modernen Dogmatik und zur Bedeutung dieser Rede für die Ethik, in: Pfammatter, Josef/ Christen, Eduard (Hrsg.), Hoffnung über den Tod hinaus. Antworten auf Fragen der Eschatologie, (Theologische Berichte; 19) Zürich 1990, 181-224.

Ders., Toleranz. Kerngehalt, Begründung, Forderungen, Grenzen, in: ders. (Hrsg.), Ketzer und Sekten – einst und heute. Toleranz und ihre Grenzen in Kirche, Gesellschaft und Staat, Luzern 2002, 63-76.

Ders., Der tierethische Speziesismus-Vorwurf und die christliche Ethik, in: Wils, Jean-Pierre/ Zahner, Michael (Hrsg.), Theologische Ethik zwischen Tradition und Modernitätsanspruch. FS Adrian Holderegger, Fribourg/Freiburg/Wien 2005, 229-242.

Ders., Beziehung und Sexualität christlich gestalten in heutiger Zeit, Stans 2005.

Ders., Christliche Sexualethik – was könnte das heute noch sein?, in: Gellner, Christoph (Hrsg.), Paar- und Familienwelten im Wandel. Neue Herausforderungen für Kirche und Pastoral, Zürich 2007, 139-170.

Han, Petrus, Frauen und Migration, Stuttgart 2003.

Handbuch Prostitution, hrsg. v. HWG e. V., Redaktion: Christine Drössler, Jasmin Kratz, Marburg 1994.

Hantel-Quitmann, Wolfgang, Die Globalisierung der Intimität. Die Zukunft intimer Beziehungen im Zeitalter der Globalisierung, in: ders./ Kastner, Peter (Hrsg.), Die Globalisierung der Intimität. Die Zukunft intimer Beziehungen im Zeitalter der Globalisierung, Giessen 2002, 21-61.

Harnisch, Wolfgang, Freiheit als Selbstentzug. Zur Begründung der Ethik im Denken des Paulus (1. Korinther 6,12-20), in: Dimpker, Susanne (Hrsg.), Freiräume leben – Ethik gestalten. Studien zu Sozialethik und Sozialpolitik, Stuttgart 1994, 179-195.

Hausammann, Christina, Menschenrechte – Impulse für die Gleichstellung von Frau und Mann in der Schweiz, Eidg. Büro für die Gleichstellung von Frau und Mann, (Frau und Recht) Basel/Genf/München 2002.

Dies., Der steinige Weg zur Integration der Geschlechterfrage in die Menschenrechte, in: Bowald, Béatrice/ Binnenkade, Alexandra/ Büchel-Thalmaier, Sandra/ Jakobs, Monika (Hrsg.), KörperSinnE. Körper im Spannungsfeld von Diskurs und Erfahrung, (gender wissen; 2) Bern/Wettingen 2002, 81-108.

Hausen, Karin, Die Polarisierung der „Geschlechtscharaktere" – eine Spiegelung der Dissoziation von Erwerbs- und Familienleben, in: Conze, Werner (Hrsg.), Sozialgeschichte der Familie in der Neuzeit Europas. Neue Forschungen, Stuttgart 1976, 363-393.

Heck, Alexander, Auf der Suche nach Anerkennung. Deutung, Bedeutung, Ziele und Kontexte von Anerkennung im gesellschaftstheoretischen Kontext, (Politische Soziologie; Bd. 17) Münster/Hamburg/London 2003.

Heimbach-Steins, Marianne, Beteiligungsgerechtigkeit. Sozialethische Anmerkungen zu einer aktuellen Diskussion, in: StdZ 124 (1999) Bd. 217, H. 3, 147-160.

Dies., Menschenrechte in Gesellschaft und Kirche. Lernprozesse – Konfliktfelder – Zukunftschancen, Mainz 2001.

Dies., Soziale Gerechtigkeit – Prüfkriterium gesellschaftlicher Strukturen, in: ThPQ 149 (2001) 3, 226 236.

Heinser-Ueckert, Edith/ Holter, Uta/ Knörr, Jacqueline, Definitionen und Erklärungsansatze von Prostitution, in: Holter, Uta (Hrsg.), Bezahlt, geliebt, verstossen. Prostitution und andere Sonderformen institutionalisierter Sexualität in verschiedenen Kulturen, Bonn 1994, 9-16.

Heinz-Trossen, Alfons, Prostitution und Gesundheitspolitik. Prostituiertenbetreuung als pädagogischer Auftrag des Gesetzgebers an die Gesundheitsämter, (Europäische Hochschulschriften: Reihe 22, Soziologie; Bd. 239) Frankfurt a.M./Berlin/Bern/ New York/Paris/Wien 1993.

Heller, Andreas, Das Geschäft mit der Lust, in: NZZ-Folio (1999) Nr. 1, 7-10.

Henning, Juanita, Kolumbianische Prostituierte in Frankfurt. Ein Beitrag zur Kritik gängiger Ansichten über Frauenhandel und Prostitution, Frankfurt i.Br. 1997.

Herma, Holger, Geschlechteridentität in Zweierbeziehungen. Eine Diskursanalyse anhand populärer Musiktexte, in: Lenz, Karl (Hrsg.), Frauen und Männer. Zur Geschlechtstypik persönlicher Beziehungen, Weinheim/München 2003,139-160.

Herrmann, Beate, Der menschliche Körper: Sache oder Person?, in: Studia philosophica 62 (2003), 61-73.

Dies., Self-Ownership? Über die Verfügungsrechte am eigenen Körper, in: Schwarte, Ludger/ Wulf, Christoph (Hrsg.), Körper und Recht. Anthropologische Dimensionen der Rechtsphilosophie, München 2003, 277-288.

Dies., Sind wir Eigentümer unserer Körper? Zum besonderen moralischen Status von Körperorganen und -substanzen, in: Graumann, Sigrid/ Grüber, Katrin (Hrsg.), Biomedizin im Kontext. Beiträge aus dem Institut Mensch, Ethik und Wissenschaft, (Mensch – Ethik – Wissenschaft; 3) Münster 2006, 261-275.

Hess, Sabine, Migrationsstrategien von Frauen aus Osteuropa. Zwischen Begrenzung und Ermächtigung im transnationalen Raum, in: Göttsch, Silke/ Köhle-Hezinger, Christel (Hrsg.), Komplexe Welt. Kulturelle Ordnungssysteme als Orientierung. 33. Kongress der Deutschen Gesellschaft für Volkskunde in Jena 2001, Münster/New York/München/Berlin 2003, 367-375.

Heubach, Renate, Migrantinnen aus Mittel- und Osteuropa in ungeschützten Arbeitsverhältnissen, o. O und o. J.
(Internet: http://www.expertbase.net/forum/reader/zapo.html; Stand: 05.07.2005).

Hilpert, Konrad, Die Menschenrechte. Geschichte, Theologie, Aktualität, Düsseldorf 1991.

Ders., Art. Menschenwürde, in: LThK, Bd. 7, 3., völlig neu bearb. Aufl., Freiburg i.Br./Basel/Rom/Wien 1998, 132-137.

Hitzler, Ronald/ Honer, Anne, Bastelexistenz. Über subjektive Konsequenzen der Individualisierung, in: Beck, Ulrich/ Beck-Gernsheim, Elisabeth (Hrsg.), Riskante Freiheiten. Individualisierung in modernen Gesellschaften, Frankfurt a.M. 1994, 307-315.

Hochschild, Arlie Russell, Das gekaufte Herz. Zur Kommerzialisierung der Gefühle, (Theorie und Gesellschaft; 13) Frankfurt a.M./New York 1990 *(engl. 1983)*.

Hofstadler, Beate/ Buchinger, Birgit, KörperNormen – KörperFormen. Männer über Körper, Geschlecht und Sexualität, (kultur.wissenschaft; 4) Wien 2001.

Home Office, Paying the Price. A consultation paper on prostitution, London 2004.

Honecker, Martin, Grundriss der Sozialethik, Berlin/New York 1995.

Honegger, Claudia, Die Ordnung der Geschlechter, Frankfurt a.M. 1992.

Honneth, Axel, Kampf um Anerkennung. Zur moralischen Grammatik sozialer Konflikte, Frankfurt a.M. 1994.

Ders., Anerkennung und moralische Verpflichtung, in: Zeitschrift für philosophische Forschung 51 (1997) 1, 25-41.

Ders., Die soziale Dynamik von Missachtung. Zur Ortsbestimmung einer kritischen Gesellschaftstheorie, in: ders., Das Andere der Gerechtigkeit. Aufsätze zur praktischen Philosophie, Frankfurt a.M. 2000, 88-109 *(Erstabdruck des Artikels 1994)*.

Ders., Zwischen Aristoteles und Kant. Skizze einer Moral der Anerkennung, in: Edelstein, Wolfgang/ Nunner-Winkler, Gertrud (Hrsg.), Moral im sozialen Kontext, Frankfurt a.M. 2000, 55-76.

Ders., Anerkennungsbeziehungen und Moral. Eine Diskussionsbemerkung zur anthropologischen Erweiterung der Diskursethik, in: Brunner, Reinhard/ Kelbel, Peter (Hrsg.), Anthropologie, Ethik und Gesellschaft. Für Helmut Fahrenbach, Frankfurt a.M./New York 2000, 101-111.

Ders., Liebe und Moral. Zum moralischen Gehalt affektiver Bindungen, in: ders., Das Andere der Gerechtigkeit. Aufsätze zur praktischen Philosophie, Frankfurt a.M. 2000, 216-236.

Ders., Recognition or Redistribution? Changing Perspectives on the Moral Order of Society, in: Theory, Culture & Society 18 (2001) 2-3, 43-55.

Ders., Grounding Recognition: A Rejoinder to Critical Questions, in: Inquiry 45 (2002) 4, 499-520.

Ders., Unsichtbarkeit. Über die moralische Epistemologie von „Anerkennung", in: ders., Unsichtbarkeit. Stationen einer Theorie der Intersubjektivität, Frankfurt a.M. 2003, 10-27.

Ders., Umverteilung als Anerkennung. Eine Erwiderung auf Nancy Fraser, in: Fraser, Nancy/ Honneth, Axel, Umverteilung oder Anerkennung? Eine politisch-philosophische Kontroverse, Frankfurt a.M. 2003, 129-224.

Ders., Antworten auf die Beiträge der Kolloquiumsteilnehmer, in: Halbig, Christoph/ Quante, Michael (Hrsg.), Axel Honneth: Sozialphilosophie zwischen Kritik und Anerkennung, (Münsteraner Vorlesungen zur Philosophie; 5) Münster 2004, 99-121.

Ders., Gerechtigkeit und kommunikative Freiheit. Überlegungen im Anschluss an Hegel, in: Merker, Barbara/ Mohr, Georg/ Quante, Michael (Hrsg.), Subjektivität und Anerkennung, Paderborn 2004, 213-227.

Horster, Detlef, Soziale und individuelle Moral – Eine Kritik an Axel Honneth, in: ZPhF 51 (1997) 4, 621-626.

Höver, Gerd, Normative Interessen der Kirche in Fragen der Sexualität und Sexualethik, in: Ziebertz, Hans-Georg (Hrsg.), Sexualität im Wertpluralismus. Perspektiven zur Überwindung der Krise in der ethischen Bildung, Mainz 1991, 10-21.

Ders., Schuld und Sünde, in: Wils, Jean-Pierre/ Mieth, Dietmar, Grundbegriffe der christlichen Ethik, (UTB für Wissenschaft: Uni-Taschenbücher; 1648) Paderborn/München/Wien/Zürich 1992, 282-292.

Howe, Christiane, Zwielichtiges. Bilderwelten – Innenwelten, in: Dokumentation der Fachtagung „Prostitutionskunden – Sich auszutauschen, um Standpunkte zu verrücken", hrsg. v. context e.V., Berlin/Frankfurt a.M. 2004, 31-45.

Huber, Wolfgang, Art. Menschenrechte/Menschenwürde, in: TRE, Bd. 22, Berlin/New York 1992, 577-602.

Ders., Gerechtigkeit und Recht, in: Schmidinger, Heinrich (Hrsg.), Gerechtigkeit heute. Anspruch und Wirklichkeit, Innsbruck/Wien 2000, 31-72. *[zit. Gerechtigkeit und Recht]*

Ders., Gerechtigkeit und Recht. Grundlinien christlicher Rechtsethik, 3., überarb. Aufl., Gütersloh 2006. *[zit. Gerechtigkeit und Recht. Grundlinien christlicher Rechtsethik]*

Hübner, Irene, Von der klassischen Hetäre zum postmodernen Bodygirl, in: dies./ Roper, Maggie, Protest im Spitzenhöschen. Huren wehren sich. Von der klassischen Hetäre zum postmodernen Bodygirl, Frankfurt a.M. 1988, 134-164.

Dies./ Roper, Maggie, Protest im Spitzenhöschen. Huren wehren sich. Von der klassischen Hetäre zum postmodernen Bodygirl, Frankfurt a.M. 1988.

Hürlimann, Brigitte, Prostitution – ihre Regelung im schweizerischen Recht und die Frage der Sittenwidrigkeit, (Arbeiten aus dem juristischen Seminar der Universität Freiburg Schweiz; 226), Zürich/Basel/Genf 2004 *(Diss. 2003).*

Hydra (Hrsg.), Freier. Das heimliche Treiben der Männer, Hamburg 1991.

Ihlefeldt, Felix, Abenteuer Hure. Prostitution als heimliches Hobby. Frauen erzählen über Lust, Selbstbestimmung und Geld, Berlin 2003.

ILO, A global alliance against forced labour. Global Report under the Follow-up to the ILO Declaration on Fundamental Principles and Rights at Work, Geneva 2005.

IOM (Hrsg.), Journeys of Jeopardy: A Review of Research on Trafficking in Women and Children in Europe, prepared for IOM by Elizabeth Kelly, (IOM Migration Research Series; No. 11) Genf 2002.

IOM (Hrsg.), Is Trafficking in Human Beings Demand Driven? A Multi-Country Pilot Study, prepared for IOM by Bridget Anderson and Julia O'Connell Davidson, (IOM Migration Research Series; No. 15) Genf 2003.

Irsigler, Franz/ Lassotta, Arnold, Bettler und Gaukler, Dirnen und Henker. Aussenseiter in einer mittelalterlichen Stadt. Köln 1300-1600, München [5]1993 *(Erstaufl. 1989).*

Isherwood, Lisa/ Stuart, Elizabeth, Introducing Body Theology, Cleveland, Ohio 2000 *(Erstabdruck Sheffield 1998).*

Jacobson, Maria, Why do men buy sex? The Interview: Professor Sven-Axel Månsson, Sweden, in: NIKK magasin (2002) 1, 22-25.

Jäger, Ulle, Der Körper, der Leib und die Soziologie. Entwurf einer Theorie der Inkorporierung, Königstein/Taunus 2004.

Jaeggi, Rahel, Der Markt und sein Preis, in: DZPhil 47 (1999) 6, 987-1004.

Jamieson, Lynn, Intimität im Wandel? Eine kritische Betrachtung der „reinen" Beziehung, in: Lenz, Karl (Hrsg.), Frauen und Männer. Zur Geschlechtstypik persönlicher Beziehungen, Weinheim/München 2003, 279-297.

Janssen, Claudia, Anders ist die Schönheit der Körper. Paulus und die Auferstehung in 1 Kor 15, Gütersloh 2005 *(Habil. 2004).*

Jauch, Ursula Pia, Flügellahmer Eros? Lust ohne Laster? Einige kleine Notizen über die abnehmende Kunst, „Wohllust zu empfinden", mehrheitlich rapportiert nach Notaten aus dem 18. Jahrhundert, in: Tugenden und Laster. Gradmesser der Menschlichkeit, hrsg. v. ZDF-nachtstudio, Frankfurt a.M. 2004, 79-107.

Jellouschek, Hans, „Warum hast Du mir das angetan?". Untreue als Chance, München 1995.

Jenness, Valerie, Making it Work. The Prostitute's Rights Movement in Perspective, New York 1993.

Jenzer, Sabine, „Solche Mädchen sollten gebessert, geändert, erzogen werden." Nacherziehung von jungen Frauen im Zürcher Erziehungsheim Pilgerbrunnen um 1900, in: Wertes Fräulein, was kosten Sie? Prostitution in Zürich 1875-1925, hrsg. v. Philipp Sarasin, Regula Bochsler und Patrick Kury im Auftrag des Schweizerischen Landesmuseums, Baden 2004, 151-155.

Jordan, Ann D., Handbuch zum Menschenhandelsprotokoll der Vereinten Nationen, ausgearbeitet im Namen der International Human Rights Law Group, o. O. 2002, deutsche Fassung durch Ban Ying Koordinationsstelle Berlin *(Internet: http://www.ban-ying.de/pageger/start.htm; Stand: 04.06.2003).*

Jost, Renate, Von „Huren und Heiligen". Ein sozialgeschichtlicher Beitrag, in: Feministische Hermeneutik und Erstes Testament. Analyse und Interpretationen, mit Beiträgen von Hedwig Jahnow u. a., Stuttgart/Berlin/Köln 1994, 126-137.

Dies./ Seifert, Elke, Das Buch Ezechiel. Männerprophetie mit weiblichen Bildern, in: Schottroff, Luise/ Wacker, Marie-Theres (Hrsg.), unter Mitarb. v. Claudia Janssen u. Beate Wehn, Kompendium Feministische Bibelauslegung, 2., korr. Aufl., Gütersloh 1999, 278-290.

Jost, Vera, Fliegen oder Fallen. Prostitution als Thema in Literatur von Frauen im 20. Jahrhundert, Königstein/Taunus 2002.

Kaiser, Günther, Art. Prostitution, in: Staatslexikon, Bd. 4, 7., völlig neu bearb. Aufl., Freiburg/Basel/Wien 1988, 598-600.

Ders., Art. Prostitution, III. Soziologisch, in: LThK, Bd. 8, 3., völlig neu bearb. Aufl., Freiburg i.Br./Basel/Rom/Wien 1999, 646-647.

Kaltenmark, Dagmar, Vom Stillstand der Zeiten – Die (Nicht-)Umsetzung des ProstG in Bayern, in: Auf dem Prüfstand: Das Prostitutionsgesetz. Dokumentation des Fachgesprächs am 16.08.2004 im Deutschen Bundestag, hrsg. v. Bündnis 90/Die Grünen, Berlin 2004, 17-20.

Kambartel, Friedrich, Arbeit und Praxis, in: Honneth, Axel (Hrsg.), Pathologien des Sozialen. Die Aufgaben der Sozialphilosophie, Frankfurt a.M. 1994, 123-139 *(Erstabdruck des Artikels 1993).*

Kartusch, Angelika, Internationale und europäische Massnahmen gegen den Frauen- und Menschenhandel – Rückblick und Ausblick, gender...politik...online, Dezember 2003 *(Internet: http://web.fu-berlin.de/gpo/pdf/kartusch/angelika_kartusch.pdf; Stand: 21.05.2006).*

Dies./ Knaus, Katharina/ Reiter, Gabriele, Bekämpfung des Frauenhandels nach internationalem und österreichischem Recht, (Studienreihe des Ludwig Boltzmann Instituts für Menschenrechte; 9) Wien 2000.

Käsch, Sandra, Veränderungen der Prostitutionsformen: von 1949 bis heute, in: Handbuch Prostitution, hrsg. v. HWG e. V., Redaktion: Christine Drössler, Jasmin Kratz, Marburg 1994, 54-63.

Katechismus der Katholischen Kirche, München/Wien/Leipzig/Freiburg, Schweiz 1993.

Kelly, Liz/ Regan, Linda, Stopping Traffic: Exploring the extent of, and responses to, trafficking in women for sexual exploitation in the UK, (Police Research Series, Paper 125), ed. by Carole F. Willis, Home Office, Policing and Reducing Crime Unit, Research, Development and Statistics Directorate, London 2000.

Kienitz, Sabine, Macht und Moral. Prostitution und Geschlechterbeziehungen Anfang des 19. Jahrhunderts in Württemberg. Ein Beitrag zur Mentalitätsgeschichte, Berlin 1995.

Kilvington, Judith/ Day, Sophie/ Ward, Helen, Prostitution Policy in Europe: A Time of Change?, in: Feminist Review 67 (2001) 1, 78-93.

Kinnell, Hilary, Murderous clients and indifferent justice. Violence against sex workers in the UK, in: Research for Sex Work 4 (2001), 22-24.

Kirchhoff, Renate, Die Sünde gegen den eigenen Leib. Studien zu πόρνη und πορνεία in 1Kor 6,12-20 und dem sozio-kulturellen Kontext der paulinischen Adressaten, Göttingen 1994 *(Diss. 1992/93)*.

Dies., Frauenwürde, Prostitution und Gesellschaft, in: Junge Kirche 62 (2001) 3, 55-59.

Dies., Art. Prostitution, in: Wörterbuch der Feministischen Theologie, hrsg. v. Elisabeth Gössmann u. a., 2., vollst. überarb. u. grundlegend erw. Aufl., Gütersloh 2002, 466-468.

Dies., Art. Prostitution, II., in: RGG, Bd. 6, 4., völlig neu bearb. Aufl., Tübingen 2003, 1723-1724.

Klee, Stephanie, Prostitutionskunden, in: Dokumentation der Fachtagung „Prostitutionskunden – Sich auszutauschen, um Standpunkte zu verrücken", hrsg. v. context e.V., Berlin/Frankfurt a.M. 2004, 46-50.

Kleiber, Dieter/ Velten, Doris, Prostitutionskunden. Eine Untersuchung über soziale und psychologische Charakteristika von Besuchern weiblicher Prostituierter, hg. v. Bundesministerium für Gesundheit, (Schriftenreihe des Bundesministeriums für Gesundheit; 30) Baden-Baden 1994.

Klusmann, Dietrich, Sexuelle Wünsche und die Dauer der Beziehung, in: Schmidt, Gunter (Hrsg.), Kinder der sexuellen Revolution. Kontinuität und Wandel studentischer Sexualität 1966-1996, (Beiträge zur Sexualforschung; 77) Giessen 2000, 137-157.

Koch, Ulrich, Dominikanische Prostituierte in Frankfurt am Main. Zur Globalisierung der Sexualität, in: Zeitschrift für Sexualforschung 10 (1997) 3, 233-244.

Kocyba, Hermann, Anerkennung, in: Edruweit, Günter/ Trommsdorff, Gisela (Hrsg.), Wörterbuch der Soziologie, 2. völlig neubearb. u. erw. Aufl., Stuttgart 2002, 16.

Kofman, Eleonore, Women Migrants and Refugees in the European Union, Nottingham 2003 (es handelt sich um einen Beitrag zu einer von der Europäischen Kommission und der OECD organisierten Konferenz im Januar 2003 *[Internet: http://www.oecd.org/dataoecd/15/2/15515792.pdf; Stand: 19.07.2005]*).

Koller-Tejeiro, Yolanda M., Die rechtliche Lage der Prostitution in Europa, in: Emilija Mitrović (Hrsg.), Arbeitsplatz Prostitution. Ein Beruf wie jeder andere?, (Gender Studies in den Angewandten Wissenschaften; 4) Hamburg 2007, 195-223.

Koppetsch, Cornelia, Liebe und Partnerschaft: Gerechtigkeit in modernen Paarbeziehungen, in: Hahn, Kornelia/ Burkart, Günter (Hrsg.), Liebe am Ende des 20. Jahrhunderts. Studien zur Soziologie intimer Beziehungen, Opladen 1998, 111-129.

Dies./ Burkart Günter, unter Mitarbeit von Maja S. Maier, Die Illusion der Emanzipation. Zur Wirksamkeit latenter Normen im Milieuvergleich, Konstanz 1999.

Korff, Wilhelm, Recht und Ethik, in: Albrecht, Hans-Jörg/ Arnold, Jörg/ Koch, Hans-Georg (Hrsg.), Wechselwirkungen. Beiträge zum 65. Geburtstag von Albin Eser, Freiburg i.Br. 2001, 27-41.

Korritko, Alexander, Intimität und Flexibilität. Die Auswirkungen neuer Lebensstile auf Trennungsdynamiken zwischen Eltern, in: Hantel-Quitmann, Wolfgang/ Kastner, Peter (Hrsg.), Die Globalisierung der Intimität. Die Zukunft intimer Beziehungen im Zeitalter der Globalisierung, Giessen 2002, 139-149.

Körtner, Ulrich H.J., Evangelische Sozialethik. Grundlagen und Themenfelder, Göttingen 1999.

Ders., Geburtlichkeit. Theologische Gesichtspunkte einer anthropologischen Grundbestimmung im Kontext medizinethischer Fragestellungen, in: ZEE 52 (2008) 1, 9-22.

Krebs, Angelika, o. T. [Einleitung zum Schwerpunkt: Liebe und Verdinglichung], in: DZPhil 47 (1999) 6, 935-936.

Dies., Arbeit und Liebe. Die philosophischen Grundlagen sozialer Gerechtigkeit, Frankfurt a.M. 2002.

Krüger, Monika, Prostitution und Gesundheit. Gesundheitsrelevante Aspekte weiblicher Prostitutionstätigkeit, (Wissenschaftlerinnen-Forum an der TU Berlin; 6) Kirchlinteln 2001.

Kruip, Gerhard, Gibt es moralische Kriterien für einen gesellschaftlichen Kompromiss in ethischen Fragen? Zugleich ein Kommentar zur getroffenen Regelung des Imports von embryonalen Stammzellen, in: Goebel, Bernd/ Kruip, Gerhard (Hrsg.), Gentechnologie und die Zukunft der Menschenwürde, (Ethik in der Praxis, Kontroversen; 10) Münster/Hamburg/London 2003, 133-149.

Kühl, Kristian, Art. Recht und Moral, in: Handbuch Ethik, hrsg. von Marcus Düwell, Christoph Hübenthal und Micha H. Werner, Stuttgart/Weimar 2002, 469-477.

Kuhlmann, Ellen, Die Entdeckung der Körper – eine Herausforderung für die Soziologie, in: Soziologische Revue 27 (2004) 1, 69-79.

Kuhlmann, Helga, Gott braucht keine Opfer. Eine theologische Kritik an Strukturen der Prostitution, in: Crüsemann, Frank/ Crüsemann, Marlene/ Janssen, Claudia/ Kessler, Rainer/ Wehn, Beate (Hrsg.), Dem Tod nicht glauben. Sozialgeschichte der Bibel. FS Luise Schottroff, Gütersloh 2004, 528-543.

Laczko, Frank/ Klekowski von Koppenfels, Amanda/ Barthel, Jana, Trafficking in Women from Central and Eastern Europe: A Review of Statistical Data, IOM Genf 2002 (Beitrag zur European Conference on Preventing and Combating Trafficking in Human Beings: Global Challenge for the 21st Century, 18-20 September 2002

[Internet: www.belgium.iom.int/StopConference/Confdocs/Confpapers/index.htm; Stand: 06.08.2005]).

Lamb, Regene/ Janssen, Claudia, „Zöllnerinnen und Prostituierte gelangen eher in das Reich Gottes als ihr" (Mt 21,31), in: Füssel, Kuno/ Segbers, Franz (Hrsg.), „... so lernen die Völker des Erdkreises Gerechtigkeit". Ein Arbeitsbuch zu Bibel und Ökonomie, Luzern/Salzburg 1995, 275-284.

Lamnek, Siegfried, Sex and Crime. Prostitution und Menschenhandel in soziologischer Analyse. Referat an der Tagung „Menschenhandel und Gewaltprostitution" vom 15. Februar 2001, publiziert unter: www.hfph.mwn.de/igp/res/lamnek.rtf; Stand: 12.01.2005.

Landmann, Valentin N.J., Verbrechen als Markt. Zur Ökonomie der Halbwelt und der Unterwelt, Zürich [3]2006.

Ders., Halbwelt als Markt und Quartierverträglichkeit – wie beeinflusst man das Rotlichtmilieu sinnvoll?, in: Rotlichtmilieu und Quartierverträglichkeit. Referate der Tagung vom 6. September 2007, hrsg. v. Konferenz der Städtischen Polizeidirektorinnen und Polizeidirektoren KSPD und dem Polizeidepartement der Stadt Zürich, (Schriftenreihe der KSPD; 5) Zürich/Basel/Genf 2008, 31-41.

Langer, Antje, Klandestine Welten. Mit Goffman auf dem Drogenstrich, Königstein/Taunus 2003.

Laskowski, Silke Ruth, Die Ausübung der Prostitution. Ein verfassungsrechtlich geschützter Beruf im Sinne von Art. 12 Abs. 1 GG, (Europäische Hochschulschriften: Reihe 2, Rechtswissenschaft; Bd. 2235) Frankfurt a.M./Berlin/Bern/New York/ Paris/Wien 1997.

Lautmann, Rüdiger, Soziologie der Sexualität. Erotischer Körper, intimes Handeln und Sexualkultur, Weinheim/München 2002.

Lebacqz, Karen, Appropriate Vulnerability, in: Nelson, James/ Longfellow, Sandra P. (Hrsg.), Sexuality and the Sacred. Sources for Theological Reflection, Westminster, Kentucky 1994, 256-261.

Lebenssituation, Sicherheit und Gesundheit von Frauen in Deutschland. Eine repräsentative Untersuchung zu Gewalt gegen Frauen in Deutschland. Zusammenfassung zentraler Studienergebnisse, Projektleitung: Ursula Müller, Monika Schröttle, Sandra Glammeier, hrsg. v. Bundesministerium für Familie, Senioren, Frauen und Jugend, Berlin 2004.

Lebenssituation, Sicherheit und Gesundheit von Frauen in Deutschland. II. Teilpopulationen-Erhebung bei Prostituierten, Projektleitung: Ursula Müller, Monika Schröttle, hrsg. v. Bundesministerium für Familie, Senioren, Frauen und Jugend, Berlin 2004.

Le Breton, Maritza/ Fiechter, Ursula, Verordnete Grenzen – verschobene Ordnungen. Eine Analyse zu Frauenhandel in der Schweiz, (gender wissen; 8) Bern/Wettingen 2005.

Dies./ Büschi, Eva, „Prostitution zwischen Faszination und Abscheu". Gewalt im Sexgewerbe. Die Situation von Sexarbeiterinnen mit Migrationshintergrund im Raum Basel-Stadt. Kurzbericht, Olten 2008 *(unveröffentlicht)*.

Leist, Anton, Was könnte gut an Drogen sein?, in: Kaufmann, Matthias, Recht auf Rausch und Selbstverlust durch Sucht. Vom Umgang mit Drogen in der liberalen Gesellschaft, (Treffpunkt Philosophie; 1) Frankfurt a.M./Berlin/Bern/Bruxelles/ New York/Oxford/Wien 2003, 265-288.

LeMoncheck, Linda, Loose Women, Lecherous Men. A Feminist Philosophy of Sex, New York/Oxford 1997.

Lenz, Karl, Romantische Liebe – Ende eines Beziehungsideals?, in: Hahn, Kornelia/ Burkart, Günter (Hrsg.), Liebe am Ende des 20. Jahrhunderts. Studien zur Soziologie intimer Beziehungen, Opladen 1998, 65-85.

Ders., Im ehernen Gehäuse der Kultur. Geschlechterkonstruktion in heterosexuellen Zweierbeziehungen, in: Brückner, Margrit/ Böhnisch, Lothar (Hrsg.), Geschlechterverhältnisse. Gesellschaftliche Konstruktionen und Perspektiven ihrer Veränderung, Weinheim/München 2001, 179-207.

Ders., Soziologie der Zweierbeziehung. Eine Einführung, 2., aktualisierte u. überarb. Aufl., Wiesbaden 2003.

Ders., Zur Geschlechtstypik persönlicher Beziehungen – eine Einführung, in: ders. (Hrsg.), Frauen und Männer. Zur Geschlechtstypik persönlicher Beziehungen, Weinheim/München 2003, 7-51.

Lenzen, Wolfgang, Liebe, Leben, Tod. Eine moralphilosophische Studie, Stuttgart 1999.

Leopold, Beate, Wer arbeitet warum als Prostituierte?, in: von Dücker, Elisabeth/ Museum der Arbeit (Hrsg.), Sexarbeit. Prostitution – Lebenswelten und Mythen, Bremen 2005, 22-25.

Dies./ Steffan, Elfriede/ Paul, Nikola, Dokumentation zur rechtlichen und sozialen Situation von Prostituierten in der Bundesrepublik Deutschland, hrsg. v. Bundesministerium für Familie, Senioren, Frauen und Jugend, (Schriftenreihe des Bundesministeriums für Familie, Senioren, Frauen und Jugend; 143) Stuttgart/Berlin/Köln ^{2}1997 *(Erstaufl. 1994)*.

Dies./ Steffan, Elfriede, EVA-Projekt. Evaluierung unterstützender Massnahmen beim Ausstieg aus der Prostitution. Zusammenfassung vorliegender Ergebnisse, Berlin 1997.

Dies./ Czajka, Maya/ Siebold, Angela, Analysen der Kompetenzprofile von Prostituierten als Voraussetzung für die sozio-professionelle Integration in den ersten Arbeitsmarkt (ANAKO). Wissenschaftlicher Abschlussbericht 2001, o. O. *(unveröffentlicht)*.

Dies./ Grieger, Katja, Gewaltprävention durch Arbeit mit Minderjährigen in der Prostitution, in: APuZ B 52-53 (2004), 19-26.

Lever, Janet/ Dolnick, Deanne, Clients and call girls. Seeking sex and intimacy, in: Weitzer, Ronald (Hrsg.), Sex for sale. Prostitution, pornography, and the sex industry, New York 2000, 85-100.

Lim, Lin Lean (Hrsg.), The sex sector. The economic and social bases of prostitution in Southeast Asia, Geneva 1998.

Dies., Whither the sex sector? Some policy considerations, in: dies. (Hrsg.), The sex sector. The economic and social bases of prostitution in Southeast Asia, Geneva 1998, 206-222.

Link, Bruce G./ Phelan, Jo C., Conceptualizing Stigma, in: Annu. Rev. Sociol. 27 (2001) 363-385.

Lisborg, Anders, Bodies Across Borders: Prostitution-related Migration from Thailand to Denmark, in: Thorbek, Susanne/ Pattanaik, Bandana (Hrsg.), Transnational Prostitution. Changing Patterns in a Global Context, London/New York 2002, 100-120.

Löw, Martina, Blickfänge: Räumlich-geschlechtliche Inszenierungen am Beispiel der Prostitution, in: Berking, Helmuth (Hrsg.), Die Macht des Lokalen in einer Welt ohne Grenzen, Frankfurt/New York 2006, 181-198.

Lukesch, Barbara, Olivier und Tina Morand, Saunaclubbetreiber, in: NZZ-Folio (1999) Nr. 1, 24-26.

Luschin, Raimund M., Art. Schuld, in: Neues Lexikon der christlichen Moral, hrsg. v. Hans Rotter und Günter Virt, Innsbruck/Wien 1990, 666-671.

Lüssi, Sarah, Die Zigarreusen. Ein Stück Zürcher Prostitutionsgeschichte, in: Wertes Fräulein, was kosten sie? Prostitution in Zürich 1875-1925, hrsg. v. Philipp Sarasin, Regula Bochsler und Patrick Kury im Auftrag des Schweizerischen Landesmuseums, Baden 2004, 65-71.

Luz, Ulrich, Das Evangelium nach Matthäus (Mt 18-25), (EKK I/3) Zürich/Düsseldorf/Neukirchen-Vluyn 1997.

Madonna: Beratung und Hilfe für Prostituierte (Hrsg.), Analysen der Kompetenzprofile von Prostituierten als Voraussetzung für die sozio-professionelle Integration in den ersten Arbeitsmarkt (ANAKO). Wissenschaftlicher Abschlussbericht 2001, erarbeitet von Beate Leopold, Maya Czajka und Angela Siebold, o. O. *(unveröffentlicht)*.

Maihofer, Andrea, Geschlecht als Existenzweise. Macht, Moral, Recht und Geschlechterdifferenz, Frankfurt a.M. 1995 *(Habil. 1995)*.

Mandry, C[hristof], Art. Schuld, in: Lexikon der Ethik, hrsg. v. Jean-Pierre Wils und Christoph Hübenthal, Paderborn/München/Wien/Zürich 2006, 335-338.

Månsson, Sven-Axel, L'homme dans le commerce du sexe, in: École des sciences criminologiques Léon Cornil, La Prostitution. Quarante ans après la convention de New York, Bruxelles 1992, 315-371.

Ders., Men's Practices in Prostitution: The Case of Sweden, in: Pease, Bob/ Pringle, Keith (Hrsg.), A Man's World? Changing Men's Practices in a Globalized World, London/New York 2001, 135-149.

Ders./ Hedin, U[lla]-C[arin], Breaking the Matthew effect – on women leaving prostitution, in: Int J Soc Welfare 8 (1999), 67-77.

Markert, Stefanie, Studie zum Risikoverhalten von Freiern („Freier-Studie"). Abschlussbericht, Berlin 1991.

Marshall, S[andra] E., Bodyshopping: The Case of Prostitution, in: Journal of Applied Philosophy 16 (1999) 2, 139-150.

Marx, Reinhard/ Wulsdorf, Helge, Christliche Sozialethik. Konturen – Prinzipien – Handlungsfelder, (AMATECA; 21) Paderborn 2002.

Marzano Parisoli, Maria Michela, Penser le corps, Paris 2002.

Mathieu, Lilian, Le fantasme de la prostituée dans le désir masculin, in: Panoramiques 34 (1998), 72-79.

Ders., The emergence and failure of prostiututes' social movements. 28th joint session of workshops – ECPR – Copenhagen – 14-19 april, 2000. Workshop 12 – Prostitution and trafficking as political issues *(Internet: http://www.essex.ac.uk/ecpr/events/jointsessions/papierarchive/copenhagen/WS12/mathieu. BowaldPDF; Stand: 05.01.2004).*

Ders., Mobilisations de prostituées, Paris cedex 2001.

Maurer, Esther, Begrüssung und Einleitung, in: Rotlichtmilieu und Quartierverträglichkeit. Referate der Tagung vom 6. September 2007, hrsg. v. Konferenz der Städtischen Polizeidirektorinnen und Polizeidirektoren KSPD und dem Polizeidepartement der Stadt Zürich, (Schriftenreihe der KSPD; 5) Zürich/Basel/Genf 2008, 1-5.

Maurer, Mechtild, „Ich war eine Frau, bevor ich ein Mädchen wurde.", in: Gebunden im Schweigen. Sex mit Kindern ist ein Verbrechen, hrsg. v. Schweizer Kampagne gegen Kinderprostitution, o. O. 1993, 25-29.

Dies., Auf der Suche nach Jugendlichkeit – die Sextouristen, in: Gebunden im Schweigen. Sex mit Kindern ist ein Verbrechen, hrsg. v. Schweizer Kampagne gegen Kinderprostitution, o. O. 1993, 62.

Mazur, Amy G., Prostitute movements face elite apathy and gender-biased universalism in France, in: Outshoorn, Joyce (Hrsg.), The Politics of Prostitution. Women's Movements, Democratic States and the Globalisation of Sex Commerce, Cambridge 2004, 123-143.

Meaker, Linda, A Social Response to Transnational Prostitution in Queensland, Australia, in: Thorbek, Susanne/ Pattanaik, Bandana (Hrsg.), Transnational Prostitution. Changing Patterns in a Global Context, London/New York 2002, 59-68.

Meier, Josy/ Geiger, Thomas, Seele mieten. Gespräche mit Drogenprostituierten und ihren Freiern, Zürich 1993.

Menschenhandel in der Schweiz. Bericht der interdepartementalen Arbeitsgruppe Menschenhandel an das Eidgenössische Justiz- und Polizeidepartement, Bern 2001.

Mentz, Ulrike, Frauenhandel als migrationsrechtliches Problem, (Europäische Hochschulschriften: Reihe 2, Rechtswissenschaft; Bd. 3150), Frankfurt a.M./Berlin/ Bern/Bruxelles/New York/Oxford/Wien 2001 *(Diss. 2000).*

Merklein, Helmut, Der erste Brief an die Korinther. Kapitel 5,1-11,1, (ÖTBK 7/2) Gütersloh/Würzburg 2000.

Merks, K[arl]-W[ilhelm], Ethik und Politik. Aspekte eines Paradigmenwechsels, in: ThG 49 (2006) 4, 242-255.

Meurer, Ingetraud, o. T., in: Auf dem Prüfstand: Das Prostitutionsgesetz. Dokumentation des Fachgesprächs am 16.08.2004 im Deutschen Bundestag, hrsg. v. Bündnis 90/Die Grünen, Berlin 2004, 30-31.

Meyer, Katrin, Was bedeutet Anerkennung der Differenz? Untersuchungen und weiterführende Bemerkungen im Anschluss an Judith Butler, in: Hofmann-Riedinger, Monika/ Thurnherr, Urs (Hrsg.), Anerkennung. Eine philosophische Propädeutik. FS Annemarie Pieper, Freiburg/München 2001, 122-134.

Mieth, Dietmar, Ehe als Entwurf, in: Halter, Hans/ Ziegler, Albert SJ/ Mieth, Dietmar/ Camenzind-Weber, Hildegard, Sexualität und Ehe. Der Christ vor einem Dauerproblem, Zürich 1981, 78-102.

Ders., Die neuen Tugenden. Ein ethischer Entwurf, (Schriften der Katholischen Akademie in Bayern; 104) Düsseldorf 1984.

Ders., Das gläserne Glück der Liebe, Freiburg/Basel/Wien 1992.

Ders., Sozialethik als hermeneutische Ethik, in: JCSW 43 (2002), 217-240.

Millett, Kate, Das verkaufte Geschlecht. Die Frau zwischen Gesellschaft und Prostitution, mit einem Vorwort von Alice Schwarzer, Hamburg 1983 *(engl. 1976)*.

Millhagen, Susann, Gefühle kann man nicht kaufen. Das Buch zum Thema Jugendprostitution, Reinbek bei Hamburg 1986.

Mitrović, Emilija, Frauenarbeitsplatz Prostitution, in: Standpunkt. Sozial (2001) 3, 96-101.

Dies., Arbeitsplatz Prostitution. Bericht über die Ergebnisse der Feldstudie „Der gesellschaftliche Wandel im Umgang mit Prostitution seit Inkrafttreten der neuen Gesetzgebung am 1.1.2002“, hrsg. v. ver.di (Vereinte Dienstleistungsgewerkschaft), Hamburg 2004.

Dies., Der gesellschaftliche Umgang mit Prostitution in Deutschland, in: Odierna, Simone/ Berendt, Ulrike (Hrsg.), Gemeinwesenarbeit. Entwicklungslinien und Handlungsfelder, (Jahrbuch Gemeinwesenarbeit; 7) Neu-Ulm 2004, 253-266.

Dies., Modell Schweden: Strafe für Freier, in: dies. (Hrsg.), Prostitution und Frauenhandel. Die Rechte von Sexarbeiterinnen stärken! Ausbeutung und Gewalt in Europa bekämpfen!, Hamburg 2006, 99-102.

Dies. (Hrsg.), Prostitution und Frauenhandel. Die Rechte von Sexarbeiterinnen stärken! Ausbeutung und Gewalt in Europa bekämpfen!, Hamburg 2006.

Dies., Arbeitsplatz Prostitution: Auswertung der Feldstudie „Veränderungen im Umgang mit Prostitution seit dem Inkrafttreten der neuen Gesetzgebung am 1.1.2002“, in: dies. (Hrsg.), Arbeitsplatz Prostitution. Ein Beruf wie jeder andere?, (Gender Studies in den Angewandten Wissenschaften; 4) Hamburg 2007, 13-122.

Mix, Prapairat Ratanaloan, Four Cases from Hamburg, in: Thorbek, Susanne/ Pattanaik, Bandana (Hrsg.), Transnational Prostitution. Changing Patterns in a Global Context, London/New York 2002, 86-99.

Molinski, Waldemar, Art. Prostitution, II. Ethisch, in: TRE, Bd. 27, Berlin/New York 1997, 531-538.

Ders., Problemfall Prostitution, in: Die Neue Ordnung 52 (1998) 1, 30-44.

Ders., Art. Prostitution, 2. Ethisch, in: Lexikon der Bioethik, hrsg. im Auftrag der Görres-Gesellschaft von Wilhelm Korff, Lutwin Beck und Paul Mikat, Bd. 3, Gütersloh 1998, 73-76.

Molloy, Cora, Hurenalltag. Sperrgebiet – Stigma – Selbsthilfe, (Materialien zur Sozialarbeit und Sozialpolitik; 34) Frankfurt a.M. 1992.

Dies., Einleitungsvortrag: Modell „Beruf: Hure“ in der BRD, in: Women at work. Sexarbeit, Binnenmarkt und Emanzipation. Dokumentation zum 1. europäischen Prostituiertenkongress, bearb. u. hrsg. v. Christine Drössler im Auftrag der HWG e.V., Marburg 1992, 41-46.

Dies., Die Deutsche Hurenbewegung, in: Handbuch Prostitution, hrsg. v. HWG e. V., Redaktion: Christine Drössler, Jasmin Kratz, Marburg 1994, 13-23.

Montgomery, Heather, Children, Prostitution, and Identity. A Case Study from a Tourist Resort in Thailand, in: Kempadoo, Kamala/ Doezema, Jo (Hrsg.), Global Sex Workers. Rights, Resistance, and Redefinition, New York/London 1998, 139-150.

Monto, Martin, Why men seek out prostitutes, in: Weitzer, Ronald (Hrsg.), Sex for sale. Prostitution, pornography, and the sex industry, New York 2000, 67-83.

Moos, Lisa, Das erste Mal und immer wieder. Autobiografische Schilderung einer Prostituierten, Berlin [7]2006 *(Erstaufl. 2005)*.

Moret, Joëlle/ Efionayi-Mäder, Denise/ Stants, Fabienne, Menschenhandel in der Schweiz: Opferschutz und Alltagsrealität, (SFM-Studien; 52D) Neuchâtel 2007.

Morokvasic, Mirjana, Transnational mobility and gender: a view from post-wall Europe, in: dies./ Erel, Umut/ Shinozaki, Kyoko (Hrsg.), Crossing Borders and Shifting Boundaries. Vol. I: Gender on the Move, Opladen 2003, 101-133.

Dies., Mirjana, Gender-Dimensionen der postkommunistischen Migrationen in Europa, in: Apitzsch, Ursula/ Jansen, Mechtild M. (Hrsg.), Migration, Biographie und Geschlechterverhälnisse, Münster 2003, 143-171.

Moser, Maria Katharina, Opfer zwischen Affirmation und Ablehnung. Feministisch-ethische Analysen zu einer politischen und theologischen Kategorie, (Studien der Moraltheologie; 34) Wien/Berlin 2007 *(Diss. 2005)*.

Müller, Franziska K., Fachliche Begleitung. Ein Hausbesuch bei der teuersten Escort-Agentur auf dem Bankenplatz Zürich: Drei Schweizer Callgirls und der Chefzuhälter erzählen. Die Geschäfte laufen hervorragend, in: Weltwoche 74 (2006) Nr. 43, 44-49.

Muraro, Luisa, Die symbolische Ordnung der Mutter, Frankfurt a.M./New York 1993.

Murray, Alison, Debt-Bondage and Trafficking. Don't Believe the Hype, in: Kempadoo, Kamala/ Doezema, Jo (Hrsg.), Global Sex Workers. Rights, Resistance, and Redefinition, New York/London 1998, 51-68.

Nadeau, Jean-Guy, La prostitution, une affaire de sens. Etude de pratiques sociales et pastorales, Montréal 1987.

Nakashima Brock, Rita, Politicians, Pastors, and Pimps. Christianity and Prostitution Policies, in: Sands, Kathleen M. (Hrsg.), God forbid. Religion and Sex in American Public Life, Oxford/New York 2000, 245-261.

Dies./ Thistlethwaite, Susan Brooks, Casting Stones. Prostitution and Liberation in Asia and the United States, Minneapolis 1996.

Neckel, Sighard, Status und Scham. Zur symbolischen Reproduktion sozialer Ungleichheit, (Theorie und Gesellschaft; 21) Frankfurt a.M./New York 1991.

Ders., Achtungsverlust und Scham. Die soziale Gestalt eines existentiellen Gefühls, in: Fink-Eitel, Hinrich/ Lohmann, Georg (Hrsg.), Zur Philosophie der Gefühle, Frankfurt a.M. 1993, 244-265.

Nelson, James B., Body Theology, Louisville 1992.

Ders., On Doing Body Theology, in: Theology & Sexuality 2 (1995), 38-60.

Ders., Love, Power, and Justice in Sexual Ethics, in: Cahill, Lisa Sowle/ Childress, James (Hrsg.), Christian Ethics – Problems and Prospects, Cleveland 1996, 284-298.

Niesner, Elvira/ Anonuevo, Estrella/ Aparicio, Marta/ Sonsiengchai-Fenzl, Petchara, Ein Traum vom besseren Leben. Migrantinnenerfahrungen, soziale Unterstützung und neue Strategien gegen Frauenhandel, (Geschlecht und Gesellschaft; 9) Opladen 1997.

Nissinen, Martti, Die Heilige Hochzeit und das Hohelied, in: lectio difficilior (2006) 1 *(Internet: http://www.lectio.unibe.ch).*

Nitschke-Özbay, Heidrun, Berufskrankheiten bei Sexarbeiterinnen – gibt es das?, in: Handbuch Prostitution, hrsg. v. HWG e. V., Redaktion: Christine Drössler, Jasmin Kratz, Marburg 1994, 162-168.

Nussbaum, Martha C., Gerechtigkeit oder Das gute Leben, Frankfurt a.M. 1999.

Dies., „Mit Gründen oder aus Vorurteil". Käufliche Körper, in: DZPhil 47 (1999) 6, 937-966 *(engl. 1998).*

Oberlinner, Lorenz, Begegnungen mit Jesus. Der Pharisäer und die Sünderin nach Lk 7,36-50, in: Gielen, Marlis/ Kügler, Joachim (Hrsg.), Liebe, Macht und Religion. Interdisziplinäre Studien zu Grunddimensionen menschlicher Existenz, Stuttgart 2003, 253-278.

O'Connell Davidson, Julia, Prostitution, Power and Freedom, Cambridge/Oxford 1998.

Dies., Männer, Mittler, Migranten. Marktgesetze des „Menschenhandels", in: Osteuropa 56 (2006) 6, 7-20.

Oertle, Peter, „Ich habe einfach nur Liebe gesucht", in: männerzeitung 7 (2007) 3, 14-15.

O'Neill, Maggie, Prostitute women now, in: Scambler, Graham/ Scambler, Annette (Hrsg.), Rethinking Prostitution. Purchasing Sex in the 1990s, London/New York 1997, 3-28.

Oso, Laura, Colombian women, sex work and health in Galicia, Spain, in: Research for Sex Work 5 (2002), 10-12.

Dies., The new migratory space in Southern Europe: the case of Colombian sex workers in Spain, in: Morokvasic, Mirjana/ Erel, Umut/ Shinozaki, Kyoko (Hrsg.), Crossing Borders and Shifting Boundaries. Vol. I: Gender on the Move, Opladen 2003, 207-227.

Outshoorn, Joyce, Introduction: prostitution, women's movements and democratic politics, in: dies. (Hrsg.), The Politics of Prostitution. Women's Movements, Democratic States and the Globalisation of Sex Commerce, Cambridge 2004, 1-20.

Dies., Voluntary and forced prostitution: the ‚realistic approach' of the Netherlands, in: dies. (Hrsg.), The Politics of Prostitution. Women's Movements, Democratic States and the Globalisation of Sex Commerce, Cambridge 2004, 185-204.

Dies. (Hrsg.), The Politics of Prostitution. Women's Movements, Democratic States and the Globalisation of Sex Commerce, Cambridge 2004.

Pankoke-Schenk, Monika, Art. Prostitution, in: Frauenlexikon. Traditionen, Fakten, Perspektiven, hrsg. v. Anneliese Lissner/ Rita Süssmuth/ Karin Walter, Freiburg i.Br./ Basel/Wien ²1989, 911-916.

Parent, Colette, Les identités sexuelles et les travailleuses de l'industrie du sexe à l'aube du nouveau millénaire, in: Sociologie et Sociétés 33 (2001) 1, 159-178. *(Internet: http://www.erudit.org/revue/socsoc/2001/v33/n1/001544ar.pdf; Stand: 08.09.2003)*

Partenheimer, Sabine, Kinder- und Jugendprostitution in der Bundesrepublik Deutschland. Analyse der Voraussetzungen und Handlungsmöglichkeiten der Jugendhilfe, o. Ort u. Jahr *(Diss. 1994)*.

Pateman, Carole, Defending Prostitution: Charges against Ericsson, in: Sunstein, Cass R. (Hrsg.), Feminism and Political Theory, Chicago/London 1990, 201-206 *(Wiederabdruck ihres 1983 in Ethics publizierten Artikels)*.

Dies., The Sexual Contract, Cambridge 1988.

Peterson-Iyer, Karen, Prostitution. A Feminist Ethical Analysis, in: JFSR 14 (1998) 2, 19-44.

Pheterson, Gail, Huren-Stigma. Wie man aus Frauen Huren macht, aus dem Amerikan. von Helga Bilitewski, Hamburg 1990.

Dies., The Prostitution Prism, Amsterdam 1996.

Phillips, Joan L., The Beach Boys of Barbados. Post-colonial Entrepreneurs, in: Thorbek, Susanne/ Pattanaik, Bandana (Hrsg.), Transnational Prostitution. Changing Patterns in a Global Context, London/New York 2002, 42-56.

Phizacklea, Annie, Transnationalism, gender and global workers, in: Morokvasic, Mirjana/ Erel, Umut/ Shinozaki, Kyoko (Hrsg.), Crossing Borders and Shifting Boundaries. Vol. I: Gender on the Move, Opladen 2003, 79-100.

Phoenix, Joanna, Making Sense of Prostitution, Houndmills/Basingstoke/Hampshire RG21 6XS/London/New York 1999.

Dies., Prostitute Identities. Men, Money and Violence, in: Matthews, Roger/ O'Neill, Maggie (Hrsg.), Prostitution, Aldershot/Burlington 2003, 225-243 *(Wiederabdruck ihres 2000 im British Journal of Criminology publizierten Artikels)*.

Pieper, Annemarie, Art. Autonomie, in: Lexikon der Bioethik, hrsg. im Auftrag der Görres-Gesellschaft v. Wilhelm Korff, Lutwin Beck u. Paul Mikat, Bd. 1, Gütersloh 1998, 289-293.

Poulin, Richard, La mondialisation des industries du sexe. Prostitution, pornographie, traite des femmes et des enfants, Ottawa 2004.

Praetorius, Ina, Freiheit in Bezogenheit: ein anderer Blick auf „solidarisches Handeln", in: Krüggeler, Michael/ Klein, Stephanie/ Gabriel, Karl (Hrsg.), Solidarität – ein christlicher Grundbegriff? Soziologische und theologische Perspektiven, Zürich 2005, 162-173.

Dies., Handeln aus der Fülle. Postpatriarchale Ethik in biblischer Tradition, Gütersloh 2005.

Priester, Karin, Zulassen können. Toleranz steht zwischen Relativismus und Dogmatismus, in: EK (1999) 10, 31-34.

Primoratz, Igor, Sexual morality: is consent enough?, in: Ethical Theory and Moral Practice 4 (2001) 3, 201-218.

Prostitution in Sweden 2003. Knowledge, Beliefs & Attitudes Of Key Informants, hrsg. v. National Board of Health and Welfare, o. O. 2004 *(Internet: www.socialstyrelsen.se/NR/rdonlyres/A688D624-4505-431F-A9CF-DCD7C12D0539/2719/200413128.pdf; Stand: 25.09.2005).*

Puenzieux, Dominique/ Ruckstuhl, Brigitte, Medizin, Moral und Sexualität. Die Bekämpfung der Geschlechtskrankheiten Syphilis und Gonorrhöe in Zürich 1870-1920, Zürich 1994.

Radin, Margaret Jane, Contested Commodities, Cambridge, Massachusetts/London 1996.

Radisch, Iris, Die Schule der Frauen. Wie wir die Familie neu erfinden, München 2007.

Rauber, Doris, Vom Strassenstrich zum Strassenstrichlein – Erfahrungen am Beispiel der Stadt Olten, in: Rotlichtmilieu und Quartierverträglichkeit. Referate der Tagung vom 6. September 2007, hrsg. v. Konferenz der Städtischen Polizeidirektorinnen und Polizeidirektoren KSPD und dem Polizeidepartement der Stadt Zürich, (Schriftenreihe der KSPD; 5) Zürich/Basel/Genf 2008, 87-93.

Raymond, Janice G., 10 Reasons for *Not* Legalizing Prostitution, March 25, 2003 *(Internet: http://action.web.ca/home/catw/attach/10ReasonsforNotLegalizing.doc; Stand: 28.05.2003).*

Réal, Grisélidis, Le noir est une couleur, Lausanne 1989 *(Erstabdruck 1974).*

Reanda, Laura, Prostitution as a Human Rights Question, in: Human Rights Quarterly 13 (1991) 1, 202-228.

Reinprecht, Christoph/ Weiss, Hilde, Liebe und Treue. Empirische Studien zur Verbindlichkeit des Liebesideals, in: Hahn, Kornelia/ Burkart, Günter (Hrsg.), Liebe am Ende des 20. Jahrhunderts. Studien zur Soziologie intimer Beziehungen, Opladen 1998, 87-109.

Reinsberg, Carola, Ehe, Hetärentum und Knabenliebe im antiken Griechenland, München 1989.

Renzikowski, Joachim, Reglementierung von Prostitution: Ziele und Probleme – eine kritische Betrachtung des Prostitutionsgesetzes –. Gutachten im Auftrag des Bundesministeriums für Familie, Senioren, Frauen und Jugend, Berlin 2007.

Ribeiro, Manuela/ Sacramento, Octávio, Violence against Prostitutes. Findings of Research in the Spanish-Portuguese Frontier Region, in: European Journal of Women's Studies 12 (2005) 1, 61-81.

Riecker, Joachim, Ware Lust. Wirtschaftsfaktor Prostitution, Frankfurt a.M. 1995.

Riehl-Emde, Astrid, Liebe im Fokus der Paartherapie, Stuttgart 2003.

Dies., Liebe – Partnerschaft – Sexualität, in: Hornung, Rainer/ Buddeberg, Claus/ Bucher, Thomas (Hrsg.), Sexualität im Wandel, Zürich 2004, 115-140.

Ringdal, Nils Johan, Die neue Weltgeschichte der Prostitution, München/Zürich 2006 *(norwegisch 1997).*

Ritter, Johannes, Sexbelege und Lügengeschichten. VW Affäre, in: F.A.Z. 16.11.2005, Nr. 267, S. 2.

Rohr, Elisabeth, Frauen auf der Flucht, im Exil und in der Migration, in: dies./ Jansen, Mechtild M. (Hrsg.), Grenzgängerinnen. Frauen auf der Flucht, im Exil und in der Migration, Giessen 2002, 11-38.

Römelt, Josef, Menschenwürde und Freiheit. Rechtsethik und Theologie des Rechts jenseits von Naturrecht und Positivismus, (Quaestiones disputatae; 220) Freiburg/Basel/Wien 2006.

Roos, Lothar, Art. Subsidiarität, in: Lexikon der Wirtschaftsethik, hrsg. v. Georges Enderle, Karl Homann, Martin Honecker, Walter Kerber, Horst Steinmann, Freiburg i. Br./Basel/Wien 1993, 1045-1049.

Rothe, Andrea, Männer – Prostitution – Tourismus. Wenn Herren reisen ..., Münster 1997 *(Diss. 1995).*

Rotter, Hans, Art. Sexualität, in: ders./ Virt, Günter, Neues Lexikon der christlichen Moral, Innsbruck/Wien 1990, 683-688.

Ders., Sexualität und christliche Moral, Innsbruck 1991.

Rücker, Nina, Ela. Das Mädchen, das durch die Hölle ging, München 2002.

Rüegger, Peter, Entwicklungen im Sexgewerbe der Stadt Zürich und mögliche Massnahmen für eine quartierverträgliche Ausgestaltung, in: Rotlichtmilieu und Quartierverträglichkeit. Referate der Tagung vom 6. September 2007, hrsg. v. Konferenz der Städtischen Polizeidirektorinnen und Polizeidirektoren KSPD und dem Polizeidepartement der Stadt Zürich, (Schriftenreihe der KSPD; 5) Zürich/Basel/Genf 2008, 19-29.

Salt, John, Current Trends in International Migration in Europe, CDMG (2001) 33 *(Internet: http://www.coe.int/T/E/Social_Cohesion/Migration/Documentation/Publications_and_reports/John%20Salt%20Report%20on%20Current%20Trends%20in%20International%20Migration%20in%20Europe.pdf; Stand: 18.07.2005).*

Ders., Current Trends in International Migration in Europe, CDMG (2005) 2 *(Internet: http://www.coe.int/t/E/Social_Cohesion/migration/Documentation/Publications_and_reports/2005%20Salt's%20report%20English.pdf; Stand: 21.05.2006).*

Sammet, Kornelia, Sexualität im Beziehungsaufbau. Zum Wandel geschlechtsspezifischer Muster in der zweiten Hälfte des 20. Jahrhunderts, in: Lenz, Karl (Hrsg.), Frauen und Männer. Zur Geschlechtstypik persönlicher Beziehungen, Weinheim/München 2003, 93-116.

Santiago, Marlise, Schattenwürfe des Sexkonsums, in: männerzeitung 7 (2007) 3, 32-33.

Sassen, Saskia, The feminization of survival: alternative global circuits, in: Morokvasic, Mirjana/ Erel, Umut/ Shinozaki, Kyoko (Hrsg.), Crossing Borders and Shifting Boundaries. Vol. I: Gender on the Move, Opladen 2003, 59-77.

Satz, Debra, Markets in Women's Sexual Labor, in: Ethics 106 (1995) 1, 63-85.

Sauer, Birgit, Zweifelhafte Rationalität. Prostitutionspolitiken in Österreich und Slowenien, in: Grenz, Sabine/ Lücke, Martin (Hrsg.), Verhandlungen im Zwielicht. Momente der Prostitution in Geschichte und Gegenwart, Bielefeld 2006, 77-94.

Schauer, Cathrin, Kinder auf dem Strich. Bericht von der deutsch-tschechischen Grenze, hrsg. v. Deutsches Kommitee für UNICEF, ECPAT Deutschland, Bad Honnef 2003.

Schaufler, Birgit, „Schöne Frauen – Starke Männer". Zur Konstruktion von Leib, Körper und Geschlecht, Opladen 2002 *(Diss. 2001)*.

Schenk, Wiltrud, Prostitution – ein Beruf wie jeder andere oder Folge von sexuellem Missbrauch?, in: Hentschel, Gitti (Hrsg.), Skandal und Alltag. Sexueller Missbrauch und Gegenstrategien, Berlin 1996, 105-113.

Schertenleib, Marianne, Verbot oder Legalisierung der Prostitution. Die Kontroverse um den richtigen Weg in der Prävention des Frauenhandels, in: FIZ Rundbrief 33, November 2003, 11.

Dies., Sexarbeit in der Schweiz – ein Überblick, in: FIZ Rundbrief 34, Mai 2004, 3-4.

Schmidbauer, Wilhelm, Prostitution und Menschenhandel in München – polizeiliche Erfahrungen, Strategien und Problemstellungen, in: Rotlichtmilieu und Quartierverträglichkeit. Referate der Tagung vom 6. September 2007, hrsg. v. Konferenz der Städtischen Polizeidirektorinnen und Polizeidirektoren KSPD und dem Polizeidepartement der Stadt Zürich, (Schriftenreihe der KSPD; 5) Zürich/Basel/Genf 2008, 59-78.

Schmidt, Gunter, Das Verschwinden der Sexualmoral. Über sexuelle Verhältnisse, Hamburg 1996.

Ders., Die Last der sexuellen Langeweile, in: NZZ 8./9. August 1998, Nr. 181, 73.

Ders., Das Hamburger Projekt zum sozialen Wandel studentischer Sexualität, in: ders. (Hrsg.), Kinder der sexuellen Revolution. Kontinuität und Wandel studentischer Sexualität 1966-1996, (Beiträge zur Sexualforschung; 77) Giessen 2000, 17-37.

Ders. (Hrsg.), Kinder der sexuellen Revolution. Kontinuität und Wandel studentischer Sexualität 1966-1996, (Beiträge zur Sexualforschung; 77) Giessen 2000.

Ders., Sexualität und Kultur: Soziokultureller Wandel der Sexualität, in: Hornung, Rainer/ Buddeberg, Claus/ Bucher, Thomas (Hrsg.), Sexualität im Wandel, Zürich 2004, 11-28.

Ders./ Dekker, Arne, Seriell monogam, seriell allein. Beziehungsbiografien im dritten Lebensjahrzehnt, in: ders. (Hrsg.), Kinder der sexuellen Revolution. Kontinuität und Wandel studentischer Sexualität 1966-1996, (Beiträge zur Sexualforschung; 77) Giessen 2000, 111-136.

Ders./ Matthiesen, Silja/ Dekker, Arne, Beziehungen, in: ders. (Hrsg.), Kinder der sexuellen Revolution. Kontinuität und Wandel studentischer Sexualität 1966-1996, (Beiträge zur Sexualforschung; 77) Giessen 2000, 69-79.

Ders./ Matthiesen, Silja/ Dekker, Arne/ Starke, Kurt, Spätmoderne Beziehungswelten. Report über Partnerschaft und Sexualität in drei Generationen, Wiesbaden 2006.

Schmidt, Johannes F.K., Die Differenzierung persönlicher Beziehungen. Das Verhältnis von Liebe, Freundschaft und Partnerschaft, in: Hahn, Kornelia/ Burkart, Günter (Hrsg.), Grenzen und Grenzüberschreitungen der Liebe. Studien zur Soziologie intimer Beziehungen II, Opladen 2000, 73-100.

Schmidt, Marie-Luise, Einführung, in: Beruf: Hure. Dokumentation der „Anhurung" vom 5. März 1990 in Bonn, hrsg. v. DIE GRÜNEN im Bundestag, Arbeitskreis Frauenpolitik und DIE GRÜNEN, Bundesgeschäftsstelle, Bonn 1991, 8-10.

Schmitt, Britta, „Prostitution ist Arbeit, Stigmatisierung ist Sünde", in: agisra Rundbrief (2003) 35, 6-12.

Schmitter, Romina, Prostitution – Das älteste Gewerbe der Welt? Fragen der Gegenwart an die Geschichte, hrsg. v. Bremer Frauenmuseum e.V., Oldenburg 2004.

Schmitz, Hermann, Gefühle als Atmosphäre und das affektive Betroffensein von ihnen, in: Fink-Eitel, Hinrich/ Lohmann, Georg (Hrsg.), Zur Philosophie der Gefühle, (Suhrkamp-Taschenbuch Wissenschaft; 1074) Frankfurt a.M. 1993, 33-56.

Ders., Der Leib, der Raum und die Gefühle, Ostfildern vor Stuttgart 1998.

Schmuckli, Lisa, Hautnah: Körperbilder – Körpergeschichten. Philosophische Zugänge zur Metamorphose des Körpers, Königstein/Taunus 2001.

Schnabl, Christa, Gerecht sorgen. Grundlagen einer sozialethischen Theorie der Fürsorge, (Studien zur Theologischen Ethik; 109) Freiburg Schweiz/Freiburg/Wien 2005 *(Habil. 2004)*.

Dies., Solidarität. Ein sozialethischer Grundbegriff – genderethisch betrachtet, in: Krüggeler, Michael/ Klein, Stephanie/ Gabriel, Karl (Hrsg.), Solidarität – ein christlicher Grundbegriff? Soziologische und theologische Perspektiven, Zürich 2005, 135-161.

Schockenhoff, Eberhard, Art. Sexualität, IV. Theologisch-ethisch, in: LThK, Bd. 9, 3., völlig neu bearb. Aufl., Freiburg/Basel/Rom/Wien 2000, 518-524.

Ders., Christliches Ethos und staatliches Recht, in: Albrecht, Hans-Jörg/ Arnold, Jörg/ Koch, Hans-Georg (Hrsg.), Wechselwirkungen. Beiträge zum 65. Geburtstag von Albin Eser, Freiburg i.Br. 2001, 43-60.

Ders., Grundlegung der Ethik. Ein theologischer Entwurf, Freiburg/Basel/Wien 2007.

Schottroff, Luise, Die grosse Liebende und der Pharisäer Simon (Lukas 7,36-50), in: dies., Befreiungserfahrungen. Studien zur Sozialgeschichte des Neuen Testaments, (Theol. Bücherei; 82) München 1990, 310-323.

Dies., Auf dem Weg zu einer feministischen Rekonstruktion der Geschichte des frühen Christentums, in: dies./ Schroer, Silvia/ Wacker, Marie-Theres, Feministische Exegese. Forschungserträge zur Bibel aus der Perspektive von Frauen, Darmstadt 1995, 175-248.

Dies., Der erste Brief an die Gemeinde in Korinth. Wie Befreiung entsteht, in: dies./ Wacker, Marie-Theres (Hrsg.), Kompendium Feministische Bibelauslegung, 2., korr. Aufl., Gütersloh 1999, 574-592.

Schrage, Wolfgang, Der erste Brief an die Korinther (1 Kor 6,12-11,16), (EKK VII/2) Solothurn/Düsseldorf/Neukirchen-Vluyn 1995.

Schritt für Schritt – Wege aus der Prostitution. Abschlussbericht von Beate Leopold, hrsg. v. Ministerium für Frauen, Jugend, Familie und Gesundheit des Landes Nordrhein-Westfalen, Düsseldorf 2001.

Schroer, Silvia, Auf dem Weg zu einer feministischen Rekonstruktion der Geschichte Israels, in: Schottroff, Luise/ Schroer, Silvia/ Wacker, Marie-Theres, Feministische Exegese. Forschungserträge zur Bibel aus der Perspektive von Frauen, Darmstadt 1995, 81-172.

Dies./ Staubli, Thomas, Die Körpersymbolik der Bibel, Darmstadt 1998.

Schüngel-Straumann, Helen, Das Menschenbild der Bibel, in: Lederhilger, Severin J. (Hrsg.), Seele, wo bist du? Hirnforschung und Menschenbild, Frankfurt a.M. 2004, 143-164.

Schürgers, Georg, Intimität und Kommunikation: Zur Pornographie des Alltags, in: Hantel-Quitmann, Wolfgang/ Kastner, Peter (Hrsg.), Die Globalisierung der Intimität. Die Zukunft intimer Beziehungen im Zeitalter der Globalisierung, Giessen 2002, 173-178.

Schulte, Hannelis, Beobachtungen zum Begriff der Zônâ im Alten Testament, in: ZAW 104 (1992) 2, 255-262.

Schuster, Josef, Art. Schuld/Schuldgefühl, 4. Theologisch, in: Lexikon der Bioethik, hrsg. im Auftrag der Görres-Gesellschaft v. Wilhelm Korff, Lutwin Beck u. Paul Mikat, Bd. 3, Gütersloh 1998, 251-252.

Schuster, Martina, Kampf um Respekt. Eine ethnografische Studie über Sexarbeiterinnen, (Studien & Materialien des Ludwig-Uhland-Instituts der Universität Tübingen im Auftrag der Tübinger Vereinigung für Volkskunde; 24) Tübingen 2003.

Schuster, Peter, „Sünde und Vergebung". Integrationshilfen für reumütige Prostituierte im Mittelalter, in: ZHF 21 (1994) 2, 145-170.

Schwartländer, Johannes, Art. Menschenwürde/Personwürde, in: Lexikon der Bioethik, hrsg. im Auftrag der Görres-Gesellschaft v. Wilhelm Korff, Lutwin Beck u. Paul Mikat, Bd. 2, Gütersloh 1998, 683-688.

Schwarzenbach, Sibyl, Contractarians and Feminists Debate Prostitution, in: New York University Review of Law and Social Change 18 (1990-91), 103-130.

Dies., Prostitution und der Besitz des eigenen Körpers, in: Balzer, Philipp/ Rippe, Klaus Peter (Hrsg.), Philosophie und Sex. Zeitgenössische Beiträge, München 2000, 147-166 *(Übers. einer von der Autorin gekürzten und revidierten Fassung ihres Artikels von 1990/91).*

Schweizerischer Evangelischer Kirchenbund SEK (Hrsg.), Den Menschen ins Recht setzen. Menschenrechte und Menschenwürde aus theologisch-ethischer Perspektive, Autor: Frank Mathwig, (SEK Position; 6) Bern 2007.

Ders. (Hrsg.), Das Sterben leben. Entscheidungen am Lebensende aus evangelischer Perspektive, Autor: Frank Mathwig, (SEK Position; 9) Bern 2007.

Scoralick, Ruth, „ ... Umduftet von Myrrhe und Weihrauch" (Hld 3,6). Die Poesie der Textverbindungen in Hld 3,6-5,1, in: Bibel und Liturgie 70 (1997) 2, 99-104.

Seiler, Roman, Bordelle, Bars, Pornos: Unanständige Gewinne, in: Cash (2005) Nr. 22, 1.

Ders., Die heissen Businesspläne der Rotlicht-Barone, in: Cash (2005) Nr. 22, 6-7.

sev. [Severin, Christin], Kundenpflege im Stripklub. Weitverbreitete Unterhaltung von Londoner Finanzfirmen, in: NZZ 11.04.2008, Nr. 84, 13.

Sex Workers in Europe Manifesto, in: Mitrović, Emilija (Hrsg.), Prostitution und Frauenhandel. Die Rechte von Sexarbeiterinnen stärken! Ausbeutung und Gewalt in Europa bekämpfen!, Hamburg 2006, 145-155.

Shrage, Laurie, Moral dilemmas of feminism. Prostitution, adultery, and abortion, New York/London 1994.

Dies., Art. Prostitution, in: Encyclopedia of Bioethics, Warren Thomas Reich, editor in chief, Vol. 4, revised edition, New York 1995, 2112-2117.

Siep, Ludwig, Recht und Anerkennung, in: Girndt, Helmut (Hrsg.), Selbstbehauptung und Anerkennung. Spinoza – Kant – Fichte – Hegel, Sankt Augustin 1990, 161-176.

Sigusch, Volkmar, Die neosexuelle Revolution. Über gesellschaftliche Transformationen der Sexualität in den letzten Jahrzehnten, in: Psyche 52 (1998) 12, 1192-1234.

Ders., Neosexualitäten. Über den kulturellen Wandel von Liebe und Perversion, Frankfurt a.M. 2005.

Söding, Thomas, Eros und Agape. Liebe und Sexualität im Licht des Neuen Testaments, in: Geist und Leben. Zeitschrift für christliche Spiritualität 77 (2004) 4, 248-260.

SOLWODI, Rundbrief Nr. 78, Dezember 2008.

Dies., SOLWODI-Kampagne für eine Reform des Prostitutionsgesetzes. Forderungen und deren Begründung, [Boppard 2008]. *(Internet: http://www.solwodi.de/fileadmin/_medias/images/photos/pressekampagne/1_Forderungen.pdf; Stand: 27.01.2009)*

Stallberg, Friedrich W., Prostitution als soziales Problem, Hamm 1988.

Ders., Prostituierte in der Gesellschaft. Zur Analyse einer vernachlässigten Randgruppe, in: Prostitution im Blickpunkt. Situation, Sichtweisen, Verpflichtungen, hrsg. v. Katholische Sozialethische Arbeitsstelle e. V., [2]1988 Hamm, 33-55.

Ders., Prostitution, in: Albrecht, Günter/ Gronemeyer, Axel/ Stallberg, Friedrich W. (Hrsg.), Handbuch soziale Probleme, Opladen 1999, 590-608.

Stark, Christine, „Kultprostitution" im Alten Testament? Die *Qedeschen* der Hebräischen Bibel und das Motiv der Hurerei, (Orbis Biblicus et Orientalis; 221) Fribourg/Göttingen 2006 *(Diss. 2005).*

Staubli, Thomas, Von der Heimführung des Hoheliedes aus der babylonischen Gefangenschaft der Allegorese. Nebst Anregungen zur Integration biblischer und postbiblischer Liebeslieder in den Gottesdienst, in: Bibel und Liturgie 70 (1997) 2, 91-99.

Stefan, Verena, Häutungen. Autobiografische Aufzeichnungen, Gedichte, Träume, Analysen, München [12]1978 *(Erstaufl. 1975)*.

Stegemann, Ekkehard W./ Stegemann, Wolfgang, Urchristliche Sozialgeschichte. Die Anfänge im Judentum und die Christusgemeinden in der mediterranen Welt, Stuttgart/Berlin/Köln 1995.

Steigleder, Klaus, Art. Kant, in: Handbuch Ethik, hrsg. v. Marcus Düwell, Christoph Hübenthal, Micha H. Werner, Stuttgart/Weimar 2002, 128-139.

Stein-Hilbers, Marlene/ Soine, Stefanie/ Wrede, Britta, Einleitung: Sexualität, Identität und Begehren im Kontext kultureller Zweigeschlechtlichkeit, in: Schmerl, Christiane/ Soine, Stefanie/ Stein-Hilbers, Marlene/ Wrede, Britta (Hrsg.), Sexuelle Szenen. Inszenierungen von Geschlecht und Sexualität in modernen Gesellschaften, Opladen 2000, 9-22.

Steinberger, Luise, Norwegen schickt Freier ins Gefängnis, in: NZZ am Sonntag, 20. April 2008, 3.

Störi, Doris, Sucht, Aids, Prostitution und die Freier, in: Brakhoff, Jutta (Hrsg.), Sucht und Prostitution, Freiburg i.Br. 1989, 71-82.

Stückelberger, Christoph/ Mathwig, Frank, Grundwerte. Eine theologisch-ethische Orientierung, (Beiträge zu Theologie, Ethik und Kirche; 3) Zürich 2007.

Studer, Stefan/ Peter, Christina, Kommerzielle sexuelle Ausbeutung von Kindern und Jugendlichen in der Schweiz. Recherche im Auftrag der arge kipro/ECPAT Schweiz, Ms., o. O. 1999.

Stumpp, Bettina Eva, Prostitution in der römischen Antike, Berlin 1998 *(Diss. 1996)*.

Sutter Rehmann, Luzia, Die Offenbarung des Johannes. Inspirationen aus Patmos, in: Schottroff, Luise/ Wacker, Marie-Theres (Hrsg.), unter Mitarb. v. Claudia Janssen u. Beate Wehn, Kompendium Feministische Bibelauslegung, 2., korr. Aufl., Gütersloh 1999, 725-741.

Dies., Vom Mut, genau hinzusehen. Feministisch-befreiungstheologische Interpretationen zur Apokalyptik, Luzern 1998.

Svanström, Yvonne, Criminalising the john – a Swedish gender model?, in: Outshoorn, Joyce (Hrsg.), The Politics of Prostitution. Women's Movements, Democratic States and the Globalisation of Sex Commerce, Cambridge 2004, 225-244.

Tabet, Paola, Du don au tarif. Les relations sexuelles impliquant une compensation, in: Les Temps Modernes 42 (1987) 490, 1-53.

Dies., Les dents de la prostituée. Échange, négociation, choix dans les rapports économico-sexuels, in: Hurtig, Marie-Claude/ Kail, Michèle/ Rouch, Hélène (Hrsg.), Sexe et genre. De la hiérarchie entre les sexes, Paris 1991, 227-243.

Terre des Femmes e.V., Männer setzen Zeichen, o. O. und o. J.

The client's guide, in: Dokumentation der Fachtagung „Prostitutionskunden – Sich auszutauschen, um Standpunkte zu verrücken", hrsg. v. context e.V., Berlin/Frankfurt a.M. 2004, 56.

Theissen, Gerd, Die Religion der ersten Christen. Eine Theorie des Urchristentums, Gütersloh 2000.

Thorbek, Susanne/ Pattanaik, Bandana (Hrsg.), Transnational Prostitution. Changing Patterns in a Global Context, London/New York 2002.

Thoy, Simone/ Suter, Jacqueline/ Wigger, Martha, Nachwort, in: Balmer, Juliana/ Dolder, Rita, Susanne D. Ein Leben als Prostituierte, Bern [2]1997, 231-238.

Tiede, Isabell, Mädchenprostitution. Ein Versuch, aus dem Elternhaus auszubrechen, Hamburg 1997.

Tillner, Christiane, Gesellschaftliche und rechtliche Diskriminierung von Prostituierten und die Notwendigkeit rechtspolitischer Konsequenzen – aus feministischer Sicht, in: Evangelische Akademie Iserlohn, Weibliche Sexualität als Dienstleistung. Frauen und Ökonomie. Tagungsprotokoll 22/91, Iserlohn 1991, 23-30.

Dies., Prostitution und Feminismus, in: Women at work. Sexarbeit, Binnenmarkt und Emanzipation. Dokumentation zum 1. europäischen Prostituiertenkongress, bearb. u. hrsg. v. Christine Drössler im Auftrag der HWG e.V., Marburg 1992, 99-103.

Timmerman, Petra, Die Niederlande – Regulierung der Sexindustrie: Wer will uns da an die Wäsche?, in: Mitrović, Emilija (Hrsg.), Prostitution und Frauenhandel. Die Rechte von Sexarbeiterinnen stärken! Ausbeutung und Gewalt in Europa bekämpfen!, Hamburg 2006, 102-107.

Tong, Rosemarie, Prostitution, in: Gruen, Lori/ Panichas, George E. (Hrsg.), Sex, Morality, and the Law, New York/ London 1997, 107-126 *(Wiederabdruck ihres Artikels, der 1984 in dem von ihr herausgegebenen Sammelband „Women, Sex and Law" publiziert wurde).*

Trafficking in Human Beings in South Eastern Europe. 2004 – Focus on Prevention, in: Albania, Bosnia and Herzegovina, Bulgaria, Croatia, The former Yugoslav Republic of Macedonia, Moldova, Romania, Serbia and Montenegro, The UN Administred Province of Kosovo, published by UNDP, o. O. 2005.

Trafficking in Persons Report, June 2008
(Internet: http://www.state.gov/g/tip/rls/tiprpt/2008; Stand: 01.08.2009).

Treibel, Annette, Einführung in soziologische Theorien der Gegenwart, 5., aktualisierte u. verbesserte Aufl., Opladen 2000.

Truong, Thanh-Dam, Sex, Money and Morality. Prostitution and Tourism in Southeast Asia, London/New Jersey 1990.

Vanaspong, Chitraporn, A Portrait of the Lady: the Portrayal of Thailand and Its Prostitutes in the International Media, in: Thorbek, Susanne/ Pattanaik, Bandana (Hrsg.), Transnational Prostitution. Changing Patterns in a Global Context, London/New York 2002, 139-155.

van der Geest, Hans, Verschwiegene und abgelehnte Formen der Sexualität. Eine christliche Sicht, Zürich 1990.

van der Helm, Thérèse, Migration and mobility of sex workers in the Netherlands, in: Research for Sex Work 5 (2002), 6-7.

Vander Stichele, Caroline, Just a Whore. The Annihilation of Babylon According to Revelation 17,16, in: lectio difficilior (2000) 1 *(Internet: http://www.lectio.unibe.ch).*

van der Wal, K[oo], Art. Würde, in: Lexikon der Ethik, hrsg. v. Jean-Pierre Wils und Christoph Hübenthal, Paderborn/München/Wien/Zürich 2006, 415-418.

Vanwesenbeeck, Ine, Prostitutes' well-being and risk, Amsterdam 1994 *(Diss. 1994).*

Dies., Another Decade of Social Scientific Work on Sex Work: A Review of Research 1990-2000, in: Annual review of sex research 12 (2001), 242-289.

vau. [Vautravers, René], Sanierungspläne für Amsterdams Altstadt. Einschränkung der Prostitution im weltbekannten Rotlichtviertel, in: NZZ, 4. Januar 2008, Nr. 2, 13.

Vautravers, René, Rot-Grün will Amsterdam aufräumen. Stadtregierung wünscht sich im Rotlichtquartier Kultur und schicke Läden statt Sex und Drogen, in: NZZ am Sonntag, 10. August 2008, 4.

Veith, Werner, Gemeinwohl, in: Heimbach-Steins, Marianne (Hrsg.), Christliche Sozialethik. Ein Lehrbuch. Bd. 1 Grundlagen, Regensburg 2004, 270-282.

Ders., Gerechtigkeit, in: Heimbach-Steins, Marianne (Hrsg.), Christliche Sozialethik. Ein Lehrbuch. Bd. 1 Grundlagen, Regensburg 2004, 315-326.

Velten, Doris, Aspekte der sexuellen Sozialisation. Eine Analyse qualitativer Daten zu biographischen Entwicklungsmustern von Prostitutionskunden, Berlin 1994 *(Diss. 1994).*

Vertiefung spezifischer Fragestellungen zu den Auswirkungen des Prostitutionsgesetzes: Ausstieg aus der Prostitution, erstellt v. Sozialwissenschaftliches FrauenForschungs-Institut SOFFI K., Autorinnen der Teilstudie zum Ausstieg: Claudia Fischer und Barbara Kavemann, Gesamtleitung: Cornelia Helfferich, hrsg. v. Bundesministerium für Familie, Senioren, Frauen und Jugend, Berlin 2007, 4-47.

Vertiefung spezifischer Fragestellungen zu den Auswirkungen des Prostitutionsgesetzes: Kriminalitätsbekämpfung und Prostitutionsgesetz, erstellt v. Sozialwissenschaftliches FrauenForschungsInstitut SOFFI K., Autorinnen der Teilstudie zu Kriminalitätsbekämpfung und Prostitutionsgesetz: Heike Rabe und Barbara Kavemann, Gesamtleitung: Cornelia Helfferich, hrsg. v. Bundesministerium für Familie, Senioren, Frauen und Jugend, Berlin 2007, 48-78.

Villa, Paula-Irene, Judith Butler, (Campus Einführungen) Frankfurt a.M./New York 2003.

Virt, Günter, Art. Moraltheologie, in: Neues Lexikon der christlichen Moral, hrsg. v. Hans Rotter und Günter Virt, Innsbruck/Wien 1990, 522-535.

von S., Tina, Ich bin eine Hure. Ein Leben ohne Tabus, Berlin 1993.

Voswinkel, Stephan, Die Anerkennung der Arbeit im Wandel. Zwischen Würdigung und Bewunderung, in: Holtgrewe, Ursula/ Voswinkel, Stephan/ Wagner, Gabriele (Hrsg.), Anerkennung und Arbeit, Konstanz 2000, 39-61.

Ders., Bewunderung ohne Würdigung? Paradoxien der Anerkennung doppelt subjektivierter Arbeit, in: Honneth, Axel (Hrsg.), Befreiung aus der Mündigkeit. Paradoxien des gegenwärtigen Kapitalismus, (Frankfurter Beiträge zur Soziologie und Sozialphilosophie; 1) Frankfurt a.M./New York 2002, 65-92.

Wacker, M. T. [Marie-Theres], Art. Prostitution, in: Neues Bibel-Lexikon, hrsg. v. Manfred Görg und Bernhard Lang, Lieferung 11, Zürich/Düsseldorf 1997, 201-203.

Wagner, Gabriele, Berufsbiographische Aktualisierung von Anerkennungsverhältnissen, in: Holtgrewe, Ursula/ Voswinkel, Stephan/ Wagner, Gabriele (Hrsg.), Anerkennung und Arbeit, Konstanz 2000, 141-166.

Waibl, Elmar, Sexuelle Gerechtigkeit?, in: Ethica 13 (2005) 4, 383-402.

Waldenfels, Bernhard, Das leibliche Selbst. Vorlesungen zur Phänomenologie des Leibes, Frankfurt a.M. 2000.

Walzer, Michael, Sphären der Gerechtigkeit. Ein Plädoyer für Pluralität und Gleichheit, Frankfurt a.M./New York (Neuauflage) 2006 *(engl. 1983)*.

Weibel, Brigit/ Voigt, Birgit, „Wenn's unten steif ist, wird's im Kopf oben weich". Eine ehemalige Prostituierte über Sex-Markt, Freiermentalität und das Bewusstsein der Frauen in diesem Geschäft, in: Cash 7 (1995) 41, 41-43.

Weiss, Hilde, Soziologische Theorien der Gegenwart. Darstellung der grossen Paradigmen, Wien/New York 1993.

Dies., Liebesauffassungen der Geschlechter. Veränderungen in Partnerschaft und Liebe, in: Soziale Welt 46 (1995) 2, 119-137.

Weitzer, Ronald, Prostitution control in America: Rethinking public policy, in: Crime, Law & Social Change 32 (1999), 83-102.

Welter-Enderlin, Rosmarie, Paare – Leidenschaft und lange Weile. Frauen und Männer in Zeiten des Übergangs, München/Zürich, [4]1995 *(Erstaufl. 1992)*.

Dies., Deine Liebe ist nicht meine Liebe. Partnerprobleme und Lösungsmodelle aus systemischer Sicht, Freiburg/Basel/Wien 1996.

Werbick, Jürgen, Art. Schuld, VI. Theologisch-ethisch, in: LThK, Sonderausgabe 2006 (Durchgesehene Ausgabe der 3. Auflage 1993-2001), Bd. 9, 281-282.

Wijers, Marjan, European Union Policies on Trafficking in Women, in: Rossilli, Mariagrazia (Hrsg.), Gender Policies in the European Union, (Studies in European Union; 1) New York/Washington, D.C. et al. 2000, 209-229.

Willi, Jürg, Was hält Paare zusammen? Der Prozess des Zusammenlebens in psychoökologischer Sicht, Reinbek 1991.

Ders., Psychologie der Liebe. Persönliche Entwicklung durch Partnerbeziehungen, Stuttgart 2002.

Wils, Jean-Pierre, Autonomie und Anerkennung, in: FZPhTh 47 (2000) 1/2, 27-51.

Ders., Art. Würde, in: Handbuch Ethik, hrsg. v. Marcus Düwell, Christoph Hübenthal und Micha H. Werner, Stuttgart/Weimar 2002, 537-542.

Wolbert, Werner, Was sollen wir tun? Biblische Weisung und ethische Reflexion, (Studien zur theologischen Ethik; 112) Freiburg Schweiz/Freiburg/Wien 2005.

Wolff, Christian, Der erste Brief des Paulus an die Korinther, (ThHK; 7) Leipzig 1996.

Wolter, Michael, Ethos und Identität in paulinischen Gemeinden, in: NTS 43 (1997), 430-444.

Women at work. Sexarbeit, Binnenmarkt und Emanzipation. Dokumentation zum 1. europäischen Prostituiertenkongress, bearb. u. hrsg. v. Christine Drössler im Auftrag der HWG e.V., Marburg 1992.

Wouters, Cas, Wandlungen der Lustbalance: Sexualität und Liebe seit der sexuellen Revolution, in: Klein, Gabriele/ Liebsch, Katharina (Hrsg.), Zivilisierung des weiblichen Ich, Frankfurt a.M. 1997, 272-305.

Wulf, Christoph, Die Transformation des Sexuellen. Sechs Annäherungen, in: ders. (Hrsg.), Lust und Liebe. Wandlungen der Sexualität, München/Zürich 1985, 17-40.

Xenia (Verein und Beratungsstelle), Jahresbericht 2001, o. O. und o. J.

Zaitch, Damián/ Staring, Richard, The Flesh is Weak, the Spirit Even Weaker. Clients and Trafficked Women in the Netherlands, in: Di Nicola, Andrea/ Cauduro, Andrea/ Lombardi, Marco/ Ruspini, Paolo (Hrsg.), Prostitution and Human Trafficking. Focus on Clients, New York 2009, 67-121.

Zimmermann-Acklin, Markus, Euthanasie. Eine theologisch-ethische Untersuchung, 2., erw. u. überarb. Aufl., Freiburg Schweiz/Freiburg/Wien 2002.

Zschokke, Rahel, Frauenhandel in der Schweiz. Business as usual?, (Gesellschaftswissenschaftliche Beiträge; 3) Luzern 2005 *(Diss. 2005)*.

Dies./ Estermann Josef, Menschenhandel und Frauenhandel, in: Estermann, Josef, Organisierte Kriminalität in der Schweiz, mit Beiträgen von Rahel Zschokke und Boris Boller, (Gesellschaftswissenschaftliche Beiträge; 2) Luzern 2002, 134-153.

Zufferey, Christophe, L'évolution de l'industrie du sexe et la traite des êtres humains à des fins de prostitution: du mythe à la réalité. Une étude au sein des salons de massage vaudois. Travail de mémoire Master en Criminologie et Sécurité, Lausanne 2008.

Zumbeck, Sybille, Die Prävalenz traumatischer Erfahrungen, Posttraumatischer Belastungsstörung und Dissoziation bei Prostituierten. Eine explorative Studie, (Psychologische Forschungsergebnisse; 85) Hamburg 2001 *(Diss. 2001)*.

Studien der Moraltheologie
hrsg. von Prof. DDr. Antonio Autiero (Münster) und Prof. Dr. Josef Römelt (Erfurt)

Dieter Witschen
Kants Moraltheologie
Ethische Zugänge zur Religion
Für die theologische Ethik ist Immanuel Kant inzwischen zu einem der wichtigsten philosophischen Dialogpartner und in verschiedener Hinsicht zum Verbündeten geworden. Während er das Konzept einer theologischen Moral ablehnt, bei dem aus der Religion eine Ethik abgeleitet wird, befürwortet er das einer Moraltheologie, wonach von der Moral her Zugänge zur Religion sich erschließen. Derartige Zugänge lassen sich zahlreicher als gemeinhin angenommen an verstreuten Stellen seines umfangreichen Werkes entdecken. Es überrascht, in welchem Umfang Kant dabei klassische Themen moraltheologischer Reflexion aufgreift.
Bd. 41, 2009, 144 S., 19,90 €, br., ISBN 978-3-643-10241-6

LIT Verlag Berlin – Münster – Wien – Zürich – London
Auslieferung Deutschland / Österreich / Schweiz: siehe Impressumsseite

Hanspeter Schmitt
Sozialität und Gewissen
Anthropologische und theologisch-ethische Sondierung der klassischen Gewissenslehre
Das Verständnis des Gewissens ist trotz einschlägiger sozialtheoretischer Untersuchungen sowohl in der Wissenschaft als auch in der alltagspraktischen Rede latent „isolationistisch" geformt. Dadurch geraten die kommunikativen und sozialen Bezüge von Gewissensakten zu wenig in den Blick. Die Folge sind Einbußen bezüglich einer angemessenen Vorstellung sittlicher Kompetenz. Unter den zentralen Stichworten Gewissensbegriff, Gewissensarbeit, Gewissensbildung, Gewisseninhalt und Gewissenstheologie leistet diese Arbeit eine kritische Sondierung der klassischen Gewissenslehre. Sie hat zum Ziel, eine interaktional geprägte, theologisch-ethische Gewissenstheorie vorzulegen – dies für alle Ebenen des Phänomens.
Bd. 40, 2008, 200 S., 19,90 €, br., ISBN 978-3-8258-1666-7

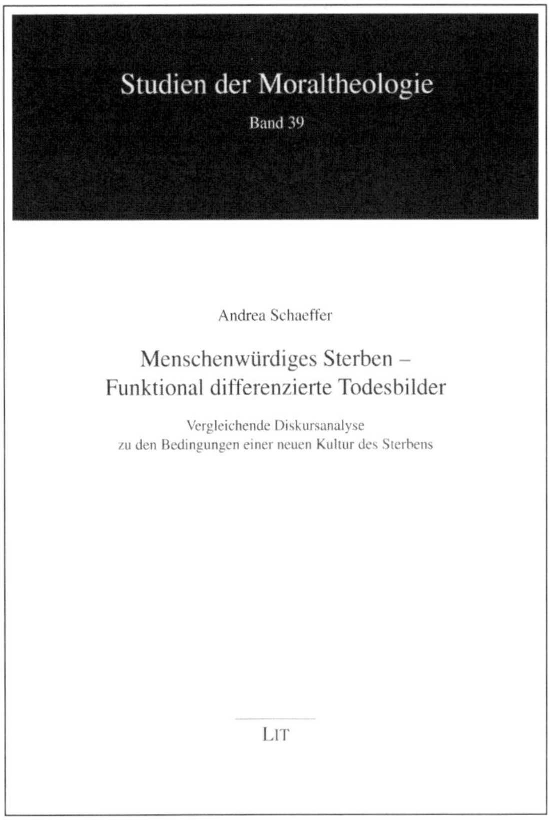

Andrea Schaeffer
Menschenwürdiges Sterben – Funktional differenzierte Todesbilder
Vergleichende Diskursanalyse zu den Bedingungen einer neuen Kultur des Sterbens
Politik und Gesellschaft stehen in Deutschland vor der Aufgabe, die verschiedenen Ansätze zur Gestaltung eines humanen Sterbens zu fördern sowie die Probleme der Bestimmbarkeit eines Sterbens in Würde wahrzunehmen. Die vorliegende Arbeit beschäftigt sich hierbei mit der Frage, ob die Rede von einer neuen Sterbekultur jenen Bemühungen Rechnung trägt und inwiefern moderne Begleitungskonzepte als Formen einer solchen verstanden werden können. Ausgehend von einer „Ethik der Zwischenmenschlichkeit" sieht sie es gegeben, eine humane Sterbebegleitung zu orientieren, die sowohl die individuelle Gestaltung des Sterbens als auch den Ausbau moderner Versorgungsstrukturen berücksichtigt.
Bd. 39, 2008, 360 S., 34,90 €, br., ISBN 978-3-8258-1211-9

LIT Verlag Berlin – Münster – Wien – Zürich – London
Auslieferung Deutschland / Österreich / Schweiz: siehe Impressumsseite

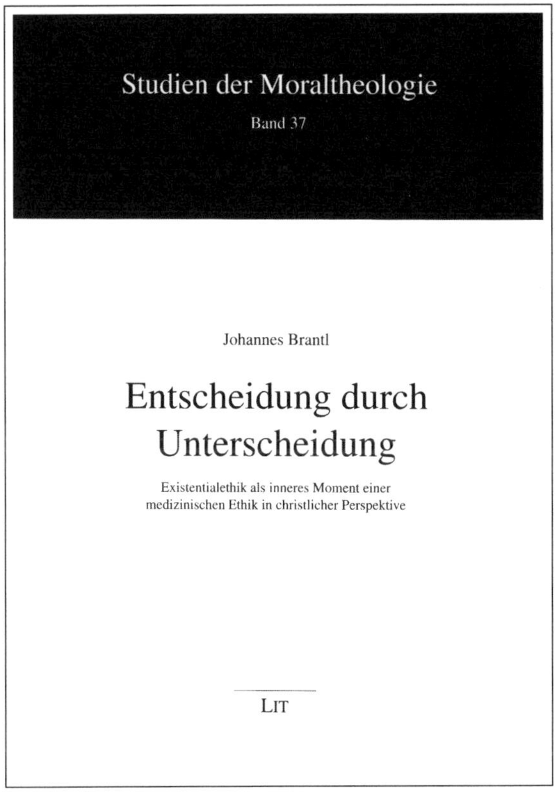

Johannes Brantl
Entscheidung durch Unterscheidung
Existentialethik als inneres Moment einer medizinischen Ethik in christlicher Perspektive
Die besonderen moralischen Herausforderungen im Handlungsfeld moderner Medizin lassen immer öfter den Ruf nach einer „Kultur neuer Nachdenklichkeit" laut werden, welche die Dimension des Ethischen tiefer zu erfassen vermag, als dies eine noch so routinierte Umsetzung normativer Vorgaben zu leisten im Stande ist. Wie solch eine „Kultur neuer Nachdenklichkeit" im Rückgriff auf den Ansatz einer christlichen Existentialethik aussehen kann, wird in der vorliegenden Arbeit diskutiert. Dabei zeigt sich, dass das der Tradition ignatianischer Spiritualität entlehnte Modell geistlicher Unterscheidung eine gute Richtung vorgibt, wie der Mensch als Glaubender die speziell auch im Kontext moderner Medizin sich abzeichnende ethische Inanspruchnahme bewältigen und zu adäquaten Entscheidungen kommen kann.
Bd. 37, 2007, 312 S., 34,90 €, br., ISBN 978-3-8258-0563-0

Kerstin Schlögl-Flierl
Das Glück – Literarische Sensorien und theologisch-ethische Reaktionen
Eine historisch-systematische Annäherung an das Thema des Glücks
Das Glück – jede und jeder sucht es in je unterschiedlicher Art und Weise. Die vorliegende Arbeit analysiert die theologischen Antwortmöglichkeiten auf die seit Menschengedenken währende Glückssuche in historisch-systematischer Weise. Darüber hinaus erfolgt eine Spurensuche in ausgewählten Werken der neueren deutschsprachigen Literatur. Beide Bereiche, Theologie und Literatur, werden schließlich in der Synthese „zusammengestellt", nicht ohne vorher hermeneutische Implikationen einer solchen Vorgehensweise zu untersuchen. Dass das Glück einen Mehrwert darstellt und auch theologisch gefüllt werden kann, bildet den „glücklichen" Abschluss dieser Arbeit.
Bd. 36, 2007, 368 S., 29,90 €, br., ISBN 978-3-8258-9955-4